香
洲
横琴新区
横琴镇
横琴新区管委会
金湾区政府
红旗镇
三灶镇
白藤街道
鹤洲北垦区
鹤洲南垦区
珠海保税区
十字门中央商务区
磨刀门
宽河口
航空新城
三灶岛
横琴岛
交杯岛
横洲岛
填海区
珠海机场
马骝洲水道
环岛东路
环岛北路
环岛西路
中心南路
中心北路
长隆隧道
长隆站
富祥湾
望洋角
猪头湾
石栏洲
马鬃岛
二冈岛
大冈岛
八角头
黄麻洲
小黄麻洲
黑沙湾
龙王咀
南
海
荷包岛位移图
荷包岛
荷包村
荷包湾
笼统湾
笼统
大南湾
大脑山
鹅咀
凤尾咀
高栏岛
铁炉湾
南
海
图例
特别行政区中心
县级行政中心
管委会
镇级行政中心
村（居）委会、社区
农林牧渔场 村庄
机场 港口
汽车站 火车站
旅游景点 其他单位
山峰
地级行政区界
县级行政区界
铁路
未建成铁路
S47
高速公路/编号/出入口
未建成高速公路
S366
省道及其编号
县道
城市干道
乡道及其他道路
堤坝
比例尺 1:140000
注：本界线不作为权属争议的依据。

金湾年鉴

JINWAN YEARBOOK

2014

珠海市金湾区年鉴编纂委员会 编

方志出版社
Publishing House of Local Records

图书在版编目（CIP）数据

金湾年鉴. 2014 / 珠海市金湾区年鉴编纂委员会编
. -- 北京：方志出版社，2016.7

ISBN 978-7-5144-2035-7

Ⅰ. ①金… Ⅱ. ①珠… Ⅲ. ①区（城市）—珠海市—2014—年鉴 Ⅳ. ①Z526.53

中国版本图书馆CIP数据核字(2016)第176050号

金湾年鉴（2014）

编　　者：珠海市金湾区年鉴编纂委员会
责任编辑：王俊
出 版 人：冀祥德
出 版 者：方志出版社
地址　北京市朝阳区潘家园东里9号（国家方志馆4层）
邮编　100021
网址　http：//www.fzph.org
发　　行：方志出版社发行中心
电话（010）67110500
经　　销：各地新华书店
印　　刷：深圳市佳信达印务有限公司
开　　本：889 × 1194　　1/16
印　　张：29
字　　数：709千字
版　　次：2016年7月第1版　　2016年7月第1次印刷
印　　数：001 ~ 800册
ISBN　978-7-5144-2035-7　　定价：280.00元

编辑说明

一、《金湾年鉴（2014）》是中共珠海市金湾区委、区人民政府决定编纂出版的地方综合性年鉴，是由珠海市金湾区人民政府主持，珠海市金湾区档案局（珠海市金湾区人民政府地方志编纂委员会办公室）组织，区内各相关部门、单位、镇村居、驻区单位参与编纂的年度资料性文献。

二、《金湾年鉴（2014）》以马克思列宁主义、毛泽东思想、邓小平理论、“三个代表”重要思想、科学发展观为指导，主要记述2013年金湾区自然、政治、经济、文化和社会建设的大事、要事、新事和特事。信息资料收录截至2013年年底。

三、《金湾年鉴（2014）》框架设计采用性质分类法，以资料信息的性质作为划分门类的依据，打破了按行政机构或产业部门的行政级别和隶属关系来分类的传统做法。框架结构分为篇目、类目、分目、条目4个层次。全书设置专辑、特载、金湾大事记、金湾概貌、党政机关、民主党派·工商联、群众团体·社会团体、武装、政法、战略性新兴产业、招商引资、贸易·商业、经济监督管理、制造业、农业、民营经济、财政税收·金融、城乡建设与管理、交通、公用事业、教育、文化、科技·卫生、旅游·体育、社会生活、镇概况、人物、文献辑录、统计资料、索引计30个编目，含类目140个、分目50个、条目1210条 。

四、《金湾年鉴（2014）》收录的信息资料，主要由金湾区内各相关部门、单位、镇村居、驻区单位提供，并经供稿单位负责人审阅。所刊各种数据由于提供单位、统计方法、记述角度不同存在一定差异，如需引用应以金湾区发展改革和统计局核定的数据为准。

五、《金湾年鉴（2014）》卷首编有目录（含英文要目），卷末设有主题索引。读者可通过以上两种检索渠道查阅所需资料。

六、《金湾年鉴（2014）》的征编过程中，得到全区各镇、各部门、各单位的大力支持，在此我们深表谢意！由于编辑水平有限，不足之处恳请广大读者批评指正。

《金湾年鉴》编纂委员会

《金湾年鉴》编辑部

主　　任：拜　燕（兼）
副 主 任：吴育日
主　　编：吴育日
副 主 编：谢小燕　关玉荣
责任编辑：洪　峰　李美娟　郑雪颖
翻　　译：白　云

《金湾年鉴（2014）》撰稿人员

（按内文先后为序）

张　立	谢元富	涂建文	陈　秋	陈海燕	李青石	周　靖	黄　璜
陈小燕	谭紫戈	杨卫星	黄颖怡	赵翔宇	黄健林	侯乐庆	李小雪
李素双	柳荣蓉	胡　松	李莉梅	陈　政	敖　炜	胡　清	陈　欣
高　柏	陈明能	刘昌言	孙智勇	何伟正	黄坚文	张　媚	郭春华
刘超三	刘柔生	高　蜻	张天生	李南华	杨　强	林宝根	李　波
胡　浔	刘建平	刘双喜	封　倩	徐文韬	颜昌威	罗志健	黄永全
叶健文	曾文睿	曾国强	陈　铮	杜　非	余凯强	郑　晴	李　姗
谭美娟	刘玉汀	李其中	张田力	苏伟雄	赵　楠	林飞勇	张志勇
杨凯华	向艳芬	朱紫怡	张　巍	王照海	梁曦文	卜　颖	袁晓薇
李苏朋	梁志锋	张　磊	谢明远	刘金权	张欣宝	朱　婷	施　娜
苏文婷	陈兆和	王　俊	杨泽平	肖嘉雯	韩果华	曾志伟	郑湘凯
赵　旻	陈章汉	吴　孟	杨　威	翁凯琳	黄雪芬	刘丽华	吴雅丽
黄韩丽	文全利	曹丽荣	程艳华	徐筱霞	何永明	吴国强	黄德文
杨凤莲	郑雪颖	黄　乔	徐　薇	蔡格林	李月娇	马明月	张　萌

数字金湾（2013）

土地面积：268.85平方千米
常住人口：15.02万人
户籍人口：7.74万人
地区生产总值：179.24亿元
人均生产总值：11.94万元/人
第一产业增加值：4.61亿元
第二产业增加值：130.56亿元
第三产业增加值：44.06亿元
三次产业结构：2.6:72.8:24.6
规模以上工业总产值：451.99亿元
规模以上工业增加值：125.63亿元
农林牧渔业总产值：6.76亿元
公共财政预算收入：15.95亿元
公共财政预算支出：15.82亿元
固定资产投资：93.28亿元
社会消费品零售总额：24.88亿元
外贸进口总额：8.43亿美元
外贸出口总额：27.84亿美元

实际利用外商直接投资：1.35亿美元
珠海机场旅客吞吐量：289.44万人次
珠海机场货邮吞吐量：2.27万吨
在岗职工年平均工资：50643元/人
各类专业技术人员数：13600人
各类学校总数：45所
各类学校在校生人数：85776人
高等院校：5所
高等院校在校生人数：64337人
医疗机构：41家
实有医院病床数：317张
卫生技术人员：624人
售电量：33.375亿千瓦时（含高栏港经济区）
供水总量：8008.13万立方米（含高栏港经济区）

2013年3月30日，中共中央政治局委员、国家副主席李源潮（左三）到中航通用飞机有限责任公司珠海基地考察，中共中央政治局委员、广东省委书记胡春华（左二），广东省委常委、省委秘书长林木声（左一）陪同　（金湾区党政办提供）

2013年1月21日，中共中央政治局委员、广东省委书记胡春华（左二）考察珠海航空产业园

（珠海市航空产业园办公室提供）

2013年5月21日，全国妇联书记处书记崔郁（右二）一行到金湾区巾帼现代农业示范基地考察调研

（金湾区妇联提供）

2013年6月28日，司法部副部长郝赤勇（右二）由广东省司法厅厅长严植婵（左前二）等陪同到三灶司法所视察基层司法行政工作

（李锦河 摄）

2013年8月2日，团中央书记处书记罗梅（左二）由团广东省委书记曾颖如（左三）、团珠海市委书记王小彬（左一）和金湾区委副书记习恩民（右二）陪同到金湾区三灶镇异地务工青年综合服务中心“亲青家园”，实地视察了解中心工作开展情况 （团金湾区委提供）

2013年6月18日，广东省人民检察院检察长郑红（右排右四）率领调研组到金湾区人民检察院调研和指导工作 （金湾区人民检察院提供）

2013年5月23日，珠海市委、市政府在金湾区召开建设发展现场会。市长何宁卡（右二）先后到联港工业区丽珠医药工业园、航空新城规划展览馆建设现场、康德莱国际医疗产业园、金海岸大道绿化美化工程和飞利浦家庭电器有限公司参观考察（张朝晖 摄）

2013年4月19日，珠海市人大常委会主任王广泉（前排右二）带领出席广东省第十二届人民代表大会珠海市代表到三灶镇鱼月村了解社情民意（吕清辉 摄）

2013年1月24日，中国共产党金湾区第三届委员会第四次全体会议召开。区委书记吴轼代表区委常委会向全会作报告 （张朝晖 摄）

2013年1月24日，中国共产党金湾区第三届委员会第四次全体会议召开 （张朝晖 摄）

2013年1月29日，金湾区区长杜卓作政府工作报告 （金湾区新闻中心提供）

2013年1月29—30日，珠海市金湾区第三届人民代表大会第三次会议召开 （张朝晖 摄）

2013年5月27日，区委书记、区人大常委会主任吴轼（图左）向欧阳德红（图右）颁发当选金湾区人民政府区长证书

（黄振坚 摄）

2013年5月27日，珠海市金湾区第三届人民代表大会第四次会议召开 （王春香 摄）

2013年1月28日，金湾区政协主席谢雄辉作工作报告 （张朝晖 摄）

2013年1月28日，中国人民政治协商会议珠海市金湾区第三届委员会第三次会议在珠海航展新闻中心多功能厅召开

（张朝晖 摄）

2013年2月6日，中国共产党珠海市金湾区第三届纪律检查委员会第三次全体会议召开 （陈志强 摄）

2013年12月23日，金湾区区委书记吴轼（左二）带队督查红旗镇三板村幸福村居创建工作 （许 云 摄）

2013年6月26日，金湾区区委书记吴轼（右一）考察金湾区行政服务中心整体运行情况　（吴宜纮 摄）

2013年2月21日，金湾区区委副书记、区长杜卓（右二）带队到三灶科技工业园汤臣倍健、金安国纪公司走访调研，了解企业在发展中遇到的问题　（金湾区新闻中心提供）

2013年4月27日，金湾区区委副书记、代区长欧阳德红（左一）带队到红旗镇检查安全生产工作

（刘正伟 摄）

2013年9月16日，金湾区政协主席谢雄辉（右二）率队到红旗镇三板村调研三板农业发展有限公司集中整合农耕地进行规模种养、综合利用、发展特色旅游等情况

（冯顺雄 摄）

建设发展现场会

2013年5月23日，珠海市委、市政府在金湾区召开建设发展现场会。会议强调，金湾区要善于围绕自身优势做文章，加快打造成珠海发展高端产业的重要聚集区、展示国际化城市形象的重要窗口、西部生态新城的核心片区。一要以全球视野、战略思维，加快实现经济总量5年翻一番的目标。二要以全球视野强势推进生物医药、航空、新能源三大产业加快发展，加快打造全国一流的生物医药产业基地、全国重要的航空产业基地、全国具有较大影响力的新能源产业基地。三要创新开发建设机制，高起点、高质量建设航空新城，努力实现“三年大开发、五年核心区基本建成、十年片区中心成规模”。四要推动幸福村居建设走在全市前列，特别是要把海澄村打造成全市幸福村居“第一村”，为全市发挥示范带动作用。五要以迎接第十届中国航展为契机，加快建设美丽金湾。六是要加强干部队伍建设，弘扬改革创新精神，豪情满怀创大业，改革争先谱新篇。

2013年5月23日，珠海西湖公园建设项目奠基仪式 （张朝晖 摄）

2013年5月23日，金湾区建设发展现场会会场 （珠海市档案局提供）

航空新城建设

2013年，金湾区重点推进航空新城建设。7月，与珠海市华发集团正式签署战略性合作协议，推进航空城整体规划、设计、土地开发及工程建设等工作。启动金湾航空城规划及城市设计的优化提升工作，并启动金湾航空城国际商务中心、金湾航空城产业服务中心、金湾航空城市民文化中心三个重点项目设计工作。8月，航空新城核心区首个由华金公司开发建设的项目金二路动工兴建，推进金湖大道东路建设，完成航空城核心区二期市政道路可研评审。10月，金湾航空城规划展览馆建成开馆。成立土地整合及清理工作领导小组，制订土地整合处理方案，推进土地整合和清理工作。

2013年7月18日，珠海市金湾区政府与华发集团签订《珠海市金湾航空新城开发战略合作框架协议》（李栋梁 摄）

2013年8月29日，金湾航空产业新城项目开工（李栋梁 摄）

2013年4月28日，珠海金湾航空

2013年10月28日，珠海金湾航空城规划展览馆揭牌 （张朝晖 摄）

馆建设现场（金湾区新闻中心提供）

2013年10月28日，珠海金湾航空城规划展览馆揭牌 （黄振坚 摄）

重大项目建设

2013年，金湾区加大固定资产投资，推进重大项目建设。全年金湾区人民政府投资项目累计完成投资10.01亿元，比上年增长99.4%。完成西湖公园用地清理工作和金湾一中项目用地选址、报批工作，推进金湾区人民医院建设工程。完成金海岸文化艺术中心工程项目规划方案设计、项目立项等相关前期工作。动工建设三灶伟民广场公共地下人防工程、红灯片区公共租赁住房工程，建成红旗华侨农场危房改造工程并可交付使用。开工建设三灶水质净化厂二期管网，全部建成红旗污水主管网收集系统工程并通过验收。

金湾区人民医院建设现场
（金湾区卫生局提供）

2013年6月4日，金湾区区委常委、常务副区长管伟（右三）率区发改、财政、规划、住建、卫生、国税等部门督办区重点工程项目建设 （吴立平 摄）

2013年6月7日，金湾区副区长贺军（左二）到金湾区人民医院建设项目工地现场办公督办项目推进工作 （金湾区卫生局提供）

红旗危房改造工程（金湾区住房和城乡建设局提供）

红旗危房改造工程
（张朝晖 摄）

金海岸文化艺术中心工程项目规划方案设计效果图（珠海市金湾区联港基础投资有限公司提供）

体育休闲用地鸟瞰效果图

幸福村居建设

2013年，金湾区大力推进幸福村居建设。完成三灶镇海澄村、鱼林村、中心村，红旗镇三板村、广发村、广益村、沙脊村等村幸福村居建设规划编制工作。改善农村环境卫生和村容村貌，开展“洁净工程”行动。建立镇级农村集体资产交易平台，清理农村集体资产、资源、资金。区财政投入3800万元创建幸福村居专项资金，安排100万元设立青年农民创业风险基金。完成海澄村村民服务中心装修、海澄市场改造工程及航空城社区公园项目、三板村村委会外立面改造、“一河两岸”整治、民居外立面改造、幸福路硬底化工程、亲水平台、沿河栈道和绿道建设工程。动工建设莲塘商业街改造项目，初步显现海澄村幸福村居“珠海第一村”形象。

2013年11月27日，珠海市委常委、常务副市长刘小龙（前右一）率珠海市幸福村居办一行到金湾区三灶镇海澄村检查指导工作

（袁东朝 摄）

三灶镇海澄村公共服务办事大厅

（金湾区海洋和农渔局提供）

2013年12月24日，珠海市副市长龙广艳（前排右三）一行赴金湾区红旗镇广发村调研幸福村居建设工作

（金湾区海洋和农渔局提供）

2013年8月21日，金湾区政协主席谢雄辉（右二）一行到三灶镇海澄村视察幸福村居工程规划建设情况　　（冯顺雄 摄）

2013年4月10日，珠海市副市长、市创建幸福村居工作领导小组办公室主任刘嘉文（左三）到金湾区三板村、海澄村调研幸福村居创建工作　　（金湾区新闻中心提供）

2013年8月29日，金湾区召开幸福村居驻村干部动员会，派出驻村干部15人　　（谢元富 摄）

三灶镇海澄村社工服务站　　（金湾区海洋和农渔局提供）

改造后的航空城社区公园　　（金湾区海洋和农渔局提供）

三灶镇海澄村上表商业街
（金湾区海洋和农渔局提供）

海澄村垃圾中转站
（金湾区海洋和农渔局提供）

三灶镇海澄村垃圾分类厨余垃圾设备
（金湾区海洋和农渔局提供）

三灶镇海澄村标准密封式垃圾房
（金湾区海洋和农渔局提供）

红旗镇三板村幸福路硬底化　　（红旗镇提供）

红旗镇三板村幸福桥　　（郭仲荣 摄）

红旗镇三板村村委会外立面改造　　（红旗镇提供）

红旗镇三板村居民外立面改造　　（红旗镇提供）

招商引资

2013年，金湾区围绕“三高一特”和战略性新兴产业，突出产业链招商和二次招商，举办2013年金湾区（上海）投资推介会和2013年金湾区（香港）投资企业交流会等重大招商活动。引进投资100亿元的中铁建投资、科创控股华南健康基地、产值超100亿元的普瑞博思医药生产和销售总部三个重量级项目；引进年营业额超50亿元的京信电力集团贸易总部项目和丽珠医药集团（迁址）2个重大项目；引进产值超15亿元的中航三鑫、天大药业集团、达田控股3个大项目，以及引进利捷航空、广联航空、迈克瑞复合材等一批成长性好的优质项目。全年新签约引进项目102个，投资总额约290亿元，预计产值630亿元。

2013年1月25日，珠海市海斯比游艇工程技术有限公司举行2012中国海监执法快艇项目开工暨海斯比公司游艇园区投产启动仪式（赵志成 摄）

2013年3月，金湾区副区长、珠海市航空产业园管委会副主任夏志高（左三）率队参加上海公务机展并出席美捷瀚星项目签约仪式（珠海市航空产业园办公室提供）

2013年10月29日，珠海市金湾区（市航空产业园）上海投资推介会在上海举办。副市长王庆利（左五），市商务局局长刘齐英（左三），金湾区委副书记、区长、珠海航空产业园管委会主任欧阳德红（左四）、区政协主席谢雄辉（右五）参加推介会（金湾区新闻中心提供）

建成后的丽珠医药集团综合楼和高架仓　　（丽珠医药集团提供）

2013年6月18日，金湾区召开全区招商引资专题工作会议，成立“航空产业大飞机项目工作领导小组”和“新引进项目联合审批领导小组”，推进招商引资工作　（吴立平 摄）

2013年12月20日，金湾区在香港举办投资交流会。区长欧阳德红（前排左）与客商签约。区委书记吴轼（后排右二）、区人大常委会副主任梁庆伦（后排右一）、副区长夏志高（后排左二）、区政协副主席刘凌波（后排左一）等参加签约仪式　（王心皓 摄）

党建工作

2013年，金湾区严格落实中央“八项规定”，坚决反对“四风”。坚持区领导带头抓落实，党政领导班子定期例会研究推进工作，深入重大项目建设工地查进展、抓督办。积极开展“转作风提效能”活动，促进机关作风转变，大力提升行政效能。建立四套领导班子成员驻党代表工作室工作长效机制，解决群众关心的困难和问题。推进村居党小组活动阵地建设，打造基层服务型党组织。开展以党的组织和党建工作全覆盖为重点的“百日攻坚回头看”专项行动，完成“两新”组织党建工作“双百”目标。加强干部选拔任用工作，推行竞争上岗职位差额票决制。加强宣传思想工作，发挥主流媒体作用，建立舆情监测研判机制。加强党风廉政建设，推进建设工程领域突出问题专项治理工作，加大反腐倡廉力度。

2013年6月6日，金湾区召开“转作风提效能”活动动员大会（金湾区委组织部提供）

2013年7月26日，金湾区召开“两新”党建工作联席会议（杨成标 摄）

2013年6月19日，金湾区召开“转作风提效能”服务对象座谈会（金湾区委组织部提供）

2013年8月2日，金湾区举办非公有制企业党员出资人暨“两新”组织党务工作者培训班（杨成标 摄）

2013年12月18日，金湾区召开党风廉政建设述责述德述廉会议，红旗镇、三灶管理区、区发展改革和统计局、区环保局、区住房和城乡建设局党廉建设第一责任人进行口头述责述德述廉，并接受评委现场打分　　（陈志强 摄）

2013年6月13日，金湾区教育系统“转作风提效能”活动动员大会现场　　（曹丽荣 摄）

2013年11月13日，金湾区人大常委会副主任林乃光（后排右二）在红旗镇八一社区党代表工作室听取群众意见（陈子欣 摄）

社会建设管理

2013年，金湾区加强社会服务体系建设。创建“广东省推进教育现代化先进区”，顺利通过“广东省义务教育均衡发展区”“广东省社区教育实验区”评估验收；推进创建卫生模范城市工作，全区生活垃圾无害化处理率100%；落实创建全国文明城市各项工作，通过创建全国文明城市测评；创建广东省生态区，顺利通过国家生态区技术评估。

2013年1月6日，金湾区召开创建文明城市工作部署大会
（金湾区新闻中心提供）

2013年10月31日—11月2日，金湾区通过“广东省社区教育实验区”专家评估组评估验收（曹丽荣 摄）

2013年11月9日，珠海市金湾区创建国家生态区技术评估汇报及反馈会在珠海德翰酒店会议室举行（成朝刚 摄）

2013年3月20日，金湾区“道德讲堂”活动更名为“明德讲堂”，40名创文宣讲员参加培训
（王欣楠 摄）

2013年11月29日，金湾区召开社会建设工作会议　　（金湾区委政法委供稿）

2013年11月29日，金湾区与珠海城市职业技术学院签订加强社会建设和创新社会治理战略合作协议

（珠海城市职业技术学院供稿）

2013年8月6日，金湾区区委书记吴轼（左二）到群众家中宣传创文知识　　（黄振坚 摄）

红旗三板村文化活动中心 （郭仲荣 摄）

红旗中心广场

红旗新貌 （郭仲荣 摄）

（郭仲荣 摄）

金湾绿道
（郭仲荣 摄）

金湾新面貌

红旗水产养殖基地 （郭仲荣 摄）

（郭仲荣 摄）

红旗镇三板村

广东科学技术职业学院

（郭仲荣 摄）

（郭仲荣 摄）

三灶生态林

（郭仲荣 摄）

2013年1月5日，国粹京剧走进红旗中学　　（张朝晖 摄）

2013年5月13日，金湾区第十届体育节正式启动，“绿道健步行”为首个活动项目　　（郭仲荣 摄）

2013年1月7日，《鹤无双》电影开机仪式　　（翟延佳 摄）

2013年2月25日，"三灶鹤舞"参加第七届珠海艺术巡游　　（王欣楠 摄）

2013年10月21日，金湾区第二届航空艺术节——“舞动青春”金湾区大学生舞蹈大赛在广东科学技术职业学院举行

（吴立平 摄）

2013年10月21日，第二届航空艺术节“舞动青春”金湾区大学生舞蹈大赛

（吴立平 摄）

2013年2月10日，春节游园
（张朝晖 摄）

2013年11月15日，第二届金湾航空艺术节珠海市高校街舞交流会（徐 茜摄）

红旗公园活动场所

（郭仲荣 摄）

金池展翅

（郭仲荣 摄）

2013年7月16日，金湾区《三灶鹤舞》参加由广东省文化厅主办的“热土风情舞岭南”2013年广东省非物质文化遗产传统舞蹈汇演决赛 （苏锦灵 摄）

2013年10月29日，金湾航空城合唱团参加珠海市第31届滨海之声音乐节暨第五届珠海合唱节在珠海大会堂举行的决赛 （吴立平 摄）

2013年11月17日，金湾区第二届珠海金湾“航空新城杯”公路自行车公开赛 （张 洲 摄）

2013年11月17日，金湾区第二届珠海金湾“航空新城杯”公路自行车公开赛　　（张　洲　摄）

2013年12月10—12日，珠海市道德模范事迹基层巡演暨红旗镇创建全国卫生镇专场文艺晚会

（吴立平 摄）

2013年6月20日，由珠海市委宣传部与金湾区委宣传部联合出品，九号仓文化传播有限公司创作拍摄的以“三灶鹤舞”为主题的微电影《鹤无双》，获得第十六届上海国际电影节手机电影节首度设立的“魅力城市”单元大奖

（金湾区委宣传部提供）

目　录 / CONTENTS

党政机关
PARTY & GOVERNMENT ORGANIZATIONS

民主党派·工商联
DEMOCRATIC PARTIES,FEDERATION OF INDUSTRY & COMMERCE

群众团体·社会团体
PEOPLE'S ORGANIZATIONS AND SOCIAL ORGANIZATIONS

武　装
Military

政　法
POLITICAL & LEGAL SYSTEM

战略性新兴产业
STRATEGICAL EMERGING INDUSTRY

招商引资
Foreign Investment

贸易·商业
TRADES & COMMERCE

经济监督管理
SUPERVISION & ADMINISTRATION OF THE ECONOMY

农　业
AGRICULTURE

民营经济
PRIVATE ECONOMY

财政税收·金融
FISCAL LEVY,BANKING & INSURANCE

城乡建设与管理
URBAN-RURAL CONSTRUCTION & ADMINISTRATION

交　通
TRAFFIC

公用事业
PUBLIC UTILITY

文　化
CULTURE

科技·卫生
TECHNOLOGY & SANITATION

旅游·体育
TOURISM & SPORTS

社会生活
SOCIAL ACTIVITIES

镇概况
GENERAL SITUATION OF TOWNS

人　物
FIGURES

文献辑录
BIBLIOGRAPH SELECTION

统计资料
STATISTIAL DATA

索　引
INDEX

航空城规划建设

金湾航空新城开发建设是珠海市重点开发建设项目，其中金湾航空新城核心区总用地面积3.8平方千米，东起机场东路，西至双湖路，北到金湖大道，南到中心河的规划主干道。金湾区政府作为航空新城开发建设管理主体，紧紧围绕“三年大开发，五年核心区基本建成，十年片区中心成规模”的建设目标，以高起点规划，高强度整合，市场化运作，分步推进、重点突破为总体思路，创新体制机制，完善城区综合功能，建设高标准、高品位，具备完善的行政、文化、商务功能的航空新城，为金湾经济社会发展和产业建设服务。2013年，完成航空新城核心区规划修编、城市设计和开发建设实体公司组建工作，航空新城规划展览馆、合作开发总体方案和土地清理等工作快速推进，航空新城核心区开发建设工作全面启动。

一、选定开发战略合作伙伴，确定珠海华发集团有限公司参与金湾航空新城核心区开发建设

本着“政府主导、企业运作”“收益共享、风险共担”原则，2013年7月18日，金湾区人民政府与珠海华发集团有限公司签订《航空新城开发战略合作框架协议》。根据协议，珠海华发集团有限公司与金湾区合作，逐步介入金湾航空城土地一级开发、航空城产业园航空城保税区的开发运营、联港工业区升级改造、金湾公共服务配套项目的开发运营等。8月29日，金湾区人民政府与珠海华发集团有限公司签订《珠海市金湾区航空新城核心区土地一级开发合作协议》，确定珠海华发集团有限公司参与金湾航空城的开发建设，负责该范围内的规划设计、土地一级开发、基础设施建设、招商引资等工作，预计总投资约45亿元。

在金湾区的协调推动下，珠海华发集团有限公司经珠海市人民政府国有资产监督管理委员会批准设立珠海华金开发建设有限公司（以下简称华金公司），专门负责金湾航空新城核心区开发建设。

二、加快规划编制，完成金湾航空新城核心区概念性详细规划设计及城市设计编制

金湾区人民政府和华金公司邀请新加坡雅思柏设计事务所编制金湾航空新城核心区概念性详细规划与城市设计。10月，雅思柏设计事务所进行概念性详细规划初稿汇报。12月，金湾区政府与华金公司和雅思柏设计事务所就初稿修改问题召开讨论会议。规划中明确航空新城核心区近期是金湾区行政商务商贸文化中心，远期是中心城区西部城市副中心，将打造成为规模适当功能完备的可步行商业文化副中心，环境舒适的滨水景观办公园区，有归属感的花园式绿色社区。概念性规划成果在《珠海市西湖片区启动区控制性规划修改》中落实并实施。完成“金湾航空城国际商务中心”“金湾航空城产业服务中心”“金湾航空城市民文化中心”三大中心项目的设计任务书，并启动建筑设计国际招标工作。

三、加快用地清理，开展金湾航空新城核心区项目土地相关工作

2013年，为保证航空新城核心区开发建设工作，成立珠海市金湾区航空新城核心区开发建设工作联合领导小组、金湾航空城土地整合及清理工作领导小组。组织金湾区国土、规划部门完成西湖片区土地权属专项核查工作，启动回收用地相关工作，成立征地拆迁办公室作为协助国土部门开展土地清理工作的专门机构，完成金湾航空城填土项目及市政道路二期A区工程项目备案，开展环评、水保工作。完成3.8平方千米范围内非建设用地测量统计，办理建设用地报批，其中：农用地2宗总面积约2万平方米，未利用地11宗总面积约24万平方米。草拟《珠海市金湾航空城建设用地整合处理方案（讨论稿）》，涉及需回收、处置用地24宗。

四、推进航空新城核心区市政道路和公共配套设施建设

2013年，金湾区按照“国际化、高标准、前瞻性”原则，规划建设航空新城核心区市政路网和管网体系。积极推进航空新城公共建筑，包括中心河整治及水利设施、市民服务中心、金湾一中、金湾人民医院、航空新城文化艺术中心、体育中心、市民公园的规划建设工作，提升金湾区城市形象。8月29日，金二路市政道路软基处理工程正式动工，标志着金湾航空城项目建设正式拉开序幕。金湾航空城一期和二期土方工程测量、市政道路工程二期地质勘察、金湾区航空城规划展览馆绿化提升工程顺利完成。加快推进西湖公园建设，完成西湖公园建设规划方案和西湖公园清淤、软基处理施工方案；抓紧推进地面施工图设计；开展西湖公园征名活动；用地清理工作取得突破性进展。（金湾区住房和城乡建设局）

幸福村居建设

2013年，金湾区贯彻落实珠海市委、市政府工作要求，按照统筹城乡一体化发展的总体思路，推进幸福村居建设工程，成立幸福村居“六大工程”专项小组。区、镇党政一把手负总责、亲自抓，实施特色产业发展、环境宜居提升、民生改善保障、特色文化带动、社会治理建设、固本强基六大民心工程，探索城乡统筹发展新路子。全区20个村居中16个村居参与珠海市幸福村居创建工作，取得阶段性成效，形成自身创建亮点。三灶镇海澄村、红旗镇三板村分别获得2013年珠海市幸福村居示范点1000万元建设资金，区、镇各配套1000万元投入。

一、抓规划统筹，引领村居建设

2013年，金湾区成立幸福村居规划编制评审领导机构，强化规划引领，坚持规划先行。在完善示范村规划编制的同时，督促其他参与创建的村居完成村居规划方案，为下一轮竞争性资金竞标做好准备。全年完成三灶镇海澄村、鱼林村、鱼月村、中心村，红旗镇三板村、广发村、广益村、沙脊村8个村的规划编制工作并通过区政府审批。

二、抓产业发展，壮大集体经济

2013年，各村居牢牢抓住发展农村经济、增加农民收入这个根本环节，采取各种方式提高村集体收入。海澄村利用原有经济合作社，与下属村民小组经济合作社共同组建珠海万澄房地产开发有限公司，引入社会资金，进行商业街改造，带动和促进经济增长逐渐由传统农业转向商业、服务业、旅游业等现代产业。在促进村集体经济发展的同时，积极引导村民自主建设院落式个性商业店铺。利用现有村居巷道建设特色啤酒街，增加业态形式，满足本地居民、流动人口、商务人士等多层次需求，推动特色商业纵深化发展。三板村引进三板农业发展有限公司，以“公司+农户”合作模式，发展特色水产养殖，打造“草鲩之乡”，并利用村原生态自然环境、独特农业景观和岭南特色水乡人文景观优势，发展乡村旅游，打造珠海市垂钓和乡村田园风光摄影基地。

三、抓重点村建设，实现示范带动

2013年，金湾区重点推进三灶镇海澄村和红旗镇三板村两个示范村的幸福村居创建工作，示范带动全区其他村居建设。海澄村幸福村居建设围绕“打造珠海国际窗口”目标，由珠海市规划设计院对照规划目标要求，对全村进行项目规划。重点开展沿街建筑立面整治、上表商业街改造、莲塘商业街改造、沿街绿化景观改造、垃圾房建设、生活污水和雨污管网等项目建设。其中上表商业街改造项目总投资约9000万元，建筑主体共7层，总建筑面积约45000平方米，项目由海澄村与上表村民小组共同组建的珠海万澄房地产开发有限公司负责项目立项、报建及对外合作等事宜，10月开工建设；莲塘商业街改造项目投资额约1270万元，建筑主体2层，总建筑面积4500平方米；海澄沿街外立面改造项目涉及海澄村沿线建筑82栋，包括民居与公共建筑，共分3个标段施工建设，投资金额1000万元。外立面改造示范项目鱼舫餐厅改造全面完工。三板村幸福村居建设重点推进三板村幸福广场工程、幸福路硬底化工程和一河两岸整治工程。其中，三板村幸福广场工程总占地面积1万多平方米，集休闲、娱乐、文化、办公、避险、商业等功能于一体，项目分两期建设，一期工程投入1000万元，进行幸福广场和村委会外立面改造。截至2013年年底，总长15千米，路面宽4米，总造价535万元的三板村幸福路硬底化工程全部完工，三板村率先成为珠海市第一个实现农田道路全部硬底化的行政村。营造生态、自然的沿河景观，以整治三板河道两侧为重点，整治道路与河流之间的护坡，清除沿河杂乱的植物，清理暴露垃圾，进行绿化美化，并穿插建设木质栈道、休憩亭与观鸟亭等。结合三板村幸福广场的现代岭南水乡特色，对滨河临水空间进行整治，重点整治沿河设置的厕所、杂物房等陈旧、杂乱的建筑物，在三板河畔重塑水乡风情，工程投入资金近千万元。

四、抓改革创新，增强创建活力

为幸福村居创建注入活力。一是建立“政府主导、农民主体、社会参与”的投入机制，推动人、财、物等社会建设资源向村居倾斜。2013—2016年连续4年，金湾区财政每年配套安排3000万元以上资金，镇级按1比1配套资金用于幸福村居建设，全年金湾区下拨各镇创建资金3800万元。金湾区制定《珠海市金湾区创建幸福村居专项资金使用监督管理办法》，确保建设资金规范使用。区财政安排100万元，设立青年农民创业风险基金，解决当前农业小额资金融资困难问题，促进农业发展转型升级。修订完善《金湾区关于进一步扶持村（居）发展的若干措施》，兑现村（居）集体经济发展扶持资金，为幸福村居建设提供有力资金支持。二是对农村集体资产、资源、资金进行清理、确权，建立镇级农村集体资产交易平台，将

“三资”（资金、资产、资源）、合同和项目工程纳入农村集体资产管理交易机构进行管理和交易，建立健全票据管理和财务档案管理制度。三是以珠海市“一卡通”为契机，选择海澄村作为村居卫生信息化试点村居，创建“健康小屋”，以及家庭之间建立通畅的联络呼救通道，建立村民“健康档案”。社区医生定期入户送医送药、副高以上的医师定期坐诊，实行医护人员24小时值班制，实现小病不出村。婴幼儿在村卫生服务中心接种疫苗。实行动态管理，完善新型合作医疗管理机制。村民还可自行查询本人的健康体检结果、诊疗信息。村民刷市民卡、医保卡或身份证，便可得到基本医疗和公共卫生服务，信息自动传入信息化平台的数据库，让村民健康档案真正活起来。四是创建村居“幸福小站”，积极探索农村基层党建工作的新路子，增强基层党组织的创造力、凝聚力和战斗力。“幸福小站”具备党员（村民）活动、党小组会议、文化娱乐、学习培训等功能，为党员群众一起讨论村组事务提供了场所，也为群众开展文化娱乐活动提供了阵地，有效地促进了农村各项工作的顺利开展。五是在畅通行政事务性服务渠道的同时，注重满足村民的个性化、多样化、专业化服务需求。率先采取区、镇合建方式在三灶、红旗镇各建1个农村社区综合服务中心示范点。海澄村率先在珠海市启动农村社会工作试点，以社会工作服务进入村居推动幸福村居建设。计划用1年时间将海澄村打造成为农村社会工作示范村。通过“村委工作人员+社会工作督导+专业社工+志愿者+有技能的村民”五位一体的社会工作服务团队，全面提升社区服务综合水平，打造“幸福海澄、文明家园”的村居品牌。在珠海市幸福村居办、航空城集团等部门的支持下，镇、村又投入60万元对海澄村村委会大楼进行改造，将行政职能集中到一楼；将25层共1000平方米空间进行装修改造，建设村民服务中心，用乐康、亲情、关爱、共济、牵手等活动，为村民提供全方位的社会服务。

五、抓整治环境，提升村居形象

金湾区开展整治环境工作。一是“洁净工程”行动，建成标准密封式垃圾房163座，新增保洁人员50名，农村环境卫生和村容村貌得到改善。6月，珠海市35个示范村（居）进行考核检查评比，金湾区各村居名列前茅。二是实施海澄村沿街82栋外立面改造、以三板河道两侧整治为重点的“一河两岸”工程，美化村居，打造旅游亮点；对三板村危桥进行拆建，方便村民出行；对机场路沿线进行绿化及景观改造升级，形成统一、协调的村居形象。三是逐步在各村居规划建设生活污水和雨污管网，接驳市政污水管网。村居污水处理采用兼氧膜生物反应器工艺、污水处理与回用一体化装置的小型污水处理设施，占地面积小，建设周期短，处理效果好，运行费用低，提升村居形象。

六、抓宣传发动，激发群众热情

金湾区把广泛宣传调动各方面的积极性作为创建工作重点之一。注重宣传方式的多样性，采用悬挂宣传标语、利用广告牌、黑板报、墙报、流动宣传车等宣传方式外，还配合做好公益广告、报刊、电视等新闻媒体的宣传，更注重发动基层干部、自愿者就近对群众的宣传。和谐创建工作氛围日益浓厚，达到家喻户晓人人参与创建工作。各级干部按照职责开展抓创建工作，广大群众从小事、身边事做起，维护环境卫生，配合项目拆迁等。海澄村干部群众为创建工作踊跃捐款达119890元。

七、抓资金筹措，引导各方参与

金湾区发动社会力量引入社会资金参与幸福村居建设。海澄村引进珠海万潮投资有限公司投资亿元资金进行商业街改造；利用闲置集体留用地与中航通飞洽谈合作建设商住综合体；与诚丰集团合作建设星级酒店，解决村民就业，增加经济效益。协调航空城集团参与创建工作，成立航空城集团“驻海澄村办公室”，从项目投资、技术管理服务、精神文明建设等三方面帮助海澄村实现“珠海幸福村居第一村”目标。航空城集团出资300万元建成航空城社区公园，为村民提供休闲娱乐的活动场所，改善海澄村居住环境。

（金湾区海洋和农渔局）

"三清"工作

2013年，按照市委、市政府关于开展"清土地、清项目、清政策"的"三清"工作部署，围绕"三年大变化，五年上台阶"工作目标，金湾区成立以区长欧阳德红任组长，区委常委何为任常务副组长，金湾国土分局、三灶镇政府、红旗镇政府负责人任副组长，金湾区发展改革和统计局、金湾区科技工贸和信息化局、金湾区招商局等相关单位负责人任成员的"三清"工作小组。编制《金湾区"三清"三年大变化、五年上台阶工作方案》《金湾区2013年"三清"工作方案》《金湾区闲置土地工作方案》和《金湾区2014—2016年"三清"工作方案》。由国土部门牵头，联合金湾区科技工贸和信息化局、金湾区招商局及各镇对金湾区工业项目进行清理调查，全面开展"三清"工作。三灶镇、红旗镇成立三清"洽谈小组"，加强与企业沟通联系，督促企业二期用地开发建设。截至2013年年底，清理工业用地和经营性用地1482宗，面积3601公顷，其中工业用地716宗，面积1916公顷，经营性用地766宗，面积1685公顷；完成清查在建、部分建成和已建成投产（含租赁厂房）的工业项目604个；清查在建或部分建成投产项目用地（B类项目用地）206宗。

一、"清土地"工作

（一）加大力度处置闲置土地。根据金湾区"三清"工作政策和未动工项目用地（A类用地）、在建或部分建成投产项目用地（B类用地）、已建成项目用地（C类用地）三类用地的处置办法，金湾区综合运用经济、法律和行政手段，处置闲置土地。土地闲置依法应当收回的坚决收回，重新安排使用。不符合法定收回条件的采取置换土地、调整土地用途、安排临时使用、协议收回等途径及时处置并充分利用。分期供地的用地单位后期无能力继续建设或达不到继续供地条件的不再供地。截至2013年年底，金湾区清理空置土地面积450公顷，其中涉嫌闲置土地55宗，面积139.1公顷。涉嫌闲置土地中，11宗面积共39.28公顷的土地按程序收回使用权，其余44宗面积共99.82公顷的土地按照《珠海市闲置土地处置办法》相关规定，采取延长动工期限、督促动工、征收闲置费、调地、收地等方式处置。通过协商谈判，收回土地35宗，面积110公顷。其中办公用地1宗（划拨用地），面积0.23公顷，安排给金湾互通立交项目使用；学校用地2宗，面积约3.1公顷，收回后重新安排给珠海市城市职业技术学院使用；储备用地1宗，面积0.5公顷，收回后重新安排给珠海市公共汽车公司湖心路口中转站用地；经营性用地6宗，面积约29.78公顷，其中19.52公顷收回后计划安排给金湾一中及金湾公安分局使用；工业用地25宗，面积约76.39公顷。

（二）想方设法盘活用地。金湾区通过收回土地重新招拍挂出让、股权转让、"三旧"改造等方式盘活用地68宗，面积208公顷。其中盘活工业用地64宗，面积203.7公顷，包括在原中汽专用汽车制造有限公司20公顷用地上重新引进丽珠集团丽珠制药厂项目，协助汤臣倍健股份有限公司成功竞得原桥椿金属（珠海）有限公司名下工业用地8.8公顷及收购盘活普迪电子科技有限公司工业用地3.3公顷、协助珠海生物细胞技术中心成功竞得被珠海市香洲区人民法院拍卖的原珠海龙城艺术雕塑有限公司工业用地3公顷等，新引进珠海银隆新能源有限公司、天锐电子有限公司、百利盖科技（珠海）有限公司、珠海市西婷生物科技有限公司等一批优质项目，项目建设投产后预计金湾区每年增加产值超过250亿元，纳税增加超过18亿元。通过三旧改造，4宗用地面积4.3公顷原有的空置厂房改造成金山林酒店、凯豪酒店、丽康医院、泰锋电器城，给金湾区居民生活带来极大便利。

二、“清项目”工作

（一）明确目标责任。坚持高质发展和替代优先原则，以产业转移工业园和旧工业区的城市更新为契机，培育和发展战略性新兴产业，引导和推动劳动密集型、资源消耗型和低附加值产业以及部分扩张产能有序转移，淘汰不良企业，引导各园区实施“腾笼换鸟”战略，为产业转型升级腾出发展空间，吸引高端产业项目进驻。细化责任目标，制订项目清理计划，实行目标责任制，严格招商选资，成立项目落户评估小组，建立项目引进评估预审机制、审批机制和监管机制，从项目的洽谈到落户，实现一系列的评估制度。

（二）嫁接新项目。召开“清项目”工作会议，通过协商回收、鼓励合作等方式盘活闲置用地，嫁接新项目，严密部署全区劳动密集型、资源消耗型和低附加值项目淘汰落后工作。全区清理项目54个，涉及用地面积121公顷，租用厂房面积4.04公顷。盘活珠海加华石材有限公司、珠海丹奥电子有限公司、珠海龙城艺术雕塑有限公司、珠海市明宏实业有限公司等16宗二手用地，引进珠海市德昌顺物流投资有限公司、珠海市精文汽车贸易有限公司、美国迈克瑞复合材料有限公司等优质项目；转移珠海市幸福注射器厂有限公司、珠海市粤富洋包装制品有限公司等17家低端企业，引进珠海奥托沙医疗科技有限公司、珠海威润玛工业设备维护有限公司、珠海宝丰堂电子科技有限公司等14个优质项目；完成珠海龙城艺术雕塑有限公司对接生物干细胞项目、广州市润丰实业有限公司对接美国迈克瑞复合材料有限公司项目、珠海市明宏实业有限公司对接炜东电子科技有限公司项目等18个项目，为园区经济发展注入新鲜血液。

（三）清理落后项目。组织相关部门深入一线调研摸底，让企业学习、理解和把握“三清”政策有关要求，推进全区淘汰落后项目工作。引导企业发展资源消耗低、环境污染少、附加值高的高新技术产业，培育绿色企业，加快淘汰落后的高耗能、高污染项目。全区800多个工业项目中，在产的工业项目约700家，完成清查在建、部分建成和已建成投产（含租赁厂房）的工业项目604个。其中购地建厂房项目321个，购地面积1169公顷，截至2013年年底建成建筑面积665公顷，平均建筑容积率0.569；租赁厂房项目283个，租用厂房面积157公顷。购地建厂的321个项目中，在建或部分建成投产项目187个，占58.26%，用地面积446公顷；已建成投产的项目134个，占41.74%，用地面积723公顷。

三、“清政策”工作

2013年，对辖区内工业项目进行摸底调查和统计，对投产运营情况不良的工业项目进行盘活整改，“清政策”重点项目放在在建或部分建成未达到要求的B类项目。全区清查B类项目用地206宗，其中三灶镇（三灶工业园）B类项目67宗；红旗镇（红旗工业区）B类用地73宗，联港工业区B类用地66宗。三灶镇67个项目总用地面积306.87公顷，其中59家签订项目投资协议书，8家未签订；红旗镇73个项目总用地面积169公顷，已建设的建筑面积63.74公顷，66家签订项目投资协议书，7家未签订；联港工业区66个项目中待清理项目7个，涉及用地面积18.82公顷，已建设的一期建筑面积4.99公顷，未按协议规定的二期建筑面积9.38公顷；纳入监控项目43个，涉及用地面积158.64公顷，已建设的一期建筑面积70.44公顷，未按协议规定的二期建筑面积50.72公顷；16个项目二期处于报建或建设之中，属于正常督办项目。

（一）督促企业二期用地开发建设。三灶镇、红旗镇对部分项目没有全部履行合同或所约定内容（如容积率、投资强度、二期建筑面积等）的项目提出处理方案，上门做好企业思想工作，加强与企业沟通和联系，下达《督促企业二期用地开发建设》通知书，敦促二期用地未建企业尽早动工建设。联港工业区对园区10个二期未建设项目，下达督促企业二期用地开发建设通知书，园区康利电子科技有限公司、汉威电子股份有限公司、珠海市佳铖电子厂等27家企业启动二期动工建设；建筑面积约42公顷，雅士电子有限公司、珠海正友科技有限公司、珠海三木科技股份有限公司、珠海市氟特科技有限公司等14个项目处于办理报建手续阶段。三灶镇符合“清政策”条件，部分已建或违反协议未建设的土地24宗，面积85公顷，采取督促二期限期建设和政府协议收回的方式进行处置。

（二）实施项目对接工作。对有大片空置用地的企业采取政府协议收回空置地的方式，出让给亟需落户建厂的新项目，满足项目用地需求。红旗镇、联港工业区通过协商回收、合作、并购等方式盘活项目用地31宗，引进珠海市海斯比游艇工程技术有限公司、德尔玛重工机械（珠海）有限公司等项目，盘活闲置土地面积约100公顷。三灶镇通过协议收回、股权转让等方式清理57.92公顷用地，重新置入天锐电子有限公司等项目。

（金湾区“三清”工作领导小组）

广东省生态区创建工作

2013年，金湾区以科学发展观为指导，按照《珠江三角洲地区改革发展规划纲要（2008—2020年）》《珠海市环境保护“十一五”规划——生态市建设规划近期目标实施方案》以及“发展与保护双赢”的总体思路，致力于生态文明建设。实施《珠海市金湾区生态区建设规划》推进生态区建设工作，成立专项工作领导小组，严格总量控制狠抓污染减排，狠抓源头促产业结构升级，深化生态细胞工程建设。全年，金湾区通过加大环境保护和治理，注重生态文明建设，深入开展总量控制工作，调整能源结构和对废气处理设施的技术改造，二氧化硫和氮氧化物排放量得到有效控制，重点工业污染源排放达标率100%；完善污水处理厂和管网，生活污水处理率大幅提高；投入资金建设垃圾压缩中转站，生活垃圾清运率、医疗废物无害化处理率达到100%。全年金湾区饮用水源水质达标率100%，空气质量保持优良水平以上不少于300天，声环境质量现状总体良好，噪声平均值和交通干线噪声平均值达到广东省生态区建设指标。5月成功创建广东省生态区，12月24日正式获批。

一、高度重视，成立专项工作领导小组

2013年，金湾区各部门以打造“生态金湾，科学发展”为导向，坚持环境优先、生态优先、文明优先原则，开展生态区创建工作。成立专项工作领导小组，区委书记、区人大常委会主任吴轼任组长，区委副书记、区长杜卓任常务副组长，各党政机关“一把手”任成员，形成“成员单位分工明确，区委区政府领导抓调研、抓部署、抓考核；分管领导深入一线抓督查、抓落实；区人大、政协履行民主监督职能”的工作机制。政府各部门各负其责推动科技建设、联合建设，全面推进广东省生态区建设工作。以建设广东省生态区为契机，深化绿色发展理念，坚守“蓝天白云、青山绿水”底线，整治和提升城镇环境，加速实现循环型经济，打造“高端集聚，生态领先”的金湾幸福区。

二、狠抓源头，促产业结构升级

2013年，金湾区执行环境影响评价和“三同时”（建设项目中防治污染的设施，应当与主体工程同时设计、同时施工、同时投产使用）制度，严格遵守环保审批程序，通过严把“关口”促进金湾区产业结构优化升级，确保区域经济快速、健康、可持续发展。一是严把审批关口。根据金湾区产业结构调整的总体步骤，严格按照建设项目七项审批原则，对不符合

产业政策、不符合总体规划的企业坚决不予审批，对高耗能、高污染和资源性（两高一资）等项目严格把关，对污染影响较大且难以治理的工业扩建项目进行否决。做到不以牺牲环境为代价换取眼前的经济利益，以更好地保护资源和环境，保证金湾区可持续发展的需要。二是严把验收关口。定期梳理符合验收条件的建设项目，加强竣工环保验收管理。对建设单位未落实环保“三同时”制度、“久拖不验”“久试不验”、未经环保验收或验收不合格擅自投入生产的，采取严厉的查处手段。三是严把监督关口。推进公众参与，发挥社会各界的监督作用。新建项目在环评阶段，将建设项目概况、项目对环境可能造成的影响、污染防治对策措施及环境影响评价主要结论等内容，在金湾区政府信息网上公示，发放环境影响评价公众意见调查表，征求公众对环境影响评价结论的意见，避免因环保审查失误而新产生重污染企业。

三、严格总量控制，狠抓污染减排

2013年，金湾区开展控制污染物总量和削减污染物排放总量系列工作。一是制订总量减排年度工作计划及实施方案，落实总量减排工作责任制。为实现污染减排任务，对总量减排工作详细安排，把污染减排任务分解落实到各责任单位，落实污染减排工作责任制。完成金湾区主要污染物排放总量减排重点工程工作方案的编写。以环境保护规划为龙头，严格环保准入，以排污许可证为核心，强化污染源监督管理，加强区域性环境综合整治和加大环保投入等具体实施措施，把总量减排工作落到实处。二是推进工业行业工程治理，促进节能减排。金湾区把节能减排作为扩内需、保增长、调结构的重要内容，开展全区节能降耗减排工作。节能减排全面达标，形成低耗高产的经济增长方式，荣获“珠海市‘十一五’污染减排工作先进集体”称号，形成低投入、低消耗、低排放和高效率的经济发展方式。三是推进规模化畜禽养殖场污染治理，落实农业源减排。多次对纳入减排的养殖场进行现场检查，并组织养殖场负责人召开专题工作会议，对各养殖场的减排提出明确要求，深入推进规模化畜禽养殖的减排。四是大力开展工程减排工作，扎实推进污水处理设施及配套管网建设。金湾区污水处理工程运行正常，出水稳定达标，处理效果良好，大幅度地削减主要污染物排放，为经济增长提供发展空间。启动三灶水质净化厂二期（规模为5万吨/天）建设的前期工程，建污水处理厂的配套管网工程。五是开展三灶大门口水道及附近海域水环境容量课题研究。委托环境保护部华南环境科学研究所开展课题研究工作。针对该区域环境容量管理提出相应的措施建议，特别提出从鸡啼门水道引水疏浚削污增容方案，完成项目建议书编制工作。课题研究阶段成果通过内审会议，根据专家组意见补充畜禽养殖污染治理等内容。

四、夯实生态建设基础，深化生态细胞工程建设

金湾区以镇、社区为单位，深入开展生态细胞工程建设，夯实生态建设基础。一是将生态建设工作落实到基层社区（村），从身边群众做起，从基层单位抓起，从小区域突破并不断延伸拓展生态建设。以启动生态示范建设为契机，先后成功建设国家级生态乡镇4个（含高栏港经济区2个），覆盖率达到100%。在绿色社区和绿色学校建设活动中，5个社区获得“绿色社区”称号，26所学校被命名为省、市级“绿色学校（幼儿园）”。二是开展环保宣传工作，普及生态科学知识。金湾区采取多管齐下，多形式，多渠道，全方位地进行环保宣传工作。先后投资近100万元在各个社区和学校设立环保宣传牌，在各镇文化广场树立“创生态文明，建美好家园”巨幅环保宣传标语。在环境保护宣传月活动期间，印发环保宣传册子，开展一系列环保法律法规进企业、机关、学校、社区的宣传活动，积极创新工作方式，组织企业和社区共同参与“低碳减排，绿色行动”活动。通过网络、报刊、广播、电视等媒介发布环保知识和相关信息，提高群众的环境保护意识。三是推广生态文化教育，培育生态文明理念。金湾区积极开展生态文化教育，精心组织细心培育，创建各类生态主题场所及环保教育基地，以教育和熏陶浸染的方式培育群众的生态文明理念。全区中小学校通过开设环保课程、讲座、环保研究性学习，开展环保书画、摄影、征文等多种活动对学生进行环保教育，提高学生的生态文化素养。开展生态主题公园绿地建设，建设孖髻山公园等一批集自然生态、传统文化、休闲娱乐为一体的城镇公园。（金湾区环境保护局）

广东省社区教育实验区创建

金湾区社区教育立足金湾实际，确立“发挥区位优势、整合教育资源、面向各类人群、提高全民素质”的社区教育理念，扎实推进“构建五大体系，培育四大特色”的社区教育模式，推进学习型社会建设，为促进经济社会的转型升级提供智力支撑和人才保障。2013年11月，金湾区通过创建“广东省社区教育实验区”的评估验收，达到广东省社区教育实验区的标准。

一、建章立制，构建社区教育管理体系

金湾区重视社区教育，把社区教育纳入区域教育总体规划，统一领导、统筹安排，形成“党委重视、政府统筹、部门联动、社会参与”的社区教育运作模式。制订《金湾区创建学习型社会组织实施方案》《金湾区社区教育工作规划（2011—2015）》以及金湾区社会教育管理若干规定等。制订社区教育工作计划，将社区教育工作纳入村（居）委员会工作考核体系。在推进社区教育实践的探索中，逐步建立社区教育联络员制度、志愿者服务工作制度、居民终生学习制度等社区教育管理制度。制订《社区教育资源共享制度》，推进学校教育资源向社区开，让学校教育成为社区教育的重要组成部分。出台《关于进一步推进社区教育工作的意见》《金湾区规范化社区教育学校设置标准（试行）》《金湾区示范社区（村）教育工作站设置标准（试行）》等政策文件，明确社区教育工作的意义、原则和目标，并将社区教育工作作为各单位年度科学发展观考核中教育工作主要目标完成情况的验收依据之一。制订《金湾区创建广东省社区教育实验区实施方案》，明确创建社区教育实验区工作的指导思想、目标任务、创建进程及工作要求。

二、统筹协调，构建社区教育保障体系

金湾区抓好队伍建设，多渠道落实经费保障，以保障社区教育工作健康持续发展。组织社区教育管理人员和教师参加各类社区教育业务培训；充分挖掘区内外人才资源，选拔一批乐于奉献、热衷于社区教育的退休教师、（离）退休干部和在职在岗的机关、中小学、企业、科研机构的中青年骨干充实到社区教师队伍中。重视发挥区内高校优势，与珠海城市职业学院联合设立金湾区社区学院，与区内5所高校签订合作协议，开展多种合作和联合举办各类培训班，聘请院校教授和专家到社区兼职，面向社会广泛开展社区教育“志愿者招募”活动。截至2013年年底，金湾区有区、镇两级专职社区教育管理人员5名，村居兼职教育管理人员46人，社区教育专职教师5人、兼职教师136人，社区教育工作志愿者28852人，其中区内高校网上注册志愿者242人。高校志愿者用实际行动投身社区教育工作，成为社区教育志愿者的主力军。社区教育经费每年列入政府财政预算，并随经济的增长而增长。采取“区镇两级投入”办法，多渠道筹措社区教育经费。社区教育基地建设费、大型公益设施费、设备添置费等由区财政解决；一些重大活动及培训由政府专项补助；广场活动、社区教育设施等经费由区财政安排与企业赞助相结合；劳动力转移实施免费职业技能培训，全部由政府财政安排。

三、共建共享，构建社区教育网络体系

金湾区坚持教育优先发展战略，构建社区教育网络，社区教育资源日益丰富。截至2013年年底，金湾区有成人文化技术学校2所、老年大学2所、非学历教育培训机构10所、高等院校5所、中小学17所、幼儿园23所、社区活动中心11个。各村居设有文化广场、电影院、书屋、健身房、健身广场等社区教育设施。一是建设“三级”社区教育阵地。依托区内高校开展区成人文化技术教育培训，推动社区教育实践、创建区域特色、提升教育服务水平。全区11个社区建有功能室齐全的社区教育活动中心、健身活动广场和体育路径，形成以区文化馆、图书馆为龙头，镇文化站、图书室为骨干，社区、村（居）综合文化活动室、农家漂流书屋为基础的三级文化服务及公共阅读服务阵地网络。二是统筹规划学校、单位（企业）、社区和社会四大社区教育资源，做到“教育阵地共用、教育资源共享”，即区内高校图书馆、师资向基础教育学校开放；高校科研机构与企业结对；中小学的各类功能室、场地设施在学生放学后向社会开放，学校文体活动向社区开放；区文化活动中心、展览馆、体育馆、文物古迹以及村（居）文体活动中心、农家书屋、农业种植基地向社区居民、中小学学生开放，为居民终身学习提供多层次、多类型服务。三是搭建信息化教育平台。2003年，建成区行政办公局域网、金湾区人民政府网，实现机关办公自动化。2007年，建成金湾教育信息网，实现教育信息资源共享。各社区建立电子显示屏和电子阅览室，传递不同需求的教育信息、就业信息，各社区都配备符合远程教育工作要求的各种硬件，满足居民进行网络交流学习与探讨的需求。

四、服务民生，构建社区教育培训体系

金湾区抓好全员劳动技能培训，加强社区居民就业创业指导，开展多层次、多样化、宽领域、全方位的教育培训活动，提高不同年龄、不同层次、不同职业和不同需求居民的就业竞争能力，社区教育真正惠及全民。一是推进居民素质教育，加强法制教育、亲子教育、文明素质教育、生态文明教育。近两年来，全区举办各类法制宣传教育课380场次，受教育人数计16万人，开展法律咨询208场次，组织听证会4场次，举办法律知识竞赛10次，旁听庭审和模拟法庭活动12场次，开展禁毒宣传、法制图片展览280场次，出动宣传车35次，制作法制宣传栏916期，编印、发放法制宣传资料30.6多万份。结合“创建全国文明城市”，开展居民文明礼仪培训班；开发社区教育“读本”“宣传手册”；推出“快乐学习”活动，定期深入社区播放露天电影，电影院开辟老年免费专场、学生免费专场，以电影为载体，加强思想道德教育。二是加强社区居民就业创业培训。加强对失地农民、外来务工人员以及各类下岗、待业（失业）人员的技能培训和就业服务。通过举办各类技术培训班、现场技术指导、印发培训资料、建立农业科技示范户等方式，培育具有现代素养的新型农民。2011—2013年，金湾区共投入196.6万元，用于全民技能提升培训，平均每年8场次培训及现场指导会，每年参加培训农民达1000多人次。基本实现有就业能力和就业愿望的城乡劳动力人人有事做的工作目标。三是重视对老年人和残障人群的教育服务。各社区建立老年活动室，定期组织老党员、老干部读报学习，开展健康知识讲座；各社区活动场所，免费对老年人开放，供老年人娱乐、健身。三灶镇老年大学开辟“老年人健康教育宣传”专栏，开设“中西医保健老年教学班”。为鼓励残障人员自强自立，区民政、残联、卫生院、敬老院等有关部门，免费开展心理咨询指导、文化职业技能创业培训，开辟残障人员就业绿色通道，让有一技之长的残障人员自食其力。

（金湾区教育局）

以全面深化改革为统揽
推动金湾“二次创业”取得历史性突破

——在区委三届五次全会第一次全体会议上的报告

（2014年2月12日）

金湾区委书记　吴　轼

同志们：

现在，我代表区委常委会向全会作工作报告。

一、关于2013年工作总结

2013年，是金湾“二次创业”实现新突破的关键一年。在市委、市政府的正确领导下，金湾区认真贯彻“蓝色珠海、科学崛起”发展战略，以建设“生态文明新特区、科学发展示范市”为统领，围绕实现市委、市政府对金湾提出的打造“珠海发展高端产业的重要聚集区、展示国际化城市形象的重要窗口、西部生态新城的核心片区”的“三大定位”，突出抓好产业发展、新城建设、幸福村居建设、社会建设和作风

建设，脚踏实地抓好各项工作落实，全力推进“二次创业”，全力实现五年翻一番的目标，全区经济社会呈现良好的发展态势，产业发展、新城建设和园区建设拉开了框架，社会民生得到明显改善，社会大局保持和谐稳定，党的建设科学化水平进一步提高，“二次创业”取得新的突破。

一年来，我们重点抓了六个方面的工作。

（一）深入学习贯彻习近平总书记系列重要讲话精神，向改革创新要活力。一年来，深入学习贯彻习近平总书记系列重要讲话特别是视察珠海重要讲话精神，围绕实现“三大定位”，加大改革创新力度，进一步统一了广大干部群众的思想认识、增强了发展信心。重点领域改革扎实推进，圆满完成第五轮行政审批制度改革，行政审批事项从218项压减到112项，调整压缩比例达48.2%，提前两年达到省关于2015年减少40%的行政审批事项的目标。积极推进网上办事大厅建设，在全市率先将网上办事大厅延伸至各镇、各村居。事业单位分类改革基本完成，全区事业单位从改革前的89个压减到87个，事业编制从1883个压减到1812个。积极推进社会信用体系和市场监管体系建设，在全市率先建设肉类流通追溯体系。深化农村综合改革，三灶镇、红旗镇建成“三资”交易监管平台。

（二）着力抓产业转型升级，经济保持平稳较快发展。加快发展战略性新兴产业，突出抓好园区基础设施建设、招商引资、企业服务和固定资产投资，大力推进航空产业园和生物医药产业园规划建设，新增建设用地达1.25平方公里；用海申报取得初步成果，“三清”工作扎实推进，完成了《联港工业区转型升级规划研究》；招商引资工作取得重大突破，成功引进了投资100亿元的中铁建投资、科创集团珠海医药基地，以及产销超100亿的普瑞博思珠海生产和销售总部三个重量级项目，全年新签约引进项目102个，投资总额约290亿元；中航通飞和民航校飞中心南方基地等重大项目建设顺利推进，丽珠医药集团完成整体搬迁工作，顺利落户金湾。全区2013年各项主要经济指标均保持两位数的增长速度，其中，完成本地生产总值179.24亿元，同比增长13.8%；实现规模以上工业总产值454.38亿元，同比增长14.6%；实现规模以上工业增加值118.43亿元，同比增长14%；完成公共财政预算收入15.95亿元，同比增长16.7%。

（三）着力抓航空城建设，宜居环境进一步优化。以航空城建设为抓手，提升金湾城市化水平，统筹城乡发展。与华发集团正式签署战略合作协议，全力推进航空城的整体规划、设计、土地开发及工程建设等各项工作。金湾航空城规划展览馆建成开馆。金二路、金湖大道东路等道路建设顺利推进，航空城核心区二期市政道路可研评审已经完成，土地整合和清理工作有序推进。举全区之力完成金湖公园用地清理工作，金湖公园工程如期开工建设。“两违”整治取得明显成效，实现了“零增长、减存量”的整治目标。市容市貌整治扎实推进，完成了三灶镇金海岸大道、金岛路和红旗镇广安路、虹晖一路等主干道路的美化绿化提升工作。生态建设取得重大进展，成功创建广东省生态区，顺利通过国家生态区的技术评估。深入推进创建卫生模范城市工作，全区生活垃圾无害化处理率达到了100%的目标。

（四）着力抓幸福村居建设，社会民生大幅改善。区财政投入民生支出占公共财政预算支出65.79%。幸福村居创建初见成效。完成了三灶镇海澄、鱼林、鱼月、中心村，红旗镇三板、广发、广益、沙脊村等8个村的规划编制工作。开展“洁净工程”行动，农村环境卫生和村容村貌得到极大改善。修订完善《金湾区关于进一步扶持村（居）发展的若干措施》，区财政投入3800万元创建幸福村居专项资金，另安排100万元设立青年农民创业风险基金，为幸福村居建设提供有力资金支持。示范村重点建设工程进展顺利，海澄村幸福村居“珠海第一村”的形象已初步显现，三板村水乡特色逐步形成。社会事业全面进步。顺利通过“广东省义务教育均衡发展区”“广东省社区教育实验区”评估验收，创建“广东省推进教育现代化先进区”工作取得显著成绩，中高考成绩取得新突破。金湾区人民医院建设工程进展顺利，三灶、红旗医院“一卡通”系统已全面投入使用。全区就业形势保持相对稳定，城镇登记失业率2.34%。社保扩面工作稳步推进，加大扶贫工作力度，着力完善社会救助体系，出台《金湾区帮扶困难优抚对象实施意见》。认真落实创建全国文明城市各项工作，顺利通过创文测评。金海岸文化艺术中心建设稳步推进，区、镇、村三级文化服务阵地网络基本形成。计划生育利益导向政策体系不断完善，实现免费孕前优生健康检查、计划生育手术奖励（补助）全覆盖。在三灶镇海澄村和红旗镇广安社区建立社会工作服务站。成功创建全市首个社会主义新农村建设档案工作省级示范区。

（五）着力抓平安金湾建设，社会大局保持和谐稳定。着力加强社会建设，出台了《关于加强社会建设的实施意见》和《加快发展金湾区志愿服务事业的意见》。深入开展平安创建、法制宣传、人民调解、社区矫正、安置帮教和法律服务工作，加快解决三灶管理区历史遗留问题，加强综治信访维稳工作，出台了《关于实行各级领导干部综治信访维稳工作“一岗双责”制度的意见》及其《实施细则》，妥善处置了个别青湾养殖户寻衅滋事等重大案件，严格落实安全生产“一岗双责”，全面推进“一体系三平台”建设，在全国“两会”、金湾现场会、十八届三中全会等重大活动和重要会议期间，全区没有发生严重影响稳定的群体性事件，没有发生较大及以上生产安全事故，社会大局保持和谐稳定。

（六）着力抓“转作风、提效能”，党的建设全面加强。在全区各单位深入开展“转作风提效能”评比活动，严格落实“八项规定”，坚决反对“四风”，坚持区领导带头抓落实，区党政领导班子每周定期召开例会研究推进工作，带头深入重大项目建设工地查进展、抓督办。建立了区四套领导班子成员驻党代表工作室工作长效机制，切实解决了一批群众关心的困难和问题，全区机关“转作风提效能”成效明显。强力推进村居党小组活动阵地建设，全力打造基层服务型党组织。集中开展以党的组织和党建工作全覆盖为重点的“百日攻坚回头看”专项行动，圆满完成“两新”组织党建工作“双百”目标。加强干部选拔任用工作，全面推行竞争上岗职位差额票决制，全年共提拔使用干部48人，其中竞争选拔干部20人。加强宣传思想工作，充分发挥主流媒体的作用，建立了舆情监测研判机制。切实加强党风廉政建设，深入推进建设工程领域突出问题专项治理工作，反腐倡廉力度进一步加大。

区委支持人大、政协依法行使职权，坚持依法治区，维护司法公正和社会公平正义，充分发挥区法检两院的职能作用。积极拓展统战领域，各民主党派、工商联和无党派人士充分发挥了“智库”作用。坚持党管武装，双拥工作和人民武装建设进一步加强。工青妇、侨联、残联、红十字会、工商联、社科联等人民团体联系基层的桥梁纽带作用进一步增强。

同志们，以上报告的是区委常委会一年来的主要工作。这些成绩的取得，是市委、市政府正确领导的结果，是全区各级各部门努力工作的结果，是政府和企业、社会各界共同奋斗的结果。借此机会，我谨代表区委常委会，向全区广大干部群众和关心支持金湾发展的社会各界人士表示衷心的感谢，并致以崇高的敬意！

在看到成绩的同时，我们也要清醒地看到发展中存在的问题和不足：一是产业发展平台不完善，配套建设有待加强；二是城乡配套发展迟缓，统筹城乡发展的压力较大；三是机关作风还需改进，行政效能有待进一步提升；四是历史包袱重，社会维稳压力增大。对于存在的问题，我们要高度重视并采取有力措施切实解决。

二、关于2014年工作安排

2014年是全面贯彻落实党的十八届三中全会精神、全面深化改革的第一年，是完成“十二五”规划目标任务十分关键的一年，也是实现金湾“三大定位”和“二次创业”新突破的重要一年。做好2014年工作的总体要求是：全面贯彻落实党的十八大、十八届二中、三中全会、中央经济工作会议精神，深入学习贯彻习近平总书记系列重要讲话精神，认真落实省委十一届三次全会和市委七届四次全会部署，紧紧围绕实现“三大定位”，以加快发展为主线，以全面深化改革为统揽，以迎接第十届中国国际航展为节点，加快产业转型升级，加快新城建设和城镇化进程，着力保障和改善民生，加大环境整治力度，提高党的建设科学化水平，进一步形成大建设大发展、大整治大提升的浓厚氛围，实现经济社会发展取得历史性突破。

今年重点抓好以下六个方面的工作：

（一）以改革创新为统揽，增创发展新优势。改革是金湾建区以来经济社会取得跨越式发展的动力源泉，只有全面深化改革，才能增创金湾发展新优势，开创金湾工作新局面。党的十八届三中全会吹响了全面深化改革的号角，金湾再次面临新的机遇，我们要继续深入学习贯彻党的十八届三中全会精神，抢抓全面深化改革的机遇，进一步增强机遇意识、进取意识、责任意识，把改革创新贯穿到全部工作中，以改革的精神，创新的手段，着力破解改革难题，向改革要活力，向创新要竞争力。金湾要以构建现代治理体系为总目标，着力提高治理能力。要以问题为导向，从制约经济社会发展最突出的问题入手，从老百姓最期盼的实事入手，从条件成熟的事项入手，从提高工作效能的细节入手，注重实效，区分情况，扎实推进全面深化改革工作。

（二）以产业发展为重点加快航空产业园开发建设，打造高端产业重要聚集区。一是加快航空产业园建设步伐。加快推进航空产业园土地平整和市政配套工程建设，继续做好园区各项规划的编制和报批工作，积极探索适合珠海通航飞行服务站的运营和管理模式。以航展为契机，重点围绕航空产业开展专题招商推介活动，力争引进1至2个航空产业龙头项目落户，形成航空产业集聚、扎堆效应，增强产业发展后劲，全面提升珠海航空产业园在全国的竞争力。二是加快推进十大产业项目建设。重点抓好中航通飞、银隆新能源、丽珠工业园等十大产业项目新增产能服务工作，着力推进新引进产业项目的建设投产和现有企业的增资扩产工作。三是加快五大发展平台建设。加快航空产业园、生物医药产业园、航空城、白龙河尾和游艇产业园等五大发展平台，以及三灶科技工业园和联港工业区两大转型升级载体建设，加快推进产业园区规划编制、土地平整、基础设施建设、“三清”、用海申报、围填造地等工作，切实增强金湾产业发展的承载力。四是加大固定资产投资。充分发挥政府投资对社会投资的带动效应、对经济结构调整的引领作用，以大投入带动大建设，实现大发展，区政府投资项目实际投资规模要比2013年增加1.5倍。五是加强企业服务。完善产业发展的各项配套政策，加快建设研发、检测、展示、交易、人才、科技创新、金融等服务平台，坚持区领导、部门挂点帮扶企业及企业项目落户联席会议制度，完善重大项目用地服务机制，主动为企业提供优质服务，全面优化产业发展环境。

（三）以新城建设为亮点，建设西部生态新城核心片区。以航空城建设为抓手，全面加快金湾城镇化进程，促进产城融合发展。一是全面推进航空城建设各项工作。完成航空城核心区概念性详细规划及城市设计咨询顾问服务工作，启动航空城控制性详细规划修编工作，尽快完成航空城核心区范围土地回收工作。加快推进土地一级开发及公共配套设施建设，全面启动航空城市政道路建设，启动航空城用地的挂牌出让工作。二是提升中心镇城市规划建设水平。加强三灶镇、红旗镇市政基础设施建设，集中改造一批城市道路，建设一批特色街、商业街、风情街，打造特色名镇。三是加快幸福村居建设。力争航展前完成三灶镇海澄村和红旗镇三板村重点项目工程建设，把海澄村打造为幸福村居“珠海第一村”，把三板村打造为幸福村居“特色产业水乡第一村”，发挥两个示范村的示范带动作用，辐射带动其余村（居）共同发展。加快调整生产结构，积极发展农业、农村经济，在示范村率先进行产业规划，重点发展特色产业，增加村居集体经济收入。继续加大力度，加快推进其他村居的创建工作，力争有2个以上村居竞争获得市级专项资金支持。四是加大生态建设力度。全面加强全区节能减排目标责任的评价考核和监督核查工作，加快推进污水处理厂扩建工程及污水管网建设。深入开展低碳城市和低碳县（区）试点工作，大力发展循环经济，推进我区工业生产的低碳、节能、清洁、环保工作。全面推进生态文明示范区创建，力争2014年通过国家生态区验收。

（四）以航展为节点抓好环境大整治大提升，建设国际化城市重要窗口。以迎接第十届中国国际航展举办为契机，加快建设美丽金湾。抓好沿海、沿江、沿路、沿街重点部位的环境整治和绿化美化，打造沿路、沿海、沿河绿色生态景观走廊。加大“两违”整治工作力度，建立长效的监管机制，确保不反弹出成效。加大环境治理投入力度，重点实施S272线、珠海大道金湾段和湖心路口的绿化美化工程，全力以赴完成非法渔业设施清理，继续推进生态景观林带建设，加快对裸露山体进行全面复绿。扎实推进创建全国文明城市各项工作，抓好“交通秩序、市容市貌、社会治安、环境卫生、集贸市场、窗口服务”六大重点、难点问题的治理，对市政道路、农贸市场、老旧小区、背街小巷、未成年人校外活动场所等重点、难点地区进一步加大综合整治力度。建立文明创建长效机制，不断提高群众的思想道德素质和全区文明程度。

（五）以加强和谐社会建设为着力点，提高社会治理水平。一是实施十大民生工程切实保障和改善民生。加大公共财政预算收入在民生事业的投入力度，切实做好教育、文化、医疗卫生、劳动就业、社会保障和社会救助、人口计生等各项工作，全面加快金湾区人民医院、金湾一中、金湖公园、金海岸文化艺术中心、伟民广场改造工程等十大民生工程建设，进一步奠定金湾长远发展的基础，全面改善金湾的投资环境和宜居环境。加强民族宗教、人民武装、双拥共建、扶贫、人防、应急和档案等工作，注重发挥工青妇、侨联、残联、红十字会等人民团体的优势，调动全社会的积极性和创造性，共建幸福金湾。二是切实加强社会治理。重点抓好社会建设五年规划的制订，进一步完善社会建设制度机制，注重社会组织培育和壮大，切实建设好镇级社会服务中心。大力发展志愿服务事业，探索深化“社区+志愿者”联动工作模式。扎实推进“平安金湾”创建，全面落实信访维稳和社会治安形势研判机制，进一步优化社会治安环境，进一步完善大信访大维稳工作机制，贯彻落实六五普法规划，加强人民调解和社区矫正工作，加大处理历史遗留问题力度，促进社会和谐稳定。严格落实安全生产责任制，突出抓好食品药品安全、生产安全、交通及消防安全和职业卫生，构建安全生产长效管理机制。

（六）以党的群众路线教育实践活动为抓手，夯实党的执政基础。一是扎实开展党的群众路线教育实践活动。按照中央、省委和市委的部署，学习借鉴第一批活动的成功经验，紧密结合“转作风、提效能”活动，精心组织开展好我区的群众路线教育实践活动，注重查找“四风”问题，切实解决群众反映强烈的利益问题，确保活动取得实实在在成效。二是加强领导班子和干部队伍建设。坚持正确的用人导向，在全区领导干部中弘扬敢想、敢闯、敢干、敢担当、勇争先的干事创业精神，区党政领导班子带头，建立工作责任制，推行工作倒逼问责机制，加强重大建设和重点项目落实情况的督查督办，强化行政效能监察，进一步提高工作执行力。三是认真抓好村居“两委”换届选举工作。切实做好今年的村居“两委”换届选举工作，把最优秀的基层干部放在党组织书记的位置上，大力提高村居“两委”班子成员“交叉任职”比例，百分百实现“一肩挑”。巩固“两新”组织党建工作成果，进一步扩大党组织覆盖面。继续完善党代表工作室工作机制，认真做好三灶镇、红旗镇党代表年会制试点工作，更好地发挥党代表的作用。四是加强理论学习和意识形态领域阵地建设。加强干部学习培训力度，推进理论学习经常化，进一步提高干部素质。充分发挥宣传舆论工作作用，巩固思想文化阵地，妥善处置舆情事件，牢牢把握宣传舆论工作的主导权。五是切实加强党风廉政建设。严格落实党风廉政建设责任制，扎实推进具有金湾特色的惩治和预防腐败体系建设。严格落实中央八项规定和《党政机关厉行节约反对浪费条例》等规定，全面整治形式主义、官僚主义、享乐主义、奢靡之风。严查违法违纪行为，深入推进反腐败斗争，营造风清气正的发展环境。

人大、政协工作是社会主义民主政治建设的重要组成部分，要切实加强党对人大、政协工作的领导。支持人大及其常委会依法履职，进一步拓宽代表联系群众渠道，更好地发挥代表在全面深化改革、推动科学发展中的作用。完善政协重大事项协商制度，加大专题督查力度。完善与各民主党派、工商联和无党派代表人士政治协商制度，推进协商民主广泛多层制度化发展。充分发挥港澳委员的特殊作用，巩固和发展最广泛的爱国统一战线。

同志们，金湾区大建设大发展的局面已经形成，我们一定要奋勇争先抓改革、抢抓机遇大建设、全力以赴促发展。让我们紧密团结在以习近平同志为总书记的党中央周围，在市委、市政府的正确领导下，以踏石留印、抓铁有痕的劲头抓好各项工作的落实，为推动金湾“二次创业”取得历史性突破而努力奋斗！

政府工作报告

——在珠海市金湾区第三届人民代表大会第五次会议上

（2014年2月19日）

金湾区人民政府区长　欧阳德红

各位代表：

现在，我代表金湾区人民政府向大会报告工作，请予审议，并请各位政协委员和其他列席人员提出意见。

一、2013年工作回顾

2013年，是实施“十二五”规划承前启后的重要一年，也是我区“二次创业”实现新突破的关键一年。一年来，在区委的正确领导下，在区人大、政协的监督支持下，我们紧紧围绕市委、市政府对金湾提出的打造“珠海发展高端产业的重要聚集区、展示国际化城市形象的重要窗口、西部生态新城的核心片区”的“三大定位”目标，以科学发展观统揽全局，积极改革创新，加快转型升级，着力保障民生，全区经济社会发展取得新成绩。

全年实现本地生产总值179.24亿元，同比增长13.8%；规模以上工业总产值454.38亿元，同比增长14.6%；规模以上工业增加值118.43亿元，同比增长14%；固定资产投资93.28亿元，同比增长25.2%；社会消费品零售总额24.88亿元，同比增长18.1%；实际利

用外商直接投资1.35亿美元，同比增长44.1%；外贸出口总额27.84亿美元，同比增长16.8%；公共财政预算收入15.95亿元，同比增长16.7%。经济发展的速度和质量在全市排名靠前。

一年来，我们主要抓好以下工作：

（一）全力推动产业转型升级，经济发展实现稳中向好。

加快推进产业园区建设。投入3.6亿元重点推进

航空产业园和生物医药产业园基础设施建设，全面完成大门口水道东岸防波堤工程，新增建设用地达1.25平方公里。启动了13平方公里生物医药园区的产业规划，生物医药产业园一期（占地1.79平方公里）正式动工建设。完成了《金湾西湖城区启动区控规（修编）》《青湾新能源和定家湾工业园西片区生物医药园控规》。积极推进《金湾（航空产业园）总体规划》《珠海机场核心区开发利用规划》《珠海地区空域规划》和《航空产业园白龙河尾滨水区功能规划研究》等编制工作，《珠海机场总体规划》通过国家民航局的评审。用海申报工作取得初步成果，已完成《珠海航空产业园区域性建设用海规划（一期）》和《金湾游艇产业园区域性建设用海规划》并上报省海洋局。

不断壮大新兴产业规模。目前，全区高新技术企业及“三高一特”企业达63家，各级研发技术中心14家。其中，航空、生物医药、新能源等三大战略性新兴产业规模以上企业13家，实现产值79.9亿元，占全区规模以上工业总产值的17.6%。中航通飞产业基地多款飞机研发制造顺利推进，西锐SR2X飞机总装生产线安装完成，利捷公务航空等一批新项目落户。珠海通航飞行服务站试运行准备就绪，与之配套的珠海-阳江-罗定低空飞行航线地面台站完成建设。珠海金湾机场首飞国际航空货运包机，实现了国际航空货运零的突破，年旅客吞吐量达290万人次，增长近4成。三灶镇被确定为第二批省战略性新兴产业（生物医药类）基地。丽珠医药集团完成整体搬迁工作，顺利落户金湾。联邦制药、汤臣倍健、润都制药、亿邦制药等医药龙头企业全年产值翻番，不断推出新产品。银隆新能源、惠生能源、世大照明、黎明云路和汉格等重点新能源企业总产值接近10亿元。

传统优势产业发展稳步增长。以科技创新引导传统产业转型升级成效明显，家电电气、金属冶炼、食品制造等传统优势产业实现产值151.7亿元，同比增长20%，占全区规模以上工业产值的33.4%，综合竞争力进一步增强。

（二）全面优化产业发展环境，经济发展后劲日益增强。

招商引资取得突破。围绕“三高一特”和战略性新兴产业，突出产业链招商和二次招商，成功举办了金湾区（上海）投资推介会和金湾区（香港）投资企业交流会等重大招商活动。重大项目、总部项目和战略性新兴产业招商取得重大突破，成功引进投资100亿元的中铁建项目、科创集团珠海医药基地，以及产销超100亿元的普瑞博思珠海生产和销售总部三个重量级项目；年营业额超50亿元的京信电力集团贸易总部项目和丽珠医药集团（迁址）两个重大项目；产值超20亿元的中航三鑫、天大药业集团、达田控股三个大型项目。此外，广联航空、迈克瑞复合材料、美享医药、昂德科技等一批成长性好的优质项目密集签约落户。积极洽谈跟进庞巴迪Q400支线飞机制造，以及华彬集团珠海国际通用航空中心等重大航空产业项目。全年新签约引进项目102个，投资总额约290亿元，预计产值达630亿元，为“二次创业”各项目标实现奠定良好产业基础。

加速推进重大项目建设。全年区政府投资项目累计完成投资10.15亿元，同比增长1.02倍，投资规模创新高。完成好金湖公园用地清理工作，首期工程顺利开工。金湾一中完成了项目用地选址和报批工作。金湾区人民医院建设工程进展顺利，医技楼、门诊楼、行政后勤楼已完成主体结构封顶，住院楼地下室已完成进入上部结构施工。金海岸文化艺术中心原大楼已拆除，扩建工程进入正式施工阶段。伟民广场公共地下人防工程已动工建设。红旗华侨农场危房改造计划工程全部建成，352套新建红灯片区公共租赁住房工程已动工建设，290套农村集体留用地试建公租房项目前期工作有序开展。三灶污水主干管网二期工程已开工建设，红旗污水主管网收集系统工程已全部建成并通过验收。

进一步强化企业服务。出台《金湾区促进“三高一特”产业发展暂行办法》和《珠海市金湾区新能源产业发展规划》，引导“三高一特”产业和新能源产业加快发展。坚持实施区领导挂点联系重点企业制度，出台《金湾区关于进一步加强企业服务的若干意见》，编制《金湾区企业扶持政策汇编》，建立项目落户的绿色通道。举办金湾区企业服务现场会，及时帮助企业解决生产经营中遇到的困难和问题。加强金融创新服务工作，金湾区金融服务中心挂牌成立，区内小额贷款公司增至2家，进一步改善企业融资环境。广开渠道招才引智，全年共举办146场人才招聘会，积极参加海外留学人员创业周活动，为企业解决用工难的问题。为企业争取到各级技改创新、节能等专项扶持资金上亿元。积极配合服务中航通飞开关站进线电缆工程和民航校飞中心南方基地项目建设，保障航空产业重大项目建设顺利推进。制定康德莱医疗产业园的发展规划和相关激励措施，为入园企业提供厂房租金等补贴，给予南医大服务平台1000万元专项研发资金，引导园区建设融孵化、研发、检测、生产于一体的高端生物医药、医疗器械产业基地，培育了58家优质中小医药类企业。

扎实开展“三清”工作。以“三清”工作为抓手，积极推动联港工业区、三灶科技工业园转型升级。编制《珠海市联港工业区转型升级规划》，联港工业区全年共盘活29宗二手用地，引进丽珠医药、百利盖科技、海斯比游艇等28个优质项目，盘活二手用地面积约97万平方米；转移了24家产业低端、产能低下的企业，引进了纳特奥科技等20个项目，盘活闲置厂房约7万平方米。以丽珠医药、龙丰铜管、金品电器和得理乐器等为龙头企业，具有核心竞争力的生物医药、精密装备制造和电子电器三大产业集群基本形成。三灶科技工业园全年共盘活闲置用地、空置厂房17宗，面积24.7万平方米，为润都制药、汤臣倍健、银隆新能源等15个优质项目的增资扩产提供空间。此外，成立区土地和房屋征收工作办公室，区镇联动，加大土地征收力度，为产业和城市发展提供建设用地保障。

（三）统筹协调城乡建设发展，着力打造宜居幸福金湾。

航空城建设拉开框架。紧紧围绕“三年大开发，五年核心区基本建成，十年片区中心成规模”的建设目标，以高起点规划、高强度整合、市场化运作、分步推进、重点突破为总体思路，全面启动航空城开发建设。与华发集团签署战略合作协议，全力推进航空城的整体规划、设计、土地开发及工程建设等各项工作。完成《珠海金湾航空城开发建设计划》、航空城规划修编和城市设计及报批工作。金湾航空城国际商务中心、产业服务中心、市民文化中心三个重点项目已启动设计工作。金湾航空城规划展览馆建成开馆，金二路正式动工兴建，金湖大道东路建设顺利推进，二期市政道路可研评审已完成，土地整合和清理工作有序推进。

幸福村居建设加快推进。积极推进规划编制工作，完成三灶镇海澄、鱼林、鱼月、中心村，红旗镇三板、广发、广益、沙脊村等8个村的规划编制工作。开展“洁净工程”行动，建成标准密封式垃圾房163座，新增保洁员50名，农村环境卫生和村容村貌得到极大改善。对农村集体资产、资源、资金进行清理、确权，建立了“三资”交易监管平台。修订完善《金湾区关于进一步扶持村（居）发展的若干措施》，区财政投入3800万元创建幸福村居专项资金，另安排100万元设立青年农民创业风险基金，为幸福村居建设提供有力资金支持。海澄村村民服务中心装修、海澄市场改造工程及航空城社区公园项目已完工，沿街民居外立面改造顺利推进，莲塘商业街改造项目已动工建设，海澄村幸福村居“珠海第一村”的形象已初步显现。三板村村委会外立面改造、“一河两岸”整治、民居外立面改造、幸福路硬底化、亲水平台、沿河栈道和绿道建设工程已完工，幸福广场工程进展顺利，水乡特色逐步形成。加快农业、农村经济发展，三板农业公司、信源水产公司获评市级农业龙头企业称号。全力推进2714亩高标准基本农田改造工作，全年发放各项政策性强农惠农补贴资金50.2万元，全区农村人均纯收入达到12030元，同比增长11.5%。

“两违”和市容市貌整治工作取得明显成效。清理整治违法建筑652宗，违法用地73宗，清理面积

215.89亩，顺利实现“零增长、减存量”的整治目标。完成机场路、金海岸大道、金岛路、美都路、珠海大道红旗段、广安路、虹晖一路等主干道路的美化绿化提升工作和白藤山体复绿工作，裸露山体覆盖达55%。11家农贸市场升级改造开工率达100%，其中9家市场已完成升级改造任务，城乡面貌进一步优化。

生态文明建设步伐加快。成功创建广东省生态区，顺利通过国家生态区的技术评估。全区20个村居全部通过验收并获得市级生态村命名，实现了生态示范村居的全覆盖。启动低碳县（区）试点工作，深入推进创建卫生模范城市工作，全区生活垃圾无害化处理率达到了100%的目标。加快推进涉水治污和生态景观林带工程，全区建成公园绿地面积225公顷，新增绿化面积133万平方米。成功创建9所省级“绿色学校”，19所市级“绿色学校”。节能减排工作深入推进，全年共发放29家节能和耗能企业配套补贴和奖励资金134万元。

（四）更大力度保障民计民生，社会事业实现和谐发展。

公共服务更加完善。顺利通过“广东省义务教育均衡发展区”“广东省社区教育实验区”评估验收，创建“广东省推进教育现代化先进区”工作卓有成效。启动2所镇第二中心幼儿园建设。特色教育成效彰显，教学质量不断提高，中考和高考成绩取得新突破。三灶、红旗医院“一卡通”系统已全面投入使用，基层医疗机构的服务能力和服务水平得到提升，群众满意度提高。稳步推进创业带动就业工作和就业机制建设，全区就业形势保持相对稳定，超额完成全年各项就业指标任务，城镇登记失业率2.34%。社保扩面工作稳步推进，出台《金湾区帮扶困难优抚对象实施意见》，加大扶贫工作力度，完善社会救助体系，低保补助标准从每月每人400元提高到480元。计划生育利益导向政策体系不断完善，流动人口计划生育公共服务均等化进一步提高，实现免费孕前优生健康检查、计划生育手术奖励（补助）全覆盖。在全市首创建设肉类流通追溯体系。成功创建全市首个社会主义新农村建设档案工作省级示范区。全面启动地方综合年鉴和地方志资料年报工作。

文体事业蓬勃发展。大力推动文化民生基础设施建设，林伟民与中国早期工人运动史迹陈列馆等重点文化工程建设加快推进，区文化信息资源共享工程完成建设并交付使用。区图书馆和下属30家漂流书屋实行“一体化”管理，区图书馆获评国家二级图书馆。三灶美都体育健身广场建成投入使用。在全市率先启动村（居）文体基础设施“五个有”建设，区、镇、村（居）三级文化服务网络基本形成。文化遗产保护工作取得重要进展，“三灶岛侵华日军罪行遗迹”被确定为国家级文物保护单位。以国家级非遗项目“三灶鹤舞”为素材拍摄微电影《鹤无双》，获得第十六届上海国际电影节微电影短片拍摄优秀奖。认真落实创建全国文明城市各项工作，顺利通过创文阶段性测评。金湾航空艺术节、体育节、读书节、少儿艺术花会和送戏送电影下乡进企业等品牌活动全方位丰富市民文化生活。群众体育活动蓬勃开展，成功举办第二届金湾“航空新城杯”公路自行车公开赛，我区被评为“2009–2012年度全国群众体育先进单位”。

社会大局和谐稳定。出台《关于加强社会建设的实施意见》和《加快发展金湾区志愿服务事业的意见》，积极培育发展社会组织。深入开展法制宣传、人民调解、社区矫正、安置帮教和法律服务工作，积极推进社会信用体系和市场监管体系建设。加快解决三灶管理区历史遗留问题，加大债务重组工作力度，全年共化解处理各类债务1000多宗，支付应债资金2000余万元。出台《关于实行各级领导干部综治信访维稳工作“一岗双责”制度的意见》，落实领导包案责任制，妥善处置了个别青湾养殖户寻衅滋事等重大案件，逐步建立群体性事件应急处置长效机制，推进重大事项社会稳定风险评估工作，积极调处各类矛盾纠纷，在全国“两会”、金湾建设发展现场会、十八届三中全会等重要会议和重大活动期间，全区没有发生严重影响稳定的群体性事件；启动创建平安金湾专项行动，扎实开展“平安空港”、严打整治工作，完善立体化社会治安防控体系建设。全面落实党政领导干部安全生产“一岗双责”制度，全区没有发生较大及以上生产安全事故；社会大局保持和谐稳定。

（五）改革创新激发社会活力，作风建设提高政府效能。

圆满完成第五轮行政审批制度改革。行政审批事项从218项压减到112项，调整压缩比例达48.2%，提前两年达到省关于2015年减少40%的行政审批事项的目标。积极推进网上办事大厅建设，在全市率先将网上办事大厅延伸至各镇、各村居，行政审批事项办理深度提前达到省、市要求。进一步深化大部制改革，调整优化机构设置，顺利完成简政强镇事权改革。事业单位分类改革全面完成，全区事业单位从改革前的89个压减到87个，事业编制从1883个压减到1812个。进一步深化华侨农场管理体制改革，设立了红旗镇农业服务中心和红旗镇工商企业服务中心。

一年来，我们更加自觉接受人大和政协监督，办理市、区两级人大、政协“两案一议”85件，办结率100%，满意和基本满意率100%。更加注重政务公开，通过区政府门户网站公开信息共计6174条。全面落实党风廉政建设责任制，深入开展“转作风、提效能”评比活动，不断完善政府机关绩效考评体系，强化督查督办、审计监督、财政监管、行政效能监察，改进学风、文风、会风，密切联系群众，不断提高政府工作效率和执行力。严格落实八项规定，坚决反对“四风”，制定了《关于进一步规范区公务接待工作的意见》，全年接待经费大幅下降。调查统计、民族宗教、外事侨务、双拥优抚、公益慈善、工青妇、儿童、残疾人、红十字会等各项事业都取得了新成绩。

各位代表，过去的一年我们取得了多领域的突破，全区主要经济指标在全市排名靠前，各项事业创新佳绩，这与全区上下的鼎力支持与大力配合密不可分，与全区干部群众攻坚克难、开拓创新的精神密不可分。在此，我代表金湾区人民政府，向全区人民，向各级人大代表和政协委员，向各民主党派、工商联、无党派人士和各人民团体，向驻区各单位，向驻区部队官兵和公安干警，向所有关心、支持、参与金湾建设和发展的社会各界人士，表示崇高的敬意和衷心的感谢！

回顾2013年，在肯定成绩的同时，我们也清醒地认识到存在的问题和不足：一是产业发展平台尚不完善，园区配套有待加强；二是第三产业发展滞后，产业结构仍需进一步优化；三是城镇化水平不高，城乡统筹发展压力较大；四是环境保护压力加大，社会事业发展、维护社会稳定等工作任务仍然艰巨。面对上述困难和问题，我们将采取有效措施，认真加以解决，不辜负全区人民的重托和期望。

二、2014年重点任务

2014年是深入贯彻落实党的十八届三中全会精神、全面深化改革的第一年，是完成“十二五”规划，实现金湾“三大定位”和“二次创业”新突破的重要一年。从国际看，世界经济仍处于深度调整期，保持缓慢复苏态势；从国内看，我国经济长期向好的基本面没有改变，全面深化改革将释放经济增长新动力，保持经济持续健康发展具有较好的基础；从我区实际看，随着全市对西部地区交通等重大基础设施建设的不断加强，以及西部生态新城开发建设的持续推进，金湾区的投资环境将得到突破性的改善，区位优势等核心竞争力将进一步凸显，第十届中国航展的举办也将有力带动金湾航空产业的发展，金湾区正处于可以大有作为的重要机遇期。新的一年，我们必须大胆改革创新，抢抓发展机遇，全力以赴做好经济社会发展各项工作。

今年政府工作的总体要求是：全面贯彻落实党的十八届三中全会、省委十一届三次全会、市委七届四次全会和区委三届五次全会精神，紧紧围绕实现“三大定位”目标，以改革创新统揽全局工作，以党的群众路线教育实践活动为保障，以加快发展为主线，以迎接第十届中国国际航展为节点，加快新兴产业发展、重大项目招商引资、新城建设、重大项目建设和产业转型升级步伐，着力保障和改善民生，加大环境整治力度，提升金湾形象，进一步形成大建设大发展、大整治大提升的浓厚氛围，实现经济社会发展取得历史性突破。

今年全区经济发展的主要预期目标是：本地生产总值增长11%；规模以上工业增加值增长12%；外贸进出口总额增长12%；固定资产投资总额增长10%；社会消费品零售总额增长10%；实际吸收外商直接投资增长6%以上；公共财政预算收入增长12%。

围绕实现上述目标，要重点抓好以下几个方面的工作：

（一）以十大重点产业项目为抓手，推动产业聚集化发展，增强区域经济发展竞争力。

突出抓好中航通飞、银隆新能源、丽珠工业园、联邦制药、科创集团珠海医药基地、普瑞博思珠海生产和销售总部、汤臣倍健、润都制药、博世安保、黎明云路新能源等十大产业项目，着力推进科创集团、普瑞博思等一批新引进重大项目动工建设，积极引导中航通飞、联邦制药、丽珠医药、汤臣倍健等龙头企业增资扩产，加快推进银隆新能源、黎明云路和汉格公司项目建设，鼓励引导整合新能源技术优势，打造新能源产业链，建设优质的新能源品牌。新建中航通飞开关站进线电缆工程，以珠海通航飞行服务站为平台，推动低空转场训练航线和周边空域的便捷化使用，为通用航空企业经营创造良好的空域支撑条件；同时以航展为契机，开展专题招商推介活动，力争再引进1～2个具有重大影响力和示范效应的龙头航空产业项目，形成航空产业集聚、扎堆效应，增强产业发展后劲，全面提升珠海航空产业园竞争力。加大固定资产投资力度，充分发挥政府投资对社会投资的带动效应、对经济结构调整的引领作用，2014年区政府投资项目计划总投入25.2亿元，以大投入带动大建设，实现大发展。

培育现代服务业发展新优势。大力发展与航空制造、生物医药、电子电器等产业相配套的生产性服务业，规范提升商贸零售、文化娱乐、休闲旅游、餐饮酒店等生活服务业水平，逐步形成布局合理、特色鲜明、产业集聚、功能完善的服务业发展格局，进一步提升城乡人民生活品质、城市综合竞争力以及第三产业占GDP的比重。进一步完善《加快金湾城市服务业发展的若干意见》。加快推进京信电力贸易总部、科创集团、普瑞博思销售总部和沃尔玛西部商贸中心等一批现代服务业项目落户我区，通过“引进来”和“走出去”战略相结合，培育我区第三产业知名品牌，努力实现我区第三产业跨越式发展。

加快航空产业园、生物医药产业园、航空城、白龙河尾和游艇产业园等五大发展平台，以及三灶科技工业园和联港工业区两大转型升级载体建设，增强产业发展的承载力。进一步加快航空产业园定家湾南片区、生物医药产业园等园区的土地平整和配套建设，以联港工业区为重点深入推进“三清”工作，进一步完善三灶科技工业园和联港工业区的路、水、电、管网、绿化等配套建设，为项目落户投产提供保障。加快用海申报所有专题论证和评审工作，启动白龙河尾围填造地工程、白龙河尾滨水区概念城市设计和白龙河尾片区控规编制工作，加快推进金湾游艇产业园物流中心工程、研发制造和旅游配套工程等三个项目的海域使用论证工作，解决产业可持续发展的载体问题。

进一步加强企业服务。积极协助做好中航赛斯纳、美捷瀚星公务机维修、民航校飞中心南方基地等项目立项申报和商事登记工作。完善重大项目用地服务机制，优先保障重大项目用地需求。力争建立1～2个金融服务平台，拓展企业融资渠道。进一步拓展国家、省、市各类扶持政策的覆盖面，协助更多中小型企业申报财政资金扶持。完善产业发展的公共服务平台和环境，积极推进广东省食品药品监督管理局药品审批分中心、广东省药品不良反应监测分中心和珠海通用航空器适航审定中心等专业机构的设立工作，促进产业集聚发展。不断完善区领导挂点联系、帮扶企业以及企业项目落户建设联席会议制度，为企业排忧解难。

（二）以航空城建设为引擎，全面加快城镇化进程，打造西部生态新城核心片区。

全面推进航空城建设各项工作。加快编制完善各项城乡规划，全面完成土地整合清理，加快推进市政基础设施工程建设，力争3月底前全面完成市政道路的设计工作，4月底前全面开工，启动金山湖开挖及堤岸建设、中心河（北岸）整治等市政配套设施建设。启动航空城经营性用地的挂牌出让工作，逐步启动国际商务中心、产业服务中心、市民文化中心、学校、医院、体育中心、市民公园等公共设施的开发建设。加快推进西部城区前期开发区域（B片区）用地清理工作，为该片区的开发建设提供土地载体，配合西城管委会按市委、市政府要求加快西部城区建设。

提升中心镇城市规划建设水平。强化规划引领作用，打造特色名镇。集中改造一批城市道路，建设一批特色街、商业街、风情街，加强三灶镇、红旗镇市政基础设施建设，加快城镇化进程。

全面加快幸福村居建设进程。继续加强幸福村居建设规划编制工作，加快幸福村居建设规划的实施。争取航展前完成海澄、三板两村项目建设，把海澄村打造为幸福村居“珠海第一村”，三板村打造为幸福村居“特色产业水乡第一村”，辐射带动其余村（居）共同发展。在示范村率先进行产业规划，重点发展特色产业，增加村居集体经济收入。继续加大力度，加快推进三灶镇鱼林、鱼月、中心村，红旗镇广发、沙脊、广益村的创建工作力度，力争今年有2个以上村（居）竞争获得市级专项资金的支持。按照“抓点控面，有序推进”的思路，进一步整合村居建设各类项目资金，主攻重点，有序推进，将全区幸福村居“点”上建设推向新的发展水平。积极调整农业生产结构，加大农技推广力度，提高防灾减灾能力，扶持农业龙头企业，建设特色农业基地，培育发展新型职业农民，提高农民收入水平。

全面加大生态文明建设力度。加强节能减排工作，强化“问责制”和“一票否决制”。深入开展低碳城市和低碳县（区）试点工作，扎实开展区内医药企业环境污染责任保险试点工作，大力发展循环经济。积极做好农业源减排工作，争取年底完成12家规模化养殖场污染治理项目。加快推进污水处理厂扩建工程及镇级污水管网建设。全面抓好生态区指标统计、重点工程项目落实等工作，确保2014年通过国家生态区验收工作。正式启动广东省林业生态区及生态文明示范区创建工作。

全面抓好环境大整治大提升。以迎接第十届航展举办为契机，加快建设美丽金湾。抓好沿海、沿江、沿路、沿街的环境整治，特别加大“两违”整治工作力度，建立完备的长效监管机制，确保不反弹出成效。投入8000万元，重点实施S272线、珠海大道金湾段和湖心路口的绿化美化工程。全力以赴完成非法渔业设施清理工作，以优美环境迎接第十届航展各方宾客。

（三）以十大民生工程为重点，加大力度改善民生，着力提高社会现代化治理水平。

加大财政投入，切实做好社会保障和改善民生各项工作。全面加快金湾区人民医院、金湾一中、金湖公园、金海岸文化艺术中心、伟民广场改造、航空城市民文化中心、航空城产业服务中心、航空城市民体育公园、幸福村居建设、三灶镇红旗镇主干道及供水污水管网改造建设等十大民生工程建设，全面改善金湾的投资环境和宜居环境，奠定金湾长远发展基础。稳步推进校安工程，完成两个镇第二中心幼儿园建设，着力提升教育教学质量。扎实推进创建全国文明城市各项工作，加快文化强区工程建设，加强文化遗产的保护开发利用，打造特色鲜明的航空文化品牌。加快推进区卫生、计生工作机构改革和食品药品监管体制改革。加快推进医疗卫生系统基础设施建设，推进三灶社区卫生服务中心改造工程，优化医疗环境；加大医疗卫生人才队伍建设，提升医疗卫生服务水平。稳妥抓好劳动就业工作，建立政府引导、各方参与、适应市场、培训与就业紧密结合的创业培训机制，全面落实好社会保险补贴等各项就业扶持政策。稳步提高居民社会保障水平，完善以城乡低保为主体的社会救助体系。加快红灯公租房和三灶镇农村集体留用地试建公租房项目建设。落实三灶镇社会福利中心建设，提高社会化养老服务水平。加大对特困退休人员养老帮扶和自管互助组织的管理，积极探索企业退休人员社会化管理服务工作。加强人口计生服务管理工作，促进人口长期均衡发展。全面抓好“平安”创建工作，进一步优化社会治安环境，进一步完善大信访大维稳工作机制，加强人民调解和诉前联调工作，加大处理历史遗留问题力度，努力化解社会矛盾。加强应急管理，切实做好风险隐患排查和整改工作。严格落实安全生产责任制，深化重点领域专项整治，推进安全标准化建设，杜绝重特大生产安全事故发生。着力推进全区档案场馆和基础设施建设，全面加快档案事业发展。加强地方志工作，做好《金湾年鉴》的编辑出版发行。继续加快推进调查统计、民族宗教、外事侨务、双拥优抚、公益慈善、残疾人事业等工作。

（四）以改革创新为动力，加强政府自身建设，增创发展新优势。

以改革的精神，创新的手段，结合我区实际，全面推进经济体制、社会治理体制等领域的改革创新工作，向改革要活力，向创新要竞争力。一是扎实开展好党的群众路线教育实践活动。按照中央、省委和市委的部署，学习借鉴第一批活动的成功经验，精心组织开展好我区的群众路线教育实践活动，大力抓好纠正“四风”工作，切实解决群众反映强烈的利益问题，狠抓作风建设，认真落实好中央八项规定。二是创新企业金融服务工作。充分发挥金湾区金融服务中心统筹管理功能，抓好已设立的“金创医药产业基金”运营工作，力争今年上半年完成总规模为3亿元的珠海市久富生物和新医药创业投资基金设立工作。着力推进企业上市工作，促进我区成长性良好的企业做大做强。三是抓好政务和社会治理机制改革创新工作。全面深化简政强镇、事业单位分类改革、华侨农场改革、医药卫生体制、农村土地流转体制以及行政审批制度改革工作，创新政务管理机制，提高工作效率。积极争取上级支持，早日获批成立金海岸街道办，切实做好村居“两委”换届选举工作，加快镇村（居）社会服务管理“3+1”（“政务服务中心”“社会服务中心”和“综治信访维稳中心”以及“社会管理综合执法队”）体系建设，力争到2015年基本形成新型村（居）社会服务管理体系。继续推进网上办事大厅建设，进一步完善重点项目并联审批工作机制。四是贯彻党风廉政建设责任制要求，进一步深化“转作风、提效能”评比活动，对重点工作和重大项目加强督查督办，强化行政效能监察，进一步提高行政执行力，确保各项工作落到实处，各项任务如期完成。

各位代表，当前我区正处于不可多得的历史机遇期，大建设大发展的局面已经形成，让我们在市委、市政府和区委的坚强领导下，紧紧依靠全区人民，大胆改革创新，抢抓发展机遇，奋发有为，攻坚克难，为推动金湾“二次创业”取得历史性突破而努力奋斗！

名词注释：

1.“三高一特”产业：指高端制造业、高新技术产业、高端服务业、特色海洋经济和生态农业。

2.“三清”工作：清土地、清项目、清政策。

3.“两违”整治：违法建筑、违法用地整治。

4.“一体化”管理：指实现区图书馆与漂流书屋的规范化、制度化管理一体化，借阅及入库等工作流程（一证五簿）一体化，书籍流动一体化（全区内通借通还）。

5.“五个有”：是上级文化部门对村居文体设施建设定的一个标准，具体包括：每个村居有一个不少于200平方米的综合文化活动室、有一个农家书屋，有一个不少于500平方米的文体广场，有一个电子阅览室、有一个宣传橱窗或阅报栏。

6.“一岗双责”：指各级各部门党政领导干部既要履行岗位业务工作职责，又要履行安全生产（信访维稳）工作职责。

7.“转作风、提效能”：指为深入贯彻落实中央关于改进工作作风、密切联系群众的八项规定和市委有关文件要求而开展的转变工作作风、提高行政效能的活动。

8.中央“八项规定”：2012年12月4日，由中共中央政治局会议审议通过的改进工作作风、密切联系群众的规定，主要包括改进会风文风、规范出访活动、理性勤俭节约等八项内容。

9.“四风”：指形式主义、官僚主义、享乐主义和奢靡之风。

10.“两案一议”：指人大议案、政协委员提案和人大代表建议。

金湾大事记（2013）

1月

7日 上午，区委常委、常务副区长管伟带队考察金湾区“三旧”（旧城镇、旧厂房、旧村庄）改造现场。

9日 上午，区人民检察院派驻镇人民检察室——三灶镇检察室以及红旗镇检察室正式揭牌成立。

上午，金湾区举办通用航空产业发展专场报告会。

区人大常委会组织区人大代表对《关于高标准建设金湾区人民医院的议案》和《关于三灶镇金海岸城区排污排水系统升级改造的议案》的办理情况开展专题视察。

10—11日 以广东省环保厅副厅长陈敏为组长的评估考核组对金湾区创建广东省生态区进行考核验收，金湾区顺利通过广东省生态区技术考核。

11日 上午，金湾区妇女第三次代表大会在区行政办公中心召开，全区69名妇女代表参加会议。大会听取和审议妇女联合会第二届委员会工作报告，选举吴旸、陈莉、陈燕君、周晓玲、梁晓芳5人为金湾区第三届妇女联合会常务委员会委员，吴旸、陈莉等19人为金湾区第三届妇女联合会执行委员会委员。

14日 下午，广东省人口计生考核调查组对金湾区2012年度人口和计划生育工作情况进行考核调查。区委书记、区人大常委会主任吴轼，区委副书记、区长杜卓等领导及区有关单位负责人参加汇报会，并现场回答考核调查组提问。

15日 下午，区三届人大常委会召开第十次会议。会议听取区政府有关工作情况报告，通过有关人事任命。

16日 下午，区政协召开三届六次常委会，审议通过增补区第三届政协委员、召开区政协三届三次会议，以及区政协2013年工作要点等有关事项。

21日 中共中央政治局委员、广东省委书记胡春华在广东省领导林木声、李嘉、陈云贤及珠海市领导的陪同下，到航空产业园考察中航工业通飞珠海基地项目。

24日 上午，金湾区召开区委三届四次全会。会议听取吴轼代表区委常委会所作的工作报告和总结讲话、杜卓关于经济工作的讲话，研究《金湾区（航空产业园）2013年工作要点》。

25日 下午，区委常委拜燕与区司法局、区机关事务管理局、金湾规划分局及三灶镇负责人到挂点的鱼林村，与村“两委”干部座谈，推动洁净工程行动。

27日　副区长童嫚带领区、镇计生部门工作人员先后到三灶、红旗镇慰问困难计生户家庭。

28日　上午，金湾区召开创建幸福村居工作领导小组会议，部署创建幸福村居工作。

28—29日　政协金湾区三届三次全会在珠海航展新闻中心召开，大会应到委员138人，实到委员122人，邀请出席列席人员23人。

29—30日　区第三届人民代表大会第三次会议在航展新闻中心召开。会议审议通过区政府工作报告、区计划和预算报告、区人大及金湾人民法院和金湾人民检察院工作报告，依法补选欧阳水平为区三届人大常委会副主任，增选吴耀东为区三届人大常委会委员。

31日　上午，区委副书记、区长杜卓带队开展节前安全检查工作，确保春节期间安全生产。

2月

1日　珠海市委常委、宣传部长陈英率市委宣传部、市文体旅游局等部门负责人到金湾区调研文化基础设施建设情况，区委常委、宣传部部长吴文莱陪同。

金湾区召开2013年全区“三清”工作专题会议，研究部署2013年“三清”工作，区委书记、区人大常委会主任吴轼，区委副书记、区长杜卓，区委常委、常务副区长管伟，副区长陈旭及三灶、红旗两镇，区科技工贸和信息化局、区住房和城乡建设管理局等单位负责人参加会议。会议研究讨论《珠海市金湾区“清土地、清产业、清政策”工作指导意见》（注：原“清土地、清产业、清政策”后改为“清土地、清项目、清政策”）及A、B、C三类用地的处置办法。

4日　上午，金湾区召开离退休干部迎新春座谈会，通报2012年全区经济社会发展情况以及2013年工作计划，征求离退休干部对金湾区发展的建议。

4日　区委领导欧阳德红、陈静、翟小强与民主党派、工商联、无党派人士代表座谈。

区人大常委会常务副主任、区总工会主席林乃光率区总工会工作人员以及挂点八一社区的人大代表和政协委员到红旗镇八一社区进行新春慰问。

5日　区领导欧阳德红、胡建新、张洪明与区民政局负责人组成慰问团前往武警边防五支队、武警边防船艇大队、珠海警备区、市武警支队以及武警边防珠海指挥部慰问。

6日　下午，中共金湾区第三届纪律检查委员会召开第三次全体会议，区委常委、纪委书记侯军玺作题为《凝心聚力，狠抓落实，努力开创反腐倡廉建设新局面》的工作报告。会上区纪委委员审议通过全会工作报告、全会决议及《金湾区2013年纪检监察工作要点》。

珠海市委常委、宣传部长陈英率市文体旅游局和市水务集团公司负责人到红旗镇沙脊村和三板村调研幸福村居创建工作，并慰问困难老党员。区领导杜卓、吴文莱陪同。

8日　珠海市副市长龙广艳在副区长童嫚和市、区人口计生部门负责人陪同下到红旗镇慰问10户计生贫困户代表。

区委书记、区人大常委会主任吴轼等领导先后走访慰问金湾区困难党员和群众，并看望金湾区坚守一线的公安、消防干警。

20日　区委常委拜燕与副区长贺军率领区司法局、区机关事务管理局和三灶镇等负责人到挂点企业走访，了解企业生产情况，共商企业发展大计。

21日　区委副书记、区长杜卓带队到三灶科技工业园汤臣倍健、金安国纪两家企业走访调研，了解企业在发展中遇到的问题。

22日　下午，金湾区召开创建生态村居和绿色社区工作动员会，部署2013年金湾区创建省、国家生态村居各项工作和目标任务。

24日　珠海市委常委、常务副市长刘小龙到三灶镇亿邦制药有限公司和海澄村调研，区领导吴轼、夏志高陪同。

25日　斗门区近100名校级负责人前往金湾区小林实验小学参观交流，区政协副主席、区教育局局长鲍国汉参加交流活动。

27日 下午，金湾区召开农贸市场改造提升工作动员会，区委书记吴轼在会上强调加快改造提升工作，推进农贸市场硬件设施和管理水平上新台阶。

28日 珠海市委常委、统战部长陈洪辉到金湾区调研，听取区委统战工作情况汇报。区委书记吴轼，区委常委、统战部长翟小强参加调研会。

3月

1日 珠海市副市长龙广艳赴广发村调研幸福村居建设，区领导何为陪同。

金湾区召开“三打”专项工作总结大会，全面总结上年“三打”专项行动工作，表彰先进集体和个人。

6日 珠海市航空产业园党委书记吴轼率队赴北京拜访中国航天科技集团、中国航天科工集团、中航工业集团等央企。

11日 下午，金湾区第一届女领导干部联谊会正式成立。区领导吴轼、欧阳德红等出席成立大会。

12日 区四套班子领导吴轼、欧阳德红、谢雄辉、刁恩民、林乃光到湖心路口一号闸附近空地参加义务植树活动。

13日 珠海市副市长龙广艳到金湾区调研教师队伍建设工作。

19日 下午，金湾区召开2013安全生产暨第二季度防范重特大安全事故工作会议，总结分析上年安全生产以及道路交通和消防安全工作形势，传达珠海市有关会议精神，并部署新一年安全生产和道路交通及消防工作。

20日 金湾区“道德讲堂”活动更名为“明德讲堂”，40名本地创文宣讲员参加培训。珠海市委副秘书长、市创文办副主任高德民作开班动员讲话。珠海市“明德讲堂”专家讲述开办讲堂、如何选择身边道德故事等相关内容。

2013年3月11日，金湾区第一届女领导干部联谊会成立

（金湾区新闻中心提供）

21日 区三届人大常委会召开第十一次会议，审议通过区人大常委会2013年度工作要点、《珠海市金湾区人民代表大会常务委员会工作评议办法》《珠海市金湾区人民代表大会常务委员会规范性文件备案审查工作办法》，决定有关人事任免事项。

22日 下午，区委召开常委扩大会议，传达珠海市委相关会议精神，研究部署金湾区2013—2017年经济工作目标任务及近期重点工作。

25日 下午，金湾区召开2013年政法工作会议，学习贯彻国家、省、市政法工作会议精神，总结2012年全区政法工作，部署2013年工作。

金湾区诗书画院院刊《金土地》杂志创刊号发行。杂志主要通过网络向全国征稿，创刊号共收到来自全国各地作品1000多件。

29日 上午，金湾区召开依法治区领导小组工作会议，区委书记、区人大常委会主任吴轼出席会议并强调全面推进依法治区工作，为实现“二次创业”新突破，全力开创金湾科学发展新局面营造良好的法治环境。

30日 中共中央政治局委员、国家副主席李源潮在中共中央政治局委员、广东省委书记胡春华和国家有关部委、广东省、珠海市领导陪同下到珠海市航空产业园考察中航工业通飞珠海基地项目。

4月

3日　下午，金湾区召开组织工作会议，总结金湾区2012年组织工作，研究部署2013年组织工作任务。

9日　下午，金湾区创文指挥部召开2013年第一季度联席会议。

10日　珠海市副市长、市创建幸福村居工作领导小组办公室主任刘嘉文到金湾区三板村、海澄村调研幸福村居创建工作。

11日　珠海市市委副书记、市纪委书记王衍诗到金湾区调研“两违”整治工作。

12日　上午，广东省文化厅非遗处处长张梅率专家一行，到三灶镇海澄村调研幸福村居规划建设工作。区委常委、宣传部长吴文莱及区文化部门负责人陪同调研。

珠海市人大常委会副主任邓群芳就市人大代表《关于提高西部地区医疗服务水平的建议案》落实情况到金湾区调研。区人大常委会常务副主任林乃光、副主任胡建新出席调研活动。副区长贺军汇报金湾区卫生事业发展情况。

16日　下午，金湾区召开2013年度“扫黄打非”工作会议，贯彻传达珠海市“扫黄打非”工作会议精神，研究部署金湾区“扫黄打非”工作任务。

17日　广东省体育局副局长谢昌晶一行到金湾区视察加快转变体育发展方式工作落实情况，并与金湾区相关负责人进行座谈。

18日　上午，珠海市政协副主席金展扬率市人大代表、政协委员、幸福村居企业代表一行到金湾区三灶镇鱼林村，调研创建幸福村居“洁净工程”进展情况。区委常委拜燕及区、镇两级鱼林村挂点领导随同调研。

19日　上午，金湾区召开2013年第一季度经济运行分析会。

珠海市人大常委会主任王广泉带领珠海市出席广东省第十二届人民代表大会的代表到三灶镇鱼月村，走访省人大代表、鱼月村党支部书记吴锦有，倾听社情民意。区委书记、区人大常委会主任吴轼，区人大常委会常务副主任林乃光陪同走访。

22日　上午，区三届人大常委会召开第十二次会议，审议决定人事任免事项。

25日　珠海市政协副主席、民建珠海市委会主委金展扬到金湾区调研民建基层组织建设。区委副书记习恩民，区委常委、统战部长翟小强分别汇报金湾区近年各民主党派基层组织建设情况和后备干部培养储备情况。

27日　区委副书记、代区长欧阳德红带队检查红旗镇部分工厂及超市五一节前安全生产工作。

5月

5日　珠海市委领导赵建国、焦兰生、刘嘉文等到金湾绿手指份额农园实地考察调研，区领导吴轼、习恩民及区有关部门负责人参加调研。

9日　下午，金湾区召开会议，部署2013年防汛工作。区委副书记、代区长欧阳德红，区委常委、区三防指挥部总指挥何为及宣传、财政、农业、卫生、民政等区三防指挥部成员单位负责人出席会议。

10日　珠海市双拥检查组到金湾区检查考核创建新一轮双拥模范区工作。

13日　金湾区第十届体育节正式启动，首个项目绿道健步行拉开帷幕。

21日　上午，全国妇联书记处书记崔郁率国家、省、市三级妇联负责人到金湾区巾帼现代农业示范基地考察调研，并与自主创业巾帼蔬菜合作社负责人吴良连夫妇交流座谈。区委副书记习恩民陪同。

22日　珠海市委常委、常务副市长刘小龙到金湾区三灶镇海澄村调研幸福村居及开展接访活动，区委书记吴轼，区委常委、常务副区长管伟陪同。

23日　珠海市委、市政府召开金湾区建设发展现场会。市委书记李嘉，市长何宁卡，横琴新区、各行政区、经济功能区党政负责人，市相关部门负责人参加会议。

27日　金湾区第三届人民代表大会第四次会议在区行政办公中心召开。会议采用无记名投票方式，选举欧阳德红为金湾区人民政府区长，李志锋、徐源均为区三届人大常委会委员。

30日 下午，区委召开常委扩大会议，研究贯彻落实金湾建设现场会精神。

31日 区四套班子领导分成两个小组，分别到红旗镇和三灶镇走访金湾区各小学和幼儿园，向孩子们送去节日问候和祝福。

6月

3日 珠海市副市长龙广艳带领市教育局等相关部门负责人到金湾区调研校园学生午休安全管理等工作。

4日 区委常委、常务副区长管伟率区发改、规划、住建、卫生、国税等部门人员督办区重点工程项目建设。

14日 上午，金湾区召开全区双拥工作会议，征求对新一轮双拥模范区迎检工作方案意见，部署落实新一轮双拥工作任务。区领导欧阳德红、袁绍勇、童嫚、鲍国汉及区双拥共建工作领导小组成员出席会议。

18日 金湾区召开全区招商引资专题工作会议。金湾区计划成立“航空产业大飞机项目工作领导小组”和“新引进项目联合审批领导小组”，推进招商引资工作。

珠海市政府副秘书长、市重特大项目督办组组长谢汝党率市发改、住建等部门负责人到金湾区督办电网建设情况，协调解决珠海市电网工程项目在建设过程中遇到的问题，要求各职能部门在维护好群众利益前提下，推进电网建设进程。

2013年6月3日，珠海市副市长（前排左一）到金湾区调研校园学生午休安全管理等工作（金湾区新闻中心提供）

珠海市委常委、常务副市长刘小龙在市幸福村居办等相关部门负责人陪同下到海澄村调研幸福村居建设情况。

广东省人民检察院检察长郑红率调研组到金湾人民检察院视察指导工作，肯定金湾人民检察院做到服务大局好、机制创新好、检务保障好、队伍建设好“四个好”，并对金湾检察工作提出指导意见。

20日 区委副书记、区长欧阳德红率区科工贸信、发改、住建、规划、国土等相关部门负责人赴企业调研，现场了解企业生产运营情况及下一步需要解决的问题。

下午，金湾区召开企业服务专题工作会议，研究、解决金湾区企业发展进程中遇到的困难和问题，督促政府相关职能部门更好地服务企业。

由珠海市宣传部与金湾区宣传部联合出品，九号仓文化传播有限公司创作拍摄的以“三灶鹤舞”为主题的微电影《鹤无双》，获得第十六届上海国际电影节手机电影节首度设立的“魅力城市”单元大奖。

21日 上午，金湾区召开2013年度纠风暨民主评议政风行风工作会议。

上午，金湾区召开重点项目建设专题会，研究解决重点项目在建设及推进过程中遇到的困难和问题，确保各项重点项目顺利进行。

24日 下午，金湾区2013年大学生参军入伍报名仪式在广东科学技术职业学院举行。

25日 珠海市政协主席钱芳莉、副主席严锦华一行赴丽珠医药工业园调研，现场了解项目建设进展情况，并了解金湾区“转作风提效能”工作及珠海市航空产业园招商引资工作情况。

26日 上午，金湾区召开专题会议，总结幸福村居建设工作，研究解决遇到的困难。区领导吴轼、欧阳德红、何为、拜燕出席会议。

区委书记、区人大常委会主任吴轼走访视察金湾区行政服务中心，了解该中心整体运行情况。区委常委拜燕陪同。

副区长贺军率队到珠海市源春林中西医结合医院开展整治“两非”专项检查行动。

27日 上午，金湾区（航空产业园）加强与驻区高校合作座谈会在康德莱国际医疗产业园会议中心召开。

28日 上午，金湾区召开“三清”工作专题会议，总结上一阶段全区“三清”工作，对下一阶段“三清”工作进行部署。

司法部副部长郝赤勇到三灶镇调研指导基层司法行政工作。广东省司法厅厅长严植婵、珠海市委政法委副书记张小珏、市司法局局长李秉勇和区委副书记习恩民等陪同。

7月

1日 珠海市委常委、常务副市长刘小龙在区委常委、组织部长陈静及三灶镇相关负责人陪同下，慰问三灶镇海澄村困难老党员。

2日 上午，金湾区召开2013年征兵工作会议，总结2012年征兵工作，部署落实2013年征兵工作。

上午，区三届人大常委会召开第十四次会议，会议决定有关人事任免，并听取区人大科教文卫工委关于金湾区基层医疗卫生改革情况调研报告。

5日 上午，金湾区国安办成立并举行揭牌仪式。市有关部门和区领导李群、张小珏、吴轼、习恩民出席揭牌仪式。

金湾区机构编制委员会同意设立中共珠海市金湾区非公有制经济组织和社会组织工作委员会，正科级建制，挂靠区委组织部管理。设书记1名（科级正职，由区委组织部副部长兼任），副书记1名（科级副职），所需人员编制在区委组织部内部调剂。不再保留中共珠海市金湾区企业工作委员会，其职责划入金湾区“两新”组织党工委。

9—11日 区委副书记、区长欧阳德红率金湾代表团赴香港参加粤港经贸交流会。

11日 珠海市委常委、宣传部长陈英率队到金湾区调研宣传文化工作，要求金湾区做好舆论宣传、文化惠民和创文等工作，抓好人员和经费落实，推动文化产业做大做强。

18日 区政协在区行政办公中心3号楼三楼会议室举行政协金湾区第三届委员会特聘委员聘任仪式。区政协主席谢雄辉、区委副书记习恩民出席聘任仪式，并分别为首批获聘的29位特聘委员颁发聘任证书。

金湾区与华发集团正式签订《珠海市金湾区航空新城开发战略合作框架协议》。

22日 下午，金湾区召开2013年上半年财税工作会议。会议由区委常委、常务副区长管伟主持，区委书记、区人大常委会主任吴轼，区委副书记、区长欧阳德红出席会议并作重要讲话。

25日 上午，金湾区召开“年鉴和年报”工作动员暨业务员培训会议，正式启动地方综合年鉴和地方志资料年报工作。区委常委拜燕出席会议并讲话。

三灶镇海澄村与珠海航空城发展集团签订框架合作协议，海澄村幸福村居建设项目工程监理及预决算由航空城集团免费提供。

26日 珠海市政务服务管理局局长吴永义率队到金湾区调研行政服务相关工作，区委常委拜燕陪同调研。

区农村集体资产管理交易平台建设领导小组分别在三灶镇和红旗镇举行农村集体资产交易中心揭牌仪式。区领导吴轼、欧阳德红、何为等出席揭牌仪式。

上午，金湾人民法院举行城市管理审判庭揭牌仪式，成为广东省首家挂牌成立的城市管理审判庭。珠海市中院副院长张振峰和金湾区领导吴轼、彭祖国、张洪明等参加揭牌仪式。

30日 区委副书记、政法委书记、社管部部长习恩民率区纪委、政法、公安、法院、信访和三灶镇等负责人组成一行17人的学习团，到高新区学习交流综治信访维稳工作。

8月

1日　金湾区2013年度征兵报名大会在三灶伟民广场召开。

2日　下午，团中央书记处书记罗梅在团广东省委书记曾颖如、团珠海市委书记王小彬和金湾区委副书记、政法委书记刁恩民陪同下，到金湾区三灶镇异地务工青年综合服务中心“亲青家园”，实地视察了解该中心工作开展情况。

7日　上午，金湾区第三届人大常委会在区行政办公中心2号楼召开第十五次会议。会议听取和审议区2012年度财政总决算报告、2012年度本级财政预算执行和其他财政收支情况审计工作报告、2013年上半年计划和预算执行情况报告，决定有关人事任免事项。

8日　上午，金湾区召开全区幸福村居驻村干部动员会，介绍创建幸福村居情况，部署驻村工作任务。区领导陈静、何为出席会议。

9日　区政府组织相关单位开展联合执法，强制清理被非法占用的三灶湾垦区约60亩耕地，拆除2座非法搭建的窝棚。

13日　上午，金湾区召开西湖公园项目工作领导小组专题会议，研究部署西湖公园项目用地清理工作。

15日　民革金湾区基层委员会经民革珠海市委会宣布成立，成为广东省民革组织中率先成立的基层委员会。

19日　区领导欧阳德红、吴文莱率多个职能部门负责人先后到三灶镇金海岸市场、海华小学和三灶中心小学跟进督查创文工作情况，并督促及时整改。

21日　区政协主席谢雄辉率区政协委员一行到海澄村和三板村，视察幸福村居建设情况。

27日　金湾区召开幸福村居建设评审会，珠海市农渔局、市建筑设计院及市政园林管理处专家对三灶镇海澄村、鱼林村，红旗镇三板村、广发村规划设计方案提出专业指导性意见。

29日　金湾区廉政警示教育基地揭牌仪式在金湾人民检察院举行，教育基地由金湾区纪委和金湾人民检察院联合建立。金湾区检察院检察长向少良主持揭牌仪式，珠海市纪委副书记、市监察局、市预防腐败局局长朱权伟，市检察院党组副书记、副检察长王天鸿，金湾区委书记、区人大常委会主任吴轼，区纪委书记侯军玺等领导共同为基地揭牌，市纪委、市检察院、金湾区委、区人大、区政协、区纪委等部门负责人参加揭牌活动。

29日　航空新城核心区金二路工程正式动工兴建，项目是区政府与华发集团签订战略合作协议后第一个由华发集团实施的工程项目。

9月

4日　上午，金湾区非法渔业设施清理整治工作动员大会召开，安排部署辖区非法渔业设施清理整治工作。

6日　金湾人民法院被广东省高院授予“2012年无执行积案先进法院”称号，成为珠海四家法院中唯一连续三年获此荣誉的法院。

16日　区政协主席谢雄辉率区政协“幸福村居建设”调研组一行到红旗镇三板村考察珠海三板农业发展有限公司，了解该公司在集中整合农民农耕地进行规模种养、综合利用，发展特色旅游休闲农庄的实践经验。

18日　区三届人大常委会举行第十六次会议，会议听取和审议2013年区本级财政预算调整报告，决定有关人事任免事项。

24日　上午，金湾区宣传文化系统专题会议召开，分别传达学习习近平总书记、广东省委书记胡春华在全国、全省宣传思想工作会议上的重要讲话精神，部署金湾区贯彻落实工作。

24—25日　解放军三〇七医院、军事医学科学院、南方医科大学负责人到金湾区考察，先后参观航空新城规划展览馆、丽珠制药厂、联邦制药厂、南方医科大学公共服务平台和区人民医院建设现场。珠海市副市长龙广艳出席晚宴，金湾区委书记吴轼、区长欧阳德红陪同考察。

25日　广东省政府办公厅副主任甘正猛带领省海洋局、省海监总队、省海域使用动态监管中心等部门人员到金湾区调研用海项目，了解金湾游艇产业园建设情况。

下旬 金湾区科技工贸和信息化局组织区企业申报多项专项扶持资金：7家企业的9个项目获得珠海市“走出去”专项资金补助，16家企业获得珠海市扶优扶强贴息资金补助，6家企业获得珠海市扶持中小企业发展资金补助，4个项目获得珠海市公共技术服务平台资金支持，2个项目获得珠海市科技型中小企业技术创新资金，20个项目获得珠海市级财政技术改造专项资金支持。

当月 金湾区科技工贸和信息化局审计通过49个市级财政支持技术改造项目中，汤臣倍健股份有限公司、珠海联邦制药股份有限公司等企业20个技改项目获得技术改造资金支持，占珠海市40.8%。

10月

15日 广东京信电力集团与金湾区政府签订投资协议书，计划在金湾区投资设立贸易公司总部。

16日 下午，珠海市委常委、常务副市长刘小龙到金湾区三灶镇海澄村调研幸福村居建设工作，并在三灶镇党代表工作室接访党员群众，了解社情民意。

16—18日 金湾区副区长夏志高带队赴西安参加中国国际通用航空大会，拜会西安地区重点航空企业及部分参加大会的企业，开展宣传推介和招商洽谈活动，对接一批意向投资项目。

18日 区委学习中心组邀请华南农业大学思政部教授张丰清到金湾区举办学习贯彻习近平总书记一系列重要讲话精神专题讲座。吴轼、欧阳德红、谢雄辉等区四套班子领导及区直机关干部130多人参加专题讲座。

28日 金湾航空新城规划展览馆举行揭牌仪式。珠海市副市长潘明、副秘书长何庆明及区四套班子等市、区领导出席仪式。

29日 珠海市金湾区（珠海航空产业园）上海投资推介会在上海举办。副市长王庆利、金湾区区长欧阳德红等领导及市、区有关部门负责人参加推介会。推介会以战略性新兴产业新项目居多，吸引来自航空、医药、新能源和高端制造业、现代服务业等近100家企业前来参加。推介会期间签订合作项目22个。

金湾航空城合唱团在珠海第三十一届滨海之声音乐节暨第五届珠海合唱节决赛上获得金奖第一名。

当月 金湾区入选国家体育总局评选的2009—2012年度“全国群众体育先进单位”。

11月

10月31日至11月2日 金湾区通过“广东省社区教育实验区”专家评估组评估验收，并报省教育厅审批。

6日 区红十字第二次会员代表大会暨第二届理事会第一次会议，及区慈善会第二届理事会第三次会议召开。聘请欧阳德红、谢雄辉、林乃光等区领导为区红十字会第二届理事会名誉会长，聘请区长欧阳德红为区慈善会第一届理事会名誉会长，聘请罗邦明等4位爱心人士为区慈善会第一届理事会荣誉理事。

南方医科大学附属珠江医院党委书记黄立农一行来金湾区拜访，金湾区委书记吴轼、区长欧阳德红陪同考察团参观航空新城规划展览馆、人民医院建设现场并进行座谈。

8—9日 环保部生态司副司长侯代军率技术评估组一行，对金湾区（含高栏港经济区）创建国家生态区进行为期两天的技术评估。经现场考核、民意测评、资料审核，评估组一致评定金湾区通过创建国家生态区技术评估。

14—15日 区综合应急救援大队32人组成的代表队参加第三届珠海市军警民综合应急救援队伍技能竞赛，获意外伤害急救、水枪灭火操作、干粉灭火器操作、风力灭火机操作、森林消防高压水泵扑火操作等项目技能竞赛团体第一名。

19日 上午，金湾区召开传达学习贯彻党的十八届三中全会精神会议，区委副书记、区长欧阳德红主持会议，区委副书记刁恩民传达党的十八届三中全会精神和省、市有关会议精神，区委书记吴轼作总结讲话，阐述党的十八届三中全会精神的重要性和全面深化改革的重大意义，就《中共中央关于全面深化改革若干重大问题的决定》提及的相关改革工作结合金湾实际作了讲解，并对全区学习落实党的十八届三中全会精神提出具体要求。

26日 区人大常委会组织本选举单位市八届人大代表开展2013年度集中视察活动。代表们先后视察航空新城规划展览馆、区人民医院、三灶镇海澄村幸福村居等建设项目及三灶镇鱼月村盘活集体资产转型升级项目——金山林酒店，听取区长欧阳德红代表区政府作金湾区1—10月经济社会发展情况汇报及2014年工作设想。

27日 珠海市委常委、常务副市长刘小龙一行来金湾区三灶镇开展幸福村居检查和党代表工作室接访活动。金湾区委书记吴轼陪同幸福村居检查，区委常委、常务副区长管伟参加党代表工作室接访并现场回应党代表提出的问题。

28日 珠海市档案局受广东省档案局委托，与金湾区档案局组成评审组对区民政局档案综合管理工作进行评审。经审核，评定区民政局为档案综合管理省一级单位，授予区民政局“省一级档案综合管理示范单位”荣誉称号。

12月

2日 北京普瑞博思投资集团总裁郭鸿旭、副董事长方晓东一行到金湾区考察项目，金湾区区长欧阳德红、副区长夏志高陪同考察团参观航空新城规划展览馆，并进行项目洽谈。珠海市副市长王庆利接见考察团。

3日 金湾区“百合之约”爱心协会在三灶镇金建花园举行揭牌仪式，金湾区委副书记刁恩民、副区长童嫚参加活动并慰问60户单亲特困母亲。

5日 下午，金湾区建材行业协会成立大会暨协会第一届会员大会举行。会议选举产生区建材行业协会第一届理事会成员，王希钧当选区建材行业协会第一届理事会会长。

6日 经珠海市委组织部、市“两新”组织党工委验收评估，金湾区广东蓉胜超微线材股份有限公司党总支、广东天章纸品信息有限公司党支部、珠海迈科科技有限公司党支部及广东龙丰精密铜管有限公司党总支被确定为珠海市第一批“两新”组织党建工作示范点。

8日 国内首款具有自主知识产权的全复合材料轻型公务机——领航150首飞机在航空产业园内完成总装交付试飞。

12日 广东省人防办副主任范先军一行来金湾区进行2013年责任目标考核，金湾区副区长陈旭汇报金湾区人民防空工作，省考核组对金湾区人防工作给予充分肯定。金湾区人防办被珠海市人防办评为2013年度人民防空建设目标管理考核优秀单位。

17日 华彬国际集团拟在珠海设立“华彬（珠海）通用航空国际中心”，董事长严彬一行来珠海市航空产业园考察，并召开华彬航空产业项目工作会议。

20日 上午，金湾区召开以“践行党的群众路线，坚持为民务实清廉”为主题的2013年度区委区政府领导班子民主生活会。区委、区政府领导班子成员结合“转作风、提效能”、落实八项规定和群众路线教育活动的有关要求，开展批评与自我批评。珠海市委副书记、市纪委书记王衍诗出席会议并讲话。

24日 珠海市打假办考核金湾区落实打假责任制工作情况，金湾区副区长童嫚陪同考核并汇报打假工作情况，，金湾区顺利通过考核组考核。

珠海市副市长龙广艳一行赴金湾区红旗镇广发村调研幸福村居建设工作，金湾区委常委吴文莱陪同并汇报幸福村居建设情况。

金湾概貌

建置沿革

【金湾区由来】金湾区是珠海市有关部门在调整行政区划时命名的，因由有三："一是新增设的区是珠海市及广东省的重点开发区，区位临海，海湾众多，其中有珠海市最大最优良的珠海港湾，取名'金湾'在一定程度上反映了区域的特点，无雷同之弊。二是'金湾'符合以自然景观取名的惯例，拟设区政府驻地的三灶镇金海岸，有风景秀丽的'金海湾'沙滩，是远近闻名的旅游度假地，取名'金湾'，易为广大群众和各界人士所接受，并具有腾飞发展的时代意义。三是'金湾区'是珠海市西部发展的中心，这一区域是未来投资的黄金宝地，有远大的发展前景，对珠海西部地区的政治、文化、经济等发展有着重要意义。"

【历史沿革】2013年，金湾区行政区域由三灶、红旗两镇构成，历史悠久。清乾隆年间（1736—1795年），清朝在三灶春元村设立遥官府，管辖金湾地区。清道光年间（1821—1850年）撤销遥官府后，金湾地区归香山县管辖。民国14年（1925年）4月15日，香山县改名为中山县，金湾地区为中山县第七区。1953年4月7日，国务院批准珠海县成立，金湾地区为珠海县第三区。1955年7月，第三区更名为三灶区。1959年3月22日，国务院批准珠海与中山合并为中山县，金湾地区归为中山县管辖。1961年4月17日，经国务院批准恢复珠海县建制，金湾地区归珠海县管辖。1964年，解放军野战部队进驻海岛围海造田，建立红旗生产基地，红旗区域由部队管辖。1969年12月，解放军红旗生产基地改设红旗农场。1984年6月，经国务院批准设立香洲区，三灶地区（含三灶镇、南水镇、小林镇，下同）由香洲区管辖。1988年8月，红旗农场改设珠海市红旗华侨农场，由广东省农垦总局管属。同年12月，建立珠海市三灶管理区，由三灶、南水、小林3个镇和红旗华侨农场组成。1990年1月，红旗华侨农场改红旗管理区，县级经济管理权力，与红旗农场实行两块牌子一套人员，由珠海市管辖。1999年10月，撤销红旗管理区，设红旗镇，仍属市直管。2001年4月4日，经国务院批准设立珠海市金湾行政区，下辖三灶、红旗、小林、平沙、南水5个镇。2003年，红旗镇、小林镇合并为红旗镇；2006年7月、2009年10月，市委、市政府分别作出决定，将南水镇、平沙镇划给高栏港经济区管理。2008年11月，珠海市航空产业园在金湾挂牌成立，2009年10月与金湾区合署，区政府加挂“珠海市航空产业园管理委员会”牌子，下辖三灶、红旗2个镇。

（金湾区地方志编纂委员会办公室）

自然地理

【地理位置】金湾区（版图含珠海市高栏港经济区）位于北纬21°50′2"～22°12′8"，东经113°7′45"～113°29′21"（包括荷包岛、湖东社区，不包括海域面积）。地处广东省南部，珠海市西南部，珠江三角洲南部，珠江口西部，东与香洲区相邻，南临南海，西南、西与江门台山隔海相望，北与斗门区接壤。

【土地面积】2013年，行政区域总面积1600平方公里（版图含珠海市高栏港经济区，下同），其中陆地总面积559.6平方公里（金湾区268.85平方公里、高栏港290.75平方公里；含内陆的湖泊、河流及海岛面积）；河流水面总面积2328.95公顷，其中金湾区1983.02公顷，高栏港345.93公顷，均无湖泊面积；三灶镇198.06平方公里、红旗镇70.79平方公里和南水镇142.62平方公里，平沙镇148.13平方公里；沿海滩涂总面积4871.41公顷，其中金湾区2377.38公顷、高栏港2494.03公顷；内陆滩涂总面积38.53公顷，其中金湾区15.41公顷、高栏港23.12公顷。海域面积1000多平方公里。

【地质地貌】金湾区大部分地区为第四系冲积层和海积层平原，地表平坦开阔，地下淤泥、粘土层较厚，地基承载力较差。海（江）岸线长，大面积浅海滩涂可供围垦造地。海拔低，雨量充沛，河流交错，全区有磨刀门、泥湾门、鸡啼门3条河道经此入海，年径流量大。

（张　立）

【水文】

径流　金湾区属珠江三角洲沿海年径流高值区，平均年径流系数0.6，多年平均径流深1200毫米。径流年际变化较大，变差系数约为0.44。入境客水丰富，境内鸡啼门水道多年平均入境径流量197亿立方米，占珠江年入海径流量的6.6%，汛期（4～9月）径流量占全年径流量的9%—11%。

潮汐　金湾区境内河口海域潮汐属不正规半日混合潮型，即一个太阳日内，分别经历早、晚2次潮水涨落过程，各次潮高、潮差、历时均不相同，一般早潮大于晚潮。一次涨落过程中，涨潮历时短于落潮历时。一般情况下，平均涨潮历时冬长夏短，而平均落潮历时则相反，同期潮位、潮差由东向西、由内向外增大。

咸潮　金湾区位于珠江三角洲下游河口河网区，河道纵横交错，水流互相沟通，河道坡降缓，给海潮向内河侵入提供条件，海潮倒灌造成咸潮。每年枯水期和上游来水量减少时，海水倒灌进入内河造成咸潮，时间一般从9月下旬至次年4月。

泥沙　鸡啼门水道为少沙河流，水中含沙量不大，但由于径流量大，仍有大量泥沙输入海滨，成为口门一带浅海淤积滩涂发育的主要原因，鸡啼门水道最大年输沙量496万吨。

过境洪水　由于金湾区地处西江下游，东西两侧的鸡啼门水道、磨刀门水道，是西江洪水入海的主要渲泄通道，西江上游的洪水在这里入海。当上游经历降雨量大、强度高时，又正值高潮水位，潮水顶托，排水受阻，易造成区域内洪涝灾害。

【水系】金湾区地处西江下游滨海地带。过境河流有鸡啼门水道、磨刀门水道，珠江诸分流水道与当地河涌纵横交织，属典型的三角洲河网区，境内还有大门水道、幸福河及红灯河等。

干流沿程与众多侧向分流、汇流河道衔接，既有自然分流汇水，亦有闸引闸排。西江诸分流水道沿岸均已筑堤成围，水流受到有效制导，因而河道基本形成稳定的平面形态。干流水系主要河道及其特征如下所述。

磨刀门水道　该水道自斗门莲溪镇螺洲溪口入境，至横琴石栏洲入海，境内全长42公里，是珠江的主要入海口门，其泄洪、排沙量居八大入海口之首，多年平均入境径流量为923亿立方米，约占珠江入海泄量的28.37%。主槽河床标高-8.5～-10.5米（黄基，下同），局部-19.5米。上游段（六乡螺洲山咀断面以上）水道比较顺直，弯曲系数约为1.0～1.1，河宽800～1200米。中游（螺洲山咀至天生河口）水道形态较为复杂，左岸有中山神湾水道汇流，河宽增加至4000米，相继浮现大排沙、磨刀沙、竹排沙等江心洲。下游段河势又趋平顺，河宽保持在2000米左右，河中浮露二排沙、三排沙2个沙洲，左岸先后有前山水道、洪湾水道（马骝洲水道）分流入澳门水域，右岸有天生河、鹤洲水道分流入白龙河出海。

鸡啼门水道　该水道于斗门尖峰山鬼仔角上接黄杨河，下至红旗小木乃入海，全长24.5公里，多年平均径流量197亿立方米，约占珠江入海泄量的6.05%。弯曲系数1.15，河宽400～1800米，主槽高程-5.4～-9.4米，平均坡降-0.17‰，总落差3.0米。　（林耀生）

【气候】

气候特征　2013年，金湾区年平均气温22.9℃，年极端最低气温6.9℃（1月5日），年极端最高气温35.8℃（6月20日）。年降雨量2263.39毫米，年降雨日数（日降雨量≥0.1毫米）152天，年暴雨以上降雨日数11天、大暴雨以上日数4天，日最大的降雨量184.5毫米（5月8日），最长连续降雨日数14天（3月24日至4月6日，累计降雨228.9毫米）。最长连续无降雨日数20天（1月1日至1月20日）。汛期（4～9月）雨量1922.19毫米。2013年热带气旋影响数5个，分别是1305号热带风暴“贝碧嘉”、1306号强热带风暴“温比亚”、1311号台风“尤特”、1319号强台风“天兔”和1329号台风“罗莎”，其中影响较大的是1311号台风“尤特”，三灶气象自动观测站8月14日录得过程极大风速19.3米/秒，降雨量54毫米。无霜期日数365天。

1311号台风“尤特”　1311号台风“尤特”于2013年8月14日15时在广东省阳江市阳西县溪头镇沿海地区登陆，登陆时中心附近最大风力14级（42米/秒）。“尤特”给珠海市带来狂风暴雨天气，2013年8月14～15日金湾区、高栏港经济区录得大风，其中14日录得极大风速32.0米/秒。“尤特”具有“移速快，强度强，影响大”特点，是2013年登陆中国大陆最强热带气旋，也是2013年对珠海市影响最为严重的热带气旋。强台风“尤特”重创珠海市西区农渔业，金湾区部分水产养殖和农作物受淹报告显示，由此造成上百万元经济损失。红旗镇湖东蔬菜基地受灾严重，许多农作物被雨水浸泡或狂风吹倒。交通方面，在“尤特”影响期间，珠海机场多班次航班取消，万山海域风大浪高，由香洲港客运站开往万山区各海岛的航班被迫全线停航。

1306号强热带风暴“温比亚”　1306号台风“温比亚”于2013年7月2日5时30分在广东省湛江市麻章区湖光镇沿海地区登陆，登陆时中心附近最大风力10级（28米/秒），中心最低气压976百帕。“温比亚”在1日20时到2日00时距离珠海市最近，相距约340公里。受其影响珠海市出现强风和大雨，局部地区暴雨。截至7月2日08时，陆地出现最大风力6级阵风7～8级，海面出现最大风力7级阵风8～9级，最大降雨出现在南屏（60毫米）。金湾区普降中到大雨，最大风力4～5级。

1319号强台风“天兔”　2013年9月17日02时，1319号热带气旋“天兔”在菲律宾以东洋面生成，于18日05时加强为强热带风暴，18日20时加强为台风，19日11时加强为强台风，19日17时加强为超强台风，21日20时减弱为强台风。“天兔”于22日19时40分在广东省汕尾市沿海地区登陆，登陆时中心附近最大风力14级（45米/秒），中心最低气压935百帕。“天兔”登陆点距离珠海市220公里左右，由于登陆点位于珠海市偏东方，珠海市主要受到从陆地吹来的偏北风影响，受地形影响较大，风力比从海面吹来的偏南风偏小。据市气象局监测，22日20时至23日08时，珠海市录得陆地最大风力7～8级阵风9～10级，海面最大风力8级阵风9～10级；全市普降大雨到暴雨，最大雨量出现在井岸（66毫米）。金湾区普降大雨，最大风力5级阵风6～7级。

灾害性天气　2013年，珠海市汛期暴雨日数10天，与常年持平，单日降雨强度大，其中2013年5月22日出现高达330毫米的特大暴雨，为历史最大日降雨量的第5位。受较强西南季风影响，2013年5月22日，珠海市普降大暴雨，局部特大暴雨，其中香洲区平均雨量297.2毫米，斗门区平均雨量168.9毫米，金湾区平均雨量246.3毫米。吉大出现最大降雨421.6毫米。此次特大暴雨受灾人数22000多人，部分交通中断，多条地下通道被淹，学校紧急停课，全市直接经济损失上亿元。2013年8月14日下午，1311号强台风“尤特”在广东省阳西县溪头镇登陆，给珠海市带来狂风暴雨天气，陆地录得最大风力8～9级，阵风10～11级，海面录得最大风力10级，阵风11～12级。“尤特”具有“移速快，强度强，影响大”特点，是2013年对珠海市影响最为严重的热带气旋。（涂建文　陈　秋）

资源物产

【土地资源】金湾区（含红旗镇、三灶镇）土地总面积268.85平方公里，其中建设用地67.67平方公里，农用地145.93平方公里，未利用地55.25平方公里。全区有滩涂面积2392.79公顷，其中沿海滩涂2377.38公顷、内陆滩涂15.41公顷。（张　立）

【水资源】金湾地处珠江流域下游。区内河流不多，以西江、磨刀门、鸡啼门水道为主，南部面临南海，入境客水丰富，磨刀门、鸡啼门由北向南纵贯全区。全区有内河涌20条，其中较大河流2条。磨刀门水道多年平均入境径流量为923亿立方米，约占珠江入海泄量的28.37%；鸡啼门水道多年平均径流量197亿立方米，约占珠江入海泄量的6.05%。区内降水时程和地区分布不均，年内降水主要集中在汛期4～10月，约占全年降水量的70%～90%；水资源时空分布不均，夏秋易洪涝，冬春常干旱。本区地势不利蓄水，缺水现象突出，每年9月下旬至次年4月，枯水期和上游来水量减少时，海水倒灌进入内河造成咸潮，影响饮用水源供应。（谢元富）

【矿产资源】金湾区（含三灶、红旗镇）矿产资源主要有石料、矿泉水、地热水和金属矿：石料分布在全区大部分山体；矿泉水三灶镇有1处，正在开发利用；金属矿2种：铁矿、钨矿，矿产地4处，主要分布在红旗大林、三灶月堂和三灶北山角。非金属矿有5种：铁石英、独居石、建筑用砂、建筑用花岗岩、玻璃石英砂。矿产地12处，主要分布在三灶镇横石基（铁石英、独居石）、草堂湾、长沙湾和木头冲（玻璃石英砂）。因矿点开采以露天为主，对地质环境破坏较大，已全部关停和禁止金属矿产、粘土和石英砂开采，控制采石场、取土点数量，位于主干道可视范围内废弃采石（取土点）完成整治复绿70%以上。（张　立）

【旅游资源】金湾海岸线长，拥有美丽的沙滩、优美的海岸线、茂密的森林、绵延的群山，尤其是三灶镇，山多、植被完好。还有悠久的历史、丰富的人文景观，有林伟民故居、三灶草堂湾沙丘遗址、三灶灵岩洞摩崖石刻和国家级非物质文化遗产三灶鹤舞，这些都是开发休闲度假旅游的资源。金湾区已开发出的景区2个。

金海滩　又名金沙滩，位于珠海市金湾区三灶珠海机场侧，距江珠高速珠海站出口、西部沿海高速斗门站出口约20分钟车程，是珠海市“十大景区”之一，也是珠海市最大的海滨浴场，是广东省旅游局推荐的“休闲度假好去处”景区之一。海滩长3千米，宽800米，面积1.3平方千米。海水碧蓝，波缓浪轻，此起彼伏，为海浴、冲浪的理想天然场所。岸上沙质细腻，在阳光下熠熠生辉，宛如金粉铺就，沙滩因此而得名。沙质柔软舒适，漫步沙滩，消疲劳情浪漫，还有大量鬼斧神工雕琢的礁石，形状各异，如鲸鱼出海、青蛙捕猎、鲤鱼寻觅、河马戏水等礁石奇景，每个奇景有着一个传奇式的民间故事，极具观赏价值。金沙滩海水经国家海洋局珠海海洋环境监测中心检测，综合评定为水质优良。景区的餐饮、住宿、购物、旅游配套设施齐全，是集旅游、观光、会务、休闲、度假为一体的综合型旅游区。

银沙滩　坐落于珠海市金湾区三灶镇木头村对面，东距珠海机场2千米。银沙滩全长1000米，水清滩平，沙细如粉，色泽如银。景区加上农家乐元素开发而成，沙滩果园占地3万多平方米，种植荔枝3000棵，靠山面海。主要有三叠石、许愿树、千年盘根石、小一线天、山顶旧军营等特色新景点。景区内设餐厅、野炊场、烧烤场、果园网床休闲区、木皮屋、卡拉OK厅、棋牌室、沙滩足球、排球、拔河赛场地；可以赏海韵、玩海水、吸氧吧、吃海鲜、品荔枝，是一个集海滩、果园、奇石为一体的旅游、娱乐、休闲、度假、举办集体活动的好地方。（陈海燕）

【动物资源】金湾区域主要野生动物有169种，分隶于4纲24目52科。在低山丘陵区有野猪、南狐、大灵猫、小灵猫、豹猫、水獭、鼬獾、红颊獴、穿山甲、赤腹松鼠及各种鼠类。鸟类有八声杜鹃、鸭属鸟类、暗灰鹃鵙、喜鹊、黑卷尾、白腹姬鹟、画眉、黑脸噪眉、柳莺、褐翅鸦鹃，以及斑鸠、鹧鸪、八哥和一些猛禽类。蛇类和龟鳖类也较丰富。平原耕作区有各种鼠类、蛇类（蟒蛇）、两栖类。蟒蛇主要分布在定家湾、大林片区、红西六围及鸡啼门水道沿岸和三灶片区森林地。鸟类有珠颈斑鸠、八哥、麻雀、棕背伯劳、雨燕、翠鸟、鸭属鸟类、火尾缝叶莺、大山雀等。繁殖最多的候鸟是黄胸鹀（禾花雀）。在海滩、沼泽区有白胸苦恶鸟、绿鹭、苍鹭、池鹭、白鹭等，在夏季常见。滩地外缘水面上有斑嘴鹈鹕、野鸭及白骨顶等水鸟。白鹭主要分布在三灶湾、红西六围及鸡啼门水道沿岸。水鸭主要分布在定家湾、大林片区、红西六围及鸡啼门水道沿岸。

【植物资源】金湾区植被主要组成种类有129科325属486种，其中以热带性属种较多，常见有大戟科、桑科、桃金娘科、茜草科、梧桐科、豆科、五加科、野牡丹科、茶科、芸香科、五桠果科等。自然植被包含常绿针叶林、常绿季雨林、季风性常绿阔叶林、海滩红树林、常绿灌丛和草丛等。常绿针叶林有马尾松—桃金娘、岗松—芒萁群落和马尾松—岗松、桃金娘—鹧鸪草群落。常绿季雨林有细叶榕、高山榕、鸭脚木群落和猴耳环、柿叶木姜、木棉、秋枫、朴树、香港楠、白车、樟树、铁冬青、四川朴、假苹婆、橄榄、台湾相思树。季风性常绿阔叶林有蕈树、五月茶、春花群落。海滩红树林即滨海盐渍红树林有秋茄树群落和桐花树群落，

捕鱼　（金湾区海洋和农渔局提供）

科目10多种。现存沿海滩涂的红树林资源成片的不多，主要分布在鸡啼门水道下游红西六围岸边滩涂，种类有秋茄、木榄、海漆等8个品种。在红树林上栖息的鸟类有白鹭、池鹭、灰鸠等1200多种。常绿灌丛有豺皮樟、桃金娘、降真香、虎皮楠、春花群落。草丛有五节芒、野古草、纤毛鸭嘴草群落，鹧鸪草、蜈蚣草群落和野古草、野香茅、纤毛鸭嘴草群落。人工植被包含防护林和经济林（园）。防护林有木麻黄群落、台湾相思群落。经济林（园）有荔枝园和柑橘园，香蕉、大蕉群落和蒲葵群落，龙眼、梨、梅、桃、李、黄皮、荔枝等果树零星分布。

【**水产资源**】金湾区海域中，资源丰富具有捕捞价值的鱼类近200种，在海洋捕捞中主要经济鱼类60多种，主要有中华青鳞（青鳞）、金色小沙丁（横泽）、鲥鱼（三黎）、斑鰶（黄鱼）、鳓鱼（曹白）、黄鲫（黄雀）、马条蛇鲻（九棍、沙丁）、海鲶（赤鱼）、海鳗（山蟮）、四指鲅（马鲅）、短尾大眼鲷（大眼鸡、目连）、兰园（池鱼）、乌鲳（黑鲳）、头梅童鱼（黄皮、狮头）、大黄鱼（黄花）、金钱鱼（红三）、断斑石鲈（头鲈）、黄带鲱鲤（红线）、中国鲳（白鲳）、刺鲳（南鲳）、扁舵鲣（杜仲）、舌鳎（龙利）、鳐（甫鱼）、公鱼仔等。壳类6种，主要有南美白对虾、斑节对虾、龙虾、毛虾（银虾）以及锯缘青蟹、梭子蟹（化蟹）等。贝类6种，主要有近江牡蛎（蚝）、翡翠贻贝（青口螺、淡菜）、文蛤（沙螺）、扇贝、鲍（鲍鱼）、兰蛤（白蚬）等。藻类主要有江蓠、马尾藻、虎苔、鹅掌菜等。滩涂海湾底质多泥沙，底开平坦，水质肥沃，是各种鱼类繁殖、生长、索饵、洄游、栖息的场所，形成不同渔场的渔汛。金湾区淡水养殖的主要品牌是黄脚立、金钱鱼、黄尾鲻、小林草鲩和南美白对虾、鳗鲡、中华鳖等。

【**滩涂资源**】金湾区岸线长约29千米，海域滩涂面积约4977.47公顷，咸淡水丰富，是养殖牡蛎（蚝）的主要区域。金湾区滩涂以浅泥滩居多，分为东部三灶湾滩涂区、南部滩涂区和西南部滩涂区。东部三灶湾滩涂区包括三灶湾、东咀；南部滩涂区包括草塘湾、莲塘湾、黑沙湾、金沙滩、阳光咀；西南部滩涂区包括木乃南、鸡啼门东等。（谢元富）

环境质量

【**概况**】2013年，金湾区完成主要污染物总量减排任务，主要污染物排放强度得到控制，化学需氧量、

丰收的喜悦（金湾区海洋和农渔局提供）

氨氮、二氧化硫、氮氧化物的排放强度分别为2.21千克/万元、2.78千克/万元、0.602千克/万元、0.12千克/万元，环境质量现状监测结果显示大气环境质量、水环境质量、声环境质量各项指标均达到中华人民共和国环境保护部标准。

【**大气环境质量**】2013年，金湾区加强企业废气治理设施建设与运行的环境监管，保持空气环境质量良好，达到中华人民共和国环境保护部《环境空气质量标准》二类区要求。根据珠海市环境监测站环境空气监测结果显示，二氧化硫、二氧化氮、细颗粒物PM2.5年日均值浓度分别为0.013毫克每立方米、0.037毫克每立方米、0.038毫克每立方米，符合中华人民共和国环境保护部《环境空气质量

标准》（GB3095-2012）二类区标准要求。

【水环境质量】2013年，金湾区加快城镇污水收集处理基础设施建设，提高水环境质量。建成南北排河截污管网、红旗污水收集主干管网等，总计建成污水收集主干管网长度约为80千米。加强水环境整治工作，完成南排河至北排河污水改道工程、南排河污水管网整治改造工程、中心河综合整治工程、三板涌整治工程等。全区地表水省控和国控断面水质达到《地表水环境质量标准》（GB3838-2002）的相应类别标准，符合水环境功能区标准要求。区内集中饮用水水源保护地木头冲水库、黄绿背水库、爱国水库的水质达到Ⅱ类功能区标准。

【声环境质量】2013年，全区声环境质量保持良好。区域环境噪声平均值55.7分贝（昼间）、44.9分贝（夜间），道路交通环境噪声63.1分贝（昼间）、53.3分贝（夜间），功能区噪声均达到《声环境质量标准》（GB3096-2008）中相应的标准要求。（李青石）

人口·民俗

【人口】截至2013年年底，金湾区常住人口150249人，其中三灶镇79992人、红旗镇70257人；总户籍人口19709户，其中三灶镇8990户、红旗镇10719户；户籍人口77364人，其中三灶镇39156人、红旗镇38208人。户籍人口中，男性40047人，其中三灶镇19890人、红旗镇20157人；女性37317人，其中三灶镇19266人、红旗镇18051人。（周　靖）

【民俗】

起名　起名字（三灶起名字），流传至今有几千年的历史，在三灶当地极为普遍。在三灶为小孩起名字，有以下几种情况：一是出生时起奶名，根据金木水火土来起名，根据小孩出生时的情况来定，若是缺水的，名字里面就有水。二是契名，身体孱弱的，经常契百年老树的名字，选个良辰吉日就上契，用猪肉、酒等来拜祭。三是书名，也有叫学名，是上学时起的名字。四是冠名，是结婚时起的名字，按族谱里的辈份起名。五是新老名，三十岁起的一个名。六是号名，六十岁以后每十年起一个名，首号、重号、叠号、叠叠号。

定家湾茶果　定家湾茶果包括糯米糍、状元糍、油糍等。据传茶果是北宋末传入三灶的。据《广州府志》记载：“北宋末，距香山横石玑偏南约百里之釜涌镜，海隅有银矿，庶民争赴开采，至有举家迁徙者，即聚居虞海边渍地。”如今三灶镇仍有横石基（玑）村，村里有吴姓人口300多人，属于客家人。定家湾茶果是三灶镇定家湾村的一种民间小吃，是当地人逢年过节或平时品茶时用来招待客人的，现在百姓的日常生活中经常吃到。茶果分许多种，如油糍、糍粑、粽仔、艾糍、叶仔糍、年糕、年角仔、汤圆、芝麻糊、咸茶等，这些茶果美味可口，是广东一带老百姓最爱吃的小吃。

抢花炮　昔日，三灶镇榄坑一带有一种趣味盎然的民间游戏：正月十六抢花炮。游戏体现三灶人对幸福生活的渴望和期盼五谷丰登的良好愿望。正月十六这天，男女老少聚集在观音庙前，由主持抢花炮的村中老者，带上三牲果饼到观音像前烧香叩拜，祈祷许愿，以求全村男女老少万事如意，幸福安康。“抢花炮”的地点选在观音庙前的空地上。抢花炮的主持，都是各村德高望重的父老，经费由各村筹集。正月十六当天，在庙前搭一个1米多高的大平台，上置香案，摆放三牲果品，名曰祭台，台前搭一个高有10丈的“花炮架”，做点放花炮用。参加抢花炮的多是身手敏捷的年轻人。“抢花炮”共分“八炮”，分别是“开春大吉”“风调雨顺”“花满三春”“东成西就”“五谷丰登”“富贵荣华”“锦上添花”“金玉满堂”。在抢花炮中夺得第一至第五名，都得到镜屏以示祝贺。但这些奖品必须在次年正月初十送回来，然后，又由村中长老抹擦干净，重新换上新的红绸和花，在新的一轮抢花炮中，奖给新的得胜者。（陈海燕）

民族·宗教

【民族】2013年，随着金湾区改革开放深入开展，老少边远地区到金湾区打工的少数民族人口较多，截至年底有5000多人。珠海市实验中学高中部设有新疆班，新疆高中班于2005年9月开办，逐步扩大招生人数和办学规模，由最初2个教学班发展到16个教学班，学生650人。学生主要来自新疆维吾尔自治区农牧地区和新疆生产建设兵团等地的“民考汉”（少数民族学生在参加全国普通高等学校统一招生考试时，使用汉文答卷）学生，主要有维吾尔族、回族、哈萨克族、蒙古族、达斡尔族、汉族等17个民族，在接受1年预科教育和3年高中教育后与珠海考生一起参加全国高考。

【宗教】2013年，金湾区存在基督教和佛教活动。截至年底，全区有宗教团体2个，均设有宗教活动场所，即基督教三灶堂、红旗堂，开展正常宗教活动。全区有宗教信徒2万多人，其中佛教信徒2万余人、基督教徒630人。金湾区尚未建一处合法佛教活动场所。（黄　璜）

华侨·港澳台同胞

【概况】2013年，金湾区有归侨2812人，侨眷9510人，海外华侨、华人3550人，港澳同胞9235人。海外华侨、华人、港澳同胞多数是三灶镇人，归侨多数分布在红旗镇，主要是1978—1979年越南排华时红旗华侨农场接收安置的归难侨，华侨、华人主要分布在美国、加拿大、荷兰、澳大利亚、新加坡等13个国家和地区。海外和港澳社团有4个，即美国纽约三灶同乡会、香港安澜轩三灶同乡会、侨港中山鱼弄同乡会、澳门三灶同乡会。（黄　璜）

行政区划

【行政区划】金湾区于2001年4月4

2013年1月8日，澳门三灶同乡会成立51周年庆典　（冯顺雄　摄）

2013年金湾区村民委员会一览表

单位：个

镇名称	合计	红旗镇					三灶镇			
村委名称		小林村	广益村	广发村	沙脊村	三板村	鱼林村	鱼月村	中心村	海澄村
村民小组	60	10	5	6	6	7	6	5	7	8

2013年金湾区居民委员会一览表

单位：个

镇名称	合计	红旗镇								三灶镇			
居委名称		广安社区	藤山社区	三板社区	矿山社区	大林社区	八一社区	湖东社区	小林社区	三灶社区	金海岸社区	草堂湾社区	西城社区
居民小组	103	17	13	17	8	8	12	11	5	9	2	1	0

日经国务院批准成立，下辖三灶、平沙、红旗、南水四镇。2006年7月1日，珠海市委、市政府对高栏港经济区和南水镇实施“区镇合一”体制改革，南水镇由金湾区管辖调整为高栏港经济区管辖。2009年10月18日，珠海市委、市政府对金湾区、高栏港经济区管理体制进行调整，平沙镇由金湾区管辖调整为高栏港经济区管辖。2013年10月，区政府同意三灶镇设立西城社区居委会。2013年，金湾区全区划分为三灶、红旗两个镇，辖9个行政村和12个社区居委会，其中红旗镇辖5个村委会、8个居委会，三灶镇辖4个村委会、4个居委会。（陈小燕）

经济社会发展

【概况】2013年，金湾区经济社会呈现良好发展态势，促进产业发展、新城建设和园区建设，社会民生得到明显改善，社会大局保持和谐稳定，党的建设科学化水平进一步提高，“二次创业”取得新突破。全年实现本地生产总值179.24亿元，比上年增长13.8%；规模以上工业总产值454.38亿元（年快报数），比上年增长14.6%；规模以上工业增加值118.43亿元（年快报数），比上年增长14%；固定资产投资93.28亿元，比上年增长25.2%；社会消费品零售总额24.88亿元，比上年增长18.1%；实际利用外商直接投资1.35亿美元，比上年增长44.1%；外贸出口总额27.84亿美元，比上年增长16.8%；公共财政预算收入15.95亿元，比上年增长16.7%。

【航空城建设】2013年7月，金湾区与华发集团正式签署战略合作协议，全力推进航空城整体规划、设计、土地开发及工程建设等各项工作。制订《珠海金湾航空城开发建设计划》，启动金湾航空城规划及城市设计的优化提升及深化工作，金湾航空城国际商务中心、金湾航空城产业服务中心、金湾航空城市民文化中心3个重点项目设计工作启动。金湾航空城规划展览馆建成开馆。航空新城核心区由珠海华金开发建设有限公司开发建设的金二路正式动工兴建，金湖大道东路建设顺利推进，航空城核心区二期市政道路可研评审完成。土地整合及清理工作领导小组成立，并制订土地整合处理方案。

【航空产业园和生物医药园基础设施建设】2013年，金湾区投入3.6亿元重点推进航空产业园和生物医药园基础设施建设，全面完成大门口水道东岸防波堤工程，新增建设用地1.25平方公里。启动10平方公里生物医药园区产业规划，生物医药产业园（一期）占地1.79平方公里正式动工建设。积极推进《金湾（航空产业园）总体规划》《珠海市生物医药园发展规划》《珠海机场总体规划》《珠海机场核心区开发利用规划》《珠海地区空域规划》和《航空产业园岸线利用规划》等规划编制工作，《珠海机场总体规划》通过国家民航局评审。

【招商引资】2013年，金湾区围绕“三高一特”和战略性新兴产业，突出产业链招商和二次招商，成功举办2013金湾区（上海）投资推介会和2013金湾区（香港）投资企业交流会等重大招商活动。重大项目、总部项目和战略性新兴产业招商取得突破。引进投资100亿元的中铁建投资、科创控股华南健康基地，以及产值超100亿的普瑞博思医药生产和销售总部3个重量级项目；引进年营业额超50亿元的京信电力集团贸易总部项目和丽珠医药集团（迁址）2个重大项目；引进产值超15亿元的中航三鑫、天大药业集团、达田控股3个大项目。利捷航空、广联航空、迈克瑞复合材、美享医药、昂德科技等一批成长性好的项目签约落户。洽谈跟进庞巴迪Q400支线飞机制造项目，以及华彬集团珠海国际通用航空中心等重大航空产业项目，全年新签约引进项目102个，投资总额约290亿元。

【加强企业服务】2013年，金湾区出台《金湾区关于进一步加强企业服务的若干意见》，编制《金湾区企业扶持政策汇编》，建立项目落户绿色通道，召开金湾区企业服务现场会，帮助企业解决一批生产经营中遇到的困难和问题。出台《金湾区促进“三高一特”产业发展暂行办法》和《珠海市金湾区新能源产业发展规划》，引导“三高一特”产业和新能源产业加快发展。配合服务中航通飞专用电缆敷设项目和中国民航飞行校验中心南方基地项目建设，保障航空产业重大项目建设推进。珠海通航飞行服务站试运行，与之配套的珠海—阳江—罗定低空飞行航线地面台站完成建设并通过测试验收。丽珠医药集团完成整体搬迁工作落户金湾。联邦制药、汤臣倍健、润都制药、亿邦制药等医药龙头企业全年产值翻番，产品推陈出新。银隆新能源、惠生能源、世大照明、黎明云路和汉格等重点新能源企业总产值近10亿元。为企业争取各级技改创新、节能等专项扶持资金上亿元。制定康德莱医疗产业园发展规划和相关激励措施，为入园企业提供厂房租金等补贴，给予南方医科大学服务平台1000万元专项研发资金，引导园区建设融孵化、研发、检测、生产于一体的高端生物医药、医疗器械产业基地，培育数十家优质中小医药类企业。

【重大项目建设加快推进】2013年，金湾区政府投资项目累计完成投资10.01亿元，比上年增长99.4%，全年完成全社会固定资产投资93.2亿元，比上年增长25.1%，投资规模创历年新高。完成西湖公园用地清理工作，确保西湖公园工程如期开工建设。金湾一中完成项目用地选址和报批工作，金湾区人民医院建设工程进展顺利，医技楼、门诊楼、行政后勤楼完成主体结构封顶，住院综合楼地下室底板结构施工。金海岸文化艺术中心原大楼拆除工程进入正式施工阶段。三灶伟民广场公共地下人防工程动工建设。352套新建红灯片区公共租赁住房工程动工建设，红旗华侨农场危房改造工程年底全部建成可交付使用。三灶水质净化厂二期管网开工建设，红旗污水主管网收集系统工程全部建成并通过验收。

【幸福村居建设全面展开】2013年，金湾区推进幸福村居规划编制工作，完成三灶镇海澄、鱼林、鱼月、中心村，红旗镇三板、广发、广益、沙脊村等8个村规划编制工作。开展“洁净工程”行动，建成标准密封式垃圾房163座，新增保洁人员50名，极大改善农村环境卫生和村容村貌。对农村集体资产、资源、资金进行清理、确权，建立镇级农村集体资产交易平台。修订完善《金湾区关于进一步扶持村（居）发展的若干措施》，金湾区财政投入3800万元创建幸福村居专项资金，安排100万元设立青年农民创业风险基金，为幸福村居建设提供资金支持。海澄村村民服务中心装修、海澄市场改造工程及航空城社区公园项目均完工，沿街民居外立面改造工程完成85%，莲塘商业街改造项目动工建设，海澄村幸福村居“珠海第一村”形象初步显现。三板村村委会外立面改造、“一河两岸”整治、民居外立面改造、幸福路硬底化工程、亲水平台、沿河栈道和绿道建设工程完工，幸福广场工程完成铺砖、喷水池、篮球场、舞台、绿化工程，水乡特色逐步形成。

【“三清”工作取得突破】2013年，金湾区编制《珠海市联港工业区转型升级规划》，引进培育“三

2013年6月28日，金湾区召开“三清”工作专题会议　（吴立平 摄）

高一特”项目。盘活29宗二手用地，引进丽珠制药、百利盖科技、世铝金属、海斯比游艇等28个优质项目，盘活二手用地面积约97万平方米；转移24家产业低端、产能低下企业，引进纳特奥科技等20个项目，盘活闲置厂房约7万平方米。以丽珠集团、龙丰铜管、金品电器和得理乐器等为龙头企业，具有核心竞争力的生物医药、精密装备制造和电子电器三大产业集群基本形成，园区转型升级取得较大进展。园区16家企业被认定为广东省高新技术企业，丽珠医药、龙丰铜管、嵘泰铸造和龙胜鱼苗等企业成功入选“三高一特”重点培育民营企业；天章纸品、金品电器入选“广东省优势传统产业转型升级示范企业”。

【社会建设和管理工作取得长足进步】2013年，金湾区通过“广东省义务教育均衡发展区”“广东省社区教育实验区”评估验收，创建“广东省推进教育现代化先进区”工作取得较好成绩。推进创建卫生模范城市工作，全区生活垃圾无害化处理率100%。完成全年各项就业指标任务，城镇登记失业率2.34%。创建全国文明城市各项工作顺利通过创文测评。成功创建广东省生态区，通过国家生态区技术评估。出台《关于加强社会建设的实施意见》《加快发展金湾区志愿服务事业的意见》，妥善处置青湾养殖户进京非正常上访等重大信访案件，全面落实党政领导干部安全生产“一岗双责”制度，在全国“两会”、金湾现场会、十八届三中全会等重大活动和重要会议期间，全区未发生严重影响稳定的群体性事件和较大生产安全事故，社会大局保持和谐稳定。（谭紫戈）

政治文明建设

依法治区

【依法治区工作领导小组成员单位负责人会议】2013年3月29日，金湾区依法治区工作领导小组办公室在金湾区人大常委会召开依法治区工作领导小组成员单位负责人会议，区委书记、区人大常委会主任、依法治区工作领导小组组长吴轼主持会议并讲话。金湾区领导林乃光、彭祖国、张洪明、鲍国汉及领导小组其他成员单位负责人出席会议。会议传达珠海市依法治市工作领导小组会议精神，总结2012年依法治区工作，审议通过《金湾区2013年依法治区工作要点》。会议强调，在金湾“二次创业”实现新突破的关键时刻，加强依法治区工作，营造守法诚信的市场环境、依法行政的政务环境、公平正义的司法环境，对提升金湾发展的竞争力，树立金湾航空新城的良好形象，推动金湾科学发展具有十分重要的作用；要充分认识依法治区工作的重要性，增强做好依法治区工作的紧迫感和责任感，为实现“二次创业”创造良好的法治环境；加大依法行政工作力度，提升行政效能；深入推进公正司法，确保司法权威；推进基层民主法治建设，化解矛盾纠纷，建设幸福村居；加强组织领导，加强调研沟通；开展普法宣传教育活动，创新普法宣传方式方法，推进“法律六进”（法律进机关、进校园、进企业、进农村、进社区、进园区）活动。

【法治金湾建设】2013年，金湾区完善党委（党组）中心组学法制度，将法制宣传教育纳入中心组学习和考核范畴。坚持集中学习，并邀请专家学者上辅导课，提高社会主义法治理念和依法执政能力。发挥金湾区人大常委会在依法治区中的主导作用，加强对行政权和司法权的监督，推进依法治区工作。2013年8月，对金湾区实施《法治广东建设五年规划（2011—2015）》中期评估（自评）工作进行安排和部署。12月，通过金湾区人大常委会听取和审议金湾区政府的2013年度依法行政工作情况专题报告，建议金湾区各行政执法部门和法制主管部门要加强业务学习和队伍建设，提高执法和工作水平。督促政府及有关部门贯彻落实“六五”普法规划，持续深入推进“法律六进”活动；政府各职能部门在重要节日、纪念日等开展法律咨询活动，打造全新普法阵地，利用大众传媒进行普法宣传，提高全民学法遵法守法用法意识。不定期与金湾区法院、区检察院和金湾公安分局开展工作交流，组织人大代表参与“两院”的公开日和“阳光诉讼”活动3批60人（次），提出工作意见和建议，增强监督的针对性和实效性，促进司法公开、公平、公正。

【基层依法治理工作】2013年5月、10月，金湾区依法治区工作领导小组办公室牵头组织调研组分别对依法治村居、依法治镇工作进行调研，建议各镇各村居认真总结经验，抓好“三个结合”（抓教育与解难题相结合、抓重点与一般相结合、抓长远与节点相结合），推广鱼月村“全国民主法治示范村”、三灶社区“全省民主法治示范社区”和鱼林村“全省民主法治示范村”的经验，为建设幸福金湾营造良好的法治环境。6月，在三灶镇中心村召开金湾区“阳光村务”工作座谈会，总结交流近3年来在做好“阳光村务”、规范“村务公开、民主管理”工作方面的做法和经验，提出做好“阳光村务”工作要把握好一个关系（正确把握好公开与自治的关系），做到“四个结合”（与加强党对农村工作的领导紧密结合起来、与党风廉政建设紧密结合起来、与增加农民收入紧密结合起来、与维护农村稳定紧密结合起来），把村务公开、民主管理的各项工作落到实处。（杨卫星）

依法行政

【金湾区全面推进依法行政领导小组成立】2013年10月，全面推进依法行政（法治政府建设）领导小组成立，由区长欧阳德红任组长、副区长童嫚任副组长、20个职能部门及两镇镇长担任成员。实行依法决策、科学决策和民主决策，重大行政决策集体决定制度。金湾区政府全年交办金湾区法制局审查文件25件，交办法律事务135件，对航空新城核心区开发、安怡花园和金山花园危房改造工程、青湾养殖围收地奖励方案、丽珠工业园用地、清理金湾区海域范围内非法渔业养殖设施等重大问题及对外签订经济民事合同等均由金湾区法制局出具法律审查意见。

【规范行政执法行为】2013年，金湾区政府开展行政执法证管理系统网络化建设，加强行政执法资格管理。开通运行使用行政执法证管理系统，行政执法证件核发实现“网上申报、网上审批、全程监控”目标，办证时限平均缩短至20个工作日。截至年底，全区实行“持证上岗，亮证执法”制度，有71人次通过网上系统办理《广东省行政执法证》，解锁21人，注销8人，完成金湾区民政局执法岗位变更手续，金湾区法制局依法对实施行政许可、行政处罚、行政强制、行政征收、行政确认等所属执法部门的执法主体资格、执法职责和权限、委托执法程序等事项进行审查和认定，特别是对委托执法主体和委托执法事项进行严格审核，经广东省法制办审查确认备案后，对符合规定条件的行政执法主体在金湾区人民政府网站上向社会公告，接受社会监督。按照《珠海市行政机关规范性文件管理规定》要求，开展区政府规范性文件向珠海市法制局、金湾区人大常委会备案工作。全年区政府共审查区直部门文件35件，其中规范性文件3件，向市法制局、区人大常委会进行备案3件，备案率达到100%。

【完善行政监督】2013年，金湾区政府自觉接受人大监督，依法向区人大常委会报告工作，全年办结人大代表议案和建议19件；自觉接受政协民主监督，全年办理政协委员提案39件。自觉接受司法机关监督，区政府及职能部门依法配合人民法院的审判活动，按规定出庭应诉、答辩；自觉接受社会监督，通过金湾区人民政府网站等渠道向社会公布投诉电话、通讯地址及电子邮箱。加强行政执法监督，全年没有发生行政诉讼中“不应诉、不答辩、不缴纳诉讼费”情况。

【社会矛盾防范和化解】2013年，金湾区建立社会矛盾纠纷排查机制，重大群体性和突发性社会事件的预警应急机制，建立劳动人事争议仲裁调解机制及行政调解、人民调解、司法调解相衔接的大调解联动机制。依法办理行政复议案件2宗，其中1宗维持，1宗终止，均在法定期限内审结，未出现不履行现象。自觉履行人民法院生效的判决和裁定，纠正违法或者不当的行政行为。全年受理信访案件77宗，259人次，办结77宗，未发生国家赔偿及行政补偿案件，没有因违法处理行政争议和民事争议引发重大群体性事件。

【提前两年实现行政审批事项减少40%】2013年，金湾区依照《广东省“十二五”时期深化行政审批制度改革先行先试方案》要求，开展第五轮行政审批事项调整目录工作。区法制局对其中368项行政审批事项、189项社会服务事项进行了审核，包括区直部门保留的行政许可的行政审批事项92项，非行政许可事项的行政审批事项20项，委托和下放实施的行政审批事项6项，取消或者改变管理方式的行政许可事项29项，取消或改变管理方式的非行政许可的行政许可事项69项；新增和国务院、广东省、珠海市新下发或委托金湾区实施的行政审批事项39项，按程序转报的行政审批事项33项；省市驻区单位保留的行政许可的行政审批事项31项，非行政许可的行政审批事项35项；审批权在国家、省、市而由区负责初审的行政审批事项6项；珠海市航空产业园单位保留的行政许可事项5项，保留的非行政许可事项3项；区直部门社会服务事项107项；省、市驻区单位社会服务事项82项。按市级要求提前两年达到省级关于2015年行政审批事项减少40%目标。（黄颖怡）

政务公开

【概况】2013年，金湾区加大区政府门户网站建设，提升管理力度，改进信息公开形式，提高信息公开工作水平，形成以珠海市政府和金湾区政府门户网站为主，珠海市文件管理中心、金湾区档案馆、金湾区图书馆、金湾区行政服务中心等单位各自发挥作用的信息公开大系统。全年公开政府信息8968条，其中全文电子化100%；通过区政府门户网站公开信息6174条；金湾区人民政府网访问量1155516次，独立访客276979人次。

【统筹推进信息公开工作】2013年，金湾区建立由主要领导负总责，分管领导主抓，办公室具体负责，各部门密切配合的工作机制。领导小组定期对区级各部门信息公开情况进行数据统计、总结分析、发文通报等，并不定期对各部门信息公开工作进行督查。同时，多次召开政府信息公开工作专题会议，对各部门信息公开工作进行部署，要求做到阳光政务、透明政务。

【多渠道多形式公开政务信息】2013年，金湾区充分利用会议、文件、标语、宣传单、板报、公开栏等传统形式和现代便捷、快速、直接的网络相结合形式公开政务信息。在珠海市政府信息公开专栏、金湾区政府门户网站、金湾区级各部门网站进行政务公开；通过珠海市文件管理中心、金湾区档案馆、金湾区图书馆、金湾区行政服务中心等为市民提供相关政务公开的纸质文件、电子信息查询；通过《珠海市金湾区人民政府公报》、金湾区新闻中心等其他公开方式进行政务公开；积极拓展互动和服务功能，运用新媒体开通官方政务微博“金湾发布”，实现政务公开、法制宣传、征求意见、适时互动。推进政务公开工作深入开展，拓宽延伸信息内容，对一些紧急性、临时性、阶段性工作及时向社会公开；对涉及项目、资金、资源分配等重大事项和涉及公众利益调整事项定期向社会公开。公开的内容涉及政策性文件、工作动态、人事任免、应急管理和其它需要公开的信息等。

【建设平台促进服务事项公开透明】2013年，金湾区按照“为民、便民、利民”原则，在理顺职能，明确许可事项的同时，建成金湾区行政服务中心网上办事大厅，公开进驻部门办理事项，依据政策文件和法律法规，实现办事指南、办理流程、办理结果等全过程信息公开，服务事项更加公开、透明。

【推进村务公开】2013年，金湾区开辟“金湾区农村集体资产管理交易系统平台”，加强村级集体资金、资产、资源管理和监督，从源头上遏制农村党员干部违法违纪问题产生，推进农村基层党风廉政建设，维护农村社会稳定，规范农村“三资”管理，全面公开农村集体重大项目建设、强农惠农资金管理和使用、“三资”管理情况、资源、资产处置情况、招投标等信息，加强农村集体资产管理与监督，确保集体资产保值增值。

【开展在线回复工作】2013年，金湾区通过公共查阅室查阅、电话接听、现场接待、网络咨询等方式倾听百姓心声，收集分析企业和公众各种需求，并及时进行反馈。经办人员每日登录、每日查询，及时办理市政府信息公开系统及金湾区政府门户网站的咨询投诉、建议建言、依申请公开，及时办理行政复议、行政诉讼案件，加大调解力度，解决行政争议，维护社会和谐稳定。全年受理网上咨询投诉、建议建言共1373条；网上依申请公开共计4件，其中2件通过金湾区政府网提交网上申请，2件通过珠海市政府网站“政府信息公开”栏目提交网上申请，4件申请均已受理、答复。行政复议案件2宗，其中1宗终止，1宗维持；行政诉讼2宗；参与金湾区安全生产监督管理局行政诉讼诉前听证1宗。（谭紫戈）

精神文明建设

【公民道德教育】2013年，金湾区公民道德教育以提升公民文明素质、培育金湾文明风尚为活动主旨，组织开展“我们的节日”主题活动。在全区中小学生开展“我们的节日·一样的春节不一样的问候”电子贺卡创作设计大赛，激发金湾区中小学生的想像力、创造力，锻炼动手能力，同时倡导绿色环保生活理念，使用电子贺卡传递祝福，营造欢乐、喜庆、祥和的节日氛围，展示金湾形象风貌。组织开展“讲文明树新风”活动、“德行金湾”公民道德建设行动、文明礼仪实践活动、“网上祭英烈”签名寄语活动、“我们的节日·清明”主题活动、未成年人“向国旗敬礼、做有道德的人”网上签名寄语活动、中华经典诵读活动、优秀童谣征集等一系列活动，营造公民道德建设氛围，彰显“二次创业”金湾精神。

【明德讲堂】2013年，金湾区精神文明工作以创建“明德讲堂”平台进行社会公德、职业道德、家庭美德、个人品德的“四德”教育，以“身边人讲身边事，身边事教育身边人”为主要方式开展思想道德建设。按照珠海市创建全国文明城市指挥部办公室“明德讲堂”名称统一化、地点固定化、布置规范化、活动程序化要求，金湾区在行政办公中心、区检察院、区法院、三灶中心小学、各镇、村居陆续开设“明德讲堂”。由“金湾好人”“美德少年”、区镇村（居）巡讲员等30人组成区“明德讲堂”讲师团，团员涵盖机关干部、企业家、个体工商

2013年8月25日，金湾区举办自行车环岛骑行宣传创文活动
（区委宣传部提供）

户、教师、学生等，年龄最大73岁，最小90年代生人。讲师团全年组织“明德讲堂”30场，累计参加1800人（次），巡讲实现全区20个村（居）和市级文明单位全覆盖。

【全国文明城市创建宣传】2013年，金湾区开展创建全国文明城市宣传工作，在主要干道和S272沿线、珠海机场等重要场所树立大型创文公益宣传广告14个。红旗镇文化广场设立“中国梦——讲文明树新风”大型公益广告，红旗镇主干道建筑围墙设立遵德守礼公益广告。三灶镇悬挂宣传标语20条，张贴宣传广告5000平方米，发放宣传资料2万多册。机关事业单位、广场以及各大商场、超市电子屏滚动播放创文宣传片、公益广告等，全区20个村居多批次发放创文宣传海报。利用《金湾新闻》电视节目、珠海特区报《金湾新闻周刊》滚动报道“珠海好人榜”“金湾好人”和“金湾美德少年”先进事迹，开展“情系基层文化下乡”道德模范先进事迹基层巡演，金湾区“文明的眼睛”电脑屏保，海报、漫画大赛等创文宣传。

【志愿服务】2013年，由共青团珠海市金湾区委员会牵头，金湾区创建全国文明城市指挥部办公室配合，建立志愿者档案和志愿服务数据库，扩大全区志愿者队伍，注册志愿者40186人。开展“关爱他人、关爱社会、关爱自然”“文明出行，方便你我”“学雷锋，树新风”等系列主题志愿服务活动。春节期间，联系区、镇各级单位，从春节便民、亲情关爱、文化体育、环境秩序、平安建设等方面，开展“志愿服务显文明、红红火火过大年”主题志愿服务系列活动，全年开展志愿服务60多次。成立“阳光支教”“家长学校”义教志愿服务队。组织开展党员志愿者服务队、网络文明传播志愿者队伍、企业志愿者服务团、助残志愿者服务大队筹建工作。

【未成年人思想道德建设】2013年，金湾区乡村学校少年宫实现全覆盖。推进“万名老师进万家”、家长学校（或教师）进村居、家长委员会（或志愿者）参与学校管理、家长开放日（周）、创建示范家长学校、警校共建等结对活动。组织学生参加书信、征文、书法、绘画、朗诵等各类创文比赛活动。加强“每天七个一分钟”“培养良好行为习惯——二十个学会”“做一个有道德的人”“日行一善”“阳光体育运动”、美德少年星级评选、中华经典诵读、童谣征集及传唱、“我的中国梦”等主题教育活动。加大对留守儿童、外来务工人员子女和边缘儿童等特殊群体的帮扶教育力度，各中小学校建立心理咨询室，配备专兼职心理教师。

【食品经营文明】2013年，金湾区开展创建“食品安全示范店”，倡导诚信守法、规范经营，对全区餐饮场所进行动态监管。出台《金湾区加快农贸市场改造提升实施方案》，加快解决全区老旧农贸市场设施老化、环境“脏乱差”等问题，计划用两年时间改造提升全区1000平方米以上、具备升级改造条件的农贸市场，逐步实现全区农贸市场空间布局合理化、设施建设标准化、管理秩序规范化的总体工作目标。对红旗中心市场、红旗三板市场、三灶润福市场、三灶草堂市场等产权归属明晰、历史遗留问题较少的农贸市场进行升级改造。

【环境和交通秩序文明】2013年，金湾区从环境卫生、违章建筑、非法种植养殖、户外广告招牌及公路指示牌、道路市容管理、工地不文明施工等方面，对珠海大道、湖心路口、机场路及各镇重要地段进行环境整治。金湾区创建全国文明城市指挥部办公室与金湾区纪委组成联合督查组对当地农贸市场、交通道路等进行明察暗访。暗访的重点包括农贸市场管理、区容区貌整治、交通秩序引导、创文环境氛围营造，未及时整改的点名通报。同时，金湾区着力打击乱摆卖、乱张贴、乱停放、乱涂写、占道经营等行为，加强整治蓝牌车、摩托车非法营运、电动车非法上路情况。开展交通志愿者服务，加强驾驶员和行人的教育引导，缓解上下班时间湖心路口地段交通拥堵问题。

【公共文化设施建设】2013年，金湾区继续完善区、镇、村三级公共文化设施网络，构建公共文化服务体系。投资1.5亿元，占地18839平方米，包含三馆二宫一影院（图书馆、美术馆、博物馆、文化宫、青少年宫及影剧院）的金海岸文化艺术中心工程项目进展顺利，完成规划方案设计、项目立项、可研批复、勘察设计招标、旧楼动工拆除等相关前期工作。继续推进“漂流书屋”进企业进学校拓展工程建设，完成区文化信息资源共享工程。金湾区图书馆（文化馆）和三灶、红旗两镇文化站为群众提供各项文化服务。三灶伟民广场、美都文化广场、映月市民休闲广场、红旗镇中心广场、文化休闲广场常年开展形式多样的文体娱乐、休闲活动，丰富居民精神文化生活。（赵翔宇）

生态文明建设

【生态示范创建】2013年，金湾区按照《珠江三角洲地区改革发展规划纲要（2008—2020年）》《珠海市环境保护“十一五”规划——生态市建设规划近期目标实施方案》要求以及“发展与保护双赢”的总体思路，开展生态文明建设。全年，金湾区通过加大环境保护和治理，注重生态文明建设，深入开展总量控制工作，调整能源结构和对废气处理设施的技术改造，二氧化硫和氮氧化物排放量得到有效控制，重点工业污染源排放达标率100%；完善污水处理厂和管网，生活污水处理率大幅提高；投入资金建设垃圾压缩中转站，生活垃圾清运率、医疗废物无害化处理率达到100%。1月，金湾区顺利通过广东省生态区考察验收。12月24日，正式获批广东省生态区。

【生态环境保护】2013年，金湾区以主要污染物减排为主战场，以加强服务为手段，以严肃执法为准绳，以业务经费加专项资金为经费保障，开展各项生态环境保护工作。全区水、气、声环境持续保持在环境功能区要求水平。落实应急演练和应急预案等工作，有效防控环境风险，预防发生重大、特大环境污染事件和突发事件。深入开展环境宣教活动，分别以“6·5”世界环境日、生态区创建各关键节点为主题，开展生态环保宣传教育，落实绿色创建各项工作。

【绿色环保系列创建活动】2013年，金湾区以国家级和省级生态区建设为重点，同步开展生态示范村居创建和绿色学校、绿色社区创建工作。红旗镇玉兰湖庭、三灶镇樱雪名苑小区通过珠海市环境保护局绿色社区现场考核验收，红旗中学等8所中小学、幼儿园通过市级绿

三灶镇安堂村　　（郭仲荣 摄）

色学校创建考核验收。金湾区以生态示范建设为契机，先后成功建设国家级生态乡镇4个（含高栏港经济区2个），国家生态乡镇覆盖率达到100%。在绿色社区和绿色学校建设活动中5个社区获得“绿色社区”称号，成功创建省级“绿色学校”9所、市级“绿色学校”19所和生态示范村居20个。

【污染减排】2013年，金湾区做好新审批项目总量分配工作，在项目环评审批同时分配主要污染物排放总量。全年分配化学需氧量排放总量的项目8个，分配总量21.11吨；分配氨氮排放总量的项目7个，分配总量2.35吨；分配二氧化硫排放总量的项目15个，分配总量11.04吨；分配氮氧化物排放总量的项目15个，分配总量22.94吨。完成市下达的年度减排目标和重点减排项目，实现化学需氧量和氨氮排放总量分别控制在2757吨、398吨以内；二氧化硫和氮氧化物排放总量分别控制在1480吨、405吨以内的污染减排目标。

【严格遵守环保审批程序】2013年，金湾区环境保护局执行环境影响评价和“三同时”制度，严格遵守环保审批程序，通过严把“关口”促进金湾区产业结构优化升级，确保区域经济快速、健康、可持续发展。严把审批关口，根据金湾区产业结构调整的总体步骤，严格按照建设项目七项审批原则，对不符合产业政策、不符合总体规划的企业坚决不予审批，对高耗能、高污染和资源性（“两高一资”）等项目严格把关，对污染影响较大且难以治理的蓉胜超微、一致电工等扩建项目进行否决。做到决不以牺牲环境为代价来换取眼前的经济利益，以更好地保护资源和环境，保证金湾区可持续发展的需要。严把验收关口，定期梳理符合验收条件的建设项目，加强竣工环保验收管理。对建设单位未落实环保“三同时”制度、“久拖不验”“久试不验”、未经环保验收或验收不合格擅自投入生产的，采取严厉的查处手段。严把监督关口，积极推进公众参与，发挥社会各界的监督作用。新建项目在环评阶段，将建设项目概况、项目对环境可能造成的影响、污染防治对策措施及环境影响评价主要结论等内容，在金湾区政府信息网上进行公示，同时发放环境影响评价公众意见调查表，征求公众对环境影响评价结论的意见。全年审批的建设项目环境影响评价文件154个，其中建设项目环境影响报告书8个，报告表117个，登记表29个。

【环境保护工作机制改革】2013年，金湾区环境保护局制定印发《珠海市金湾区环境保护局简化审批服务事项流程的若干措施（试行）》。通过简化行政审批流程、实行行政服务前移、推行网上行政办公等数十条措施，进一步缩短审批时间，为企业节省办事成本，提供更优质的服务。建立协同管理监管模式，探索建立区镇村三级协同监管的管理机制，依托镇村环保员与企业和居民具有直接沟通的便利性，大力开展进村入户和深入企业的宣传监管工作，广泛宣传环境保护的重要性，加强社会各界对环境违法行为的监督和举报，增强企业环保责任意识和群众环保参与意识，有效提高政府环境管理的能力。建立廉政风险防控长效机制。采取定期自查、年度抽查、社会评议、考核处置等方式，对风险防控各项措施落实情况进行检查考核评估。印发《关于进一步严明工作纪律改进工作作风的意见》，从机关考勤值班制度、首问负责制、限时办结制、服务承诺制、一次性告知制、责任追究制、信访接待制度和督查制度4个方面20项规定加强和改进工作作风，将提高机关服务水平和办事效率作为开展党的群众路线教育实践活动的一项经常性工作来抓。将廉政教育融入到日常工作实践，邀请金湾区检察院作2次专题辅导，积极开展内部纪律教育活动，规范履行工作职责，强化服务意识、效率意识和廉政意识。实施“阳光政务，把政务公开纳入领导班子和干部工作目标管理，坚持依法公开原则，全面真实原则，及时便民原则，讲求实效原则，便于监督原则“五个原则”。通过金湾区政府信息网和政务公开栏等平台，公开职权职责、承诺时限、办事流程图、审批事项、污染源环境监管、审批结果等。把环评审批、“三同时”竣工验收等纳入行政审批电子监察系统，接受区纪检监察部门和广大人民群众的监督，实现“阳光审批”。向社会公开监督举报电话，设立举报信箱，同时还将政务公开延伸到下属单位环境监测站的具体工作中，全面推进政务公平、公正、公开。

【提高环境监测水平】2013年，金湾区环境保护局对辖区内所有排污企业水、气、声进行监督性监测。按照重点污染源监测要求，对全区市控重点污染源进行1年2次以上的监督性监测。全年出具290份污染源监测报告。对爱普科斯电阻电容（珠海）有限公司二分厂、珠海光宝移动通信科技有限公司、珠海联邦制药股份有限公司热力系统节能减排项目、珠海世锠金属有限公司、珠海市旺磐精密机械有限公司等12家新建企业进行建设项目竣工环境保护验收监测，督促企业落实“三同时”制度，做到达标排放。全年出具验收监测报告12份。对辖区内三灶镇南排河、北排河、中心河，红旗镇小林涌等进行常规监测，提供快速、准确的检测数据，为处理投诉提供客观的依据。对照《全国环境监测站建设标准》东部地区三级站的标准要求，落实1050平方米实验室场所和购置仪器设备资金。加强人员培训，对新上岗人员进行监测员上岗培训，参加并顺利通过广东省环境监测中心组织的监测人员持证上岗考核，基本做到每个项目有2名以上监测技术人员同时持有上岗证，全面扩展基本监测项目能力，以适应环境管理新要求。

【环保宣传教育】2013年6月1日，金湾区环境保护局结合世界环境日宣传工作，开展多种形式的宣传活动。组织全体职工干部、广东科学技术职业学院的环保志愿者，在红旗文化广场开展以“碧水蓝天家园，生态文明金湾”为主题的宣传活动。此次活动，主要通过环保宣传板展览、发放宣传手册、环保知识有奖竞答以及以环保为主题的文艺表演等形式进行。组织企业开展清洁生产审核培训、环保法律法规知识培训、环境污染刑事案件“两高”司法解释专题培训班等，增强企业环保法制观念，提高企业环保管理水平。通过“绿色创建”这一载体，以点带面，发动和鼓励更多的社会公众参与生态环保活动，在全社会倡导和增强生态文明意识和可持续发展意识。截至年底，金湾区成功创建9所省级“绿色学校”，19所市级“绿色学校”和20个生态示范村居。

【林业生态保护】2013年，金湾区加快推进山体复绿、19号防护林、生态景观林带等林业重点工程。截至年底，全区建成红旗文化广场、红旗中心广场、三灶伟民广场、拦浪山森林公园、松排山森林公园等公园绿地和绿道66.62千米。全年金湾区的灌木林、四旁林等森林面积达到4299.1公顷，森林覆盖率为25.42%；人均绿地面积达20.17平方米。加强林地、饮用水水源保护地的保护，受保护地区面积为4357.62公顷，占国土面积比例为16.37%。（李青石）

组织机构和负责人

区领导机构

中共珠海市金湾区委员会

书　　记　吴　轼
副 书 记　杜　卓（任至3月）
　　　　　欧阳德红（3月任职）
　　　　　习恩民（2月任职）
常　　委　管　伟　侯军玺
　　　　　梁文亭（任至5月）
　　　　　陈　静　翟小强
　　　　　吴文莱　何　为
　　　　　拜　燕
　　　　　袁绍勇（5月任职）

珠海市金湾区人民代表大会常务委员会

主　　任　吴　轼
副 主 任　林乃光　梁庆伦
　　　　　胡建新　程惠泉

彭祖国
夏志高（任至1月）
欧阳水平（1月任职）

珠海市金湾区人民政府

区　　长　杜　卓（任至3月）
欧阳德红（5月任职）
代 区 长　欧阳德红(3月任职 任至5月)
常务副区长　管　伟
副 区 长　陈　钢（任至1月）
龚慧斌（任至1月）
贺　军
夏志高（1月任职）
童　嫚　王亚华
陈　旭（1月任职）
张　勇(7月任职 挂)

中国人民政治协商会议广东省珠海市金湾区委员会

主　　席　谢雄辉
副 主 席　刘凌波　王柏松
李海清　张洪明
鲍国汉　符　勇
董殿仓
秘 书 长　林俊宣

中共珠海市金湾区纪律检查委员会

书　　记　侯军玺
副 书 记　陈燕君
周安江（任至6月）
赖增李（6月任职）
常　　委　陈孟奎　管　莉
谭锦荣　张红军

珠海市航空产业园管理委员会

党委书记　吴　轼
管委会主任　杜　卓（任至3月）
欧阳德红（3月任职）
管委会副主任　欧阳德红(1月任职任至3月)
管　伟（任至1月）
何　为（9月任职）
贺　军（任至9月）
夏志高
陈　旭（9月任职）

军事　审判　检察机构

珠海市金湾区人民武装部

部　　长　梁文亭（任至3月）
袁绍勇（3月任职）
政　　委　刘振宇（任至3月）
刘继承（3月任职）
副 部 长　符　军

珠海市金湾区人民法院

党组书记、院　长　赵东升
党组副书记、副院长　黄　敏
党 组 副 书 记　刘振强
党组成员、副院长　张少凯
饶　伟
谢志刚
(1月任职 挂)
党组成员、政工科科长　张锡敏
党组成员、执行局局长　林阜稂

珠海市金湾区人民检察院

党组书记、检察长　向少良
党组副书记、副检察长　何广强
党 组 副 书 记　王翠芹
党组成员、副检察长　何广强
容海春
高智慧
(7月任党组成员、8月任副检察长)
党组成员、政工科科长　陈红玲
党组成员、党总支书记　陈定中
党组成员、监察室主任　胡良桂

区委工作部门

区委办公室（区政府办公室）

主　　任　拜　燕（4月任职）
常务副主任　文　国（任至4月）
谢小彤（4月任职）
李智伟
副 主 任　梁蔚茹（任至4月）
吴　旸（4月任职）
吴育日
张　翌（4月任职）

区委组织部

部　　长　陈　静
副 部 长　刘瑞庆
李志锋（任至4月）
姜春红
潘东晖（4月任职）
周　正（4月任职）

区委宣传部

部　　长　吴文莱
副 部 长　张　文（任至4月）
张红梅（4月任职）
严　萍

区委统一战线工作部

部　　长　翟小强
副 部 长　陈永东　杨振华
蒋晓准（8月任职）
陶国武（任至8月）

区委政法委员会

书　　记　习恩民（3月任职）

副 书 记　陆国防（任至4月）

梁进棠　孟繁军

周安江（5月任职）

区信访局

局　　长　罗华平

副 局 长　陈　震

区机构编制委员会办公室

主　　任　陈铭梓

副 主 任　张丹艳

区人大工作部门

办公室

主　　任　谢小彤（任至4月）

李志锋（4月任职）

副 主 任　杨卫星（任至9月）

内务司法工作委员会

主　　任　李壬贵

农渔财经工作委员会

主　　任　冯达佳

教科文卫工作委员会

主　　任　陈子欣

选举联络人事任免工作委员会

主　　任　黄平苹

依法治区办

主　　任　郭凯厚（任至3月）

彭祖国（3月任职）

副 主 任　何瑞安

区政府工作部门

区发展改革和统计局

局　　长　符　勇

党组书记、副局长　白海林（任至4月）

张　文（4月任职）

副 局 长　柴军安（任至6月）

吴镇鑫

区科技工贸和信息化局

局　　长　杨　全（4月任职）

副 局 长　许莫龙（12月任职）

刘志睿（4月任职）

刘柔生

区教育局

局　　长　鲍国汉

副 局 长　庄帝坤　具辉明

周少文

区民族宗教和外事侨务局

局　　长　蒋晓准

副 局 长　钟世标

区监察局

局　　长　周安江（任至5月）

陈燕君（5月任职）

副 局 长　谭锦荣　李海清

区民政局

局长、党组书记　姜长友（任至5月）

局　　长　梁富伦（6月任职）

党组书记　方文希（6月任职）

副 局 长　陈建忠

樊建国（4月任职）

区司法局

局　　长　罗科平（任至4月）

谭高明（4月任职）

副 局 长　陈志武　李　铭

区财政局

局　　长　欧阳水平（任至2月）

林树青（2月任职）

副 局 长　李健明（任至1月）

宋　芬　马　玲

区国有资产管理办公室

主　　任　欧阳水平（任至2月）

林树青（2月任职）

副 主 任　宋　芬

区人力资源和社会保障局

局　　长　魏文新（任至4月）

刘瑞庆（4月任职）

副 局 长　吴　伟

廖　毅（任至8月）

张仕力（任至8月）

曾　敏（8月任职）

黄少宏（9月任职）

区环境保护局

局　　长　梁富伦（任至4月）

吴立波（4月任职）

党组书记、副局长　曾少坚

副 局 长　韦　洋

区住房和城乡建设局

局　　长　林树青（任至2月）
　　　　　黄　锐（3月任职）
副 局 长　吴烽彬　曾文娜
　　　　　吴常清（4月任职）

区城市监督管理局

局　　长　黄　锐（3月任职）
教 导 员　高　川
副 局 长　吴烽彬　曾文娜
　　　　　吴常清（4月任职）

区海洋和农渔局

局长、党组书记　赖增李（任至4月）
局　　长　罗科平（4月任职）
党组书记　张红军（4月任职 任至11月）
副 局 长　罗苑新　刘荣茂
　　　　　何源达
总畜牧兽医师　赖思纯

区文体旅游局

局　　长　李成铿
副 局 长　苏锦灵　陈雪生

区卫生局

局　　长　吴立波（任至4月）
　　　　　姜长友（4月任职）
副 局 长　林　伟（任至6月）
　　　　　李翠英

区人口和计划生育局

局　　长　赵洁萍
副 局 长　洪晓才　邱丽琳

区审计局

局　　长　李健明（1月任职）
副 局 长　陈伟国　杨　芳

区人民防空办公室

主　　任　彭文方

区安全生产监督管理局

局　　长　欧进明
党组书记　李兆雄（任至4月）
　　　　　欧进明（4月任职）
副 局 长　李兆雄（任至4月）
　　　　　阳彦鹏
　　　　　刘正伟（8月任职）

区机关事务管理局

局　　长　张红梅（任至4月）
　　　　　吴　旸（4月任职）
副 局 长　陈荣觉
　　　　　周　杨（9月任职）

区招商局

局　　长　杨　晖
党组书记　方卫春（11月任职）
副 局 长　方卫春

区应急管理办公室

主　　任　邹湘斌

区土地和房屋征收工作办公室

主　　任　柴军安（6月任职）
副 主 任　林志坚（6月任职）

区政协工作部门

办公室

主　　任　林俊宣
副 主 任　陈　政

专委办公室

主　　任　廖　毅（7月任职）
副 主 任　冯顺雄（任至7月）

组织联络办公室

主　　任　许连大（任至7月）
　　　　　冯顺雄（7月任职）

提案委员会

主　　任　贾海应
副 主 任　梁富伦（兼）
　　　　　张红梅（兼）

经济委员会

主　　任　陈永东（兼）
副 主 任　孙恒山（兼）
　　　　　贝理纯（兼）

科教文卫体委员会

主　　任　华跃进（兼）
副 主 任　汪卯林（兼）
　　　　　胡　可（兼）

社会和法制委员会

主　　任　陈　欣（兼）
副 主 任　刘建云（兼）
　　　　　林家云

学习文史委员会

主　　任　陈　政（兼）
副 主 任　言登峰（兼）
　　　　　刘修平（兼）

港澳台侨委员会

主　　任　许连大
副 主 任　彭　尪（兼）
　　　　　刘　冉（兼）

民主党派

中国国民党革命委员会金湾区基层委员会

主　　委　赖思纯

副 主 任　杨　芳　柳云飞

中国民主同盟珠海市金湾区支部委员会

主　　委　陈　欣

中国民主建国会珠海市金湾支部

主　　委　王尔峰

副 主 委　胡　松

谢国辉（3月任职）

中国民主促进会金湾区总支部

主　　委　冯　露

副 主 委　卢敦陆　何玉峰

农工党珠海市委员会金湾区支部委员会

主　　委　华跃进

副 主 委　李　哲　周克力

中国致公党珠海市委会金湾支部

主　　委　林梅花

副 主 委　杨义德　黄　研

九三学社金湾区基层委员会

主　　委　汪卯林

区各人民团体

区总工会

主　　席　林乃光

常务副主席　伍燕飞

副 主 席　黄建民

团区委

书　　记　祝庆盟（7月任职）

副 书 记　刘　冉（任至11月）

区妇联

主　　席　吴　旸（任至4月）

梁蔚茹（4月任职）

副 主 席　陈　莉

区工商联

党组书记、常务副主席　陈永东

区科协

主　　席　刘超三

区侨联

主　　席　任东卫

副 主 席　苏勤福

区残联

理 事 长　成文锋

区文联

主　　席　陈开祥

区社科联

主　　席　张红梅（任至4月）

副 主 席　严　萍

区红十字会

会　　长　童　嫚

常务副会长　曾河英

副会长兼秘书长　廖清梅

镇

三灶镇

镇委书记　夏志高（任至3月）

文　国（3月任职）

镇委副书记、镇长　郑罗天（任至4月）

李兆雄（4月任职）

镇　　长　李兆雄（9月任职）

镇委副书记、人大主席　吴耀东

镇委副书记　徐京善

委员、纪委书记　罗　刚

委　　员　蒋法有

委员、副镇长　杨　全（任至4月）

李水雄

委员、武装部部长　何伟明

委　　员　梁晓芳　赖军卫

刘海城（1月任职　挂）

郑宇华（兼）

王志强（兼）

周先才（兼任至11月）

谭鸿钦（11月兼任）

黄　江（7月兼任）

人大副主席　吴财友

副 镇 长　魏天龄　黄晓阳

红旗镇

镇委书记、人大主席　何　为（任至3月）

镇委书记　许凤梅（3月任职）

镇委副书记、镇长　许凤梅（任至3月）

镇委副书记　郑罗天（4月任职）

镇　　长　郑罗天（9月任职）

镇委副书记　徐源均

郭炳新（1月任职　挂）

人大主席　徐源均（9月任职）

委员、副镇长　叶向民　许朝阳

委员、纪委书记　郑浩勇
委员、武装部部长　刘思龙
委　　员　陈松源
傅穗强（8月任职）
周晓玲　张　萌
杨明杰
肖广平（5月任职）
彭　润(5月任职 任至11月)
黄建斌（7月任职）
黄儒舜（8月任职）
周先才（11月任职）
杨金荣(1月任职 挂)
人大副主席　吴带根
副 镇 长　傅穗强（任至8月）
陈解林　于国潞
赖思纯（9月任职）

珠海市三灶管理区
党组书记　谭高明（任至4月）
陆国防（4月任职）
党组成员　郑爱群　罗登峰

垂直管理部门

珠海市住房和城乡规划建设局金湾规划分局
局　　长　陈　旭（任至3月）
毕庆星（3月任职）
副 局 长　李福成（任至8月）
刘学成（6月任职）
何戈峰（11月任职）

珠海市国土资源分局金湾分局
局　　长　罗　敏（任至6月）
杨亚德（12月任职）
临时负责人　杨亚德(6月任职 任至12月)

副 局 长　叶紫波　王向飞
欧英彪　苏建海

珠海市金湾区国家税务局
党组书记、局 长　杨海亮
党组成员、副局长　陈富饶
李永生
刘达永
党组成员、纪检组长　黄志宏

珠海市金湾区地方税务局
局　　长　梁哲卫
副 局 长　姜月珍　傅申驿
吴超建
廉政专员　刘东明

珠海市工商行政管理局金湾分局
局　　长　李三华
副 局 长　莫复生
阮英民（任至3月）
温百克（3月任职）

珠海市公安局金湾分局
党委书记、局长　王亚华
党委副书记、政委　胡国辉
党委副书记、纪委书记　郭晓斌(任至3月)
龙卫坤(3月任职)
党委委员、政工室主任　温启超
党委委员、副局长　曾荣超(任至3月)
马小齐
王放达(任至3月)
王　巍(3月任职)
宁　涛(3月任职)
徐广华(3月任职)
党委委员、指挥中心主任　卫　炜(任至3月)
颜昌威(3月任职)

珠海市公安局机场分局
党委书记、局长　张　菁
党委委员、副局长　陈志坚
颜景维
党委委员、纪委书记　郑建文
党委委员、政工秘书办公室主任　王柱良

珠海市公安局交通警察支队金湾大队
大 队 长　刘仕宏
教 导 员　孙志辉
副大队长　谢东文　李瑞权
刘奕鹏　朱卫红

珠海市公安消防局金湾大队
大 队 长　周　何
副大队长　刘国田　陈庆华
王真华

广东省公安边防总队珠海边防支队三灶边防大队
大 队 长　林文标
教 导 员　文　豪
副大队长　王洪涛
副教导员　张良斌

珠海市土地储备发展中心金湾分中心
主　　任　赖志鋆

珠海市房地产登记中心金湾分中心
主　　任　李　宾（9月任职）
副 主 任　梁炳建（任至10月）
陈健江（10月任职）
方彦波（10月任职）

广东省渔政总队金湾大队
大 队 长　王育聪

副大队长　陈建锋

珠海市道路运输管理处金湾运输管理所

所　　长　陈章汉（10月任职）

珠海市交通运输局综合行政执法局金湾大队

大队长　吕道全

副大队长　张小鹏

珠海市社会保险基金管理中心金湾办事处

主　　任　钟　强

副主任　蔡格林

钟江云（任至6月）

孙　涛（6月任职）

珠海市公共气象服务中心（珠海市防雷所）金湾服务站

主　　任　曾汉溪

副主任　张生奇

广东电网公司珠海金湾供电局

局长、党总支副书记　齐　军(任至5月)

曹安瑛(9月任职)

党总支书记、副局长　杨绍群

党总支副书记　周昨文

副局长　李智宇　曾卫民

珠海水务集团有限公司金湾供水分公司

经　　理　阮刚石

书　　记　阮锦良

副经理　张　原

中国民用航空珠海空中交通管理站

站　　长　周旭东

党委书记　周　翔

高等院校

吉林大学珠海学院

董事长　廖立国

副董事长　宫志忠（任至6月）

张晓林（6月任职）

党委书记　廖立国

党委副书记　申永东

黄　河（任至3月）

院　　长　付景川（9月任职）

副院长　申永东

康学林（任至1月）

庞振平（任至1月）

张殿波（3月任职）

李德昌

财务总监　张殿波（任至3月）

遵义医学院珠海校区

党委书记　田宗远

管委会主任　邓　飞

党委副书记　马　俊　许光阳

管委会副主任　安荣泽　王春梅

纪委书记　郑世荣（任至7月）

广东科学技术职业学院（广东省科技干部学院）

党委书记　李业明

党委副书记、院长　刘惠坚

党委副书记、纪委书记　李桂英

党委副书记　黄仕初

党委委员、副院长　康思琦

刘　洁（任至4月）

刘锦铭

马广智（12月任职）

珠海城市职业技术学院

党委书记　党益群

党委副书记、院长　刘华强

党委副书记、纪委书记　官伟强

党委副书记　陈智霖

党委委员、副院长　霍晓光

宫　峰

吴　凡

珠海艺术职业学院

院　　长　叶深南

党委书记　李金亭

常务副院长　郑鹤鸣（2月任职）

党委副书记、纪检书记　孙　欢

企　业

珠海市蓝鑫实业有限公司

董事长　宋　芬（8月任职）

珠海市金湾区联港基础投资有限公司

总经理　周　力

副总经理　肖家勇　杨白雁

珠海航展有限公司

董事长　周乐伟

总经理　周作德

副总经理　苏全丽　孙洁峰

珠海航空城发展集团有限公司

总经理　李国明

副总经理　袁华生　蔡志鹏

魏雨虹　蔡　文

监事会主席　陈　艺

董　　事　黄建斌

董事、财务总监　朱　丹

总经理助理　曹　霞

郭海斌

珠海市珠港机场管理有限公司

总　经　理　黄耀辉

总经理首席助理　郭鸿宁（2月任职）

副 总 经 理　陈济涛

程继红

张东升

助理总经理　张秉钧（任至2月）

珠海航空城通航飞行服务有限公司

执行董事、法人代表　郭海斌

监　　　事　谢裕华

珠海华金开发建设有限公司

执 行 董 事　唐增塾（11月任职）

总　经　理　吴　岚（11月任职）

常务副总经理　孙　彤（8月任职）

副 总 经 理　胡　虹（8月任职）

曾　华（8月任职）

周文彬（8月任职）

刘锦易（8月任职）

珠海港兴管道天然气有限公司

总　经　理　时启峰

副 总 经 理　蒋松青

王以明

邹杨波

助理总经理　李　红

中国移动通信集团广东有限公司珠海金湾分公司

总　经　理　周雪松

副 总 经 理　周文军

中国联合网络通信有限公司珠海市分公司金湾中心

总　经　理　刘　辉

副 总 经 理　严首乾

中国电信股份有限公司珠海金湾分公司

总　经　理　段朝阳（8月任职）

副 总 经 理　陆　涛（任至8月）

林绍浩（8月任职）

郑邦松

总经理助理　王绥武

珠海市邮政公司金湾分局

局　　　长　钟次宁

副　局　长　李晓方

银行保险证券

中国银行股份有限公司珠海三灶支行

行　　　长　陈机敏

副　行　长　周晓玲

中国建设银行股份有限公司珠海市分行金湾支行

区域支行行长　赵海华

网点负责人　梁哲能

经　　　理　许　珂

中国工商银行股份有限公司珠海金湾支行

行　　　长　朱　涛

副　行　长　李玉霜　孟丽娟

黄照龙

中国农业银行股份有限公司珠海红旗支行

行　　　长　罗志强

副　行　长　王　令（1月任职）

中国农业银行股份有限公司珠海三灶支行

行　　　长　孔　劲

副　行　长　徐盛全

交通银行股份有限公司珠海西区支行

行　　　长　李子俭

行 长 助 理　魏善强

珠海农村商业银行股份有限公司金湾支行

一级支行行长　游丹妮

珠海华润银行股份有限公司金湾支行

行　　　长　李其元（任至5月）

副　行　长　罗　杏　李新伟

梁锦强（任至7月）

中国人民财产保险股份有限公司珠海市金湾支公司

经　　　理　谢　团

副　经　理　李　胜

国元证券股份有限公司珠海金湾南翔路证券营业部

总　经　理　李　强

运 营 总 监　马心勇

中共珠海市金湾区委员会

重要会议

【区委三届四次全会】2013年1月24日，中国共产党珠海市金湾区第三届委员会第四次全体会议召开，会议由中共金湾区委常委会主持。全会学习贯彻党的十八大、中央经济工作会议、习近平总书记视察广东重要讲话、广东省委十一届二次全会和珠海市委七届三次全会精神，金湾区委书记、区人大常委会主任吴轼代表区委常委会向全会作工作报告和总结讲话，区委副书记、区长杜卓作关于经济工作的讲话。全会总结过去一年区委常委会工作，提出2013年工作总体要求：全面贯彻落实党的十八大、习近平总书记视察广东重要讲话、广东省委十一届二次全会和珠海市委七届三次全会精神，抓好产业转型升级、航空新城建设、幸福村居建设和党的建设，实现“二次创业”新突破。全会要求重点抓好4个方面工作：加快战略性新兴产业发展，促进经济快速增长；加快推进航空新城建设，推动工业化、城市化协调发展；加快幸福村居建设，统筹城乡一体化发展；着力改善民生，建设幸福金湾。全会强调，全力以赴抓落实，确保实现工作目标。围绕“为民、务实、清廉”，抓好党

2013年3月22日，金湾区委常委扩大会议　（金湾区新闻中心提供）

的建设；加大改革创新力度，增创发展新优势；以“三转变一提高”（转变思想观念、转变工作作风、转变工作机制，提高工作效率和执行力）为目标，打造高效机关；加强党风廉政建设。

【科学发展观考核专题民主生活会】2013年7月19日，中共金湾区委根据珠海市委办印发的《珠海市各区经济社会科学发展考核评价结果运用办法》，在金湾区行政办公中心1号楼三楼会议室召开科学发展观考核专题民主生活会。会上金湾区党政领导班子成员结合各自分管工作，对2012年科学发展观考核中失分项目进行客观分析，对做好科学发展观考核工作提出意见建议。会议要求成立专门工作机构，对各项考核指标进行研究，评估完成情况，每个季度跟踪各项指标排名情况和落实情况，加强对各相关责任单位的督促检查；加强重点项目、重点工作推进力度，促进经济社会加快发展。加强日常监督检查，对各项工作加强督办，落实责任，加快重点工作推进速度，各镇和全区各单位建立每周一召开碰头会制度，交流工作、分析情况，确保完成所负责的工作任务和珠海市委、市政府下达的考核指标；领导带头，亲自抓。金湾区党政领导要加强沟通协调，加强与珠海市领导、市相关职能部门负责人和各区之间的沟通，实时掌握最新情况；落实责任，落实奖惩机制，将市级考核指标纳入金湾区“转作风、提效能”考评项目，运用考评结果对各单位予以奖惩。

【“践行党的群众路线，坚持为民务实清廉”主题民主生活会】2013年，中共金湾区委根据珠海市纪委、组织部印发的《关于以“践行党的群众路线，坚持为民务实清廉”为主题开好2013年度全市各级党员领导干部民主生活会的通知》要求，经过广泛征求意见、深入查找问题、落实准备工作，于12月20日在金湾区行政办公中心1号楼三楼会议室召开金湾区党政领导班子“践行党的群众路线，坚持为民务实清廉”主题民主生活会。会议通报上年度党政领导班子民主生活会整改措施落实情况。金湾区委书记、区人大常委会主任吴轼代表区党政领导班子发言，汇报区党政领导班子过去一年来在干部队伍建设、经济建设、城市建设、民生建设、党的建设及作风建设等方面工作情况。金湾区党政领导班子成员围绕遵守党的纪律、落实中央八项规定、反对“四风”、践行群众路线等方面内容，紧密联系思想、作风和工作实际，认真查摆存在的突出问题，深刻剖析产生问题的根源，明确努力方向和整改措施，制定整改分工表。

【区委学习中心组学习会】2013年，中共金湾区委党委学习中心组学习贯彻党的十八大精神和十八届三中全会精神，制定《中共金湾区委学习中心组学习制度》，明确中心组学习的总体要求、基本原则、组织保障、学习内容、学习形式、考勤与考核等相关内容，及时调整区委学习中心组成员和学习秘书名单，制订印发《金湾区委中心组2013年理论学习计划》。征订发放《十八大报告辅导读本》《深入学习贯彻党的十八大精神——走向辉煌》《盛世盛会 开创未来——深入学习贯彻党的十八大重要精神专题讲座》《十八大党章修正案学习问答》《十八大文件学习辅导百问》《学习习近平总书记重要讲话》《深入学习习近平总书记重要讲话读本》《中国共产党第十八届中央委员会第三次全体会议公报》《中共中央关于全面深化改革若干重大问题的决定》及辅导读本、《看法与说法》《财富的逻辑》《拉丁美洲城市化：经验与教训》《世界产业结构变动趋势和我国的战略抉择》《理性看 齐心办——理论热点面对面2013》《旧制度与大革命》《苦难辉煌》《改革是中国最大的红利》《处在十字路口的选择》《信号与噪声》《主流——谁将打赢全球文化战争》《正能量》《学习活页文选》等材料，提供给全区党员干部理论学习，拓宽党员干部理论学习知识层面。全年金湾区委中心组集中学习14次。

【区委常委会议】2013年，中共金湾区委召开25次常务委员会会议和常委会扩大会议。

第一次区委常委会议　1月6日召开，会议研究《金湾区关于〈珠海市各区党政领导班子落实科学发展观考核〉迎考工作的奖惩办法》《金湾区各镇党政领导班子2012年度岗位目标考核实施方案》《金湾区（航空产业园）2013年工作要点》《金湾区2012年国民经济和社会发展计划执行情况与2013年计划（草案）报告》《金湾区2012年预算执行情况和2013年预算（草案）报告》《2013年金湾区政府投资项目计划》，研究增选金湾区第三届人大常务委员会委员和增补政协金湾区第三届委员会委员有关事宜、人事问题。

第二次区委常委会议　1月11日召开，会议专题研究人事问题。

第三次区委常委会议　1月21日召开，会议研究区委三届四次全会有关事宜，区人大、政协“两会”有关事宜。

第四次区委常委会议　2月1日召开，会议传达贯彻上级有关广东省委、省政府《贯彻落实〈十八届中央政治局关于改进工作作风、密切联系群众的八项规定〉实施办法》和《广东省人民政府办公厅关于印发〈省政府办公厅改进工作作风“九项从严”〉的通知》等文件精神，研究金湾区纪委三届三次全会有关事宜、《金湾区党政领导班子和领导干部安全生产责任制考核办法》、调整三灶镇行政区域及成立金海岸街道办事处问题、金湾区残联换届有关事宜、人事问题。

第五次区委常委会议　3月12日召开，会议研究确定各镇党政领导班子2012年度岗位目标考核等级、人事问题。

第六次区委常委会议　3月22日召开，会议传达珠海市委常委会议精神，研究经济增长工作方案、重点工作推进、金海岸文化艺术中心改造工程、金湾区领导信访包案工作、军转干部安排、干部问题。

第七次区委常委会议　4月7日召开，会议专题研究人事问题。

第八次区委常委会议　4月10日召开，会议专题研究案件、人事问题。

第九次区委常委会议　5月24日召开，会议专题传达珠海市委、市政府召开的金湾区建设发展现场会精神。

第十次区委常委会议　5月30日召开，会议研究贯彻落实金湾区建设发展现场会精神实施意见，传达学习广东省委书记胡春华关于维护社会稳定讲话精神，传达贯彻广东省、珠海市人口计生工作会议精神，研究金湾区机关作风建设有关事宜、人事问题。

第十一次区委常委会议　6月6日召开，会议研究航空新城规划展览馆工程相关事宜、成立创新社会管理和创建平安金湾专家咨询委员会有关事宜、《关于进一步加强新形势下党外代表人士队伍建设的实施意见》《关于建立金湾区四套班子成员驻党代表工作室工作长效机制的意见》《关于开展“坚定信念聚力中国梦”主题教育活动的方案》。

第十二次区委常委会议　6月14日召开，会议研究《关于加强金湾区新闻发布工作的意见》《金湾区新闻发言人管理制度》《金湾区网络舆情信息管理暂行办法》，听取安全生产工作情况汇报，研究人事问题。

第十三次区委常委会议　7月11日召开，会议研究选派幸福村居驻村干部工作方案，听取上半年“转作风、提效能”评比情况汇报，研究金湾区政协增设特聘委员有关事宜、上报2012年处级干部年度考核等级建议、干部问题。

第十四次区委常委会议　7月19日召开，召开科学发展观考核专题民主生活会，学习中央、广东省委关于党的群众路线教育有关文件精神。

第十五次区委常委会议　8月1日召开，会议传达学习全省组工会议精神，研究《金湾区关于实行各级领导干部综治信访维稳工作“一岗双责”制度的意见》、增补金湾区政协委员有关事宜。

第十六次区委常委会议　8月23日召开，会议传达学习贯彻广东省、珠海市社会建设工作会议精神，研究《金湾区镇党政领导班子落实科学发展观评价指标体系及考核评价办法（试行）》，召开金湾区红十字会第二次会员代表大会有关事宜，金湾区计生协会、区慈善会领导干部调整有关事宜，干部问题。

第十七次区委常委会议　9月18日召开，会议研究非法渔业设施清理整治工作有关事宜、珠海西湖公园（暂名）公开征名有关事宜、成立三灶镇西湖社区（暂名）居民委员会有关事宜、珠海市航空产业园招商中心招聘方案有关事宜、干部问题。

第十八次区委常委会议　10月10日召开，会议专题研究青湾养殖户工作问题。

第十九次、二十次区委常委会议　10月11日、12日召开，会议专题研究青湾养殖户工作问题。

第二十一次区委常委会议　10月25日召开，会议专题研究青湾养殖户工作问题。

第二十二次区委常委会议　11月4日召开，会议专题研究依法处置青湾养殖围非正常上访和违法犯罪活动问题。

第二十三次区委常委会议　11月7日召开，会议研究《金湾区开展党的群众路线教育实践活动前期工作方案》《金湾区试行镇党代会年会制工作实施方案》、干部人事问题。

第二十四次区委常委会议　11月29日召开，会议学习贯彻党的十八届三中全会精神，学习贯彻党的群众路线教育实践活动精神，研究加强社会建设有关事宜，表彰2012～2013年度精神文明创建活动先进单位和先进个人有关事宜，珠海市文明单位、文明镇、文明村、文明社区推荐名单。

第二十五次区委常委会议　12月27日召开，会议听取安全生产工作汇报，研究《金湾区关于任用（聘任）非参公事业单位8级以上管理岗位领导人员的意见》，研究案件，传达上级文件精神。

重要决策和活动

【贯彻落实金湾区建设发展现场会精神】2013年5月31日，金湾区委印发《中共珠海市金湾区委、珠海市金湾区人民政府关于贯彻落实市委市政府现场会精神的实施意见》，全面贯彻落实金湾区建设发展现场会精神，加速“二次创业”进程，加快转型升级，打造航空新城，建设美丽金湾，明确加快发展的目标任务和重点工作。加强调查研究，科学制订经济增长计划；推进航空、生物医药、新能源三大产业基地建设；高起点规划、高质量建设航空新城；推动幸福村居建设走在全市前列；以迎接第十届航展举办为契机，建设美丽金湾；加快提升社会建设和管理水平；加强干部队伍建设。

【加强党外代表人士队伍建设】2013年6月17日，金湾区委印发《中共珠海市金湾区委关于进一步加强新形势下党外代表人士队伍建设的实施意见》，加强全区新形势下党外代表人士队伍建设，明确指导思想、范围和基本标准、工作原则、目标和任务、主要措施，要求加强领导，抓好源头建设、教育培训、选拔任用、科学管理、发挥作用。

【平安金湾创建】2013年7月2日，金湾区委印发《中共珠海市金湾区委、珠海市金湾区人民政府关于全面创建平安金湾的意见》，贯彻落实党的十八大精神，全面落实国家、广东省、珠海市关于加强和创新社会管理、深化平安建设的战略部署，深入实施“二次创业”，推动金湾跨越式发展的重大意义和总体要求，提出加强法治建设、维护公平正义，创新工作机制、化解社会矛盾，健全打防管控体系、维护公共安全，加强社会建设、夯实平安基础，建设平安文化、共建幸福家园的工作措施。

【实行各级领导干部综治信访维稳工作“一岗双责”制度】2013年8月7日，金湾区委印发《中共珠海市金湾区委、珠海市金湾区人民政府关于实行各级领导干部综治信访维稳工作“一岗双责”制度的意见》，进一步落实综治信访维稳工作责任，维护全区社会和谐稳定，推进全区经济社会又好又快科学发展；提出建立“一岗双责”制度，落实综治信访维稳工作责任；树牢守土有责意识，落实“一岗双责”

各项制度；建立健全考核机制，确保“一岗双责”落到实处；严格落实责任追究，确保“一岗双责”取得实效。

【制定贯彻落实科学发展观评价指标体系及考核评价办法】2013年9月12日，金湾区委印发实施《金湾区各镇党政领导班子落实科学发展观评价指标体系及考核评价办法（试行）》，深入贯彻落实科学发展观，实现打造航空新城、建设幸福金湾的发展目标，明确考核原则、适用范围、组织实施、考核内容和方法、工作程序和结果形成、考核结果运用等内容。其中，考核内容和方法包括实绩考核、“转作风提效能”考评、民主测评、群众满意度；工作程序和结果形成包括考核评价程序、考核结果确定、其他情形处理；考核结果运用包括健全结果通报制度、完善指标分析制度、建立区镇联动制度、建立结果奖惩制度、建立提醒警示制度、建立考核结果与干部选拔任用挂钩制度、建立责任追究制度等。

【加强社会建设】2013年12月20日，金湾区委印发实施《中共珠海市金湾区委、珠海市金湾区人民政府关于加强社会建设的实施意见》，深入贯彻党的十八大、十八届三中全会精神，全面落实《中共广东省委、省政府关于加强社会建设的决定》和珠海市委关于创建社会建设示范市的战略部署，提出准确把握加强社会建设的指导思想和总体要求；大力发展公共服务，着力保障和改善民生；完善基层社会治理体制，夯实基层基础；着力培育社会组织，提升服务社会能力；加强法治金湾建设，维护社会公平正义；创建平安金湾，确保社会和谐稳定；健全保障机制，确保社会建设取得实效。

综合协调服务

【概况】2013年，中共珠海市金湾区委办公室、珠海市金湾区人民政府办公室（简称金湾区党政办公室）围绕全区发展大局和中心工作，履行“服务基层、服务群众、服务发展”职能。全年办理各类文件5866件次，发文1254份号，及时办理率98.3%；办理正式文件会议722件，各类传真件、短信、电话等会议160余件，各类调研活动154件；做好信息调研、督查督办、机要保密等工作。

【办文】2013年，金湾区党政办公室规范和改进办文程序，严把公文文稿审核关，研究制订《关于加强办文办会工作的实施意见》（珠金办〔2013〕54号），控制发文规格和数量，精简各类不必要发文，统一规范全区各级各部门行文格式，简化办文程序，提高办文质量。全年办理各类文件5866件次，发文1254份号，及时办理率98.3%。

【办会】2013年，金湾区党政办公室做好会务服务，及时完成各项办会任务。全年办理正式文件722件，各类传真件、短信、电话等会议160余件，并做好收文、拟办、名单收集、会议通知、会场布置、座位牌摆放、音响控制、报到接待、用车用餐安排以及会议活动期间现场调度等工作。周密安排各类重大调研和活动，全年办理各类调研活动154件，做好活动方案制定，车辆、人员安排，考察单位联系和应急处置等工作。

【信息调研】2013年，金湾区党政办公室做好信息报送工作，建立信息报送奖惩机制，制定实施《2012年优秀信息和优秀调研文章评选办法》，抓信息员队伍建设，对连续两个月未完成信息上报任务的单位相关负责人进行约谈，帮助其分析原因，改进工作。全年各单位报送信息1700多条，调研文章61篇。全年向广东省委办公厅、珠海市委办公室上报信息37期，编发《金湾工作动态》15期。组织全区各单位围绕金湾区委中心工作开展调查研究，全年编辑《金湾调研》10期，编发调研报告20篇。编辑印制《金湾调研文集（2012年）》。做好金湾区委三届四次全会、25次区委常委会议和14次区政府常务会议会务工作，做到会前通知到位、会中做好记录、会后出好纪要。做好金湾区委三届四次全会工作报告及相关会议材料、区政府工作报告、金湾区建设现场会汇报材料、民主生活会相关材料、区领导部分会议活动讲话、珠海市领导金湾调研汇报材料、市委市政府要求上报的相关材料、金湾手册等综合材料和区委有关制度起草工作。

【督查督办】2013年，金湾区党政办公室整合督办力量，创新工作方法，加强督办工作。全年共督办、反馈市级督办工作87项（次）；跟踪落实区级调研及会议部署工作事项223项，其中金湾区委常委会53项，区府常务会议109项，区政府工作会议61项。抓好市、区主要领导批办事项的督促落实。将每月一期《金湾督查督办》升级为每周一期《金湾督查督办周报》，增强督查工作时效性，全年印发《金湾督查督办周报》52期。注重现场查办，解决实际问题。全年配合市级督办部门现场督办20余次，独立开展现场督办100余次。发挥金湾区督查督办联合工作小组作用，加强统筹，形成督办合力。全年办理珠海市人大代表建议10件，市政协提案15件，办结率100%。办理金湾区人大代表建议19件，区政协提案39件，办结率100%，满意率100%。

【机要保密】2013年，金湾区党政办公室机要工作规范严谨。严格按照相关规定做好密码电报领取、登记、办文、传阅、清退、销毁等工作。完善保密管理制度，加强保密知识宣传培训，全面开展保密监督检查，完善保密设施，完成各项保密管理及服务工作。

【《关于加强办文办会工作的实施意见》出台】2013年8月23日，金湾区党政办公室印发实施《关于加强办文办会工作的实施意见》，贯彻落实中央、广东省、珠海市关于大力改进文风会风的要求，确保办文办会工作规范有序、高效运转，要求以转作风提效能为总要求，增强做好办文办会工作责任感和使命感；高标准，严要求，规范公文处理；强化监管，确保公文安全；求真务实，严谨办会；加强队伍建设，提高办文办会干部整体素质。

【实行信息报送工作约谈制度】2013年8月，金湾区党政办公室创新信息调研工作方式，实行信息报送工作约谈制度，对连续两个月未完成信息报送工作任务的单位，由金湾区党政办负责人对该单位分管负责人和信息员进行约谈，要求其认真分析原因，切实改进工作，从而调动各单位报送信息和调研文章积极性。

【新OA系统推广使用】2013年，金湾区党政办公室牵头承担金湾区政府办公自动化系统（ＯＡ系统）开发建设工作。ＯＡ系统开发建设历经三个阶段，即2013年1—5月为系统设计试验阶段、5—10月为系统试运行阶段、10月后为全面推广应用及改进提高阶段。新开发建设的ＯＡ系统严格按照中办、国办最新颁布的《党政机关公文管理条例》以及金湾区党政机关有关工作管理规定设计编写。其核心功能模块主要包括公文管理、会议管理、重点工作督办及信息交互等，应用范围覆盖区、镇、村（居）三级机关部门，终端用户量1600多个。新ＯＡ系统上线应用解决全区公文管理不规范、办公效率不高等问题，基本具备无纸化办公、移动办公等办公自动化条件和手段，保持动态跟踪和更新改进，适应党政机关工作新特点和新要求。

【综合督办股升格为区委（府）督查室】2013年8月20日，金湾区机构编制委员会办公室珠金机编〔2013〕20号文件批复金湾区党政办综合督办股正式更名为“金湾区委（府）督查室”，机构由股级调整为副科级，并充实2名干部到督查室工作，加强督查室力量。（谭紫戈）

纪检监察

【概况】2013年，金湾区纪检监察机关以治理腐败现象为重点，全年受理群众信访举报49件，排查化解信访积案4件，初核案件线索14件，立案查处违纪违法案件8宗，党纪政纪处分8人，共追缴违法违纪款项22.5万元（含司法追缴）。建设珠海市首个集声、光、电等高科技手段为一体的区级廉政教育基地，接待全区各单位、驻区各有关单位以及高栏港经济区、斗门区等单位共计38批1600多人（次）接受警示教育。加强对“两违”整治工作的监督检查，确保违法用地“零增长”。以电子监察执行力系统建设为抓手，对行政机关办事效率进行监督，坚持工程廉洁谈话制度，对8个政府投资工程项目的22家相关中标单位负责人进行廉政谈话和签订廉洁责任书。

2013年9月26日，金湾区举办全区领导干部党纪政纪法纪培训班

（陈志强 摄）

【区纪委三届三次全会】2013年2月6日，中共珠海市金湾区第三届纪律检查委员会第三次全体会议在金湾区行政中心3号楼3楼会议室召开，区四套班子领导、航空产业园、法检两院、区纪委、区直各单位、各人民团体、各镇及各村居相关负责人130多人出席会议。会议学习贯彻中央、省、市纪委和区委全会精神，总结2012年工作，部署2013年纪检监察工作。金湾区委常委、纪委书记侯军玺作题为《凝心聚力，狠抓落实，努力开创反腐倡廉建设新局面》工作报告。金湾区委书记吴轼讲话，要求加强廉政建设，落实中央关于改进工作作风、密切联系群众的“八项规定”。会议审议通过金湾区纪委三届三次全会工作报告、决议及《金湾区2013年纪检监察工作要点》。

【监督检查】2013年，金湾区纪委监察局加强对政府重点工程项目的监督检查，推动项目建设安全高效。重点对三灶、红旗污水管网收集系统工程、保障性住房工程，航空新城规划展览馆、金湾区人民医院工程、金湾一中工程、青湾养殖围收地等项目推进落实情况的督查督办，促进项目依法依规实施，建设过程安全高效。加强对违法建筑违法用地整治工作的监督检查，确保违法用地“零增长”。加强对安全生产法规落实情况的监督检查，遏制生产安全责任事故的发生。联合对各镇安全生产责任制落实情况进行考核，参与珠海硕鸿电路板有限公司“6・22”触电事故的调查处理，督促有关部门及时对公司和单位主要负责人予以处罚。

【纠风工作】2013年，金湾区累计网上受理行政审批事项1851件，办结1683件，办结率为90.92%；镇受理1548件，办结1547件，办结率99.94%。金湾区纪委监察局加强电子监察执行力系统建设，对行政机关办事效率进行监督，对全区38个单位的年度任务进行倒排计划并分解责任，明确完成时限，进行绩效考评，提高行政执行力。健全受理行政效能投诉工作机制，利用信息技术整合并丰富投诉方式，畅通投诉渠道，及时处理行政效能投诉，全年受理行政效能方面投诉3件（次），办结3件，办结率100%，做到件件有落实。

【专项治理】2013年，金湾区纪委监察局对区、镇机关“庸懒散奢”方面的突出问题多次开展明察暗访，对基层站所和服务窗口等单位的工作作风、服务态度、服务质量和办事效率进行全面排查，发现并督促有关部门整改突出问题。扩大民主评议政风行风活动范围，聘请社会各界代表20人组成民主评议政风行风监督员队伍，对金湾区发展改革和统计局等19个评议对象和金湾供电局等14个“回头查”对象进行评议，推动政风行风持续好转。推进工程项目突出问题专项治理，重点对政府投资项目进行问题排查，排查政府投资和使用国有资金且投资规模500万元以上的工程建设项目13个。坚持工程廉洁谈话制度，对8个政府投资工程项目22家相关中标单位负责人进行廉政谈话并签订廉洁责任书；完善工程项目信息公开制度，推动工程建设项目信息和信用信息的互联互通。完善农村集体资金、资产、资源清理监管工作，督促整改三灶、红旗两镇12个村（居）委、72个村民小组财务公开不全面、资产发包不规范、资产处置程序不规范等问题。开展重点领域打击商业贿赂工作。制定实施《区纪委关于深入开展重点领域打击商业贿赂工作的意见》，重点打击食品药品、农资产品、农村集体土地非法流转等重点领域商业贿赂行为，推动重点领域打击商业贿赂工作健康有序深入开展。牵头组织三灶、红旗两镇建立农村集体“三资”管理交易中心，建设并运行农村集体资产管理交易网络平台。

【案件查办】2013年，金湾区纪委监察局受理群众信访举报49件，排查化解信访积案4件，初核案件线索14件，立案查处违纪违法案件8宗，党纪政纪处分8人。贯彻广东省纪委关于加大力度查处农村基层违纪违法案件的精神，查处打击红旗镇小林村原村干部曹某父子欺行霸市行为，有效维护当地农民的切身利益。查处基层党员干部涉地违法违纪案件3宗，有效遏制基层村居的违法用地势头。打击利用行政审批权寻租的行为，查处市政建设部门的党员干部贪污受贿案2宗。全年共追缴违法违纪款项22.5万元（含司法追缴），建议追收非法转让土地5170平方米。

【暗访工作】2013年，金湾区纪委监察局采取突击抽查与常规检查相结合，以突击抽查为主，明查与暗访相结合，以暗访为主的方法，重点检查党政机关事业单位办事服务窗口工作人员执行工作纪律、机关作风、办事效能、服务态度，以及党员、公职人员日常特别是节假日遵守中央八项规定等方面情况。对暗访过程中发现存在问题的相关单位，发出2份暗访发现问题整改建议书，要求有关单位对存在问题抓紧采取措施，落实责任，及时整改。

【“金湾廉政”微信公众平台开通】2013年，金湾区纪委监察局在全市纪检监察工作领域率先开通党风廉政微信平台。党员干部只要在智能手机上安装微信软件，通过“扫一扫”功能自动扫描“金湾廉政”二维码，添加关注后就可以在第一时间获取新鲜、实用、正能量的廉洁公益资讯。定期推出廉洁公益资讯包括时评、漫说、廉语箴言、文明金湾系列报道等内容，使广大党员干部可接受多种主题的党风廉政教育，及时了解本地区的时事热点。

【珠海首个区级廉政警示教育基地创建】2013年，金湾区以开展“纪律教育学习月”活动为契机，由金湾区纪检监察机关和金湾区检察院共同建立珠海首个区级廉政警示教育基地。作为金湾区打造“廉洁城市”五个示范点中最先建成的一个，该基地占地600多平方米，集声、光、电等高科技手段为一体，分廉政教育展厅、廉政教育培训室及廉洁宣传走廊三部分。通过展板、图片、音频、视频及红外感应等，从视觉、听觉、触觉多层次营造“以廉为荣、以贪为耻”的教育氛围，展示“反腐倡廉、拒腐防变”的廉政教育主题。

【农村集体资产管理交易平台建设完成】2013年，金湾区纪委监察局进一步规范农村集体“三资”交易管理，对农村集体资产、资源、资金进行清理、确权，促进村集体“三资”保值增值，维护农村和谐稳定。按照“八个有”（有牌子、有班子、有印章、有办公地点、有队伍、有制度、有平台、有对接）的具体要求，建立所辖三灶、红旗两镇级农村集体资产管理交易中心。完成农村集体资产管理交易平台建设，推进农村集体资产、资源、资金摸底清查和保证相关交易营运。农村集体资产管理交易平台具有财务管理、资源管理、资产资源交易等功能，加强农村集体资产管理与监督，引导农村集体资产逐步走向市场化管理，让群众明白、干部清白，确保农村集体资产保值增值，促进农民增收、农村和谐稳定。

【大林廉洁文化基地建立】2013年，金湾区纪委监察局推进廉政文化基地建设，发挥各镇组织、宣传、纪检和文化服务中心等部门的职能作用，将廉政文化融入到党的基层组织建设、精神文明和政治文明建设。7月，建设全区第一个村级廉洁文化基地——红旗镇大林廉洁文化基地。该基地把大林社区七烈士先进事迹、农村最美村官先进事迹及廉洁文化进家庭等融合起来，进行正面引领、反面提醒，宣传历史典故、廉洁格言、村官廉洁承诺等，拓展廉洁文化内涵。（黄健林）

组　织

【概况】2013年，中共珠海市金湾区委组织部扎实推进干部队伍、基层组织、机关转提和人才队伍工作，为金湾区“打造航空新城，建设幸福金湾”和实现“二次创业”目标提供组织保证和人才支撑。加强“一把手”队伍建设，深化干部人事制度改革，严格干部任用管理，全年金湾区委常委会讨论区管干部任免14次，决定任免干部173人次，提拔任用干部48人。加强领导干部教育培训。巩固基层党组织建设，全面推进村居党小组活动阵地建设工作，推动党代表工作室长效化，完成“百日攻坚回头看”和“两新”（新经济组织和新社会组织）党建工作示范点创建工作。深化金湾区党政领导班子落实科学发展观和处级领导干部考核工作。开展转作风提效能活动，创新形式，开展评比，提升办事效率。实施“人才强区”战略，加大人才工作经费投入力度，落实金湾区党政领导班子成员联系企业高层次人才制度，召开高层次人才座谈会。截至年底，金湾区有基层党组织368个，其中基层党委4个、党总支部19个、党支部345个；党员5139人，其中新发展党员59人；非公有制经济组织党组织192个，其中单独组建党组织174个，新增19个；联合组建党组织18个，新增16个，覆盖全区非公有制企业481家；新社会组织党组织22个，其中单独组建党组织17个，新增5个，联合组建党组织5个，新增3个，覆盖全区45家新社会组织。4月，金湾区委组织部被中组部评为“干部人事档案工作目标管理一级单位”。

【干部选拔任用】2013年，中共金湾区委常委会讨论干部任免14次，决定任免干部173人次，提拔任用干部48人，其中采用竞争性方式选拔干部20人，全部实行票决制或差额票决制。金湾区委组织部加强区直部门一把手队伍建设，从能力优秀、业绩突出的单位副职中选拔9名干部担任部门行政正职或党组书记，加强区直职能部门领导力量。推进一把手交流任用，全年交流单位正职8名，优化领导干部配备。全年对区直25个部门副职进行调整，其中交流副职13名，提拔任副职18名。加强年轻干部队伍建设，全年通过竞争选拔、民主推荐

2013年1月29日，金湾区红旗镇阳阳红教育培训中心关心下一代工作委员会成立揭牌仪式会场（黄仲青 摄）

考察、选调等方式任用年轻干部8名，其中正科级2名，副科级6名。加强政法队伍建设，在金湾人民法院择优选拔任用科级领导干部6名，科级非领导3名，成功推荐1名科级干部竞选为市处级扶贫领导小组组长；在金湾人民检察院选拔1名年轻优秀女干部担任院领导班子成员，选配内设科级领导干部3名。由属地派出所所长兼任镇领导班子成员。加强党外干部队伍建设。选派4名干部到珠海市相关单位进行挂职锻炼。坚持多种选任方式相结合，提高选人用人公信度。全区全年采用竞争性方式选拔干部20名，占新提拔干部的41.67%。关注能干不能讲、“老黄牛”型干部的成长，有效利用民主推荐等传统干部选拔任用方式，全区21个单位定向推荐选拔干部27名。加强领导干部日常管理监督，对17名轮岗交流的单位“一把手”实行离任审计。

【干部教育培训】2013年，金湾区委组织部组织干部参加省级以上培训班2人次、出国（境）培训班8人次、各类短期培训班10人次、市委党校主体班19人次、自主选学培训班120人次。在全区开展十八大、十八届三中全会精神宣讲教育，组织开展大型宣讲会3场，参加人数500多人次；播放爱党爱国影片35场次，观看人数2000多人次；发放教育读本6600多本。开办清华教育培训班，组织区直各单位、各镇共50名干部到清华大学学习，提高干部政策理解能力和复杂局面驾驭能力。结合幸福村居创建，组织全区18名村（居）党组织书记赴台湾学习幸福村居创建工作，提升其服务金湾区基层发展的能力。加强公务员网络学习管理，实行每半年干部培训学分登记制度和通报制度，提醒干部完成培训学时和学分要求，坚持不断学习。组织干部参加上级组织部门、行政院校开展的各层次主题培训班学习，提升干部的综合素质。

【基层组织建设】2013年，金湾区委组织部启动党小组活动阵地建设，分三批次先后对建设条件成熟的村居党小组启动建设。推动党代表工作室工作长效化，建立金湾区四套领导班子成员驻党代表工作室长效机制，区四套领导班子成员分别牵头组成团队，定期到基层党代表工作室开展接访或调研活动；探索镇党代会年会制试点，计划三灶镇、红旗镇试行党代会年会制，实行镇党代表任期制，调动党员和党代会代表参与党内事务的积极性。从区、镇机关事业单位中选派15名优秀年轻干部，实行全脱产驻村，协助所驻村（居）做好幸福村居创建工作。选派15名驻村干部平均年龄32.6岁，其中35岁以下12人，占80%。9人挂任村（居）党组织副书记，6人挂任村（居）主任助理。开展为期2个月的大学生暑期挂职锻炼服务活动。实现党组织覆盖率100%，党的工作覆盖率100%，全市排名居首位，完成“两新”组织党建工作“双百”目标。广东蓉胜超微线材股份有限公司党总支、广东天章纸品信息有限公司党支部、珠海迈科科技有限公司党支部、广东龙丰精密铜管有限公司党总支4个基层党组织被列为珠海市第一批“两新”组织党建工作示范点。启动金湾区村（居）两

2013年11月27日，金湾区召开农村、社区“两委”换届选举工作会议
（杨成标 摄）

委班子教育学习培训学分制工作实施方案。通过定期定量定分要求，建立和完善覆盖金湾区20个农村、社区的党员党校“农村空中党校”。对全区开展党员干部现代远程教育终端站点学用情况进行“百村调查”工作，形成调研报告。以“腾飞金湾，活力远教”特色品牌活动为抓手，依托湖东社区无公害蔬菜基地，开展专家送知识下乡活动，试点打造产学研示范培训基地。拍摄具有金湾特色的远程教育宣传片1部。

【人才工作】2013年，金湾区委组织部落实区党政领导班子成员联系企业高层次人才制度，安排区16名党政领导共联系32名企业高层次人才，主动听取意见建议，协助解决问题。召开高层次人才座谈会，召集各系统共40多名人才参加会议，听取其对金湾区经济社会建设的建议，畅通中共金湾区委、区人民政府与高层次人才交流沟通渠道，为金湾区各层次人才搭建参政议政平台。坚持人才发展资金优先保障机制，加大人才工作经费投入力度。按财政一般预算收入1%标准，设立金湾区人才专项资金817万元，全部用于引进、培养各层次人才，为实现跨越式发展提供智力保障。

【老干部工作】2013年，金湾区委组织部认真落实老干部待遇，走访、慰问老干部50人次，组织146名老干部健康检查。举办春节、“八一”老干部座谈会，组织98名老干部到开平参观学习。投入4万元用于镇老年大学改善教学设备，促进镇老年大学的发展。开展调研活动并编撰《老干部大学建设中难点问题》《在新形势下如何发挥老干部作用的思考》等。妥善处理老干部来信来访中反映的热点、难点问题，12月，为老干部解决三灶医院住房集资款问题，兑付12万余元；为2名老干部解决级别待遇、津贴问题。全年接待处理老干部及家属来电来访80余次，用心倾听、耐心解释，做到件件有落实，事事有回音。组织各类文体活动，丰富老干部精神文化生活。组织引导老干部考察金湾经济社会建设，促进社会和谐。

【关工委工作】2013年，金湾区关工委推进民营企业关心下一代工作委员会组织建设，做到成熟一个发展一个，得理乐器、鼎立包装、拾比佰彩板、蓉胜超微和永南食品等5家企业成立关工组织。做好“三失一欠”（失学、失业、失足、身体欠健康）青少年帮扶工作，12位贫困生接受珠海市总工会、丰利广场黄土计划资助，金湾区关工委支部和区老干党总支退休党员共资助12名贫困中小学生。开展“中国梦”宣传教育活动，撰写适合企业青年工人和中小学生的两种教材课件。抓好校外教育，金湾区关工委会同各镇，深入三灶、广安等社区和红旗中学、金海岸中学、小林中学、三灶中心小学、鱼林小学等学校调研校外教育情况；推广三灶中心小学每周一（4:10～5:10）兴趣班、小林实验小学亲子阅读、三灶社区单亲家庭亲子活动、鱼林小学邀请家长参观大课间比赛和组织老师集体家访等经验。做好网吧监督工作。寒暑假期间，巡查红旗镇的智翔、时尚等网吧，均未发现违法经营行为。鼓励发动有能力的社会机构开兴趣班，暑假办兴趣班26个，参加学生450多人。通过办班，增长学生知识，提高学生素质，防止学生沉迷网吧和安全事故发生。

【党小组活动阵地建设】2013年，金湾区委组织部针对村居党小组“党员活动无阵地，小组议事无场所”的实际情况，牵头以实施基层党建“书记项目”“向心力工程”为契机，把村居党小组作为基层组织建设“最前沿阵地”，党员活动阵地由行政村居一级向村居民党小组深入延伸，夯实基层基础。8月，红旗镇三板村举办实施“向心力工程”阶段总结暨村居党小组党员活动阵地建设推进会，部署全面推进村居党小组活动阵地建设工作。金湾区村居党小组活动阵地建设根据各党小组实际，因地制宜，分3批次先后对建设条件成熟的村居党小组启动建设，计划利用3年时间，基本建设完成全区112个村居党小组活动阵地，为党员群众提供更多的活动空间和平台。

【“两新”组织党建工作“双百”目标实现】2013年12月，金湾区委组织部以“百日攻坚”活动为抓手，抓好“两新”组织党建工作示范点创建工作。通过开展创先争优等活动，打造市级“两新”组织党建工作示范点。经过评审，广东蓉胜超微线材股份有限公司党总支、广东天章纸品信息有限公司党支部、珠海迈科科技有限公司党支部、广东龙丰精密铜管有限公司党总支列为市级第一批“两新”组织党建工作示范点。通过“单独组建、联合组建”等多种形式，加大“两新”党组织组建力度。全年新组建党组织43家，实现党的组织100%全面覆盖。通过党员亮身份、建立党员责任区和党员示范岗等形式，开展查找“隐身”党员工作，加大党务工作者队伍的建设力度和培训力度，提高党务工作者队伍整体素质，实现党的工作100%全面覆盖。

【党代表工作室】2013年，金湾区委组织部建立金湾区四套领导班子成员驻党代表工作室长效机制。区四套领导班子成员分别牵头组成团队，定期到基层党代表工作室开展接访或调研活动。全年金湾区建成22个党代表工作室，其中有20个在村（居），在珠海市率先实现村（居）全覆盖。全年珠海市、金湾区四套班子成员25个团队103名党代表到各镇、村（居）党代表工作室开展接待活动119次，接待党员群众623人次，收集意见建议308件，其中转相关部门办结267件，跨年办理41件，党员群众对已办结的意见建议满意度100%。开展“服务中心·共谋发展”市、区党代表视察调研活动，形成4篇调研报告，2个提议。

【《金湾区试行镇党代会年会制工作实施方案》出台】2013年11月，金湾区出台《金湾区试行镇党代会年会制工作实施方案》。方案明确试点对象为三灶镇、红旗镇。主要任务为试行镇党代会年会制，每年召开一次党代会，一般在本镇人民代表大会之前召开，会期半天；实行镇党代表任期制，根据党章和有关规定，参照《中共珠海市金湾区委党代表大会代表任期制实施办法》，明确镇党代会代表的条件、权利、义务和代表资格管理办法，探索代表在党代会召开和闭会期间发挥参与决策、监督、参谋、桥梁等作用的方式方法和保障措施。实施步骤分为“成立机构”“调查研究”“宣传发动”“会议筹备”“工作推进”“总结提升”六个阶段。成立金湾区试行镇党代会年会制工作领导小组，各镇出台年会制试行的工作实施方案，为下年镇党代会年会召开做好准备。

【区党政领导班子落实科学发展观考核工作】2013年，金湾区委组织部深化党政领导班子落实科学发展观考核工作，成立以金湾区委副书记、区委政法委书记习恩民任组长的金湾区党政领导班子落实科学发展观考核工作领导小组，统筹、协调各项考核工作。由金湾区委组织部牵头，起草印发《金湾区镇党政领导班子落实科学发展观评价指标体系及考核评价办法（试行）》《2013年金湾区各镇经济社会科学发展评价指标体系各指标评分办法》，完善对各镇的考核指标体系及办法。强化监督，全年召开8次考核工作例会。区党政领导班子落实科学发展观考核实绩得分96.245分，列居全市各区第三位。

【转作风提效能评比活动】2013年，金湾区委组织部开展金湾区转作风提效能评比活动，制订出台《2013年金湾区“转作风提效能”机关作风建设工作方案》《金湾区“转作风提效能”评比方案（试行）》和《金湾区转作风提效能评比活动实施细则》。评比内容包括履行职责、行政效率和转变作风三个方面。金湾区委组织部、区纪委监察局会同有关部门组织实施，针对金湾区党群、人大、政协机关、区政府各职能部门、珠海市驻区单位、各镇每季度末组织开展一次评比活动（法检两院每半年评比一次）。每一次评比由200名代表组成评审团参与投票，包括金湾区四套班子领导、管理服务对象、镇村居基层代表、人大代表、政协委员、区直各单位等6类群体，其中管理服务对象代表根据被评比单位的工作职能和服务范围加以规范细分。评比结果与部门年度考核奖挂钩，并作为区委、区政府衡量各部门政绩的重要依据，以及考察部门领导班子和主要负责人的重要内容。评比活动实施以来，区相关职能部门工作作风得到改进，行政效能和政务环境得到改善，得到社会各界的广泛支持及肯定。

【金湾区委组织部被中组部评为“干部人事档案工作目标管理一级单位”】2013年4月，金湾区委组织部被中组部评为“干部人事档案工作目标管理一级单位”。金湾区委组织部重视推进干部人事档案达标工作，成立领导小组，配备专、兼职干部，制订工作方案，不定期聘请有整理干部档案工作经验的同志参与干部档案收集、整理和装订。同时，加大资金投入，改善档案管理硬件设施，健全管理制度，做好档案资料收集整理和鉴别审核，对档案进行全面细致的整理、装订，注重开发利用，充分挖掘档案使用价值，为金湾区人事人才工作和经济转型升级发展服务。3月21日，广东省委组织部、珠海市委组织部干部人事档案达标检查验收专家组一行5人，由金湾区区委常委、组织部部长陈静陪同，到金湾区委组织部就区所管理的干部人事档案工作进行验收。经评定，金湾区组织部干部人事档案管理以90.2分的成绩顺利通过达标升级验收，获评中组部“干部人事档案工作目标管理一级单位”。（侯乐庆）

宣　传

【概况】2013年，中共珠海市金湾区委宣传部围绕金湾区委、区人民政府中心大局，加强理论学习，组织党员干部学习党的十八大、习近平总书记系列重要讲话精神，完善金湾区委中心组学习制度，制订学习计划，建立学习档案，举办“金湾学习论坛”，打造学习平台，提升党员干部素质。全年组织金湾区委中心组集中学习14次。结合金湾区中心工作，对产业转型升级、航空新城建设、幸福村居建设和党的建设等重点工作进行宣传，制作播出《金湾新闻》195期1041条新闻，在国内外各类报刊刊登有关金湾区新闻稿件2560篇，向珠海广播电视台发送新闻316条，先后在广东省、珠海市和港澳媒体推出专题或专版报道12篇。加强舆情监控，运用“@金湾发布”深化网络问政，引导新闻舆论宣传，撰写《金湾舆情专报》44期。落实创建全国文明城市各项工作，按照要求完成各项“创文”指标，通过“创文”测评。加快文化建设，着力改善民生，推进金海岸文化艺术中心建设，加强保护开发利用文化遗产，推动历史文化资源优势转化为文化创意优势和旅游资源优势。

【理论武装】2013年，金湾区完善区委学习中心组学习档案，严格考核制度，出台《中共金湾区委学习中心组学习制度》，制订《金湾区委中心组2013年理论学习计划》，拓展区委中心组学习新思路。先后征订发放《十八大报告辅导读本》《深入学习贯彻党的十八大精神——走向辉煌》《盛世盛会 开创未来——深入学习贯彻党的十八大重要精神专题讲座》《十八大党章修正案学习问答》《十八大文件学习辅导百问》《看法与说法》

2013年11月26日，金湾区举办学习贯彻党的十八届三中全会精神专题讲座
（区委宣传部提供）

2013年11月27日，金湾区宣传思想工作会议召开，吴轼（左四）、欧阳德红（右四）、习恩民（左三）、管伟（右三）、陈静（左二）、翟小强（右二）、吴文莱（左一）、拜燕（右一）等区领导出席　（王心皓　摄）

《财富的逻辑》《拉丁美洲城市化：经验与教训》《世界产业结构变动趋势和我国的战略抉择》《理性看 齐心办——理论热点面对面2013》《旧制度与大革命》《苦难辉煌》《改革是中国最大的红利》《处在十字路口的选择》《信号与噪声》《主流——谁将打赢全球文化战争》《正能量》《学习活页文选》等20余种学习资料，组织区委学习中心组集中学习14次。坚持自学与集中学习相结合、理论学习与调查研究相结合。开展党的十八大、十八届三中全会精神和中国特色社会主义理论体系、习近平总书记系列重要讲话精神、“中国梦”等主题宣讲。通过金湾区委学习中心组集中学习讨论、报告会和开辟专题专栏形式，全面解读中央、广东省、珠海市相关精神，兴起全区上下学习求知的浓厚氛围。中共金湾区委学习中心组在《珠海特区报》刊发《瞄准三大定位 加快实现“金湾梦”》理论文章，为金湾“二次创业”出谋划策。金湾区社会科学界联合会组织金湾区直各单位和各高校开展金湾区社会科学“十二五”规划2013年度课题申报工作，21项课题立项。珠海市哲学学会金湾分会获批筹建。

【新闻报道】2013年，金湾区委宣传部制作播出《金湾新闻》195期1041条新闻，在国内外各类报刊刊登金湾区新闻稿件2560篇，向珠海广播电视台送发新闻316条。把握党管媒体的基本原则，树立正确的舆论导向，坚持团结稳定鼓劲和正面宣传为主方针，深入报道金湾“二次创业”发展生动局面，宣传金湾区“加快转型升级、打造航空新城、建设幸福金湾”的建设步伐，推进舆论宣传工作。紧扣金湾区委、区政府中心工作，发挥珠海特区报《金湾新闻》、珠海广播电视台《金湾一周》《金湾声音》、金湾区新闻中心《金湾新闻》和微博“@金湾发布”等媒体平台作用，拓宽宣传覆盖面，通过日常动态报道、专题报道等方式，为金湾“二次创业”发展鼓与呼。按照金湾区委统一部署，完成金湾区建设发展现场会、西湖公园收地、上海投资推介会、创建国家生态区等专项宣传工作。先后在《南方日报》《南方都市报》《羊城晚报》、香港《大公报》、香港《文汇报》和《珠海特区报》《珠江晚报》等省市和港澳媒体推出有关航空新城建设、战略性新兴产业发展、幸福村居建设等专题或专版报道12篇，提升金湾知名度、美誉度；跟进珠海金湾航空城规划展览馆宣传片制作工作。

【舆论阵地建设】2013年，金湾区委宣传部推进新闻发布制度化、规范化和专业化，调整重建全区新闻发言人（网络发言人）和新闻助理队伍，举办全区新闻发言人培训班，新闻发言人队伍覆盖到全区20个村（居）。制定出台《关于加强我区网络发言人工作的实施意见》《金湾区网络舆情信息管理暂行办法》《关于加强新闻发布工作的意见》和《金湾区新闻发言人管理制度》。适应新形势新媒体的要求，金湾区委宣传部官方腾讯微博“@

金湾发布”与新浪微博“@金湾发布”形成双微平台，与三灶镇政府官方微博“三灶发布”和红旗镇政府官方微博“珠海红旗发布”搭建起区镇两级政务微博联动平台。引入互联网舆情综合管理系统，及时主动发布权威信息，快速高效进行舆论引导，撰写《金湾舆情专报》44期，网络舆情监测、跟踪研判能力得到加强。

【精神文明建设】2013年，金湾区力求贴近实际、贴近群众、贴近生活，提升社会文明程度和公民思想道德素质，提升精神文明程度。依照名称统一化、地点固定化、布置规范化、活动程序化的“四化”要求，在各镇及村居、金湾区行政办公中心、金湾人民检察院、金湾人民法院、三灶中心小学等单位开设“明德讲堂”。制定《金湾区2013年未成年人思想道德建设工作实施方案》，实现全区乡村学校少年宫全覆盖。建立志愿者档案和志愿服务数据库，开展“关爱他人、关爱社会、关爱自然”“文明出行，方便你我”“学雷锋，树新风”“志愿服务显文明、红红火火过大年”等志愿服务系列活动。开展“我们的节日·清明”“讲文明树新风”“德行珠海”“文明礼仪实践、网上祭英烈”签名寄语、“向国旗敬礼、做有道德的人”网上签名寄语、中华经典诵读、优秀童谣征集等系列活动，营造公民道德建设的浓厚氛围。

【公共文化设施建设】2013年12月，金湾区投资1.5亿元，占地18839平方米，包含三馆二宫一影院（图书馆、美术馆、博物馆、文化宫、青少年宫及影剧院）的金海岸文化艺术中心工程项目进展顺利，完成规划方案设计、项目立项、可研批复、勘察设计招标、旧楼动工拆除等相关前期工作。金湾区图书馆被评为国家二级馆。漂流书屋实现村（居）全覆盖，并向学校和企业延伸。全区共建有漂流书屋30家，借书还书办理实现“一卡通”。三灶镇文化服务中心被评为广东省特级文化站，红旗镇文化服务中心申报广东省特级文化站。推动乡镇体育健身设施建设，三灶镇、红旗镇在珠海市率先完成体育健身广场建设任务。出台《金湾区关于进一步加强基层文化设施建设和管理的实施意见》，要求2015年底前各村（居）文体设施达到“五个有”标准。以区文化馆（图书馆）为龙头，镇文化站、图书室为骨干，村（居）综合文化活动室、农家漂流书屋为基础的三级文化服务阵地网络基本形成。

【文化品牌】2013年，金湾区成功举办航空艺术节，为两年一度的珠海国际航展营造氛围。举办体育节，推动全民健身活动的开展。举办读书节，建设书香金湾。举办少儿艺术花会，搭建中小学生展示自我的舞台。四大文化品牌系列活动遵从政府主导、社会力量配合、学校资源统筹利用、群众积极参与的新模式，丰富广大人民群众的精神文化生活。开展送戏送电影下乡活动，探索开展“菜单式”点播模式，推动文化惠民项目与群众文化需求对接，全年向各镇、村（居）、企业广场送戏50多场，送电影400多场。

【文化市场】2013年，金湾区委宣传部推进文化事业单位改革，完成金湾区广电网络改造和数字电视

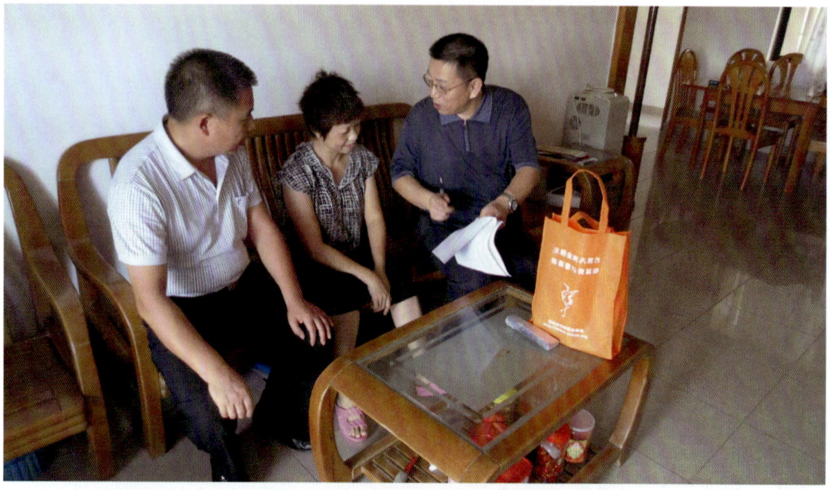

2013年8月2日，金湾区委常委、宣传部长吴文莱（右一）和金湾区人大常委会副主任彭祖国（左一）率队赴三板社区入户宣传创文　（区委宣传部提供）

整体转换工作。组团参加中国（深圳）国际文化产业博览交易会，借鉴先进经验探索金湾区文化产业发展道路。完成全区政府机关单位423台计算机正版操作系统软件安装工作，加大对知识产权的保护和对市场管理的督促检查力度。完善文化执法体系，建立日常巡查制度，加强对文化市场经营业主守法经营培训力度，开展“扫黄打非”“秋风行动”（集中打击非法网络报刊、非法报刊网站、非法记者站）、“校园周边环境整治”等专项行动，文化市场呈现规范有序、健康发展局面。

【金湾学习论坛】2013年，金湾区委宣传部继续擦亮“金湾学习论坛”理论学习品牌，参加学习者从金湾区委学习中心组成员扩大到全区副科以上干部。以经济社会事业和中央、广东省、珠海市各项政策解读为抓手，先后邀请飞越巅峰企业管理咨询有限公司董事长温良，吉林大学珠海学院教授孙亚东，上海歌剧院院长、艺术总监张国勇，上海市生物医药行业协会执行会长兼秘书长陈少雄，华南农业大学思政部教授张丰清，珠海市委党校副校长张献斌来金湾区授课讲学，拓宽全区党员干部视野。

【金湾区在珠海市各区率先公布各部门新闻发言人信息】2013年7月17日，金湾区在珠海市各区率先公布各职能部门新闻发言人（网络发言人）及新闻助理姓名、职务和办公电话等相关信息，共公布56个单位171名新闻发言人，涉及金湾区各镇、各部门，以及医院、学校等，并首次将20个村居纳入建立新闻发言人制度行列。从公布之日起，各职能部门新闻发言人将代表本地区、本部门负责统筹并具体承办本单位的新闻发布和公共关系事务。6月18—19日，举办全区新闻发言人培训班，结合新媒体平台日益主流化趋势，制定出台《关于加强金湾区网络发言人工作的实施意见》《关于加强金湾区新闻发布工作的意见》《金湾区新闻发言人管理制度》《金湾区新闻发言人工作规程》《金湾区网络舆情信息管理暂行办法》等一系列规章制度，推动金湾新闻发布工作制度化、规范化、专业化发展，深化金湾区新闻发言人（网络发言人）制度建设。

【区镇政务微博联动平台构建】2013年7月，金湾区委宣传部开通腾讯微博“@金湾发布”，与2012年开通的区委宣传部官方新浪微博“@金湾发布”形成双微平台。12月，三灶镇政府官方微博“三灶发布”和红旗镇政府官方微博“珠海红旗发布”正式在新浪、腾讯微博认证并开通，区镇两级搭建政务微博联动平台，及时、权威发布相关信息和突发事件处置的官方回应，创新议题设置，加大与网民的互动，提高网络问政效率，营造和谐稳定、健康向上的舆论氛围。

【区新闻中心打造“4+2”全媒体新闻宣传新格局】2013年，金湾区新闻中心按照“全面部署，突出重点，创新内容，打造特色”工作思路，经过精心筹划和改革创新，在未增加原有人力物力财力情况下，打造全方位、多角度、立体式的“4+2”新闻宣传新格局，新闻宣传工作进入全媒体时代。“4+2”新闻宣传新格局，即《金湾新闻》电视媒体宣传、珠海特区报《金湾新闻周刊》平面媒体宣传、金湾区人民政府网站《金湾新闻》板块文字图片视频和金湾官方微博“@金湾发布”网络媒体宣传等4个新闻宣传平台，以及中央、广东省、珠海市和港澳各新闻主流媒体对外宣传和专题对外宣传等2个新闻宣传阵地。

【《鹤无双》获第十六届上海国际电影节手机电影节“魅力城市”单元优秀短片奖】2013年6月20日，第十六届上海国际电影节手机电影节颁奖典礼在上海游艇会举行。中共珠海市委宣传部、金湾区委宣传部共同组织拍摄的以国家级非物质文化遗产“三灶鹤舞”为主题的微电影《鹤无双》获“魅力城市”单元优秀短片奖。《鹤无双》是广东省第一部以非物质文化遗产为主题的微电影，从本届104个国家2064部报名短片中脱颖而出，获得2013年首度设立的“魅力城市”单元大奖，在国际舞台展现出三灶鹤舞

独特的风采和魅力。　（赵翔宇）

统一战线

【概况】2013年，中共珠海市金湾区委统一战线工作部向广东省及市、区三级人大、政协换届推荐民主党派和无党派人士31名。民主党派政协委员在金湾区“两会”上提交议案、提案20份。对台胞在金湾区投资农业的基本情况进行调查摸底。协助台盟珠海市支部做好对金湾区台资企业的调研，邀请12家有代表性的台资企业负责人参加座谈会。对金湾区台资企业进行调查，撰写调研报告《关于金湾区台资企业发展现状及支持企业发展的建议》。协调解决台企各种权益纠纷3起，帮助解决台商子女入学3人。全年接待台湾参访团94人次。金湾区委书记、珠海市航空产业园党委书记吴轼为团长的金湾区经贸考察团赴台进行为期7天的考察交流活动。接待香港安澜轩三灶同乡会、澳门三灶同乡会400余人次返乡参加“3·13”日军三灶大屠杀纪念仪式等活动。全年为金湾区公职人员办理因公赴香港、澳门签证续签168人次，新办及换发通行证14人次。召开由红旗镇13个（村）居书记参加的侨情调研会议。全年为金湾区贫困归侨及新入学贫困归侨子女发放专项补助资金13.9万元。

【政治协商】2013年，金湾区委统战部开展增补政协委员提名推荐工作，增补政协金湾区三届三次会议委员8名，其中港澳政协委员2名。全年面向民主党派、工商联负责人、无党派代表人士召开通报会、学习讨论会、征求意见会及新春座谈会5场，开展不定期个别座谈沟通50余次。金湾区各民主党派在珠海市“两会”期间，提交提案28份，在金湾区“两会”期间，提交提案20份，占全部提案的52%。1月，金湾区委统战部带领7个民主党派主委、副主委赴清远学习交流民主党派参政议政和民主监督工作先进经验。

2013年8月28日，金湾区委书记吴轼（二排左六）接见台南市海峡两岸经贸文化发展协会参访团　（金湾区委统战部提供）

【对台工作】2013年6—8月，金湾区委统战部对台胞在金湾区投资农业的基本情况进行调查摸底，为上级部门提供详实可信的资料。对全区台资企业开展调研，撰写调研报告《关于金湾区台资企业发展现状及支持企业发展的建议》。全年接待94人次台湾参访团。赴台进行为期7天的交流考察活动，与台南市海峡两岸经贸文化发展协会永康分会、台南市复国里等社团进行友好交流。帮助珠海华信荣工艺品有限公司追讨先期垫付的工程费用。帮助珠海豪门雕塑开发有限公司搞好生产，防止环境污染，做到生产与防污两不误。

【侨务工作】2013年8月，金湾区委统战部多次到红旗华侨农场调研，8月30日召开由红旗镇13个（村）居书记参加的侨情调研会议，完成调研报告《关于红旗华侨农场的侨情调查》。11月，接待美国珠海联谊总会主席吴结兴一行，陪同吴结兴一行参观珠海市航空产业园等金湾区三大战略性新兴产业。全年为金湾区贫困归侨及新入学贫困归侨子女发放扶持贫困归侨专项补助资金13.9万元。全年收到归侨侨眷来电、来信、来访

14件次，件件作出回复，从中化解矛盾。

【港澳事务】2013年2月，金湾区委常委、区委统战部部长翟小强带领区委统战部、区民族宗教和外事侨务局及区归国华侨联合会等有关人员，参加香港安澜轩三灶同乡会、澳门三灶同乡会举办的会庆活动，并拨付费用助其开展敬老及助学活动。3月，金湾区委统战部协调香港安澜轩三灶同乡会荣誉主席梁爱慈、澳门三灶同乡会副会长谭国全和理事长吴华康共捐出港币1万元、人民币4000元，解决三灶镇鱼林小学急需的硬件设施。3月，接待香港安澜轩三灶同乡会、澳门三灶同乡会乡亲400余人次返乡参加“3·13”日军三灶大屠杀纪念仪式、“春茗”“敬老”、回乡啖荔等活动。8月11日，金湾区归国华侨联合会组织澳门三灶同乡会近200人参观考察中航通飞生产基地。11月，侨联机关干部和委员会一行前往香港和澳门，拜访香港安澜轩三灶同乡会、侨港中山鱼弄同乡会和澳门三灶同乡会。12月，组织香港安澜轩三灶同乡会、侨港中山鱼弄同乡会、澳门三灶同乡会领导成员前往江西开展学习考察活动。

【《关于进一步加强新形势下党外代表人士队伍建设的实施意见》出台】2013年，金湾区委统战部以中共金湾区委名义出台《关于进一步加强新形势下党外代表人士队伍建设的实施意见》，对区党外代表人士队伍建设进行总体规划。明确3年内建设一支总量适度增长、结构逐步优化、素质不断增强，作用更加突出的党外代表人士队伍；明确落实对党外代表人士的政治安排要求和安排比例，加大对政府工作部门领导班子中的党外干部的实职、正职安排力度；明确建立中共区委组织部、区委统战部联席会议机制和两部在培养选拔党外干部中的“六个共同”（共同制定规划、共同物色选拔、共同培养教育、共同考察人选、共同讨论研究、共同督促检查）工作机制。金湾区委统战部选报5名民主党派成员纳入珠海市党外后备干部人才库，并调整更新金湾区党外后备干部人才库。在红旗镇、三灶镇配备党外领导干部，落实红旗镇党外副镇长的配备。及时更新调整中共金湾区委领导与区民主党派负责人联系交友名单、金湾区政府工作部门与区民主党派对口联系名单。支持民主党派组织发展工作，在民革金湾支部基础上成立民革金湾基层委员会，下设2个支部；九三学社金湾基层委员会新增吉林大学支社。金湾区7个民主党派基层组织新发展成员28人，总数207人，较上年增长16%。（黄　璜）

机构编制

【概况】2013年，珠海市金湾区机构编制委员会办公室职能发生变化。根据省、市机构编制部门的职能调整，金湾区发展改革和统计局的行政审批制度改革职能划入金湾区机构编制委员会办公室，金湾区机构编制委员会办公室承担转变政府职能决策咨询委员会日常工作；调整金湾区机构编制委员会办公室内设（直属）机构设置及其职责，设综合股、行政机构编制股（区职能办）、监督检查股（政策法规股）3个内设机构；整合事业机构编制股和珠海市金湾区事业单位登记管理局，设立珠海市金湾区事业单位管理局为金湾区机构编制委员会办公室直属的副科级行政机构（不设内设机构），金湾区机构编制委员会办公室（含金湾区事业单位管理局）核定行政编制7名。金湾区机构编制委员会办公室全年开展行政体制改革和机构改革，深化大部门制改革，实施简政强镇事权改革，推进全区事业单位分类改革，协同推进第五轮行政审批制度改革。制定机构和人员编制核查方案，对区、镇级32个党政群机关和89个事业单位机构编制、实有人员、领导及非领导职数配备等情况进行全面清查核对，未发现机构编制违法违纪现象。截至年底，经核查金湾区行政机构数32个，其中区直党委机构6个，区直政府机构单设14个，区直群团机构单设3个，区直财政供给的其他行政机构3个，区人大、区政协、区法院、区检察院，区辖镇级行政机构2个。核定行政编制353名，政法专项编制161名，行政执法专项编制34名，机关事业编制6名，工勤编制数35名，后勤服务人员数18名；行政机关实有在编在职人员513人，工勤人员34人，后勤服务人员16人。全区事业单位机构数89个，其中全额拨款事业单位85个，差额补贴事业单位3个，经费自理事业单位1个。核定事业编制1961名，其中全额拨款事业单位编制1785名，差额补贴事业单位编制108名，经费自理事业单位编制68名；实有在编人员1601人，其中全额拨款事业单位实有在编人员1482人，差额补贴事业单位实有在编人员52人，经费自理事业单位实有在编人员67人。

【机构编制委员会会议】2013年，金湾区机构编制委员会召开会议2次。6月21日，在金湾区行政办公中心1号楼会议室召开第一次编委会议，金湾区委书记、区人大常委会主任、区编委主任吴轼主持会议，参加会议委员10名。会议主要研究通过金湾区委办、区府办督查机构更名等事项，区国安机构设立，区司法局基层司法所所长职级调整，区安监部门机构编制调整，区文化市场综合执法中队机构编制调整，金湾人民法院机构编制调整等6个事项。12月11日，在金湾区行政办公中心1号楼会议室召开第二次编委会议，金湾区委书记、区人大常委会主任、区编委主任吴轼主持会议，参加会议委员10名。会议主要研究通过全区83个事业单位机构编制方案，金湾人民法院机关党委配备1名专职副书记事项，区土地和房屋征收工作办公室机构编制调整，设立金湾区残疾人综合服务中心，设立区科技馆、区博物馆、区美术馆、区少年宫和区体育中心5个公共文体机构等5个事项。

【深化大部制改革】2013年，金湾区机构编制委员会办公室开展调整优化机关事业单位职责关系工作，将区作业场所职业卫生监管职责由金湾区卫生局划入金湾区安全生产监督管理局；协调金湾区海洋和农渔局等单位研究理顺区“涉水治污”工作管理体制；协调金湾区科技工贸和信息化局、金湾区招商局、珠海市航空产业园招商中心等单位，研究区招商引资工作运行机制问题；协调金湾区发展改革和统计局、金湾区财政局、金湾区住房和城乡建设管理局、金湾区审计局等，研究优化区财政投资审核制度；设立金湾区人民医院，理顺三灶、红旗社区卫生服务中心的职责关系；设立红旗镇农业服务中心和红旗镇工商企业服务中心，深化华侨农场管理体制改革；开展优化机构设置工作。在事业单位分类改革中，整合相关职能，设立金湾区财政投资审核中心、金湾区金融服务中心和区、镇社会福利中心；设立金湾区创建全国文明城市指挥部办公室、金湾区委党代表联络办、金湾区“两新”组织党工委、金湾区国家安全办等机构；调整金湾区委（府）督查室、金湾区委老干部局、金湾区财政局和司法等部门的机构编制事项；调整城市执法管理体制和行政执法机构名称，强化属地管理和镇级功能，提高城市管理工作效能。协同金湾区卫生、海洋和农渔、科技工贸和信息化等相关部门，开展区食品药品监督管理体制改革和卫生、计生改革工作研究。

【简政强镇事权改革】2013年，金湾区根据“促进经济社会发展、加强社会管理、强化公共服务、推进基层民主”的改革精神下放给各镇政府6项事权：城乡临时困难救助的审批权（原属区民政部门）；计生家庭奖励优待的审批权（原属区计生部门）；辖区内农村宅基地工程的设计施工单位及从业人员的资格确认、开工备案管理、工程质量和安全实施检查指导、组织提供技术服务和技术咨询、竣工验收管理、项目信息统计和建设档案管理等事权（原属区建设部门）；镇政府投资项目的立项审批权（原属区发展改革部门）；镇政府投资项目的概算审批权（原属区发展改革部门）；镇政府投资项目的招投标核准事权（原属区发展改革部门）。通过采取各镇增加编制、配强领导、优化机构等措施，提升镇级政府统筹管理和公共服务能力。1月，经广东省机构编制委员会办公室批准后印发实施三灶、红旗镇“三定”方案。

【事业单位分类改革】2013年，金湾区机构编制委员会办公室拟订《金湾区事业单位分类改革设置方案》报广东省机构编制委员会办公室审批备案，以广东省机构编制委员会办公室的批复为依据推进事业单位分类改革工作。11月13日，召开金湾区事业单位分类改革工作会议。事业单位机构编制方案的制订严格执行“事业单位拟稿—区编办审核—反馈主管部门领导审核—区分管领导审核—区编委审议通过—区编委印发实施”等程序。12月6日，制订并印发全区各事业单位机构编制方案，完成全区事业单位分类改革工作。分类改革后，全区事业单位机构数89个，核定事业编制1961名。

【事业单位登记与管理】2013年，金湾区机构编制委员会办公室推进实施《珠海市金湾区事业单位信用体系建设实施方案》，规范事业单位运行，增强事业单位公益属性。开展事业单位法人治理结构试点工作，制定工作方案加快政府职能转变，推动事业单位体制机制创新，提高事业单位公益服务水平，激发事业单位活力。做好取消事业单位年检事项的后续工作，做好事业单位法人证书办理工作。全年受理事业单位设立登记1个，事业单位变更108次。

【机构编制管理】2013年，金湾区机构编制委员会办公室根据各单位人员变化，实时更新编制信息，及时核准实名制系统数据，完善机关和事业单位机构编制动态管理台帐。推动实名制信息共享。实现区、镇实名制系统全面联网。加强与监察、组织、人力资源社会保障、财政等部门的协调配合，完善机构编制管理综合约束机制，规范机构编制管理。根据广东省机构编制委员会《关于做好2013年政务和公益中文域名注册工作的通知》要求，推进政务与公益域名管理工作。全区126个机关事业单位中，报送单位89个，报送率71%；注册域名70个，注册率56%，完成2013年10月底前域名注册覆盖率50%以上的目标任务。全年金湾区机构编制委员会办公室接转金湾区城市监督管理局执法专项编制5名，接转并下达金湾人民法院政法专项编制7名。受理全区机关事业单位申请使用编制135名，办理核编入编手续118人（其中军转干部安置8人、随军家属安置12人），办理出编手续176人，办理申领住房补贴人员核编51人。核定2013—2014学年度中小学教职员编制总额987名。（李小雪）

信　访

【概况】2013年，珠海市金湾区信访局坚持“以民为本，信访为民”，重点解决群众反映的突出问题，落实责任，加强源头治理，抓好信访积案化解，建立健全工作制度，做好重要时期信访维稳工作，妥善处置集体到省进京信访事件，推动信访形势好转，促进金湾社会和谐稳定。全年受理上级信访部门转来群众来信59宗，比上年下降3.28%；受理群众来访77批259人次（统计数据不含直接到金湾区纪委、区人大、区直职能部门及各镇反映意见人数），分别比上年下降46.53%和67.38%。开展信访积案化解工作，因案施策、多措并举，办结上级交办金湾区信访积案7宗。落实《珠海市信访维稳工作分析研判例会制度》，金湾区党政领导主持召开信访维稳研判会议36次，分析研判重点难点信访问题43宗。

【矛盾纠纷排查梳理】2013年，金湾区信访局在全区范围内开展矛盾纠纷拉网式排查工作，归类建立不安定因素台帐，落实化解稳控措施。全年安排矛盾纠纷排查7次，排查不稳定因素79起，落实领导包案79宗。

【金湾区领导干部下访制度出台】2013年，金湾区信访局印发《珠海市金湾区领导干部下访制度（试行）》，结合党代表工作室、信访督查专员制度安排，组织区、镇两级力量，共同参与信访案件的研判、协调、指导、督办，研究、落实各项矛盾纠纷化解措施，推动重点疑难案件解决。全年领导接访80批次，参与接访领导138人次，接待群众471人次。

【建立专项资金制度救助困难信访群众】2013年，金湾区信访局联合金湾区财政局制定印发《金湾区解决特殊疑难信访问题专项资金管理暂行办法》，明确专项资金的设立、性质、使用、监管等规则，对生活确有困难的信访群众予以适度帮扶救助，促进疑难复杂信访问题的化解，推进落实“事要解决”。全年启用特殊疑难信访问题专项救助资金3万元，救助困难信访群众1人。（李素双）

珠海市金湾区人民代表大会

综　述

【概况】2013年，金湾区人大常委会贯彻落实中共十八大、十八届三中全会和珠海市委、金湾区委有关会议精神，切实履行宪法和法律赋予的各项职权，在提高监督实效、决定重大事项、发挥代表作用、加强自身建设等方面开展工作。全年依法召开区级人民代表大会2次、常委会议8次、常委会主任会议11次，听取和审议专项工作报告16项，作出决议决定12项，开展执法检查、视察和调研活动21次，人事任免68人（次）。

【金湾区三届人大三次会议】2013年1月29—30日，金湾区第三届人民代表大会第三次会议在三灶镇中国航展新闻中心召开。出席会议区人大代表145人，请假3人。非区人大代表的金湾区委、区政府、珠海市航空产业园管委会和原区人大常委会领导，区纪委副书记，珠海市航空城集团公司负责人，区党政办副主任，区直有关单位和珠海航空产业园管委会有关部门负责人，珠海市驻区单位领导，在区的广东省人大代表和珠海市人大代表，金湾区人民法院副院长，金湾区人民检察院副检察长及区三届人大三次会议副秘书长等列席会议，出席政协金湾区第三届委员会第三次会议的政协委员列席第一次全体会议。会议分别听取和审议金湾区区长杜卓所作的政府工作报告、区人大常委会常务副主任林乃光所作的人大常委会工作报告、金湾区人民法院院长赵东升所作的法院工作报告、金湾区人民检察院检察长向少良所作的检察院工作报告，审查金湾区2012年国民经济和社会发展计划执行情况与2013年计划草案报告、2012年预算执行情况和2013年预算草案报告，批准2013年金湾区国民经济和社会发展计划、2013年金湾区本级预算。会议对各个报告分别作出相应决议。会议还依法补选欧阳水平为金湾区三届人大常委会副主任，增选吴耀东为金湾区三届人大常委会委员。会议期间，收到代表10人以上联名提出的议案8件，建议、批评和意见10件。经大会主席团审议，决定18件全部作为建议、批评和意见转交金湾区政府和有关单位研究办理。

【金湾区三届人大四次会议】2013年5月27日，金湾区第三届人民代表大会第四次会议在金湾区行政办公中心召开。金湾区人大代表138人出席会议，请假12人。会议采用无记名投票方式，依法补选欧阳德红为金湾区人民政府区长，补选李志锋、徐源均为区三届人大常委会委员。

【金湾区三届人大常委会会议】2013年，金湾区三届人大常委会共召开会议8次。1月15日，召开金湾区三届人大常委会第十次会议，审议通过召开区三届人大三次会议的有关事宜，听取和初审区政府2012年国民经济和社会发展计划执行、预算执行和2013年计划、预算（草案）报告，听取并审议区政府关于区人大历次会议未办结议案和三届人大一、二次会议代表建议办理情况的报告，决定有关人事任免事项。3月21日，召开金湾区三届人大常委会第十一次会议，主要审议通过区人大常委会2013年度工作要点、《珠海市金湾区人民代表大会常务委员会工作评议办法》《珠海市金湾区人民代表大会常务委员会规范性文件备案审查工作办法》，

2013年11月12日，珠海市金湾区人大常委会2013年度工作评议动员会

（林雪映 摄）

决定有关人事任免事项。4月22日，召开金湾区三届人大常委会第十二次会议，审议通过关于补选区第三届人大代表的工作方案，补选1名珠海市第八届人大代表，决定有关人事任免事项。5月20日，召开金湾区三届人大常委会第十三次会议，主要审议通过召开区三届人大四次会议的有关事宜，补选2名珠海市第八届人大代表，决定有关人事任免事项。7月2日，召开金湾区三届人大常委会第十四次会议，主要听取区人大教科文卫工委关于区基层医疗卫生改革情况的调研报告，决定有关人事任免事项。8月7日，召开金湾区三届人大常委会第十五次会议，听取和审议《金湾区2012年度财政总决算报告》《金湾区2012年度本级财政预算执行和其他财政收支情况审计工作报告》《金湾区2013年上半年国民经济和社会发展计划执行情况报告》和《金湾区2013年上半年财政预算执行情况报告》，听取区政府有关国家级生态区创建、保障性住房建设和垃圾压缩中转站建设等工作情况汇报，决定有关人事任免事项。9月18日，召开金湾区三届人大常委会第十六次会议，听取和审议2013年金湾区本级财政预算调整报告，听取区人民政府的第三产业发展情况报告，听取区人大内司工委关于开展《中华人民共和国防汛条例》执法检查的情况报告，补选2名珠海市八届人大代表，决定有关人事任免事项。12月24日，召开金湾区三届人大常委会第十七次会议，听取和审议2012年区政府投资工程项目投资管理情况的审计工作报告，听取区政府的2013年度依法行政工作情况报告及2014年工作计划，决定有关人事任免事项。

重要活动

【议案督办】2013年，金湾区人大常委会着重抓好尚未办结的《关于高标准建设金湾区人民医院的议案》和《关于对金海岸城区排污排水系统升级改造的议案》办理工作，多次组织代表开展专题视察调研，加强督办。1月9日，组织金湾区人大代表对议案办理情况进行实地视察，建议各级各有关部门要进一步强化组织领导，严格办理程序，加强沟通协作，按时完成办理工作任务。12月27日，对议案办理情况再次进行实地视察，建议金湾区政府尽早成立区人民医院筹建领导小组，全面统筹、谋划区人民医院的基础建设、人员编制、经费筹措、设备购置等工作；要求加大金海岸城区排污排水系统升级改造工程的督办力度，加强部门的沟通协调，提高政府执行力，确保议案能在届内结案。金湾区人民医院建设项目6月8日正式动工建设，截至年底已完成行政后勤楼、医技楼、门诊楼主体结构工程。金海岸城区排污排水系统升级改造工程结合道路改造分步实施，11月完成美都路道路改造工程竣工验收工作，丹阳路临时道路工程完成80%。

【重点项目建设监督】2013年，金湾区人大常委会按照金湾区委关于区级领导包挂重点企业和政府投资项目的分工安排，参与推进全区重点项目建设，促进区委各项工作部署的落实。发挥代

2013年9月12日，金湾区人大执法检查组开展防汛条例执法检查

（王春香 摄）

表的监督作用，加快推进政府投资重点项目建设。6月5日，常委会组织金湾区人大代表对红旗镇三板花园第二施工段危房改造项目、航空新城规划展览馆、区人民医院等区政府投资重点项目建设开展专题视察，并就如何解决危房改造项目的后续问题和加快区人民医院建设等问题提出建议，确保政府年度投资计划如期完成。12月27日，组织金湾区人大代表实地视察红旗镇三板村和三灶镇海澄村两个幸福村居示范点建设进展情况，建议挖掘各幸福村居示范点的特色，打造成品牌，按照“抓点控面、有序推进”的思路，扎实推进全区的幸福村居建设。

【《中华人民共和国防汛条例》执法检查】2013年9月12日，金湾区人大常委会组织检查组听取区政府有关贯彻实施《中华人民共和国防汛条例》的工作情况汇报，到红旗镇已建好的三板、沙脊、广益堤段及水闸和正在修建的5.38公里木乃南段堤段进行实地检查。通过检查，建议各级领导和各职能部门要强化责任意识、忧患意识，加快“三防”指挥系统建设步伐，建立防汛工作现代化、信息化管理平台，加大建管力度和落实防范措施，确保安全度汛。

【区政府规范性文件备案审查】2013年，金湾区政府出台《金湾区重大投资项目引荐人奖励办法》《金湾区帮扶困难优抚对象实施意见》和《金湾区促进“三高一特”产业发展暂行办法》，并报送区人大常委会备案。此为金湾区人大常委会首次对区政府规范性文件进行备案审查。内务司法工委会同农渔财经工委对上述三份规范性文件进行审查，认为存在与监督法第三十条规定的不适当情形，向主任会议提出审查意见报告。11月18日，经金湾区三届人大常委会第二十次主任会议审议决定，以常委会办公室名义向区府办发出审查意见书，要求在60日内研究提出是否修改或者废止的书面意见。

【首次评议政府部门工作】2013年11月12日，金湾区人大常委会召开2013年度工作评议动员会，正式启动对区财政局、区人力资源和社会

2013年12月27日，金湾区人大视察组在红旗镇三板村视察幸福村居建设情况

（崔媛媛 摄）

保障局的工作评议活动。此为金湾区人大常委会首次对政府部门开展工作评议，评议时间安排在2013年11月—2014年4月，评议共分为准备、调查、评议、整改四个阶段。为开展好工作评议活动，金湾区人大常委会成立工作评议领导小组以及由常委会驻会组成人员和部分省、市、区三级人大代表组成的两个工作评议调查组。金湾区人大工作评议调查组分别于11月19日、11月21日、11月25日和11月27日在三灶镇、红旗镇、区机关召开4场征求意见座谈会，广泛征求民众、各被评议单位服务对象的意见和建议。截至年底，完成评议活动前两个阶段。

2013年12月27日，金湾区人大视察组在三灶镇海澄村视察幸福村居建设情况（王春香 摄）

【珠海市人大代表年度集中视察活动】2013年11月26日，金湾区人大常委会组织金湾选举单位的珠海市八届人大代表实地视察航空新城规划展览馆、区人民医院、三灶镇海澄村幸福村居等建设项目以及三灶镇鱼月村盘活集体资产转型升级项目金山林酒店，听取区政府1—10月经济社会发展情况汇报及2014年工作设想。代表对金湾区委、区政府围绕金湾建设发展现场会明确的“三大定位”（珠海发展高端产业的重要聚集区、展示国际化城市形象的重要窗口、西部生态新城的核心片区）、全力推进“二次创业”、经济社会全面发展取得的成绩表示满意，就金湾区医疗卫生、第三产业发展、校企合作和幸福村居建设等问题提出建议。

【基层医疗卫生体制改革工作调研】2013年6月18—20日，金湾区人大常委会调研组通过听取汇报、召开座谈会、走访群众、开展问卷调查等形式，对全区基层医疗卫生体制改革工作情况开展调研。建议金湾区政府要继续推进医改工作，加大政府投入，加强人才队伍建设，加快金湾区人民医院建设步伐，促进医疗卫生事业与经济社会的协调发展，为“二次创业”提供一个良好的医疗卫生服务环境。

【人口计划生育群众自治示范村居创建工作调研】2013年8月6日，金湾区人大常委会组织调研组到红旗镇三板村，就区人口计划生育群众自治示范村居创建工作开展调研。调研组现场查看计划生育情况公示栏、村民计划生育自治章程、村历年对实施计划生育过程中对村民的奖励情况，听取金湾区人口和计划生育局、红旗镇三板村的有关情况汇报，并与全区各村居的计生指导员进行座谈交流。建议金湾区政府要加大计生政策的宣传力度，逐年增加计生经费的拨付比例，发挥区计生协会的作用，推动计划生育基层群众自治建设。

【村居文体设施建设情况调研】2013年12月3日，金湾区人大常委会组织调研组实地察看三灶镇三灶社区、红旗镇小林村文体设施“五个有”建设情况，听取区、镇、村居情况汇报并进行座谈。建议金湾区文体旅游局要在全区推广三灶社区和小林村的成功经验，做好村居文体设施“五个有”建设工作，并

2013年11月13日，金湾区人大常委会副主任林乃光（后排右二）在红旗镇八一社区党代表工作室听取群众意见 （陈子欣 摄）

尽快出台完善管理办法，力争在2015年年底全部完成，以满足人民群众精神文化生活需要。

主要工作

【经济工作监督】2013年，金湾区人大常委会密切关注全区经济运行情况，推动金湾产业转型升级。常委会先后听取和审议金湾区政府关于2012年度区本级财政决算报告、2012年度区本级预算执行和其他财政收支情况的审计工作报告，2013年上半年国民经济和社会发展计划执行、预算执行和2013年区本级财政预算调整等报告，以及2012年度政府投资工程项目投资管理情况的审计工作报告和第三产业发展情况报告等，批准2012年区本级财政决算、2013年区本级财政预算调整方案，表决通过关于2012年区政府投资工程项目投资管理情况审计工作报告的决议。印发会议审议意见和纪要，按照监督法要求监督检查审议意见研究处理情况，督促改进工作。

【人事任免】2013年，金湾区人大常委会坚持党管干部和依法任免的统一，严格按照人事任免制度做好人事任免工作，对由区人大常委会任命的“一府两院”组成人员进行任前约谈，并坚持实行任前表态制度。全年任免国家机关工作人员49人（次），任免金湾区人民法院人民陪审员19人，依法接受5名珠海市人大代表、2名区人大代表的辞职。

【代表工作】2013年，金湾区人大常委会坚持代表主体地位，加强代表的学习培训，提高履职能力。为金湾区人大代表开展“人大代表的财经监督”以及“依法行使代表权利，提高代表议案建议质量”的专题辅导，对区人大代表联组组长及镇人大主席进行业务培训，组织代表赴珠海横琴新区考察学习等；继续加大人大代表联络室的软硬件建设，让代表履职从会场延伸到基层，灵活开展代表小组活动和代表约访、走访、接访工作；丰富闭会期间的代表活动。坚持邀请代表列席金湾区人大常委会议，参与常委会组织的视察调研、执法检查等活动，组织代表听取区政府上半年经济社会发展情况通报，参与区“转作风提效能”评比、“两院”公开日和“阳光诉讼”等活动。全年交办的19件代表建议全部办复，代表对建议办理情况反馈满意、基本满意率100%。常委会还根据工作需要，坚持依法办事、发扬民主原则，分别依法补选珠海市八届人大代表5名、金湾区三届人大代表5名。

【信访工作】2013年，金湾区人大常委会受理群众来信22件，来访8批13人（次）。按照归口管理、及时转办原则，转送和督促有关部门办理落实并答复信访人。通过信访件的转办、交办，金湾区人大常委会加强与人民群众的联系，及时了解社情民意，依法解决人民群众的诉求，减少不安定因素，维护社会稳定。

【《珠海市金湾区人民代表大会议事规则》制定】2013年，金湾区人大常委会根据国家、省级有关法律法规规定，起草《珠海市金湾区人民代表大会议事规则（草案）》。代表大会议事规则草案共分9章50条，分别对会议的举行、议案的提出和审议、审议工作报告、审查计划和预算等事项以及对代表参加大会审议议案、审查报告、选举和表决等活动作出明确的规定。草案分别经金湾区三届人大常委会第九次主任会议、2012年12月7日金湾区三届人大常委会第八次会议审议，提交2013年1月30日金湾区三届人大三次会议表决通过并施行。代表大会议事规则的制定有利于规范议事制度，提高议事效率，充分发挥人大代表作用，保证人民代表大会依法行使职权。

【《珠海市金湾区人民代表大会常务委员会工作评议办法》出台】2013年，金湾区人大常委会结合全区开展的“转作风、提效能”专题活动，改进监督工作方式，增强监督实效，促进“一府两院”依法行政、公正司法，出台《珠海市金湾区人民代表大会常务委员会工作评议办法》。工作评议办法草案分6章21条，指出开展工作评议是金湾区人大常委会对区人民政府、金湾人民法院、金湾人民检察院的工作情况进行审议和评价的一种监督形式，并就评议工作的组织实施、范围和内容、方法和程序以及被评议单位对常委会的综合评议意见进行整改落实等事项作出明确的规定。办法草案经金湾区三届人大常委会第十二次主任会议研究，于2013年3月21日提请金湾区三届人大常委会第十一次会议审议通过并施行。工作评议办法的出台，有利于强化人大及其常委会的监督职能，完善监督机制，特别是评议结果的运用有利于增强监督工作的针对性、可操作性和实效性。

【《珠海市金湾区人民代表大会常务委员会规范性文件备案审查工作办法》出台】2013年，金湾区人大常委会把对政府规范性文件备案审查工作纳入2013年人大工作的重要议事日程，并根据国家、广东省、珠海市的相关法律法规的有关规定，出台《珠海市金湾区人民代表大会常务委员会规范性文件备案审查工作办法》。规范性文件备案审查工作办法共19条，主要是依照宪法和法律的规定，明确报送备案审查的规范性文件的范围、规范性文件审查的内容和国家机关、企业事业组织以及公民提出审查要求或者建议的适用程序等。办法草案经金湾区三届人大常委会第十二次主任会议研究，于2013年3月21日提请金湾区三届人大常委会第十一次会议审议通过，2013年5月1日起施行。规范性文件备案审查工作办法的出台，为区人大常委会对政府规范性文件进行备案审查时，在加强内容审查、形式审查和做好系统备案三个方面确保审查实效。 （杨卫星）

珠海市金湾区人民政府

重要会议

【区政府常务会议】2013年，珠海市金湾区人民政府召开政府常务会议14次，研究议题共有129项。

第一次区政府常务会议　1月15日召开，会议传达贯彻珠海市政府相关工作会议精神，总结2012年区政府履行党风廉政建设“一岗双责”工作，研究创建广东省推进教育现代化先进区有关事宜。研究通过《2013年区政府工作报告》《金湾区2012—2015年创建国家卫生镇及省卫生镇村工作实施方案》《珠海市金湾区2012年高标准基本农田建设实施方案》。

第二次区政府常务会议　2月8日召开，会议传达贯彻珠海市政府相关工作会议精神，研究金湾区行政区域启用存量房交易价格评估系统、解决残疾人康园工疗站建设资金、增加村（居）安全生产巡查员、金湾区农民和被征地农民养老保险部分政策调整、招聘合同制工作人员等事宜。

第三次区政府常务会议　2月25日召开，会议传达贯彻珠海市政府相关工作会议精神，研究给予汤臣倍健、汉格新能源、中创投资等项目供地支持，创建幸福村居工作相关事宜。研究通过《2013年金湾区重点建设项目、政府投资预备项目党政领导挂点情况一览表》《金湾区2012年度科学技术和经济工作总结大会及表彰方案》。

第四次区政府常务会议　3月29日召开，会议传达贯彻珠海市政府相关工作会议精神，研究落实市委办公室《企业家代表座谈会纪要》涉及金湾区企业的具体事项。研究三灶伟民广场公共地下空间人防工程建设，虹晖路贯通工程重新办理立项，调整计生、卫生部门下属机构办公场所，金湾人民检察院申请报废残旧车辆，购买办公办案用车，解决附楼建设缺口资金，招聘合同制职员等相关事宜。研究通过《珠海市金湾区2013年地质灾害防治工作方案》《珠海市金湾区创建幸福村居专项资金管理办法》《关于实现2013年GDP预期目标工作方案》。

第五次区政府常务会议　5月17日召开，会议传达贯彻珠海市政府相关工作会议精神，研究航空新城规划展览馆工程、三灶镇安基路中段道路改造工程建设方案、广东省中南石化企业有限公司在航空新城珠海机场南大角头建设码头项目、实施全区教师岗位设置管理改革、金湾一中建设项目用地选址、聘请消防安全委员会办公室专职工作人员、向兴业银行贷款融资相关事宜。

第六次区政府常务会议　6月17日召开，会议研究三灶污水收集系统一期（航空产业园片区）工程增加投资、珠海市航空产业园白龙河尾围填造地工程银行贷款方案、珠海市航空产业园白龙河尾项目部分土地注入航空城集团、珠海机场总体规划编制费用、三灶社区卫生服务中心（三灶医院）门诊住院楼装修改造工程费用、联邦制药公司供电专线建设、追加第二轮扶贫开发预算资金、在原三灶伟民小学修建区文化馆（图书馆）、珠海市房地产登记中心金湾分中心办公用房装修及搬迁等费用相关事宜。通过《航空新城核心区基础设施2013—2016年建设计划》《金湾区关于进一步培育发展和规划管理社会组织的方案》《金湾区农村集体资产管理交易平台建设工作方案》。

第七次区政府常务会议　7月5日召开，会议研究航空产业园管委会承接市级行政审批权限、启动白龙河尾滨水区城市概念设计招标、航空产业园区域性建设用海规划（一期）专题报告采购文件、广东蓉胜超微线材股份有限公司和珠海市一致电工有限公司扩建项目环保审批、生物医药专区征地补偿相关事宜，通过《珠海航空产业园白龙河尾开发建设实施方案》。

第八次区政府常务会议　7月9日、7月19日召开，会议研究三灶镇定家湾工业片区、滨河路以东约28473.3平方米工业用地出让，设立“金湾区青年农民创业风险基金”，三灶、红旗社区卫生服务中心，启动金湾区地方年鉴编纂及地方志资料年报工作，珠海迈科电子有限公司申请增资扩产扶持，联港工业区财税分配，完善村（居）集体经济扶持政策及兑现2009—2012年度扶持资金相关事宜。研究通过《珠海市金湾区航空新城开发战略合作框架协议》《金湾区2013年上半年国民经济和社会发展计划执行情况报告》《金湾区关于进一步加强企业服务的若干意见》《金湾区设立金海岸街道办事处工作实施方案》《金湾区2013年主要污染物排放总量减排工作实施方案》《珠海市金湾区帮扶困难优抚对象实施意见》。

第九次区政府常务会议　8月2日、8月7日召开，会议研究落实外地建筑企业在金湾区注册独立核算法人机构，2012年度区本级预算执行和其他财政收支情况审计工作报告，“金湾区海上救助协会”办公场所临时用地调配，安排地质灾害隐患点治理专项资金，银通新能源公司科技扶持资金，补办珠海市保安服务总公司金湾分公司房地产权手续，追加农贸市场升级改造专项经费，解决计生、卫生部门下属机构办公场所改建经费，西湖公园项目清场工作相关事宜，通过《珠海市金湾区2013年建筑节能暨绿色低碳建筑目标责任实施方案》《金湾区2012年度财政总决算报告》《金湾区2013年上半年财政预算执行情况报告》《关于理顺金湾区招商引资工作机制的方案》。

第十次区政府常务会议　8月20日召开，会议研究区相关单位申请增加合同制职员、向浦发银行融资、红旗污水收集主干管工程部分项目设计变更、启动金湾区“技防村居”平安建设项目、广东京信电力集团有限公司落户优惠政策、增加大门口水道及其附近海域水环境容量专题研究丰水期水环境质量补充调查经费、区环境监测站标准化建设经费相关事宜，通过《航空新城核心区土地一级开发合作协议》《珠海市金湾区建设国家生态区迎接技术评估工作方案（草拟稿）》《金湾区合同制职员管理办法（修订稿）》。

第十一次区政府常务会议　9月13日召开，会议研究天津广联航空设备有限公司项目投资协议、三灶镇“三旧”改造与“三清”工作、建立金湾区肉类流通追溯体系、关于金海岸大道东段道路改造项目混凝土路面二次病害处理、金海岸大道东段道路改造项目、虹阳路口旧雨水渠改造范围增加工程结算、金湾航空新城核心区部分市政道路设计合同移交、航空新城金湾人民法院审判综合楼项目用地填土、设立金海岸街道办事处、设立三灶镇西湖社区（暂名）居民委员会相关事宜，通过《金湾区促进产业转型升级发展暂行办法》《金湾区关于发展家庭服务业的实施意见》《金湾区2013年高标准基本农田建设实施方案》《珠海市生物医药产业园发展规划》《金湾区人口与计划生育目标管理责任制考评办法》《2013年金湾区本级财政预算调整的报告》。

第十二次区政府常务会议　2013年11月6日召开，会议研究金湾一中和三灶第二幼儿园建设项目收地工作经费、金湾区农村已离岗接生员和赤脚医生生活困难补助经费、金湾区人民防空基本指挥所（101工程）招标方式相关事宜，通过《金湾区招商引资工作激励暂行办法》《珠海市金湾区产业发展和招商专家顾问管理办法》《金湾区关于进一步培育发展和规范管理社会组织的方案工作分解方案》《金湾区妇女发展规划（2011—2020年）》《金湾区儿童发展规划（2011—2020年）》《金湾区创建平安校园实施方案》《关于进一步加快珠海康德莱国际医疗产业园发展扶持办法》《金湾区现役军人优待及退役士兵安置工作意见》。

第十三次区政府常务会议　2013年12月6日召开，会议研究红旗华侨农场改革发展工作和调整领导小组成员、撤销金湾区工业项目土地使用权抵押条件限制、2012年度金湾区政府投资工程项目投资管理情况审计工作报告相关事宜。

第十四次区政府常务会议　2013年12月27日召开，会议研究聘请金湾区禁毒社工、红灯公租房增加工程投资、申请配套企业上市奖励资金、广发村卫生服务中心危房进行拆除处理、三灶污水收集系统一期管网工程部分项目设计变更相关事宜，通过《金湾区人民政府贯彻实施法治政府建设指标体系工作方案》和《珠海市金湾区人民政府依法行政考评工作方案》《金湾区2013年国民经济和社会发展计划执行情况与2014年计划（草案）报告》《2014年区政府投资计划》。

【金湾区土地建设工作联席会议】 2013年，金湾区人民政府召开土地建设工作联席会议8次，主要讨论研究事项有研究遵义医学院二期用地征地补偿有关问题；三一重工华南运营中心（总部）项目，珠海达田汽车集团总部项目用地申请；珠海高新区丰业发展有限公司免除土地地价差和滞纳金请求；龙兴公司相关用地手续办理；合作开发海富花园项目；三灶镇鱼林卫国村农民自建房报建手续办理；三灶镇鱼弄二队补征土地要求；杰力高科技开发有限公司用地手续办理；珠海市泰锋电器有限公司和大江国际贸易有限公司厂房更新改造；三灶镇上元酒店顺延开工、竣工期限问题；中国铁建股份有限公司开发西部城区项目公司落户金湾区的优惠政策方案；珠海市亘富生物科技有限公司金海岸生物科技园用地规划报建；红旗镇垃圾中转站项目用地选址；华天隆发展有限公司海洋科技工业园电机设备加工项目用地；三灶镇金岛路2号工业用地厂房更新改造；珠海保丽船舶工程有限公司工业用地转让核准；何梅莲等人西湖城区私人用地报建；三灶城市建设开发有限公司要求完善用地手续；清理肖邦公司及附近地区近20万平方米历史闲置用地；区人民防空通信指挥保障中心建设用地；珠海市德昌顺物流投资有限公司相关用地核准转让；珠海新精电子科技有限公司和珠海清华超骏光电科技有限公司厂房更新改造；三灶镇榕苑新村七、八栋房地产权登记；珠国土金工2011-004号地块挂牌出让；达田汽车项目用地；汪氏蜂业集团兴建“欧尚超级商业中心”问题；三灶、红旗镇中心幼儿园建设项目用地选址；珠海金围游艇俱乐部有限公司关于加快推进木乃南游艇产业园一期围填海工程；金湾区2012年度土地矿产卫片执法检查整治；金湾区经营性用地出让计划；《金湾区落实外地建筑企业注册独立核算法人机构工作联席会议方案》和《金湾区关于落实政府投资工程非独立核算外地建筑企业注册登记独立核算法人机构的工作方案（讨论稿）》；关于吴权拟建西湖商城项目问题；《珠海市联港工业区转型升级规划》；金湾区珠海大道北侧、双林片1.5万平方米工业用地办理未利用地转建设用地及挂牌出让；深圳市众冠公司请求完善土地产权手续加快项目开发建设审批；三灶镇海澄村拆迁户宅基地基底面积报建；珠海艺术职业学院二期用地；邱新基、林国珍、许活、李若青申请用地过户；金湾区金海岸文化艺术中心建设；华联达公司申请退回因土地置换所产生的新增建设用地土地有偿使用费；金地格林春晓项目开发建设；珠海市西部龙升发展总公司用地、金海岸美都新村三组团6248.54平方米用地处置；东鑫花园地价款追收；郭妹、刘晓刚名下用地性质；三灶湾临时码头设置方案；吴权拟建项目整合容积率；公开挂牌出让红旗镇工业园区5宗工业用地；珠海市中级人民法院拟拍卖北京中华汽车工业公司珠海公司40033.07平方米用地；办理三灶消防中队营房用地手续；明星头盔公司用地供地；办理海澄村上表商业街改造项目用地《建设用地批准书》；无偿划拨草堂经济合作社生活自留用地手续；华发集团承建航空新城核心区建设项目投资管理问题；金湾一中设计单位招标事项；航空产业园定家湾片区二次吹填手续及生物医药专区三门山平基手续办理；珠海市创新投资海岸投资有限公司申请办理调整45000.8平方米工业用地问题；珠海天硕投资顾问有限公司进行厂房及综合楼更新改造；建设三灶镇金海岸大道南侧5.1万平方米商住地块市政配套道路；杰力公司用地相关问题；协助法院执行海南林海公司用地过户至西部水产发展有限公司名下；调整航空新城G1C1地块填土工程（金湾法院审判综合楼用地）造价问题；航空新城核心区建设用地整合处理方案；协助加快航空城集团以白龙河尾土地向浦发银行融资工作；三灶管理区海外华人新村二期用地配套；办理未利用地转用及置换用地手续；明确珠海高新区丰业发展有限公司地价差和违约金处理；落实珠海天宏科技实业有限公司项目用地；郭妹名下用地；西湖公园项目建设土源安排等问题。

【区政府工作会议】2013年，金湾区人民政府召开区政府工作会议64次，主要讨论研究问题有经济形势分析；招商引资工作；航空新城核心区建设相关工作；加快推进生物医药专区、定家湾填土工程工作；航空产业园开发建设工作；航空产业园用海申报及重大项目推进工作；珠海润都制药股份有限公司临时用地问题；金湾区企业服务工作；丽珠医药集团股份有限公司搬迁工作；汤臣倍健股份有限公司相关工作；迈克瑞（珠海）复合材料有限公司落户用地、项目建设手续问题；推进珠海市重点工作（项目）工作；汤臣倍健股份有限公司增资扩产项目动工；研究木乃南项目相关问题；区重点项目建设工作；西湖公园景观提升工程清场工作；西湖公园项目用地清理工作；金湖大道东路建设相关工作；关于加快推进机场东路供水管线等工程建设问题；金湖大道东路污水管建设协调工作；金湾区信访维稳工作；金湾区高考考场保障有关工作；金湾一中和三灶、红旗镇第二中心幼儿园三个项目用地相关问题；教育工作有关事项；金湾一中工程项目推进、校安工程规划等工作；全区消防与安全生产工作；全区三防工作；秋冬季森林防火工作；全区“三清”工作；全区“两违”整治工作；幸福村居建设工作；海澄村上表商业街改造项目相关事宜；金湾区生猪产销协管队运作经费问题；金湾公安分局综合业务楼建设项目用地有关问题；全区“十二五”涉水治污工作；区非法渔业设施清理整治工作；红旗镇红灯片区公租房项目相关问题；电网建设工作；2013年度土地变更调查等工作。

重要施政

【促进经济持续健康发展】2013年4月，金湾区人民政府办公室印发《金湾区实现2013年GDP预期目标工作方案》，要求各相关责任部门、各镇各尽其责，确保完成全区GDP预期目标。8月，金湾区人民政府办公室印发《金湾区重大投资项目引荐人奖励办法》，调动社会各界招商引资积极性，吸引更多的客商到金湾区投资，促进金湾区经济持续、健康发展。8月，金湾区人民政府办公室印发《金湾区关于进一步加强企业服务的若干意见》，要求促进“三高一特”产业发展，提高企业服务水平，有效破解制约项目落户和企业发展难题，营造良好的亲商、安商、富商氛围。10月，金湾区人民政府办公室印发《金湾区促进“三高一特”产业发展暂行办法》。

【保障和改善民生】2013年3月，金湾区人民政府办公室印发《珠海市金湾区创建广东省社区教育实验区实施方案》，要求推进学习型社会建设，推进金湾区创建广东省社区教育实验区工作，构建终身教育体系，加快推进教育现代化。6月，金湾区人民政府办公室印发《金湾区公共租赁住房需求调查工作方案》，掌握金湾区公共租赁住房需求情况，为建立公共租赁住房分配轮候机制提供基础数据，建立“保基本、多层次、宽覆盖、能循环、可持续”的住房保障体系，实现“住有所居”的住房保障目标。2013年5月1日—7月30日，在全区范围内开展公共租赁住房需求状况调查工作。7月，金湾区人民政府办公室印发《珠海市金湾区中小学校岗位设置管理实施意见》，要求切实做好金湾区中小学校岗位设置工作。7月，金湾区人民政府办公室印发《金湾区设立金海岸街道办事处工作实施方案》，要求稳妥、有序地完成设立金海岸街道办事处任务，推动金湾区城市化进程。8月，金湾区人民政府办公室印发《金湾区帮扶困难优抚对象实施意见》，帮助解决具有金湾区户籍、领取定恤定补经费的烈士家属、因公牺牲军人家属、病故军人家属、革命伤残军人、在乡复员军人、带病回乡退伍军人、“五老”（老干部、老战士、老教师、老专家、老模范）人员、参战涉核退役人员在就业、就医、住房、子女入学等方面遇到的困难。11月，金湾区人民政府办公室印发《珠海市金湾区创建平安校园实施方案》，要求深入开展“平安校园”创建活动，切实维护学校正常教学秩序，保障师生生命财产安全，营造安全、稳定、文明、健康的育人环境。12月，金湾区人民政府办公室印发《金湾区现役军人优待及退役士兵安置工作意见》《金湾区帮扶困难优抚对象实施意见》《金湾区儿童发展规划（2011—2020年）》《金湾区妇女发展规划（2011—2020年）》，要求做好现役军人优待及退役士兵安置、帮扶困难优抚对象工作，加强妇女、儿童事业发展职能，促进金湾区妇女儿童事业与经济社会协调发展。

【农村农业建设】2013年2月，金湾区人民政府办公室印发《珠海市金湾区2012年高标准基本农田建设实施方案》，要求落实好上级下达给金湾区2012年度2600亩高标准基本农田建设任务计划。4月，金湾区人民政府办公室印发《珠海市金湾区创建幸福村居专项资金使用监督管理办法》，要求改善农村人居环境、生产环境和生态环境，提高文明水平、保障水平和管理水平，规范资金使用程序，打造珠海特色村居。6月，金湾区人民政府办公室印发《金湾区农村集体资产管理交易平台建设工作方案》，规范农村集体资产管理交易行为，减少资产交易行为不规范引发的矛盾，促进农村社会和谐稳定。9月，金湾区人民政府办公室印发《珠海市金湾区2013年高标准基本农田建设实施方案》，要求统筹安排高标准基本农田建设活动，明确建设任务、实施建设区域、具体建设项目方案、资金落实方案和各项保障措施，以实施高标准基本农田建设项目为主体，有效集聚其它涉农建设项目同步实施，为高标准基本农田项目建设、上图入库、监督检查和考核评估等工作提供依据。

【城市管理社会建设】2013年6月，金湾区人民政府办公室印发《金湾区2012年度土地矿产卫片执法检查工作实施方案》，要求进一步规范土地、矿产资源管理秩序，促进金湾区依法依规管地用地、管矿用矿。7月，金湾区人民政府办公室印发《西湖公园用地清理回收总体工作方案》，要求加快推进西湖城区建设，妥善处理青湾养殖户的诉求，确保金湾区和谐稳定。11月，金湾区人民政府办公室印发《金湾区肉类流通追溯体系建设工作实施方案》，要求深入推进金湾区“两建”（建设社会信用体系、建设市场监管体系）工作，加强食品安全监管体系建设。

【生态建设】2013年1月，金湾区人民政府办公室印发《金湾区2012—2015年创建国家卫生镇及省卫生镇村工作实施方案》，要求推进金湾区创卫工作开展，确保完成创建国家卫生镇及省卫生镇村目标任务。金湾区人民政府办公室印发《金湾区垃圾压缩中转房建设方案》，要求做好垃圾压缩中转房建设和垃圾管理两项重要工作。印发《金湾区创建广东省生态区整改落实方案》，要求动员金湾本部、高栏港区有关力量，完成金湾区生态区建设的各项工作任务。3月，金湾区人民政府印发《金湾区及珠海经济技术开发区省级生态区整改工作落实分工方案》，要求全面落实生态区考核验收整改任务，确保达到省级生态区创建要求并做好国家级生态区创建工作前期准备。8月，金湾区人民政府办公室印发《金湾区2013年主要污染物排放总量减排工作实施方案》，要求抓好淘汰落后产能、重点污染源治理和运行监管，落实责任，完善机制，严格考核，推进污染减排工作深入开展，确保年度减排目标任务全面完成。9月，金湾区人民政府办公室印发《金湾区非法渔业设施清理整治工作总体实施方案》，要求贯彻落实珠海市委、市政府对全市非法渔业设施整治工作的部署，开展“美丽海湾”行动，营造清洁岸线的滨海旅游城市风光风貌，推动金湾区宜居环境建设，促进航空产业园发展。9月，金湾区人民政府办公室印发《金湾区海域非法渔业设施自动清理腾退奖励方案》，明确自动清理腾退奖励标准、自动腾退奖励资金筹集、自动腾退奖励金计算方法和发放等内容。

【安全生产】2013年1月，金湾区人民政府办公室印发《金湾区“除火患·保平安”冬春专项行动方案》，要求切实加强冬春消防工作。2012年12月31日至2013年3月，在全区开展“除火患·保平安”冬春专项行动。3月，金湾区人民政府办公室印发《金湾区“三小”场所大排查、大整治行动工作方案》，要求结合“除火患、保平安”冬春专项行动，自3月10日—6月30日在全区开展“三小”（小档口、小作坊、小娱乐场所）场所大排查、大整治行动。4月，金湾区人民政府办公室印发《金湾区2013年地质灾害防治工作方案》，要求加强地质灾害防治工作，提高救灾应急工作水平和反应能力、确保人民生命财产安全和社会稳定。6月，金湾区人民政府办公室印发《金湾区安全生产检查督查工作方案》，于2013年6月—9月，在全区集中开展安全生产检查督查，促进生产经营单位安全生产主体责任和各级政府、部门监管责任的落实，建立健全隐患排查治理和危险源监控制度，全面消除事故隐患。

【建设为民务实政府】2013年3月，金湾区人民政府办公室印发《金湾区2012年度人力资源和社会保障工作先进单位和先进个人推荐评选工作方案》，进一步总结经验、表彰先进，推动金湾区人力资源和社会保障工作。7月，金湾区人民政府办公室印发《〈金湾年鉴〉（2013版，创刊号）编纂工作方案》，决定从2013年7月开始，组织编纂第一部《金湾年鉴》（2013版，创刊号），为社会各界和各地了解金湾提供全面、准确、系统、翔实的信息资料，为文化强区服务，为金湾的经济社会发展服务。印发《金湾区地方志资料年报制度实施方案》，要求全面搜集本行政区域有史以来自然、政治、经济、文化、社会等方面的资料，并按相关规定对资料进行整理、撰写和汇编，按时报送地方志工作机构，为编修第一部《金湾区志》做好资料准备。12月，金湾区人民政府印发《金湾区人民政府贯彻实施法治政府建设指标体系工作方案》《金湾区人民政府依法行政考评工作方案》，要求推进依法行政，切实加快法治政府建设，增创特区改革发展新优势，推动社会发展。（谭紫戈）

2013年7月26日，珠海市政务服务管理局局长吴永义一行到金湾区行政服务中心调研行政服务相关工作，金湾区委常委拜燕（左一）陪同（吴宜纭 摄）

行政服务

【概况】2013年，金湾区行政服务中心大厅完成升级改造，办公面积由280平方米扩大至925平方米。行政服务大厅设对外服务窗口29个，进驻各类行政审批和服务事项110项。全年受理各类行政审批和服务事项59907件，办结率100%；现场咨询服务27974宗。金湾区政府投诉中心收到各类投诉（含咨询和建议）926件，办结率100%。金湾区网上办事大厅进驻区直单位16个、驻区单位5个、镇2个、村居20个，进驻行政审批事项219项、社会服务事项153项，全年受理各类行政审批和服务事项329件。

【窗口建设与管理】2013年，金湾区行政服务中心有服务窗口29个，进驻单位23个，包括金湾工商分局、金湾规划分局、金湾国土分局、金湾供水公司、金湾供电局、金湾区人力资源和社会保障局、金湾区发展改革和统计局、金湾区科技工贸和信息化局、金湾区住房和城乡建设管理局、金湾区环境保护局、金湾区安全生产监督管理局、金湾区人民防空办公室等。金湾区行政服务中心执行《窗口管理办法》及中心8项管理制度，实现规范化管理。对服务对象增强协调服务，设置自助服务区，方便事务办理。落实首问责任制，及时解答服务对象询问，引导服务对象到相应办事窗口。抓投诉处理工作，及时调处窗口与服务对象纠纷，维护正常办公秩序。

【网厅建设与管理】2013年，金湾区有16个区直单位、5个驻区单位、2个镇、20个村居进驻区网上办事大厅，进驻率80%以上。进驻行政审批事项219项、社会服务事项153项，100%达到在线办理。全年有329宗事项通过网上办理。全区开辟镇街专栏、村居专栏和农村三资平台，按照“信息共享、提高效能、方便办事”原则对系统进行改造升级，服务向基层延伸，健全办事体系，提高业务办理效能，建设区、镇、村（社区）三级网上政务服务体系。

【行政服务大厅升级改造】2013年，金湾区行政服务大厅完成升级改造，办公面积由280平方米扩大至925平方米，增添便民设施为群众提供服务。大厅内增设网络服务区、自助服务区，增配叫号机，并设立咨询引导台。驻厅单位大幅度增加，办事事项范围扩大，服务功能增强，为群众提供一站式、一条龙服务。升级后大厅进驻单位由11个增加到23个，服务窗口由18个增加至29个，业务审批权授权前移至大厅窗口，审批服务事项由34项增加至110项。

【网上办事大厅直通村居】2013年12月10日，金湾区网上办事大厅延伸至村居启动仪式在三灶镇海澄村举行，区委书记、区人大常委会主任吴轼及区领导侯军玺、陈静、吴文莱、拜燕出席启动仪式。金湾区行政服务中心以网上办事大厅建设为抓手，加强政务服务体系建设，在全省率先将网上办事大厅延伸至村居，新增12项针对区20个村居的社会服务事项进驻网上办事大厅，372项行政审批和社会服务事项可在网上办事大厅办理，简化各项审批流程，方便企业和群众。（柳荣蓉）

突发事件应急管理

【概况】2013年，珠海市金湾区应急管理办公室开展应急救援体系建设，健全应急组织体系，锤炼救援能力，提升应急救援保障水平；巩固基层应急管理示范建设，探索基层应急管理建设方式；加强应急宣传教育，抓好信息报送工作，印发《关于切实加强和改进突发事件信息报送工作的通知》《关于做好〈每日金湾动态〉信息报送及编辑工作的通知》等文件，建立统一的发布信息口径机制。全区有各类应急预案13个，救援队伍6支，合计197人；全年承办转发各类有关突发公共事件电话253件，信函传真68件；协调处理各类突发事件45起；报送突发公共事件信息166期；排查各类风险隐患176项，整改173项，整改率98%；组织开展应急演练80多场次；开展普及应急知识技能宣传5场；完成《金湾区人民政府2013年应急管理工作承诺书》的工作任务。存在问题和不足：应急管理硬件设施不够完善。个别单位对突发事件信息报送不及时。应急知识宣传社会化普及不足，公众对危机意识和参加应急知识学习热情不高。

【应急值守】2013年，金湾区应急管理办公室按照《金湾区人民政府2013年应急管理工作承诺书》，在应急值守工作中，按“纵向到底、横向到边”要求，对区值班工作实行标准化和规范化管理。定期举办值班员应急值守业务培训班，提升值班员（信息员）应急值守业务素质。利用金湾区应急管理工作网页、金湾区官方微博等及时转发相关预警信息。全年接听电话8000余次，编辑《金湾应急动态》12期，改编《每日金湾动态》166期。

【应急管理风险隐患排查整治】2013年，金湾区应急管理办公室在全区范围内开展突发事件风险隐患排查和整改工作，在多个行业领域配合相关单位和部门进行风险隐患排查和整改。在安全生产方面，要求职能部门将安全生产事故隐患排

2013年11月15日，金湾区综合应急救援大队获珠海市第三届军警民综合应急救援队伍技能竞赛团体第一名（金湾区应急办提供）

查和整改工作与“一体系三平台”（指通过建立企业基础信息平台、安全隐患排查治理平台和安全生产责任制量化绩效考核平台，运用网络化动态监管手段，掌握全市安全生产态势，落实企业主体责任，发挥安全生产综合监管、属地管理和行业监管作用，体现社会管理精细化的安全监管新模式）系统紧密结合，重点查处“黑名单”企业，检查“无隐患”企业。在建筑工程方面，要求职能部门对排查出有隐患的企业勒令停工整顿。在“三防”排洪、防涝方面，要求职能部门重点排查辖区内的山塘水库、堤围、低洼地区以及各镇排水排洪设施，发现隐患及时整改。全年全区突发事件风险隐患排查176项，整改173项，整改率超98%。

【应急管理示范区建设】2013年，金湾区应急管理办公室加强应急管理示范区试点单位建设，多次组织到三灶镇鱼月村、三灶镇海华小学、红旗镇三板小学、珠海非凡创意制品有限公司4个试点单位进行督查指导，查找各试点单位在应急物资准备、装备购置和宣传演练等工作中存在的困难和不足，研究制订解决方法，并为每个试点单位划拨4万元基层应急管理示范区建设专项经费。

【应急演练】2013年，金湾区应急管理办公室组织举办大型综合应急救援演练2场，全区各专兼职救援队伍组织开展地震逃生、消防疏散等应急演练80多场次。6月18日，组织在珠海艺术学院开展地质灾害应急演练。7月3日，组织在中航油珠海分公司油库区开展危险化学品事故应急演练。

【应急事件处置】2013年，金湾区应急管理办公室协调相关职能部门处理突发事件3起。3月27日，在三灶镇近海一架通用小型飞机测试故障导致3名飞行员遇险坠海，金湾区应急管理办公室协调相关单位及三灶渔民海上救助队前往救援，成功将3名遇险人员救起。4月15日，在时代山湖海小区对出海域发生的小型观光艇测试翻沉造成3人死亡事件中，金湾区应急管理办公室协调相关部门和单位处置相关善后工作，避免事件影响扩大化。6月14日，三灶镇琴石工业区路段发生一起货车与危险化学品运输车相撞，造成危险化学品运输车部分烧碱洒落致货车上4人受轻伤事故，金湾区应急管理办公室协调相关部门和单位有效控制事故现场，安排受伤人员到医院就诊，处理洒落的危险化学品，采取有效措施避免次生环境灾害发生。

【应急宣传教育】2013年，金湾区应急管理办公室编制印发应急知识宣传挂图48套1046幅、各类宣传资料2万多册、宣传标语32条，派发到各村（居）、学校和应急管理示范区试点单位。7月21日，邀请珠海市红十字会培训中心到金湾区开展水上救生和应急救护知识培训，向金湾区渔民、水上作业人员传授水上自救互救方法。7月，在三灶伟民广场举办广东省第三届“百人百场”应急知识宣讲活动，广东省宣讲团给三灶镇居民讲解示范应急知识技巧，三灶伟民广场应急知识宣讲点被评为广东省第三届“百人百场”应急知识宣讲活动先进宣讲点。

【区综合应急救援大队获珠海市第三届军警民综合应急救援队伍技能竞赛团体第一名】2013年11月15日，珠海市第三届军警民综合应急救援队伍技能竞赛举行，珠海市各区（经济功能区）和珠海警备区、南海飞行救援队等单位派队伍参赛。金湾区综合应急救援大队代表金湾区参赛，在干粉灭火器使用、风机灭火器使用、消防管道连接等竞赛中获得较好成绩，最终以总分第一获得团体第一名。金湾区综合应急救援大队成立于2012年12月12日，大队47人，其主要任务是协同区相关职能部门应对处置金湾公共突发事件，平时以消防灭火、抢险救灾等训练科目为主。

【三灶渔民海上救助队】2013年，建立海上应急联动机制被列入《金湾区人民政府2013年应急管理工作承诺书》。金湾区应急管理办公室加大对三灶渔民海上救助队筹建社团组织的扶持力度，牵头会同有关部门和单位在三灶渔民海上救助队申请注册社团组织操作流程上，提供政策及相关法律指导。三灶渔民海上救助队于2007年由三灶镇中心村5名渔民自发组建而成。2013年，三灶渔民海上救助队发展成为有近30人的队伍。救助队在台风季节加强海巡，协助政府通知渔民提前做好避风工作，并在维护金湾区海上稳定方面发挥着重要协调作用。3月27日，三灶渔民海上救助队成功救起3名因小型通用飞机测试故障坠海而遇险飞行员。（胡　松）

扶贫开发

【概况】2013年，金湾区扶贫工作分为对内帮扶和对外帮扶两部分。对内帮扶重点是帮扶红旗镇沙脊村和广发村2个行政村，全年对内帮扶资金投入100万元。对外帮扶对象是广东省阳春市春城街道扶民村、牛肚朗村2个行政村，其中扶民村是金湾区单独帮扶对象，牛肚朗村是金湾区与珠海市机关事务管理局共同帮扶对象。金湾区按照广东省、珠海市新一轮扶贫开发“双到”（规划到户责任到人）的工作部署和珠海市、阳江市两地合作共建对接工作会议要求，每季度定期组织扶贫“双到”成员单位赴帮扶点指导扶贫对接工作。

【区内扶贫工作】2013年，金湾区对内帮扶单位主要是红旗镇沙脊村和广发村2个行政村。全年金湾区下拨沙脊村扶贫配套资金50万元，幸福村居建设专项资金120万元。完成2公里长的水产运输路硬底化建设、农用物资仓库填土、55间危房改造工程、环境卫生整治项目、3层700平方米农用物资仓库和小广场及舞台建设6个扶贫工程项目。下拨广发村扶贫专项资金50万元，幸福村居建设专项资金220万元，完成便桥搭建、桥头电线修架、水管迁移和修建7公里水产运输路4个扶贫工程项目。投资47万多元修建占地220平方米商业铺位5间，建成后出租，每年为村集体增加收入2万多元；投资76万元新建党员活动室。金湾区海洋和农渔局帮扶广发村完成永昌队240米水产运输路建设项目；金湾区民政局帮扶建设文化广场。通过帮扶，两村集体经济纯收入均比上年增长30%以上，广发村和沙脊村村集体经济纯收入分别为24.2万元、22.4万元，分别比上年增长31%、32%；有劳动力的贫困户实现稳定增收脱贫目标，广发村、沙脊村年人均纯收入分别为10545元、10818元，分别比上年增长11.1%、16%。

【区内扶贫督查】2013年12月25日，金湾区海洋和农渔局、金湾区扶贫工作领导小组办公室负责人赴金湾区第二轮扶贫开发“双到”帮扶村红旗沙脊村、广发村检查扶贫开发“双到”工作。督查组一行对照广东省扶贫“双到”考核办法，现场逐项检查各村扶贫开发“双到”迎检档案，发现问题现场指正，限时整改，要求各村全力以赴做好迎接珠海市扶贫“双到”考核工作。督查组一行向10户贫困户发放慰问品，并走访特困户4户。

【阳春市春城街道扶民村扶贫】2013年，金湾区对扶民村投入扶贫建设资金68.28万元，完成扶民村小学整修工程；完成大水村（自然村）饮用水改造工程，解决大水村16户95人安全饮用自来水问题；重建加固灾后大水村农田引水河道50米，解决大水村20亩农田灌水问题；完善基层组织硬软件建设，对村委会办公楼进行装修，购置更换办公设备，投入村基层组织建设3万元，保证村“两委”换届选举工作顺利进行。开展贫困户帮扶工作，完成16户贫困户泥砖房改造；投入扶贫助学金1.55万元，扶贫助学17人次；慰问救济贫困户115户，救济重病贫困户4户，帮扶冬种30户。组织农技和非农技能培训，提高农民种养技能。成立两个农民经济合作社：一个是种植药材合作社，租赁17亩土地种植药材，另一个是种植莲藕合作社，规划用地20亩。两个农民经济合作社带动贫困户115户，村集体经济年收入3万元，年人均纯收入可增加2000元。

【阳春市春城街道牛肚朗村扶贫建设】2013年，金湾区对牛肚朗村投入扶贫资金112万元。主要帮扶完成9户泥砖房危房改造工作；完成村委会党员学习室、计划生育室等场所及小学操场的改造工作，建立绿化树、生猪养殖、火龙果种植合作社。建立帮扶专项资金账户，为帮扶对象提供资金帮助。

【对外扶贫帮扶工作检查指导】2013年，金湾区加强对外扶贫帮扶工作的检查指导，在检查中发现存在问题并及时帮扶解决。7月5日，金湾区委副书记、区长欧阳德红及金湾区扶贫“双到”领导小组成员单位负责人一行到阳春市对口帮扶的扶民村和牛肚朗村进行对口帮扶工作。欧阳德红听取了金湾区扶贫工作领导小组办公室和阳春市扶贫工作领导小组办公室的汇报，要求各相关部门、单位根据帮扶任务，及时与贫困村沟通衔接，实地调研逐村逐户摸清情况。按照“一村一策、一户一法”要求，明确扶贫项目、措施，落实资金来源。工作组给扶贫点送去扶贫项目资金150万元。8月12日，珠海市委常委、政法委书记焦兰生一行赴对外扶贫挂靠点阳春市春城街道3个贫困村检查指导扶贫开发“双到”工作，给扶贫点送去1万元慰问金。（谢元富）

机关事务

【概况】2013年，珠海市金湾区机关事务管理局以提供机关优质服务保障为中心，“对内强管理、对外强服务”，降低机关运行成本，履行机关事务管理、服务、保障功能。全年共承接会议700余次，完成政府采购48项，维修1500余次；机关车队出车2500台次，安全行驶34万公里。完成各项公务接待工作，厉行节俭，提升机关饭堂服务。加强金湾区行政办公中心安全保卫工作，实行门卫进门登记管理，细化登记项目，任用退伍军人充实安保队伍，实行半军事化管理，确保机关大院安全。

【固定资产管理】2013年，金湾区机关事务管理局根据《中央行政事业单位固定资产管理办法》要求，加强对固定资产的管理。7月，对管理的固定资产进行全面清理，清晰掌握固定资产的存量、分布、结构及使用情况，核对固定资产明细表，做到对每一件固定资产的处理都有章可循、有据可查，确保各项资产的安全与完整，提高固定资产使用效率。规范资产配置、使用、处置等行为，明确相关责任人，要求按季度开展盘点工作，实现固定资产管理规范化、科学化。

【业务培训】2013年，金湾区机关事务管理局安排机关饭堂工作人员先后前往珠海市警备区、广东科学技术职业学院等单位饭堂学习管理模式，开展业务技术交流。邀请交警为车队全体驾驶员进行安全教育培训。为加强车队提高对外出线路的熟悉度，按广东省内东西南北线分组对车队培训，沿途收集时间、路程、测速黑点等信息并进行汇总，总结公布。安保组开展安全知识培训和消防设施的使用培训，提高安全防范意识和责任意识。

【机关大院安全保卫】2013年，金湾区机关事务管理局指导保安公司按要求完成对保卫人员的配备、培训和管理。要求任用退伍军人充实安保队伍，定期组织实施军事训练。加强车辆、外来人员出入管理，完善车辆出入证管理制度，对外来人员严格实行登记制度，增强政治敏感，对有案底、前科，对金湾区行政办公中心正常办公秩序存在威胁的人员重点关注，加强警戒。根据值班室的统计及过机记录统计，全年金湾区行政办公中心平均每月来访2340人次，行政服务大厅每月接待办事人员1050人次。深入开展安全隐患排查和整改。开展消防安全大检查，完善消防安全监控设施设备。12月，对全区消防灭火器进行更换。

【维修流程规范】2013年，金湾区机关事务管理局完善规范维修流程，制订维修时间安排表、维修工程进度表及维修满意度调查表，以便更加快捷高效完成维修任务。做到每日巡查，定期排查，提前计划，确保维修工作不影响正常办公秩序。全年完成维修任务1500余次，及时预防和排除各类安全隐患。

【公车管理】2013年，金湾区机关事务管理局按照金湾区车改领导小组办公室制定的公务用车目录安排出车，杜绝公车私用。规范车辆管理，制订《金湾区机关车队工作制度》《公务车辆使用申请流程图》。针对车队实际运行进行工作台帐的细化和完善，建立日常管理机制，严格执行公务车辆管理使用情况管理制度。全年车队出车1500台次，安全行驶11万公里。

【政府采购工作流程规范】2013年，金湾区机关事务管理局落实《区政府采购实施细则》，规范采购程序，修订完善政府采购操作规程，确保招标程序规范有序。全年实施政府采购48次：集中采购21次，其中公开招标1次，单一来源采购1次，竞争性谈判采购1次，询价采购11次，协议采购7次；分散采购27次。政府采购完成采购金额368.7万元，节约资金9.51万元，资金节约率为2.5%。

【公务接待】2013年，金湾区出台《进一步规范金湾区公务接待工作的意见》，严格执行落实中央八项规定。履行接待工作职责，立足实际，对接待工作人员加强业务培训，坚持热情周到，优质服务，方便务实，勤俭节约。

【机关饭堂管理】2013年，金湾区机关事务管理局提供优质餐饮服务。严格执行饭堂食品安全制度，定期对食品、用电、用气进行检查整改。为解决场地有限、用餐人数增多的情况，9月，饭堂实行延长用餐时间，错峰用餐，并采取半分餐的用餐模式，保障每位用餐人员的菜色菜量均等。

【全区公共机构名录库统计】2013年10月，金湾区机关事务管理局按照珠海市委、市政府要求，开展全区公共机构名录库统计工作，全面掌握各级各类公共机构基本情况，为开展公共机构节能工作奠定基础。贯彻《公共机构节能条例》，制订年度节能目标和工作计划，按季度进行督办跟进，促使计划有效落实。全年机关人均能耗比上年下降9.8%，完成大院LED灯用电节能改造。广泛开展节能宣传活动，张贴标语和提高机关干部职工的节能责任意识，养成良好节能习惯。

【联合高校创新机关后勤事务管理】2013年，金湾区机关事务管理局联合吉林大学珠海学院行政学院开展“机关事务管理制度改革创新研究”的项目合作。学校在暑期安排8名调查员到金湾区机关事务管理局各组进行调研，收集第一手资料，全面了解金湾区机关事务管理局管理和服务上存在的问题，形成《基层机关事务管理制度改革创新研究——以珠海市金湾区为例》《珠海市金湾区机关事务管理工作制度手册》《珠海市金湾区机关事务管理局工作人员考核办法》，机关事务管理工作向制度化规范化发展。（李莉梅）

政协金湾区委员会

综　述

【概况】2013年，政协金湾区委员会以中共十八大、十八届三中全会和中共珠海市委、金湾区委有关会议精神为统领，开展党的群众路线教育实践活动，贯彻落实中共珠海市委、市人民政府对金湾区提出的打造“珠海发展高端产业的重要聚集区、展示国际化城市形象的重要窗口、西部生态新城的核心片区”“三大定位”目标任务，履行政治协商、民主监督、参政议政三大职能。“两会”期间，金湾区政协委员听取并参与政府工作报告和其他报告的协商讨论，提出意见和建议；委员通过视察、参加座谈会形式，围绕金湾区经济社会发展重大事项进行协商，全年开展各类协商活动60余次；金湾区政协领导和机关工作人员通过兼任或挂任区临时机构职务，参与监督全区相关工作；委员应邀兼任工商、国税、公安等部门监督员，参与行风政风评议、法院庭审现场旁听等，增强民主监督力度，全年组织7批380多名次委员视察金湾区重点建设项目，对社会关注、群众关心的热点、难点问题实行监督；委员除视察外，还通过专题调研、大会发言、提案等形式参政议政。政协金湾区三届三次会议以来，收到委员提案55件，其中立案39件，办结率100%，委员满意率95%，基本满意率5%。组织政协委员开展慈善助学、助残、助困、助孤和敬老等公益活动，全年募集善款87.95万元，全部用于扶贫济困项目。

2013年1月28日，金湾区委书记吴轼（站立排左六）为获得政协优秀提案委员颁奖（冯顺雄 摄）

【政协金湾区三届三次会议】2013年1月28—29日，政协金湾区委员会在珠海航展新闻中心多功能厅召开政协金湾区三届三次会议，大会应到委员138人，实到委员122人，列席人员23人。会议听取并审议金湾区政协主席谢雄辉所作的《政协珠海市金湾区第三届委员会常务委员会工作报告》、金湾区政协副主席刘凌波所作的《政协珠海市金湾区第三届委员会提案委员会关于政协三届二次会议以来提案工作情况的报告》，与会委员即席发言并列席金湾区三届人大三次会议，听取并讨论《区人民政府工作报告》，审议并通过《政协珠海市金湾区第三届委员会第三次会议决议》，金湾区政协副主席符勇主持闭幕会议，中共金湾区委书记吴轼在会上讲话。会议期间，共收到提案55件。

【政协常委会议】2013年，政协金湾区委员会召开常委会议2次。1月16日，在金湾区政协会议室召开政协金湾区三届六次常委会议。会议讨论通过增补彭铁山等7人为金湾区政协三届委员；审议通过政协金湾区三届三次会议事宜。包括《政协珠海市金湾区第三届委员会常委会工作报告》《政协珠海市金湾区第三届委员会提案委员会关于政协三届二次会议以来提案工作情况的报告》；政协金湾区三届三次会议日程；政协金湾区三届三次会议议程；政协金湾区三届三次会议秘书处主任、副主任及各组负责人名单；政协金湾区三届三次会议列席人员名单；政协金湾区三届三次会议提案收集截止时间和政协金湾区三届三次会议以来优秀提案和提案承办先进单位表彰名单；通过金湾区政协2013年工作要点。1月29日，在珠海航展新闻中心多功能厅召开政协金湾区三届七次常委会议。会议由各组召集人汇报《政协常委会工作报告》《区政府工作报告》讨论情况及建议；金湾区政协专门委员会主任贾海应汇报大会期间提案收集情况；审议通过《政协三届三次会议决议（草案）》。

【慈善公益活动】2013年，政协金湾区委员会开展关心弱势群体助学、助残、尊老爱幼慈善公益活动。5月15日，在金湾区行政办公中心3号楼三楼会议室，举行珠海经济特区金品电器有限公司向四川雅安地震灾区捐款仪式。金湾区政协委员、金品电器董事长助理林宏波代表金品电器公司捐款人民币50万元。金湾区政协主席谢雄辉、区委副书记习恩民、区人大常委会副主任林乃光、区政府副区长贺军出席捐款仪式。6月30日～7月30日，金湾区政协全体干部职工、区政协委员、特聘委员参与“广东扶贫济困日”捐款，共募集政协机关捐款1.33万元；委员、特聘委员捐款22.565万元。9月5日，金湾区政协在小林实验小学举行2013年中秋节献爱心活动。金湾区政协主席谢雄辉、金湾区副区长童嫚及区妇女联合会、区残疾人联合会、区红十字会、政协机关等负责人出席活动，金湾区政协委员贝庆联、全陈雄、李鸿恩等捐款资助爱心活动，来自全区受助的残障人士、孤儿、贫困单亲母亲等100多人参加活动，每人获得捐助慰问金1000元。

【联谊交流活动】2013年，政协金湾区委员会组织常委、委员赴周边考察交流。走访金湾区在深圳、中山、鹤山、宝安、顺德和横琴等地工作或投资的政协委员；参与金湾区在江浙华东及港澳地区的招商活动。4月25日，接待珠海市政协副主席、民建珠海市委会主委金展扬率领的民建珠海市委会调研组就加强民建后备干部队伍建设、民建参政议政工作开展调研。12月12日，接待珠海市政协副主席陈杰一行就“推进协商民主广泛多层制度化发展”专题进行调研。11月15日，接待内蒙古巴彦淖尔市临河区政协考察团等。港澳台侨委拜访金湾区港澳同乡会，共庆澳门三灶同乡会成立51周年和香港安澜轩三灶同乡会成立133周年。开展广泛界别协商和对口协商，让港澳乡亲更多了解区情。定期走访金湾区在港澳的政协委员，听取并反映委员意见建议，促进各种社会力量的交流合作。

主要工作

【协商议政】2013年，政协金湾区委员会围绕“珠海发展高端产业的重要聚集区、展示国际化城市形象的重要窗口、西部生态新城的核心片区”“三大定位”目标，谋划发挥政协重点协商、专题协商、界别对口协商、提案办理等多种职能，助推金湾“二次创业”和经济社会可持续发展。金湾区政协通过组织委员视察、现场办公、召开座谈会、发行《金湾政协》会刊等多种形式咨政建言。各专门委员会组织委员围绕产业发展、新城建设、幸福村居建设等工作视察调研，与有关部门开展对口协商，促进相关工作。两会期间，金湾区政协委员通过即席发言，听取并讨论《区政府工作报告》，审阅《区2012年国民经济和社会发展计划执行情况与2013年计划（草案）报告》《区人民法院工作报告》《区人民检察院工作报告》和《区2012年预算执行情况和2013年预算（草案）报告》，提出具有建设性的意见与建议。此外，还通过撰写调研报告、召开常委会议、主席会议和主席列席区委常委会议等方式，向中共金湾区委、区人民政府提出意见和建议。

2013年2月25日，金湾区政协主席谢雄辉（左五）带队调研横琴金融街企业（冯顺雄 摄）

【民主监督】2013年，政协金湾区委员会注重民主监督的系统性、科学性，针对环境、交通、教育、医疗等系统进行重点监督，推动相关问题妥善解决。金湾区政协常委会、主席会听取区经济社会发展计划执行情况、重点项目建设、行风政风建设、金湾人民检察院和金湾人民法院工作等情况通报，提出改进意见建议。围绕全区重点工作以及社会关注、群众关心的热点、难点问题，组织各类视察活动7次，参加委员382人次。组织委员与人大代表一起旁听法院庭审现场，提高民主监督议政水平。健全提案督办制度，实行主席会集体督办，主席、副主席重点督办，专

2013年2月28日，金湾区政协主席谢雄辉（左二）带队调研西区供水系统
（冯顺雄 摄）

委会专题督办等机制。对群众关注的经济社会及民生热点难点问题，年内无法办结或需跨年度追踪办理的提案或重大项目实行跟踪落实督办。

【委员视察】2013年，政协金湾区委员会围绕金湾区重大项目工程和政府调研课题，如幸福村居建设，航空新城基础管道设施建设、西区供水设施建设及规划、企业用工紧张及大中专毕业生就业难等问题组织委员到区内外学习考察，开拓视野，建言献策，为区、镇科学决策提供参考。2月28日，金湾区政协组织政协委员26人参观视察金湾区供水系统，并到珠海市斗门区六乡竹洲头泵站、竹银水库和西区水厂进行实地视察。了解珠海市及金湾区供水从源头泵站取水，经过沉淀、过滤、消毒处理、加压输送流程及用水情况和供水系统的发展变化，使委员更深刻的认识供水工作在金湾经济和社会发展中所起的保障作用。8月21日，金湾区政协主席谢雄辉带领区政协班子成员、部分常委和相关单位的委员一行25人，对金湾区三灶镇海澄村、红旗镇三板村的幸福村居工程规划建设情况进行专题视察。听取金湾区幸福村居办负责人和镇村领导介绍幸福村居规划建设的进展情况，并到现场实地视察。委员与规划设计代表、镇村领导和区幸福村居办负责人座谈交流，提出有建设性的意见和建议。8月28日，金湾区政协主席谢雄辉带领区政协班子成员、常委、委员和区相关职能部门负责人等一行25人，到深圳宝安区政协学习考察，带着区政协“关于企业招工难及大中专毕业生就业难”调研专题，与宝安区政协、宝安区人力资源局等单位进行交流。9月16日，金湾区政协主席谢雄辉带领区政协“幸福村居建设”调研组到红旗镇三板村珠海三板农业发展有限公司实地考察，了解公司在集中整合农民农耕地进行规模种养、综合利用，发展特色旅游休闲农庄的操作和经验，使调研组深受启发。

【提案工作】2013年，政协金湾区委员会委员围绕中共金湾区委、区人民政府中心工作和群众关心的热点、难点问题，撰写提案55件。经提案委员会审议同意立案39件，其中：经济建设类8件、交通类9件、教科文卫体类6件、农业类4件、环保类3件、行政管理类9件。作为委员建议处理16件。立案39件提案全部转送金湾区委办、区政府办交由有关承办单位办理。其中3件提案经主席会议确定为重点提案，即《关于三灶大门口公路单行线扩建提案》（三届一次跟踪落实提案）、《关于小林实验小学门口公路增设人行过道的建议》《关于帮助解决有线电视进企业的建议》，重点提案分别由金湾区政协主席、副主席督办。截至年底，39件提案已全部办复完毕，办结率100%。委员满意率95%、基本满意率5%。有9件提案被评为2013年度优秀提案、2件专题调研报告获评优秀调研报告。

【三灶大门口公路单行线扩建提案督办】2013年7月10日，政协金湾区委员会副主席刘凌波带领区政协提案委、区交通局、区发展改革和统计局等单位有关人员，在三灶镇负责同志陪同下，与提案撰写人杜观山来到位于三灶镇大门口的大企线公路段进行重点提案现场督办。大企线是连接三灶与红旗两镇的一条重要交通要道，已通车多年，是两镇群众互通的交通要道，但尚有长约600米，宽仅约3米的单行线，给车辆和行人出行带来不便。通车多年该路段发生多起交通事故，委员们曾多次提出尽快妥善解决。三灶镇十分重视该项提案，经过相关部门和委员现场视察和讨论，决定由金湾区交通部门按照有关县乡道路管理的有关规定报金湾区、珠海市有关部门立项，三灶镇有关部门就该路段的初步整修制定落实方案。2013年12月，完成修建地段征地工作。

【“区域企业用工紧张及大中专毕业生就业难问题”专题调研】 2013年8月28日，根据中共金湾区委、区人民政府委托政协金湾区委员会的调研课题，金湾区政协主席谢雄辉带领调研组到深圳市宝安区就“大中专毕业生就业与创业的探讨”开展专题考察调研，与宝安区政协主席沈建英等有关领导举行座谈会。宝安区人力资源和社会保障局负责人介绍宝安区对大中专毕业生本地户籍与外地户籍生源进行促进创业和就业的优惠政策和方法，双方还进行了互动提问。考察团一行还到宝安工业区实地了解金湾区政协委员、飞扬化工有限公司董事长肖阳在宝安开办企业的用工情况。学习宝安区利用各种优惠政策促进大中专毕业生就业与创业的经验，对如何开展金湾区大中专毕业生的就业与创业有较好的借鉴意义，最终形成《关于区域企业用工紧张及大中专毕业生就业难问题探讨》专题调研报告。金湾区委书记吴轼就该专题调研报告作重要批示，由金湾区人力资源和社会保障局牵头相关职能部门，对金湾区政协调研组提出的意见建议进行研究，出台相关扶持政策，解决企业用工暨大中专毕业生就业“两难”问题。

2013年9月5日，金湾区政协主席谢雄辉（左一）为区内困难老人送上慰问金（冯顺雄 摄）

【借鉴经验专题视察幸福村居创建工作】 2013年8月21日，政协金湾区委员会主席谢雄辉带领区政协常委和委员20多人到金湾区三灶镇海澄村、红旗镇三板村开展“幸福村居建设”专题视察活动。视察组一行听取海澄村开展珠海第一村的幸福村居示范村建设经验和做法，就如何加快海澄村幸福村居建设提出建议；视察三板村幸福村居建设规划和实施方案，建议三板村结合自身河涌交错水乡基础，发展百亩荷花为主题的特色旅游项目。9月11号，金湾区政协主席谢雄辉带领区政协委员一行23人到珠海市斗门区莲州镇考察莲江村幸福村居建设，听取莲州镇负责人对幸福村居项目“十里莲江”建设的情况介绍，参观莲州镇“十里莲江”总体规划和前期的建设，与斗门区政协、莲州镇领导进行座谈。金湾区政协委员认为莲州镇莲江村幸福村居建设利用社会建设资金，整合资源增加村民收入的做法值得金湾区学习和借鉴。12月3日，金湾区政协主席谢雄辉带领区政协委员、红旗镇、三

2013年9月5日，金湾区政协中秋献爱心活动仪式　（冯顺雄　摄）

板村幸福村居建设有关人员20人，在佛山市三水区政协主席邓国斌等领导陪同下，到三水荷花世界参观考察。三水荷花世界致力发展荷花种植技术的栽培研究、荷花新品种的选育和培育，以及荷莲产业的开发和深加工，获得较好的经济和社会效益。考察团认为红旗镇三板村可以根据自身条件在荷花的开发和利用上借鉴学习三水荷花世界的成功经验做法。金湾区政协调研组根据调研情况撰写专题报告《关于金湾区创建幸福村居建设的调查与思考》。（陈　政）

航空产业园管委会

重要会议

【航空产业园管委会主任办公会议】2013年，珠海市航空产业园管理委员会召开4次主任办公会议，研究26个议题。

第一次航空产业园管委会主任办公会议　2013年1月16日召开，会议由珠海市航空产业园管委会主任杜卓主持，常务副主任欧阳德红、副主任贺军、夏志高及产业园管委会各部门负责人参加会议。会议研究珠海机场第二跑道建设工作方案、珠海通航飞行服务站运营管理方案、园区融资管理等事宜并安排部署下阶段重点工作。

第二次航空产业园管委会主任办公会议　2013年3月1日召开，会议由珠海市航空产业园管委会主任杜卓主持，常务副主任欧阳德红、副主任贺军及三灶科技园有关负责人、产业园管委会各部门负责人参加会议。会议研究新锐电子项目用地出让问题、珠海机场第二跑道建设前期工作方案、珠海通航飞行服务站有关工作。

第三次航空产业园管委会主任办公会议　2013年4月15日召开，会议由珠海市航空产业园管委会主任欧阳德红主持，副主任夏志高及产业园管委会各部门负责人参加会议。会议研究白龙河尾开发建设、中国民航飞行校验中心南方基地项目用地、有关项目补贴等事项。

第四次航空产业园管委会主任办公会议　2013年12月17日召开，会议由珠海市航空产业园管委会主任欧阳德红主持。会议研究航空产业园总装维修区预留用地平整、莲塘湾填海、定家湾南用地平整、公务机运营中心土地平整和排洪渠改造工程、航空产业园用海申报、航空产业园2014年政府投资项目计划等事项。

重要工作

【规划编制研究】2013年，珠海市航空产业园管委会按照珠海市、金湾区政府对航空产业园规划发展要求，邀请国内外知名的咨询单位先后开展《珠海机场核心区开发规划》和《航空产业园岸线利用规划》编制工作，完成《珠海航空产业园区域性建设用海规划（一期）》（送审稿）、《白龙河尾滨水区功能布局研究》。

【产业发展成效】2013年，珠海市航空产业园区落户航空产业项目10个，项目投资总额21.4亿元，其中8个项目完成工商注册，注册资本5.41亿元。航空制造领域有珠海广联通用航空设备公司等4个项目落户，业务范围涵盖通用飞机零部件制造、航空电子设备研发制造等。航空运营领域落户项目6个，包括世界著名公务机管理运营企业利捷公务航空公司，及从事航空俱乐部、飞行培训、飞机运营托管等业务的天合星空通用航空公司、爱飞客航空俱乐部等项目。

【龙头项目进展】2013年，中航通飞公司贯彻落实习近平总书记2012年年底视察公司的指示精神，加快推进通用航空产业链发展，园区在合资项目立项申报、企业股东共同增资、财税支持、通航运营资质申请等方面给予全面支持。中航通飞公司“蛟龙600”大型水陆两栖飞机、“领航150”公务机研制工作顺利推进，SR20/22系列轻型飞机全年交付超过300架，SF50超轻型公务机开始试飞。公司下设的爱飞客航空俱乐部获批经营许可，珠海中航飞行学校业务快速发展。

【低空空域管理改革试点】2013年1月，珠海市航空产业园管委会主任办公会议决定全国首家地方政府投资建设的珠海通航飞行服务站定位原则，即“政府补贴、企业运作”的非营利性机构，珠海市航空产业园每年对其业务运营费用（部分人力成本除外）给予一定补贴。8月，珠海、阳江、罗定三地机场签署战略合作意向书，联合形成区域性机场网络，打造通用航空飞行圈。珠海通航飞行服务站完成人员培训和技术准备投入运营。科学论证珠海及周边地区低空空域的利用情况和优化措施，为珠海分类划设空域、规划通用机场空域等提供决策依据。

【园区基础设施建设】2013年，珠海市航空产业园完成基础设施建设投资约3.1亿元（含管委会向西江流域管理局支付的5000万元白龙河尾抛泥区补偿金），创航空产业园投资额新高。4月，珠海市航空产业园管委会主任办公会议研究白龙河尾城市功能布局规划和土地一级开发投资测算工作。12月，珠海市航空产业园管委会主任办公会议审议并原则通过《白龙河尾土地一级开发委托协议书》，明确白龙河尾区域开发建设模式。核心区及定家湾片区各基础设施项目建设工作全面铺开，其中定家湾南填土工程一期、二期完成主体工程；定家湾北生物医药园土地平整工程、机场西排洪渠二期工程、定家湾南填土工程三期、核心区3号地平整工程项目理顺清场补偿障碍。

【珠海机场第二跑道规划】2013年1月、3月，珠海市航空产业园管委会主任办公会议两次研究启动珠海机场第二跑道规划建设前期工作，制定工作计划，第二跑道定位近期为通用航空及公务机运营服务，远期为民航运输、中国航展服务，兼顾公务机运营，建设期5年。

【用海申报】2013年，珠海市航空产业园区域性建设用海申报工作取得初步成果。9月完成《珠海航空产业园区域性建设用海规划（一期）》（送审稿）并上报广东省海洋局，征求珠江水利委员会方面的意见，进行初审及征求相关单位意见。先后完成海洋环境质量现状调查、水动力观测报告、海底地形测量、勘察等工作，委托相关专业机构开展防洪评价、水文泥沙冲淤调查、海洋环评、海域论证、海洋灾害评估、通航安全评估论证、滩涂围垦利用规划等相关专题研究。（敖　炜）

民主党派·工商联

民革金湾支部

【概况】2013年，中国国民党革命委员会金湾区基层委员会组织党员学习民革珠海市委会扩大会议精神10余次，组织20余人次参加党外干部培训班、扶贫考察等活动。8月15日，组织党员参加“纪念8·15抗战胜利”为主题的登山活动并参观三灶岛侵华日军罪行遗迹“三灶日本文字摩崖”。9月10日，举办庆祝第二十八个教师节暨民革党员蔡琴心赴西藏支教欢送会。11月，按照民革珠海市委会部署，组织党员到金湾敬老院看望孤寡老人，开展送医送药的送温暖活动，另外牵头为珠海市儿童福利院成立儿童康复乐园募资。余洪金通过系列学习“纪念中共中央发布五一口号65周年座谈会”，撰写《展读历史画卷，聆听历史惊雷》。联合金湾区农业龙头企业帮扶金湾区蔬菜种植、畜禽养殖户，免费为养殖户提供鱼虾苗20万尾，向困难家庭免费赠送蛋鸡300只，组织农业技术人员定期为有需要的种养殖户提供种养殖技术咨询、指导。

【民革参政议政】2013年，民革金湾基层委员会有珠海市人大代表1名，金湾区政协委员4名。民革金湾基层委参加金湾区举办的民主党派和工商业联合会新春座谈会；就金湾经济和社会发展提出可行性建议。在珠海市八届人大三次会议上，人大代表赖思纯向大会提交议案《关于加强幸福村居建设相关问题的建议》。在政协金湾区三届三次会议上民革金湾基层委提交提案《整合三灶旅游资源，推动城市化建设进程》。

【民革金湾基层委员会成立】2013年7月1日，民革金湾基层委员会成立。根据《中国国民党革命委员会章程》规定，县区级党员人数达到规定人数时需要设立基层委员会，民革金湾支部已达到规定人数申报设立基层委员会，由民革珠海市委会批准成立民革金湾基层委员会，下设2个支部。根据组织发展现状和党员结构变化情况以及年龄结构、知识层次、能力构成、影响力和代表性等因素，设立金湾一支部和金湾二支部，选举产生基层委员会主委赖思纯，一支部主委杨芳，二支部主委柳云飞，委员8人。（胡　清）

民盟金湾支部

【概况】2013年，中国民主同盟珠海市金湾区支部委员会有正式党员29人（2013年发展党员2人），委员来自金湾区高校、医院等机关企事业单位。其中，具有博士学历4人，硕士学历2人；金湾区政协委员3人。全年召开民盟金湾区支部委员会议6次，组织学习活动16次。加强支部思想建设和组织建设，提高委员政治觉悟和参政议政能力，2件提案获得珠海市级优秀提案。

【民盟参政议政】2013年，民盟金湾支部在政协珠海市八届二次会议上提交提案2件；在政协金湾区三届三次会议上提交提案2件。开展以中小企业发展、文化产业发展为主题的调研活动，在全市各民主党派、工商联和无党派人士代表座谈会上提出相关建议。组织开展征集社情民意信息活动，共征集社情民意6条，涉及文化、教育、医疗、社会保障、外来工维权、社会管理创新等方面。全年参加新春座谈会、暑期座谈会等活动共3次。

【民盟支部活动】2013年，召开民盟金湾支部委员会议6次，组织学习活动16次，全年学习党的路线方针政策等政治学习3次，开展支部活动5次。10月5日，联合民盟斗门支部，组织全体党员到斗门区莲洲镇十里莲江度假村考察西部生态环境建设。12月23日，召开支部年终总结大会。

2013年6月25日，民盟金湾区支部邀请专家在红旗镇广发社区为村民讲解健康知识
（民盟金湾支部提供）

【两件提案获评市政协优秀提案】2013年7月，盟员陈欣撰写提案《大力发展文化产业的建议》《关注中小企业生存与发展》被评为政协珠海市八届二次会议优秀提案。提案《大力发展文化产业的建议》分析发展文化产业的重要意义，提出发展文化产业，促进转型升级，完善南屏V12创业园建设。提案《关注中小企业生存与发展》分析中小企业发展对珠海市经济发展的重要作用，提出搭建银企平台，加大信用贷款力度，采取多种方式促进中小企业发展。两件提案得到珠海市长重视，分别由市文体旅游局、市科工贸信局承办，承办结果向提案人及其党派负责人予以答复，并再次征求意见。（陈　欣）

民建金湾支部

【概况】2013年，中国民主建国会珠海市金湾区支部委员会会员22名，全年按计划发展新会员4名，开展政治理论学习、参政议政等活动。3件提案获评金湾区政协年度优秀提案奖。

【民建参政议政】2013年1月28日，民建金湾支部参加政协金湾区三届三次会议，会上刘建云、刘伟东、王尔峰会员各提交提案1件，并均被评为年度优秀提案奖，民建金湾支部成为金湾区各民主党派支部获得政协优秀提案最多党派支部。11月21日，民建金湾支部参加金湾区委统战部召开的学习中国共产党十八届三中全会精神座谈会，学习中国共产党十八届三中全会精神并参与座谈。

【民建支部生活】2013年，民建金湾支部开展六项活动。3月27日，在会员企业珠海汉格能源科技有限公司会议室组织学习全国“两会”精神，会上民建珠海市委会秘书长秦树钰代表市委会宣读《关于同意任命谢国辉同志为金湾支部副主任的通知》。4月23号，民建金湾支部部分会员通过区红十字会向雅安地震受灾同胞捐款22350元。7月12号，赴会员企业珠海一品生物有限公司生产车间和研发实验室等地参观。9月16日，民建金湾支部组织到红旗镇社会福利中心探望老人并送去月饼、礼品和2000元慰问金。11月1日，民建珠海金湾支部组织会员学习陈昌智主席和马培华副主席在民建全国基层组织建设会议上的讲话。11月24日，民建金湾支部部分会员与九三学社金湾支部部分会员前住肇庆交流学习。11月24日，民建金湾支部组织部分会员考察红旗镇三板村幸福村居建设情况。

【三件提案获评金湾区政协年度优秀提案奖】2013年1月28日，民建金湾支部会员刘建云、刘伟东、王尔峰3件提案均评为金湾区政协年度优秀提案。刘建云提案《科学发展征地工作有效保障土地供给》提出加强依法征地宣传，科学统筹，增强土地利用和项目建设的计划性；刘伟东提案《设立航空产业基金，解决我区航空产业发展资金瓶颈的建议》提出设立航空产业基金，建立并完善基金支持政策，完善资本市场的诚信体系；王尔峰提案《关于“跑路潮”中我区维稳工作的建议》提出成立专项工作委员会，防止“跑路”项目等建议。三件提案分别由区有关部门承办，并分别给出书面答复意见。 （胡　松）

民进金湾总支

【概况】2013年，中国民主促进会珠海市金湾区总支部委员会共有会员37人，其中，文化教育工作者27人、政府工作人员3人、企业工作者6人、医疗卫生工作者1人；高级职称10人、中级职称24人。会员平均年龄44.3岁，其中45岁以下会员25人。新增会员5人。民进金湾总支全年开展会员活动7次，开展社会服务活动2次，提交提案21件，获各类奖项11人次。

【民进总支活动】2013年，民进金湾总支参加民进珠海市委会双岗建功表彰会及企联会成立一周年活动。7月13日，民进金湾总支派员参加由民进珠海市委组织的活动，与民进肇庆市委会开展学习交流活动。7月26日，民进金湾总支主委冯露参加民进珠海市委会“组织建设和后备干部培养”座谈会。9月，组织会员参加民进珠海市委会“参政议政经验交流”座谈会。9月15日，举办庆祝教师节、中秋节、国庆节、重阳节暨关心会员生活大会，会后，总支全体会员赴珠海市博物馆参观民进开明画院。11月2日，组织参加斗门区斗门镇白兔陶瓷厂开展的秋季下乡义诊活动。11月13日，民进金湾总支在广东科学技术职业学院召开支委扩大会议，集中学习十八届三中全会精神。组织会员参与《香山名人》和《万紫千红》编撰工作。

【民进参政议政】2013年，民进金湾总支提交政协珠海市八届二次会议立项提案13件，提交政协金湾区会议大会发言稿1件，提案3件，提交珠海市八届人大会议建议5件。其中，卢敦陆撰写的《关于推进信用网络体系建设的建议》被列为政协珠海市八届二次会议重点督办提案，冯露撰写的《加强三灶镇中心村文化教育配套建设，全面推动金湾打造幸福村居》被列为金湾政协重点提案，黄鹄撰写的《提高绿化、美化、亮化水平，营造干净整洁的生产生活环境》、何玉峰撰写的《关于整治红旗镇藤山一路交通乱象的建议》、李玮撰写的《关于改进珠海市车辆违章通知及办理方式的建议》等提案被列为市政协立项提案。8月，总支组织参与广东省委统战部《利用网络和新兴媒体搭建统一战线家园问题研究》课题研究。

【双岗建功】2013年，民进金湾总支组织开展“双岗建功”活动，引导会员在本职岗位和履行参政党职能工作中建功立业，推出一批政治立场坚定、工作成绩突出、参政议政积极、社会形象良好的先进会员。金敬谋会员支持、参与党派组织的各项活动，与广东科学技术职业学院建立的校企合作基地运作良好，社会经济效益明显；带领金辉企业自主创新，承担北京园博会、青岛园博会和中国国际马戏节等大型活动一系列纪念品的设计、研发和制作，打造出具有自主知识产权的品牌。彭凤莲会员参加民进珠海市委会和民进金湾总支组织的各项活动，撰写提案、建议数篇。黄鹄会员参与民进组织的各项活动，做好总支活动组织工作，参与信息及提案撰写工作；入选广东省高等学校优秀青年教师培养计划，完成珠海市社科联科研项目1项、校级科研项目1项、申请专利6项、发表学术论文2篇。

【重点提案《关于推进信用网络体系建设的建议》】2013年，卢敦陆撰写的《关于推进信用网络体系建设的建议》被列为政协珠海市八届二次会议重点督办提案。提案建议各级领导重视信用档案建设，谨防信用危机；扩大信用档案覆盖面，能建立互评体系及信用档案行业都应尽快建立诚信档案；建立信用档案互通功能；保证舆论自由前提下，倡导网络实名制；界定公开信息范围及保护隐私之间的关系；谨防网络欺诈及打击报复。该提案已由珠海市有关部门办理完毕。（高　柏）

农工金湾支部

【概况】2013年，农工党珠海市委员会金湾区支部委员会有党员19名，其中新发展党员4名。党员主要来自卫生、教育界高学历知识分子。根据参政议政工作需要，发展一批环保、教育、医药医疗卫生和政法方面知识分子，为组织增添生机与活力，改善党员年龄、知识结构，拓展后备干部队伍，提高参政议政能力。

【农工党参政议政】2013年，农工党金湾支部委员会发挥民主党派参政议政职能，主委华跃进、副主委李哲参加金湾区政府满意度评议和政府职能部门考评工作，履行民主监督和行风评议职能。1月28日，农工党金湾支部委员会在政协金湾区三届三次会议上提交议案4份：主委华跃进提交《关于建设森林公园促进生态金湾的建议》、委员刘立军提交《关于加快解决珠海金鸿药业道路通行等问题建议》、委员王华武提交《关于整修金湾区外国语学校门口路段的建议》、委员王远提交《关于治理湖心路口摩托车非法营运议案》。围绕建设和谐金湾、生态金湾、幸福金湾目标，对金湾区市政管理、交通、教育、生态发展等人民群众普遍关心的热点和难点问题建言献策。

【农工党支部活动】2013年4月13日，农工党金湾支部委员会组织8名党员参加农工党珠海市委员会举办的“2013年学习型组织建设培训班”，听取上海明德学习型组织研究所所长张声雄所作题为《打造学习型非凡团队与第五代领导力》专题讲座。9月14日，农工党金湾支部委员会华跃进一行9人实地考察三灶镇榄坑村十三亩原始生态林现状，拍摄原生态厚叶算盘子生态

2013年11月26日，农工党金湾支部成员与斗门支部专家在三灶镇举行大型义诊活动
（农工党金湾支部提供）

林景观，调查珍稀物种。考察山林面临危机的主要问题。分析山林保护价值，提出保护建议：完善管护责任制，逐级签订保护管理目标责任书，落实到具体单位或责任人；严禁挖山取土，保护环境生态；设立专门生态保护区域和专项保护资金办法，对十三亩原始生态环境进行保护。11月26日，农工党金湾区支部委员会协调斗门支部在三灶镇伟民路社区卫生服务站门前举行大型义诊活动。

【金湾区高校职工子弟学前和义务教育需求情况调研】2013年6月，农工党金湾支部委员会、金湾区政协、金湾区教育局联合开展金湾区5所高校职工子弟学前和义务教育需求情况调研。10月29日，完成《关于对金湾区内五所高校职工子弟学前和义务教育需求情况的调研报告》。报告指出金湾区优质学位供不应求，学校布局与人口分布不相适应。金湾区大学教职工对优质学位需求度高，为孩子获得优质教育，舍近求远高价购房，出现工作在金湾区，安家在香洲区的情况。报告建议提高金湾区优质学位、推进教育均衡化、加快金湾区城市化发展促进教育资源合理配置，满足群众对优质教育资源的需求。（陈明能）

致公党金湾支部

【概况】2013年，中国致公党珠海市委员会金湾支部有党员12人，其中硕士3人、本科8人；副高级职称3人、中级职称1人。致公党金湾支部结合自身实际，发挥致公党“侨”“海”特色和优势，增强自身建设，履行参政议政和民主监督职能，全年向珠海市“两会”提交提案4份。10月，致公党金湾支部与三灶岛日军侵华罪证调研团队，对三灶岛日军侵华罪证遗址的保护和开发进行多次调研，实地走访所有的文物保护单位及相关场所，并寻找相关当事人实地口述当年自己的亲身经历。团队调研活动得到珠海特区报、珠江晚报、南方都市报、中央电视台新闻频道报道，中国致公党中央与致公党广东省委会作为要闻在官网报道。12月，致公党金湾支部党员刘昌言被中国致公党广东省委会授予参政议政工作先进个人称号。

【致公党参政议政】2013年，致公党金湾支部履行参政议政职能，参与各级人大和政协组织的考察、调研和视察活动，围绕珠海市、金湾区经济社会发展中的重大问题和人民群众普遍关注的热点问题开展调研，建言献策，提出切实可行意见和建议；关注民生，关注公益事业。全年致公党金湾支部党员刘昌言撰写提案4篇提交“两会”，即《关于加强三灶岛日军侵华罪证遗址保护和开发的建议》《关于打造珠海市各行政区志愿者网络平台的建议》《关于控制珠海城市LED广告光污染的建议》《关于珠海市中小学“校服”回收再利用的建议》等。

【致公党支部活动】2013年3月7日，致公党金湾支部全体成员召开支部会议。会议内容主要有介绍新党员情况，交流支部假期生活，商议支部活动安排等。3月22日，全体支部成员在金湾召开支部会议，主要研究为斗门一中致公林植树捐款事项。5月18日，全体支部成员在金湾召开支部会议，主要研究讨论发展新党员事宜和下半年党支部工作计划。10月30日，全体支部成员在金湾召开支部会议，会议内容主要有庆祝支部成立一周年，准备个人总结和支部总结情况。11月29日，全体支部成员在金湾召开支部会议，会议主要内容有参观金湾航空新城规划展览馆，参观三灶岛侵华日军遗址，考察海澄村幸福村居建设，传达学习中共十八大三中全会精神，讨论支部年终总结情况。11月16日，支部党员参加致公党珠海市委员会组织的野狸岛清理垃圾义工劳动。（刘昌言）

【三灶岛日军侵华罪证调研启动】2013年10月，致公党金湾支部党员、金海岸中学教师刘昌言倡议和发起，与农工党金湾支部党员华跃进组建公益调研团队，团队成员6人，拍摄一部口述史料片，记录三灶岛遗存的二战日军罪证遗迹和亲历者的故事。团队投入大量人力和物力，对三灶岛日军侵华罪证遗址的保护和开发进行多次深入调研，实地走访相关文物保护单位及场所，并寻找当事人实地口述当年亲身经历，走访万人坟、千人坟、日军莲塘登陆点、日军间谍栖身庙宇、三灶机场遗址、日本摩崖文字、慰安所、维持会会址、碉堡、兴亚第一国民学校遗址和兴亚第二国民学校遗址等十几处地点。调研收集和抢救大量重要历史资料，为后人保留真实的历史资料。团队公益调研活动得到社会各界支持。11月4日，在珠海市档案馆查阅三灶岛日军侵华罪证考证史料，考察日军侵占三灶岛时期的货币“手票”，奴化教育物证——日本校长颁发的兴亚国民第二学校“毕业证书”。查阅详细记载日军占领三灶岛时期的军事报告《三灶岛特报》1～5期。11月20日，团队在三灶调研期间，在云帽山脚下发现一处日本侵略军当年修筑的碉堡。11月27日，团队又在三灶轿顶山发现一处日军碉堡。（刘昌言　陈明能）

九三学社金湾基委会

【概况】2013年，九三学社珠海市委员会金湾区基层委员会下属3个支社，有正式社员63人，平均年龄39岁，其中女社员29人，社员为高校、医院和企业的负责人和技术人员。其中，具有博士学历10人，硕士学历39人；具有高级职称29人，中级职称25人，初级职称9人；珠海市人大代表3人，珠海市政协委员2人，金湾区政协委员3人。全年召开九三学社金湾区基层委员会会议2次，各支社组织学习活动20余次。社员在各级刊物发表论文20余篇，全年为金湾区发展及珠海市市政管理提交议案4项，完成金湾区统战部课题1项。5月9日，经九三学社珠海市委员会批准，召开九三学社金湾区基层委员会吉林大学珠海学院支社成立大会，支社前身是九三学社珠海市委员会金湾区基层委员会第二支社。

【九三学社参政议政】2013年，在政协珠海市第八届委员会上，珠海市政协委员邓飞提案《用现代生物产业化技术打造珠海绿色生态产业链，创新高校产学研模式》获得珠海市重大项目立项。珠海市政协委员汪卯林在珠海市八届人大三次会议上提交《关于规范珠海市汽车清洗美容业的建议》、在政协金湾区三届三次会议上提交提案《关于试点打造金湾2公里工作与生活圈的议案》。社员王凯在政协珠海市八届二次会议上提交提案《关于推动横琴新区跨境人民币业务发展的建议》。6月，九三学社金湾区基层委员会主持完成金湾区统战部交办的如何推动金湾区高校与企业联动的课题，形成调研报告《完善产学研工作体系增进政校企联合联动三位一体助推金湾发展再上新台阶》。

【九三学社慈善活动】2013年3月，九三学社金湾区基层委员会综合支社组织向四川省新龙县博美乡德巴村村民捐献衣物活动，捐献衣物300多公斤。9月，九三学社金湾区基层委员会遵义医学院珠海校区支社组织全体社员开展对遵义医学院珠海校区贫困学生“阳光励志助学活动”，募集爱心基金4300元，资助8名生活困难的学生。

【九三学社考察调研活动】2013年3月25日，九三学社金湾区基层委员会第二支社组织10名社员前往南水镇，就中小学校志愿者服务需求展开调研。4月18日，九三学社珠海市委员会副主委陈滨、金湾区基层委员会主委汪卯林，走访广东科学技术职业学院，就组织发展等问题与学院党委进行座谈。5月25日，九三学社金湾区基层委员会吉林大学珠海学院支社一行15人赴中山市电子科技大学中山学院就大学生创业活动经验进行调研。6月1日，九三学社金湾区基层委员会综合支社对横琴岛、澳门大学建筑群、横琴行政中心、十字门中央商务区规划和开发现状进行考察调研。9月，九三学社金湾区基层委员会金湾综合支社组织社员赴阳江月亮湾滨海国际旅游度假区参观游览。9月17日，九三学社金湾区基层委员会金湾综合支社组织各支社45名社员在珠海市气象局三灶观测站举行中秋赏月活动。11月2日，九三学社金湾区基层委员会遵义医学院珠海校区支社一行18人到斗门永业围小岛进行考察，利用遵义医学院科研人员在生物废料生态处理技术成果，就小岛进行生态循环农业发展改造方案进行交流。11月13日，九三学社珠海市委员会联合九三学社金湾区基层委员会遵义医学院珠海校区支社，在遵义医学院珠海校区举办“国际科学与和平周”讲座。

【提案获珠海市重大项目立项】 2013年1月，珠海市政协委员邓飞在政协珠海市第八届委员会上，提交提案《用现代生物产业化技术打造珠海绿色生态产业链，创新高校产学研模式》，分析国家对生物产业发展的指导意见，对珠海市制药行业、农业、畜牧业等产业的现状及产业废物处理需求进行比较全面的调研及分析，提出有效利用高校生物科技对中药渣及农业废弃物、牲畜排泄物资源化处理的技术优势为实现生态循环经济产业模式服务，为建设绿色珠海做出贡献。提案获得珠海市重大项目立项。（孙智勇）

区工商联

【概况】 2013年，珠海市金湾区工商业联合会会员企业148家，主要分布在医药、新能源、电子制造业，其中股份制会员企业105家，私有企业会员43家；属于第二产业的会员企业122家，第三产业会员企业26家。发展培养重点产业会员企业28家，比上年增长23%，其中制造业企业会员增加22家，服务业企业会员增加4家，房地产企业会员增加2家。金湾区工商业联合会合理统筹利用外界资源，组织区内企业负责人参加珠海市工商业联合会和金湾区委统战部、组织部、司法局、环境保护局、人力资源和社会保障局、科技工贸和信息化局等举办的各项培训学习200人次，全面提升企业人员素质，做好服务企业工作。全年定期走访企业40余家，了解企业经营情况和实际需求，引导区内民营企业转型升级，为企业协调解决厂房用地、消防、环保、融资等事项30余件，涉及资金6000余万元。开展企业文化交流工作，送演出到基层活动，丰富企业文化生活；开展经济信息赠送活动，畅通行业信息渠道；开展联合调研，解决企业需求。

【工商联参政议政】 2013年，金湾区工商业联合会组织会员企业参加有关非公有制经济发展会议，非公有制经济发展政策制订和经贸活动、民主党派座谈会及党委、政府不定期召开党外人士民主协商会、情况通报会、座谈会等，及时掌握非公有制经济发展信息，了解政府管理和服务非公有制企业情况。会员企业当选广东省人大代表1人、政协委员2人；珠海市人大代表6人、政协委员6人；金湾区人大代表2人，政协委员51人。金湾区工商业联合会引导非公经济人士、民主党派人士建言献策，为金湾区委、区政府提供必要参考信息。全年会员企业人大代表、政协委员提出的议案和提案列为金湾区委区政府重点议案提案的30件，占总数55.2%。

【光彩事业活动】 2013年，金湾区工商业联合会组织参与光彩事业活动、广东省扶贫济困日活动、四川地震救援活动和其他社会慈善事业，组织会员企业开展捐资助学、扶贫助医、帮扶孤老、双拥共建等活动，募集各项捐款2000余万元。会员企业通过珠海市、金湾区红十字会、慈善会等组织开展扶贫济困等各种公益活动。三威集团、阳光儿童、汤臣倍健、得理乐器、金品电器、和力医疗、红旗投资控股、华通科技等会员企业成立公益慈善、扶贫济困、扶残助学等专项基金，与相关学校、机构签订长期帮扶协议，公益慈善活动开展向制度化、长效化、科学化方面发展。金湾区工商业联合会作为区创业领导小组成员单位，按照区创业工作领导小组《关于开展创业结对帮扶工作的通知》要求，实地走访和跟踪创业结对帮扶对象。对照《金湾区创业资金管理办法》规定，协助荣鑫羊毛衫加工点办理岗位补贴、社保补贴、残疾人补贴等申请。

【工商联行风建设】 2013年，金湾区工商业联合会定期走访企业40

2013年12月5日，金湾区建材行业协会成立大会暨协会第一届会员大会，金湾区区委书记吴轼（左一）为区建材协会会长王希钧（右一）颁发当选证书

（金湾区工商联提供）

余家，了解企业经营情况和实际需求，引导区内民营企业转型升级。截至年底，金湾区工商业联合会协助企业解决厂房用地、消防、环保、融资等事项30余件，涉及资金6000余万元。组织148名会员企业代表，开展对珠海市委、市政府及市直所有部门机关作风评议活动。

【理想信念教育实践活动】2013年，金湾区工商业联合会成立金湾区非公有制经济人士理想信念教育实践活动领导小组，金湾区委常委、统战部长翟小强任组长。制订《金湾区非公有制经济人士理想信念教育实践活动方案》，以三灶镇为试点，开展一系列会员企业理想信念教育活动，征集会员企业开展先进科技、企业文化、慈善事业、党建工作、和谐关系等方面的先进事迹，在区工商业联合会网站宣传推广，活动走向常态化。

【签订授信额度达35亿元的战略合作协议】2013年，金湾区工商业联合会与中国工商银行、华润银行签订战略合作协议。中国工商银行、华润银行分别给予金湾区工商业联合会15亿和20亿元的授信额度，为金湾区企业发展营造健康稳定的资金流通环境。截至年底，金湾区工商业联合会与中国工商银行股份有限公司珠海金湾支行携手为43家工商业联合会会员企业办理各项单位结算，总金额超过600亿元；为润都制药、华宇金属、邗秦电缆、奈电公司等20家企业融资近8亿元人民币，支持区内企业做大做强、小微企业健康良性发展。

【金湾区首家行业协会成立】2013年10月25日，金湾区第一家行业协会珠海市金湾区建材行业协会获批成立，注册会员企业70家。金湾区建材企业和个体工商户200多家，其中红旗镇150余家，三灶镇50余家。商家大多经营场地较小，经营种类单一。由于场地分散、缺乏市场优势等原因，给产品物流造成极大困难，给消费者带来诸多不便。协会成立有利于整合优势建立完整的建材市场体系。12月5日，金湾区举行建材行业协会成立大会暨协会第一届会员大会，会议选举产生区建材行业协会第一届理事会成员，王希钧当选为区建材行业协会第一届理事会会长。区委书记、区人大常委会主任吴轼，区委副书记、区长欧阳德红，区委副书记、政法委书记刁恩民出席会议并为新当选的会长、监事长、秘书长及副会长颁发证书。（何伟正）

群众团体·社会团体

区总工会

【概况】2013年，珠海市金湾区总工会围绕以组建为重点、维权为核心、帮扶为纽带、活动为载体的工作指导方针，着力职工服务。全年新建工会组织89家，新增工会会员6850人，全区基层工会总数560家，其中非公企业433家。全区工会会员总数71648人。签订区域性集体合同2份，覆盖企业1144家，覆盖职工85715人。全年帮扶困难职工86人次，发放救助金总额44.4万元，春节送温暖398户，发放慰问金34.15万元。

【职工权益维护】2013年，金湾区总工会接待职工来访52人次，来信11件，参与受理职工维权案件12件，其中拖欠工人工资案件5件。为624名急需返乡的工人提供紧急救助金85.7万元。推进工资集体协商工作，全区签订集体合同24家，覆盖职工15215人；签订区域性集体合同2份，覆盖企业1144家，覆盖职工85715人。

【职工帮扶】2013年，金湾区总工会职工服务中心帮扶困难职工86人次，发放救助金44.4万元，其中医疗救助17人次24万元，临时生活困难救助47人次9.4万元，助学救助22人次11万元。春节送温暖398户，发放慰问金34.15万元。开展夏日送清凉活动，发放慰问品价值10万元，受惠一线职工4300多人。

【评选先进】2013年，金湾区总工会组织开展基层企业先进集体、劳动模范评选工作，并通过计生、工商、纪委等相关部门审核，由金湾区总工会推荐党扬州、张亚隆、韦伯群、王大儒4位职工评为珠海市第九届劳动模范；珠海润都制药股份有限公司和得理乐器（珠海）有限公司被评为珠海市民办企业先进集体；金湾一小数学科组和博世（珠海）安保系统有限公司生产部被评为珠海市创新先进班组。

【职工文化】2013年，金湾区总工会组建职工书屋示范点12个，其中国家级职工书屋示范点1个，省级职工书屋示范点3个，市级职工书屋示范点8个。开展送法、送讲座、送电影、送戏进村、进企业活动。先后组织文艺慰问演出4场，放映电影12场，举办心理辅导课和

2013年1月16日，珠海市金湾区工会第三次代表大会召开（金湾区总工会提供）

法律知识讲座8场，受惠职工近万人。举办金湾区第四届“时代地产杯”职工篮球赛，金湾赛区机关组和企业组38支代表队参赛。举办机关干部职工趣味运动会，22支队伍参赛。举办金湾区首届全民健身排舞比赛，9支队伍参赛。开展“工友大家乐”和“工友驿站”推广活动，为全区职工提供更多活动平台。

【女工工作】2013年，金湾区总工会把女职工权益专项合同与工资集体协商工作同步部署，全区签订女职工权益专项集体合同2份，覆盖女职工27235人，维护女职工合法特殊权益。为全区5家企业共1000名女职工提供免费健康检查。

【区总工会第三次代表大会】2013年1月16日，金湾区总工会在区行政办公中心召开第三次代表大会，大会正式代表68名，实际到会代表68人。大会听取区总工会2008—2012年工作回顾。2008—2012年，金湾区工会系统参与处理劳资纠纷案件43起，为农民工追讨工资和补偿款1982.26万元；先后获得“全国模范职工之家”“全省帮扶工作先进集体”“全市工会工作先进单位”等荣誉称号37项。大会按照《中国工会章程》有关程序完成区总工会换届工作，选出新一届工会委员15名，林乃光当选金湾区总工会主席，伍燕飞当选常务副主席，黄建民当选副主席。

【搭建职工活动平台“工友大家乐”】2013年12月29日，金湾区总工会主办的“工友大家乐”（又名金湾职工嘉年华）启动仪式暨首场文艺演出在红旗文化广场举行，华宇金属、得理乐器等8家企业工会上演15个精彩节目。“工友大家乐”活动是金湾区总工会服务基层、服务职工的工作创新举措，由企业一线员工自编自导自演形式多样、内容丰富的文艺节目，节目反映一线职工岗位奉献、建功立业的拼搏精神等。（黄坚文）

团区委

【概况】2013年，中国共产主义青年团珠海市金湾区委员会有团员53938人，全年新发展团员1141人，建有基层团委、团工委43个，团总支9个，团支部821个。共青团金湾区委员会坚持“服务大局、服务社会、服务青年”工作方针，开展“学雷锋”“雏鹰争章”“青春有约，缘在金湾”“社工姐姐去哪儿”“幸福村居青少年手拉手户外体验”“四季公益交友”、金湾区大学生双语演讲比赛、金湾青年讲习堂等大型活动10场，开展各类服务青少年的文体活动、志愿服务活动约60场，服务青少年群体约1万人次；根据中共金湾区委《加快发展金湾区志愿服务事业的意见》开展关爱农民工子女志愿服务月、义教等各项志愿服务，发展志愿者4万人；依托“亲青家园”青年阵地服务异地务工青年。

【青少年思想道德建设】2013年，共青团金湾区委员会开展“学雷锋活动月”、“五四”青年节、“6·26”国际禁毒日、自行车环岛游等活动，丰富青少年生活，形成积极向上的生活态度和奋斗精神。通过举办大学生双语演讲比赛、关爱农民工子女志愿服务月等创新性品牌活动，激励广大青年在各自岗位上奋发进取、建功立业。启动"金湾青年讲习堂"，拓宽青年学习交流平台，树立优秀青年形象，发挥杰出青年模范带头作用，宣传成功经验，激励广大青年成就青春梦想。

【志愿服务活动】2013年，共青团金湾区委员会、区志愿者联合会开展社区义务家电维修、志愿医疗服务进社区活动，累计维修家电80多台，服务社区居民500多人次。在暑假期间开展关爱农民工子女志愿服务月活动，关爱外来务工子女，建立"大手牵小手"结对帮扶长效机制，累计帮扶结对农民工子女20多对。团区委深入企事业单位、学校、村居发放宣传单并通过QQ群、微信等途径开展志愿者招募，200名热心公益事业志愿者报名加入"文明交通志愿行动"队伍。共青团金湾区委员会、区志愿者联合会与区创建全国文明城市领导小组办公室、交警部门共同确定活动地点，规范"文明交通志愿行动"志愿服务者服装、指挥旗、口哨等装备；举办文明交通志愿服务岗前培训，指导志愿者按照执勤民警的规范标准参与交通秩序维护，对不文明交通行为进行正确引导。

【"青春有约·缘在金湾"四季公益交友活动】2013年，共青团金湾区委员会提升"青春有约·缘在金湾"青年交友活动为"春暖花开""夏日缤纷""秋水伊人""冬季恋歌"四季持续开展的精品活动，服务广大青年婚恋交友需求。10月26日，共青团金湾区委员会、三灶镇异地务工青年综合服务中心联合开展的"青春有约·缘在金湾"2013年第三季"秋水伊人"青年交友活动在三灶镇异地务工青年综合服务中心举办，辖区大中型企业管理人员和高级技术人员、机关公务员、大中小学教师、医务人员等优秀单身青年120多人参加。

【金湾区第六届大学生双语演讲比赛】2013年11月22日，共青团金湾区委员会联合金湾区创建全国文明城市领导小组办公室、金湾区平安金湾工作领导小组办公室，在吉林大学珠海学院举办"创建平安城市，共享文明生活"金湾区第六届大学生双语演讲比赛。全区5所高校近400名师生观看比赛。吉林大学珠海学院学生从红霞经演讲《城市因你我而更美好》、歌舞表演《We ' re all in this together》两轮比赛获得冠军；广东科学职业技术学院学生王填、遵义医学院珠海校区学生杨雨露获二等奖；7名同学分获三等奖和优秀奖。

【异地务工青年综合服务中心"亲青家园"】2013年1月，三灶镇异地务工青年综合服务中心开始运营。作为全省首个直接在工业园区设立、专门为异地务工青年提供服务需求的"亲青家园"，三灶镇异地务工青年综合服务中心以构建枢纽型社会组织体系为抓手，"活动引领、骨干支撑、制度保障、服务为本、模式创新"为原则，打造1个综合管理中心和5个服务站（维权服务站、文娱康乐服务站、成长烦恼服务站、志愿者服务站和社会组织孵化站）。"亲青家园"为务工青年提供涵盖单身青年交友联谊、青年文化活动、维权服务、培训讲座、代办居住证、补办身份证、招聘会、文娱康乐活动以及政策宣传等多元化服务，直接对接服务异地务工人员13000多人次，得到《中国青年报》等媒体关注，被共青团珠海市委员会和珠海市委社管部作为青年阵地建设样板在全市推广。

【《加快发展金湾区志愿服务事业的意见》出台】2013年12月5日，第28个"世界志愿者日"，中共金湾区委出台《加快发展金湾区志愿服务事业的意见》，明确金湾区发展志愿服务事业的指导思想和主要目标，提出要拓宽志愿服务领域和覆盖面，构建志愿服务项目体系；组织发动党员和公职人员参加志愿服务，发挥示范引领作用；建立健全志愿服务部门协作机制，形成发展志愿服务工作的强大合力；加强金湾区志愿者联合会自身建设，推动志愿服务工作专业化运作；整合挖掘辖区特色资源优势，发展团体会员和社区服务队，形成“党政领导、各方参与、服务多元、组织完善、制度健全”的志愿服务事业新格局。

【金湾青年讲习堂】2013年12月30日，金湾青年讲习堂启动仪式在珠海城市职业技术学院举行，全区5所高校学生、企业、村居团员青年500多人参加活动。金湾区委副书记、政法委书记、社管部部长习恩民出席活动，并向首场主讲嘉宾中共十六大代表付丽君颁发“金湾青年导师”纪念牌匾。金湾青年讲习堂长期邀请全国和省、市级“两代表一委员”中的青年代表、青年企业家、青年岗位能手、青年致富人才、青年领导干部、青年志愿者领袖等杰出青年举办系列专场活动，推进活动进学校、进企业、进社区。拓宽金湾区青年学习交流平台，宣传模范青年的奋斗历程和成功经验，激励广大青年发展进步。（张　媚）

区妇联

【概况】2013年，珠海市金湾区妇女联合会开展妇女小额免息贷款、困境妇女儿童帮扶、家庭文化创建等工作。8月，创建“花语”系列活动平台，服务全区各界妇女参与各项建设。“花语”以“服务基层、服务妇女”为宗旨，立足妇女和家庭两大重点领域，其中以“花语汇”为龙头，带动“花语窗”“花语亲”“花语舞”“花语勤”“花语权”“花语沁”六大平台建设，带领全区各界妇女参与金湾社会建设，助力金湾“二次创业”。全年“花语汇”活动成功举办5期，服务区妇儿480人次。“花语亲”作为金湾妇女社会组织孵化平台，孵化出金湾首个社会爱心组织“百合之约”爱心协会。存在主要问题：金湾区妇女文化水平、就业能力不适应市场经济发展，妇女就业层次下沉，下岗失业妇女再就业困难，两性收入差距拉大，农村妇女收入增长缓慢；区妇联维护妇女利益、发挥枢纽型社会作用有待加强。

【妇女儿童帮扶工作】2013年，金湾区妇联在春节、三八妇女节、母亲节、六一儿童节、中秋节、国庆节期间，组织区妇联系统、执委成员和各方爱心人士慰问区困难母亲、家庭及巾帼科技示范户，送去近20万元慰问品和慰问金，惠及600多人次并开展结对帮扶工作。联系爱心企业为5名困境儿童获得珠海卓凡集团“爱心圆梦计划”2.7万元学习生活资助。母亲节期间，组织全区60户单亲贫困家庭参加银沙滩“母爱心连心”亲子活动。“六一”期间，组织40多名困境家庭儿童参观珠海市妇联展出的“遇见材料，重塑想象"儿童创意美术展。

【妇女科技示范户】2013年，金湾区妇联与金湾区科协合作，建立第六批金湾区妇女科技示范户，培养有丰富种养经验和技术能够应用农业新品种、示范新模式和推广新技术，并获得较好经济效益，有较强示范带动作用的妇女农户，并给予经济、技术支持。带领妇女科技示范户到周边地区考察学习种养技术，并给予示范户4万多元的资金支持，用来购买先进的技术设备和良好种苗。

【妇女信访维权工作】2013年，金湾区妇联全年接待群众来信来访40多宗，办结率98%。重点解决农村出嫁女、外来女工权益、家庭暴力等问题，为三灶定家湾出嫁女争取享受村民同等待遇的一次性征地补偿。联合金湾区法律援助处开通法援“绿色通道”，发放法律援助资格卡，免费为5名困难妇女提供法律援助。

【完成区妇联换届工作】2013年1月11日，金湾区妇女第三次代表大会在区办公中心召开，全区69名妇女代表参加会议。大会听取和审议金湾区妇联第二届委员会工作报告。报告指出，2008年至2012年，金湾区妇联坚持“一手抓发展，一手抓维权”，完成区妇女第二次代表大会确定的各项任务：搭建就业平台帮助妇女就业再就业，每年牵头举办全区“城乡下岗失业妇女就业再就业专项招聘会”，协助1800多名妇女实现就业；发展女科技示范户，培育妇女科技示范户21户，发放资金12.5万元；开展爱心扶贫活动，慰问单亲特困母亲家庭400多户（次），协助她们就业及其子女完成学业；维护妇女儿童合法权益，建立金湾区维护妇女儿童合法权益联席会议制度，在各镇、村（社区）建立妇女维权（法制）工作站。金湾区妇联系统先后荣获“全国妇女城乡建功先进集体”“全国妇女健身示范点”“全国妇联组织建设示范社区”荣誉。金湾区妇女第三次代表大会选举吴旸、陈莉、陈燕君、周晓玲、梁晓芳5人为金湾区第三届妇女联合会常务委员会委员，吴旸、陈莉等19人当选金湾区第三届妇女联合会执行委员会委员。

【创建金湾女性文化活动阵地“花语汇”品牌】2013年9月，金湾区妇联推出“花语汇”活动。“花语汇”寓意金湾“女人花”心语交汇的地方，是一个为金湾女性提供心灵释放、沟通、互动、碰撞、提升的活动平台。“花语汇”设“花语”（交流主题）、“花主”（主聊人，由大家轮流做庄）、“花期”（每月定期开花）以及“大众评花”（最后大家给花主评选花名）四个环节。截至年底，举办“如何让我们一起更优雅”“从培养孩子当中做一名快乐妈妈”“以感恩之心 尽工作之责（当机会来临 您准备好了吗？）”“不做沉默的羔羊（反家暴维权益）”等5期“花语汇”，服务区妇儿480人次。活动富有创新性、趣味性、互动性和学习性，得到众多女性欢迎和参与，活动延伸到两镇、各个社区和企业。

【金湾妇女社会组织“花语亲”孵化平台】2013年，金湾区妇联发挥“花语亲”作为社会组织孵化平台的作用，推动各类妇女社会组织的成立。12月3日，成功孵化出金湾区首个社会爱心组织“百合之约”爱心协会。该协会由社会各界人士、团体自愿组成，奉行“奉献、友爱、互助、进步”准则，为金湾区妇女儿童提供义务服务的爱心公益平台，会员以女性为主，正式注册会员70人。协会成立当天慰问三灶、红旗两镇60户单亲特困母亲。（郭春华）

区科协

【概况】2013年，珠海市金湾区科学技术协会开展科普知识宣传和推广青少年科技活动及农村党员（妇女）科技示范工作，推进科普设施建设，推动技术创新方法培训（TRIZ）等工作。截至年底，金湾区科学技术协会辖下有镇科协2个，企业科协1个，学会科技服务站2个，市级科普教育基地2个，院士专家企业工作站1个。

【科普教育宣传】2013年，金湾区科学技术协会开展科普电影进社区、进学校、进企业活动。利用文化部门送电影进社区、进学校、进企业这一平台与承办方合作，每次放电影之前播放5～15分钟科普短片，全年播放短片30多小时。开办《科普大篷车》电视栏目，与金湾区新闻中心、中国科学技术馆（提供科普片源）合作，在金湾区新闻中心每周播出3～4次，面对全区群众开展经常性的科普教育。利用科技服务站的专业优势开展科普知识宣传教育，联合金湾区图书馆举办营养科普知识讲座3场。邀请珠海市营养学会、金湾科技服务站专家为三灶镇三灶社区、红旗镇三板社区居民和珠海联邦制药股份有限公司职工进行知识讲座，共300人参加学习。

【技术创新培训】2013年，金湾区科学技术协会按照“创新发展，方法先行”要求，开展企业技术创新方法（TRIZ）培训。在珠海市举行的5期培训中，金湾金湾区科学技术协会承办2期（每期3天），全区超过50家企业、高等院校科技研发人员200人参加学习培训。8月、11月，金湾区科学技术协会组织区内企业、大专院校专家和科技人员100多人参加旺磐精密机械有限公司举办的“多轴高效率切削应用研讨会”，为区内广大科技工作者提供学术交流平台。

【青少年科技活动】2013年11—12月，金湾区科学技术协会联合区教育部门组织金湾区在校青少年参加广东省第二十九届青少年科技创新大赛。全区9所中小学、幼儿园提交科幻画、发明创造、科学论文、科技实践等方面作品103件，在38件选送全市展评作品中21件作品获一、二、三奖。9月，金海岸中学在参加中国航天报社等单位主办的“我的中国梦”首届全国青少年航天科普大赛（YASC）总决赛中获得单项、团体16个奖项。

【科技示范户工程】2013年，金湾区财政安排落实专项资金10万元，扶持全区党员（妇女）科技示范户，发挥示范带动作用；开展农村种养技术培训，参观种养示范户，介绍成功经验。金湾区科学技术协会联合区妇女联合会组织妇女党员科技示范户赴广州从化学习参观当地先进种养技术等活动，发挥科技示范户带动作用。

【市级科普教育基地“电力科普展示厅”成立】2013年5月14日，金湾供电局“电力科普展示厅”获批为珠海市级科普教育基地。基地位于红旗镇供电所一楼，占地150平方米，为金湾居民介绍电的产生、应用、节约用电、安全用电等知识。基地配备专人为前来参观学习的居民讲解、指导操作、播放电力科普宣传片等。全年接待参观居民1500人次。（刘超三）

区侨联

【概况】2013年，金湾区归国华侨联合会加大对外联络工作，积极开展海外联谊活动，全年接待海外社团6批（次）。11月22日，成功接待美国珠海联谊总会主席吴结兴一行。全年组织发动归侨侨眷、海内外侨胞参与全区经济和社会建设，开展扶贫、助学、维护侨界合法权益等工作，引导侨界致力于全区社会公益事业，维护社会和谐稳定。截至年底，全区有归侨2812人，侨眷9500多人，海外华侨、华人3550多人。海外华侨、华人多数是三灶镇人，华侨、华人主要分布在美国、加拿大、荷兰、澳大利亚、新加坡等13个国家和地区。归侨多数分布在红旗镇，是1978—1979年越南排华时红旗华侨农场接收安置的归难侨。海外和港澳社团共4个，即美国纽约三灶同乡会，香港安澜轩三灶同乡会，侨港中山鱼弄同乡会，澳门三灶同乡会。金湾区三灶镇、红旗镇、高栏港经济区平沙镇（因高栏港经济区未有侨联，暂挂金湾区）挂镇归国华侨联合会牌子，各镇侨联均设专兼职主席、副主席、秘书长，保障各镇侨联日常工作运行。

【侨联扶贫济困】2013年，金湾区归国华侨联合会开展献爱心慰问活动，在春节、中秋、国庆等传统节日慰问全区困难归侨侨眷和80岁以上老归侨，慰问总人数280人。“新春送温暖”慰问活动，走访慰问全区125名孤、寡、病、残、困归侨侨眷，慰问金额4.65万元。8月，金湾区44名大专以上困难归侨侨眷学生纳入珠海市侨联“侨心工程”助学计划，每人领到2000～2500元不等的助学金，共发放助学金9.6万元。

2013年8月11日，澳门三灶同乡会联谊活动（苏勤福 摄）

【侨联参政议政】2013年，金湾区侨界人大代表2名、政协委员6名，侨界人大代表和政协委员提交建议、提案各1件，分别是任东卫撰写的《关于妥善处理金湾外国语学校开高音喇叭扰附近居民的建议》、冼亚珍撰写的《关于要求拓宽大企线498米单行线的建议》，均获立案并落实。金湾区归国华侨联合会根据各项调研情况形成报告上报区相关部门和侨界人大代表、政协委员，在议案和提案中反映现状，提高侨界人大代表和政协委员参政议政能力。

【归侨侨眷权益保护】2013年，金湾区归国华侨联合会收到归侨侨眷来电、来信、来访14件（次），反映问题集中在危房改造、购房指标、拆迁补偿、生活困难、归侨身份界定等方面。金湾区归国华侨联合会根据反映问题到主体单位调查了解情况，按照归侨侨眷权益保护法规定维护归侨侨眷合法权益，对当事人及时作出回复化解矛盾。

【镇级侨联换届】2013年3月15日，平沙镇归国华侨联合会召开第三次归侨侨眷代表大会，选举杨准为新一届镇归国华侨联合会主席，邓平、李慧聪为副主席，李兰邦为秘书长。12月5日，红旗镇召开第二次归侨侨眷代表大会，选举徐源均为新一届镇归国华侨联合会主席，杨明杰为副主席，卓慧莹为秘书长。新一届镇侨联班子的成立，为实现区镇侨联互动，开展侨务工作提供有力的组织保障。（刘柔生）

区残联

【概况】2013年，珠海市金湾区残疾人联合会围绕残疾人的基本需求，立足基层、面向农村，加强残疾人组织建设、康复、教育、就业、文体和扶贫解困等专项工作。金湾区管辖范围内三灶、红旗镇设镇残疾人联合会，村（社区）成立残疾人协会。镇残联设兼职理事长，配残疾人专职委员1人，负责各镇日常具体工作。村（社区）负责人兼任残疾人协会主席，全区20个村（社区）各配备残疾人康复协调员1名，负责本辖区残疾人事务。截至年底，全区有持证残疾人828人，其中：一级残疾295人、二级残疾209人、三级残疾222人、四级残疾102人。一级残疾人与二级残疾人所占比例分别为35.63%、25.24%，重度残疾人占残疾人总数的60.87%。

【残疾人康复】2013年，金湾区残疾人联合会按每人每月100元标准，累计为精神病患者1084人次提供免费服药服务。巩固“白内障无障碍区”成果，免费为白内障患者提供复明手术和助视器，做到发现一例，手术一例，复明一例，全年实施白内障复明手术41例。为1名肢体残疾人免费安装假肢2例（小腿假肢2例）。免费为贫困听力残疾人配发助听器13件。发放10张轮椅给有需求的残疾人。开展“阳光家园”居家托养服务，为30名残疾人按每人500元进行补贴，共发放补贴金额1.5万元。依托珠海市“慈爱残疾人托养中心”，为5名重度低保残疾人办理集中托养入托手续，全年共有26名重度低保残疾

2013年11月22日，美国珠海联谊总会一行8人到金湾区访问，区委副书记习恩民（右三），区委常委、统战部部长翟小强（左二）接待（苏勤福 摄）

人在该中心集中托养。

【残疾人就业】2013年，金湾区安排残疾人就业55人，培训32人；扶持残疾人创业22人，发放创业补贴78530元。金湾区残疾人联合会组织25名残疾人参加珠海市残疾人联合会举办的“珠海市2013年就业援助月残疾人就业专场招聘会”。对辖区内新招用珠海市户籍残疾人且签订劳动合同满一年的21家企业发放新招用残疾人岗位补贴9万元。对2012年度按时缴纳残疾人就业保障金并符合奖励条件的1173家企业进行奖励。6月25日～8月31日，为全区1450家用人单位办理按比例安排残疾人就业年审工作，对不按时前来年审的用人单位，及时邮寄缴费通知书。

【残疾人教育】2013年，金湾区残疾人联合会配合教育部门贯彻落实《残疾人教育条例》，组织做好残疾人教育工作，抓好残疾儿童少年随班就读工作，使适宜接受普通教育的残疾儿童少年入学率达到健全儿童少年同等水平，将不适宜接受普通教育的残疾儿童少年转介到特殊教育学校就读，全面提高适龄残疾儿童少年入学率。全年为符合条件的16名残疾学生及残疾人子女申请扶残助学补助11600元。

【扶贫与社会保障】2013年，金湾区执行珠海市残疾人生活津贴政策，发放范围包括全部持证残疾人；实行金湾区重度、中度残疾人生活补贴政策，全年金湾区财政发放残疾人生活津贴和补助共2036895元。做好节日慰问工作，春节、中秋节等传统节日和“全国助残日”期间，金湾区领导带队到残疾人家庭了解生产生活情况，倾听残疾人的呼声，解决实际困难。落实省政府十件民生实事，为金湾区32户贫困肢体残疾人家庭进行无障碍改造，安装扶手，配置浴凳、坐便椅，改造坡道，方便残疾人生活。全年金湾区残疾人联合会下拨慰问经费36.1万元；为6名肢残人发放机动车燃油补贴1560元。

2013年1月11日，金湾区副区长童嫚（右四）慰问贫困残疾人
（金湾区残联提供）

【残疾人文化体育】2013年，金湾区残疾人联合会克服区内文化艺术特长残疾人、运动员人数不足的困难，加强选拔和训练，组织开展一系列文体活动。在珠海市残疾人联合会举办的“我的中国梦”残疾人艺术作品比赛中，金湾区残疾人获一等奖1名，二等奖2名，三等奖1名，优秀奖3名，金湾区残疾人联合会获组织奖。残疾人刘建春在广东省第八届残疾人文艺汇演中获三等奖。4月28日，珠海市残疾人联合会举办市第一届残疾人举重锦标赛，金湾区残疾人联合会派出10名下肢残疾运动员参加比赛，获得1个第一名，3个第二名，2个第三名，获得团体奖牌榜第二名。6月21日，珠海市残疾人联合会举办第一届残疾人乒乓球、羽毛球锦标赛，金湾区残疾人联合会派出12名残疾人运动员参加乒乓球比赛，获得5个第一名，1个第二名，获得乒乓球奖牌榜第二名；派出18名残疾人运动员参加羽毛球比赛，获得8个第一名，3个第二名，4个第三名，获得羽毛球奖牌榜第一名，金湾区残疾人联合会被授予“体育道

德风尚奖”称号。8月，在珠海市特殊学校举行的“珠海市第四届特奥运动会”中，金湾区25名运动员参加比赛，获得“团结协作奖”。12月2日，金湾区残疾人联合会在红旗镇全民健身广场举办金湾区社区特奥趣味运动会，智力残疾人、家属及工作人员70人参加运动会。

【金湾区残疾人联合会换届工作完成】2013年2月28日，金湾区残疾人联合会召开第三次代表大会，53名代表参加会议，其中各镇代表32名，区直机关代表21名。代表大会主席团由19名委员组成，其中残疾人（含智力和精神残疾人亲友）11人。按照《中国残疾人联合会章程》完成金湾区残疾人联合会换届任务，童嫚当选为金湾区残疾人联合会第三届主席团主席；梁蔚茹、成文锋等当选为副主席；成文锋当选为金湾区残疾人联合会第三届执行理事会理事长，张东当选为副理事长。新一届残联班子的成立，为推动基层残疾人事业发展提供组织保障。

【金湾区残疾人综合服务中心成立】2013年12月，珠海市金湾区残疾人综合服务中心经金湾区机构编制委员会研究同意设立，为公益一类事业单位，核定事业编制3名，人员经费为区财政补助一类。金湾区残疾人综合服务中心主要职责为：贯彻执行国家、广东省、珠海市关于残疾人的方针政策，拟订相关工作计划并组织实施；负责残疾人就业、社区康复训练、转介治疗、学龄前四类残疾儿童免费抢救性康复、康复信息咨询和残疾预防服务工作；负责残疾人辅具个性化适配评估和服务工作、开展残疾人居家环境无障碍改造和居家康复服务；负责开展残疾人教育、扶贫、社会保障、文化和体育等工作，推广特奥运动，选拔和培训残疾人文化、体育人才等。

【镇级残疾人康园工疗站建设】2013年，金湾区残疾人联合会启动红旗镇、三灶镇残疾人康园工疗站建设，为辖区内成年精神病康复者、智力残疾人和重度肢体残疾人提供日间照料、康复功能训练、居家生活能力训练、庇护工场、康乐文体活动和知识普及。截至年底，完成2个工疗站的选址和立项工作，定于2014年完成两个工疗站建设工作并投入使用。两个残疾人康园工疗站总占地面积750平方米，设立（电子）阅览室、康复咨询室、心理咨询室、社工个案室、法律咨询室、康复训练室、娱乐活动区和手工制作区等。

【金湾区助残志愿者服务大队成立】2013年11月，金湾区助残志愿者服务大队正式成立。金湾区助残志愿者服务大队依托金湾区内五大高校志愿青年、社会爱心人士，为区内残疾人提供外出协助服务；进行一对一的情感交流，建立沟通渠道；协助残疾人完成康复训练，使用康复器材，恢复身体机能；采用结对形式，上门服务残疾老人等志愿服务。在春节、中秋节和“全国助残日”期间，帮助托养机构、贫困残疾人家庭贴春联、清洁卫生、心理辅导等。（高　婧）

区红十字会

【概况】2013年，金湾区红十字会围绕弱势群众的基本需求，加强志愿者组织体系建设，开展扶贫解困等公益慈善事业。全年实现募捐总额4255294元，其中开展“6·30广东省扶贫济困日”活动，发动专项捐款捐物，接收捐款780377.90元，全区各地摆放募捐箱200个。8月，联系爱心企业得理乐器（珠海）有限公司，捐款人民币3.2万元用于“一对一”帮扶工程，救助外来工张耀选患脑癌的孩子。10月，联系珠海市红十字会为三灶镇外来工尹力的先天性心脏病女儿高可欣实施“救心行动”，挽救幼小生命。全年为金湾区开展扶贫、助孤、助残工作和发展教育、卫生等社会福利事业提供经费支持和补充，做好社会公益“使者”角色。

【“博爱送万家”活动】2013年，金湾区红十字会在红旗镇举办金湾区红十字“博爱送万家”活动，活动投入善款10多万元，慰问大病救助困难家庭220户、救心行动

15人、孤儿16人、家庭困难红十字志愿者20人、贫困单亲儿童55人、祥兴隆公司历年慰问对象33人、金湾福利院老人53人、贫困白内障复明手术27人。活动内容包括发放慰问金和慰问品、白内障人士接受珠海中医院免费提供的白内障术后检查服务、慰问福利院等。

【募捐箱清查整顿】2013年2月，金湾区红十字会对所设置的募捐箱进行清查整顿：摸清设置的数量和安放地点，登记造册；明晰募捐箱的设立方式是红十字会独立设置还是合作设置、管理模式和收款流程，明确管理责任，把管理任务落实到具体单位和人员。对于管理工作做得好的单位总结经验，积极推广；对存在的问题，找出原因并进行整改；对不适宜继续合作的社会机构，做好沟通协调，妥善中止合作。

【无偿献血和艾滋病防治宣传】2013年，金湾区红十字会联合珠海市中心血站，分别在金湾区行政办公中心、红旗镇珠海阳光儿童用品有限公司、三灶镇府机关和三灶镇白井电子科技（珠海）有限公司开展组织造血干细胞捐献抽样和无偿献血暨艾滋病防治宣传大型活动，为300多名爱心人士提供优质便利服务。为有需要人士无偿献血56276毫升，其中区镇机关97人参加无偿献血、67人成功献血22090毫升，爱心企业有152人参加无偿献血、112人成功献血34186毫升。金湾区红十字会获得珠海市公民无偿献血办公室和珠海市中心血站颁发的“热血拯救生命、传递人间真情”光荣称号、珠海市红十字会颁发的“博爱之星”光荣称号。

【“美神阳光助学金”帮扶工程】2013年，金湾区红十字会开展帮扶孤儿和贫困单亲家庭儿童、特殊家庭儿童等困境儿童的“美神阳光助学金”帮扶工程。通过筹划、牵线搭桥，更多爱心人士自愿加入“美神阳光助学金”帮扶工程，全年累计获得助学捐款85777.20元，资助金湾区困境儿童200多人次。联系爱心企业珠海花影美容有限公司为金湾区海华小学美德少年苏晓莹提供1.5万元的帮扶，资助苏晓莹直到初中毕业的各种费用。

【四川雅安地震赈灾】2013年4月20日，金湾区红十字会在全区范围内发出紧急援助呼吁，开展四川雅安地震赈灾募集工作，截至4月底募集专项资金266565.40元。联系金湾区政协等与爱心企业金品电器、得理乐器沟通，分别募集赈灾专款500000元、136680.8元，5月15日召集160多人在金湾区办公中心3号楼举行捐赠仪式，金湾区四套班子领导代表出席仪式。

【第二次会员代表大会暨第二届理事会第一次会议】2013年11月6日，金湾区红十字会在金湾区行政办公中心3号楼召开第二次会员代表大会暨第二届理事会第一次会议，珠海市红十字会常务副会长邱华松，金湾区区委副书记、区长欧阳德红，区政协主席谢雄辉、区人大常委会副主任林乃光、副区长贺军出席会议。会议总结回顾金湾区红十字会2008—2012年工作情况，安排部署2013—2017年工作，审议通过《金湾区红十字会第一届理事会工作报告（草案）和救助救灾款物报告（草案）》《金湾区红十字会2013—2017年工作规划纲要（草案）》；选举产生金湾区红十字会第二届理事会理事、常务理事、秘书长、副会长、常务副会长、会长，聘请欧阳德红、谢雄辉、林乃光等为金湾区红十字会第二届理事会名誉会长。会议对5年来支持红十字事业发展，捐赠款物价值10万元以上的单位和个人授予珠海市金湾区“红十字博爱之星”称号，弘扬红十字“人道、博爱、奉献”精神。（张天生）

区社科联

【概况】2013年，珠海市金湾区社会科学界联合会开展社科研究、学术研讨和社科普及等工作。全年举办专题讲座、座谈会等学术活动3次，开展社科普及活动6次，21项社科课题立项，组建56名专家组成的社科专家库。

【学术研讨】2013年，金湾区社科联组织社科理论界专家、学者以专题讲座、座谈会等形式，集中研讨金湾区发展战略。5月31日，与金湾区委宣传部共同组织召开社科理论界贯彻落实“金湾区建设发展现场会”精神座谈会，邀请珠海市社科联、辖区高校10余位专家学者，围绕金湾区如何贯彻落实现场会精神以及全区新的经济增长点、三大战略新兴产业如何发展建言献策；11月28日，金湾区委宣传部、区社科联举办金湾区社科理论界学习十八届三中全会精神座谈会，邀请市社科理论研究机构、驻区高校的社科专家学者10余人参加座谈。

【社科普及】2013年，金湾区社科联整合资源，共同举办2013年金湾区“普及社科知识　建设人文金湾”社科普及周系列活动。通过现场咨询、图片展览、有奖知识问答等形式宣传社科知识。在三灶伟民广场、红旗文化广场开展“情暖金湾——优秀电影进基层”活动。邀请市委党校副教授李文辉为珠海市城市职业技术学院师生作题为《珠海“红色三杰”的伟大精神及当代启示》专题讲座。

【金湾区首次组织社会科学“十二五”规划课题申报】2013年6月，金湾区社科联组织开展金湾区社会科学“十二五”规划2013年度课题申报立项工作，课题要求围绕金湾区经济社会发展，具有较强现实意义和一定学术价值。驻区高校及区直相关单位共申报课题41项，经社科专家评审和区社科联常委会研究审议通过，21项课题获得立项，其中资助6项，免资助15项。

【建立社会科学专家库】2013年，金湾区社科联整合社科研究资源，加强社科人才队伍建设，为区委、区政府决策和经济社会发展提供咨询服务，为区社科规划课题立项及社科优秀成果评奖培养专业化评委。深入各科研单位摸底社科力量，建立涉及政治、经济、文教等方面专家组成的56名社科专家库。开展筹建珠海市哲学学会金湾分会工作。（赵翔宇）

区文联

【概况】2013年，珠海市金湾区文学艺术界联合会围绕全区中心工作，抓创作、抓人才，促繁荣，通过联络、协调、服务、指导，引导会员投身文艺创作，多件作品在省级以上发表、入展或获奖。加强对外交流，成功举办金湾区第二届书画摄影展等活动。截至年底，金湾区文学艺术界联合会下设有文学、书法、美术、摄影、戏剧、曲艺、音乐舞蹈、诗词楹联、诗书画院等9个协会，会员400多人，文联委员21人。

【文艺创作】2013年，金湾区文学艺术界联合会坚持“二为”（文艺为人民服务、为社会主义服务）方向和“双百”（百花齐放、百家争鸣）方针，坚持“三贴近”（贴近实际、贴近生活、贴近群众）原则，分析研究面临的新形势和新任务，做好文艺发展规划，加强文艺精品创作。谢小灵诗组《虚构的飞》在《人民文学》发表。陈敢清作品《考考你的眼力》获第六届广东省科普作品创作大赛二等奖。李南华书法作品入展广东省第二届张九龄杯书法篆刻展；书法作品在纪念袁崇焕诞辰四百二十八周年“袁崇焕杯”全国书法大赛中入选。林启鸿、文金涛诗词作品入选由文化部、中国文联、湖南省政府主办的“中国百诗百联大赛”并编入作品集。

【文艺交流活动】2013年，澳门社区服务协进会书法艺术研究中心一行8人与金湾区书法家协会成员进行交流，为加强金湾与澳门的书法艺术交流搭建平台。岭南诗社副社长廖开鉴及广西容县柚乡女子诗社16名社员，与金湾区诗词楹联学会联谊。区诗书画院、诗词学会林启鸿等赴广西容县参加诗歌笔会交流活动。举办红旗中学教职工摄影展。举办“书中国梦，话夕阳红”金湾区老年书画展，展览展出作品140幅，以“美好、和谐”为主题，书画表现手法多样、内容丰富，书法有真、草、隶、篆四体齐备；国画有写意、工笔一应俱全。中国书法家协会创作委员会委员、中国书协培训中心教授、书法家李松及弟子一行16人，应金湾区书法家协会之邀到金湾讲学。

【“迎新春、进农村、送春联、树新风”活动】2013年春节前，金湾区文学艺术界联合会组织书法艺术家和爱好者进社区、进工厂，为群众书写近3000幅春联，通过农民工春节返乡将新文明、新风尚由金湾社区辐射到全国各地。一年一度的“迎新春、进农村、送春联、树新风”活动成为文联活动的一个品牌。

【《金土地》创刊】2013年1月，《金土地》杂志创刊号正式发行。该杂志由金湾区文学艺术界联合会主管，金湾区诗词楹联学会、金湾诗书画院主办，是融诗、书、画研究与评论于一体，以书画艺术为拓展的综合刊物。《金土地》主要通过网络向全国征稿，创刊号收到来自全国各地作品1000多件，并得到北京、新疆等地同行的支持和鼓励。《金土地》为金湾区广大诗、书、画爱好者提供学习、交流平台，扩大金湾区对外文化影响力。

【举办陈敢清摄影展】2013年8月，举办陈敢清蝴蝶摄影作品北京中国动物博物馆邀请展。陈敢清为新华社签约摄影师、中国摄影家协会会员、中国新闻摄影学会会员、广东省昆虫学会昆虫摄影协会会长、金湾区文联兼职副主席、金湾区摄影家协会主席，是中国蝴蝶资源调查野外摄影考察活动的倡导人、发起人和首席摄影师。邀请展共展出160多幅蝴蝶摄影作品，为珠海首个由国家级专业社团组织邀请并主办与承办的个人摄影作品展览。

【举办金湾区第二届书画摄影展并出版作品集】2013年12月，举办金湾区第二届书画摄影展并出版《金湾区第二届书画摄影展作品选集》。展览共征集书法、美术、摄影作品300余幅，经专家评鉴选出180余幅作品参展。展出作品风格多样、构图新颖、视角独特，展示广大艺术家及爱好者对美丽金湾的热爱和对美好生活的向往。金湾区委常委、宣传部长吴文莱，区人大常委会副主任彭祖国，澳门书法家协会主席连家生，珠海市书法家协会主席杜国志，珠海市摄影家协会主席马刚等出席开幕式。（李南华）

武 装

人民武装

【概况】2013年，中国人民解放军广东省珠海市金湾区人民武装部按照习近平总书记提出的“听党指挥、能打胜仗、作风优良”的强军目标，注重思想政治建设和战备训练，加强军地联合演习，深化双拥共建和民兵整组工作，完成新兵征集任务。组织民兵抗击台风、暴雨，先后出动民兵230人次，转移当地群众300人。

【思想政治建设】2013年，金湾人民武装部开展“坚定信念、铸牢军魂”主题教育活动，在团以上党委机关开展“学习贯彻党章，弘扬优良作风”教育活动。注重干部职工经常性思想教育，建立每周一次政治教育课制度，传达学习上级文件和各项规章制度，对干部职工进行强化事业心教育，坚持工作高标准教育和与人友善专题教育。严格组织生活制度，建立健全各种组织，落实每周党团活动制度，制定活动计划。开展以“加强党性修养，弘扬优良作风”为主题的党委民主生活会。10月8—9日，围绕“高举旗帜、听党指挥，能打仗、打胜仗，从严治党、从严治官，真抓实干、埋头苦干，反四风和乱发补贴”等内容，查摆形式主义、官僚主义、享乐主义和奢靡之风方面的问题，召开党委民主生活会开展批评与自我批评。

【武装工作】2013年，针对战备工作现场会试点工作，金湾人民武装部开展战备形势教育。修订完善重要目标防卫、非战争行动等12个战备方案，开展干部计算机标图、手枪射击训练，职工轻武器分解等训练，做好迎考准备。每周一、周五到警备区参加紧急出动连贯演练、军事理论考核、想定作业和武装越野及手枪射击连贯考核。各级考核优秀率达100%。

【民兵整组】2013年4月，根据上级下达整组任务，金湾人民武装部召开金湾区民兵整组工作会议，印发整组工作资料250份，组织专武干部整组业务培训2天，根据整组规定，结合金湾区实际，采取属地编组、对口编组方式进行整组，做到定位、定人、定点，确保随召随到。先后接受广东省军区、珠海市警备区工作组点验，11月25

日，广东省军区司令员盖云龙检查并肯定金湾人民武装部民兵整组落实情况。

【双拥共建】2013年，金湾人民武装部做好“双到”扶贫和“双拥”（拥军优属、拥政爱民）共建工作。帮助基层困难群众排忧解难，密切军民关系，开展“下基层、察民情、送温暖、献爱心”活动。元旦、春节期间，走访慰问挂钩帮扶的5户贫困户（三灶镇草堂湾社区3户，斗门区西滘村2户）。8月1日，结合征兵宣传，联合金湾区委宣传部在三灶伟民广场举办“让梦想在献身军营实践中成真”大型音乐会。9月组织在校大学生军训并对辖区高校开展国防教育5次。对遵义医学院珠海校区1000余名新生进行为期15天军训，各镇武装部为各中学近3000名学生进行军训。

【民兵专业训练】2013年，金湾区民兵应急专业力量有两支，即民兵应急独立连和森林防火分队，主要担负金湾区应急突发事件和扑灭森林火灾任务。5月，组织民兵营长进行共同基础训练，并进行自动步枪实弹射击。7月，参加珠海市警备区专武干部集训，获得单位总分第二名。8月15—30日，金湾人民武装部组织民兵应急分队进行盾牌操、拳术和队列等相关专业集训，内容以专业理论和单兵操作训练为主，最后进行1天的综合演练。10月，针对辖区社会形势，采取集中吃住形式，组织民兵应急分队进行为期15天的集训，突出围控封锁、驱散隔离、保卫重要目标、协助抓捕骚乱分子、解救被困人质以及协助公安干警设卡布控等行动演练，提高应对处置公共突发事件的能力。

【“粤联-13珠海”军地联合演习】2013年4月，金湾人民武装部组织相关参演人员开展模拟训练，召开2次会议部署安排演习相关工作。5月，根据珠海市警备区统一安排，在驻地开设指挥所，配合“粤联-13珠海”军地联合演习。指挥所席位设置规范，演练程序清晰，人民武装部组织作战能力得到提升。

【完成新兵征集任务】2013年，针对征兵时间调整和对深圳、珠海兵员文化程度特殊要求出现的新情况，金湾人民武装部把兵员质量作为唯一标准，严查细审。广泛开展征兵宣传动员活动，利用报刊、电视、广播、互联网等各类新闻媒体以及微博、广告、短信等青年人喜闻乐见的形式开展宣传，派发征兵宣传手册1000余份，张贴征集通告50份，在主要路口悬挂横幅4条。6月24日，在广东科学技术职业学院召开大学生应征入伍启动仪式。8月1日，在三灶伟民广场举行征兵报名大会。先后分3批次组织体检、政审，完成新兵征集任务。未出现退兵换兵现象。完成直招士官上站体检和国防生、军校生政治考核工作。（杨　强）

边防武装警察

【概况】2013年，中国人民武装警察部队三灶边防大队参加驻地军警联勤行动5次，实施海上救助15次，调解治安矛盾31起，查获走私案件16起，案值达70余万元，同驻地金湾三灶各友邻单位加强学习合作，密切沟通联系，加强执法执勤、爱民固边、党风廉政和作风建设工作，为辖区鱼林村困境儿童开展助学辅导45次，辅导困境儿童800多人次。获评广东边防总队“先进基层单位”“优秀党支部”及省级青年文明号。

【部队正规化管理】2013年，三灶边防大队开展“深入学习贯彻十八大，做为民务实清廉的忠诚卫士”主题教育活动，按照广东边防总队要求开展正规化建设。严格按照正规化标准对营区营貌、办公秩序、内务秩序进行新一轮的建设，对损耗物资详细登记、更换破旧办公工具、整改官兵内务秩序，开展党课思想教育15次，组织主题教育讨论活动5次，撰写学习心得体会50余篇。坚持以预防为主，抓好“两个分析一个评估”工作（部队形势分析和辖区社情分析，评估安全风险），重点分析“人、车、枪、

2013年6月20日，三灶边防大队与珠海市艺术职业学院师生开展警地联创联建活动　（李　波　摄）

船、财、章、酒、赌”等方面的部队安全管理工作。投资3万多元，完善警营网吧电脑12台、增加图书藏书500多册，在营区设立名言、励志、警示牌21个，制作宣传板报13期，购置各类文化体育娱乐用品22件。每月定期开展集体文化活动，增进官兵感情，缓解官兵工作压力，营造拴心留人环境。

【海上治安管控】2013年，三灶边防大队接警出动59起，出动车辆180台次，出动警力1200人次，调节海上治安纠纷，挽回渔民经济损失100余万元。开展海上抢险救援演练5次，联合海事、渔政等部门开展海上清查行动50余次，检查船舶2130艘次、海上作业人员4085多人次。处置调解矛盾纠纷31次，海上救助遇险民众15次，救助民众63人，查处海上电鱼违法行为11起，处理移交海上偷盗行为3起；清理“三无”船只12条、艇壳3个。

【反走私工作】2013年，三灶边防大队查获走私案件16宗，缴获走私物品案值约70万元。成立反走私业务工作小组，小组成员进行专业反走私业务培训，全面掌控辖区内走私动态，组织官兵进行专业查控走私车辆和人员战术训练，研究典型走私案件案例，反走私工作走向专业化。

【爱民固边建设】2013年，三灶边防大队实施警官任村官制度，3名警官分别担任三灶镇海澄村、中心村、鱼林村村委副书记。任职期间为当地村委提出建设性意见5条，帮助解决家庭困难10起，联合遵义医学院珠海校区师生每周六在鱼林村开展义教活动，为困境儿童助学辅导45次，辅导困境儿童800多人次。“八一”期间开展双拥慰问活动；为三灶中心小学、三灶中学、遵义医学院珠海校区等驻地学校开展军训，军训师生2500多人；联合三灶镇海澄小学、珠海艺术职业学院开展警营开放日活动2次，与6个共建单位举办联谊活动9次。

【专项安保】2013年，三灶边防大队按照珠海市公安边防支队安保工作要求，配合开展安保工作，春节、元旦期间每日派出10名官兵在三灶镇中心闹市区开展街面巡逻，在国庆等重点敏感日期派出2艘船艇10名官兵在海上24小时执勤，维护海上治安秩序。

【边防海防监控系统全面升级】2013年1月，三灶边防大队边防海防系统升级项目投入使用，三灶边防大队指挥中心对接珠海市公安边防支队指挥中心实现数据共享及专家协助情况分析工作，三灶镇海澄村、中心村等沿海村实行分片维护辖区边防海防系统工作机制，确保实时无间断监控辖区治安情况。

【部队与高校警民共建活动】2013年，三灶边防大队利用辖区高校师资资源推动部队建设及知识技能培训工作，联合吉林大学珠海学院、遵义医学院珠海校区专家学者开办警营学习班，定期邀请专家到三灶边防大队讲课，讲授部队廉政建设必要性、高科技在边防工作的运用、卫生防护知识等，提高专业技能水平及党性修养。发扬部队优良传统作风，将部队正规化建设经验传授给地方高校，邀请参观警营建设5次，组织官兵军事技能表演8

次，大队整齐划一的管理模式得到地方高校管理层借鉴。

【应急抢险救灾服务队成立】2013年2月，三灶边防大队成立应急抢险救灾服务队，主要职能是应对辖区发生的群体性事件、自然灾害救助等工作，副大队长任应急抢险救灾服务队长，10名官兵任队员。全年以化解群众矛盾、增进群众感情为工作出发点，妥善处置因清理蚝排引发的群体性闹事事件，救助台风、洪涝灾害受灾群众，确保辖区治安秩序稳定。（林宝根　李　波）

人民防空

【概况】2013年，广东省珠海市金湾区人民防空办公室业务管辖金湾区和高栏港经济区，推进“战备人防、智慧人防、生态人防、效益人防、法制人防、和谐人防”建设，以航空产业园建设、航空新城开发为契机，做好人防工程报建和验收工作，组织编制金湾行政区人民防空工程专项规划（2012—2020），推进公共人防工程、金湾区101工程、台湾农民创业园疏散基地等项目建设。全年金湾区人防工程报建及验收项目265项，报建防空地下室面积44037平方米，竣工验收防空地下室建筑面积28442平方米。新增电声警报器10台、多媒体警报器1台。12月，金湾区三灶伟民广场公共地下人防工程开工建设，实现金湾区公共人防工程零的突破。

【警报设施建设】2013年，金湾区人民防空办公室辖区范围内新安装电声警报器10台、显示屏40平方米的多媒体警报器1台，按照《防空警报器看护管理办法》《关于加强珠海市警报设备维护管理的通知》要求，与看护单位签订40台防空警报器看护管理维护协议，做到定人看护，责任到人，每月对防空警报器进行定期巡查维护，确保日常安全使用。

【警报器试鸣维护】2013年9月18日，是“9・18”事变82周年纪念日，珠海市组织开展第十三次防空警报试鸣，鸣响警报，提醒市民熟悉信号、勿忘国耻，检验人民防空应急能力。全年金湾区人民防空办公室对辖区40台防空警报器进行维护检查，全面排查可能出现的故障，检验防空警报系统性能，并对防空警报器维护好的单位和个人予以表扬和奖励。

【人防工程建设】2013年，金湾区人民防空办公室审批人防工程报建及验收项目265项，其中易地建设项目245项，结合民用建筑修建地下室项目17项，办理人防工程平时使用证3项。加强人民防空工程使用维护与管理，严把人防工程竣工验收质量关，交付使用前与建设单位签订《金湾区人民防空工程使用维护与管理责任书》，落实人防工程使用维护与管理责任，对辖区的结建人防工程颁发《珠海市人民防空工程平时使用证》，保障结建人防工程安全。

【人防教育宣传】2013年，金湾区人民防空办公室全面落实人防宣传工作进社区、进企业、进机关、进学校、进家庭的“五进”活动。8月8日，在三灶镇新世界海滨花园

2013年8月8日，金湾区举办人防进社区宣传活动　（胡　浔　摄）

开展“学习防空防灾知识、增强防空防灾观念、提高安全保障能力”和普及人民防空法律专题宣传活动，展出防灾宣传挂图250多张、横幅标语20多条，派发应急包和宣传小册子600多份，小区居民观看宣传挂图、展板，学习人防知识小册子。参展居民500多人，工作人员现场就防空方面问题答疑解惑，做到“一人学习，全家受益”，增强社区居民国防观念和应急避险知识，提高自防、自救、互救、防敌毁伤能力。

【防空袭疏散演练】2013年11月15日，金湾区人民防空办公室组织约450人在平沙镇美平社区进行防空防灾紧急转移疏散演练。以高栏港化工区有受敌重点空袭的可能性为背景，人防指挥部要求平沙镇美平社区紧急疏散部分居民到人防疏散基地躲避。指挥员组织疏散转移450名群众，并安置在平沙镇台湾农民创业园人防疏散基地，疏散基地设立帐篷居住区、医疗救护所、疏散转移保障中心、生活后勤保障区等。居民到达疏散基地后开展完善生活设施活动。在转移疏散活动中，金湾区人民防空办公室向演练群众派发人防应急包和宣传小册子，检验人防疏散基地设施的适用性和相关部门的组织能力。

【《金湾行政区人民防空工程专项规划》完成编制】2013年，金湾区人民防空办公室编制《金湾行政区人民防空工程专项规划（2012—2020）》。经过设计规划、调研、资料收集、科学分析与评估，将金湾区、高栏港经济区发展规划科学兼容，分近、中、远期发展编制，广泛征求相关部门意见，5月进行专项规划初审，8月2日经过专家组评审正式通过。专项规划成为金湾区人防建设与发展的有效指导性文件，形成约束力和执行力。

【三灶伟民广场公共人防工程建设】2013年12月，金湾区三灶伟民广场公共人防工程开工，实现金湾区公共人防工程零的突破。三灶伟民广场公共人防工程具备地下购物商场和停车场等平战结合的综合地下空间，兼备地面广场人民休闲、娱乐、集会、纪念、活动的中心场所，工程有利于加强金湾区人民防空建设，提高抗毁能力，保障周边社区人民生命与财产安全，发挥人民防空工程社会和经济效益。

【台湾农民创业园人防疏散基地建设】2013年11月，金湾区人民防空办公室在平沙镇台湾农民创业园内建设人防疏散基地，投资36万元建设一期帐篷居住区约5000平方米，11月完成配套的水电路设施、卫生间、厨房、食堂等建设。疏散基地的建设，有利于提升金湾区城市总体防空袭能力，完善疏散体系建设，保护人民群众的生命和财产安全。

【防空防灾教育达标学校创建】2013年9月12日—10月30日，金湾区人民防空办公室联合金湾区教育局、高栏港经济区社会事业局，在辖区初级中学开展创建“防空防灾教育达标学校”活动，在各学校公众阅览室设人防裱板宣传挂画200张，发放学习教材2000余册。经考评申报，金湾区小林中学、金湾区外国语学校、高栏港经济区平沙镇第一中学、高栏港经济区平沙镇第三中学达到“防空防灾教育达标学校”标准，获评金湾区2013年度“防空防灾教育达标学校”。（胡　浔）

政法

综　述

【概况】2013年，金湾区政法机关严格执法公正司法，努力化解信访维稳难题，大力推进社会建设，努力创建平安金湾，完成西湖公园用地清理维稳任务，有效推进青湾养殖围社会治理。全年排查不稳定因素79起，接待群众来访385批1929人次，立案处理群众来信来访77批259人次。各级人民调解组织调处矛盾纠纷2204起，调处成功率99.86%。公安机关立刑事案件3522宗，破994宗；抓获犯罪嫌疑人473人，其中打掉犯罪团伙46个188人；查处治安案件2225起2602人；金湾人民检察院批准和决定逮捕445件638人，提起公诉341件479人，查处职务犯罪案件14件14人；金湾人民法院受理案件4350件，结案4060件，结案率93.33%；金湾区司法局受理行政复议2件，出具法律意见135件，法律援助859件，办理公证6141件。金湾人民法院连续三年被广东省高级人民法院授予“无执行积案先进法院”，荣获广东省高级人民法院集体二等功，金湾人民检察院被推荐申报“全国检察机关集体一等功”。（刘建平）

【化解信访维稳难题】2013年，金湾区建立健全信访维稳分析研判制度，每月定期由党政领导主持召开一次分析研判会解决重要问题、重大案件。推出领导干部综治信访维稳“一岗双责”制度强化责任落实；出台领导干部接访、下访包案制度，妥善处理信访维稳重点难点问题。按照“积极面对、依法应债、稳中求快、分步实施”原则，加快处理三灶管理区历史遗留问题，全年处理各类历史债务680余宗，接访2680余人次。（刘建平　刘双喜）

【社会治理创新】2013年11月，金湾区召开第一次全区性社会建设工作会议，总结社会建设工作成效，分析面临的形势任务，部署全区社会建设工作。推进社会组织孵化基地建设，加大社会组织培育力度，相继成立安保协会、建材协会、“百合之约”等社会组织。制定《加快发展金湾区志愿服务事业的意见》，增强社会组织和志愿者参与社会建设能力。推进镇级社会服务中心、全区村居家庭服务站建设。成立社会建设专家咨询委员会，建立社会管理民情观察员队伍，发挥“智库”和“联络部”作用，开展有纵深的社会建设项目研究和决策咨询活动，增强社会建设工作决策科学性。

【平安金湾创建】2013年3月，金湾区成立创建平安金湾工作领导小组，金湾区委副书记、区长欧阳德红任组长，金湾区委副书记、政法委书记、社管部部长习恩民任常务副组长，副区长、金湾公安分局局长王亚华任办公室主任，金湾区委区政府相关领导分别任副组长及十大工程（法治建设工程、民生保障工程、群众权益保障工程、社会矛盾化解工程、公共安全防控工程、人口服务管理工程、新经济组织和新社会组织建设工程、信息网络服务保障工程、基层基础建设工程、平安文化建设工程）牵头领导；各镇、创建平安工作领导小组成员单位成立领导机构和办公室，配备专人负责平安创建工作。金湾区创建平安金湾工作领导小组办公室牵头制定《关于全面创建平安金湾的意见》《创建平安金湾行动计划（2012—2022年）》《2013年创建平安金湾工作计划》，建立《创建平安金湾工作领导小组工作制度》《创建平安金湾工作联席会议制度》等。推进珠海市平安建设重点项目平安空港及平安校园、平安企业、平安市场、平安工地等平安细胞工程建设，确定红旗镇三板村等6个村居作为技防村居试点，推进技防村居建设。利用微博、网站、专栏、宣传标语等形式宣传动员社会力量参与平安创建，构建“全民创安”工作格局。在金湾电视台、金湾区人民政府网站开设“平安金湾”专栏；创建“平安金湾”网站、开通“平安金湾”微博及“创建平安金湾”QQ。全年，全区开展平安宣传活动83场次，派发宣传单75000张，悬挂横幅62条，制作电子荧屏标语200多条、宣传海报10000份、宣传小册25000多份，各类宣传小礼品7000多份。

【政法专项工作】2013年，金湾区扎实开展反邪教专项工作，实现全年工作目标。加强禁毒宣传教育，发放禁毒宣传资料45000余份，举办“6·26”国际禁毒日大型现场主题活动；设立社会戒毒社区康复工作办公室2个，社区戒毒康复20人，戒毒康复人员就业134人；破毒品案件136宗，抓获犯罪嫌疑人125名，查处吸毒人员389名。开展反走私综合治理，加强海防安全管控，全年查获各类走私案件26宗，比上年下降28%。7月完成金湾区国家安全工作领导小组办公室实体化建设。

【完成西湖公园用地清理维稳任务】2013年6月，金湾区开展西湖公园用地清理工作，成立协调领导小组，金湾区委书记吴轼、区长欧阳德红任总召集人，区委副书记习恩民任召集人负责统筹协调具体工作。协调领导小组召开专题会议18次，研究部署西湖公园用地清理工作。按照党委领导、法院牵头、部门配合模式，以法院依法强制执行破局，对一批态度强硬拒不配合的养殖户强制清退，为协商谈判打开突破口，带动一批养殖户主动签约。根据金湖公园用地清理总体工作方案和社会稳定风险评估报告，研究制订信访维稳工作方案，加强源头防范，引导养殖户通过合法途径解决问题，化解集体越级上访问题，8月完成金湖公园用地范围清理工作。

【青湾养殖围社会治理】2013年10月，金湾区委为妥善化解青湾养殖围问题，成立青湾养殖围工作领导小组，区委书记吴轼任组长，区长欧阳德红、区委副书记习恩民任常务副组长。领导小组下设11个工作小组，金湾区党政班子全体成员为工作小组直接责任人，金湾区党政部门参与各个工作小组。制订《金湾区青湾养殖户工作方案》《青湾养殖户工作指引》，分片包干，责任到人，逐户落实“三建三包”措施，即建立工作台账、建立工作关系，建立与养殖户的感情，包基本情况摸清，包合理诉求解决，包稳控工作落实。10—12月，各工作小组深入养殖围4380人次，金湾区领导带队走访540多人次，抽调人员组成工作专班现场办公，与养殖户交心谈心，宣讲法律政策，抓好联络沟通、督导督查。针对青湾养殖围内存在的违法犯罪问题，公安机关成立专案组，依法予以打击。

【建立领导干部综治信访维稳“一岗双责”制度】 2013年8月，金湾区在珠海市率先实行领导干部信访综治维稳“一岗双责”制度，出台《关于实行各级领导干部综治信访维稳工作“一岗双责”制度的意见》，要求各级领导干部树立守土有责意识，落实综治信访维稳工作领导责任制、平安创建工作责任、信访工作制度、集体上访领导处置责任制、重大事项社会稳定风险评估机制和定期分析研判制度；建立健全考核机制，层层签订综治信访维稳工作责任书，建立党政领导干部综治信访维稳工作实绩档案，由金湾区综治信访维稳部门开展年度考核。11月，出台《〈金湾区关于实行各级领导干部综治信访维稳工作“一岗双责”制度的意见〉实施细则》，细化“一岗双责”制度，增强可操作性。

【出台《关于加强社会建设的实施意见》】 2013年12月，金湾区出台《关于加强社会建设的实施意见》，并配套制订《2014～2015年金湾区社会建设工作分解表》，提出六大目标任务：发展公共服务，统筹城乡一体化发展，提高城乡居民收入，发展文教体卫事业，推进就业谋福工程和完善社会保障体系；完善基层社会治理体制，增强城乡基层自治活力，完善城镇村居治理模式，深化农村社区治理机制改革，推进镇街职能转型；培育发展社会组织，增强社会组织服务能力，完善社会志愿服务体系；加强法治金湾建设，加强民主政治建设，推进依法行政，公正司法，维护群众合法权益；积极创建平安金湾，创新人口服务管理，健全综治信访维稳工作机制，完善社会治安防控体系，加强应急管理和公共安全，加强网络虚拟社会建设与管理；健全保障机制，加强组织领导，完善投入机制，抓好人才保障。（刘建平）

审　判

【概况】 2013年，珠海市金湾区人民法院管辖区域为金湾区和高栏港经济区；金湾人民法院审判大楼建设获批，与审判、执行有关的部分获准兴建，截至年底完成填土工程招标工作。4月8日，金湾区人民法院三灶人民法庭、平沙人民法庭恢复设立，全年两个中心法庭共受理民商事案件1180件，审结1097件。开展“司法公正水平提高年”“司法作风明显改进年”“办案效率提高年”“精细化管理推进年”活动，全年受理案件4350件，比上年增长2.04%，结案4060件，结案率93.33%，调解撤诉率57.37%。其中受理审判案件2738件，结案2579件，结案率94.19%；受理执行案件1612件，执结案件1481件，执结率为91.87%，一线法官人均结案数145件。金湾区人民法院被广东省高级人民法院荣记集体二等功；是珠海唯一连续三年被广东省高级人民法院授予“无执行积案先进法院”；法警大队连续三年获得国家级、省级司法警察考核先进集体；立案庭荣获省级“青年文明号”；

2013年7月26日，金湾区人民法院举行城市管理审判庭揭牌仪式
（金湾区人民法院提供）

全年有90人次获得国家、广东省、珠海市、金湾区级奖励。

【刑事审判】2013年，金湾区人民法院受理刑事案件345件，审结332件，结案率96.23%；附带民事诉讼案件收案24件，调撤12件。未成年人罪犯非监禁刑适用率37.04%，为32名未成年人指定辩护人，推行未成年人犯罪纪录封存制度。深化“三打两建”（“三打”指打击欺行霸市、打击制假售假、打击商业贿赂；“两建”指建设社会信用体系、建设市场监管体系）专项活动，加大对严重危害人民群众安全感犯罪的打击力度。在“雷霆扫毒行动”中，审理涉毒案件100件。扩大法庭教育范围，加强当庭对成年刑事被告人的教育挽救。正确适用非监禁刑，全年判处管制、免处和缓刑83人，占被告人总数的15.46%。

【民商事审判】2013年，金湾区人民法院受理民商事案件2222件，结案2079件，结案率93.56%。成功调解“职业打假第一案”，实现商家与消费者的共赢；成功调处海澄村村民与珠海空港商务服务有限公司劳动合同纠纷系列案，妥善应对村民过激行为。通过“快”“稳”“和”“妥”的“四字诀”，成功调解平沙华侨水产养殖公司诉27户承包户系列案，促成双方达成和解协议，限期内完成千余亩土地的腾退清场，为平沙新城如期开工扫除障碍。

【行政审判】2013年，金湾区人民法院受理行政案件154宗，结案152宗，结案率98.70%。与被诉的行政机关保持良性互动，促成60%案件和解撤诉；率先设立全国首家城市管理审判庭；确立疑难复杂案件立案审判执行会商模式；在非诉审查中引入听证程序，邀请人大代表、党代表、政协委员及廉政监督员评估风险；在全市首创纪检监察与法院联动工作机制；扩大行政审判影响力，引导行政首长出庭应诉；承办召开2013年全市行政审判工作会议。

【执行工作】2013年，金湾区人民法院受理执行案件1612件，执结1481件，结案率91.87%，执行到位款项超过1.62亿元，实际到位率76.17%。通过及时安抚、快速保全、主动调查三步曲，提前介入集团讨薪系列案，受理5批集团案340宗，涉及工人300多人，工资总额800多万元。创新推行“节约执行法”，注重节约申请执行人的费用、时间，减少财产兑现中间环节，最大限度地实现当事人的合法权益，该做法被《人民法院报》登载推广。综合运用司法拘留、限制出境、公布“老赖”（失信被执行人）名单等措施，倒逼被执行人履行义务。

【调研宣传】2013年，金湾区人民法院加强法制宣传和调研工作，全年约300篇稿件分别在《人民日报》《法制日报》《人民法院报》《广州日报》《羊城晚报》《新快报》及本地“两报一台”（珠海特区报、珠江晚报、珠海电视台）等主流媒体发表，珠海电视台两次播放金湾人民法院“一心为民”专题片。2篇论文在全国性研讨会上获奖，1篇调研文章在最高人民法院获奖，3篇论文获省级奖励，1篇案例入选最高人民法院的《中国案例要览》，3份裁判文书被珠海市中级人民法院评为“优秀裁判文书”。在网络舆情工作方面，随时发现掌握涉及法院系统及金湾区人民法院所办案件的敏感信息，早发现早防范。全年发现各类舆情15宗，未发生重大舆情事件。坚持实施“六进”活动，法制副校长进校园上法制课24次，指导开模拟法庭4次，组织学生旁听庭审2次，专门为学生家长开设未成年人侵权法律责任专题讲座。法官针对企业容易发生纠纷的领域定制法律课，为辖区企业的调解员、联络员讲解处理劳资纠纷技巧，为企业中高层管理人员定制劳动合同法和侵权责任法专题讲座。

【多部门联动机制与综治维稳】2013年，金湾区人民法院全年办理诉前联调案件351宗，司法确认案件61宗，自动履行率100%；联合检察、公安部门建立联防联动工作机制，共同开展涉法涉诉矛盾纠纷排查化解工作，建立联合防范机制，维护金湾人民法院内部及周边治安秩序，共同建立警力支援协作机制及联合培训机制；联合金湾区司法部门、镇定期召开联席会议，加强工作配合。通过教育与培训方式参与社区矫正工作。根据审判工作中发现的问题，向政府职能部门提出司法建议23篇，收到8份复函，反馈率35%，落实率60%，其中行政案件司法建议的采纳、回复率100%。提供司法救助116件，缓、减、免交诉讼费金额累计14万元。重视信访维稳工作，拓宽与信访人的沟通渠道，开辟“院长热线”“院长通道”，创新“新五听”（耳听、目听、手听、心听、气听）接访制，对待情绪激动的当事人用心进行释法说理。全年处理来信、来访、判后答疑案件246件，答复咨询410人次，未发生当事人闹访事件，确保全国“两会”、中共十八届三中全会及中国国际马戏节期间的社会和谐稳定。

【行政审判与行政监察联动工作机制】2013年，金湾区人民法院与金湾区监察局联合签署《行政审判与行政监察联动工作机制》，将行政监察的事前事中监督与行政审判的事后监督互相结合，在全市首创行政审判与行政监察联动工作机制。两个主体联动，发挥两个监督主体、两种监督方式不同的优势，实现“1+1＞2”的效果；金湾区人民法院以协调会商形式参与事前监督。在行政诉讼中发现行政机关存在违法行使职权或严重违反行政法行为，金湾区人民法院将邀请行政监察机关参与个案协调；法院以提供咨询和开展宣教的形式参与事后监督。安排相关行业人员旁听典型案件，受邀请指派法官为行政机关上法制课，为行政监察机关提供必要的法律咨询与援助；建立信息共享与互通渠道。对行政机关违法行政问题，法院与监察机关按职能分别行使建议权，督促行政机关及时改正；就信息通报、行政审判白皮书信息共享等作出相应安排。

【城市管理审判庭挂牌成立】2013年，广东省首家城市管理审判庭在金湾区人民法院正式挂牌成立。金湾区人民法院城市管理审判庭与行政审判庭合署办公，有2名法官、2名书记员专门负责审理由城市管理引发的涉及土地、卫生、环境、环保等城市管理职能的行政机关或法律授权组织具体行政行为的行政案件，将审查行政机关依法向金湾区人民法院申请执行其具体行政行为的非诉案件等。城市管理审判庭的成立，推动城市管理更加规范有序，有利于保障和促进政府执法机关依法行政，支持政府广泛开展对城市规范管理，制止、纠正违反城市管理的不法行为；有利于保护公民、法人和其他组织不服行政机关和法律授权组织具体行政行为的诉讼权利和实体权利，监督和维护政府机关依法行政。

【司法公正水平提高年活动】2013年，金湾区人民法院加大培训力度，首次实行全员培训，培训751人次；实现各庭室互动交流，刑庭与民一庭建立共同业务学习常态化、收案环节互通信息、案件审理会商、共同调解促进刑事和解等四项机制专门处理刑附民案件。继续落实庭审、裁判文书“两评查”和评查结果通报制度，坚持案件质量评查、核查结果与评优、提拔挂钩制度，规定有1宗问题案件（质量问题）或1宗无正当理由超过18个月未结的案件（效率问题），法官和所在部门均不得评先评优，有3宗则暂缓提拔任用。加强与人大代表、党代表、政协委员的联络，邀请其参加案件评查、观摩庭审、见证执行、协助调解、协助帮教；安排调解员参与开庭前、诉讼中、庭审后的全程调解，对办案司法作风全程监督；开通门户网站，将金湾区人民法院概况、法官信息、诉讼指南、开庭公告、裁判文书等均在网上公开，使当事人足不出户便可了解案件进展情况；结合“12·4”法制宣传日，举办“法院开放日”，近200名人大代表、党代表、政协委员和师生参观法院庭审与办公流程。

【司法作风明显改进年活动】2013年，金湾区人民法院推进“转型升级”工作，结合“村村有法官”活动，创新司法服务举措。法官利用工作之余，到挂点村居宣传法制45

次，解答法律咨询143次。挂点法官资助贫困大学生学费、领养孤儿；参与各类捐款3万余元；将调查取证与走访村居相结合，法官勘验现场后到现场所在村委会调研并提供法律建议。开展“午间志愿者立案服务窗口”活动，解答咨询、办理立案手续，全年在每周三中午12时至14时30分为当事人立案16件，解答咨询33件。全市首推“上门立案”“上门执行”服务。规范干警行为，针对着装、礼仪规范等制定、修订十余项规章制度，树立法官文明、庄重、简朴、素雅的职业形象。全年到机关、法庭、酒店、娱乐场所暗访23次，及时整改发现问题。继续推行“开庭时间、地点由当事人定制”工作模式，全年各业务庭开展巡回法庭35次，将庭审现场搬到学校、医院重症病房、社区、戒毒所、养老院等地，方便群众直面审判，增强法律意识。

【办案效率提高年活动】2013年，金湾区人民法院统筹案件审管，要求案件审管提前预警，全年4000件结案任务分解到月，每月330余件依次分解到各庭局、法官，当月完不成的下月追加。书记员做到结案归档，案卷未按时归档不得评为先进。裁判文书改革力度加强，从立案到裁判，全面推行离婚诉讼要素表、交通肇事要素表及劳动争议诉讼要素表，实现简单案件快速审、复杂案件精细审的科学化分流。4月8日，珠海市全市法院民事裁判文书改革座谈现场会在金湾区人民法院召开，广东省高级人民法院副院长谭玲在此次会议上肯定金湾区人民法院文书改革工作。调整办案力量，规定院领导主办两宗以上案件，庭长按50%比例分案，监察室主任按30%比例分案，非审判部门法官要完成一定的办案任务；全年提任1名助审员和2名审判员，增加办案力量；与贵州省荔波县人民法院签订共建友好法院协议书，加强两院司法协作，荔波县人民法院派4名优秀法官到金湾区人民法院挂职，缓解区法院案多人少的矛盾。

【精细化管理推进年活动】2013年，金湾区人民法院制定、修订各类规章制度110多种，要求各部门将各项工作纳入规范管理，依靠严格的程序规则和制度约束。对管辖权异议案件、鉴定事项、上诉案件这三类程序性事项实行专项流程管理。改进审委会议事规则，引入回避制度。征求当事人意见是否申请审委会委员回避，申请合法有理的实行回避；落实公开制度，邀请金湾检察院派员列席；邀请上级法院审委会委员列席指导，提高审委会讨论案件的专业性和权威性。加强档案信息化、规范化建设，归档率90%以上。

【金湖公园腾退执行案件】2013年，金湾区人民法院配合金湾区金湖公园建设，成立专项工作领导小组，组织全院三分之二警力，由院长带队多次勘察现场，了解养殖户的类型、诉求、种养及附着物等情况，分析评估强制腾退发生上访、重大群体事件的风险程度，制订4次周密执行方案，先后于8月7日、22日实施两次大规模水面强制执行行动。历经3个月强制腾退金湖公园非法占地，顺利执结该批19宗系列案件，涉及21名养殖户54口鱼塘，总面积1039亩。在后续配合处理青湾养殖户进京上访事件中，金湾区人民法院运用法律手段，对有关当事人做好释法说理、说服劝解工作。

【平沙华侨水产公司腾退案】2013年5月，平沙镇全面启动承包土地腾退工作，由于部分承包户不配合，发包方珠海市平沙华侨水产养殖公司将27户承包户诉至金湾区人民法院。为确保平沙新城项目顺利进行，平沙人民法庭召开庭务会研究部署整体处置方案，书记员准备应诉材料，法官第一时间到现场做承包户工作，了解纠纷的成因、诉求及进行普法宣传。做好闹访承包户的思想工作，稳定情绪，解决尖锐矛盾。法庭组织双方对争议面积现场量地，确定养殖围的实际面积。经法官多次分头调解，8月19日双方达成和解，承包户获得搬迁补偿后承诺腾退清场。为避免后续矛盾，法庭在调解协议中特别建议

增加违约责任条款。9月完成千余亩土地的腾退清场。（封 倩）

检 察

【概况】2013年，珠海市金湾区人民检察院业务管辖区域为金湾区和高栏港经济区；发挥批捕、起诉等职能作用，依法打击危害公共安全、制假售假等刑事犯罪，认真履行法律监督职责。全年侦查职务犯罪案件15件15人，批准逮捕445件638人，提起公诉341件479人，受理举报线索32件、民众举报和书面控告申诉36件，接待来访民众91次。开展各类业务培训30余场1200余人次，提升干警综合素养和执法水平。

【刑事检察】2013年，金湾区人民检察院受理侦查机关提请批准逮捕案件472件703人，受理移送审查起诉案件482件678人，经审查批准逮捕445件638人，提起公诉341件479人。其中批准逮捕危害公共安全、故意杀人、强奸、抢劫等严重刑事犯罪嫌疑人287人，提起公诉250人，分别占批捕、起诉案件总人数的45%、52%。加大对制假售假、合同诈骗、传销等犯罪的打击力度，批准逮捕破坏市场经济秩序犯罪嫌疑人38人，提起公诉40人，分别比上年增长65.2%、21.2%。强化法律监督，坚持打击犯罪与保护人权并重，对应当立案而不立案的，督促侦查机关立案2件；对不应当立案而立案的，督促撤案4件；对应当逮捕而未提请逮捕的，追加逮捕4人；对应当起诉而未移送起诉的，追加起诉3人和遗漏犯罪事实17件；对证据不足、犯罪情节轻微、依法可不追究刑事责任的，不批捕68人，不起诉28人。对侦查活动中的违法情况提出纠正意见或检察建议36件次，促进严格规范执法。

【职务犯罪侦查】2013年，金湾区人民检察院围绕反腐倡廉，深入查办职务犯罪，全年办理职务犯罪案件15件15人，所立案件均为大案。其中贪污贿赂犯罪案件11件11人，渎职侵权案件4件4人。移送审查起诉12件12人，作不起诉处理3件3人。开展查办发生在群众身边、损害群众利益职务犯罪专项工作，依法查办三灶镇市政管理服务中心原主任吴某、金湾区投资建设管理中心派驻工程现场负责人劳某等人利用职权收受施工方贿赂、牟取非法利益案件。开展查办危害生态环境职务犯罪专项工作，查办广东省水利厅西江流域管理局肇庆办事处主任沈某玩忽职守案、金湾区原环境保护局副局长刘某和珠海市环境保护局环境监察分局三大队科员周某等收受贿赂、玩忽职守案件，保障生态文明建设。

【职务犯罪预防】2013年，金湾区人民检察院开展预防职务犯罪宣传教育工作，营造良好廉政氛围。共同建立珠海市首个区级廉政警示教育基地，珠海市、金湾区党政机关干部2800余人前来参观学习。开设珠海市首个廉政警示教育网上电子展厅，丰富警示教育形式。围绕推进美丽金湾建设，走访金湾区有关单位，为国土、环保等职能部门及医药、电子等相关企业举办生态环境保护专题讲座，受教育人数1000

2013年3月29日，金湾区人民检察院举办“明德讲堂”活动

（金湾区人民检察院提供）

余人次。开展“深入反腐败，大家来预防”为主题的预防职务犯罪进机关、进企业、进乡村、进学校、进社区“五进”活动，接受预防咨询62次，开展宣传83次，发放宣传资料3000余份。推行行贿犯罪档案查询制度，实现区、镇全覆盖，向社会提供查询1275次，比上年增长264.3%。

【民事行政检察】2013年，金湾区人民检察院强化刑事审判和民事行政诉讼监督。依法对刑事审判活动是否合法进行监督，对认为确有错误的刑事判决、裁定提出抗诉1件；对审判过程中轻微程序性违法问题提出纠正意见3次。加强民事行政诉讼监督，审查民事行政申诉案件28件，比上年增长211.1%。探索民事执行监督，对18件民事案件开展执行监督，比上年增长170%，实现民事执行监督新突破。妥善处理一宗历时15年的民事执行案件。

【举报宣传工作】2013年，金湾区人民检察院受理举报线索32件。推进举报线索评估工作，加大线索初核力度，移交自侦部门举报线索8件，为自侦案件查办提供有力支持。5月17日，开展“查办与预防危害生态环境职务犯罪、危害民生刑事犯罪专项立案监督”为主题的举报宣传周活动，通过新闻媒体滚动播出、走访金湾公安分局、金湾国土分局、金湾工商分局、金湾区食品药品监督管理局、金湾区综治信访维稳中心共5个行政执法机关，在红旗、三灶镇张贴海报、设点宣传、宣传车流动播报等形式扩大宣传工作覆盖面和影响力，接受群众现场法律咨询22批次，发放宣传资料2500多份。

【阳光检务工作】2013年，金湾区人民检察院以工作报告、座谈及《检察情况反映》等形式向党委、人大报告检察工作30余次，邀请人大代表走进检察机关视察评议工作和庭审现场观摩公诉人履职。11月，邀请16名区、镇人大代表观摩徐某职务侵占罪庭审全过程，发放案件评议表并举行座谈，认真听取人大代表对诉讼文书、公诉人业务素养及检察机关的意见和建议，实行阳光检务。

【三灶、红旗镇检察室成立】2013年1月，金湾区人民检察院派驻三灶镇检察室、红旗镇检察室正式揭牌成立。检察室为金湾人民检察院派出机构，配有检察人员3人，履行主要职责有：接收群众举报、控告、申诉，接待群众来访；发现、受理职务犯罪案件线索；开展职务犯罪预防；受理、发现执法不严、司法不公问题，对诉讼中的违法问题依法进行法律监督；开展法制宣传，化解社会矛盾，参与社会治安综合治理和平安创建；监督并配合开展社区矫正工作，参与并促进社会管理创新。全年检察室发挥基层社会管理创新一线平台作用，以服务幸福村居建设为核心，以提供法律咨询服务为抓手，建立定期下访、公开接访、上门走访相结合工作机制，服务基层群众。全年三灶、红旗2个检察室共接受群众来访或法律咨询90多件120人次，开展法制宣传教育30多次，化解矛盾纠纷10多件。

【全国文明接待室创建】2013年，金湾区人民检察院接待室设在控告申诉科，接访人员坚持文明接待，帮助解决人民群众合理诉求。针对当事人认为判决不公，执法部门解释不合理的情况释法说理，妥善化解矛盾纠纷。全年对30宗轻微刑事案件和民事申诉案件促成当事人和解。完善首办责任制、检察长接访下访制、视频接访对接机制，探索建立信访工作联动机制，建立涉检案件接访联络员制度，实施刑事被害人救助制度，妥善处理可能激化的上访事件，把涉检信访问题解决在基层。涉检信访接待工作连续多年实现无积压、无差错、无赴省进京上访、无上访老户、无接待事故“五个无”。6月，申报全国检察机关“文明接待室”先进集体。

【“另案处理”监督常规化】2013年，金湾区人民检察院根据广东省人民检察院、广东省公安厅、海关总署广东分署《关于在刑事案件中适用“另案处理”的规定》，把刑事追捕工作作为开展侦查监督工作的重要形式，注重对“在逃人员”“另案处理人员”的监督，每月以报表形式登记在册，查微析疑，追捕漏犯。全年另案处理人员登记40件78人，促进严格执法。

【沈某危害生态环境职务犯罪案】2013年3月4日，原广东省水利厅西江流域管理局肇庆办事处主任沈某，因涉嫌玩忽职守、受贿被金湾区人民检察院立案侦查，3月5日被刑事拘留，3月18日被取保候审。经查明沈某在任职广东省水利厅西江流域管理局肇庆办事处负责人期间，没有按照规定和职责对采砂现场进行有效监督管理，导致林某等人在西寅标段长期非法采砂，造成国家矿产资源破坏损失达1亿余元。9月24日侦查终结并移送审查起诉。

【辛某土地款执行监督案】2013年，金湾区人民检察院处理一宗历时15年的民事执行案件。1991年2月，辛某在南水镇海安村购买一块面积1100多平方米的土地，并于同年10月支付协议约定的部分购地款及报建费40多万元。1996年海安村在未与辛某就解除合同问题达成一致的情况下，自行使用该地建造房屋，而且没有退回申诉人当初支付的购地款及报建费。辛某经过多年向海安村追讨未果，于1998年向香洲人民法院提起诉讼，最终香洲人民法院判决海安村退回辛某40多万元购地款和报建费并支付相应利息。判决生效15年来，案件涉及款项连本带息已过100万元，但辛某只收到12万余元执行款。《新快报》《南方农村报》、广东省电视台等多家媒体对该案进行报道，引起社会关注，案件仍一直未得到全部执行。金湾区人民检察院及时开展风险评估，敦促金湾区人民法院采取措施维护债权人利益，并多次与海安村进行沟通。海安村于6月30日前一次性偿还辛某购地款及利息60万元，双方债权债务全部了结。

【金湾区首例利用信息网络实施诽谤犯罪案】2013年8月20日，杨某（犯罪嫌疑人陈某女朋友）在腾讯QQ上与戴某（犯罪嫌疑人陈某的前女朋友）聊天时发生口角，并相互进行辱骂。陈某为报复戴某对杨某的辱骂，故意捏造一则虚假信息，称戴某患有艾滋病，为报复社会而流窜在珠海市拱北口岸、夏湾、香洲车站等人流密集场所，以艾滋病针乱扎行人，珠海市公安部门已下发紧急通知，提醒广大市民提高警惕，并在其QQ空间公开发布。该虚假信息发布后在社会上广为流传，截至案发时在腾讯QQ上被转载99次，2万多人次阅读，也被微信用户大量转发，严重损害戴某的名誉，影响其正常生活，引起部分网络媒体关注和社会群众恐慌，多位市民拨打110报警平台查询此事，造成恶劣影响。9月11日，金湾区人民检察院依法以涉嫌诽谤罪对陈某批准逮捕。

【销售冒牌意大利国际知名动物疫苗产品案】2013年，金湾区人民检察院处理一宗销售冒牌意大利国际知名动物疫苗产品案。2011年10月和2012年3月，广州百生动物药业有限公司执行董事兼经理李某在明知珠海某公司销售的国际知名意大利IZO牌动物疫苗没有经过审批、未取得生产许可证、生产批文、批号的情况下，多次购入大量假冒意大利IZO品牌动物疫苗，并通过公司的业务员将这些假冒的动物疫苗销售给惠州、吴川的养殖场牟利，销售金额共计65147.5元。该案由金湾区人民检察院提起公诉，金湾区人民法院经过审理，于8月以销售伪劣产品罪，判处广州某公司罚金4万元；以销售伪劣产品罪，判处李某拘役6个月，缓刑1年，并处罚金3.5万元。（徐文韬）

公　安

综　述

【概况】2013年，珠海市公安局金湾分局完成元旦、春节、国庆、中共十八届三中全会、中国国际马戏节等重大安全保卫任务，组织开展专项整治行动，打击违法犯罪，推进“平安空港”建设，维护辖区三灶镇、红旗镇治安稳定。全年侦破刑事案件

1030宗，查处行政治安案件2225起，接报110违法犯罪类警情9347起，开展清查整治行动67次。全年辖区内未发生影响重大的群体性事件、治安灾害事故、造成群死群伤的安全生产事故和火灾事故。

【维护稳定】2013年，金湾公安分局突出以维稳信息为依托，全力从源头上化解矛盾，有效维护辖区社会稳定。开展信息搜集研判工作，搜集重要信息190条，配合区、镇综治维稳中心与相关职能部门协作，化解各类矛盾纠纷93起，办结信访案件49宗，化解信访积案3宗。元旦、春节、国庆、中共十八届三中全会、中国国际马戏节等重大节点辖区社会治安秩序稳定，全年未发生人员越级上访、影响重大的群体性事件。

【打击犯罪】2013年，金湾公安分局组织开展“粤安13”“板樟山”“凤凰山”、雷霆扫毒、夏秋社会治安整治等专项行动，共破获刑事案件1030宗，比上年上升39.9%，抓获犯罪嫌疑人473人，其中命案3宗全数侦破，侦破贩毒案件110宗138人，抓获吸毒人员389人；查处治安案件2225起，比上年上升83.3%，处理违法人员2602人，其中黄赌毒案件384起，比上年上升77%。开展清查整治行动67次，出动警力1272人次，检查行业场所2888间次，查处违规行业场所44间次。

【治安防控】2013年，金湾公安分局执行市局局长、分局局长、巡警支队长、巡警大队长、派出所所长“五长”带班巡逻制度，每天安排机关警力在三灶、红旗镇案件多发地段巡逻，适时调整巡警和派出所的巡逻划分区域，定期对派出所接处警规范、着装规范进行明查暗访，提高路面见警率和管事率。加强视频监控、技术安全防范产品的推广应用，组织发动金湾区平安志愿者协会、红袖章志愿巡逻队、工业园区巡逻队参与路面、社区以及工业园区内的巡逻防控工作，延伸防范触角。以三灶镇内3个派出所110接处警为龙头，以治安巡防队员为骨干，以对讲机系统为平台，以治安岗亭为依托，构建小区物业、工厂企业保安队、义务巡逻队、护村队组成快速联动防控网络。全年辖区接报110违法犯罪类警情9347起，其中抢劫类警情39起，比上年下降49.4%；盗窃类警情4620起，比上年下降2.9%；其他警情4688起。

【公安安全检查】2013年，金湾公安分局将危爆物品管理、消防检查监督等职责关口前移至派出所，加强治安、禁毒、防火部门对派出所的业务培训和指导。组织警力检查辖区31家民用爆炸物品、剧毒物品使用单位，142家易制毒化学品从业单位，对申购、运输、储存等各个环节落实常态化监督管理，对单位从业人员进行梳理并建档管理。以金湾区消防安全委员会办公室的名义牵头组织全区消防安全工作，推动政府部门落实消防安全责任，推进全区“网格化”消防安全管理。全年检查消防重点单位728个，发现并整改安全隐患455处，下发《责令整改通知书》334份，临时查封决定书7份，责令“三停”（停止施工、停止使用或停产停业）单位5家，开展主题宣传教育活动5次，参加群众6000多人，派发宣传资料2万多份。全年辖区未发生群死群伤安全生产事故、重大火灾事故，未发生危爆、剧毒、易制毒化学品丢失被盗情况。

【公安服务管理】2013年，金湾公安分局20多名社区民警进入村居领导班子，5名派出所所长进入镇班子，使社区民警更好地融入社区、服务社区，提高社区见警率。6月辖区5个派出所的户籍业务搬迁到金湾区行政服务中心集中办理，将户籍业务工作延伸至辖区19个社区，并通过减少业务流转环节、提高工作效率、开展主动送证上门等服务，为群众办理户政业务。该业务模式创新，被珠海市政务服务管理局评为“2013年珠海行政服务创新进步奖”。针对辖区出租屋多、外来人口基数大、流动性强，出租屋被盗案多发、外来人口办理居住证不主动等情况，启动流动人口服务管理智能门禁系统建设工程，以居住证作为门禁卡使用并将人员信息录入管理系统，实现安全防范与信息采集兼顾功效。全年辖区有20栋出租屋安装该系统，实时采集登记流动信息400多条，30栋出租屋与开发公司签订安装意向书；采取上门办证、集中办证方式为辖区外来人员办理居住证12431个。

【公安执法规范】2013年，金湾公安分局以执法质量为核心、以案审改革为带动，优化执法办案全程监督机制，通过组织开展执法办案场所建设、取保候审突出问题专项督察等工作，夯实“大监督”工作格局，保持执法办案示范性水平。抓好办案场所建设，保障执法规范安全，金湾公安分局5个派出所基本完成执法办案场所规范化改造，建成并投入使用的县级公安机关办案中心1个，涉案财物保管中心1个。举办执法安全培训班3次，培训民警600多人次，有效增强民警执法安全意识。抓好案审改革工作，8月案审大队人员、办公设备配备完成，进入珠海市公安分局案审大楼办公地点正式运作，并按照金湾公安分局党委确定的“案审部门主内，侦查部门主外”的运作模式高效运转。

【公安队伍建设】2013年，金湾公安分局以“提升队伍能力素质、服务民本警务战略”为主线，为公安工作提供强有力的政治、思想和组织保证。全年组织集中思想政治、廉政警示、法制知识等教育培训18场2200多人次，公开选拔副科级领导干部6名，开展金湾公安分局内部交流民警18人、机关警力下沉20人、东西部交流125人；金海滩派出所荣获2013年度珠海公益奖，三灶、红旗、金海岸、小林4个派出所被珠海市公安局评为警营文化建设考核优秀单位，一批摄影、散文、诗歌等作品在公安部文联网、珠海市摄影书画展等平台发表、展出。金湾公安分局表彰集体嘉奖15个，优秀人民警察16名，个人嘉奖63名；向上级公安机关申报集体二等功1个，集体三等功11个，个人二等功1个，个人三等功12人，珠海市公安局优秀人民警察3人、珠海市优秀公安基层所队1个。

【全市首个公安政务微信平台开通】2013年4月，金湾公安分局率先开通全市首个公安政务微信平台“金湾公安”，通过建立完善各项保障机制，与“金湾发布”“平安金湾”等政务微信加强合作，捆绑推广宣传。全年“金湾公安”微信平台拥有粉丝2671人，编辑发布防范警示信息210篇，网友发布各类评论1000余条，收集、解答群众咨询建议78条，有效把平安创建、安全防范、治安防控等日常警务工作传送到辖区各个角落。

【“技防村居、三联村居”建设推进】2013年，金湾公安分局推进“技防村居、三联村居”建设，成立由金湾区副区长、金湾公安分局局长王亚华任组长的“三联村居、技防村居”建设领导小组，相继召开金湾公安分局、派出所和村（居）委会动员会议，明确抓住珠海市“幸福村居”试点村、调查辖区村居基本情况及争取党委、政府支持这三个重点。确定金湾区中心村、鱼月村、三板村、广发村、金海岸居委会、海澄村6个村居为重点推进建设村居，推进6个重点村居的建设带动辖区其余14个村居建设工作。6个重点村居在“技防村居”前期投入260万元的基础上，再投入156万元，村居重点部位监控摄像头总数达到291个。“三联村居”建设方面，金湾公安分局以“十户联保”工作带动“小组联防、村村联动”同步推进，签订十户联保协议书2945户，完成率80%以上；组建联防小组128个；志愿巡逻员188人；落实村村联动工作的区域32个。

【金湾区“平安空港”建设推进】2013年，金湾公安分局加强与机场公安分局的区域警务协作，共同制定警务协作协议，在应急处突、治安整治、打击犯罪等10个方面加强合作联动，联合制订《金湾区“平安空港建设”实施方案（2013—2015）》及项目考核标准（驻场单位和机场外围）。依托珠海市公安局“警力下沉”以及与机场公安分局区域警务协作等有利契机，金湾公安分局为金海滩派出所适当增加警力配备，并加强与边防、交警、消防等部门沟通配合，提高机场外围的应急处置能力和巡逻防控力度，有效打造“金湾区平安空港机场外围防护圈”，为金湾区“平安空港”项目建设和第十届航展顺利举行保驾护航。

（颜昌威　罗志健）

机场公安保卫

【**概况**】2013年，珠海市公安局机场分局按照珠海市公安局总体部署突出平安空港建设主线，精心组织实施“民本警务”战略，推进“夯基工程”和“口碑工程”，强化反恐处突、空防监管及维稳、打击、防控措施，在珠海机场旅客吞吐量大幅攀升38.5%，达到290万人次的情况下，有效维护珠海机场和航空产业园的社会治安稳定。获珠海市公安局公安工作综合绩效业务职能组第3名、民航中南地区治安防控考核第2名，全年未发生民警被投诉、违法违纪现象，机场公安工作和队伍建设均呈现良好发展态势。

【**反恐维稳**】2013年，机场公安分局重点开展机场防恐怖袭击工作，在重大敏感日期和十八届三中全会、中国国际马戏节等反恐防护期加强机场安保，启动等级勤务，每天12名警力不间断在机场候机楼公共区域进行武装巡逻，提高见警率，增强威慑力。对进入候机楼的旅客实施不间断的防爆安全检查，全年检查旅客915495人次、行李13549件；收缴危爆、违禁等物品122件，确保机场安全。11月5日、11月20日，成功处置两起编造虚假爆炸信息威胁珠海机场的事件。对机场从业人员背景调查7115人次，确保机场内部工作人员思想纯净。加强特别防护期和敏感节点的防控工作，排查上报13起不稳定因素苗头，妥善化解3起机场内部劳资纠纷事件，配合处置3批150多人不稳定因素苗头。

【**打击违法犯罪**】2013年，机场公安分局组织开展“粤安13”“板樟山”“凤凰山”“扫毒害、保平安”“夏秋社会治安整治”“打击治枪爆危险物品”等专项整治行动，处理“拉客仔”扰乱公共秩序行为治安案件105起。对机场地区违法犯罪保持严打高压态势，全年查处治安案件120起，治安拘留5人次，罚款77人次，其他处罚38人次；刑事案件发案21宗，查破12宗，抓获犯罪嫌疑人12名。加强缉毒、查毒工作，通过民航安保情报综合应用平台，排查涉毒人员订票预警信息7315条，排查出重点检查人员45名；利用重点人员管控系统排查涉毒人员2652名，排查吸、贩毒重点人员72名，防止犯罪分子利用航空货物藏毒、运毒，做好重点人员管控系统预警信息签收、反馈32608条，成功抓获在逃人员74名，在红色预警在逃人员抓捕工作考核中排名全市第一。

【**空防安全监管**】2013年，机场公安分局在重大敏感时期开展安全防范大检查，发现安全隐患7处并督促整改。加强重点部位空防日常监督检查，全年检查道口104次，进入控制区车辆2778辆次，人员4904人次，检查货站及行李分检区67次，巡查围网96余次，检查过夜飞机看护29架次，办理安检移交事项227起，保障运输起降25936架次，查处违反民航管理案（事）件10起，进行空防安全培训816人次，监督指导安全检查1546137人次，检查货物22667吨，确保航空运输安全有序。严格控制机场隔离区通行证的办证数量和证件期限，全年办理控制区通行证7254张次，其中人员通行证7095张次，车辆通行证159张次。进行持证人员背景调查8895人次，及时发现安全隐患人员2名，并取消其持证资格，查处违反证件管理规定10起10人次。全年无发生治安事故，实现治安灾害和空防安全“零事故”工作目标。

【**机场治安联防**】2013年，机场公安分局每季度组织召开珠海机场治安联防联席工作会议，强化对内部治安保卫单位的监督、检查和指导，通报各单位安保存在问题5个，并限期整改，杜绝安全隐患。举办法律知识、治安保卫业务、毒品知识培训、防盗防骗宣传、火灾事故处理等培训讲座10场次，帮助培训安保人员和机场员工250余人次，提升安保人员的安防业务技能和机场员工的治安防范意识。监督指导机场各内保单位加强人防、物防、技防建设，完成各驻场单位的治安联防考核工作，提升机场地面安全防范能力。

【机场公安自身建设】2013年，机场公安分局完成总警力50%下沉到派出所，并专门组织民警集中岗位培训，尽快熟悉辖区情况、派出所业务工作流程和航空安全业务。把队伍建设与分局党委的决策部署对接融合。抓教育，塑理念，组织开展党的群众路线教育实践活动，“转作风提效能”活动，举办“为何从警、如何做警、为谁用警”讨论活动，切实改进工作作风，树立良好政风警风。抓典型，扬正气，宣传全市“先进党员服务岗”（机场公安分局临时乘机证明办证窗口），“拉客仔克星”（机场派出所民警邓国雄）等先进典型，落实跟踪管理、跟踪考核、跟踪问效发挥典型示范引导作用。抓文化，重熏陶，先后完成分局饭堂、办公大楼和机场派出所的公安文化环境建设，建成乒乓球室、健身房、阅览室等活动场所，为民警创造快乐工作、幸福生活的良好环境；每周组织民警进行登山、羽毛球、篮球等户外活动，丰富民警业余文体生活，为队伍注入正能量。12月，以95.5分成绩通过珠海市公安局对分局和派出所公安文化环境建设考核，成为全市公安机关第二个警营文化环境建设示范点。

【建立机场辅警队伍】2013年9月，机场公安分局加强辅警队伍建设，建立一支12人规模的辅警队伍。辅警队员政审考察严格，开展每周一次业务训练，出台《机场公安分局辅警队伍管理细则》，规范辅警管理。按照珠海机场航班情况科学安排勤务，航班高峰期安排辅警全部投入一线治安巡逻，对可疑行李进行检查，开展动中备勤，服务人民群众。

【建立持证人员动态管控系统】2013年，机场公安分局成功把公安网接入持证人员背景调查动态管控系统，利用公安网的“大数据”库对持证人员的背景信息进行比对，在民航中南地区率先实现对持证人员的动态管控。全年利用该系统进行机场持证人员背景调查7662人次，发现不符合持证资格人员3人，及时取消其持证资格，有效堵塞安全漏洞。

【临时乘机证明办理】2013年，机场公安分局制定实施《珠海机场办理乘坐民航飞机临时身份证明管理规定实施细则》和《珠海机场办理乘坐民航飞机临时身份证明工作指引》，向社会公布咨询热线，接受旅客群众的提前咨询。延长临时乘机证明的有效期，全年为旅客办理临时乘机证明2882人次，为旅客能够按时乘坐飞机提供便利。临时乘机证明办证窗口被珠海市直机关工委授予一星级“党员志愿服务岗”称号。

（黄永全）

交　警

【概况】2013年，珠海市公安局交通警察支队金湾大队依法维护金湾区道路交通秩序，纠正、处罚和处理道路交通违法行为，全年查处交通违法行为18967宗；依法处理道路交通事故，全年金湾区发生道路交通事故50宗；完成道路交通安全保卫工作，依法实施道路交通管制，完成珠海大道鸡啼门大桥东1条事故多发道路改造，修复黄闪灯7处、警示桩20根，道路隐患点改造3处；开展道路交通安全宣传教育，中小学交通安全宣传月等活动。截至年底金湾区机动车驾驶人员48774人，机动车12320辆（其中汽车2177辆、摩托车10143辆），道路总长约509公里，其中省道88公里、县道149.8公里、城区道路69公里、乡村道路202.2公里。

【道路交通事故处理】2013年，金湾交警大队加强沟通联动，全年经营性交通事故死亡人数控制在珠海市政府下达的年度目标内，实际发生经营性死亡交通事故4宗，死亡5人；全年金湾区发生道路交通事故50宗，死亡9人，受伤63人，经济损失11.58万元；比上年事故宗数下降20.63%，死亡人数下降10%，受伤人数下降25.88%，经济损失上升5.76%。未

2013年11月16日，金湾交警大队开展整治酒后驾驶行动，图为司机接受酒精呼气测试（金湾交警大队提供）

发生死亡3人以上较大交通事故，金湾区创建平安县区工作保持部级管理水平。

【安全隐患排查治理】 2013年，金湾交警大队开展排查、治理道路交通安全隐患工作，完成珠海大道鸡啼门大桥东1条事故多发道路改造，修复黄闪灯7处、警示桩20根，道路隐患点改造3处。10—12月，金湾交警大队协调湖心立交、安基路道路改造2个施工单位，排查、治理安全隐患6处，全年完成路面铺设、交通标志、通行指示、警示桩等安全治理工作。

【道路交通违法行为查处】2013年，金湾交警大队坚持教育与处罚相结合，纠正道路违法行为。全年查处交通违法行为18967宗，其中查扣无牌无证摩托车2806辆、查扣违法大货车26辆；查处大货车交通违法1586宗，查处机动车超速4450宗、违法停车85宗，查获酒后驾驶14宗，拘留违法人员30人。

【建立重点车辆登记制度】2013年，金湾交警大队专人核准泥头车、危险品运输车辆、校车等车辆和驾驶员资料，根据《中华人民共和国道路交通安全法》实行免费的登记管理，要求每车购买50万元第三者商业保险，审批后发放准行证。全年办理准行证404个，更新人、车资料台账，组建车辆、驾驶员资料库。根据重点车辆的登记情况开展有针对性的重点车辆安全隐患排查工作，做到从源头上监管，把好驶入路面第一关。定期对登记的重点车辆人员开展交通安全宣教活动。

【中小学交通安全宣传月活动】2013年，金湾交警大队推进“文明交通安全计划”。3月，联合举办金湾区第六届中小学交通安全宣传月活动。结合中小学生特点开展形式多样活动：全区中小学巡回交通安全知识讲座；交通事故图片警示展、交通安全知识光盘警示教育；金湾区第五届中学生交通安全知识竞赛；金湾区第四届小学生交通安全知识竞赛；警营开放日活动；校车安全宣传及大检查；中小学校园交通安全宣传栏内容更新，制作宣传单张、宣传小册子等。通过举办中小学交通安全宣传月活动，提高全区中小学学生的交通安全意识，保障广大中小学生的生命财产安全，巩固交通安全宣传阵地，拓展宣传工作平台，丰富交通安全宣传的内容。

【联合开展“双禁”整治行动】2013年，金湾交警大队开展“双禁”（摩托车、电动自行车综合治理）整治行动，根据金湾区委区政府统一部署，联合各相关职能部门组成交通秩序综合治理小组，对辖区内违法上路的摩托车、电动车实行常态化查处，并对金湾区重点路段交通秩序进行多样化整治。珠海市西部地区摩托车交通管理是群众关注的热点和难点，通过联合综合治理，解决警力不足难题，由局部整治扩展为全面治理，通过查处违禁车辆，教育群众规范路面行车秩序。全年查扣无牌无证摩托车2806辆，消除金湾区交通安全隐

患，维护交通秩序。　（叶健文）

消　防

【概况】2013年，广东省珠海市公安消防局金湾大队围绕大队12项重点工作，提高灭火救援能力、队伍正规化建设和消防监督执法水平，强化基层基础设施和器材装备建设，保持队伍安全稳定和辖区火情形势相对平稳。金湾消防大队是珠海市公安消防局下属公安编制的专职消防队伍，2013年年末有人员65人，其中民警35人、职工3人，专职消防员27人；有行政车辆5台，执勤消防车5台，车辆总载水量16700升、泡沫液量5300升。金湾消防大队获得珠海市第三届军警民综合应急救援队伍技能竞赛第1名。

【灭火救援】2013年，金湾消防大队接警出动324起，出动车辆629台次，出动警力2412人次，抢救被困人员44人，疏散被困人员436人，抢救财产价值1652.9万元。组织扑救“1·7”联邦制药厂四车间Ⅱ区火灾、“1·18”三灶镇明星运动器材有限公司仓库火灾、“3·4”定家湾黑冠运动器材有限公司火灾，保卫人民生命财产安全。

【消防监督】2013年，金湾消防大队窗口消防监督管理系统基础信息录入率、业务办理录入率、按期办结率均为100%；社会公众服务平台应用考核100%达标、业务办理结果完成100%、网上实时查询及消防信访按时办结率100%；开展消防产品专项治理工作，打击伪劣消防产品，检查工程项目中消防产品使用情况，核对生产厂家、销售单位，从源头上消除安全隐患；简化建设工程消防监督管理，推行建审审批流程时限提前40%制度，减少前置条件，提升行政审批效率。受理项目与金湾区行政管理服务中心审批平台同步。全年受理建筑工程审核（含备案）项目44宗，验收（含备案）项目60宗，办结审核项目41宗、面积174356.93平方米；办结消防验收项目60宗、面积390473.96平方米。

【消防设备建设】2013年，金湾区多次召开消防工作联席会议解决公共消防设施、灭火救援力量建设和社会消防安全责任制落实等问题。全年金湾区财政投入消防装备购置费71.8万元、车辆维护费3.5万元，购置冲锋舟、防爆灯、指挥车等应急救援装备。

【业务技能训练】2013年，金湾消防大队按照要求，开展“人人必训、人人必考”岗位练兵活动。先后召开11次专题会议研究部署，制订抓训、参训、促训的练兵机制，完善基础数据台账，切实增强出警作战行动的针对性、预见性和实效性，针对辖区内高、大、险的灭火对象，制订应急救援预案，完善技战术措施，明确战勤保障和社会应急联动要求。制订和修订主要类型预案10类，社会单位灭火救援预案168份，召开战评会6次，联合珠海机场、康大燃气等12个单位开展大跨度大空间建筑演练1次，开展各类实战演练60次。开展体能、技能基础训练1800多个课时，民警基础

2013年11月21日，金湾消防大队举行红旗消防中队营房建设工程奠基仪式
（金湾消防大队提供）

训练考核4次。金湾消防大队获得珠海市第三届军警民综合应急救援队伍技能竞赛第1名，获珠海市公安消防局强化训练考核第1名。

【消防宣传】2013年，金湾消防大队开展“119”宣传、新修订《消防法》等宣传活动，对7个村（居）委员会专兼职消防队的队员进行授课培训、发放各类消防宣传资料4600份、录入消防志愿者3300人、制作悬挂消防宣传横幅29条，义务到企事业单位、学校上消防知识课24次，培训人员25000多人次，提高居民消防意识和自防自救能力。

【消防站建设】2013年，金湾消防大队推进红旗中队、三灶中队营房项目建设。4月18日，金湾区政府召开“4·18”消防专题会议，研究解决消防站建设工作，落实红旗中队营房项目占地面积4800平方米，建筑面积3400平方米，建设资金1650万元，完成营房图纸设计、土地勘探、用电安装项目。10月18日，区政府常务会议明确国土、规划等部门推进补办三灶消防中队14800平方米建设用地的“两证一书”等确权手续。

【首批政府专职消防员上岗】2013年，金湾消防大队落实省政府《关于加强多种形式消防队伍建设发展的意见》文件精神，完成金湾区第一批25名政府专职消防员招聘工作，并结合《广东省专职消防队2013年业务训练计划》，制订《珠海市公安消防局金湾大队2013年政府专职消防员集训方案》。9—12月，完成专职消防员集训任务，区政府为25名专职消防员划拨384万元经费作为工资、被装、办公等费用。（曾文睿）

司法行政

【概况】2013年，珠海市金湾区司法局以“法律保障、法律宣传和法律服务”三大职能为主线，开展法制宣传、人民调解、社区矫正、安置帮教和法律服务等工作。全年联合金湾区直相关单位举办法制课143场次，受教育人员9.2万人次。办理各类公证6141件，受理法律援助案件945宗。全区4家律师事务所合计办理民事诉讼案件556宗，刑事诉讼案件37宗，行政诉讼案件2宗，提供法律援助501宗。截至年底，金湾区有人民调解组织49个，聘任调解员401名，调解各类矛盾纠纷2204宗，调解成功2201宗。

【法制宣传教育】2013年，金湾区司法局开展“公正司法为人民”“法律进机关”法制宣传活动。开展专题法律培训10余场次，受教育干部500余人次；受理金湾区直机关法律咨询100余人次。组建区镇两级普法讲师团，安排26名法官到辖区中小学任法制副校长，定期为学校上法制课、指导举办模拟法庭、带学生观摩庭审。在金湾区5所中学开展“法律情景剧进校园”活动及普法讲座10余场，并在巡演过程中发放2000本《画说法律》漫画口袋书。开展村官普法活动，印发《金湾区2014年村、社区“两委”换届选举工作法律宣传实施方案》，提前介入村、居“两委”换届选举法律宣传工作。在两镇中心广场建立2个普法宣传栏，宣传普法资讯。开展“送法”进企业，邀请金湾区普法讲师团成员到区内7家大型企业为中高层管理人员授课讲座，举办企业调解员及调解信息联络员培训班1场。开展网络传媒普法，三灶司法所利用“普法博客”和“普法微博”，红旗司法所利用QQ群，向各类人群提供法律咨询。制作一批法制宣传栏在金湾区内20个公交站进行1个月的展出。举办1场“文艺走基层·金湾专场”法制文艺演出，增强居民法制观念。

【人民调解】2013年，金湾区有人民调解组织49个，调解员401名。全年2家医院建立调解组织，教育系统建立调解组织18个，大型企业设立人民调解委员会试点7家。全年人民调解员参与西湖公园收地、清理非法用海、金湾互通立交建设等社会热点矛盾的调处；解决社会热点、难点问题，调处“4·15”潜水艇翻沉3人死亡事件、斯巴克员工跳楼死亡案件、九江市第三建

2013年7月2日，金湾区司法局举行律师公益服务进村居签约仪式
（黄颖怡　摄）

筑工程公司珠海分公司拖欠60多名工人工资纠纷等。金湾区司法局对各镇人民调解委员会调处案件质量情况进行检查评选，96.65%案件质量达标。

【社区矫正和安置帮教】2013年，金湾区司法局规范社区矫正、安置帮教工作，邀请金湾人民法院法官为社区矫正人员讲授法律知识，加强社区矫正和刑释解教人员思想教育和心理疏导并定期回访。加强对违反社区矫正管理规定的人员处理，申请法院撤销缓刑3人，均已收监执行。一改过去被管理对象不愿意服从管控措施的被动局面，2013年对不服从管理、社会危害性大的3名社区矫正对象提请法院收监执行，为往后的管理工作奠定良好的基础。每逢传统节假日走访慰问生活困难社区矫正和安置帮教人员，帮助解决刑释解教人员就业、学习、生活等困难，全年帮扶13人回归社会，预防和减少重新违法犯罪。截至年底接收社区矫正人员101人，解除矫正56人（其中撤销缓刑收监执行3人），在册社区矫正人员45人。全年未发生重新违法犯罪。

【律师工作】2013年，金湾区内有4家律师事务所，有执业律师18名，包括金湾区公职律师事务所（执业律师5人）、金湾区法律援助处（法律援助律师2人）两所国资所及广东文证律师事务所（执业律师5人）、广东正拓律师事务所（执业律师6人）两所合伙所。全年4家律师事务所共办理民事诉讼案件556宗，刑事诉讼案件37宗，行政诉讼案件2宗，提供法律援助501宗，参加公益事业和社会活动134次。金湾区司法局加强律师管理工作，落实律师行业监督管理机制，实现律师案件的零投诉。全年未发生律师乱收费、违规收费问题。

【金湾区被推荐为“全国‘六五’普法中期先进行政区”】2013年是“六五”普法中期验收年，金湾区司法局（金湾区普及法律常识领导小组办公室）组织做好迎接“六五”普法中期验收检查各项工作，持续开展法律“六进”活动，依照“六五”中期普法验收标准完成档案整理工作。8月6日，广东省“六五”普法中期督导组组长、广东省政协党组副书记梁伟发带队深入金湾区检查指导“六五”普法工作。督导组走访检查三灶司法所、三灶镇综治维稳中心、三灶镇社区法制宣传栏，并在三灶镇综治维稳中心会议室听取金湾区及三灶镇“六五”普法工作汇报，金湾区“六五”普法工作全面达到“六五”普法中期验收标准。12月15日，金湾区成为珠海市唯一被推荐为“全国‘六五’普法中期先进集体”的行政区。

【律师公益服务进村居】2013年，金湾区司法局联合广东嘉骏律师事务所与全区20个村（居）签订《律师公益服务进村居三方协议》，由驻村律师兼职人民调解员、担任村居组织和政府法律顾问，协助司法所和综治信访维稳中心化解矛盾纠纷，处理涉诉案件，协助处理重大突发事件和群体性事件，开展法制宣传、法律咨询、法律服务和法律援助等。开展有偿“律师服务进村、居”工作，驻村律师每月定期两次在“律师接待日”到村居值班，走访村、居83场次，接待群众约380批，开展法律宣传450多场次，受教育群众690人次，起草、审查、修改社区法律文书8份，审核村（社区）合同12份、出具法律意见书9件，参与调解16次，参与解决矛盾纠纷2件，涉及人数100人，代理诉讼1宗，有效服务基层居民，化解农村矛盾。

【西湖公园清地工作法律服务】 2013年，金湾区围绕“西湖公园”“青湾养殖围收地”开展系列法律服务工作，多次召开西湖公园土地清理工作会议，金湾区司法局从政策法律上为总体行动出谋划策。参加劝返上访户工作，入户派发《青湾养殖围收地法律法规》，沟通协调养殖户主动腾退工作，公证部门参与西湖公园司法、行政强拆物品清点及捕捞鱼的称重过程的证据保全。专职人民调解员进行清场活动，对养殖户讲解政策、法律，做好相关人员的心理疏导调解工作。对养殖户签订的协议提出法律意见，耐心为养殖户讲解合同权益，确保各方合法权益得到有效保护，为完成西湖公园用地清理工作提供法律保障。

【金湾公证处获评全市唯一优秀等级公证处】 2013年，珠海市金湾公证处办理各类公证6141件，比上年增长38.2%，公证收入290.6万元，比上年增长39.6%。6月，广东省司法厅组织30人专家评查组对全省公证机构进行年度考核检查。评查组按照每个公证处抽查30～100份公证卷宗的标准，从全省141家公证处上报的130多万个公证书编号中随机抽选并集中评查打分。检查项目主要包括职业活动情况、公证文书质量情况、组织建设情况、公证员执业年度考核情况、公证档案管理情况、公证收费和财务管理情况、内部管理制度建设情况等。其中，珠海市金湾公证处在公证员执业年度考核情况、公证档案管理情况、公证收费和财务管理情况、内部管理制度建设情况等5个项目中均获得满分成绩，在全省141家公证处中脱颖而出，成为珠海市唯一一家获得优秀等级的公证处。

【农民工专项法律援助】 2013年，珠海市金湾区法律援助处对农民工实行“三优”政策，即对农民工申请法律援助的案件优先受理、优先审批、优先指派；开辟“绿色通道”，减少审批环节，降低申请门槛，确保应援尽援。重点办好社会影响较大的群体性案件，通过提前介入、及时疏导的方式成功处理珠海跃颖电子科技有限公司、珠海亿湾陆森游艇有限公司、珠海市新恒生电器有限公司、珠海市潘林清洁用品公司、珠海市金鹰电子科技开发有限公司、珠海市一村家具有限公司及阳江市建安集团第四建筑工程有限公司珠海分公司等多宗群体劳动争议案件，为涉案800多名农民工提供法律援助，维护其合法权益。全年，金湾区法律援助处接待法律咨询1415人次，受理法律援助案件945宗（其中民事案件885宗，刑事案件60宗）。全年没有涉及行政复议及行政诉讼的法律援助案件。　（黄颖怡）

战略性新兴产业

综 述

【概况】2013年，金湾区构建创新平台，集聚高端人才，突破核心技术，加快技术创新，推动战略性新兴产业发展。全年全区三大战略性新兴产业汇聚100多家企业，总产值近100亿元。其中，航空、生物医药、新能源三大战略性新兴产业规模以上企业13家，实现产值79.9亿元，占全区规模以上工业总产值17.6%。航空产业稳步发展，珠海市航空产业园累计引进航空项目26个，引资金额135亿元，实际完成落户项目16个，累计完成投资114.76亿元，形成以通用航空为特色的航空产业体系。生物医药产业是金湾区战略性新兴产业的支柱，产值贡献率超过60%。新能源产业快速发展，在龙头企业珠海银通新能源有限公司纯电动汽车项目带动下，产业链和规模日益壮大，全年完成产值近10亿元，其增速位居三大新兴产业之首。2010年，珠海市贯彻落实《珠江三角洲地区改革发展规划纲要》及广东省委省政府关于加快发展战略性新兴产业的战略部署，提出打造“3+4”战略性新兴产业发展格局，即确定高端新型电子信息、生物医药、新能源及新能源汽车、新材料、航空、海洋工程和节能环保等7个产业领域作为全市重点发展的战略性新兴产业。金湾区把航空、生物医药、新能源三大战略性新兴产业发展作为转型升级的强力引擎。完善产业平台的规划与建设，开展《珠海机场核心区开发利用规划》编制工作，完成《珠海生物医药产业园发展规划》《金湾区生物医药产业发展规划》和《金湾区新能源产业发展规划》编制工作，引进投资100亿元的科创控股集团珠海医药基地和产销超100亿元的北京普瑞博思投资有限公司珠海生产和销售总部等重量级项目，以及中航三鑫股份有限公司、天大药业（珠海）有限公司、珠海达田控股有限公司等重大项目。

【金湾区三灶镇生物医药产业基地获批广东省战略性新兴产业基地】 2013年12月，珠海市金湾区三灶镇生物医药产业基地获批广东省战略性新兴产业基地。这是继三灶镇成为广东省唯一的生物医药技术创新专业镇和获得国家新兴工业化产业示范基地后获得的又一殊荣。三灶镇是金湾区生物医药产业的主要聚集地，引进知名企业珠海联邦制药股份有限公司，成立金海岸生物医药科技园。引进遵义医学院珠海校区和吉林大学珠海学院、引进国家医疗器械行业协会医用高分子专业委员会理事长单位康德莱集团，集中发展生物医药支柱产业，成为中国医药产业集聚度高的地区之一。（曾国强）

航空产业

【概况】2013年，低空空域管理试点工作实现重大突破，珠海成功纳入全国首批试点范围，并划设全国首条低空转场飞行训练航线“珠海—阳江—罗定”，设立珠海航空城通航飞行服务有限公司，建设全国首个地方政府投资的通航飞行服务站。珠海市航空产业园作为国家新型工业化产业示范基地，在国内外影响力明显提升，一批通用航空制造、运营、培训项目纷纷进驻，龙头项目中航通用飞机有限责任公司各项建设顺利推进，与波音航空航天公司、庞巴迪公司等国际知名企业接洽合作。珠海市航空产业园融资工作取得重大突破，全面完成中航通飞珠海产业基地园区基础设施配套贷款8亿元，取得产业园白龙河尾项目融资10亿元；园区基础设施建设项目取得良好进展，年度完成工程投资3.11亿元，累计完成6.71亿元。截至年底，珠海市航空产业园累计引进航空项目26个，引资金额135亿元，实际完成落户项目16个，累计完成投资114.76亿元，形成以通用航空为特色的航空产业体系。珠海三灶机场正式更名为珠海金湾机场（简称“珠海机场”），旅客吞吐量增长迅速，全年旅客吞吐量290万人次，比上年增长39%，利用丹马仕物流项目的契机，开通货运临时口岸，保障国际货运包机42班，实现零的突破，标志着珠海机场已经具备保障国际主流全货机波音777F、波音747-400F的能力。航空产业作为金湾区重点发展的三大战略性新兴产业之一，相继获得省市共建航空产业先进制造业基地、国家高技术产业基地、国家新型工业化产业示范基地、国家通用航空固定运营基地发展示范区等称号，形成以中航通用飞机有限责任公司为龙头的航空运输、物流、生产、加工、培训等产业基地。（曾国强）

【航展筹备】2013年，珠海市市长何宁卡、副市长王庆利多次率队拜访第十届中国航展主办、协办和相关支持单位，介绍第十届中国航展筹备情况。5月13日、12月5日分别在云南昆明和珠海召开第十届中国航展参展工作协调会，会议听取第十届中国航展相关情况汇报，各航展相关单位通报第十届中国航展的参展规划，对如何办好航展提出建设性意见，就中国航展组织架构调整及第十届中国航展工作大纲等达成共识，推动航展各项筹备工作顺利开展。以波音、空客、湾流、庞巴迪、俄罗斯航空进出口公司及法国、比利时、荷兰宇航工业协会为代表的“老客户”表示继续参展，韩国航空工业协会首次以国家展团形式参展，欧美等国家组建国家展团参展意愿增强，中国兵器工业集团公司、中国兵器装备集团公司、中国保利集团公司三大龙头兵工企业齐聚航展。

2013年8月23日，珠海、阳江、罗定机场签署战略合作意向书 （珠海市航空城通航飞行服务有限公司提供）

确定美国、欧美同盟国家、俄罗斯3个招飞邀请“梯队”，阿联酋空军骑士确定参展，形成中外军机编队联袂表演的局面。（陈　铮）

【航空产业园基础设施建设】2013年，珠海市航空产业园基础设施建设完成3.1亿元（含航空产业园管委会向西江流域管理局支付的5000万元白龙河尾抛泥区补偿金），创航空产业园年度投资额新高。新开工项目5个，续建项目2个。建设内容包括土地平整2.3平方千米、新建河堤2.6千米、排洪渠2.2千米。在建项目总体进展顺利，定家湾片区约30万平方米土地具备交工验收条件；定家湾恢复吹填，累计完成填土（吹填）160万立方米；推进东大堤项目、生物医药专区清场工作，解决土源点三门山施工便道清场问题，实施填土作业。完成填土11万立方米，平整面积3.5万平方米。航空产业园核心区完成陆域部分填土。白龙河尾项目前期工作全面展开，清场工作取得成效。（杜　非）

【珠海机场安全管理体系建设】2013年，珠海市珠港机场管理有限公司运输业务快速增长，安全形势持续良好，没有发生事故及事故征候，没有发生机场责任造成旅客受伤事件，实现年初制订的安全目标。通过实施安全管理系统（SMS）建设，实现安全管理从事后到事前、从开环到闭环、从个人到组织、从局部到系统的转变。根据民航中南地区管理局下达的安全责任目标，珠港机场公司与所属单位签订《安全生产责任书》《消防安全责任书》，安监部门督促各单位落实安全主体责任，安全责任分解到科室、个人，每个岗位安全责任明晰。珠港机场公司重视全员安全培训工作，全年参加民航和地方政府举办的各项业务培训209人次；邀请航空运输专家及珠海市消防局、金湾交警大队警官专题授课。新入职员工实行先培训后上岗，全年4批次136位员工和实习生参加岗前培训；149人参加危险品航空运输上岗证培训和复训；举办机场客桥操作员理论和实操专业培训和考核4期，53位员工参加；组织安全知识讲座1场，1037人次参加举办机坪作业安全、道路交通和飞行区交通安全、消防安全和逃生、应急管理等培训；组织协议单位及施工人员安全培训9场，72人次参加。坚持开展“安全工作坊”活动，全年举办安全工作坊104场次，1833人次参加。6月，举办“强化安全基础、推动安全发展”为主题的“安全生产月”活动，活动内容包括安全宣传教育、宣传咨询周、应急学习培训及演练、员工技术技能比武、安全大检查等。珠海机场在民航中南管理局年度安全管理考评中获得“达标单位”称号。

【珠海机场基础设施建设】2013年，珠港机场公司加强珠海机场设施设备维修保养工作，完成飞行区基建及助航灯光专项维修439项，零星维修500项，合计330万元，包括标志线刷漆、灌缝、围网、排水沟、助航灯光等14大类；完成航站楼及机电设备、特殊系统及供电系统专项维修301项，零星维修2500项，合计420万元，包括楼宇建筑、登机桥、安检设备、行李系统、高低压供电等13大类；自主完成技术革新5项，节约资金25万元；完成应急处置工作12项、保障国际货包设施设备正常运行。在新建及改善工程方面，完成房屋建筑及机器设备新建、改善工程95项，金额1500万元；完成服务设施改善28项，完成房屋建筑及机器设备新建、改善工程95项，金额1500万元。升级改造候机楼Wi-Fi（无线上网系统）广播系统；翻新旅客座椅400个；在值机区安装6台自助值机设备。（余凯强）

【珠海航空城通航飞行服务有限公司成立】2013年10月25日，珠海航空城发展集团有限公司和珠海机场集团公司共同出资成立珠海航空城通航飞行服务有限公司，承担国家空管委部署的珠海通航飞行服务站试点建设和运行任务，并按照非盈利性质运行管理服务站。珠海通航飞行服务站坐落于珠海机场航空加油站旁，是经国家空管委办公室、民航中南地区管理局审定批复，由珠海市政府投资建设，珠海市航空产业园管委会具体实施和主导，委

2013年11月5日，珠海机场国际货运包机首航保障

（珠海市珠港机场管理有限公司提供）

托珠海机场集团公司负责建设运营的空中交通服务系统试点站。按照试点设计和飞行服务保障模式的功能定位，珠海通航飞行服务站为真高1000米以下的通航飞行提供飞行计划、飞行情报、航行情报、气象情报以及告警救援等五大服务。

【珠海、阳江、罗定机场签署战略合作意向书】2013年8月23日，珠海、阳江、罗定3家机场在珠海机场集团公司签署《珠海、阳江、罗定机场战略合作意向书》。珠海金湾、阳江合山、罗定3个机场根据战略合作协议书内容，以珠海通航飞行服务站为依托，利用“珠海—阳江—罗定”划设的低空空域和低空航线条件，整合各自优势资源进行区域联合，形成区域性航空经济发展新模式，建立并完善通用航空服务网络，为通航飞行和通航产业的发展创建优良环境，促成通用航空产业成为珠江口西部地区经济的发展新动力。

【国家通航服务保障调研组考察珠海通航飞行服务站】2013年10月17日，国务院、中央军委空中交通管制委员会办公室副局长马欣带队，由国务院、中央军委空中交通管制委员会、国家发展和改革委员会基础产业司、空军司令部航空管制部、中国民用航空局空中交通管理局办公室、广州空军司令部航空管制处等负责人组成的通航服务保障调研组一行6人到珠海通航飞行服务站考察指导工作。马欣副局长对珠海通航飞行服务站试运行筹备工作和服务站运作管理形式给予高度评价，调研组对珠海通航飞行服务站成立管理机构、组建珠海航空城通航飞行服务有限公司，搭建珠海通航飞行服务站运作平台；主动与民航珠海空中交通管理站沟通，依托民航珠海空中交通管理站进行业务对接；积极创新、开拓进取，与阳江、罗定通用机场建立战略合作关系；与通用航空公司合作，与现行的直接用户及潜在用户进行对接；推进通用机场建设等五个方面的工作给予肯定。

【“珠海—阳江—罗定”低空航线建设】2013年，珠海通航飞行服务站配合军方推进全国首条低空航线“珠海—阳江—罗定”目视转场飞行航线的建设工作，全面完成沿航线7个ADS-B基站建设。12月20日，珠海市航空产业园低空目视转场飞行航线对空监视和地空通信设施建设现场验收测试评审会在珠海机场集团公司会议室召开。会议通过珠海市航空产业园低空目视转场飞行航线对空监视和地空通信设施建设的测试报告，通过空军司令部航空管制部组织的项目验收，为“珠海—阳江—罗定”低空航线提供技术信息保障。（郑　晴　李　姗）

【珠海机场完成首次国际全货机保障】2013年，珠港机场公司完成珠海机场丹马士国际空运包机项目，合计42班国际全货机航班，飞往阿姆斯特丹、芝加哥、洛杉矶，运送货物4000多吨，标志着珠海机场已经具备保障国际主流全货机波音777F、波音747-400F的能力。10月初，珠海机场租用瀚星及中信海直机库，在28天里把机库建成2500平方米的国际货运库区。与口岸联检部门以及相关保障单位积极协调，对航班信息通报、航空器引导、集装箱卸机、联检单位保障等各项工作作详尽部署，完善国际全货机保障流程。11月5日，丹马士国际空运包机项目启动，航班从一周三班上升到一个上午三班。先后2次组织货运团队前往广州白云机场学习货运工作知识，并邀请欧洲航空公司国际货运专家指导，完善各工种操作流程，全力保障全货机航班。42个国际全货机航班，没有发生一起不安全事件，珠海机场步入国际货运常态化。

【珠海三灶机场更名为珠海金湾机场】2013年1月10日，经中国民用航空局批准，珠海三灶机场正式更名为珠海金湾机场。2008年政协委员陈利浩在珠海市政协七届二次会议提交提案（第20080365号），建议珠海三灶机场更名“珠海金湾机场”。珠港机场公司对陈利浩委员的提案十分重视，在珠海机场管理委员会、珠海市交通局帮助下，按照《民用机场使用许可规定》机场更名要求，上报珠海市人民政府审核同意后，报交通部中国民用航空总局审批，于1月10日收到中国民用航空总局《关于换发珠海机场使用许可证的批复》，正式更名为“珠海金湾机场”。《民用机场使用许可规定》第四十条规定，机场所在地城市（或地、州）名称或具体地点行政区划名称经国务院或各级地名主管部门批准更名，该机场应当更名。珠海三灶机场1992年底动工，当时珠海机场所处地点在三灶管理区的管辖范围，是在三灶旧机场的基础上改扩建的，命名有当时的特殊背景和考虑。后三灶管理区撤销，经国务院批准珠海金湾区取代三灶管理区。珠海三灶机场更名为“珠海金湾机场”符合《民用机场使用许可规定》要求，反映珠海改革开放三十多年来建设发展的成就，更能体现珠海现代化海滨城市的特色，喻意“双港带动”战略给珠海描绘的美好明天。（余凯强）

生物医药产业

【概况】2013年，金湾区实现生物医药产业产值80亿元，比上年增长10%。生物医药作为金湾区三大战略新兴产业之一，是金湾区重点发展产业。金湾生物医药产业基地初步形成以珠海联邦制药股份有限公司、丽珠医药集团股份有限公司、珠海润都制药有限公司、珠海亿邦制药股份有限公司、汤臣倍健股份有限公司和珠海康德莱医疗产业园为龙头，珠海市银科医学工程有限公司、珠海博康药业有限公司、珠海倍健电子科技有限公司、珠海医凯电子科技有限公司等一批创新型成长企业，引进科创控股集团、普瑞博思集团有限公司等生物医药总部企业，形成以产业聚集形态为特征的医药产业集群体系。截至年底，全区生物医药产业拥有国家重点实验室1个；国家级企业技术中心（丽珠医药集团股份有限公司技术中心）及工程中心（依托丽珠医药集团股份有限公司的国家中药现代化工程技术研究中心）各1个；省级企业技术中心2个、工程中心5个；高校附属生物医药公共实验室2个，市级生物医药产业工程技术中心和研究机构4个，生物医药国家级重点产品9个，中国名牌产品4个，中国驰名商标2个，广东省

2013年5月16日，丽珠医药集团“参芪扶正注射液”上市后再评价项目签字仪式（丽珠医药集团提供）

名牌产品7个，广东省著名商标13个。生物医药及相关企业105家，金湾区内的普瑞博思、丽珠集团丽珠制药厂、珠海亿邦制药股份有限公司和珠海润都制药有限公司等4家企业跻身全国医药企业利润排名百强行列，汤臣倍健股份有限公司成为中国保健品行业第一品牌，金湾医药谷成为全国知名医药生产基地，被列为广东省三大医药产业基地之一。

【生物医药公共服务平台建设】2013年，金湾区医药产业领域公共服务和创新平台有珠海南医大生物医药公共服务平台、吉林大学珠海学院生物医药公共服务平台、珠海三灶生物医药公共信息服务3个平台。珠海南医大生物医药公共服务平台采用政府引导、市场导向、产学研结合的创新模式，为从事新药研发的大学、研究院所和企业提供服务，被列为金湾区人民政府重点扶持平台，全年服务金湾区生物医药企业70多家，为他们提供样品检测、技术咨询、人才培训、工艺创新等服务，促进金湾区生物医药产业发展。吉林大学珠海学院生物医药公共服务平台依靠吉林大学总部的先进技术源泉，依托吉林大学珠海学院的先进技术服务资源，被广东省认定为“广东省中小企业公共（技术）服务示范平台”，与金湾区内12家生物医药企业举行校企合作，项目涉及生物医药、化工等方面。同时该平台承担国家、广东省、珠海市、企业等各类科研项目5项，发表学术论文70余篇，申请发明专利6项，获得授权4项，进入试生产阶段项目3个。珠海三灶生物医药公共信息服务平台是由专业化团队打造的一流信息共享服务平台，是广东省内内容齐全、访问量大、服务专业的生物医药公共服务专业化信息共享服务平台，该平台于2008年由珠海市金湾区三灶镇人民政府、三灶科技工业园管委会主持组建。

2013年7月5日，丽珠集团20ug重组乙肝疫苗Ⅲ期临床试验总结会

（丽珠医药集团提供）

【生物医药科技品牌创新】2013年，金湾区落实《金湾生物医药产业发展若干意见》，通过设立专项资金、奖励新药上市和研发补助等措施，鼓励企业自主创新和品牌建设，开展品牌发展规划工作，建立品牌战略公共信息服务平台，借助现代科技和手段，为品牌企业和社会各界提供优质的信息服务和政策咨询，加强政策激励和引导工作，贯彻实施商务领域现行扶持政策，协调工商、药监、质监等有关部门，对自主品牌提供推广、投资等。

【《金湾生物医药产业园发展规划》出台】2013年，金湾区人民政府委托南方医药经济研究所和广州标点医药信息公司专业团队编制《金湾区生物医药产业发展规划》，规划在空间布局上进行调整，改变过去生物医药产业“大散布、小集中”局面，重点规划、建设珠海生物医药产业园、金海岸生物医药园、定家湾产业区、丽珠工业园区等未有或已有园区，以“金湾生物医药谷”为核心，形成企业为主体、市场为导向、高校和科研机构为依托、科技创新为核心，建立科技创新和经济、社会协调发展的新体制，形成具有高技术含量和知识密集型特征的现代生物医药产业体系。规划指出，到2015年金湾区生物医药工业产值年均增长20%～25%，总产值220亿元，力争实现240亿元，2017年金湾区生物医药制造业总产值实现350亿元；2020年金湾生物医药产业园成为全国最重要的生物医药生产研发基地。

【丽珠医药集团股份有限公司提升核心竞争力】2013年，丽珠医药集团股份有限公司围绕品牌、研发、销售提高核心竞争力。公司用于研发方面的相关支出占集团营业总收入5.05%，顺利实施一批重点项目：艾普拉唑针剂项目获临床批件，并基本完成I期临床研究，完成II期临床的准备工作；注射用重组人源化抗肿瘤坏死因子α单克隆抗体获临床审批，并确定临床研究方案和执行医院，且完成一期临床用药生产；清毒安肾胶囊项目完成IIa期临床试验研究及总结分析，进入IIb期临床研究阶段；三花粉针项目完成药学补充研究、药效验证、动物药代动力学试验以及人体药代动力学临床研究。除原有研发项目外，公司引进及自主开发两项新的单克隆抗体药物研发项目及两项中药制剂研发项目，丰富集团在研产品。全年公司申请国内发明专利25项、国外专利11项，取得17项国内外发明专利授权；获得7项境内外专利资助资金108万元；取得商标注册证书2个；完成国内外注册商标续展24项，办理商标许可备案22项；完成7项外观专利新申请，获得外观专利授权8项。公司加强营销管理，扩大销售规模，主营业务收入快速增长，特别是重点制剂药产品收入增加较快，其中，促性激素药物产品实现收入605.50万元，比上年增长32.17%，中药制剂类产品实现销售收入1658.92万元，比上年增长11.73%，消化道药物产品实现销售收入358.68万元，比上年增长19.30%。

【珠海联邦制药股份有限公司保持稳步发展】2013年，珠海联邦制药股份有限公司全年实现营业收入76亿余元，比上年增长8.9%。公司完成多个车间的技术改造，顺利通过ISO 9000及ISO 14000复查和德国GMP检查，在研发方面第三代胰岛素门冬胰岛素进行临床试验，进一步完善公司胰岛素产品线。用于治疗老年痴呆的盐酸美金刚项目顺利通过国家食品药品监督管理总局批准，盐酸美金刚口服液成为国内首仿产品，代表公司在专科药产品中又开阔一个新领域，公司拥有近3000人的销售团队，为公司新产品推出市场提供动力。开发新产品44种，有13项专利注册获得批准，7个项目办理审批中，公司国际认可的生产工艺和极具价格优势的产品，为公司奠定坚实的品牌基础和带来持续的销售增长。公司成功入选2013年珠海市“三高一特”20项重点产业项目及百家重点培育企业，公司持有的【联邦】商标被国家工商总局认定为中国驰名商标。根据有关国际公约，公司拥有的驰名商标【联邦】和【阿莫仙】在国际上也可以获得相应保护。（曾国强）

新能源产业

【概况】2013年，金湾区规模以上新能源企业产值近10亿元。新能源产业作为金湾区重点布局和发展的三大战略性新兴产业之一，经多年的建设和发展形成具有一定规模和技术的产业体系雏形，特别是以珠海银隆新能源有限公司为龙头的新能源汽车产业在广东省区域内具有一定的产业竞争力。珠海银隆新能源有限公司（原珠海银通新能源有限公司，2013年7月更名）创建于2004年，是一家产业横跨新能源、汽车制造、房地产、物业管理、金融能源投资等领域的大型现代化高新技术企业，相继获批为“广东省战略新兴产业培育企业”“新能源汽车产学研产业化示范基地”和“广东省战略性新兴产业珠海市金湾区新能源汽车产业基地”；珠海银隆新能源有限公司旗下的珠海市广通汽车有限公司也是全国知名企业。金湾区有新能源企业数十家，生产的产品主要包括新能源汽车（纯电动汽车、混合动力汽车、LNG汽车等）整车生产、动力电池、电机、电控等关键零部件；变压器等热交换设备；节能设备以及LED灯等节能产品。

【新能源产业专区规划建设】2013年，金湾区完成三灶新能源产业专区的控规编制工作，建设水、电、道路等配套设施。三灶新能源产业专区重点发展纯电动汽车整车制造，电池、电机、电控关键零部件以及电池的正负极材料、隔膜及充电设备等行业，建设纯电动汽车制造基地。银隆新能源产业园一期工程完成投资17亿元，全部投产后可实现年产值500亿元。产业园区的规划和实施有利于金湾新能源产业的集聚发展和科学布局。

【新能源产业技术研发】2013年，金湾区新能源产业技术研发取得重大突破。珠海银隆新能源有限公司自主研发的“空芯环型”结构锂离子电池，通过国家级电池检测中心测试，具有完全自主知识产权；通过战略收购美国奥钛纳米科技有限公司，掌握全球领先的钛酸锂锂离子动力电池生产技术。珠海银隆新能源有限公司成为全球唯一可同时生产高性能磷酸铁锂电池、钛酸锂电池的企业。珠海银隆新能源有限公司承担“大容量快速储能装置技术平台研究及储能电站推广应用”领域的国家863计划项目，在“风—光—储”发电系统技术领域不断取得新的研究成果。珠海银隆新能源有限公司下属的珠海市广通汽车有限公司，长期致力于研发混合动力客车、LNG客车等一系列节能减排的环保型新能源客车，公司自主研制生产的客车屡获国内外大奖；作为国家“十一五”863计划的协办单位，生产的LNG环保公交车获得国家863项目验收专家高度评价；成为英国最大客车制造公司亚历山大公司在亚洲唯一加工商，又成为国内唯一全面掌握全铝车身工艺和双层巴士制造工艺的企业。

【“示范型国际科技合作基地”认定】2013年1月，珠海银通新能源有限公司“锂离子电池研发及产业化国际合作基地”被国家科学技术部认定为“示范性国际科技合作基地”。该基地是珠海市首个由国家科技部认定的“示范型国际科技合作基地”，标志着珠海市新能源领域国际科技合作迈上新台阶。科技部、广东省科学技术厅及珠海相关部门负责人出席揭牌仪式。作为新能源行业领头羊，珠海银通新能源有限公司开展国际科技合作，取得合作成效及示范影响力，成为依托国内各类机构建立的国际科技合作基地。珠海银通新能源有限公司以银通研究院为中心，在创新研发技术方面确立以钛酸锂为主、磷酸铁锂为辅的技术路线；在市场定位方面，开拓新能源汽车系统和储能系统“两大”产业链。先后建立珠海银通新能源产业园、河北银通新能源产业基地，在成功收购美国奥钛纳米科技公司的基础上建立美国新能源基地，形成“三大基地”。珠海银通新能源有限公司寻求与日本、韩国、德国、荷兰等国家的新能源企业合作，组建国际化的新能源汽车专业设计院，推进锂离子电池研发及产业化，引进国际人才，拓展国际合作渠道，促进珠海新能源事业发展。（曾国强）

招商引资

综　述

【**概况**】2013年，金湾区实际吸引外资1.35亿美元，比上年增长44.1%。吸引合同外资金额4.17亿美元，比上年增长7.01%；新引进中国500强及境内大型优质企业2家。引进总部经济体3家，预计每年工业增加值超过5亿元，税收1亿元以上。全年新引进项目102个，项目总投资290亿元。举办大型招商推介会2场，赴东北、长三角、北京、湖南、湖北等地开展招商取得成效。

【**招商活动**】2013年，金湾区招商小分队拜访各潜在投资企业，获得一手投资信息，赴北京开展全国“两会”期间招商，赴东北老工业基地开展定点招商，赴长三角、湖南、湖北等地开展小分队招商，拜访中国航空工业集团公司、中国国电集团公司、中国铁建股份有限公司、中国航天科技集团公司第五研究院、中国医药集团、北京润地集团、中国通用技术集团、湖南省丽拓生物科技有限公司、武汉健民药业集团股份有限公司、北京普瑞博思投资有限公司、上海康德莱企业发展集团股份有限公司、复兴集团、沃尔玛亚洲总部等央企和重点企业，与企业进行洽谈并达成投资意向协议，与欧尚商业中心等项目签订投资框架协议。参加北京“中国医药企业管理协会年会”；成功举办“中国医药新生代珠海行”特色招商活动；赴香港参加粤港经贸交流会，昂德公司在交流会现场签订投资协议；赴澳门参加第十八届澳门国际贸易投资展览会。

【**清理盘活用地“清政策”**】2013年，金湾区“清政策”重点项目放在在建或部分建成未达到要求的B类项目上。全区清查B类项目用地206宗，其中三灶镇三灶工业园B类项目67宗；红旗镇红旗工业区B类用地73宗，联港工业区B类用地66宗。金湾区招商局配合珠海市投资促进局做好“清政策”工作，督促三灶镇、红旗镇、联港工业区对辖区工业项目进行摸底调查和统计。三灶镇、红旗镇对部分项目没有全部履行国有合同或所约定的内容，如容积率、投资强度、二期建筑面积等，园区对未全部履行合同的项目提出处理方案，成立三清“洽谈小组”，加强与企业的沟通联系，下达《督促企业二期用地开发建设》通知书，敦促二期用地未建企业尽早动工建设。政府协议收回企业大片空置用地，出让给亟需落户新项目的企业建厂，满足项目用地需求。红旗镇、联港工业区通过协商回收、合作、并购等方式盘活31宗项目用地，引进珠海市海斯比游艇工程技术有限公司、德尔玛重工机械（珠海）有限公司等项目，盘活闲置土地面积约100万平方米。三灶镇通过协议收回、股权转让等方式清理579238平方米用地，重新置入天锐电子有限公司等项目。

【**举办上海投资推介会**】2013年10月29日，珠海市金湾区（珠海航空产业园）上海投资推介会在上海喜来登由由酒店举行，投资推介会由珠海市金湾区人民政府、珠海市航空产业园管委会、珠海市投资促进局主办，金湾区招商局承办。珠海市副市长王庆利，珠海市投资促进局局长刘齐英，金湾区区长、珠海航空产业园管委会主任欧阳德红及市、区相关部门领导参加推介会。会上珠海市副市长王庆利讲话，金湾区区长欧阳德红介绍金湾区投资优势并发出邀请，副区长夏志高介绍金湾区的投资环境和发展优势。推介会由金湾区委常委、常务副区长管伟主持。推介会期间签订合作项目22个，投资总额138亿元。会上天大药业（珠海）有限公司、美享医药科技有限公司、珠海广联通用航空设备有限公司、金田科技股份有限公司4家企业现场签约。推介会结合金湾区产业发展规划，吸引来自航空、医药、新能源和高端制造业、现代服务业近100家企业参加，其中生物医药参会企业51家，参会项目投资规模大战略性新兴产业项目居多。世界500强企业美国霍尼韦尔国际公司（飞行器起落架及航电产品全球龙头企业）、红星美凯龙家居集团股份有限公司、飞利浦、韩国三星参会。诸多金融、建筑企业参会，包括美国智鼎金融顾问公司、基汇管理咨询（上海）有限公司、东义资本、北京普瑞博思投资有限公司、太平洋建设集团等。

【**举办香港投资企业交流会**】2013年12月18日，珠海市金湾区投资企业交流会在香港举行。金湾区领导吴轼、欧阳德红、管伟、梁庆伦、夏志高、刘凌波等出席招商交流会。10多家香港企业参会，涉及航空、医药、新能源等战略性新兴产业。会上金湾区委书记、区人大常委会主任吴轼介绍金湾区相关优势并发出邀请；金湾区委副书记、区长欧阳德红与科创控股集团、北京普瑞博思投资有限公司签订框架协议，签约总投资额120亿元，年营业额超过150亿元。科创控股集团拟在金湾区建设“科创·珠海基地”，建设养生保健中心和三大生产基地并设立3个总部经济体。“科创·珠海基地”计划总投资100亿元，建成后年营业额将超过100亿元。北京普瑞博思投资有限公司在金湾投资建设药品生产总部和销售总部。

【**《金湾区重大投资项目引荐人奖励办法》制度实施**】2013年8月，参照《关于印发珠海市重大投资项目引荐人奖励办法的通知》，金湾区人民政府制定实施《金湾区重大投资项目引荐人奖励办法》，确定奖励对象、奖励条件、奖励金标准、奖励金来源及兑付、奖励金申请、奖励金申报时间和程序，激励普通市民参与招商引资，引进项目落户当地。引荐人确认以重大投资项目注册的公司为准，并为重大投资项目的唯一受奖者。若受奖者为2个或2个以上，视为一个引荐团队，其奖励金分配由引荐团队自行商议。但项目合作方、合资方、金湾区内的公务员和参照公务员管理的机关、事业单位、人民团体工作人员及国有企业、群众团体中从事公务的人员，以及重大投资项目投资方或决策人均不属于奖励对象。该办法所指的重大投资项目，应属于符合珠海产业发展导向的“三高一特”项目，不包括房地产业，重大投资项目需在2013年1月1日后新设立、注册资本金到位4000万元以上企业。对外商直接投资项目，注册资本金实际到位总额4000万元人民币，引荐人可按照8‰计奖；内资项目注册资本金实际到位总额4000万元人民币，引荐人按照6‰

计奖；单个项目最高奖励金额150万元（注含税金额）。金湾区财政每年设定奖励引荐人专项资金用于兑付奖励。调动社会各界人士招商引资积极性，吸引更多客商投资，促进金湾经济持续健康发展。（谭美娟）

【《金湾区关于进一步加强企业服务的若干意见》出台】2013年8月23日，金湾区人民政府出台《金湾区关于进一步加强企业服务的若干意见》，确定从行政服务、财政支持服务、金融服务、项目建设服务等方面加强企业服务，多种方式鼓励金湾区企业上市、增资扩产、技术创新。该意见贯彻珠海市关于各级政府及相关职能部门要转变观念，提高效率，加强企业服务的要求，加快金湾区“二次创业”发展步伐，促进“三高一特”产业发展，提高企业服务水平，有效破解制约项目落户和企业发展难题，营造亲商、安商、富商氛围。（曾国强）

【航空产业园招商引资】2013年，珠海市航空产业园管委会重视园区招商推介活动，多次组织赴北京、四川、上海、香港等地开展招商考察，推进意向项目洽谈。全年园区落户航空产业项目10个，项目投资总额人民币21.4亿元，其中8个项目完成工商注册，注册资本人民币5.41亿元，包括实际到位外来资金475万美元，2个项目签署落户协议。航空制造领域落户项目4个，包括从事通用飞机零部件制造和改装维修的珠海广联通用航空设备公司，从事航空电子设备研发制造的珠海天启技术公司，中航通飞下属上市公司中航三鑫股份有限公司光伏建筑及玻璃幕墙生产项目。航空运营服务领域落户项目6个，包括从事公务机运营的利捷公务航空有限公司，以及从事航空俱乐部、飞行培训、飞机运营托管等业务的珠海华翔通用航空有限公司、珠海易航通用航空有限公司、天合星空通用航空有限公司、爱飞客航空俱乐部有限公司、广东翔泰通用航空有限公司等。（敖　炜）

【三灶镇招商引资】2013年，三灶镇吸引实际利用外来资金8478.5万美元，比上年增长68.5%，完成目标165%。完成总部经济体设立2个，完成度100%。全年落户重大工业项目26个，总投资额超过18亿元，全部投产后产值80亿元以上，其中有银海科技集团有限公司、天锐电子有限公司、中瑞新能源科技有限公司、美国贝格思电子公司、日本长野汽配有限公司等，涉及电子信息、新能源、家电、保健品等行业。在增资扩产方面，有汤臣倍健股份有限公司、珠海润都民彤制药有限公司、珠海亿邦制药股份有限公司三期、珠海金鸿药业股份有限公司三期、金安国纪科技股份有限公司三期等。三灶镇开展外出招商活动10多次，洽谈合作项目50多个，邀请香港工业总会考察三灶，与深圳台商协会开展推介活动，参加中国医疗器械及药业展会等。（刘玉汀）

【红旗镇招商引资】2013年，红旗镇招商小分队先后赴华东、深圳、广州、中山等地开展招商拜访活动。吸引实际利用外来资金4900万美元，比上年增长59%，全年引进项目54个（包括增资扩产和二期动工），其中外资项目百利盖科技（珠海）有限公司和美国迈克瑞新材料有限公司投资总额分别达到1580万美元、1400万美元，内资项目中铁建珠海投资开发有限公司和珠海达田控股有限公司，投资总额分别为人民币5亿元、3000万元。14家企业实现增资扩产，其中得理乐器（珠海）有限公司、珠海世锠金属有限公司增资数额分别为690万美元、1000万美元。通过与网络招商平台合作形式挖掘并跟踪投资项目近80个，促成珠海宝丰堂电子科技有限公司、珠海益邦润滑密封科技有限公司等项目落户红旗镇。（李其中）

外商及港商投资

【概况】2013年，金湾区完成实际吸引外资1.34亿美元，比上年增长65.11%，完成进度104.70%。完成合同外资金额4.17亿美元，比上年增长7.01%，完成进度100%。新引进外资项目6个，投资总额1.3亿美元。其中航空产业项目1个，投资总额2000万美元；生物医药项目2个，投资总额4500万美元；新能源产业项目1个，投资总额1500万美元；先进制造项目2个，投资总额5000万美元。全年引进优质外资项目3个，投资1500万美元的利捷航空项目完成注册并筹建，投资1500万美元的美国迈克瑞新材料项目开始建设，投资2500万美元的香港昂德科技完成注册。（谭美娟）

【引进百利盖科技（珠海）有限公司】2013年10月，百利盖科技（珠海）有限公司成功拍得位于联港工业区小林片20000平方米地块。该项目总投资1600万美元，注册资本1000万美元，主要从事新型、生态型包装材料的研发、生产和销售。建成投产后年产值4亿元，可为地方每年创造税收2000万元。项目由全球最大密封件制造商德国百利盖集团投资。该集团是世界上三大塑料瓶盖生产商之一，拥有80多年的制盖经验，在全球18个国家拥有工厂22家，行业客户分布世界各地。

【引进美国迈克瑞新材料有限公司】2013年12月，美国迈克瑞新材料有限公司成功拍得位于联港工业区双林片20000平方米地块。该项目总投资1400万美元，注册资本800万美元，主要从事碳纤维产品的研发、生产和销售。预计建成投产后年产值2亿元，可为地方每年创造税收1000万元。（张田力）

国内投资

【概况】2013年，金湾区新引进内资项目96个，投资总额284.31亿元。其中航空产业项目9个，投资总额6.86亿元；生物医药项目11个，投资总额141.2亿元；新能源产业项目3个，投资总额3.65亿元；先进制造项目11个，投资总额14.5亿元；现代服务业项目44个，投资总额10.98亿元；其他产业项目21个，投资总额107.12亿元。

【总部经济项目引进】2013年，金湾区总部经济项目引进取得突破，其中有投资100亿元的中铁建珠海投资开发有限公司项目；营业额超50亿元的广东京信电力集团贸易公司；投资10亿元产值超20亿元的中航三鑫股份有限公司项目；投资100亿元的科创控股集团有限公司项目；生产和销售各50亿元的北京普瑞博思投资有限公司医药生产基地和销售总部项目等。

【引进北京普瑞博思项目】2013年，金湾区引进北京普瑞博思投资有限公司项目。北京普瑞博思投资有限公司创建于1998年，是北京市高新技术企业，是一家专注于股权、科、工、贸、投资及管理的专业机构，集医药产业、投资、研发、GAP（种植）、生产、销售等多家企业为一体的大型综合性产业集团。在金湾区投资建设医药生产总部和销售总部2个项目，并作为总部基地辐射全国，走向全球。医药生产总部总投资15亿元，建成后年产值超过50亿元；销售总部项目年销售总额超过50亿元。

【引进科创控股集团项目】2013年，科创控股集团有限公司在金湾区投资建设“科创·珠海基地”。项目选址金湾区三灶镇生物医药园，建设养生保健中心和三大生产基地，并设立3个总部经济体。“科创·珠海基地”总投资100亿元，建成后年营业额将超过100亿元。科创控股集团有限公司是经国家工商总局注册的大型综合性民营企业集团，旗下有260家独资公司及控股（参股）公司，位列2013年中国民营企业500强第61位、2013年中国企业500强第297位，拥有员工2万余人。总部位于四川省成都市武侯区。旗下有中药材种植、药用动物养殖、药用菌培养；药品及健康产品生产研发；医药及健康产品销售、连锁经营；国际高端医院、酒店经营等专业集团及管理公司。有已建成、在建和拟建的产业园18个，有89个中药材种植公司，168个医药公司，12630个药店，3个药物研究所，30个药品、保健食品生产企业通过国家GMP（药品生产质量管理规范）认证。（谭美娟）

贸易·商业

国内贸易

【概况】2013年，金湾区加快航空新城建设步伐，促进商贸流通业继续保持平稳快速增长，完善市场体系。全年社会消费品零售总额24.88亿，比上年增长18.1%，高于珠海市平均水平，超过本地生产总值增长5个百分点，住宿餐饮快速发展，比上年增长15.6%，零售业销售额占全区社会消费品零售总额比重70.5%。珠海本土家电零售龙头企业泰锋电器首次进驻金湾。金湾区在广东省首推肉类流通追溯体系的应用，基本完成4个农贸市场升级改造任务，加强质量强区建设，改善市场经营环境。

【农贸市场升级改造】2013年，金湾区科技工贸和信息化局贯彻创建文明城市工作部署，推进农贸市场建设，改善脏乱差现象，营造良好市民购物环境，推进金湾区内主要农贸市场改造升级工作。全年完成80%的农贸市场升级改造工作，其中唐人街市场、广安市场、小林新市场、西湖市场完成改造，达到珠海市农贸市场升级改造标准，润福市场、鱼林市场、草堂市场、三板市场基本完成改造，加紧推进其余4家农贸市场改造。农贸市场升级改造后布局合理、环境整洁、服务

2013年2月27日，金湾区农贸市场改造提升工作动员会　（陶　俪　摄）

规范，满足广大群众多层次、多样化消费需求。

【市场“打假”】2013年，金湾区调整“打假”工作领导小组，制订“打假”工作方案，组织召开“打假”动员大会，落实各成员单位“打假”措施，整顿和规范市场经济秩序，有效打击制售假冒伪劣商品违法行为。全区共出动“打假”执法人员2531人次、执法车辆388车次，查办案件52宗，案值6.15万元、罚没4500元，抽样9724户次，不合格3050件，没收货品价值37万元，查获工业盐1350公斤，没收非法资料2800份，发放宣传传单12160份，播放公益广告172次，派发相关资料431份。

【汽车行业企业参加第七届中国国际汽车零部件博览会】2013年9月13—15日，金湾区汽车行业企业广东省蓉胜超微线材股份有限公司、珠海三威注塑模具有限公司参加在北京国际展览中心举办的“第七届中国国际汽车零部件博览会”，2家公司参展的汽车超微线材和汽车零配件模具受到市场欢迎。该博览会是商务部举办的国家级汽车零部件展览会，旨在全面展示中国汽车工业整体水平，珠海市4家企业参展，金湾区占50%名额。

【泰锋电器进驻金湾】2013年5月4日，珠海本土家电零售龙头企业泰锋电器首次进驻金湾区，泰锋电器三灶镇店开业，店内经营面积约6000平方米，设开放式、体验式服务区，提供手机、电脑、数码和传统家电等产品，设立专门物流配送和安装维修中心。泰锋电器有7间家电连锁店，为珠海大型专业、品种齐全的家电零售连锁企业。泰锋电器入驻金湾方便金湾居民就地购买电器，解决不能当天取货问题。

2013年9月11日，金湾区科技工贸和信息化局联合开展打假专项行动

（谭自成 摄）

【全省首推肉类流通追溯体系应用】2013年12月4日，金湾区在广东省首推猪肉流通追溯系统的应用。该系统以猪肉流通安全信息监管、追溯为目的，以应用系统开发、系统集成、信息整合、信息采集为基础，以数据库建设为核心，以互联网为支撑，电脑芯片卡为信息载体，标签电子秤为零售输出，采用物联网、射频等先进技术手段，发挥猪肉流通基础数据的信息化程度和可用性，做到实用性、适用性以及共享性。系统包含金湾区肉类流通追溯管理平台、生猪屠宰环节追溯子系统、农贸市场肉菜追溯子系统、团体采购追溯子系统等构成部分，可实现肉类来源可追溯、去向可查证、责任可追究、卡进卡出、凭卡经营、平时监管、应急追溯、一码追溯、全国互联目标。该系统的推行应用，有利于实现全区猪肉流通信息可追溯，一旦出现猪肉质量安全问题可立即追查责任人和相关原因，便于政府和社会各方及时采取措施，以最快的时间将影响和损失减少到最低程度，保证猪肉流通信息标准化、集中化和网络化，促进猪肉流通市场规范有序，达到对猪肉流通全程监管，确保猪肉流通信息有源可溯。截至年底基本完成区级追溯管理平台和流通节点子系统软件开发，完成小林肉联厂升级改造农贸市场的系统集成工作。　（曾国强）

对外贸易

【概况】2013年，金湾区对外贸易运行总体保持增长态势，对外贸易创历史新高，全年进出口总值36.28亿美元、比上年增长18.5%，其中进口总额8.43亿美元、比上年增长24.4%，出口总额27.84亿美元、比上年增长16.8%。金湾区外贸企业300多家，出口集中在电子电器、金属制造等行业。一般贸易主要集中在电子电器、日用品等行业，在一般贸易出口退税征退差资金等措施激励下，金湾区一般贸易保持平稳增长，全年进出口总值11.11亿美元、比上年增长14%，一般贸易进口2.21亿美元、比上年增长3.1%，一般贸易出口8.83亿美元、比上年增长17.1%。金湾区贸易企业中从事加工贸易的占50%以上，主要出口欧美、中东、东南亚等地区。受全球经济复苏、国内经济稳定等因素带动，金湾区加工贸易企业飞利浦、金品电器、爱普科斯等表现突出，加工贸易进出口总值25.17亿美元、比上年增长20.6%，高于全市平均水平，其中出口19.01亿美元、比上年增长16.7%，进口6.14亿美元、比上年增长32.5%。广东省加工贸易进出口、出口、进口增幅分别为10.9%、10.9%、11.1%，金湾区三项指标增幅均超过全省平均值。加工贸易企业国内采购料件比例增加，塑胶等原辅料件多在国内采购。企业投资进口设备占进口总额的2%左右，对进出口贡献偏低。

【外贸政策宣讲】2013年9月，金湾区开展外贸政策进企业宣讲活动，金湾区科技工贸和信息化局联合相关职能部门负责人和专家进企业宣传珠海进出口公共技术服务平台、检验检疫新政策、稳外贸促增长政策、海关总署对AA类（信用监管最高等级）企业监管要求、出口退（免）税新政策等，发放资料200多份，走访重点外贸企业20多家，举办外贸知识培训班5场，帮助企业了解外贸政策，加强与政府的沟通合作，实现金湾区企业外贸进出口业务快速发展。

【出口企业增加】2013年，金湾区新增出口企业30家，出口总额1888万美元，主要涉及金属冶炼、电子器件、家用电器、医疗用品等行业，其中珠海宾德科技有限公司生产经营的止血贴全年出口600多万美元。珠海宾德科技有限公司主要以生产经营医疗材料为主，产品品质较好，受到国外市场欢迎。

【丽珠医药出口增长】2013年，丽珠医药集团股份有限公司下属公司珠海市丽珠医药贸易有限公司进出口总额789万美元，其中出口780万美元，比上年增长650%，主要涉及中西药制剂及原料、医药中间体等商品的出口，在雌激素、抗生素、消化近期研究报告系统用药、中药、诊断设备五个关键医疗领域，持有230多种产品。在医疗领域中丽珠医药集团股份有限公司与国内同行相比具有质量优势，与外国同行相比则有成本优势。主要产品具有主导的市场份额，如参芪扶正注射液（16%），尿促卵泡素（20%），促配子成熟激素（乐宝得）（75%）和铋钾柠檬酸颗粒等（丽珠得樂）（85%）。

【高新技术企业产品出口比重增长】2013年，金湾区高新技术企业56家，其中涉及出口业务企业42家，占比75%，主要涉及电器、电子器件、医药、新材料等产品。全年高新技术产品出口总额约为9.84亿美元，出口总体呈现快速增长，其中珠海广通汽车有限公司出口1.34亿美元，增长45倍，增速排名第一。珠海广通汽车有限公司专业从事客车生产经营，公司长期致力于研发混合动力客车、天然气客车、无轨电车等一系列节能减排的环保型新能源客车，其中LNG环保公交车获得国家863项目专家组验收，被广东省科学技术厅评为“广东省生产科技型企业”“广东省高新技术企业”“广东省百优民营企业”。

【日系企业出口大户先抑后扬】2013年上半年，受日系汽车销售下滑影响，出口大户、日系企业广东三井汽车配件有限公司、白井电子科技（珠海）有限公司出口增长乏力。下半年，将泰国订单转移到珠海生产，出口稳中有进，广东三井汽车配件有限公司全年出口7099万美元、比上年增长6.12%，白井电子科技（珠海）有限公司全年出口71297万美元、比上年增长3.19%。广东三井汽车配件有限公司是由世界500强企业之一的日本三井金属矿业株式会社投资总额1760万美元的一家外商独资企业，公司位于三灶科技工业园，占地70000平方米，主要从事生产和经营高档汽车配件及中央门锁等。白井电子科技（珠海）有限公司是日本白井电子工业株式会社（SHIRAI）投资2.3亿港币的大型全资子公司，2007年1月9日在三灶镇注册设立，以研发、生产和销售自产的新型电子元器件、高精密线路板、片式元器件并开发其相关应用产品，提供印刷线路板的电脑设计及相关技术服务为主。公司设计年产多层印刷线路板180万平方米，一期工程设计年产印刷线路板约90万平方米，于2009年8月正式投产运营。员工1000多人，投资金额超过6.2亿港币，产品远销日本、美国、东南亚、欧洲等多个国家和地区。（曾国强）

粮食管理

【概况】2013年，珠海市金湾区发展改革和统计局（金湾区粮食局）推进粮食储备库工程项目建设；完成珠海市下达的粮食储备任务，确保储备粮稻谷在库安全和储存落实全年轮换任务，提前完成珠海市下达成品粮任务；完成金湾区驻地部队军用粮油供应任务；保障金湾区粮食供需平衡、质量可靠、价格平稳、粮食安全生产无事故；完善金湾区粮食应急系统；加强粮食依法行政工作，严格执行粮食收购许可、粮油仓储备案政策；完成届中粮食考核工作，通过广东省、珠海市各项粮食检查、抽查工作；深化粮食体制改革，将金湾区最后一个国有粮食企业小林粮所移交给红旗镇，全面完成金湾区国有粮食企业体制改革任务。

【粮食储备】2013年，金湾区发展改革和统计局（金湾区粮食局）推进储备粮轮换工作。受进口大米和H7N9等诸多因素影响，4月开始粮食市场陈粮价格一路低走，导致金湾区储备粮在轮换竞价销售中发生多次无人竞价“流标”现象。通过与华南粮食交易中心沟通，选择适当时机，避开与周边地区同场交易；了解有意向竞价企业的粮食库存和交易量情况，制定接近当前陈粮市场价格的交易低价等措施，完成全年的储备粮轮换任务。落实新增成品粮储备任务。5月，制订金湾区成品粮储备方案并通过政府采购申请审批，7月1日成品粮正式储备到位。成品粮储备到位后，按照有关规定对承储单位进行检查，检查内容涵盖成品粮的数量、质量、帐帐相符、帐实相符、出入库管理等，均达到要求。

【粮食库存检查】2013年，金湾区发展改革和统计局（金湾区粮食局）坚持“有仓必到、有粮必查、查必彻底、不走过场”的检查原则，对行政辖区内所有地方储备粮、国有粮食企业的商品库存进行全面检查。检查结果显示：粮食库存做到账实相符、账账相符、账证相符；储备粮轮换符合有关规定，未发现违规轮换或挪用储备粮行为；政策性粮食补贴拨付及时到位，使用合理规范；粮食主要质量指标达到国家“宜存”标准，并做到“一符三专四落实”[一符：账实相符，要求做到会统账、实物账、保管账（卡）必须相符；三专：对所存储粮油（料）是否做到专人、专账、专仓管理；四落实：品种、地点、数量、质量是否确保落实]、仓储工作做到“四无粮仓”（无害虫、无变质、无鼠雀、无事故）、库区防火、防盗、防汛等保粮安全措施到位、储粮化学药品采购、管理及使用安全规范；军供粮质量监管做到一批一检，保质保量。

【军粮供应】2013年，金湾区军粮供应数量少，采购成本高，无法按照军粮供应一批一检的要求检测大米质量。为保障军粮供应工作，经珠海市粮食局同意，金湾区军粮采购继续由珠海市军粮库统一采购，统一配送，保证军粮质量，降低军粮成本。在军供粮油工作中，注重服务工作，有专职军供业务人员与服务对象联络、沟通，满足部队需要。军供粮油工作未发生供应量不足、质量不合格等被投诉现象。

【粮食安全】2013年，金湾区发展改革和统计局（金湾区粮食局）实现粮食安全“四个无事故”：粮食安全生产无事故，粮食供需平衡无事故，粮食价格平稳无事故，粮食质量安全无事故。按照珠海市人民政府《关于做好粮食安全责任考核的通知》要求和广东省人民政府办公厅《广东省粮食安全责任考核办法》，做好金湾区三届政府届中粮食考核工作，自评成绩97分。落实春秋两季粮食安全普查工作，主要包括检查粮食数量、质量、账实情况；制订并严格执行各项规章制度、工作规程情况；化学药剂使用与管理情况；防火、防洪、防汛、社会综合治理、粮食安全生产情况；机械和检验设备、设施的使用和管理情况。金湾区各粮库的春秋两季粮食安全普查得分超过92分，成绩优秀。

【粮食应急系统】2013年，金湾区发展改革和统计局（金湾区粮食局）推进粮食应急系统工作。5月，对粮食3个应急供应网点、1个应急运输车队的资格进行重新审定，并签署《粮食应急供应（运输）协议》，明确双方权利和义务。10月10日，金湾区粮食应急成员单位派出人员参加珠海市委托斗门区举办的《启动粮食应急预案》演练活动。

【金湾区3万吨粮食储备库工程开工建设】2013年10月21日，金湾区3万吨粮食储备库工程正式开工，工程总投资估算4800万元，包括6座仓容5000吨散装稻谷大型平房仓和配套建筑。截至年底，完成项目平基及边坡支护工程，库房工程全面开工。累计完成投资2200万元，完成投资计划100%。

【安全生产大检查“百日行动”】2013年7月10日，金湾区发展改革和统计局（金湾区粮食局）根据上级要求，成立金湾区粮食行业安全生产大检查“百日行动”工作领导小组，并制订《金湾区粮食行业安全生产大检查“百日行动”工作方案》。在检查过程中，检查组坚持“安全第一、预防为主、综合治理”方针和“安全发展”理念，按照相关法律法规，开展安全生产教育培训，定期开展隐患排查，在节假日和大型活动中开展专项检查，对用火用电安全、化学药剂使用与管理情况、粮油检化验设备设施管理、粮食安全措施落实等情况进行重点检查，对在检查过程中发现的问题及时整治，并制订值班和巡查制度，实行领导值班安全负责制，确保粮食行业生产安全。　（周　靖）

经济监督管理

经济体制改革

【概况】2013年，珠海市金湾区发展改革和统计局完成第五轮行政审批制度改革，清理19个一级单位244项（子项278项）行政审批项目。全部保留行政审批事项112项，调整压缩比例48.6%，提前2年达到广东省2015年减少40%的行政审批事项目标。推进医疗卫生体制改革工作，完成红旗、三灶医院债权债务移交镇政府工作，完成第六批农场职工生活补偿金的审核申报发放工作，推进金湾区农场发展改革主管部门移交工作。成立金湾区建设低碳试点城市工作领导小组，负责制定和实施金湾区低碳城市发展规划，细化建设低碳城市试点工作目标、任务分解和工作重点。金湾区金融服务中心挂牌运作。

【金湾区建设低碳试点工作】2013年，金湾区发展改革和统计局成立金湾区建设低碳试点城市工作领导小组，负责制定和实施金湾区低碳城市发展规划，细化建设低碳城市试点工作目标、任务分解和工作重点。与红旗、三灶镇及8个金湾区职能部门签订“十二五”节能目标考核责任书，建立节能责任和考核体系。贯彻实施《珠海市金湾区关于节能降耗的若干规定》，强化节能降耗奖惩考核。联合供电部门举办重点耗能企业节能培训班，完成18家重点耗能企业的节能目标责任评价考核工作及金湾区2012年度节能目标评价考核自查报告的编制工作。印发实施《珠海市金湾区环境保护局简化审批服务事项流程的若干措施（试行）》，简化环保审批流程，实行服务前移等措施。

【医疗卫生体制改革】2013年8月29日，金湾区深化医药卫生体制改革领导小组办公室召开三灶、红旗社区卫生服务中心债权、债务交接工作会议。根据金湾区委区政府《关于印发金湾区三灶、红旗医院综合改革方案的通知》和《2013年第八次区政府常务会议纪要》精神，会议决定将三灶、红旗医院医改前（2012年5月1日前）的债权债务分别移交三灶镇政府、红旗镇政府，已确认的债权、债务由金湾区国有资产管理办公室、区卫生局、三灶镇、红旗镇、三灶社区卫生服务中心和红旗社区卫生服务中心签定金湾区三灶医院、珠海市红旗医院债权债务移交协议书。

【金湾区金融服务中心挂牌】2013年12月31日，金湾区金融服务中心挂牌成立。金湾区金融服务中心作为金湾区政府直属公益一类、管理岗位七级事业单位，负责统筹金湾区金融产业建设发展，推动国家金融政策和方针的贯彻落实，制定金湾区促进金融业发展的规划、政策及措施并组织实施，引导金融产业服务金湾区经济社会发展，做好金融风险处置等工作。金湾区金融服务中心进入运作后，将解决金湾区企业融资难和农村金融服务不足等难点问题，引进金融机构落户金湾，全力做好小额贷款公司监管工作，推进金湾融资性担保机构的设立、审核、监管工作，大力推进企业上市，协助企业借助银行间交易市场发行企业集合债，利用创投基金为企业提供直接融资渠道，推动开展企业环境保护、农业保险试点推广等服务工作。（周　靖）

【第五轮行政审批制度改革】2013年，金湾区发展改革和统计局联合金湾区机构编制委员会办公室完成第五轮行政审批制度改革。制订《金湾区第五轮行政审批制度改革工作方案》，组织成立金湾区转变政府职能决策咨询委员会，推进第五轮行政审批制度改革。6月28日，印发实施《珠海市金湾区第五轮行政审批事项调整目录》和《金湾区政府职能转移目录》。8月，金湾区转变政府职能咨询委员会向社会公布《珠海市金湾区社会服务事项目录》。清理19个一级单位244项（子项278项）行政审批项目。全部保留行政审批事项112项，取消或改变管理方式97项、委托和部分委托6项、按程序转报33项、转移给社会14项，梳理社会服务事项107项；保留驻区单位行政审批事项68项、梳理社会服务事项80项。行政审批事项相比第四轮审改减少106项，调整压缩比例达48.6%，提前两年达到广东省2015年减少40%的行政审批事项目标。（周　靖　李小雪）

发展计划管理

【概况】2013年，珠海市金湾区发展改革和统计局围绕“产业转型升级、打造航空新城、建设幸福金湾”三大核心任务，科学制订计划目标任务，提出2013年本地生产总值增长10%，规模以上工业增加值增长17%，实际利用外商直接投资增长5%，外贸进出口总额增长10%，固定资产投资总额增长20%，公共财政预算收入增长10%等目标。加强重大项目建设，全区列入珠海市重点投资计划建设项目6个，年度计划投资5.41亿元，全年累计完成9.22亿元，完成进度率170.4%。按时完成每月政府投资进度分析简报，客观全面反映金湾区项目建设情况及存在的困难。珠海金创医药产业基金正式进行项目运营工作，募集资金5000万元。全年申报12家企业为珠海市“三高一特”企业，为企业挂牌上市做好服务工作。加强对珠海市金湾区中润小额贷款有限公司、珠海金湾金金隆小额贷款有限公司两家小额贷款公司监管工作，确保小额贷款公司守规有序经营。对《珠海市金湾区国民经济和社会发展第十二个五年规划纲要》进行中期评估。牵头制定实施《金湾区促进“三高一特”产业发展暂行办法》，完成《金湾区2013年GDP发展态势研究》调研报告。

【计划管理】2013年，金湾区发展改革和统计局根据《金湾区2012年国民经济和社会发展计划执行情况与2013年计划报告》，提出2013年全区经济和社会发展的主要预期目标。截至年底，金湾区实现本地生产总值179.24亿元（2013年12月31日为全国第三次经济普查时点。由于金湾区经济普查资料尚未公布，年鉴中本地生产总值为年快报数），比上年增长13.8%；规模以上工业总产值451.99亿元，比上年增长14.6%；规模以上工业增加值125.63亿元，比上年增长14%；实际利用外商直接投资1.35亿美元，比上年增长44.1%；实现外贸出口27.84亿美元，比上年增长16.8%；固定资产投资93.28亿元，比上年增长25.2%；社会消费品零售总额

24.88亿元，比上年增长18.1%；公共财政预算收入15.95亿元，比上年增长16.7%；农渔民人均年纯收入12030元，比上年增长11.5%；户籍人口自然增长率10‰；户籍人口出生率12‰；单位GDP能耗0.3475吨标准煤/万元，比上年下降4.37%，完成珠海市下达的4.36%年度任务。经济社会发展总体情况：经济实力稳步提升，转方式调结构成效明显。重点项目建设成效显著，航空新城建设有序推进。招商落户工作力度加大，产业发展环境不断优化。节能减排工作进一步落实，可持续发展能力增强。惠民政策保障有力，社会发展和谐稳定，各项社会事业协调发展。

【重大项目建设】2013年，金湾区列入珠海市重点投资计划建设项目6个，年度计划投资5.41亿元，全年累计完成9.22亿元，完成进度率170.4%。银通新能源汽车、珠海中航通用飞机制造基地项目完成年度投资任务。联邦制药新建项目提前完成厂房建设。丽珠集团新工业园建设项目总投资15亿元，历时5年，完成工业园工程建设，实现工业园整体搬迁目标。5月金湾区人民医院开工建设，截至年底累计完成总工程量19%。在年度投资较上年增长三分之一情况下，航空新城开发建设工程累计完成计划率294%。

【金湾区政府投资项目】2013年，金湾区政府投资项目完成投资10.15亿元，完成年度计划97.3%，基本实现年度投资计划目标。民生工程全面提速，红灯片区公租房项目动工建设，华侨农场危（旧）房改造工程全部建成交付使用。三灶水质净化厂二期管网开工建设，红旗污水主管网收集系统工程建成并通过验收。金湾区人民医院医技楼、门诊楼、行政后勤楼主体结构封顶。金海岸文化艺术中心、三灶伟民广场公共地下人防工程等项目按计划推进实施。园区及航空新城建设实现新突破，开发累计完成投资占全区比重51%，其中航空新城开发建设累计完成1.08亿元，完成年度投资计划149%；园区开发建设累计完成投资4.06亿元，完成年度投资计划119%。

【项目审批】2013年，金湾区发展改革和统计局做好权限内项目审批工作，履行服务承诺、限时办结制度，规范操作，按照审批、备案制度的办理要求，加强项目审批办理。全年累计完成项目立项审批、概算审核、招投标核准394项，办理社会投资备案88项，全年行政审批监察系统效能考核提前办结率100%。开辟重点项目绿色通道，金湾区发展改革和统计局领导负责幸福村居、航空新城开发、消防营房工程、垃圾中转站等建设项目的审批工作。制定《金湾区发展改革和统计局幸福村居项目审批规程》，将项目建议书和可行性研究报告审批时间由原22个工作日缩至5个工作日，概算审批时间由原15个工作日缩至5个工作日（不含概算送审所需时间），招投标核准时间由原来的3个工作日缩至2个工作日，提升审批效率。抓好重大项目三灶伟民广场公共地下人防工程可研专家论证及旭日嘉园项目固定资产节能评估专家审查，改善和提升项目建设的经济性、技术性和投资效益性。

【发展规划编制】2013年3月，金湾区发展改革和统计局撰写《关于报送金湾区实现2013—2017年预定目标任务工作方案的报告》，提出“抓产业，做大做强实体经济；抓投资，促增长；抓航空新城开发建设，提升城市化水平；抓招商选资，增强发展后劲；抓企业服务，优化发展环境；抓好‘三清’工作，提升工业园区承载能力”六项工作举措。对《珠海市金湾区国民经济和社会发展第十二个五年规划纲要》及《金湾区新一轮产业发展“十二五”规划》总体要求和目标、主要任务和工作、保障机制和措施等方面的实施和完成情况进行全面中期评估。评估结果显示：金湾区“十二五”规划提出的34项指标，提前完成“十二五”规划目标的指标有15项；完成上年目标进度、可望完成“十二五”规划目标的指标有8项；没有完成上年目标进度、仍然有可能完成“十二五”规划目标的指标有5项；没有完成上年度目标进度、难以完成“十二五”规划目标的指标有3项；另有3项指标（万元工业增加值能耗降低率、万元工业增加值用水量、非化石能源消费比重）待上级下达指标后开展评估。

【经济政策研究】2013年，金湾区发展改革和统计局加强经济形势研究，每月撰写1篇全区经济运行情况分析，牵头组织3次全区经济运行分析会。全年编辑《金湾发展动态》5期，给金湾区委区政府提供发展与改革相关信息。完成《金湾区2013年GDP发展态势研究》调研报告，通过分析金湾区GDP三次产业的10个行业发展情况，通过深入企业调研、数据分析、政策研究，分析上半年金湾区GDP运行发展态势，提出下半年促进GDP保持稳中求增的五项建议和措施。即加大企业服务工作力度，帮助企业解决实际困难；促进非独立核算建筑企业注册登记工作；推进新项目引进、建设、投产工作力度；培育“三上”企业（规模以上工业企业、限额以上批发零售住宿餐饮企业、资质以内的建筑业企业和房地产开发企业）挖存量；做好第三次全国经济普查工作，为五年大发展夯实基础等措施。调研报告为金湾区委区政府建设幸福美丽金湾提供决策依据，确保实现五年大发展经济目标，促进完成“二次创业”和年度各项经济发展目标任务。

【上市后备企业专项调研服务工作】2013年6月，金湾区发展改革和统计局参与辖区12家上市后备企业调研工作，通过调研了解企业发展情况。认真研判金湾区企业上市工作存在的困难及需要上级支持和协调的事项，制定《金湾区促进“三高一特”产业发展暂行办法》，加强企业改制挂牌上市服务工作。协助解决拟上市企业在股份制改造、资本运营等过程中涉及到项目审批、项目用地、房产过户、环境评价、税收证明、工商登记等方面问题。分层次建立挂牌上市后备企业数据库，做到上市一批、引导一批、优选一批。对完成股份制改造、上市辅导和新上市的企业，给予一定奖励。各相关职能部门也制定相关配套的实施细则，落实企业上市发展的各项工作。12家上市后备企业都能明确发展思路，规范运作，扎实做好改制挂牌上市各项准备工作。

【《金湾区促进“三高一特”产业发展暂行办法》实施】2013年10月，金湾区发展改革和统计局出台《金湾区促进“三高一特”产业发展暂行办法》。该办法贯彻落实珠海市“三高一特”产业发展部署，结合金湾区产业发展实际，鼓励和支持企业做大做强，加快产业转型升级，构建现代产业体系，促进经济发展，是金湾区扶持三次产业发展的第一部通用办法。对金湾区企业转型升级、上市和“三高一特”企业落户给予重金奖励，最高一次性奖励200万元。根据办法，符合“三高一特”范畴的企业落户金湾，如果企业在投产第一年，对财政贡献超过100万元且保持逐年增长，金湾区按财政新增贡献的50%给予企业研发费用补贴，补助年限为5年。正在创业初期的创新型企业在获得国家、省级科技型初创期企业技术创新基金立项资助，且经金湾区认定后可获得一定比例的研发经费及每月每平方米10元的房租补贴，最高补贴面积200平方米。另外，企业完成股份制改造，一次性奖励60万元；完成上市辅导，奖励50万元；在境内外新上市的一次性奖励30万元，并奖励企业法定代表人10万元。从区外迁入金湾注册并纳税的上市企业，一次性奖励200万元。金湾区还成立专门工作领导小组，协助企业上市，帮助企业解决在股份制改造、资本运营等过程中涉及的项目审批、项目用地、房产过户、环境评价、税收证明、工商登记等方面的问题。（周　靖）

审　计

【概况】2013年，珠海市金湾区审计局依法履职，推动审计监督全覆盖，加强公共资金、国有资产（资源）审计和权力运行监督，全年完成各类审计项目72个，查出管理不规范金额3488.48万元，出具审计意见214份，审计建议600余条。其中，完成18位领导干部的经济责任审计，在审计过程中坚持与金湾区经济责任审计工作联席会议各成员单位联动，完善工作机制，健全制度措施。完成珠海市城市排水有限公司三灶水质净化厂的企业财务收支情况审计。完成182份政府投资工程招标文件和施工合同事前审查工作，涉及投资额约10.86亿元。

【**财政审计**】2013年，金湾区审计局完成财政审计项目3个，其中，本级预算执行情况审计项目1个，地方税收征管情况审计项目1个，文化事业费征管情况审计项目1个。在本级预算执行情况审计中，根据财政资金流向对本级财政预算执行情况、部门预算执行情况及政府投资工程项目情况进行审计，加大对强农惠农、医疗、就业、教育、环境保护等民生资金的审计监督。

【**专项资金审计**】2013年，金湾区审计局完成对城镇保障性安居工程跟踪审计、金湾区中小学校舍安全工程跟踪审计、“广东扶贫济困日”活动捐赠款物募集和使用管理情况审计，确保资金专款专用。

【**政府投资工程项目审计**】2013年，金湾区审计局完成政府投资工程项目审计47个，其中，单独立项工程审计项目1个（2012年区政府投资工程项目投资管理情况审计）。对红旗镇财政决算审计合并立项工程结算审计项目31个，包括虹晖路（双湖路至顺达路段）路灯安装工程、三板水闸、沙脊水闸、小林电排站应急抢险工程、大林基本农田保护区桥涵改造工程等，涉及金额2059.37万元。对三灶镇财政决算审计合并立项工程结算审计项目15个，包括中心排河扩宽工程、青湾烂头山复绿工程、定家湾片区规划八路（富康路）市政道路工程、南排河雄业路桥工程、鱼月至鱼弄（北河二路延长段）道路工程等，涉及金额15465.16万元。（苏伟雄）

工商行政管理

【**概况**】2013年，珠海市工商行政管理局金湾分局业务管辖金湾区和高栏港经济区；发挥工商行政管理职能，加强服务发展、市场监管、消费维权工作，整顿规范辖区经济秩序，加强市场主体监督管理。全年金湾区新登记企业563户（含农民专业合作社），比上年增长103.99%；新登记个体工商户1750户，比上年增长45.47%；新登记企业注册资本317278.78万元，比上年增长255.1%；截至年底，金湾区经济总量12390户，比上年增长11.14%。全区持有国家驰名商标2件，广东省著名商标11件；在辖区开展打击侵犯知识产权和制售假冒伪劣商品、打击无照经营等专项执法行动，规范市场经济秩序，查处经济违法案件212宗。

【**注册登记**】2013年，金湾区新设立登记各类企业563户，比上年增长103.99%，其中红旗镇229户，三灶镇334户。新登记企业的注册资本人民币317278.78万元，比上年增长255.1%，其中红旗镇新增99642.78万元，三灶镇新增217636万元。全区新设立个体工商户1750户，比上年增长45.47%，其中红旗镇新开873户，三灶镇新开877户。截至年底，全区实有经济户口数量共12390户，比上年增长11.14%；其中企业3148户（公司2391户、非公司企业法人231户、个人独资企业69户、合伙企业7户、外资企业434户、农民专业合作社15户、集团1户），比上年增长19.51%；个体工商户9242户，比上年增长8.55%。3月1日，《珠海经济特区商事登记条例》正式实施，珠海商事主体登记许可及信用信息公示平台正式投入使用。金湾工商分局按照要求提升注册登记服务质量，深化企业注册改革，简化审批手续，做到登记注册所有环节“零收费”，提高市场主体准入便利程度，全面实施商事登记制度改革。

【**工商行政窗口服务**】2013年，金湾工商分局制订《执行窗口工作人员行为准则》《首办责任制》《金湾分局登记注册行政指导服务操作规范》等制度，规范窗口人员工作责任，提高服务质量，整治行政机关工作人员庸懒散奢不良作风，树立公仆观念，变被动服务为主动服务。对无法在工作日办理业务的企业实行预约服务制，解决工作日没时间、休息日不办公的矛盾，节约办事等候时间。对重点大型企业进行跟踪服务，提供工商信息咨询等业务服务，解决企业办事难问题。6月17日，金湾工商分局注册窗口集体迁入金湾区行政服务中心，在该中心设置6个窗口，集中办理群众各类登记注册业务，实现业务受理、资料录入、审查核准和打印执照"一站式"办公服务。

2013年4月2日，金湾工商分局开展流通环节食品安全监管工作

（金湾工商分局提供）

【市场监管执法】2013年，金湾工商分局以民生领域执法为重点，依法整顿和规范市场经济秩序，先后开展农贸市场专项整治、肉类食品专项检查、校园周边环境整治及查处取缔"黑网吧"行动、电动自行车整治工作、各类食品专项整治行动。全年查办经济违法违规案件212宗，其中无照经营案件40宗，流通环节食品安全案件86宗，商标侵权案件15宗。

【流通环节食品安全监管】2013年，金湾工商分局全年查办流通环节食品安全案件86宗，核发食品流通许可证551户，确保辖区流通环节食品市场安全有序。抓好乳制品、食用油、大米及米面制品等粮食重点品种监管，强化进口食品市场动态监管，开展食品领域"三打"工作；加强港货店等商铺进口商品的专项整治，对进口食品市场主体开展动态监管，查办无中文标签、无中文说明书的洋酒、咖啡等

2013年金湾区新增企业、个体工商户一览表

单位：户

辖　区	新设立企业数			新设立个体工商户数		
	2013年	2012年	同比增长	2013年	2012年	同比增长
红旗镇	229	112	104.46%	873	513	70.18%
三灶镇	334	164	103.66%	877	690	27.10%
金湾区	563	276	103.99%	1750	1203	45.47%

2013年金湾区实有企业、个体工商户数一览表

单位：户

辖　区	实有企业数			实有个体工商户数		
	2013年	2012年	同比增长	2013年	2012年	同比增长
红旗镇	1301	1092	19.14%	3828	3159	21.18%
三灶镇	1847	1542	19.78%	5414	5355	1.10%
金湾区	3148	2634	19.51%	9242	8514	8.55%

2013年金湾区持有中国驰名商标、广东省著名商标情况一览表

类　别	商标名称	生产企业	核定使用商品	地址
中国驰名商标	TANGO	广东天章信息纸品有限公司	复印纸、记录机用纸	红旗镇
	汤臣倍健	广东汤臣倍健生物科技股份有限公司	非医用营养液、非医用营养粉	三灶镇
广东省著名商标		广东蓉胜超微线材股份有限公司	漆包线	三灶镇
	联邦	珠海联邦制药股份有限公司	人用药	三灶镇
	TANGO	广东天章信息纸品有限公司	印刷纸、复印纸、打字纸	红旗镇
	BSG	珠海华尚汽车玻璃工业有限公司	车窗玻璃	三灶镇
	secopower	珠海南方华力通特种变压器有限公司	变压器	红旗镇
	SOFT-TECH	奈电软性科技电子（珠海）有限公司	半导体器件	三灶镇
	SunnyLove	珠海阳光儿童用品有限公司	儿童用品	红旗镇
	汤臣倍健	广东汤臣倍健生物科技股份有限公司	保健品	三灶镇
	EBANG	珠海亿邦制药股份有限公司	人用药	三灶镇
	伊泰青	珠海润都制药股份有限公司	人用药	三灶镇
	乒乓	珠海国佳高分子新材料有限公司	医疗器械和仪器（退热贴）	三灶镇

进口食品案件20宗，广东省打击走私办公室在刊物《缉私战线》肯定并推广此做法。组织流通环节食品抽检3次，配合广东省、珠海市工商局抽检2次，抽检大米、米面制品、食用油、调味品、膨化食品、豆制品、乳粉、乳制品、牛羊肉水分等16类197批次，立案查处违法行为29宗，责令改正标签不规范行为1宗。对照不合格结果组织后续处理16次，避免不合格食品流入市场，保障人民群众消费安全。加强部门的协调沟通，强化信息共享，将抽检计划、监管工作及进展情况及时报告沟通。全年向食品药品监督管理等有关部门移送案件线索2条，向金湾区、高栏港经济区食品安全委员会通报经营项目需依法取得餐饮服务许可的商事主体629家。

【打击销售假冒伪劣商品行为】2013年，金湾工商分局开展打击销售假冒伪劣商品专项整治行动，突出家用电子电器、服装鞋帽、装饰装修材料、交通工具和有关服务领域，全年查办销售假冒伪劣商品案件84宗。落实广东省工商局监测商品检查制度，在18类商品中建立重点监管对象名录，督促、指导商家签订承诺书，建立和完善不合格商品退市机制。组织参加珠海市工商局“3·15”集中销毁行动，销毁不合格进口葡萄干、糖果、奶粉、侵权白酒、啤酒等食品2900多件，货值9.02万元。在“3·15”国际消费者权益日、“4·26”知识产权保护宣传日、“12·4”法制宣传日期间，执法人员进入各社区、街道、学校普及政策、法律和相关产品辨别知识，开展广泛宣传。

【安全生产监管】2013年，金湾工商分局按照《珠海市工商局贯彻落实〈广东省工商行政管理系统企业安全生产监管工作责任制暂行规定〉的实施意见》，配合相关部门开展全区安全生产检查工作。元旦、春节期间联合检查辖区42家燃气经营企业、9家烟花爆竹经营点、13个集贸市场，开展隐患排查和整治，消除安全隐患。制订《金湾工商分局开展2013年安全生产月活动工作方案》《金湾工商分局集中开展安全生产领域“打非治违”专项行动实施方案》，全年出动178个检查组次，组织检查人员701人次，检查企业1586户次，对337家无证、证照不全或过期、超许可范围从事生产经营建设，以及倒卖、出租、出借或以其他形式非法转让安全生产许可证的类型的企业进行责令改正，立案查处4家。

【广告监管】2013年，金湾工商分局加强广告监管，对金湾区新闻中心播放的医疗、药品、保健品等广告进行同步录像并根据法律法规甄别，未发现违法的新闻媒体广告。按照规定程序核审、登记，规范户外广告经营行为，全年辖区新增户外广告登记6户。

【企业登记管理】2013年，金湾工商分局开展无照经营行为专项整治，优化市场经营环境。全年立案查处无照经营案件40宗，查处并取缔“黑网吧”21家，查扣电脑243套，其中金湾区13家，没收电脑设备133套，高栏港经济区8家，没收电脑设备110套。根据商事登记条例实施办法规定，向有关部门抄报情况11宗，移交3宗。结合商事登记改革进程，调整企业登记管理工作思路，研究相应配套管理办法。

【农贸市场整治】2013年，金湾工商分局结合创建全国文明城市及“两建”农贸市场改扩建试点工作，对辖区农贸市场开办单位发出行政指导222份，查处违法案件16宗。对全区农贸市场进行检查评比，着重在管理规范、食品卫生规范、环境卫生秩序等方面细化检查。多次联合整治市场周边环境和摆卖秩序，引导市场周边经营户进入市场内经营。落实工商部门防控禽流感的四项职责及活禽经营户补偿后续工作，确保辖区内没有发生禽流感；督促市场开办单位、禽类经营户落实进货查验、索证索票制度，禁止野生禽鸟上市销售，严禁未经检疫、无检疫合格证明的禽类及其产品上市销售。督促市场开办单位和活禽经营户落实“一天一清洗、一周一大扫除、一月休市一天”并做好个人卫生防护工作。

【电动自行车整治】2013年，金湾工商分局联合质监、公安交警部门共同加强电动自行车、摩托车流通环节的整治监管，组织工商所开展定期回访，检查是否有继续经营不合格电动自行车和是否落实购销登记制度等，并对辖区电动自行车经营户变动情况登记造册，巩固整治成果。全年召开经营者座谈会5次、发放宣传资料50份、张贴宣传画册50份、发放登记台账50份、出动执法人员263人次。截至年底，检查辖区内在售电动自行车的4户经营户，未发现销售不合格电动自行车现象。

【“红盾护农”工作】2013年，金湾工商分局开展一系列“红盾护农”工作，服务社会主义新农村建设，切实维护农民合法权益和农资消费安全，为农业增产、农民增收服务。配合广东省工商局进行农资打假行动，抽检农资14批次均为合格品；扶持农业产业化龙头企业和农民专业合作社，推进农业现代化建设，全年办理农民专业合作社设立登记8宗，截至年底，辖区有农民专业合作社43户。严把农资经营主体准入关，对超范围经营、一照多点经营者发出《责令改正通知书》进行规范，对无照经营的坚决予以取缔。落实农资市场长效监管机制，完善农资监管操作流程，及时将农资监管情况上传至“广东省农资监管专版”。实行索票索证和可追溯管理，营造诚信经营氛围。

【消费维权】2013年，金湾工商分局履行消费维权职能，利用“12315”消费申诉举报网络处理好各种消费申诉、投诉，全年转办“12315”申诉举报366宗，办结359宗，办结率98.1%；金湾区消费者权益保护委员会及各分会受理消费者投诉案件71宗，办结69宗，办结率99%。支持消费者起诉1宗，接待消费者上门或电话咨询85人次，收到消费者赠送锦旗1面、感谢信4封、感谢电话26个。健全消协组织建设，以消费调解作为整治重点，加大日常消费维权、突发群体事件处置工作力度，辖区有金湾区消费者权益保护委员会1个，三灶、红旗、平沙、南水消费者权益保护委员会分会4个。金湾区消费者权益保护委员会强化民生消费热点领域维权监管和行政指导，加强消费教育引导，完善政府、企业、社会多方参与、良性互动的维权体系；开展消费维权“四进”活动（即消费维权进工厂、消费维权进学校、消费维权进社区、消费维权进市场），推进消费投诉现场处理工作站建设，全年建成辖区工作站37个，其中金湾区20个，高栏港经济区17个。3月15日、6月27日分别开展以“让消费者更有力量”为主题的消费维权宣传咨询活动，组织成员单位在三灶唐人街市场、广东科学技术职业学院、吉林大学珠海学院等地设置宣传活动会场，介绍假冒伪劣商品识别知识，受理广大消费者的咨询和投诉，解答市民各类疑难问题，现场派发《食品安全方法提示》《综合治理条例》及相关消费维权资料，加强宣传教育，引导消费者依法监督、合理维权。

【传销查处】2013年，金湾区打击传销办公室根据全国和广东省部署，组织各成员单位开展“打传销 反欺诈 促和谐”执法行动，金湾区公安部门侦破传销案件3宗，逮捕传销犯罪嫌疑人23名，解救被传销组织控制人员8名。联合工商、公安、居委会、街道、社区等有关部门共同行动，对出租屋、城乡结合部、城中村等地进行地毯式排查，保持打击传销的高压态势。全年全区未出现规模性或聚集性传销活动，未发生传销群体性或恶性事件，总体处于平稳可控态势。

【商事登记改革】2013年，珠海市改革传统的市场准入制度，优化市场经济体制，构建法制化、国际化营商环境。3月1日，《珠海经济特区商事登记条例》正式实施，商事主体登记许可及信用信息公示平台投入使用。6月14日，《珠海经济特区商事条例实施办法》正式施行，规范商事登记，加强监督管理。商事登记改革大幅降低市场准入门槛，激发民间投资创业，商事主体新登记量持续大幅增长。截至年底，金湾区新设立登记各类企业563户，比上年增长103.99%；新设立个体工商户1750户，比上年增长45.47%；实有商事主体12390户，比上年增长11.14%。金湾工商分局根据珠海市商事登记改革要求，将商事主体资格和经营资格相对分离，减少营业执照种类和文书格式，将原使用的18类营业执照精简为7类，营业执照不再记载经营范围。实行注册资本认缴制，放宽商事主体在名称用语、产权证明、出资方式、经营范围等限制。在市场主体准入方面"非禁即允"，保障市场主体准入的法律地位平等、规则公平、标准统一、机会均等简化审批手续，缩短登记审批流程，由原来的三级审批缩短为二级审批，缩短企业设立登记、变更登记等手续办结的时间。对登记资料的审查，由原先形式与实质并审的"双轨制"变为只审形式的"单轨制"，并做到登记注册所有环节"零收费"，方便商事主体投资创业。在材料符合法定形式条件下，企业设立、变更、备案、注销、年检等时间缩短，提高办结工作效率。

【市场监管体系和社会信用体系建设】2013年，金湾区根据市委市政府和市"两建"办公室工作要求，围绕"全面提升社会诚信水平和市场监管效能，加快完善社会主义市场经济体系"目标，推进金湾区市场监管体系建设和社会信用体系建设。建立完善"两建"办公机构，分工明确，建立例会、总结、考评、督办等各项制度，利用网站、微博、现场宣传、短信等形式强化宣传，编发"两建"工作简报15期，动态信息8条，其中4条被珠海市"两建"工作简报采用。金湾区获得2013年度"两建"工作考核"优秀"奖。通过商事登记制度改革等举措，推进行政管理体制改革，工商、社保等部门入驻金湾区行政服务中心并设置服务窗口，实现行政审批"一站式"服务；各单位执行"谁审批、谁监管"，切实落实审批监管职责。推进农贸市场监管体系建设，进行农贸市场升级改造，提升农贸市场建设管理水平，全区农贸市场升级改造开工率100%，完工率90%。强化食品安全监管体系建设，做好日常监管、食品抽检、案件查办、职能部门联系互动等工作，建立和完善肉类流通追溯体系建设，形成全区肉类来源可追溯、去向可查证、责任可追究的质量安全追溯链条。完成区级追溯管理平台和流通节点子系统的软件开发，实现小林肉联厂及已升级改造农贸市场的系统集成。推动肉类经营户诚信体系建设。建设完善网上办事大厅，推动政务诚信建设，5月，金湾区电子政务服务平台建成并上线试运行，通过后期建设完善，可受理23个单位的390项事项，形成线上线下相结合的工作格局，变"8小时政府"为"全天候政府"，并将网上办事服务大厅纳入电子监察过程，实现实时监察、数据分析和结果预警。加强诚信文化宣教，在吉林大学珠海学院、广东科学技术职业学院等大学校园及工业园开展诚信文化宣教活动，普及信用知识，提升诚信意识。5月20日，金湾区"两建"办与珠海国家高新技术产业

2013年6月17日，金湾工商分局注册窗口整体入驻金湾区行政服务中心，集中办理各类工商登记注册业务（金湾工商分局提供）

开发区“两建”办签订社会信用体系建设合作协议，探索区域信用合作体系建设。

【开通绿色通道服务重点工程（项目）】2013年，金湾工商分局开通“航空产业园绿色通道”“高栏港经济区重大企业绿色通道”“生物医药产业绿色通道”“新能源产业绿色通道”及“大型建筑企业绿色通道”，为重点工程和重大招商引资项目建设提速，坚持落实局长负责制和工业园联络员制，实行提前介入、跟踪服务、专人专办、限时办结，为大型重点企业投资落户提供优质服务。金湾工商分局先后为中航通飞华南飞机工业有限公司、珠海国际货柜码头（高栏二期）有限公司、珠海市汕建建筑工程有限公司、中铁建珠海投资开发有限公司、珠海福民方圆船务有限公司等大企业落户金湾区、高栏港经济区提供优质服务。截至年底，为辖区82户大型重点企业（注册资本共计138.17亿元）提供全程服务，并向金湾区招商部门提供企业登记注册相关数据信息12期。

【提升企业登记权限服务大型企业落户】2013年，珠海市工商局制订下发《关于进一步下发企业登记权限的通知》，规定除外商投资企业和股份有限公司依法由珠海市工商局登记注册外，其余企业登记权限全部下放给分局，推行“一局多点”分级登记与就近登记相结合的“双轨制”登记方式。9月1日起，金湾区注册资本500万元以上的大型企业，直接到金湾工商分局窗口申请登记，为企业就近办理工商登记提供便利。（赵　楠）

物　价

【概况】2013年，珠海市金湾区发展改革和统计局（金湾区物价局）加强农副产品价格监测和专项检查，保持金湾区物价水平基本稳定，落实国家、广东省、珠海市物价部门的各项价格及收费政策，跟踪药品价格、经营服务性收费、中小学教材零售价格等政策的传达落实工作。推进平价商店建设。做好全年行政事业性收费年审和价格投诉工作，做好价格举报受理办结情况统计、污水处理费情况统计、医疗服务价格测算等各类统计工作。全年开展专项检查6项，出动检查42人次，检查经营单位（经营者）44个，检查申请医疗保险定点的医疗机构1个。

【市场价格监督检查】2013年，金湾区发展改革和统计局（金湾区物价局）开展元旦春节期间价格专项检查、涉农收费专项检查、旅游价格专项检查、食盐价格专项检查、中秋国庆期间价格巡查、教育收费专项检查，6个专项检查共出动检查42人次，检查经营单位（经营者）44家。通过专项检查规范经营者价格行为，及时发现价格违法线索。中秋、国庆期间价格巡查中，发现个别房地产企业销售明码标价不规范，已进行整改。11月开展教育收费专项检查，金湾区按广东省、珠海市物价部门的部署重点，查处家长反映的热点和难点问题，净化教育收费环境。

【平价商店建设】2013年，金湾区发展改革和统计局（金湾区物价局）促进金湾区8家平价商店健康发展，解决平价商店经营过程中出现的资金困难问题，根据广东省、珠海市、金湾区三级政府对平价商店的扶持政策，向各级物价、财政部门申请对平价商店的扶持资金补贴，全年为8家平价商店申请到省级和区级财政扶持资金补贴36万余元。结合广东省、珠海市物价局关于组织申报“2013年度省级价格调节基金扶持平价商店”等“三项建设”（运用价格调节基金扶持蔬菜大棚、冷藏设施和平价商店）项目的通知精神，8月20日，金湾区发展改革和统计局（金湾区物价局）组织人员对金湾区8家农副产品平价商店进行考核，考核结果显示8家农副产品平价商店（专营区）价格稳定，秩序良好，供应充足，其中2家平价商店考核分数达到优秀，6家达到良好。

【收费许可办证和价格投诉受理】2013年，金湾区发展改革和统计局（金湾区物价局）做好广东收费许可证办理工作，全年办理广东省收费许可证10个，有31个行政事业性单位参加年审，年审自查率100%。全年受理群众价格举报（投诉）27宗，协调经营者退回多收取消费者价款9259.2元，立案查处经营者1家，维护消费者合法权益。

【加强春节期间市场价格监管】2013年，金湾区发展改革和统计局（金湾区物价局）加强元旦、春节期间市场价格监管，按照广东省、珠海市物价部门开展春运客运票价、旅游价格专项检查的通知，1月29—30日组织各相关职能部门深入红旗、三灶镇市场、超市、客运站、游览景区、旅行社、液化石油气销售点、农副产品平价商店，监测和检查价格情况。检查情况显示金湾区粮油、蔬菜、肉禽蛋奶、液化气等生活必需品市场价格秩序良好，供应充足，价格相对稳定；旅游价格、春运票价均未发现违法行为。（周　靖）

统　计

【概况】2013年，珠海市金湾区发展改革和统计局实施基本单位名录库、“企业一套表”制度（以统一的企业调查核心指标体系和无数据标准为基础，统一设计各个专业涉及调查企业的统计指标，统一确定统计原则，统一报表布置和报送方式）、数据采集处理软件系统和联网直报系统四大工程。开展经济运行监测和预警，提升经济社会发展服务能力和水平。改进丰富《金湾统计快报》《金湾统计月报》内容，全年印发《金湾统计快报》12期，《金湾统计月报》11期，提供各项统计数据和统计分析、统计工作动态。启动第三次全国经济普查及城乡一体化调查工作。开展年度统计从业资格考试与继续教育，完成20家企业统计执法检查。

【经济运行监测】2013年，金湾区发展改革和统计局牵头召开3次全区经济运行分析会，对经济运行中的苗头性、倾向性问题，提出建议和措施，确保年度经济目标顺利完成。每月召开统计工作碰头会，会议由金湾区发展改革和统计局、社会经济调查队及各镇分管统计的领导、统计站工作人员参加，通过召开碰头会解决工作中面临的难题，并随时总结和布置金湾区下一步的统计工作重点。撰写每月的经济运行情况分析，提出经济工作建议和对策，跟踪监督政策措施和计划执行情况，定期向金湾区人民代表大会常务委员会和金湾区人民政府汇报计划执行情况。

【统计从业资格考试与继续教育】2013年，金湾区发展改革和统计局完成统计从业资格培训与考试工作。在报名阶段，以信件投递方式、统计执法检查、QQ群发布和金湾区人民政府网站等多种方式告知企业统计员。利用专业培训宣传《统计从业资格认定办法》及统计从业资格认定的报名条件、报考办法，督促无证人员报名参加考试。8月20—25日，对统计从业人员进行资格培训，聘请高级统计师与高校教师为学员授课。9月15日，在三灶镇成人文化技术学校进行统计从业资格考试，110名统计人员参加，55人通过考试取得统计从业资格证书。8月16日，举办统计从业资格继续教育培训班，学习《基层统计报表填报指南》，30名统计员参加继续教育学习。

【统计执法检查】2013年，金湾区发展改革和统计局以开展统计普法活动为基础，加大统计执法检查力度，开展统计巡查工作。结合学习贯彻新《中华人民共和国统计法》和《中华人民共和国统计法实施细则》，组织开展统计执法大检查和专项执法检查、全国能源执法大检查，加强督促检查，严肃查处统计违法行为，营造良好的统计法制环境，提高统计数据质量。重点对涉及企业“一套表”和联网直报的企业进行检查，对发现的问题及统计违法行为限期整改或进入法律程序处理。全年检查单位20个，其中市区两级联合执法10个，区镇两级联合执法10个。

【“企业一套表”数据报送】2013年，金湾区发展改革和统计局有序推进“企业一套表”工作，在企业联网直报期间，区镇两级统计机构专业人员按照排定的日程填报，帮助企业完善统计台账，确保直报企业都能达到联网直报要求，夯实企业联网直报基础工作。明确“三上”企业统计联系人，确保企业统计工作连续性，为“企业一套表”工作顺利实施提供制度保障。各专业数据报送率、直报率均100%。数据上报期间，明确提出四个“杜绝”，即杜绝代填代报，杜绝虚设单位上报，杜绝中间环节篡改数据，杜绝虚假直报。要求镇统计机构做好“企业一套表”催报工作，及时查看本区域所有调查单位填报进度情况，督促企业上报，确保企业按时填报报表。审核验收严谨细致，对企业上报的报表和数据，按照制度要求严格进行审核验收，明确通用表、跨专业数据的审核验收要求，数据查询做到有记录、有答复。

【城乡一体化住户调查改革启动】2013年11月，金湾区发展改革和统计局按照国家统计局珠海调查队下发的由国家统一抽选的调查小区样本，进行宣传发动工作，完成小区落实工作并上报国家统计局珠海调查队。12月，在抽中小区内开展摸底调查，并组织招聘和培训辅助调查员，完成摸底调查并上报摸底调查数据。完成调查住宅和住户抽选并上报落实的样本住宅住户信息，并根据调查户的实际进度，组织开展新调查户试记账。完成新样本开户调查，上报新调查户开户资料。开户调查时通过问卷调查方式一并收集新调查户。全年收支数据上报国家统计局珠海调查队。12月20日，金湾区召开全区城乡一体化住户调查工作会议，传达珠海市政府召开的全市城乡一体化住户调查会议精神，部署金湾区城乡一体化住户调查工作，会议强调住户调查主要反映居民家庭收入和支出状况，提供家庭就业、消费、住房、社区发展等有关信息，讲解金湾区城乡一体化住户调查工作实施方案。各级统计调查部门确定分工，密切配合，提供必要的支持和保障，宣传城乡一体化住户调查的内容、意义和要求，营造良好社会氛围。城乡一体化住户调查数据采集工作，由镇级统计单位负责，实行分级管理。

【第三次全国经济普查】2013年7月16日，金湾区成立第三次经济普查工作领导小组，两镇也按照要求成立第三次经济普查工作领导小组。8月，金湾区组织区镇两级普查指导员参与香洲区前山街道办经济普查全程工作。9月9日，金湾区召开第三次全国经济普查领导小组会议，部署经济普查各项工作。金湾区第三次全国经济普查领导小组办公室按照方案要求和时间进度，开展普查宣传活动，实施对核查员和核查指导员的选聘培训工作。9月25日，金湾区第三次全国经济普查领导小组办公室开始单位核查工作。按照珠海市第三次全国经济普查领导小组办公室统一部署，普查员根据普查区示意图，沿普查路线，逐户进行“地毯式”核查，并整理当天核查单位资料，与核查底册对比，补填核查底册，普查指导员和各级经济普查机构定期调度核查情况，随时掌握核查进度和核查结果。在“地毯式”核查基础上，普查员、普查指导员和各级经济普查机构对各普查小区进行复查。对核查底册中有而实际没核查到的单位重点进行查遗补漏，保证单位不重不漏。单位核查工作为普查登记和数据采集工作奠定基础。（周　靖）

安全生产监督

【概况】2013年，珠海市金湾区安全生产监督管理局抓好安全生产各项工作，全区各类事故死亡人数控制在珠海市下达的指标范围内。全年金湾区发生各类生产安全事故55宗，死亡11人，受伤63人，直接经济损失169.65万元。事故4项指标与上年相比，事故宗数下降15.38%，死亡人数下降8.33%，受伤人数下降25.88%，直接经济损失上升12.39%。其中发生工矿商贸事故2宗，死亡2人，直接经济损失148.8万元，比上年上升6.29%；道路交通事故50宗、比上年下降20.63%，死亡9人、比上年下降10%，受伤63人、比上年下降25.88%，直接经济损失11.58万元，比上年上升5.76%；消防火灾事故3宗，无人员伤亡，直接经济损失9.27万元。

【安全生产行政许可】2013年，金湾区安全生产监督管理局依法承接珠海市安全生产监督管理局委托的5项行政许可工作，结合全区第五轮行政许可审批改革，对所有行政许可事项和社会服务事项进行梳理，完善相关办事流程及办事指南，根据统一安排在金湾区行政服务中心开通服务窗口，完善网上办事大厅的相关事项，企业可以通过网上查询和办理相关业务，从而规范行政许可业务办理，提高行政服务效能。

【危险化学品和烟花爆竹监管】2013年，金湾区安全生产监督管理局依法加强危险化学品和烟花爆竹行政许可审批工作，全年办理危险化学品许可6宗，易制毒化学品备案4宗，剧毒化学品储存备案3宗。根据新《烟花爆竹经营许可实施办法》规定，对2014年1月1日至2017年12月31日烟花爆竹经营权进行招投标竞投，经对各烟花爆竹零售点经营条件进行严格审查，严把入门关，8家销售点依法取得4年期烟花爆竹合法经营权。

【职业卫生监管】2013年10月，金湾区安全生产监督管理局接管作业场所职业卫生监管工作职责。编印下发《金湾区用人单位职业卫生管理工作简明手册》1200本，《用人单位职业病防治责任》宣传单1800份，刻制“金湾区用人单位职业卫生管理电子资料光盘”600张发放给全区各生产经营单位。组织召开全区生产经营单位职业卫生管理动员会，500多家企业800多人参会。加强宣传教育，提高各生产经营单位职业卫生管理意识，10月启动职业病危害项目申报工作。12月完成全区职业病危害网上填报的企业350家，完成申报备案领取回执的230家。组织石材加工企业职业病危害专项整治。接到涉及职业病危害投诉7件，其中调查处理属于疑似职业病或确诊职业病案件3件。

2013年6月7日，金湾区安全委员会办公室开展安全生产咨询日活动
（刘正伟 摄）

【安全生产隐患排查治理】2013年，金湾区安全生产监督管理系统累计出动执法人员3000多人次，检查督查各类生产经营单位1593家次，其中检查危险化学品生产经营企业149家次，检查烟花爆竹经营点96家次；填写《现场检查记录》824份，发出《责令限期整改指令书》294份，《整改复查意见书》299份，其他执法文书194份。

【安全生产行政执法】2013年，金湾区安全生产监督管理局合理制订年度安全生产执法计划，开展企业隐患排查治理执法监察专项行动、打击非法违法生产经营活动行为专项行动、安全生产执法监察警示活动、危险化学品企业大检查、烟花爆竹专项检查、租赁厂房企业安全生产专项检查、“全覆盖、零容忍、严执法、重实效”安全生产检查督查、液氨使用企业大检查、电力用户安全联合大检查、油库设施大检查、石油天然气输送管道等专项检查活动。全年办理安全生产行政处罚案件52宗（其中简易程序45宗，一般程序7宗），对52家生产经营单位进行行政处罚，罚款金额总计33.75万元。查处非法销售烟花爆竹商铺5家，非法经营的烟花爆竹74箱（件），合计约1200公斤。全年查处工矿商贸企业生产安全事故2宗，按照“四不放过”（事故原因不查清不放过、责任人员未处理不放过、整改措施未落实不放过、有关人员未受到教育不放过）原则行政处罚事故相关责任单位和责任人。全年未发生听证、行政复议或行政诉讼处罚案件。

【安全生产应急管理】2013年，金湾区安全生产监督管理局完成应急预案备案评审企业459家，联合应急管理办公室、国土、消防等部门先后开展3次大型应急救援演练，即珠海润都制药股份有限公司危险化学品泄漏事故应急救援联合演练、珠海艺术职业学院地质灾害演练、中国航空油料有限责任公司珠海分公司库区航油储罐危险化学品泄漏联动应急疏散演练，共出动各类人员1500多人，设备160多台（套）。全区125家生产经营企业开展以防生产安全事故及消防疏散为主的应急预案演练，累计20000多名员工参与。企业演练期间，金湾区安全生产监督管理局安排工作人员到现场进行监督指导，并邀请专家对演练情况进行点评及预案修正。

【安全生产责任体系建设】2013年3月，金湾区安全生产监督管理局组织各镇、各责任部门签订安全生产目标责任书，督促各镇、各责任部门将责任目标量化、细化，层层分解到各股（室）站（所）、村（居）委会和生产经营单位，形成全区安全生产奖惩明确、横向到边、纵向到底的工作格局。先后制定6项“一岗双责”相关配套文件，包括《金湾区各镇各部门党政领导班子和领导干部安全生产责任制考核办法》、金湾区党政领导班子成员和区安全生产委员会各成员单位职责规定以及安全生产诫勉约谈、新提任副科级领导干部担任安全生产督查专员、领导干部带队检查等工作制度。组织开展2012年全区安全生产责任制考核工作，表彰奖励考核优秀的领导班子和领导干部。

【“一体系三平台”建设】2013年，金湾区安全生产监督管理局落实《珠海市人民政府关于全力推进“一体系三平台”隐患排查治理体系建设全面提升安全监管科学化水平的决定》和《珠海市人民政府办公室关于印发安全生产“一体系三平台”隐患排查治理工作量化考核和行政问责办法的通知》（简称“一决定一办法”）精神，以“一体系三平台”隐患排查治理系统为抓手，扎实开展隐患排查治理工作，深入隐患排查治理长效机制建设。召开全区安全生产委员会成员单位、安全监管系统人员“一决定一办法”宣贯会，举办6期全区企业主要负责人和安全管理人员“一体系三平台”培训班，500多家企业1000多人参加培训。组织职能部门开展为期3个月的企业安全生产状况普查，核清“一体系三平台”系统内八大类型企业的底数。重点对“零隐患”企业和“黑名单”企业进行核实查处。全年查处安全生产事故隐患违法行为49起，实施安全生产事故隐患违法行为方面的行政处罚49宗（其中简易程序45宗、一般程序4宗），罚款7.1万元。

【安全生产投诉处理】2013年，金湾区安全生产监督管理局落实安全生产违法行为举报奖励制度，向社会公布举报电话（0756-7260163、7260181），鼓励群众对各类违法违规行为予以举报。全年受理上级部门转办投诉及群众举报12起，对举报内容进行调查核实，对存在的问题及时下达整改通知，不属于安全监管部门监管的移交相关部门处理，并跟踪隐患整改落实情况，及时向举报人反馈处理结果，做到“事事有着落，件件有回音”。投诉案件办理满意率100%。

【安全生产宣传教育】2013年，金湾区安全生产监督管理局利用广播、电视、网站、OA短信、企业QQ群等多种渠道，悬挂横幅、海报，设置公益宣传栏等多种方式进行安全生产宣传，营造全社会“关爱生命、关注安全”的浓厚氛围。全年悬挂安全生产宣传横幅280多条，张贴标语240多张，为全区20

个村居、100多家企业免费安装安全生产宣传栏270多个，发放《安全生产法规标准汇编》《职业病防治》《广东省安全生产条例》《居民用气用电安全常识及逃生宝典》等各类宣传资料8万多份。全国第十二个“安全生产月”期间，开展安全生产咨询日活动、安全生产执法警示周、安全生产应急演练周等宣传教育活动；组织金湾区中小学生安全生产征文比赛、企业安全生产主题演讲比赛和文艺晚会演出，收到了良好的宣传教育效果。

【副科级领导干部担任区安全生产督查专员制度出台】2013年，金湾区安全生产监督管理局加强落实安全生产“一岗双责”制度，根据中共珠海市委组织部与珠海市安全生产监督管理局的工作部署，5月13日，中共珠海市金湾区委组织部和金湾区安全生产监督管理局联合印发《关于印发〈金湾区新提任副科级领导干部担任区安全生产督查专员暂行办法〉的通知》，要求新提任的副科级领导干部，要分期分批到区安全生产监督管理局担任区安全生产督查专员，区安全生产督查专员代表区政府专职协调处理安全生产重大问题，参与调查研究、制定全区安全生产的重大政策和措施，参与安全生产监督检查，参与安全生产应急值班和较大生产安全事故的应急救援、调查处理，每批为期3个月。8—12月，2批共6人次担任区安全生产督查专员。

【安全生产标准化创建工作】2013年，按照广东省、珠海市、金湾区重点工作部署，金湾区安全生产监督管理局推进企业安全生产标准化达标创建工作。安全生产标准化是通过建立安全生产责任制，制定安全管理制度和操作规程，排查治理隐患和监控重大危险源，建立预防机制，规范生产行为，使各生产环节符合有关安全生产法律法规和标准规范的要求，人、机、物、环（人员、机器设备、物料、环境）处于良好的生产状态，并持续改进，不断加强企业安全生产规范化建设。安全生产标准化企业分为一级企业、二级企业和三级企业。全区完成安全生产二级标准化达标企业1家，完成三级标准化达标企业333家，其中规模以上企业168家（100%完成珠海市安全生产监督管理局下达的全年目标任务），规模以下企业165家。

【基层安监员工作考核制度建立】2013年，金湾区政府增拨镇级安监员考核经费10万元。金湾区安全生产监督管理局制定基层安监员工作考核办法，明确从“德能勤绩廉”五个方面对基层安监员进行考核。考核工作坚持客观公正，民主公开，实事求是，注重实绩的原则，实行领导与群众考核相结合，定性与定量考核相结合的方法。以工作人员的职位、职责和所承担的工作任务为基本依据，全面考核德、能、勤、绩、廉，重点考核工作实绩，考核制度的落实有效提高基层安监员的工作积极性，改善基层安监员工资待遇偏低状况，稳定安全生产监管队伍。

【企业“三项岗位”人员培训补贴优惠和车间班组长免费培训政策出台】2013年，根据3月12日印发的《区政府工作会议纪要第4号》要求，金湾区消防、安监部门统计上年消防与安全生产培训经费情况，由金湾区财政按照50%的比例予以补贴。金湾区在全市率先实施生产经营单位主要负责人、安全管理人员和初级安全主任（简称“三项岗位”人员）安全培训费用补贴50%优惠政策，全年投入经费17万元，共有700多名企业主要负责人、安全管理人员享受优惠政策。金湾区安全生产监督管理局聘请专家，免费为企业车间主任和班组长举办2期安全生产知识培训班，培训1200多人。增强生产经营单位从业人员安全意识和技能，提高全区安全生产管理水平。（林飞勇）

国有资产管理

【概况】2013年，金湾区国有资产管理办公室引导国有企业参与城市建设，估算总投资额3.6亿元；有效盘活国有资产，启动金山花园改造工程。金湾区财政局加挂金湾区国有资产管理办公室牌子，负责拟订区属资产管理的规章制度并组织监督实施，组织国有资产的清产核资和资产评估立项工作；对行政事业单位区属资产使用情况进行监督检查；指导和监督各镇集体资产管理工作；办理产权登记和产权界定，审批资产处置方案，调解处理国有资产产权纠纷；监督检查区资产运营机构及其控股企业的财务情况；参与管理国有企业的租赁、拍卖、兼并、破产和股份制等改革工作，配合有关部门抓好现代企业制度、国有企业公司制改组试点，指导企业建立、健全内部财务管理；负责全区企事业体制改革工作；负责组织和指导清理企业集资；会同有关部门归口审批国有企业工资总额与经济效益挂钩方案。（张志勇）

【引导企业参与城市建设】 2013年，金湾区引导国有企业参与城市建设。以珠海市金湾区联港基础投资有限公司为建设单位，分别启动金湖大道东路、红灯片区公租房、金海岸文化艺术中心项目建设，估算总投资额3.6亿元。其中，金湖大道东路是金湾航空新城核心区开发建设启动的首个项目，起点为西湖北路，终点为机场东路，全长2.74公里，道路设计宽度为60米，双向8车道，总投资约为1.2亿元，是金湾航空新城核心区的主干道。

【国有资产盘活】 2013年，金湾区有效盘活国有资产，金湾区国有资产管理办公室授予金湾区联港基础投资有限公司对金山花园二期商业设施及幼儿园约14996平方米的物业进行经营管理，并启动修缮及改造工程。截至年底，金山花园及其市场升级改造项目完成前期工作，改造工程全面启动。

【珠海市联港物业管理有限公司成立】 2013年，金湾区联港基础投资有限公司通过完善公司法人治理结构、建章立制，完善公司制度化、规范化管理。12月，成立珠海市联港物业管理有限公司，经营范围包括：从事授权范围内的国有资产经营和管理，进行物业管理；物业租赁，公共停车场经营管理，路灯、交通、园林绿化、市政设施等城市公共资源经营管理。珠海市联港物业管理有限公司采取独立核算，自主经营，自负盈亏。该公司的设立，有利于金湾区联港基础投资有限公司实现政府资产专业化经营管理。（杨凯华　向艳芬）

【珠海市蓝鑫实业有限公司成立】 2013年8月，珠海市蓝鑫实业有限公司成立。该公司受金湾区国有资产管理办公室直接管理，是区政府新成立的融资平台，为区政府开展融资工作。公司位于珠海金湾航空城规划展览馆，负责规划展览馆的物资采购及物业管理，主要包括参观接待、会务洽谈、日常维护等日常管理工作。同时开展基金投资、融资等多项业务。截至年底，接待参观26场、政府会务及招商会务11场，总接待人数642人次。（朱紫怡）

制造业

综　述

【概况】2013年，金湾区实现规模以上工业总产值454.38亿元（年快报数），比上年增长14.6%，增速位居珠海市各行政区第一；规模以上工业增加值118.43亿元（年快报数），增速高于全市3个百分点，保持良好发展势头。其中金属冶炼、电子信息、食品制造、汽车制造行业增速超过20%。制造业尚处在产业分工价值链的中低端，产业集聚度低，技术创新能力偏弱，难以参与全球高端先进装备制造业竞争。金湾区制造产业领域工业企业700多家，主要包括生物医药、航空、新能源三大战略性新兴产业和电子电器、精密制造、纺织化纤、石油化工、机械加工等传统产业领域。截至年底，形成电子电器、精密制造和医药三大产业体系，航空和新能源产业初具规模的产业格局。

【企业专项服务月活动】2013年，金湾区科技工贸和信息化局开展企业专项服务月活动，制订区领导挂点企业制度，实行“局领导包片、局干部包企业”点对点企业服务制度，编印各项扶持政策和规模以上企业名册派发到各相关企业。通过开展企业专项服务月活动，帮助11家企业列入珠海市“三高一特”培育目录；成功为珠海联邦制药股份有限公司、广东蓉胜超微线材股份有限公司、得理乐器（珠海）有限公司、珠海市凯田塑料制品有限公司、珠海市弘光注塑模具有限公司等8家企业申请市级节能改造资金共计150万元；为20家企业成功申请广东省、珠海市技改项目的资金扶持，申报企业数量大幅提升。

【企业节能降耗】2013年，金湾区对重点能耗企业采取节能管控措施，实行节能生产、开展循环经济、设立节能奖励专项资金，完成18家重点能耗企业节能审计考核工作，对一批商业和民用领域项目进行节能改造，淘汰一批高损变压器。全区节能实现GDP能耗0.3475吨标准煤/万元，单位GDP能耗比上年下降4.37%，完成珠海市下达给金湾区年度单位GDP能耗下降4.36%的目标，截至年底完成“十二五”节能目标66.85%。

【工业增速呈上升趋势】2013年，金湾区工业制造业增长速度呈上升趋势，一季度比上年同期增长7.2%，二季度比上年同期增长9.1%，三季度比上年同期增长12.4%，四季度比上年同期增长14%，工业产业增加值130.56亿，主要是金湾区金属冶金、家电电器、生物医药行业龙头企业的带动，特别是股份制企业产值的快速增长，全年股份制企业总产值占工业总额的四分之一，比上年增长25.8%。其中增速较快的企业有联邦制药、汤臣倍健、世锠金属、飞利浦等企业。

【《金湾区关于进一步加强企业服务的若干意见》实施】2013年，金湾区加快推进“二次创业”，促进企业转型升级。8月23日，金湾区人民政府印发《金湾区关于进一步加强企业服务的若干意见》，从加强行政服务、财政支持服务、金融服务、项目建设服务和人力资源服务5个方面，加强对区内企业的支持。该意见规定，金湾区企业上市成功至少可获400万元奖励。着重提高企业服务水平，通过联席会议等措施，破解制约项目落户和企业发展难题，营造良好的亲商、安商、富商氛围，在提高资金保障和引导企业技术改造、帮助企业降低生产经营成本、鼓励企业技术创新和品牌创新、支持企业上市融资等方面扶持企业。

【金湾企业产品获第二届“市长杯”工业设计大赛奖】2013年12月，珠海市第二届“市长杯”工业设计大赛在珠海市图书馆举行，48件作品获奖，主要涉及能源、照明、打印耗材、游艇制造、化妆配件、服装等行业产品。金湾区珠海阳光儿童用品有限公司参赛作品获二等奖，珠海华通科技有限公司参赛作品获三等奖，珠海弗罗兰家居用品有限公司、珠海迈科电子科技有限公司参赛作品获优秀奖。组织企业参加工业设计大赛，有利于带动和提升金湾区工业设计水平，加快培养工业设计人才，推动工业设计发展与创新，促进工业设计与制造业的对接和融合，发挥工业设计对金湾区产业转型升级的撬动作用。

【广东天章信息纸品有限公司获评广东省“十大诚信印刷企业”】2013年3月，广东天章信息纸品有限公司在广东省印刷复制业协会组织的首届“十大诚信印刷企业”评选中获奖，评选综合测评内容主要包括企业遵纪守法、诚信经营、社会责任等方面，全省2万多家印刷企业参评，广东天章信息纸品有限公司成为珠海市唯一获得奖项的印刷企业。广东天章信息纸品有限公司1996年成立，2003年落户红旗镇。公司通过抓品类、品质、品牌，形成4大类数千个品种规格，产品打印纸市场占有率位居全国首位，复印纸市场占有率位居全国前列，持有中国环境标志、FSC（森林管理委员会）森林认证产品。

【丽珠医药集团股份有限公司搬迁金湾】2013年12月28日，有29年历史的珠海本土龙头制药企业丽珠医药集团股份有限公司从香洲区桂花路整体搬迁至金湾区联港工业区。丽珠工业园（新厂区）占地面积42.7万平方米，总建筑面积约32万平方米，包括生产车间、仓库、行

2013年12月28日，丽珠集团举行“新长征、新跨越——大型励志徒步走进金湾”活动，标志着丽珠集团正式搬迁至金湾区　（谢芬芬　摄）

政办公及生活区等。项目分三期建设：一期建设配套工业项目区4栋标准厂房，二期建设药厂生产区车间及配套的仓储、质检、污水处理等公用工程和员工生活区，三期包括集团行政和研发中心、配套工业区剩余的标准厂房和动力、仓储设施、固体制剂车间、疫苗车间等4部分。丽珠医药集团股份有限公司是一家集医药研发、开发、生产、销售为一体的综合性医药企业集团，创建于1985年，注册资本约3亿元。公司拥有400多个产品，消化道用药、心脑血管用药、抗感染用药三大优势领域，54个国家级新产品，8个国家级及省级“火炬”计划项目，2个国家“863”攻关项目，4项获得珠海推动科技进步特等奖，35条生产线通过国家GMP（药品生产质量管理规范）认证，2家企业通过GSP（良好供应规范）认证。公司跻身中国上市企业投资10强、最佳上市企业治理10强、广东省高新技术企业、广东省医药行业杰出贡献企业、中国制药工业（销售）百强企业第46名、广东省医药工业综合实力50强。（曾国强）

电子信息制造业

【概况】2013年，金湾区着重培育金安国纪科技（珠海）有限公司、统赢软性电路（珠海）有限公司等一批创新型企业，在技术改造和技术创新项目方面给予重点扶持。截至年底有10家高新技术企业，其中珠海迈科电子科技有限公司、珠海中电数码科技有限公司等4家企业获批国家高新技术企业，3家企业获得市级企业技术中心认证，2家企业列为上市后备企业。在奈电软性科技电子（珠海）有限公司、珠海恒宇新科技有限公司、珠海雷克斯电子科技有限公司、金安国纪科技（珠海）有限公司、统赢软性电路（珠海）有限公司等重点企业带动下，全年全区实现电子信息制造业规模以上总产值86.03亿元，比上年增长23.2%，占工业总产值20%。电子信息制造业是金湾区传统优势产业，因科技含量高、产品更新快、应用范围广等特点，始终处于朝阳产业地位，电子信息产业重点企业大多以装配为主，劳动密集度强，整个产业链处于不断完善中。

【珠海迈科智能科技股份有限公司参加南非卫星通信展】2013年5月28日，Satcom2013盛会（2013卫星通信展）在南非约翰内斯堡北部的桑顿会议中心举行，南非卫星通信展是非洲大陆最大的卫星通信行业研讨会及展会，汇集众多卫星通讯技术方面的终端用户及服务方，展示兼具价格优势及性能可靠的解决方案。珠海迈科智能科技股份有限公司首次参加非洲大陆最大的研讨会及展会，成功向南非市场展示最新卫星通信电子产品。该公司是一家全球专业的“云管端控”一站式方案提供商及数字电视内容服务提供商，有先进的ESD静电全面防护配套设施，并引进一批先进的生产和检验设备，其中包括14条中高速贴片（SMT）生产线、8台自动插件（AI）设备，8条插件（DIP）生产线和8条数字机顶盒整机组装线等，产品通过欧洲CE安全认证（安全合格标志而非质量合格标志）、中国3C强制质量认证（强制性产品认证制度）、美国UL（保险商试验所）认证、欧盟Reach（《化学品的注册、评估、授权和限制》）等，是国内最大的数字家庭智能融合终端成套产品出口商之一，连续3年稳居中国数字高清机顶盒产品出口量前5名。（曾国强）

金属冶炼制造业

【概况】2013年，金湾区金属冶炼制造业实现规模以上工业总产值68.63亿元，比上年增长28.9%，是金湾区实现增速最快的行业。持有2个省级名牌产品，5个省市企业技术中心。金属冶炼制造业在金湾区传统行业中位居重要地位，汇聚桥椿金属（珠海）有限公司、珠海世锠金属有限公司、青木金属制品（珠海）有限公司、珠海祥锦五金电器有限公司、珠海嵘泰有色金属铸造有限公司等一批金属加工企业。金属加工企业具有规模大、产品精、品牌响、管理好等优势，同时存在技术装备水平普遍较低、重复建设、低水平扩张、公共技术创新平台建设滞后、中小型企业转型升级缺乏必要的技术支撑等问题。

【祥锦、康信获评广东省第二批高新技术企业】2013年12月，在公布的广东省第二批高新技术企业名单中，珠海祥锦五金电器有限公司、珠海康信精密机械有限公司2家企业获得高新技术企业称号。珠海祥锦五金电器有限公司是一家专业制造五金卫浴产品的企业，公司形成模具制造、铜铸造、锻造、冲压、机械加工、抛磨光、电镀表面处理、装配等专业成套生产体系，有多类专业技术人才和专业产品研发部门，国内高精密CNC（数控机床）、台湾高精密CNC近百台，加工中心和数控车床，配备三维坐标测量仪，投影仪、原子光度分析仪等先进仪器及实验室各类齐全的严格检测手段，与世界前列的欧美等知名品牌企业建立合作伙伴关系，是知名卫浴产品制造服务商。珠海康信精密机械有限公司是一家集设计开发、生产制造为一体的专业精密机械加工母机生产和专业从事各种精密机械生产的厂家。产品包括有放电加工机、高精度CNC雕铣机、CNC加工中心机、高精度大型床式铣床、深孔钻等。公司有自己的设计开发队伍和钣金生产厂，有各类高精密检测仪器作为计量基础，具备综合设计开发能力，为客户提供快速专业的设计、开发服务。

【珠海市旺磐精密机械有限公司打破欧美五轴联动技术垄断】2013年，珠海市旺磐精密机械有限公司研发的五轴联动加工中心取得突破，并实现量产20台。五轴联动加工中心将机械效率提高数倍，实现0.01毫米精度加工，达到国际领先水平，打破欧美、日本对五轴联动技术的垄断，降低加工企业的使用成本。珠海市旺磐精密机械有限公司是一家有台湾制造技术及经验的台商独资企业，公司生产的“HYFAIR、HYBEST、HYGREEN”等系列精密磨床、加工中心、精密高速雕铣机、钻铣攻牙机、五轴联动高速加工中心等高品质产品，被广泛应用于模具业、汽车制造业、精密医疗器械、航天工业、通讯器材、电子商务等领域。（曾国强）

医药制造业

【概况】2013年，金湾区医药制造业实现规模以上工业总产值61.61亿元，比上年增长11.7%。行业集聚以珠海联邦制药股份有限公司、珠海润都制药股份有限公司、珠海亿邦制药股份有限公司、珠海金鸿药业有限公司为龙头的一批生产制药企业。医药制造业是金湾区三大战略性新兴产业之一，产业规模扩大，产值和产业聚集度提高。医药工业主要包括化学制药工业、中成药工业、中药饮片工业、生物制药工业、医疗器械工业、医用材料及医疗用品制造工业。截至年底，金湾区有医药生产企业50多家。

【健康元8000万元疫苗项目落户金湾】2013年8月，珠海健康元生物医药有限公司投资8000万元的疫苗项目落户红旗镇联港工业区。项目年产重组乙型肝炎疫苗2000万支/年（1ml中性硼硅玻璃注射剂瓶）、人乳头瘤疫苗（HPV）400万支/年（1ml中性硼硅玻璃注射剂瓶）、老年痴呆疫苗300万支/年（1ml中性硼硅玻璃注射剂瓶）、丙肝疫苗300万支/年（1ml中性硼硅玻璃注射剂瓶），填补金湾区疫苗领域生产项目的空白。珠海健康元生物医药有限公司是健康元药业集团股份有限公司旗下的中外合资子公司，2004年成立。健康元药业集团是一家上市公司，主要从事人类重要疾病相关的疫苗研制，以及广泛用于生命科学研究的多种系列试剂盒的开发和生产。其下属企业还有太太药业股份有限公司、丽珠医药集团股份有限公司、海滨制药有限公司等多家医药领域的知名企业，持有太太口服液、鹰牌花旗参、意可贴、丽珠得乐、光大抗病毒颗粒等众多知名品牌。

【联邦制药国产盐酸美金刚原料药和制剂新药获批上市】2013年8

月，国家食品药品监督管理总局批准珠海联邦制药股份有限公司生产的盐酸美金刚口服溶液上市，该药是国内首家盐酸美金刚仿制药，均经生物等效性试验证明与参比制剂具有生物等效性。同时还批准该公司的原料药新药生产，实现从原料药到制剂的国产化。盐酸美金刚溶液和盐酸美金刚片可以阻断谷氨酸浓度病理性升高导致的神经元损伤，主要用于中重度至重度阿尔茨海默型痴呆的治疗。珠海联邦制药股份有限公司于1998年建成投产，是全国最大的抗生素生产企业之一。拥有口服半合成青霉素原料药车间、头孢类原料药车间、β-内酰胺类酶抑制剂原料药车间、培南类原料药和粉针剂车间、胰岛素原料药和制剂车间等。其中口服半合成青霉素车间年产原料药10000吨以上，是国内同类产品产能最大的生产车间。产品销往国内外市场，其中阿莫西林原料药在国内及出口市场占有率均为第一。阿莫西林、氨苄西林多次通过德国官方和美国FDA（食品药品监督管理局）的GMP认证检查。培南类原料药通过欧盟EDQM（欧洲药品质量管理局）的GMP认证检查，亚胺培南原料药取得欧盟CEP证书（欧洲药典适应性证书），成为全国首家、全球第二家拥有此证书的企业。

【润都制药新厂扩建项目动工】2013年11月11日，珠海润都制药股份有限公司在新厂区举办“润都制药新厂区扩建项目动工仪式”。项目总投资超过3.8亿元，占地6.4万平方米，建筑面积7.7万平方米，新项目投产后产值15亿元。珠海润都制药股份有限公司是一家集药物研发、生产、营销为一体的现代化高科技企业。公司主营化学药制剂、化学原料药、医药中间体。产品涵盖心脑血管、消化、麻醉等各个领域，拥有50多个生产批件和10多项新药证书，是国家高新技术企业、国家火炬计划重点高新技术企业、广东省创新型企业、广东省民营科技企业、广东省医药行业重大贡献企业。公司的技术中心被认定为广东省企业技术中心，具有较强的技术创新能力和坚实的科研基础，是国内消化性溃疡疾病用药、抗高血压用药市场具有影响力的企业，国内领先的缓控释微丸及肠溶微丸制剂生产企业；重视产品质量，严格按照国家GMP标准建立药品生产制造中心，全部生产线和品种均通过GMP认证，磷酸哌喹产品通过世界卫生组织（WHO）GMP认证。（曾国强）

家电电气制造业

【概况】2013年，金湾区家电电气制造业实现规模以上工业总产值60.26亿元，比上年增长10%。家电电气国内外市场疲软，行业受到严峻考验。金湾区家电电气行业主要以出口为主，形成以飞利浦电器为龙头产业集聚区，主要产品涵盖微波炉、电烤箱、电视、电压锅、电磁炉、电饭煲、电热水壶、电动牙刷、电动剃须刀、电暖气等主流家用电器产品，具有较好的品牌和技术优势，产业规模扩大。

【美满电器全线产品参展第114届广交会】2013年10月15日，珠海美满电器有限公司携全线产品参加第114届广交会，与多家电器品牌巨头角力海外市场，开拓美国、德国、俄罗斯、智利、墨西哥、巴西、南非、印尼、利比亚等五大洲20多个国家客户。珠海美满电器有限公司是一家集厨卫家电、小家电配件生产为一体的企业，主要从事电压力锅、电磁炉、电饭煲、太阳能热水器、电热水器等厨卫家电产品的研发、生产与销售。以市场为先导，致力于市场营销网络的建设，建立起遍布全国各地的营销网络，利用网络平台进行销售，开拓海外市场。公司品牌产品覆盖全国各个省、市、自治区，并远销欧洲、南美洲、中东等海外150多个国家和地区。

【飞利浦产品荣膺“2013中国成功设计奖”】2013年9月3日，飞利浦电子（珠海）有限公司2款专门为中国市场设计的产品CompactTouch（紧凑型）劲巧熨挂烫系列（GC400系列）和RQ370旋转双刀头电动剃须刀获得“2013中国成功设计奖”，大赛由上海工业设计协会和上海创意产业中心共同主办。飞利浦电子（珠海）有限公司2003年落户三灶镇，主要生产须刨、电熨斗、风筒等家用电器，其中飞利浦电须刨使PHILIPS成为电动剃须刀的代名词。

【金品电器显像管彩色电视机产量全国第一】2013年，珠海经济特区金品电器有限公司拓宽国际销售市场，每年超过50款新产品上市。全年出口创汇突破1.5亿美元，比上年增长31%，显像管（CRT）彩色电视机产量（整机+散件）位居全国第一，出口量世界排名第一。珠海经济特区金品电器有限公司1994年12月成立，注册资金3.13亿元，是一家集数码电视技术研发、生产、销售为一体的专业民营独资高新技术企业。有配套分公司18家、优秀科技和管理人才200多名，技术设备行业领先。公司产品液晶电视销往世界各地，满足各种客户对多种语言、高清、数字、多媒体等功能的需求，具有100多个国家和地区的安全标准认证，出口创汇连续数年位居珠海市前列。（曾国强）

食品加工制造业

【概况】2013年，在珠海馋宗食品有限公司、珠海市西部天元食品有限公司、珠海市利昌食品有限公司、珠海金海岸永南食品有限公司等重点企业带动下，全区食品加工制造业实现工业总产值22.81亿元，比上年增长24.3%。主要产品分布在饮料、方便面、肉制品、水产品等方面。金湾区食品加工制造业形成饮料、方便面、肉制品、水产品、食品添加剂等加工产业链，品牌效应日益显现，呈现食品加工业带动能力增强，食品安全水平稳步提高的局面。

【馋宗与华润万家签署战略联盟合作协议】2013年5月，珠海馋宗食品有限公司与中国最具规模的零售连锁企业之一华润万家签署战略联盟合作协议，在熟肉尤其是酱卤类、盐类熟肉制品的生产和销售方面结成长期与全面的战略联盟合作关系，并获授华润万家首家酱卤类与盐焗类熟肉制品自有品牌OEM（原始设备制造商）认证工厂。珠海馋宗食品有限公司年产值增速超30%，手撕猪手、馋宗老汤牛腱、馋宗酱猪肘、馋宗蜜汁叉烧等产品年产量连续4年持续增长，品牌知名度提高。珠海馋宗食品有限公司2002年成立，是一家技术力量雄厚的外资企业，主要生产短保质期熟肉。

【珠海金海岸永南食品有限公司获多项制造业荣誉】2013年11月，由广东省制造业协会、广东省社会科学院企业研究所联合开展的“2013年广东省制造业500强”排序活动中，珠海金海岸永南食品有限公司被广东省制造业协会授予“2013年广东省制造业优秀企业”称号，在“2013年广东省制造业企业500强”中位列第466位。珠海金海岸永南食品有限公司由香港永南食品有限公司与珠海经济特区西部发展总公司于1993年合资兴办，主要生产和销售“公仔”牌系列方便面，“公仔面”创始于1968年，是中国香港制造的第一家方便面品牌，具有40多年品牌积淀，“公仔面”产品畅销港澳、华南地区等海内外市场。

【珠海三和食品有限公司出口销量增长】2013年，珠海三和食品有限公司出口总值70多万美元，出口增值多年保持稳定。珠海三和食品有限公司2002年7月成立，是一家集生产加工、经销批发于一体的外资企业，其主要产品为酱料、果脯蜜饯、蔬菜干、水产、香辛料、腌料、炸粉、盐渍蔬菜等多类产品，品种多味道独特，凭借产品的多样性、美味性和价格优势，销往国内和日本市场。（曾国强）

汽车制造业

【概况】2013年，金湾区汽车制造业实现工业总产值21.35亿元，比上年增长27.8%。截至年底，主要聚集珠海银隆新能源有限公司、珠海市广通汽车有限公司等整车制造企业以及珠海市茂达汽车工业有限公司、广东三井汽车配件有限公司、力派尔（珠海）汽车配件有限公司等一批服务新能源汽车的生产配套企业，产业发展要素增多，企业竞争力提高。珠海银隆新能源有限公司、珠海市广通汽车有限公司完善汽车整车生产能力，具备高端汽车整车制造工艺，是珠海市汽车主要生产制造基地，在全省新能源汽车产业区域内具有一定的产业竞争力。金湾区汽车制造产业发展处于起步阶段，存在产业发展基础薄弱、规模偏小、产业链条尚未形成、产业自主创新能力不强、产品附加值较低、规划引导和政策扶持力度不强等问题。

【银隆新能源纯电动公交车获世界客车博览会大奖】2013年10月30日，在比利时科特赖克举行的世界客车博览会上，珠海银隆新能源集团（原珠海银通新能源集团）11.5米长的GTQ6117BEVB纯电动公交车荣获公交和客车大会奖项中的生态标签奖。世界客车博览会是全球规模最大、历史最久远的专业客车展，其公交和客车大会奖分为生态标签奖、安全标签奖、舒适和工程标签奖、造型和设计标签奖4个奖项。由世界客车博览会主办方、欧洲客车周（ECW）邀请的欧洲50名巴士专家参与评选，珠海银隆新能源集团与梅赛德斯-奔驰、比利时范胡尔、德国赛特拉等企业生产的产品一同获奖，充分展示中国客车技术的发展和创新成就。珠海银隆新能源集团（原珠海银通新能源集团）成立于2009年12月，以锂电池研发、生产为核心，延伸到电池管理系统、驱动系统、电控系统、车用空调领域，形成各种电动汽车和智能电网储能系统两大终端产品的闭合式新能源产业链。该公司整体引进美国奥钛公司研发团队及专利技术，成为全球唯一的钛酸锂材料技术及划价的控制者，全资收购珠海市广通汽车有限公司，旗下拥有珠海银通新动力科技有限公司、珠海银通航空器材有限公司、珠海市广通汽车有限公司、美国奥钛纳米科技有限公司、珠海市一品物业管理有限公司等多家控股企业和全资子公司。通过广泛国际合作，该公司成为主业突出、孵化高新技术成果能力强、成果转化速度快、独具特色的高科技企业。

【广通汽车纯电动客车获首届中国城市公共汽车节能大赛金奖】2013年7月，珠海市广通汽车有限公司10.5米纯电动客车获得首届中国城市公共汽车节能大赛纯电动10米组唯一金奖。中国城市公共汽车节能大赛由中国土木工程学会城市公共交通学会、中国公交信息网主办，是中国首次举办的公交汽车节能大赛。参赛车辆按事先规定的速度变化、停靠站要求、转弯路径等，在车上、道路上人员的监督下完成10圈86公里的赛程。赛项设置紧密围绕公交运营企业普遍关心的单位耗能和一次充电后有效荷载下的续航里程等实际使用需求。经过两天比赛，珠海市广通汽车有限公司GTQ6105BEVB1型纯电动公交车获得10米组别金奖，获奖纯电动公交车在满载情况下每公里仅耗0.87度电，空车情况下每公里耗电0.7度，在参赛车辆同类组别中属于重量最轻、能耗最省、电池能量密度最高的车型。珠海市广通汽车有限公司于2012年被珠海银通新能源集团全资收购，是专业从事客车生产经营的股份制企业，总部位于珠海银通新能源产业园。珠海市广通汽车有限公司是“十一五”国家863计划的协办单位，其中LNG（液化天然气）环保公交车获得国家863项目验收专家高度评价。成功承接香港九龙双层巴士的加工业务后，成为英国亚历山大在亚洲唯一加工商及国内唯一全面掌握全铝车身工艺和最先进双层巴士制造工艺的企业。先进的工艺技术，使公司成为香港捷联汽运等多家客运企业的供应商，国内最早通过欧盟认证、出口意大利的中国客车企业。研发涵盖混合动力客车、天然气客车、无轨电车、纯电动车等一系列节能减排的新能源环保型客车、公路客车、公交客车、专用客车、轻型客车和旅游客车，远销意大利、德国、马来西亚、印度、菲律宾、泰国、越南等国家和香港、澳门等地区。（曾国强）

农业

综述

【概况】2013年，珠海市金湾区海洋和农渔局合理调整和优化农业产业结构，推进农业产业化和农业规模化种养业，加强农技推广，落实惠农政策，完善农业安全体系，完成农业增效、农民增收目标；加快推进防灾减灾工程建设，加强水利三防工作，稳步推进林业和生态景观林带建设。全年金湾区农渔业总产值5.47亿元，比上年增长4.9%；农渔民年人均纯收入12030元，比上年增长11.5%。截至年底，金湾区基本农田面积2332.54公顷，其中粮食种植面积467.51公顷，蔬菜、水果等经济作物复种面积1865.03公顷；全区生猪存栏量4.31万头，家禽（三鸟）出栏量18.99万只、存栏量25.94万只；全区水产养殖面积7382.8公顷，其中淡水养殖1960.8公顷，海水养殖面积5422公顷；林地面积0.43万公顷，森林覆盖率25.4%，活立木蓄积量31.15万立方米。打造农业名优产品，提高无公害农产品、绿色食品、有机食品“三证认证率”。形成以珠海市信源水产养殖有限公司、红旗镇大林、矿山片区为主，连片1万亩的咸淡水水产养殖基地；以红旗镇小林片区四大家鱼和南美白对虾养殖为主的1万亩淡水养殖基地；以红旗镇湖东、三板片区为主的蔬菜基地；以红旗镇八一片区为核心发展的花卉园林苗木基地。全年新增加“无公害”农产品基地2个，珠海市信源水产养殖有限公司和珠海三板农业发展有限公司被评为市级农业龙头企业。

【强农惠农财政补贴】2013年，金湾区把强农惠农各项政策落到实处。全年落实各项财政补贴资金463.18万元，其中农民种粮补贴31.67万元，农机购置国家财政补贴111万元（实际落实31.39万元），柴油补贴183万元，政策性渔民人身意外伤害保险珠海市、金湾区财政共补贴2.55万元，休（禁）渔珠海市、金湾区共补助0.88万元，能繁母猪保险珠海市、金湾区财政补贴共29.67万元，农房保险市、区财政补贴共4.41万元，其他补贴资金共100万元。建立金湾区青年农民创业资金，扶持青年农民创业。重视农机购置补贴政策宣传，12月12日，金湾区海洋和农渔局在红旗镇文化广场举办农机购置补贴宣传活动现场会，宣传全区农机购置补贴政策。参加现场会人数500多人，其中种养殖户代表220人。现场会为种养殖户和现场群众发放农机购置补贴宣传材料300份，组织珠海市6家农机具企业现场展示农机各项机具，并进行现场演示操作。设立农机购置补贴政策咨询专柜6个，介绍珠海市新型农机的应用情况。组织多名农机专业技师在现场免费开展农机具维修保养和现场解答操作技术问题。全年实际落实国家财政农机购置补贴资金31.39万元，补贴108户农户购买先进适用的农机具635台（套）。

【农业安全生产】2013年，金湾区海洋和农渔局抓好水利三防、渔业和农机安全生产工作，加强对水库、堤围、水闸等防洪防风工程安全隐患的排查整改，加大对病险水库、中小水库运行的治理和安全管理力度。加强对违法采砂突出河段、采砂量较大河段的整治和安全管理，落实“一岗双责”，做好渔业、农机安全生产工作，加大对渔业船舶安全制度执行情况的监管。进一步健全和完善农机管理档案，提高拖拉机年审率和驾驶员持证率，加强拖拉机驾驶员技术和安全培训。与交警联合执法，加大农机田检路查整治力度，“双无车辆”（无行驶证、无驾驶证）现象明显减少，确保农机生产事故率控制在1‰以内。

【农畜产品质量安全监管】2013年，金湾区海洋和农渔局抓好农畜产品质量安全监管，重点抓好农产品生产源头监督，举办农畜产品安全培训班和咨询活动，做好各项农畜产品质量抽检，严打农资违法制假售假行为，全年未发生农产品质量安全事故。区、镇、村（居）、各养殖户、种植基地等均逐级签订农产品质量安全责任书；成立区、镇、基地快速检测体系，并设立市级标准化农产品检测室，监测范围涵盖果蔬、畜禽、水产。全年检测果蔬样品3354个，合格率99.58%；生猪盐酸克伦特罗、莱克多巴胺、沙丁胺醇3种“瘦肉精”类物质检测累计9345份，没有检测出违法样品。在农资行政执法方面，重点整治饲料、化肥、农药、种子及农产品市场，检查农户100多户次、养殖场200多家次，罚没价值2000余元假冒伪劣兽药一批，立案查处制假售假违法案件2宗，移交工商机关案件1宗。举办食用农产品安全培训班6期，培训人员200多人次；开展“放心农资下乡进村”活动1次，发放宣传资料3000多份。

【农业机械工作】2013年，金湾区海洋和农渔局健全和完善农机档案管理，把农机档案建设作为农机管理的一项重要工作来抓，以农机档案管理促进提高拖拉机年审率和驾驶员持证率，同时加强拖拉机驾驶员技术和安全培训，聘请专业技术人员，举办安全驾驶技术培训班。截至年底，金湾区农机总动力5.75万千瓦，其中柴油机动力0.94万千瓦，汽油机动力0.2万千瓦，电动机动力4.2万千瓦，其他机械动力0.41千瓦万。有拖拉机82台，农用水泵3386台；排灌动力机械5907台，其中柴油机2731台、电动机3176台；渔业机械26076台，其中增氧机25063台，投饵机1013台。

【基层农业技术推广体系建设】2013年，金湾区海洋和农渔局落实

2013年12月12日，金湾区海洋和农渔局举办农机购置补贴宣传活动

（方銮河 摄）

《中华人民共和国农业技术推广法》，稳定农业技术推广机构、队伍、经费渠道和经营服务。在农业技术推广过程中，形成一套服务体系的解决方案；做好农业综合开发和各项基地建设。大搞农田水利基本建设，改善农业基础条件。利用中央配套资金和地方自筹资金，建设完善金湾区动物卫生监督所、三灶镇动植物检验检疫所农产品检测室、库房，购置交通工具等。举办农业技术推广培训班，提高技术指导员、示范户的推广技术水平，全年组织培训班12期，培训人员1000多人次，组织农业技术指导员、示范户赴广东省湛江廉江市和广东海洋大学参观学习。树立珠海市龙胜良种鱼苗培育有限公司、珠海市信源水产养殖有限公司和珠海三板农业发展有限公司等42户科技示范户，遴选汤清亮、徐兴校、梁华坤等14名农业技术指导员。聘请珠海市海洋农渔和水务局种植科、珠海市现代农业发展中心农业技术专业人士等7名专家组成金湾区农业技术推广专家组。发挥珠海市龙胜良种鱼苗培育有限公司、珠海市信源水产养殖有限公司和珠海三板农业发展有限公司等农业龙头企业的辐射带动作用，加快农业技术的普及应用，发展高产、优质、高效益的农业，增加农民实际收入。

【三灶、红旗镇农村集体资产管理交易中心揭牌】2013年7月26日，金湾区举行三灶、红旗镇农村集体资产管理交易中心揭牌仪式。新成立的镇级农村集体资产管理交易中心主要负责各镇的村集体资产资源交易、集体小型工程招投标、农村土地流转等工作。三灶、红旗镇农村集体资产管理交易中心按照统一场所名称、统一交易范围、统一交易制度、统一交易文书、统一交易程序、统一监督管理“六统一”模式建设，交易场所建设和交易设备配置均符合相关标准。两镇级农村集体资产管理交易中心设有交易信息发布电子显示屏、报名区、开标室、评标室等，各种管理制度健全。农村集体资产管理交易内容包括农用地的发包以及农村集体经营性资产的发包、出租、出让、转让或转租。其中农村集体建设用地使用权的交易按国家和广东省的土地政策办理，建设工程项目总承包及施工、造价咨询、招标代理、建设工程设备及材料采购、建设工程勘察设计、监理及与建设工程相关的其它项目、商品物质采购项目等须报镇农村集体资产管理交易中心备案。

【金湾区动植物防疫监督检验所被推荐为全国农业先进集体候选单位】2013年，金湾区动植物防疫监督检验所被广东省农业厅推荐为全国农业先进集体候选单位。金湾区动植物防疫监督检验所从责任制建立、机构队伍建设、经费物资保障、应急机制建立、综合防检措施落实、培训宣传力度和制度建设等几方面入手，以科学发展观为指导，精心组织，贯彻落实动物防疫检疫的各项政策法规，开展动物疫情的监测、防控工作，做到联防联控，群防群治。全年累计完成家禽血清抽样400多份，家禽免疫35万羽次，家禽检疫3万多羽，未发生重大动物疫情。

【“金湾区农机安全监督站”设立】2013年12月16日，根据金湾区机构编制委员会《关于区海洋和农渔局所属事业单位分类改革设置方案的通知》《关于印发珠海市金湾区农机安全监督站机构编制方案的通知》，“珠海市金湾区农机安全监督站”设立，挂“珠海市金湾区农业技术推广站”牌子，为公益一类事业单位，隶属金湾区海洋和农渔局管理领导。管理岗位9级，核定编制3名，领导职数1名，经费形式为区财政补助一类。全年检验拖拉机52台，年检率98%。三灶镇、红旗镇成功创建“平安农机”示范镇，红旗镇三板村、广发村，三灶镇海澄村、中心村等15个村居成功创建“平安农机”示范村（居）。

【“珠海市金湾区动植物检验检疫所”更名】2013年12月16日，根据金湾区机构编制委员会《关于区海洋和农渔局所属事业单位分类改革设置方案的通知》《关于印发珠海市金湾区动物卫生监督所机构编制方案的通知》，“珠海市金湾区动植物检验检疫所”更名为“珠海市金湾区动物卫生监督所”，挂“珠海市金湾区植物检疫站”“珠海市金湾区农产品质量安全监督检测站”“珠海市金湾区海洋与渔业环境监测站”“珠海市金湾区动物疫病预防控制中心”四块牌子，为公益一类事业单位，隶属金湾区海洋和农渔局管理领导，为副科级建制，核定事业编制5名，其中正职1名、副职1名；内设机构领导职数2名，经费形式为区财政核拨。金湾区动物卫生监督所主要负责金湾区、高栏港经济区内动物、动物产品和植物、植物产品的检疫等监督管理工作。（谢元富）

种植业

【概况】金湾区地势北高南低，地貌特征为河口三角洲平原，耕地除少量山地坑田外，大部分是利用沿海滩涂围垦而成。土壤肥沃，有机质丰富，土层深厚，含钾量高。2013年，金湾区基本农田面积2332.54公顷，其中粮食种植面积467.51公顷（水稻种植面积15.33公顷，产量1418.8吨）；蔬菜、水果等经济作物复种面积1858.06公顷，总产量40942.35吨（水果种植面积744.46公顷，总产量8073.9吨）。农作物种植主要有蔬菜、花卉、荔枝、龙眼，有少量种植香蕉；名优特农产品有珍珠番石榴（珍珠芭乐）、甜瓜、沙糖橘等；粮食作物以玉米、番薯、马玲薯为主。全年金湾区落实惠农强农富农政策，发展粮食生产、特色效益农业，加快高标准农田建设，提高农田综合生产能力，大力发展蔬菜种植业，重视蔬菜种植基地建设，给予基地发展资金、政策扶持。及时应对台风“天兔”影响和暴雨洪涝灾害，紧急下拨农业救灾资金500万元，开展救灾复产工作。

【种粮补贴】2013年，金湾区落实种粮补贴面积467.51公顷，农民种粮补贴31.67万元，受益农户1468户。其中补贴水稻种植户174户，补贴面积15.33公顷；补贴玉米种植户760户，补贴面积257.01公顷；补贴番薯种植户534户，补贴面积195.17公顷。

【香蕉黄叶病（枯萎病）监测】2013年，金湾区相继出现香蕉黄叶病（枯萎病）新疫点5处，受害面积21.5公顷。金湾区海洋和农渔局根据广东省植保植检总站安排的监测任务，监测平沙镇香蕉地1300多公顷，发病面积近46.5公顷。

【红旗镇湖东无公害蔬菜基地】2013年底，红旗镇湖东无公害蔬菜基地无公害种植面积300多公顷，主要种植叶菜类和瓜果类蔬菜。其中无公害蔬菜种植面积200多公顷，香蕉等水果种植面积100多公顷，年产蔬菜瓜果20多万公斤，比上年增长6%，成为珠海市最大的无公害蔬菜菜生产基地。蔬菜瓜果主要供应金湾区市民和学校，同时销往港澳地区。红旗镇湖东无公害蔬菜基地于2002年12月经珠海市发展和改革局批准立项建设，2004年取得广东省无公害蔬菜基地及产品认证，成为珠海市最早取得无公害认证的蔬菜基地。

【红旗镇大林、八一片区蔬菜花卉苗木培育基地】2013年，红旗镇大

2013年3月12日，金湾区五套领导班子参加义务植树活动
（金湾区新闻中心提供）

林、八一片区蔬菜花卉苗木培育基地年产蔬果10多万公斤，比上年增长3%，年产值约600万元。红旗镇大林、八一片区蔬菜花卉苗木培育基地是金湾区无公害菜蓝子生产基地和花卉苗木培育基地，有农田面积333.33余公顷，主要种植香蕉、玉米、西瓜、甜瓜、珍珠芭乐、沙糖橘等农产品；蔬果种植面积100余公顷，花卉苗木种植面积53.33余公顷。（谢元富）

畜牧业

【概况】2013年，金湾区畜牧业总产值1.56亿元，比上年增长3.7%。金湾区生猪存栏量4.31万头，猪肉产量5834.4吨；家禽（三鸟）出栏量18.99万只，存栏量25.94万只；禽肉产量263.1吨，禽蛋产量1698吨。全区有畜禽养殖场近200家，兽药经营企业12家。2013年，金湾区海洋和农渔局组织开展日常监督巡查、重大动物疫病防控、产地检疫和"瘦肉精"专项整治行动。全年出动执法检查人员250多人次、执法检查车辆90多辆次；监督执法检查动物卫生90多次；日常监督巡查养殖场、市场、兽药经销公司、动物诊疗点500多家次。全年产地检疫生猪2.65万头，屠宰检疫生猪8.96万多头、牛506头，家禽检疫3万多羽，办理动物检疫证9.15万份。全年无重大动物疫情和畜禽产品质量安全事故发生。

【产地检疫行动】2013年，金湾区海洋和农渔局制定规范产地检疫专项计划，每天对小林生猪屠宰场出入生猪进行严格检测管理。在三灶镇、红旗镇显著位置张贴告知书，并发放到规模养猪户、屠宰经营户；印发"产地检疫报检须知"并公布报检电话，推进产地检疫工作，严把屠宰人场关，严防疫情输入，促进全区防疫、检疫等工作的开展。全年金湾区产地检疫生猪2.65万头，屠宰检疫生猪8.96万多头、牛506头，家禽检疫3万多羽；办理动物检疫证9.15万份，无害化处理病死猪200多头，处理检疫病害肉品1.87万公斤。

【动物疫病防控】2013年，金湾区全面落实动物防疫、检疫、疫病监测、疫病防控等工作，严格实施强制免疫。全年累计完成家禽血清抽样480份，猪血清240多份。完成对传染病的监测，全年咽、肛拭子的取样送检任务160多份。全年全区防疫猪瘟、猪口蹄疫、猪高致病性蓝耳病14.1万头（次），禽高致病禽流感32.65万羽次（含鹌鹑），鸡新城疫34万羽次（含鹌鹑）。猪、鸡强制性免疫密度、免疫证发放率、免疫档案全部达100%。全年没有发生重大动物疫病。

【"瘦肉精"专项整治行动】2013年，金湾区畜牧兽医部门开展"瘦肉精"专项整治行动，保持对"瘦肉精"监管的高压态势。实行养殖环节"月月检"和屠宰环节"批批检"制度。开展"瘦肉精"和含"瘦肉精"饲料清查收缴行动。出动执法人员623人次，全面检查规模养殖场（户）23个，兽药、饲料经营单位15家，检测生猪尿样200多万份，发放宣传资料10000多份。全年全区未发生"瘦肉精"事件。

【发放家禽业补贴50余万元】2013年，受H7N9禽流感疫情影响，家禽和禽类产品消费萎缩，从事家禽养殖、销售的企业和农户遭受损失。按照企业农户生产自救与政府扶持相结合原则，给予家禽业适当财政补助。金湾区海洋和农渔局出台家禽业补助标准，家禽业补贴50.2万元及时发放到养殖户（养殖场），减少疫情对行业发展的冲击。加强村级动物防治员队伍建设，加大综合防控措施，实施强制免疫，确保不发生重大动物疫情。建立动物疫情预警机制，每村每户（养殖户）建立免疫档案，做好检疫工作。加强畜禽产地检疫，规范开展畜禽屠宰检疫，保障"放心肉"供应。（谢元富）

林　业

【概况】2013年，金湾区海洋和农渔局（金湾区林业局）落实中共广东省委、省人民政府《关于全面推进新一轮绿化广东大行动的决定》要求，开展森林碳汇工程建设、生态景观林带建设、森林进城围城、乡村绿化美化行动，组织参与省19号生态景观林带金湾段示范段建设、森林公园建设和义务植树活动。截至年底，金湾区林业用地面积4300.2公顷，森林覆盖率25.42%，林地绿化率25.3%，森林覆盖率比上年增长0.12%。全区森林蓄积量31.9万立方米，比上年增长1.7万立方米，森林活立木蓄积量净增率5%，均达到广东省"十二五"规划年度目标任务。全年全区未发生重大山火和滥伐林木等案件，未发生乱捕滥猎、无证驯养运输野生动物及其产品等违法犯罪活动。

【林业有害生物防治防控】2013年，金湾区有松树面积200公顷。全年金湾区海洋和农渔局（金湾区林业局）加强森林植物产地检疫和调运检疫，严防森林病虫扩散蔓延和其他危险性病虫传入境内。投入40万元完成重点防治林区林带和主干道两旁薇甘菊除治106.67公顷。清理红旗镇大霖山（爱国水库旁、矿山分场）一带枯死松树、半死木294株。

【义务植树】2013年，金湾区开展"加快造林绿化、建设美丽金湾"为主题的全民义务植树活动。3月12日，金湾区绿化委员会在三灶湾大堤一号闸北侧举行"金湾区义务植树活动"，区五套领导班子、区委区政府各部门、社会团体200多人参加植树活动。该次义务植树活动投入资金66.23万元，植树面积37.33公顷，植树313173棵，主要种植秋风、凤凰林、香樟、垂榕、高山榕、木棉树等树种。

【森林资源保护】2013年，金湾区海洋和农渔局（金湾区林业局）配合森林公安部门开展遏制破坏森林和野生动植物资源违法犯罪活动。全年制作森林防火宣传牌50块，悬挂森林资源保护标语100多条，发放林业宣传小册8000多份。全年未发生重大山火、乱砍盗伐、乱捕滥猎、无证驯养运输野生动物、非法经营等违法犯罪活动。

【森林防火"山上蓄水"工程】2013年，金湾区海洋和农渔局（金湾区林业局）在三灶镇主要山头建造蓄水池，寻求适应金湾森林防火特点的森林消防新方法。全区新建蓄水池35座，过滤池5座，维修加固蓄水山塘5座。一旦遭遇森林火灾，蓄水池内储水通过水泵喷向着火区域，可迅速灭火。举办"山上引水灭火"扑救演练，达到快速扑灭火源目的，提高实战能力。全年实现森林火灾受灾面积控制在0.5‰以内和无人员伤亡目标。

【生态景观林带金湾段建设】2013年，金湾区建设广东省19号生态景观林带金湾示范段10千米，建设面积333.34公顷，其中补植套种66.66公顷，封育管护266.67公顷。金湾区生态景观林带建设任务分两大部分，一部分由金湾区海洋和农渔局（金湾区林业局）负责完成补植套种66.66公顷，封育管护133.33公顷；另一部分由三灶镇负责完成封育管护133.33公顷。6月，金湾区在珠海市全市率先完成生态景观林带建设任务。

【松排山森林公园建设】2013年，金湾区海洋和农渔局（金湾区林业局）落实中共广东省委、省人民政府森林进城围城工作要求，安排83.85万元建设三灶镇松排山森林公园，主要完成526级台阶、2个防火瞭望亭、228米扶手和1400米登山通道的建设任务。松排山位于三灶伟民广场北侧，是三灶居民运动休闲的好去处，松排山森林公园建成后，为三灶居民登山运动带来便利。

【《金湾区现代林业发展规划（2013—2020）》通过评审】2013年9月17日，金湾区海洋和农渔局（金湾区林业局）召开《金湾区现代林业发展规划（2013—2020）》评审会。评审专家组由广东省内高校、科研单位的专家教授组成。评审会议通过委托广东省林业调查规划院编制的《金湾区现代林业发展规划（2013—2020）》。《金湾区现代林业发展规划（2013—2020）》提出金湾区

2020年前大力推进林业生态体系、林业产业体系和生态文化体系建设规划。提出金湾区未来林业发展以“两镇三区六点一带”为布局，建立林业生态体系，全面提升红旗镇和三灶镇中心城区的绿化面积，城镇建成区绿地率达到35%以上，绿化覆盖率达到40%以上，人均公共绿地12平方米以上，构筑“城在林中，林在城中”的城区人居环境。规划在金湾西北地区增加森林面积，培育森林资源，建设生态保护区。在中部地区打造景观林，提高森林质量，建设城镇景观区。在南部地区营造沿海防护林，增强水土保护能力，建设水土保持区。在完善绿道工程配套基础上，加快建设三灶拦浪山、红旗大霖山等5个森林公园规划建设，根据金湾区的自然环境和景观特色，新建1处市级自然保护区。加快建设广东省19号沿海生态景观林带珠海市金湾段，包括800公顷山地景观林带及107公顷红树林基干林带。（谢元富）

渔　政

【概况】2013年，广东省渔政总队金湾大队业务管辖包括金湾区、高栏港经济区共515艘渔船检验、登记和538名船员的管理；负责伏季休渔管理和南水、荷包、赤鱼头、三灶等渔港、渔船停泊区及其周边渔场安全管理；高栏港经济区、斗门区以及金湾区部分共约90千米海岸、逾100千米岛岸沿线海域及其属下24个海岛的使用日常巡查与执法监察相关工作。全年，金湾渔政大队落实航空巡视、海上巡航、陆岸巡查“三巡制度”，开展“海盾2013”“碧海2013”等专项行动。截至年底，出动执法船艇132艘次，航程2860海里；执法车辆56车次，行程1328千米；出动执法人员658人次，检查项目36个，陆地检查46次，海上检查441次。针对辖区在建及历史遗留用海项目多的情况，除年初进行一次例行登记外，不定期对相关在建项目进行跟踪检查，重点查处中交第一航务工程局有限公司非法填海案。

【渔船渔港安全监督管理】2013年，金湾渔政大队加强对渔船渔港安全监管工作，在大队宣传栏、渔港码头制作渔业安全宣传专栏，在渔船年审签证时要求船主签收“渔船安全生产责任告知书”、发放“给渔船船东、船长一封信”“给渔业船员家属的一封信”“警示录”等宣传资料，做到对辖区内登记在册渔船100%全覆盖。贯彻落实广东省、珠海市、金湾区有关渔业安全生产大检查工作部署及《珠海渔政支队渔业安全生产大检查督查工作方案》要求，按照“全覆盖、零容忍、严执法、重实效”的总要求全面排查治理事故隐患，堵塞安全监管漏洞，强化生产措施，开展渔业安全生产大检查督查专项行动。开展渔业船舶检验工作，确保出航渔船处于适航状态。全年完成应检渔船486艘，办理船舶年审签证414艘。加强重大节假日和重点时期的渔船渔港安全检查工作，扎实开展冬季渔船渔港安全监管工作。全年辖区未发生统计口径的渔业生产安全事故。

2013年10月24日，金湾渔政大队清理码头施工障碍　（邓崇汶　摄）

【药物监督管理】2013年，金湾渔政大队加大对水产品养殖中使用氯霉素、呋喃唑酮、孔雀石绿等国家禁用药物、兽药、物质兽药停药期规定以及水产品养殖质量安全管理的宣传力度，提高水产养殖户安全用药自觉性。对辖区水产养殖场所特别是水产种苗场所加大检查力度，定期或不定期开展执法检查。

【水产品抽查】2013年，金湾渔政大队派发水产品质量安全宣传相关资料123份，检查水产品养殖场所23家次，抽样56个，发出整改通知书2份，立案查处2宗，结案归档1宗。对抽检不合格水产品按照规定及时进行查处，坚持无害化处理。

【打击非法采砂】2013年，金湾渔政大队完成广东省渔政总队安排的崖门口高栏港海域海砂开采轮值监管任务4次，全年查获非法采砂船14艘。8月，金湾渔政大队巡查发现三灶横石基海域前后聚集4艘绞吸船，其中“海湾××”“粤珠海浚111×”和“粤珠海浚166×”冒出违法采砂的苗头，金湾渔政大队迅速组织行动，派出执法力量驻扎在横石基海域值守监管。期间派出执法船艇53艘次，执法人员166人次，对横石基周边海域实行24小时值守监管，查获违法采砂船1艘移交广东省渔政总队处理，加强横石基海域及周边海域海砂开采监管工作。8月27日，金湾渔政大队在高栏东大堤对开海域检查发现“鹭坤00×”船正在进行绞吸施工作业，将绞吸起来的海砂吹填至东大堤内，采砂船无法出示开采海砂相关证明，涉嫌未经批准开采海砂。执法人员现场调查取证后勒令停工。9月5日按规定将案卷材料交由珠海渔政支队上报广东省渔政总队处理。11月20日，金湾渔政大队与江门新会海监部门开展一次联合执法行动，出动执法快艇2艘，执法人员15人次，重点对崖门至高栏港一带海域的海砂开采情况进行检查。

【缴获非法电鱼船7艘】2013年10月18日，金湾渔政大队全面开展依法打击非法电鱼作业活动，在单位宣传栏、主要渔村、渔栏、渔船等电鱼集中地张贴《关于依法打击非法电鱼作业联合通告》、悬挂宣传横幅，通过服务窗口、各村渔业安全员、执法检查等渠道派发宣传材料，逐船派发并拍照，打击非法电鱼作业，保护海洋渔业资源。截至年底，金湾渔政大队缴获非法电鱼船7艘，没收电鱼工具一批，依法予以销毁。

【海岛执法示范工作推广单位创建】2013年，金湾渔政大队被广东省渔政总队珠海支队确定为海岛执法示范工作推广单位。金湾渔政大队结合实际制定海岛执法示范推广方案，学习桂山渔政大队先进经验，完善相关管理制度和建档工作。按照方案开展所辖海岛的定期巡查工作，加强宣传海岛保护法律、法规，制作人性化海岛保护宣传牌5块，树立在5个重点海岛上，扩大海岛保护宣传范围。参照桂山渔政大队海岛建档模式建立辖区海岛档案，完成辖区27个主要海岛建档工作，全面提升海岛执法工作。（张　巍）

海洋产业

【概况】金湾区海岸线较长，滩涂面积较大，海洋资源较丰富。海洋生物有浮游植物、浮游动物、底栖生物、浮游生物等。海洋产业主要有远洋和近海捕捞、浅海滩涂水产养殖，可供海水养殖面积680公顷，滩涂海域主要养殖蚝、贝类等。2013年，金湾区有渔船104艘，总吨位387吨，马力1273.7千瓦。其中从事捕捞的渔船96艘，总吨位198吨，马力1046.3千瓦，渔业总产值为2.47亿元。落实渔民“柴油补贴”“休渔补助”政策，全区104艘渔船享受国家补贴190万元。落实政策性渔民人身意外伤害保险市、区财政补贴25480元。

【伏季休渔】2013年5月16日至8月1日为南海伏季休渔时间，除单层刺网和钓具以外的所有作业类型（含定置作业）均属休渔作业类型。金湾区海洋和农渔局成立伏季休渔工作领导小组，负责全区伏季休渔工作的协调、管理。层层落实渔业安全生产责任，认真排查安全隐患，重点做好防台风工作，落实“一船一预案”制度和防火、防盗各项措施，确保渔民群众生命财产安全。休渔结束后，及时发放休渔补贴，全年全区104艘渔船享受国家补贴190万元。渔政部门按照休渔有关制度，加强巡查执法，认真处理群众举报，严厉打击偷捕行为，确保伏季休渔制度顺利实施。

【非法渔业设施清理】2013年9月，金湾区启动开展“美丽海湾”行动，落实珠海市委、市政府提出的对全市非法渔业设施进行清理整治的工作部署，营造清洁岸线，拓展发展空间，推动宜居环境建设。成立金湾区非法渔业设施清理整治工作领导小组，由区长欧阳德红任组长，相关职能部门一把手为成员。全区非法渔业设施清理范围：从磨刀门—泥湾门—三灶东咀沿线—吉林大学外海—莲塘湾—黑沙湾—木头冲—阳光咀—木乃—鸡啼门沿岸的海域。在岸线长约29千米，面积约4977.47公顷的滩涂海域上，对非法养殖、非法捕捞器具和非法窝棚全面实施清理，占全市清理总面积的70%。根据珠海市委市政府工作要求，制定《金湾区非法渔业设施清理整治工作总体实施方案》和《金湾区海域非法渔业设施自动清理腾退奖励方案》；9月4日，召开动员大会；9月5日发出清理公告，集中力量进行大力宣传；10月9日前动员持有非法渔业设施者自行清理，并与自愿清理腾退养殖户签订《金湾区海域渔业养殖设施自动清理腾退协议书》，给予相应的奖励；12月20日前完成强制清理工作任务。

【金湾游艇产业园】2013年12月，金湾游艇产业园项目获广东省海洋与渔业局批复，开展前期用海论证工作。金湾游艇产业园项目经国务院批复规划用海区域面积为704公顷，围填海面积约570公顷，其中一期围填海66.03公顷。金湾游艇产业园项目在广东省海洋功能区划中定位为“游艇产业项目”，项目建设内容及规模主要为：游艇综合制造、园区生态旅游、游艇运动休闲度假、酒店综合服务、游艇码头、世界游艇配件物流中心、园区综合配套生活服务等，计划投资总额135.92亿元，建设起止年限为：2012年至2020年。（谢元富）

水产业

【概况】2013年，金湾区水产养殖面积7382.8公顷，其中海水养殖面积5422公顷，淡水养殖1960.8公顷（南美白对虾养殖面积978.4公顷、家鱼养殖面积818.27公顷、优质鱼养殖面积164.13公顷）。养殖面积2公顷以上水产规模经营户138户，规模养殖总面积1393公顷。全区办理水产种苗生产许可证的种苗场10家。金湾区海洋和农渔局指导建设水产养殖基地，培育“一村一品”“一品多村”产业。扶持珠海市龙胜良种鱼苗培育有限公司、珠海育成鱼苗养殖有限公司发展成种苗基地，为农户解决种苗难题。扶持珠海市信源水产养殖有限公司、珠海三板农业发展有限公司发展特色养殖，打造产业品牌，构建龙头带产业、产业带基地、基地带农户发展格局。

【水产良种引进培育】2013年，珠海市龙胜良种鱼苗培育有限公司加大亲鱼原良种的引进、培育、选育和保种力度，进行大规模的繁殖及推广。加强对F2至F6的培育、选育和研究推广，为培育出更多更好的名、特、优水产种苗打下坚实的基础。

【南美白对虾养殖】2013年，金湾区有1066.67公顷的优质虾养殖面积，其中南美白对虾养殖面积978.4公顷。养殖模式为“一户一塘”或“一户多塘”，年产值2.5亿元。南美白对虾养殖主要分布在红旗小林片区，地处西江出海口，河网交错，咸淡水资源十分丰富，发展水产养殖业得天独厚。养殖户分布主要以广发村、沙脊村、三板村、广益村、小林村等5个行政村为主。

【珠海市龙胜良种鱼苗培育有限公司】2013年，珠海市龙胜良种鱼苗培育有限公司被列入珠海市“三高一特”现代产业体系规划。珠海市龙胜良种鱼苗培育有限公司位于红旗镇大林红西五围，有一支经验丰富的种苗培育队伍，水产种苗繁殖培育技术成熟。有中高级职称专业人员5人，36.67多万平方米良种鱼苗培育池及相关配套设施，1200平方米的亲鱼繁育保温车间。全年生产优质良种鱼苗1亿多尾；推广名特优品种黄尾鲻、金钱鱼、黄姑鱼的养殖。2010年该公司被广东省海洋与渔业局评审为省级鲻科鱼类良种场，2010—2011年多次获得广东省农业技术推广奖，2011—2012年获得广东省无公害产地认定证书和农业部无公害农产品证书。

【珠海育成鱼苗养殖有限公司】 2013年，珠海育成鱼苗养殖有限公司主要从事鱼苗的繁殖及销售，可繁殖立鱼、鲈鱼、金鲳、黄花鱼、红鲉、虱目鱼、盲曹、乌鱼、黄尾斋、金鼓、台湾泥鳅等20多种鱼苗。所繁殖鱼苗性情温顺，成色统一，生长快，经济效益好，其中立鱼、金鼓及台湾泥鳅等为广东省首例成功人工繁殖。珠海育成鱼苗养殖有限公司是2012年经珠海市对外贸易经济合作局批准成立的台资企业，位于红旗镇大林红西五围。在市、区、镇各级政府部门扶持下，公司经营规模不断发展，初步形成为辐射金湾、斗门乃至珠三角，远至福建、湛江、阳江、四川的水产种苗场。

【珠海三板农业发展有限公司】 2013年，珠海三板农业发展有限公司被国家农业部认定为“无公害”农产品基地，被珠海市海洋农业和水务局评为市级农业龙头企业。全年企业销售收入2000多万元，实现净利润300多万元。珠海三板农业发展有限公司主要经营水产养殖、大棚蔬菜种植和水产连锁零售，有承包土地面积66.67多公顷，总资产1227万元、固定资产538万元。有员工47人，其中农业高中级技术人员8人、高中级管理人员5人、高级技术人员2名、法律顾问1人，并与广东水产学院、广东海洋大学建立技术创新与开发合作机制。以特有的咸淡水自然环境养殖、纯草料喂养的“小林草鲩”为代表的淡水鱼系列水产品，是公司自有的品牌和珠海特色水产品，并获得“珠海十大特色海鲜品牌”“一村一品”的荣誉称号。利用“小林草鲩”特质，研发水产品深加工开发鱼糜、鱼浆、鱼丸、鱼糕等休闲食品，完善淡水鱼产业链发展，弥补金湾区水产品加工企业的空白。公司首创的活鲜水产连锁专卖店（11间）及配送网络遍及珠海市，成为珠海第一家“水产农超对接”的创新型农业企业。公司基地还被金湾区政府列入“国家无公害生产基地”“广东省幸福村居示范点”“广东省食品安全示范点”“珠海绿色水产养殖示范建设基地”“乡村田园风光生态旅游区”“红旗三板新型农业创意园”等重点打造项目。

【珠海市信源水产养殖有限公司】 2013年，珠海市信源水产养殖有限公司被国家农业部认定为“无公害”农产品基地，被珠海市海洋农业和水务局评为市级农业龙头企业。珠海市信源水产养殖有限公司主要以养殖、收购、批发、零售各种水产品为主，有承包土地面积226.67公顷，建成有0.67～1公顷大小不等池塘200多个；有员工150多名、专业水产运输车辆3台、养殖培苗场1个，主要养殖品种包括鳗鲡、河豚、中华鳖等。截至年底，公司总资产规模3238万元，固定资产达584万元，年总产值4077万元。全年协助解决本地区养殖户市场产品销售问题，做到自养、收购、销售一条龙服务。2011年被认定为珠海市“菜蓝子基地”。2012年获国家农业部颁发无公害农产品产地认证证书，被广东省农业厅评定为广东省水产质量安全示范点。（谢元富）

防汛防旱防风

【概况】 2013年，金湾区汛期天气气候具有“开汛早、雨量多、台风强、灾害重”的特点，是2008年以来灾情最严重的一年。全区先后遭受低温冷冻、洪涝、台风等灾害袭击；其中台风“温比亚”和超强台风“天兔”给金湾区带来较大影响；加上西南暖湿气流的共同影响，造成金湾区遭受强风、暴雨和强对流天气灾害。全年全区受灾人口2万多人，紧急转移安置2300多人，农作物种植、渔业养殖受灾面积1132公顷，直接经济损失0.63亿元。由于水利工程管理到位，全区堤围无一决口，水库无一垮坝。截至年底，全区存储防汛物资袋50万个，桩木12立方米、铁丝500千克、铁笼100只、块石20吨、粗砂300立方米、土工布2000平方米、救生衣500件、救生绳300斤，钢管10吨、铁铲300把，移动抽水机5台，并落实专人专场管理。

【暴雨洪涝灾害】2013年，金湾区遭受27场暴雨、强对流天气袭击，15次造成部分地区暴雨洪涝灾害。5月16—19日，因南海季风提前爆发，降水集中期较常年提早一周，2场大暴雨造成全区多条道路交通瘫痪，低洼地排水困难。三灶镇、红旗镇部分街道水浸严重。蔬菜基地受灾，菜苗受损；部分养殖围过水，鱼苗流失；种植养殖业直接经济损失0.2亿元。

【防汛】2013年3月，金湾区防汛防旱防风指挥部办公室组织汛前安全大检查，全面检查全区防洪重点工程，查出险工阶段6处，并于4月15日前全部落实整改，确保水利工程安全度汛。组建防汛抢险队伍3支，总人数200多人。每支队伍进行人员登记造册，5月开展防汛抢险演练，提高实战水平。汛前金湾区防汛防旱防风指挥部和三灶镇、红旗镇分别成立防汛工作领导小组，明确领导小组成员，逐级签订防汛责任状。落实各项防汛工作责任制，制定和完善各级防洪防风应急预案和工作台账。

【19号超强台风“天兔”防御】2013年9月22日，第19号超强台风“天兔”来袭，“天兔”为2013年太平洋台风季第十七个被命名的风暴，也是2013年首个5级超级气旋，强度达到140海里每小时。“天兔”由西北西向西北移动，最后在汕尾遮浪半岛登陆；带来的海平面气压实测为931百帕，风速最高为52米每秒。为做好第19号超强台风“天兔”的防御工作，金湾区委书记吴轼、区长欧阳德红分别带队到两镇各危险地带检查指挥防风和抢险救灾工作。金湾区政协主席谢雄辉，金湾区委常委吴文莱、何为、拜燕、袁绍勇等参加防台风工作检查。金湾区委、区政府召开专题会议，要求各部门各司其职，各负其责，各项防风工作坚持以人为本，以保障人民群众生命财产安全为根本任务，以出海渔船百分之百回港、渔排养殖人员百分之百上岸、海上作业人员百分之百转移上岸、居住在危险地带的人员百分之百转移到安全地带的要求做好台风御工作。此次台风防御工作中，转移人员2889人，其中出海船只617艘，1230人；海边养殖、渔排人员455人；低洼地、危房、建筑工地、临时简易工棚、易山体滑坡点共1204人。金湾区委区政府紧急下拨500万救灾资金，开展灾后复产和做好水毁工程修复。（谢元富）

水利水务

【概况】2013年，金湾区水利建设投入持续加大，全年安排水务建设重大投资项目6项，投入建设资金0.9亿元，完成投资0.8亿元。完成定家湾海堤堤身及外平台工程、西湖城区2号闸泵站基础处理工程和红西六围海堤灌浆加固工程总工程量的80%；航空产业园污水管网收集工程进场开工；完成小林涝区整治工程、三灶镇中心排涝工程、木头冲水库扩容加固工程项目建议书；完成三灶水质净化厂扩建工程可行性研究；机场东路供水主干管工程进行施工招标；开展三灶湾1号水闸重建工程前期工作。高标准、高质量完成55.28千米海堤、33座外江水闸的养护工作，确保水利工程的安全运行。完成金湾区第一次全国水利普查工作，完成空间数据标绘对象187宗，普查成果全部通过验收。截至年底，金湾区建成区级以上水利枢纽工程（水闸）47座（外江水闸33座，节制闸14座），外江海堤总长55.28千米。全区有水库山塘11座（其中水库9座，山塘2座）、泵站14个、内河道及排洪渠20处。

【污水处理及再生水利用设施建设规划】2013年，金湾区海洋和农渔局（金湾区水务局）开展污水处理及再生水利用设施建设“十二五”专项规划编制工作。按照“统一规划，近远期结合，分期实施”原则委托珠海市城市规划设计院对《珠海市污水规划（2006—2020）》加以调整细化，编制《金湾区污水处理及再生利用设施建设“十二五”规划》，科学布局污水管网设施，指导污水管网工程建设，8月完成

金湾区第一次全国水利普查空间数据标绘水库对象一览表

水库名称	位置（镇村）	集雨面积（平方千米）	水源类型	总库容（万立方米）	备　注
黄绿背水库	三灶镇金海岸	2.02	饮用水源	161.43	小一型水库
红光水库	三灶镇鱼月村	0.6	灌溉水源	11.2	小二型水库
响水坑水库	三灶镇海澄村	0.81	饮用水源	132.4	小一型水库
木头冲水库	三灶镇中心村	10.9	饮用水源	684.7	小一型水库
乌沙水库	三灶镇鱼林村	0.93	灌溉水源	13.09	小二型水库
屋头龙水库	三灶镇海澄村	0.89	灌溉水源	30	小二型水库
大林水库	红旗镇大林社区	0.65	灌溉水源	60	小二型水库
爱国水库	红旗镇矿山社区	1.05	饮用水源	66.52	小二型水库

说明：小一型水库库容≥100万立方米而＜1000万立方米；小二型水库库容≥10万立方米而＜100万立方米

2013年金湾区“十二五”涉水治污重点工程建设一览表

工程名称	工程总投资（万元）	建设内容	建设进展情况	备注
三灶水质净化厂二期工程	20000	改扩建工程规模为增加5万立方米/天，扩建完成后总规模达到8万立方米/天，结合一期污水处理厂的提标改造及污泥处理、中水回用进行建设	完成项目建议书，编制项目可行性研究报告	
红旗水质净化厂	—	红旗镇过江到平沙水质净化厂的污水额度为1万立方米/天	与高栏港经济区基本达成协议	
三灶污水收集主干管网工程（航空产业园片区）	18000	铺设机场东路、琴石路、南涌路、映月路、万寿路等污水干管（DN400-DN1000）约21千米，新建机场西和吉林大学2座污水提升泵站，土建规模分别为2.2万立方米/天和4.0万立方米/天	2013年11月进场开工	
支次管工程	800	红旗镇主城区、金银商都片区、一品食品企业、丽珠制药厂、垃圾中转站污水接丽珠制药厂、龙丰铜管公司等新建（DN400-DN800）污水管5千米；鱼月至鱼弄（北河一路延长段）道路、南涌路（北段）、美都路道路、映月路、中心路市政道路管道近3千米（DN400-DN1200）污水管改造工程	2013年12月13日进场开工，鱼月至鱼弄段完工	
管网及提升泵站运营养护	282	提升泵站及引水管道	完成	
河涌整治工程	6964	清淤及日常保洁，水体景观工程等	详见《2013年金湾区河涌整治情况一览表》	

2013年金湾区河涌整治情况一览表

河涌整治工程	具体位置	河涌整治内容	年度进展情况	备注
三灶南排河整治工程	三灶镇圣堂村	4.5千米河道的清淤、新建立式岸墙	完成	
南北排河交汇处至三灶水闸段综合整治工程	三灶镇鱼弄村	2千米河道的清淤、新建立式岸墙	完成90%	
北排河引水冲污工程	三灶镇鱼弄村	提升泵站及引水管道	完成	
小林冲、广益冲、广发冲、沙脊冲、排河冲水体整治	红旗镇小林村	清理河道淤积物、垃圾	完成	
红旗八一围主河道清淤工程	红旗镇八一社区	清淤拓宽河道5千米	完成70%	
大门口水道引水工程	三灶镇定家湾	河道清淤整治12.3千米；新建尾渠1.2千米；新建幸福河水闸、青湾2号闸、大门口2号闸；加固鲫鱼冲水闸、青湾水闸；对污水口截污处理或迁移	完成项目建议书	

送审稿。委托珠海市水利勘测设计院编制《金湾区雨水系统及防洪规划》，8月完成送审稿。

【水资源管理】2013年，金湾区海洋和农渔局（金湾区水务局）加强水功能区管理和保护工作，规范地表水管理，对新建、改建、扩建的取水工程项目严格实行水资源论证制度，以水功能区管理为重点开展确立饮用水源区、水功能区界碑，明确水功能区的名称、长度、规划水质目标和管理要求等内容。开展节约用水工作，下达全区主要用水单位用水计划。

【重点水利工程建设】2013年，金湾区水利建设重点提高防洪标准、改善生态环境、保证灌排畅通，加快金湾区水利现代化建设进程。全年完成水利建设投资0.8亿元、土石方86万立方米。开展小型农田水利工程建设，并通过验收。定家湾海堤工程总投资7248.3万元，新建海堤3.04千米，海堤防洪标准提高达到50年一遇。西湖城区2号闸泵站工程总投资4462万元，新建1890千瓦外排站工程，工程完工后解决金湾区西湖城区和红旗镇水浸问题，3月开工建设。鹤洲南海堤加固工程总投资819.29万元，对9.83千米长的西堤至北堤防浪墙及堤身进行加高培厚。

【排水管理】2013年，金湾区建立排水许可制度，并制定金湾区贯彻落实《珠海排水管理条例》实施方案和细则，实现方案审批、监督检查、设施验收、规费征收、排查堵漏、违法查处工作等“六规范”，明确排水许可作为生产建设项目立项、核准、开工建设、生产经营等前置条件。受理三灶工业园的白井电子、联邦制药的排水许可申请。金湾区委托金湾供水公司依据自来水用量征收污水处理费，全年征收污水处理费1627万元。

【外江海堤水闸管理】2013年，金湾区海洋和农渔局（金湾区水务局）加强对外江海堤水闸监督考核和管护宣传，落实管护资金，实行市场招标、管养分离，对海堤水闸实行长效管护。全年按标准完成55.28千米海堤、33座外江水闸的管理养护任务。落实属地管护责任，加大巡查和监管力度，配合珠海市水政执法支队查处破坏水利工程违法行为，第一时间介入对市政建设、房地产开发、码头建设等未经审批非法侵占、毁坏、填埋河道等违法行为的处理。规范海堤红线管理，维护防洪安全，全年发出责令停止违章搭建、损毁海堤、填筑码头等行为8起，有效保护海堤安全。

【排洪渠整治】金湾区临海，属典型三角洲水乡平原区域，防水涝是工作重点。2013年，金湾区海洋和农渔局（金湾区水务局）重点整治辖区内排洪渠，主要整治三灶东咀环山排洪渠，投入资金400多万元，排洪效果好。全年未发生重大洪涝灾害。

【第一次全国水利普查工作完成】 2013年4月28日，金湾区第一次全国水利普查数据成果通过验收；5月2日，数据成果上报珠海市水利普查工作领导小组办公室，标志着金湾区第一次全国水利普查工作全面完成。2010年12月，金湾区成立第一次全国水利普查工作领导小组，制订印发《金湾区第一次全国水利普查总体方案》，正式开展水利普查工作。2011年5月完成清查登记工作，10月31日前完成空间数据采集，12月31日完成普查数据获取工作。2012年2月初，完成查询和查遗补漏工作。在第一次全国水利普查中，完成空间数据标绘对象187宗，其中：水库对象8宗、水闸48宗、堤防6宗、泵站14宗、灌区1宗、公共供水企业3宗、工业企业59宗、建筑业与第三产业23宗、规模以上养殖场3宗、水利行业能力单位5宗、规模以上机电井9宗。通过此次普查，建立金湾区水利工程、水利资源信息库，为金湾区水利发展建设提供可行依据。

【“十二五”涉水治污】 2013年，金湾区根据《珠海市“涉水治污”工作目标责任书》要求，按“因地制宜、突出重点、分期实施”原则，制订“十二五”涉水治污重点工程建设计划，推进城镇污水处理设施建设、河涌综合整治和排水管理工作。重点工程建设主要有6项，即三灶水质净化厂二期工程、红旗水质净化厂、三灶污水收集主干管网工程（航空产业园片区）、次支管工程、管网及提升泵站运营养护、河涌整治工程。全年总投资19536.78万元，总长37.74千米的三灶污水收集系统新建管网全线贯通并投入运行。全年纳入河涌整治责任书的河涌7条，根据监测结果，红旗镇4条河涌水质监测数据基本满足地表水Ⅴ类水标准，达到责任书要求；三灶镇3条河涌为北排河、南排河、中心河，监测数据基本能满足地表水Ⅴ类水标准。南排河、中心河水质基本满足地表水Ⅴ类水标准，仍需加快整治工程进度，加强两岸截污力度。

【“珠海市金湾区堤围管理中心”更名】 2013年12月16日，根据金湾区机构编制委员会《关于区海洋和农渔局所属事业单位分类改革设置方案的通知》《关于印发珠海市金湾区防洪设施管理中心机构编制方案的通知》要求，“珠海市金湾区堤围管理中心”更名为“珠海市金湾区防洪设施管理中心”，挂“珠海市金湾区排水和治污管理中心”牌子，隶属珠海市金湾区海洋和农渔局管理。公益一类，管理岗位9级；核定编制5名，领导职数1名，经费形式为区财政补助一类。（谢元富）

民营经济

综　述

【概况】2013年，金湾区实施民营企业培育和提升工程，通过企业技术改造、增强创新能力、加强民营企业人才引进等帮助企业做大做强。全区新设立登记各类企业（含农民专业合作社，下同）563户，比上年增加287户，增长率103.99%，新设立登记个体工商户1750户，比上年增加547户，增长率45.47%，民营经济规模扩大。截至年底，全区实有经济户口数量12390户，其中企业3148户，个体工商户9242户；全区民营经济规模以上工业总产值103.61亿元，占全区规模以上工业总产值22.8%。全区“三高一特”民营企业有22家，其中广东龙丰精密铜管有限公司、丽珠集团丽珠制药厂、汤臣倍健股份有限公司获评珠海市十强民营企业。

【民营企业技术改造】2013年，金湾区落实加强企业服务若干意见，支持企业实施技改技创，采取各种形势宣传技术改造工作的重要性，并通过多样化交流，增强企业经营者创新和改造意识，推动企业技术改造工作。全年珠海市审计通过49个财政支持技改项目，金湾区民营企业为加快转型升级步伐，提高生产效率，汤臣倍健股份有限公司、珠海经济特区生物化学制药厂、珠海金鸿药业股份有限公司、珠海亿邦制药股份有限公司、珠海阳光儿童用品有限公司等18家民营企业获得市级技术改造专项资金支持，占全市名额的三分之一，促进金湾区产业结构优化升级，推动“三高一特”产业发展。

【民营企业招聘会】2013年6月6日，珠海市金湾区人力资源和社会保障局、珠海市人力资源开发管理服务中心联合在珠海市人力资源中心金湾分中心招聘大厅举办“金湾区2013年民营企业专场招聘会”，吸引珠海拾比佰彩图板股份有限公司、汇能特机械（珠海）有限公司等74家区内民营企业参会，提供普工、技术类工种、文职、管理及服务类职位397个，岗位2263个；吸引近1200人入场面试应聘，197人达成意向，103人确定录用。

【3家企业获评珠海市十强民营企业】2013年8月，《珠海市“三高一特”重点企业培育目录》公布，

金湾区民营企业广东龙丰精密铜管有限公司、珠海银通新能源有限公司、珠海华宇金属有限公司、广东蓉胜超微线材股份有限公司等22家企业成功入围，入选企业在技术创新、品牌培育、总部经济、市场推广等方面获得珠海市财政资金扶持。截至年底，金湾区40亿元以上产值民营企业2家。广东龙丰精密铜管有限公司、丽珠集团丽珠制药厂、汤臣倍健股份有限公司3家企业获评珠海市十强民营企业，金湾区民营企业综合实力增强。（曾国强）

个体私营经济

【概况】2013年，金湾区商事主体呈现全面增长态势，新登记企业户数翻番，新登记企业注册资本翻两番。全年全区新设立登记各类企业563户（含农民专业合作社，下同），比上年增长103.99%，其中红旗镇229户，三灶镇334户。新登记企业注册资本共人民币317278.78万元，比上年增长255.1%，其中红旗镇新增99642.78万元，三灶镇新增217636万元。全区新设立登记个体工商户1750户，比上年增长45.47%，其中红旗镇873户，三灶镇877户。截至年底，全区实有经济户口数量共12390户，比上年增长11.14%；其中企业3148户，比上年增长19.51%；个体工商户9242户，比上年增长8.55%。

【私营企业行业分布】2013年，金湾区实有私营企业3121户，主要行业分布在农林牧副渔业53户，采矿业3户，制造业761户，电力、燃气及水的生产和供应业14户，建筑业247户，批发和零售业863户，交通运输、仓储和邮政业111户，住宿和餐饮业26户，信息传输、软件和信息技术服务业72户，金融业28户，房地产业211户，租赁和商务服务业285户，科学研究和技术服务业353户，水利、环境和公共设施管理业17户，居民服务、修理和其他服务业45户，教育8户，文化、体育和娱乐业24户。

【个体工商户行业分布】2013年，金湾区实有个体工商户9242户，主要行业分布在农林牧副渔业82户，制造业302户，建筑业165户，批发和零售业6406户，交通运输、仓储和邮政业34户，住宿和餐饮业913户，信息传输、软件和信息技术服务业35户，房地产业45户，租赁和商务服务业278户，科学研究和技术服务业65户，居民服务、修理和其他服务业796户，教育14户，文化、体育和娱乐业106户。

2013年金湾区私营企业行业分布一览

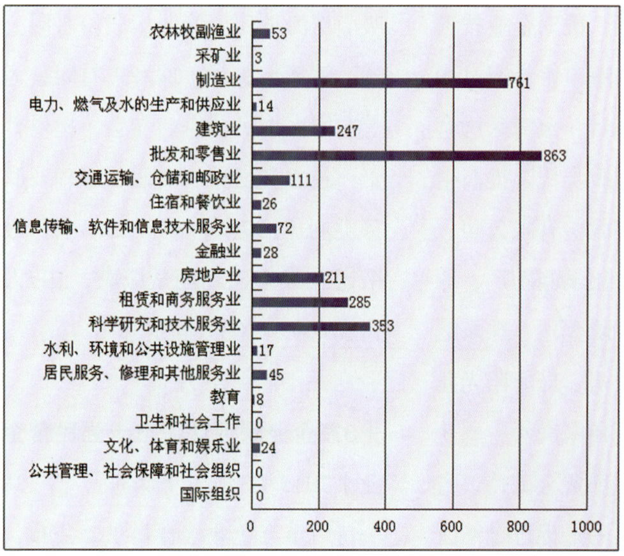

2013年金湾区个体工商户行业分布一览

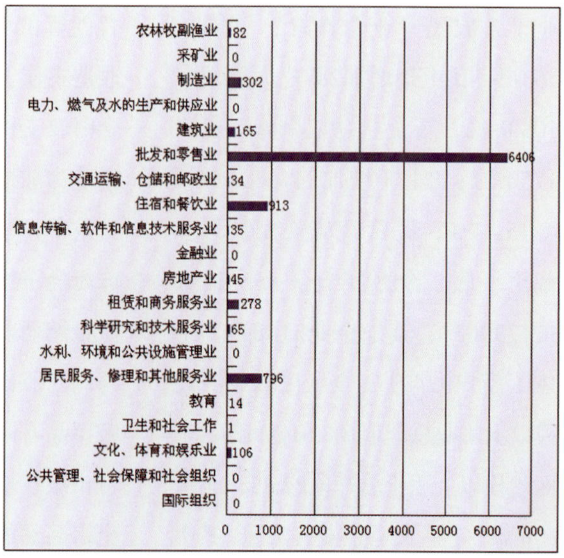

2013年3月6日，金湾区个私协会到会员企业调研　　（金湾工商分局提供）

【金湾区个体劳动者私营企业协会】珠海市金湾区个体劳动者协会、珠海市金湾区私营企业协会（简称区个私协会），分别成立于2002年6月、2003年11月，设有红旗、三灶、平沙、南水四个办事处，现有理事各19名，区个体劳动者协会会员1583名，区私营企业协会会员33名。区个私协会是由全区个体工商户、私营企业自愿参加组成的联合性、地方性、非营利性的社会团体，以发展全区个体、私营经济为目标，发挥党和政府联系广大个体工商户、私营企业的桥梁、纽带作用。履行“自我教育、自我管理、自我服务”职责，团结、组织、教育、引导全区个体劳动者、私营企业，贯彻执行党的方针、政策和国家法律、法规，守法经营、诚信敬业、乐于奉献，维护市场秩序，构建和谐社会，为促进金湾物质文明、政治文明、精神文明建设的协调发展服务。全年开展免费法律咨询、送书上门活动，向会员免费发放《光彩》期刊等法律书籍1560份，帮助企业进行法律风险梳理与防范，避免法律风险发生；走访慰问特困、残疾会员，探望生病住院会员并发放慰问金；搭建校企交流平台，组织会员企业珠海天章信息纸品有限公司、珠海汤臣倍健股份有限公司与广东科学技术职业学院开展多场交流活动；开展银企融资对接服务，促进解决个体私营企业融资难问题。　　（赵　楠）

财政税收·金融

财　政

【概况】2013年，珠海市金湾区财政局加大组织收入力度，加强资金保障，提高财政管理水平。全年金湾区财政总收入完成265693万元，其中，公共财政预算收入159469万元，比上年136657万元增收22812万元，增长16.69%，完成年度预算153808万元（年中调整预算，下同）的103.68%。全区财政总支出完成264840万元，其中，公共财政预算支出158150万元，比上年138479万元增支19671万元，增长14%。

【财政收入】2013年，金湾区税务部门组织收入的地方留成部分149285万元，完成年度预算103%。财政及其他部门组织收入10184万元，完成年度预算119%，其中：排污费收入75万元，完成年度预算100%；行政事业性收费收入2586万元；罚没收入429万元，完成年度预算99%；国有资源（资产）有偿使用收入6991万元，完成年度预算133%；其他收入103万元。以及返还性收入8768万元，转移支付收入17242万元，公共财政预算上年结余收入588万元；政府性基金预算收入71025万元，政府性基金转移收入8601万元。

【财政支出】2013年，金湾区一般公共服务支出31877万元，完成年度预算104%；国防支出1480万元，完成年度预算90%；公共安全支出8871万元，完成年度预算115%；教育支出39726万元，完成年度预算137%；科学技术支出12898万元，完成年度预算138%；文化体育与传媒支出2955万元，完成年度预算111%；社会保障和就业支出10109万元，完成年度预算83%；医疗卫生支出7644万元，完成年度预算135%；节能环保支出9508万元，完成年度预算180%；城乡社区事务支出3412万元；农林水事务支出8684万元，完成年度预算101%；交通运输支出9286万元，完成年度预算100%；资源勘探电力信息等事务支出794万元，完成年度预算134%；商业服务业等事务支出71万元；国土资源气象等事务支出264万元，完成年度预算72%；住房保障支出9112万元，完成年度预算126%；粮油物资储备管理等事务支出518万元，完成年度预算100%；其他支出941万元。以及转移性支出27064万元（其中：上解中央金湾区负担的出口退税12516万元）；政府性基金预算支出79626万元。

【民生支出占公共财政预算支出比例增长】2013年，金湾区财政局按照中央“八项规定”和“六条禁令”要求，优化财政支出结构，严格控制公务用车、公务接待、因公出国（境）等一般性支出，确保教育、科技、文化、社会保障和就业、医疗卫生、节能环保、城乡社区事务、农林水事务、住房保障等基本公共服务的资金需要，推进基本公共服务均等化。全年全区安排9项民生支出104048万元，占公共财政预算支出的66%。安排教育支出39726万元，比上年增支5828万元，增长17%；文化体育和传媒支出2955万元，比上年增支660万元，增长29%；社会保障和就业支出10109万元；医疗卫生支出7644万元，比上年增支4050万元，增长113%；节能环保支出9508万元，比上年增支6585万元，增长225%；科技支出12898万元，比上年增支4006万元，增长45.05%；城乡社区事务支出3412万元，比上年减支8252万元，减少70.75%；农林水事务支出8684万元，比上年增支859万元，增长10.98%；安排住房保障支出9112万元，比上年增支2601万元，增长39.95%。

【财政资金管理】2013年，金湾区财政局规范财政资金运行管理，调整完善区、镇财政管理体制，全面铺开公务卡结算改革。按照财政部新制定的《财政专户管理办法》要求，完善金湾区财政专户管理制度，推进金湾区财政专户归口管理和撤并等工作，清理撤并9个财政专户，压减金湾区财政专户总量，促进财政资金集中管理，提高财政资金安全保障水平。

【“小金库”整治】2013年，根据珠海市《关于做好整治“小金库”、违规使用专项资金专项行动有关工作的通知》精神，金湾区财政局牵头开展整治“小金库”专项行动。对全区范围内的行政事业及国有企业进行自查自纠工作，对辖区内9个单位展开重点检查，其中党政机关4户、事业单位3户、国有及国有控股企业2户。对整治单位严肃财经纪律，规范财务工作管理，未发现存在“小金库”问题，未发生违纪违规使用专项资金。

【会计从业资格考试】2013年9月14—15日，金湾区财政局首次组织国家级会计专业初级技术资格考试，在广东科学技术职业学院设8个考场，参加考试1473人。全年分别在广东科学技术职业学院和吉林大学珠海学院举办两次会计从业资格证及会计电算化考试，参加考试10508人次，平均通过率为31.1%，提升全区会计人员的专业水平。

【浦发银行贷款6亿元】2013年，根据“5月27日珠海市政府与浦发银行金融工作会”及金湾区的统一部署，金湾区财政局以金湾区联港基础投资有限公司名义，向浦发银行申请融资贷款，先后解决融资主体、担保物、股权质押、担保文件等问题，12月获得浦发银行6亿元项目贷款。

【兴业银行流动资金贷款2.4亿元】2013年，由于金湾区重点投资项目较多，资金缺口较大，金湾区财政局谋划融资工作，与多家金融机构开展融资谈判，经多次与兴业银行沟通协商达成一致，以金湾区堤围管理中心的名义获得兴业银行2.4亿元流动资金贷款，确保金湾区政府投资的所有项目不会因资金短缺拖延，推动政府投资项目建设。

【珠海航空有限公司税收省、区分享比例维持不变】2013年，由于实行税收“营改增”（营业税改征增值税）政策，珠海航空有限公司所缴纳的税收（指“营改增”前的营业税和“营改增”后的增值税）由省级与金湾区按“五五”分享，变成100%由省级享有。金湾区财政部门极力争取，在珠海市财政局等相关部门的支持下，广东省财政厅于11月批复，同意维持珠海航空有限公司税收广东省与金湾区分享比例，金湾区全年因此增加收入700多万元。（张志勇）

国家税务

【概况】2013年，广东省珠海市金湾区国家税务局围绕“补短板、强基础”工作思路，推进税收收入、依法治税、纳税服务、征收管理、征管改革和纳税评估等工作。截至年底，金湾区国税局管辖纳税户7315户，其中增值税一般纳税人1432户，小规模纳税人1776户，个体工商户3946户；税收规模500万元以上纳税大户84户。全年完成国内税收收入20.92亿元，比上年同期增长13.96%，增收2.56亿元，其中市区级收入5.07亿元，比上年同期增长14.47%，增收0.64亿元。全年办理各类减免税8933万元，其中增值税固定资产进项税额抵扣358.75万元，各类增值税减免130.65万元，企业所得税减免约8235万元；办理出口退税9.35亿元，比上年同期增长7.6%，增退0.66亿元；办理调库7.87亿元，比上年同期增长7.8%，增长0.57亿元。审核批准8户次企业享受财政性扶持资金140.2万元。12月，金湾国税局被珠海市精神文明办授予珠海市2012～2013年“文明单位”称号。

【依法治税】2013年，金湾区国税局组织开展法律法规学习和依法行政培训，提高人员执法水平和依法行政能力。强化“RED系统”应用，组织全系统业务“RED系统”应用培训，完善人机结合考核评议工作制度。2月，出台《珠海市金湾区国家税务局重大税收执法（决策）事项集体审理办法（试行）》，规范重大税收执法（决策）事项集体审理工作。强化执法过错追究，定期召开税收执法分析会，开展税收执法督查。

【税收宣传】2013年，金湾区国税局围绕“税收·发展·民生”主题，开展多渠道、多层次税收宣传活动。加强与新闻媒体的联系，利用电视台、电台、网站等媒体开展税法宣传工作。加强与大专院校合作，在院校内举办税收知识培训班、大学生税法知识竞赛、税收宣传志愿者活动等，普及税收知识到全区的各大院校。建立“税务短信平台”，第一时间将国家最新税务政策和相关税收情况群发给纳税人。针对珠海开放西区摩托车上牌政策的新情况，主动走访辖区村居和摩托车经销企业，发放、张贴宣传画册，做好政策宣传。

【纳税服务】2013年，金湾区国税局对珠海市国税局领导挂点金湾区局管辖的10户民营企业进行调查、分析，提出个性化服务和管理措施。建立重点税源企业QQ群，定期在QQ群上发布最新税收政策及业务指引。推行“预约服务”，纳税人可根据实际需要，与办税厅窗口预先约定办理时间和办理涉税事项。推行“企业直通车服务”制度，在办税服务厅设置“优先服务室”，对企业急事要事采取政策许可下急事急办、特事特办的优惠措施。根据政策规定取消税务发票工本费，全年为金湾区纳税人减负约50多万元。

【国家税务征收管理】2013年，金湾区国税局建立税收风险管理机

2013年3月29日，金湾区国税局举办企业所得税汇缴专题培训
（金湾区国税局提供）

制，制定《珠海市金湾区国家税务局税源风险监控管理小组工作规程》，明确职责与业务流程。发挥专业评估局红旗分局作用，对43户企业进行纳税评估，调增应纳税所得额2504.45万元，补缴企业所得税657.9万元。加强重点税源管理，设置《税源专业化管理手册》，与手册相配套建立重点税源企业挂点联系人制度，对重点税源企业进行跟踪管理和沟通联系。推行表格化调查报告模板，覆盖基层分局日常各类税务事项。加强零散税源管理，发挥政府协税中心作用，缓解税务部门人力资源压力。开展企业所得税汇算清缴工作，全年实现税收3.16亿元，比上年增长25.9%。开展欠税专项清理，清理欠税企业39户，清理欠税147.22万元。

【国家税务征管改革】2013年，金湾区国税局推行“分局部门化”征管模式，深化分类管理和风险管理，以金湾区国税局征收管理股作为税源风险管理统筹部门，负责下达征管风险排查和区局税源监控分析、税源管理风险排查等工作任务；三灶税务分局为基础管理局，负责全区各税种的税收征收管理；红旗税务分局作为中小税源的风险管理分局，负责全区纳税人的风险分析监控、纳税评估等工作。并根据改革部署稳妥做好纳税人迁移、后续管理等工作，稳步推进各环节改革，从而搭建起满足纳税服务合理需求，突出重点税源监控与服务，注重税收风险防范的税源专业化管理架构。

【非居民企业税收管理】2013年，金湾区国税局加强非居民企业税收管理，核查非居民企业税收协定待遇资料与事实不符情况，追回补缴企业所得税185148元，加收滞纳金39558元。6月，广东首笔小型私人飞机安装劳务非居民企业所得税税款13554元，在金湾区国税局顺利缴纳入库，实现非居民企业所得税入库的创新突破。

【珠海市首例残疾人福利企业增值税退税】2013年，珠海市达汉电子科技有限公司作为市重点扶持残疾人福利企业，招聘残疾人员工70多人，占企业总员工人数26%，获得珠海市民政局颁发的《福利企业资格证书》。根据规定按所聘用的残疾人员每年3.5万元/人标准，该公司向主管税务机关提出增值税即征即退税申请。金湾区国税局多次深入企业实地调研，了解企业生产经营及用工等情况，辅导企业做好增值税退税资料准备工作，办理退税审批。12月，办结并退还纳税人增值税101万元，此为珠海市首例残疾人福利企业增值税退税案例。

【转让定价特别纳税评估案】2013年，金湾区国税局根据2012年在专项检查中发现的线索（某公司存在大量关联交易，企业逐年扩大收入规模，从业人员数不断增加，经营却一直亏损），对涉案公司开展为期1年多的调查取证工作，并多次与该公司进行沟通、分析和磋商谈判，最终促使该公司于7月自愿配合税务机关，以自查查补形式，调增2012年度应纳税所得额1100万元，入库企业所得税83万元，成功办结这起转让定价特别纳税评估案。

2013年4月18日，金湾区国家税务局举办“营改增”税收业务知识宣讲会
（金湾区国税局提供）

【珠海市最大单笔会展业类增值税税款入库】2013年，珠海市某某有限公司是“营改增”试点启动后首批会议展览类企业，金湾区国税局专门成立航展纳税服务工作小组，为该企业开辟绿色服务通道，办理一般纳税人资格认定、票种核定、防伪税控设备发行等事项，确保纳税人申购发票成功。1月，安排专人辅导纳税申报，促使该公司近200万元的税款顺利申报缴纳，标志着珠海市“营改增”试点启动后最大单笔会议展览类增值税成功入库。 （王照海　梁曦文）

地方税务

【概况】2013年，珠海市金湾区地方税务局落实好各项税收优惠政策，加强税源税种管理，提升社会综合治税机制实效，推进信息管税，改进优化纳税服务，开展税收宣传，推动职能转变，完成各级税收任务。全年组织各项税费收入26.75亿元，比上年增长16.8%。其中税收收入16.2亿元，比上年增长13.4%；中央级收入2.98亿元，比上年减少2.5%；省级收入4.31亿元，比上年增长12.4%；县区级收入9.88亿元，比上年增长16.3%。社保费收入8.6亿元，比上年增长22.4%；其他地方费收入1.95亿元，比上年增长21%。

【依法治税】2013年，金湾区地税局营造法治公平税收环境，开展打击“虚假”网络发票专项行动，制定专项行动工作实施方案进行逐户检查，加强对发票用户税法意识宣传辅导，加大网络发票用户使用跟踪力度。推进企业减负专项行动，落实国家各项税收优惠政策，企业所得税优惠备案减免税款1483.5万元；各类困难性减免建议减免金额1329.4万元。落实小型微利企业税收优惠政策，知照金湾区内符合条件的企业，告知440户次，补正申报260户次，减免企业所得税75.75万元。依法落实税种政策：2012年度企业所得税汇算清缴实缴税款4092.45万元，清缴率100%。“营改增”政策为区内企业减负8000万元。股权转让所得税信息核查补缴税款158.77万元。非居民税收管理工作征收税费1893.54万元。加计扣除项目实地核查调减1063万元，补征企业所得税263万元。发挥纳税培训作用，加强纳税辅导，运用金湾区地税局师资库召开税收政策宣讲培训、社保专场培训等讲座，宣传讲解税收政策。严查细管税收票证，自主研发防伪税务证明管理系统，票证管理零差错。

【地方税费征管】2013年，金湾区地税局强化重点税源、重大项目监控，入库税收1344万元，纳税评估组织税收4922万元，涉税信息交换与共享数据1285条。着重提高纳税遵从度，超额完成年所得12万元以上个人所得税自行申报工作。做好金税三期工程（即国家税务总局主建的基于统一规范的应用系统平台，能够高度集中处理信息，覆盖所有税种、所有工作环节，实现国税、地税、有关部门联网，包括征管业务、行政管理、外部信息、决策支持等模块，是系统完善、功能齐全、协调高效的税收管理信息系统）上线准备工作，处理数据6524条，清缴税款及滞纳金531万元。土地增值税预征及清算审核工作征收税款1.47亿元，完成清算审核1户，补缴税款70万元。处理社保费出错数据17913条。从事金融业务的非金融企业自查补缴税款及滞纳金1.2万元。

【地方税收宣传服务】2013年4月，金湾区地税局联合金湾区国税局开展“全国第22个税收宣传月”活动，围绕“税收、发展、民生”主题开展系列税法宣传。组织广东科学技术职业学院的6支队伍18位选手，举办大学生税法知识竞赛。开展税收热点问题主流媒体宣传活动，通过媒体解读“国五条”（2013年国务院常务会议确定的五项加强房地产市场调控的政策措施）涉及房地产交易税收政策，阐释存量房交易估价系统的运行机制和规范效果等。走访润都制药等一批重点税源企业，以及部分小微企业，开展税政宣讲，解决企业涉税疑难，提供有针对性的咨询服务和纳税辅导。

【地方纳税服务】2013年，金湾区地税局立足金湾区内税源、纳税人特点，制定创新纳税服务模式，提供优质的纳税服务。开展培训教育，提升纳税意识和税法遵从度，利用内部师资库举办专题培训6场，培训企业超过100户次；畅通反馈渠道落实投诉整改：受理珠海市地方税务局转办投诉举报8宗、金湾区行政投诉中心投诉和业务咨询5宗，受理事项回复率达100%；整合内部流程，提高办税效率，存量房交易税收和契税业务窗口业务实现“一窗通办”；推出办税厅导税员和值班领导“同时在线”服务机制，实现智能评价系统接轨征收员绩效考核。

【金湾区存量房交易估价系统】2013年，金湾区地税局强化数据管税效用，联合有资质的土地评估机构开发的存量房交易价格评估系统，自3月1日起运行，全年对368宗住宅类存量房交易个案进行计税价格调整，调增1869万元，增收税款约28万元，较纳税人自行申报的税款增多15.27%，有效遏制利用“阴阳合同”的偷逃税行为，规范和加强金湾区存量房的税收征管。

【防伪税务证明管理系统】2013年7月1日，金湾区地税局研发防伪税务证明管理系统投入使用。该系统对税务证明的样式和录入内容予以统一规范；具有唯一字号保证唯一性，避免字号错乱或被篡改；多重税务防伪标识有效减少不法分子作假机会。截至年底，该系统开出房地产权属转让证明632份、免征契税证明123份、纳税证明264份，税务证明的开具效率和验证效率有效提高。

【“三自”业务培训模式】2013年，金湾区地税局弘扬业务黄牛、文化老虎、团队雁阵的“红山·左岸青年”精神，发挥自身优势，精心搭建教研框架，打造精品培训课程，调整完善基层“师资自足、内容自主、学习自觉”的“三自”业务培训模式。针对推动业务需求，结合各时间的税收工作重点，开设社保费管理热点问题等培训课程，邀请高校师资讲解经济学相关课程，干部职工素质提高、视野扩大，为更好开展各项工作奠定基础。全年金湾区地税局开展定点讲堂活动18期，小组分散学习40多场次。（卜　颖）

银行业

【概况】2013年，金湾区有银行机构7家，网点数量20个，从业人员290人。截至年底，金湾区本外币各项存款余额142.88亿元，比上年增长8.2%，全年本外币存款新增10.86亿元。其中，本外币储蓄存款余额64.97亿元，比上年增长16.3%。金湾区本外币各项贷款余额140.85亿元，比上年增长11.0%，全年本外币贷款新增13.92亿元。（袁晓薇）

【中国工商银行金湾支行】2013年，中国工商银行金湾支行位于金湾区红旗镇藤山一路228号。下辖1个营业部和2个二级支行（映月支行、机场支行），共有营业网点3个，从业人员45人，总资产、各项存款余额、各项贷款余额均保持持续稳定发展，公司及个人本外币存款合计约17亿元，公司及个人贷款约13亿元。中国工商银行金湾支行践行工商银行“提供卓越的金融服务”使命，秉持“精细化、创新、转型”理念，开展多项金融服务。推进市民卡启用工作，开展企业工会账户推广工作，加大配套设备的投入。在吉林大学珠海学院、工业园区等地广人多的地方，安装ATM机，为学生和工人等广大群体提供便利，提高客户办理银行业务效率，减少轮候时间。中国工商银行股份有限公司珠海金湾支行由大堂经理负责客户分流，协助客户办理水电费、社保缴费、推介银行卡及电子银行业务，有效减少前台工作压力，提高网点科学化服务水平。（李苏朋）

【中国农业银行三灶支行】2013年，中国农业银行三灶支行位于金湾区三灶镇映月路319号农行大厦。下辖营业部和金海岸支行2个网点，从业人员38人，各项存款余额15.3亿元，其中单位存款8.36亿

2013年1月10日，珠海华润银行与金湾区工商联举办新春座谈会暨20亿授信签约仪式
（华润银行金湾支行提供）

元，储蓄存款6.93亿元；对公企业贷款2.06亿元，个人零售贷款1.55亿元，全年实现中间收入1017.5万元，较上年增长2.9%。中国农业银行三灶支行加强人才培训，推动队伍建设，提升服务品质。落实推行惩防系统，加强党廉建设，强化内控合规管理。第三期BoEing（波音）系统正式上线，推动业务创新和改革。组织开展各项合规宣传及教育活动，“进社区，进学校，进厂区”，到5家单位举办反洗钱宣传培训讲座。主动为客户办理新一代市民卡业务，走进恒基业、久怡电子、三井汽配、海华小学等30余家企业、事业单位，累计办理8000余张市民卡。（梁志锋）

【中国农业银行红旗支行】2013年，中国农业银行红旗支行位于金湾区红旗镇虹晖一路东3号。有从业人员24人；各项存款余额8.56亿元，比上年增长2%，其中单位存款3.88亿元，储蓄存款4.67亿元，比上年增长10.8%；贷款及零售贷款余额3.86亿元，增长800万元，其中公司贷款1.89亿元。在联港工业区增设2台柜员机，截至年底在金湾区有柜员机14台，方便广大用户。落实中国农业银行珠海农行活动安排，先后多次进社区、工厂和广场，为客户提供上门金融服务及宣传金融产品。重视内控管理工作，增强员工主动合规意识，提高风险识别防范能力和制度执行力。拓宽客户资源，成功为地处珠海港的珠海万通化工有限公司授信1亿元，为珠海国际货柜码头（洪湾）有限公司办理总额度为3.5亿元的项目贷款，优化信贷结构。（张　磊）

【中国银行三灶支行】2013年，中国银行三灶支行位于金湾区三灶镇琴石路302号21栋5～7号、22栋12号商铺。有从业人员20人，支持金湾区当地建设合计新增授信金额约9亿元，各项存款合计8.6亿元，其中企业存款6亿元，储蓄存款2.6亿元；各项存款增长2.6亿元，存款增长率45%，营业净收入增长率67%，获得中国银行珠海分行2013年度优秀集体称号。中国银行三灶支行中小企服务钻石团队根据中小企业融资多样化需求，提供全方位金融服务方案，推出“供应链通宝”“集采通宝”“税款通宝”“外贸通宝”“网络通宝”等批量通宝产品，以灵活的方案支持同类行业和专业市场融资需求。“时间管家”服务向客户提供网点排队“短信提醒服务”及“远程取号服务”，致力于“把时间还给客户”，有效缓解银行排队问题。走进中航通飞、精英塑胶等厂区以及珠海城市职业技术学院，开展金融知识宣传活动，现场进行反欺诈、反假钞培训，提供银行卡激活、免费办理市民卡、推广信用卡、理财等个人金融服务。（谢明远）

【中国建设银行金湾支行】2013年，中国建设银行金湾支行位于金湾区红旗镇虹晖一路310～316号。下设金湾支行营业部、三灶支行2个经营网点，从业人员40人；各项存款余额16.7亿元，公司及个人贷款总额超10亿元。中国建设银行金湾支行及所属网点在传统经营模式基础上，发展自助设备，提高业务办理效率。截至年底，在金湾区设有附行式柜员机10台，其中金湾支

行营业部5台，三灶支行5台；离行式柜员机16台。自助设备分布在红旗镇、三灶镇各主要区域及重点工业园内。实现从“交易核算型”向“综合服务型”转变，理财中心实现从“产品驱动”向“客户驱动”转变，个人贷款中心实现一体化客户服务，客户满意度显著提高，产品销售快速增长，个人业务市场竞争力得到提升。（刘全权）

【交通银行珠海西区支行】2013年，交通银行珠海西区支行位于金湾区三灶镇金海大道美都路1号。从业人员15人，全年人民币各项存款总额8.2亿元，其中人民币企业存款4.8亿元，人民币储蓄存款3亿元；外币存款余额800万美元，公司贷款余额2亿元（含小微企业贷款），零售贷款余额3亿元。交通银行珠海西区支行创新推出“自助医院”“财智校园”等产品，为遵义医学院珠海校区、珠海城市职业技术学院、广东科学技术职业学院提供专业行业金融服务。通过项目贷款，支持机场高速、S366金湾立交、S272省道、广珠铁路等金湾区基础设施建设。为金安国纪、迈科电子、中航通飞、丽珠医药、联邦制药等园区内重点企业提供全面、个性化金融服务，累计为金湾区企业提供授信额度超过20亿元。支持万科城市花园、新世界康桥、中珠上品、富都汇景湾、长盈花园、金洋花园、翰林金寓、明月湾、鸿泰海半山、春满园等房地产楼盘住房贷款项目10个，全年投放住房贷款约1.3亿元。为金湾区中小企业发放贷款15户，累计投放金额7100万元，支持金湾区当地的经济建设与发展。为进一步提高服务质量，由交通银行珠海分行拨出专项经费对支行进行部分改造和装修，推动网点服务规范化进程，提高网点的服务质量和水平。（张欣宝）

【珠海农村商业银行金湾支行】2013年，珠海农村商业银行金湾支行位于金湾区三灶镇金海岸大道西26号，下辖8个网点，从业人员73人。截至年底，各项存款余额18.9亿元，比年初增长4.35亿元；各项贷款余额15.03亿元，正常贷款13.84亿元；全年实现贷款收息9608万元，其中个人贷款收息2913万元，公司贷款收息6695万元；小微企业贷款增量2.92亿元，小微企业贷款增幅28.06%，涉农贷款增幅40.02%；实现中间业务净收入266万元。全年所辖8个网点全部覆盖无线上网，推进电子银行建设。定期开展形式多样的“走进社区”和“请进网点”社区宣传营销或服务活动，加强对客户的维护和提高客户的粘度。所有网点增设无障碍通道，方便残疾人士前来办理业务；建立军人和残疾人业务办理优先窗口，消除残疾人因身体不便排队办理业务的烦恼，实行人性化贴心服务。成功上线省联社数据大集中系统，着力打造“客户体验最优、员工感受最优、股东回报最优、监管评级最优、品牌形象最优”的社区零售银行，依托该系统完善的业务平台和强大的开发能力，陆续推出网银、金融IC卡、信用卡、国际业务等新业务，为客户提供丰富的金融产品和服务。（朱　婷）

【珠海华润银行金湾支行】2013年，珠海华润银行金湾支行位于金湾区红旗镇文华路20号。下辖1个一级支行和4个二级支行（含平沙，下同），从业人员61人，公司

2013年5月31日，珠海华润银行与珠海三灶工业园管委会20亿元综合授信合作协议签约仪式暨银企座谈会（华润银行金湾支行提供）

存款规模15.32亿元，比上年增长45.9%；个人业务资产规模11.37亿元，比上年增长40.75%。1月三灶支行搬至全新网点，8月红旗支行搬迁并更名为珠海华润银行金湾支行，全年推出多项理财产品及VIP客户专享服务，包括机场贵宾服务、高尔夫畅打服务、体检服务、生日关怀服务，并推出积分兑换礼品、羽毛球场馆预订等活动；举办社区惠民活动96场，为客户提供上门便利服务和宣传；为公司业务提供多套服务方案供客户选择，立足西部地区中小企业，以授信、产品和服务为手段，举办一系列业务推介会、政企银联谊活动，实现政银企三方共赢。（施　娜）

保险业

【概况】2013年，金湾区保险业呈现逐渐加速的发展态势。截至年底，金湾区有保险分支机构5家，即中国人民财产保险、中国人寿保险、中国太平人寿保险、中国平安人寿保险和华安财产保险，其中财产保险支公司（营业部）2家，人寿保险支公司（营业部）3家。（袁晓薇）

【中国人民财产保险股份有限公司珠海市金湾支公司】2013年，中国人民财产保险股份有限公司珠海市金湾支公司位于金湾区红旗镇广安路68号，下辖西区营业部和高栏港营业部，从业人员21人（含平沙，下同）。公司以“人民保险，服务人民”为使命，遵循“以人为本、诚信服务、价值至上、永续经营”的经营理念，坚持以“创人保品牌，树企业形象”为服务宗旨，促使业务持续、稳步、健康发展，各项经营指标创历史新高。全年实现保费收入2952万元，比上年增长35.91%，其中车险实收保费2622万元，非车险实收保费330万元。（苏文婷）

证券业

【概况】2013年，金湾区有证券营业部1家。全年新开证券账户419户，融资融券开户15户，股票质押回购2户，证券交易金额19.08亿元。（袁晓薇）

【国元证券珠海金湾南翔路证券营业部】2013年，国元证券股份有限公司珠海金湾南翔路证券营业部位于金湾区红旗镇南翔路38-301号、46号。截至年底，营业部有注册证券从业人员30余名，证券开户和交易业务发展迅速，创新业务发展取得重大突破。全年新开证券账户419户，融资融券开户15户，股票质押回购2户，通过股票质押回购业务向上市公司股东提供2.70亿元的融资；证券交易金额19.08亿元，实现手续费净收入166.35万元；融资融券余额805.10万元，实现利息收入37.09万元；金融产品销售750余万元；贡献营业税及附加、企业所得税合计27.96万元。3月、11月，分别举办2场“国元理财大讲堂”投资策略报告会，每场与会投资者百余人。营业部发展创新业务包括股票质押融资、信托融资、新三板挂牌和融资、承销和发行中小企业私募债、代销金融产品、融资融券、期货、港股等，增强营业部服务实体经济能力。（陈兆和）

城乡建设与管理

综　述

【概况】 2013年，金湾区围绕“发展新兴产业，加快转型升级、打造航空新城，建设幸福金湾”总体工作目标，统筹城乡建设发展。全年完成12项规划编制，重新启动2011—2030年《金湾区航空产业园总体规划》，编制完成《珠海市西湖片区启动区控制性详细规划》《金湾航空新城核心区城市设计》。完成海澄村、三板村等8个村幸福村居规划，按照“珠海幸福村居第一村”的目标和要求规划建设三灶镇海澄村。全年区政府投资项目累计完成投资10.15亿元，比上年增长1.02倍。金湾区人民医院、金海岸文化艺术中心、三灶伟民广场公共地下人防工程等重点工程全面推进建设。全区房地产开发投资33.05亿元，商品房销售面积约61.4万平方米。全年清理整治违法建筑652宗、违法用地73宗，实现“零增长、减存量”的整治目标。完成机场路、金海岸大道、金岛路、美都路，珠海大道红旗段、广安路、虹晖一路等主干道路的美化绿化改造工程。创建广东省生态区，通过国家生态区技术评估。

【公路建设】 2013年，金湾辖区范围内干线公路建设主要实现省道S366线珠海大道金湾互通立交至高栏港段双向通车，金湾互通立交工

金湾风貌　　（郭仲荣　摄）

程顺利完成年度投资计划，市政工程完成施工招标，机场西路阳光咀隧道工程贯通，机场高速公路12月全线建成通车等，金湾区交通部门牵头积极配合做好相关工作。6月，完成金湾互通立交范围和省道S366线珠海大道金湾段沿线的公交候车亭、广告牌（架）数量及产权的统计和确认工作，按照要求进行拆迁，确保重大交通建设项目如期推进。加强与珠海市交通、公路、地方道路管理部门的沟通联系，深入各镇村调查摸底农村公路危桥运行状况，配合建设单位开展公路危桥改造项目建设，推进红旗镇五七危桥和三板村路、广生一二队路、木乃队路、八一二连路的改建工作，强化保障项目施工质量和安全。推进县道X587（机场西路）的升级改造，完成前期立项工作。

【金湾航空城规划展览馆完工试开馆】2013年10月28日，金湾航空城规划展览馆完工试开馆。规划展览馆位于金湾航空城核心区，南邻中心河和金湾高尔夫，东临省道S272线，总占地面积约15000平方米，总建筑面积约6800平方米，是一栋呈U型布局的四层建筑，采用屋顶绿化、室内温度辐射天花与新风调节系统、光伏发电储能、可循环再利用的建筑材料等节能技术，按照国家绿色公共建筑AAA标准建设，为珠海树立一个绿色建筑样板。项目工程内容包括主体建筑及室外工程、二次装修及布展工程、三层夹层工程、辐射制冷及新风系统工程、光伏发电储能工程等。规划展览馆结合沙盘、LED大屏幕、360度环幕影院、电视墙、灯箱、触摸屏、模拟飞行等多种先进手段，搭建一个展示金湾航空城的城市规划、建设成就、发展历程和历史文化的平台。展览馆分为展示区、接待区、办公区三个部分，其中展示区由序厅、前厅、后厅、产业厅、互动区组成。

【安基路东段道路改造工程】2013年6月，三灶镇安基路东段道路改造工程开工建设。该路段位于金湾区航空产业园和三灶工业园为东西走向，西起盛荣路，东止机场东路，道路总长约2.4千米，路幅宽度在28～54米。其中K0+000～K0+650段北侧半幅路面（靠南排河）为新建路面，南侧利用现状水泥砼路面加铺沥青；K0+650～K2+391.189段为现状水泥砼路面加铺沥青，建设内容包括道路工程、管线工程、交通工程、安监工程、照明及电缆沟工程、绿化工程等。道路设计等级为城市次干路，设计车速40千米每小时。概算总投资1.12亿元。截至年底，累计完成投资5000万元，工程形象进度65%。

【虹晖路贯通工程】2013年年底，虹晖路贯通工程完成项目施工招标工作。虹晖路贯通工程连接联港工业园与红旗镇中心城区，西起东成路（现状路名为小林路），东至双湖北路，全长4.55千米，道路采用城市次干道设计标准，双向四车道，工程概算投资17838万元，合同工期360个日历天。该工程分三段设计，其中新建段（东城路——永安一路段）长度2.14千米；道路拓宽改造路段（永安一路——机场北路段）长度0.56千米；道路罩面改造段（机场北——双湖北路段）长度为1.85千米。

【西湖城区金二路、依云路临时排污排水工程】2013年2月，时代山湖海和保利香槟地产的市政配套应急项目西湖城区金二路、依云路排污排水工程完成，有效缓解汛期山湖海片区的水浸内涝压力，解决时代山湖海地产一至五期楼盘、保利香槟部分楼盘的排污排水配套问题。该工程概算总投资1187万元。

【航空产业园三灶污水收集系统一期工程】2013年，三灶污水收集系统一期（航空产业园片区）工程累计完成投资约1500万元。三灶污水收集系统一期（航空产业园片区）工程由珠海市水务集团代建，金湾区建管中心监管。项目概算投资18277.78万元，工程内容包括管道23.47千米、泵站2座。管道铺设在航空横一路、航空纵二路、机场东路、琴石路、南涌路、映月路、万寿路，在阳春路接入市政污水管网，污水最终进入三灶水质净化厂。项目分三个标段实施：一标段为航空产业园核心区系统（12.4千米），二标段为南排河污水系统（5.7千米），三标段为两个泵站及吉林大学珠海学院污水管，万寿路、航空纵二路、航空横一路污水管（4.7千米）。截至年底，一标段、二标段均完成施工招标。（王　俊）

航空城建设

【**概况**】2013年9月3日，珠海市金湾区航空新城核心区开发建设工作联合领导小组正式成立。金湾航空新城核心区位于珠海市金湾区，东起机场东路，西至双湖路，北到金湖大道，南到中心河的规划主干道，总用地面积3.8平方千米。项目于2013年8月29日正式开工，2015年年底基本完成项目范围内9条市政道路建设，形成完备的路网和市政管网体系，2016年底基本完成城市景观、公用设施等市政配套建设。全年主要开展金湾航空新城开发建设计划编制工作；推进项目土地开发工作，完成3.8平方千米范围内非建设用地测量统计；推进西湖城区金二路等市政道路建设进度；编制招商协调方案，提出航空新城核心区开发进度、投资计划、总体招商策略和2014年招商计划；完成“金湾航空城国际商务中心”“金湾航空城产业服务中心”“金湾航空城市民文化中心”三大中心项目的设计任务书，并启动建筑设计国际招标工作。

【**土地工作**】2013年12月12日，航空新城核心区用地整合清理工作领导小组成立。全年完成金湾航空城项目填土项目及市政道路二期A区工程项目备案，开展环评、水保工作；完成3.8平方千米范围内非建设用地测量统计，办理建设用地报批，其中：农用地2宗总面积约2万平方米，未利用地11宗总面积约24万平方米；草拟《珠海市金湾航空城建设用地整合处理方案（讨论稿）》，涉及需回收、处置的用地24宗。

【**签订《珠海市金湾区航空新城开发战略合作框架协议》**】2013年7月18日，金湾区人民政府与珠海华发集团有限公司在金湾区政府会议室签订《珠海市金湾区航空新城开发战略合作框架协议》。根据协议，珠海华发集团有限公司与金湾区合作，逐步介入金湾航空城土地一级开发、航空城产业园航空城保税区的开发运营、联港工业区升级改造、金湾公共服务配套项目的开发运营等。

【**设立珠海华金开发建设有限公司**】2013年8月，在金湾区的协调推动下，珠海华发集团有限公司经珠海市人民政府国有资产监督管理委员会批准设立珠海华金开发建设有限公司（以下简称华金公司），专门负责金湾航空城的开发建设。华金公司注册资本1亿元人民币，内设规划设计部、成本管理部、采购招标部、工程管理部等11个职能部门。2013年，华金公司主要开展金湾航空城开发建设计划编制工作；开展项目土地开发工作，完成3.8平方公里范围内非建设用地测量统计；推进西湖城区金二路等市政道路建设进度；开展招商引资工作等。

【**签订《珠海市金湾区航空新城核心区土地一级开发合作协议》**】2013年8月29日，金湾区人民政府与珠海华发集团有限公司在珠海航空城发展集团有限公司一楼会议室签订《珠海市金湾区航空新城核心区土地一级开发合作协议》，确定珠海华发集团有限公司参与金湾航空城的开发建设，负责该范围内的规划设计、土地一级开发、基础设施建设、招商引资等工作，预计总投资约45亿元。

【**金湾航空新城核心区概念性详细规划及城市设计编制**】2013年9月，金湾区人民政府和华金公司邀请新加坡雅思柏设计事务所编制珠海市金湾航空新城核心区概念性详细规划与城市设计；10月雅思柏设计事务所进行概念性详细规划初稿汇报；12月，金湾区政府与华金公司和雅思柏设计事务所就初稿修改问题召开讨论会议。规划中明确航空新城核心区近期是金湾区行政商务商贸文化中心，远期是中心城区西部城市副中心，将打造成为规模适当功能完备的可步行商业文化副中心，环境舒适的滨水景观办公园区，有归属感的花园式绿色社区。概念性规划成果在《珠海市西湖片区启动区B301c编制单元控制性规划修改》中落实并实施。

【金二路市政道路】2013年，华金公司完成西湖城区金二路市政道路、规划展览馆绿化观提升工程的施工图设计工作，编制金湾航空城市政道路A、B区及金二路临时电缆改迁工程的施工图设计方案。8月29日，金二路市政道路软基处理工程正式动工，标志着金湾航空城项目建设正式拉开序幕。年内完成金湾航空城一期和二期土方工程测量、市政道路工程二期地质勘察、金湾区航空城规划展览馆绿化提升工程；金二路PHC管桩软基处理工程完成总工程量的53%。（杨泽平）

幸福村居建设

【概况】2013年，金湾区深化创建幸福村居工程，各镇、村分别成立领导机构并落实人员、办公场地、经费等。全年珠海市、金湾区、各镇投入资金近9000万元，其中区财政投入3800万元，大力实施幸福村居“六大工程”，安排100万元设立青年农民创业风险基金，为幸福村居建设提供资金支持。制定实施《珠海市金湾区创建幸福村居专项资金使用监督管理办法》，建立三灶镇、红旗镇农村集体资产管理交易中心，开展农村集体“三资”清理专项工作，引导农村集体资产逐步走向规范化、市场化管理。全年完成三灶镇海澄村、鱼林村、鱼月村、中心村，红旗镇三板村、广发村、广益村，沙脊村8个村的规划编制工作。开展“洁净工程”行动，建成标准密封式垃圾房163座，新增保洁员50名，农村环境卫生和村容村貌得到改善。全区20个村居中16个村居参与珠海市幸福村居创建工作，三灶镇海澄村、红旗镇三板村分别获得2013年珠海市幸福村居示范点1000万元建设资金，区、镇各配套1000万元投入。

【幸福村居“六大工程”专项小组成立】2013年，金湾区创建幸福村居工作领导小组统筹全区幸福村居创建工作，成立幸福村居“六大工程”专项小组，明确成员单位职责。由分管区领导兼任组长，实行多方联动、整体推进。金湾区创建幸福村居工作领导小组将“六大工程”建设任务分解到各专项小组，由各小组分别制定幸福村居专项年度工作计划、目标与考核办法，各牵头、配合单位为“六大工程”专项任务的责任单位。

【干部驻村挂职】2013年，由金湾区委组织部牵头，金湾区幸福村居办协助，全区15个单位各选派1名优秀青年干部驻村挂职，挂职时间3年，主要担任村居副书记（副主任）职务。出台《金湾区创建幸福村居工作指引》，要求各村居、驻村干部及区、镇幸福村居办参照，指导幸福村居创建工作，加大幸福村居建设工作力度，打造宜居宜业

2013年7月25日，珠海航空城集团有限公司与三灶镇海澄村签署建设幸福村居合作协议（三灶镇提供）

幸福村居。驻村干部主要任务是协助村居书记（主任）做好幸福村居创建专题工作。每年由金湾区幸福村居办联合组织部组织一次考核，评选优秀幸福村居创建单位，报珠海市幸福村居办奖励。

【幸福村居环境整治】2013年，金湾区开展“洁净工程”行动，全区建成标准密封式垃圾房163座，新增保洁人员50名，农村环境卫生和村容村貌得到改善。金湾区各村居在珠海市35个示范村（居）考核检查评比中获得好成绩。全年实施海澄村82栋沿街建筑外立面改造、以三板河道两侧整治为重点的“一河两岸”工程，美化村居，打造旅游亮点。对三板村危桥进行拆建，方便村民出行。对机场路沿线进行绿化及景观改造升级，形成统一、协调的村居形象。各村居规划建设生活污水和雨污管网，接驳市政污水管网。村居污水处理采用兼氧膜生物反应器工艺、污水处理与回用一体化装置的小型污水处理设施，占地面积小，建设周期短，处理效果好，运行费用低，完善村居基础设施。

【幸福村居创建资金筹措】2013年，金湾区发动社会力量，引入社会资金参与幸福村居建设。通过悬挂宣传标语，利用广告牌、黑板报、墙报、流动宣传车和报刊、电视等新闻媒体宣传，注重发动基层干部、自愿者就近对群众进行宣传，让全区广大群众知晓、主动参与创建工作。海澄村引进珠海万潮投资有限公司投资亿元资金进行商业街改造；利用闲置集体留用地与中航通飞洽谈合作建设商住综合体；与诚丰集团合作建设星级酒店，解决村民就业，增加经济效益。引入航空城集团参与创建工作，成立航空城集团“驻海澄村办公室”，从项目投资、技术管理服务、精神文明建设等三方面帮助海澄村实现“珠海幸福村居第一村”目标。航空城集团出资300万元建成航空城社区公园，为村民提供休闲娱乐活动场所，改善海澄村居住环境。海澄村干部群众为创建工作捐款119890元。

2013年7月29日，三灶镇海澄村社会工作服务站游园活动　　（三灶镇提供）

【新型合作医疗建立】2013年，金湾区以珠海市区域医疗“一卡通”项目为契机，选择海澄村作为村居卫生信息化试点村居，创建“健康小屋”，与家庭建立通畅的联络呼救通道，建立村民“健康档案”。社区医生定期入户送医送药，副高以上的医师定期坐诊，实行医护人员24小时值班制，实现小病不出村。婴幼儿在村卫生服务中心接种疫苗。村民还可自行查询本人健康体检结果、诊疗信息。村民刷市民卡、医保卡或身份证，便可得到基本医疗和公共卫生服务，信息自动传入信息化平台数据库，健全村民健康档案。实行动态管理，完善新型合作医疗管理机制。

【村居幸福小站建设】2013年，金湾区在幸福村居“六大工程”之一的固本强基工程中，大力推进基层党建工作创新，不断加强党员活动阵地建设，创建村居幸福小站。幸福小站具备党员（村民）活动、党小组会议、文化娱乐、学习培训等功能，党员群众在活动室一起讨论村组事务，探索发展村域经济新路子，为群众开展文化娱乐活动提供阵地，有效地促进农村各项工作的顺利开展。

【社会工作示范村创建】2013年，金湾区畅通行政事务性服务渠道，满足村民的个性化、多样化、专业化服务需求，采取区、镇合建方式，将三灶镇海澄村创建为农村村社区综合服务中心示范点，率先在珠海市启动农村社会工作试点，以社会工作服务进入村居推动幸福村居建设。建立“村委工作人员+社会工作督导+专业社工+志愿者+有技能的村民”五位一体的社会工作服务团队，提升社区服务综合水平，打造“幸福海澄、文明家园”村居品牌。在珠海市幸福村居办、航空城集团等部门的支持下，镇、村投入60万元对海澄村村委会大楼进行改造，行政职能集中到1楼办公；2～5楼约1000平方米进行装修改造，建成村民服务中心。服务中心主要以“乐康、亲情、关爱、共济、牵手”为主题，为村民提供全方位的社会服务。

【珠海幸福村居第一村——海澄村】2013年，按照“打造珠海国际窗口”目标，金湾区突出抓好海澄村幸福村居创建工作，并由珠海市规划设计院对海澄村创建幸福村居进行项目规划。开展沿街建筑立面整治、上表商业街改造、莲塘商业街改造、沿街绿化景观改造、垃圾房建设、生活污水和雨污管网等项目建设。其中，上表商业街改造项目总投资约9000万元，建筑主体7层，总建筑面积约45000平方米。项目由海澄村与上表村民小组共同组建的珠海万澄房地产开发有限公司负责项目立项、报建及对外合作等事宜。莲塘商业街改造项目投资额约1270万元，建筑主体为2层，总建筑面积4500平方米。海澄村沿街建筑外立面改造项目涉及建筑82栋，包括民居与公共建筑，分为3个标段进行建设，投资金额1000万元。外立面改造示范项目鱼舫餐厅改造全面完工。作为村居卫生信息化试点村居，海澄村创建“健康小屋”，建立家庭之间通畅的联络呼救通道，建立村民“健康档案”，村民刷市民卡、医保卡或身份证，便可得到基本医疗和公共卫生服务。

【珠海幸福村居特色水乡第一村——三板村】2013年，根据三板村水乡特色，金湾区因地制宜将三板村创建为珠海幸福村居特色水乡第一村，重点推进三板村幸福广场工程、幸福路硬底化工程和一河两岸整治工程。其中，三板村幸福广场工程总占地面积1万多平方米，集休闲、娱乐、文化、办公、避险、商业等功能于一体，项目分两期建设，一期工程投入1000万元，进行幸福广场和村委会外立面改造。完成总长15千米，路面宽4米，总造价535万元的三板村幸福路硬底化工程，三板村率先成为珠海市第一个实现农田道路全部硬底化的行政村。以整治三板河道两侧为重点，整治道路与河流之间的护坡，清理沿河杂乱的植物和垃圾。进行绿化美化，并穿插建设木质栈道、休憩亭与观鸟亭，打造生态、自然的沿河景观；结合三板村幸福广场的现代岭南水乡特色，对滨河临水空间进行整治，重点整治沿河设置的厕所、杂物房等陈旧、杂乱的建筑物，在三板河畔重塑水乡风情。三板村引进三板农业发展有限公司，以“公司+农户”合作模式，发展特色水产养殖，打造“草鲩之乡”；利用该村原生态自然环境、独特农业景观和岭南特色水乡人文景观的优势，发展乡村旅游，打造珠海市垂钓和乡村田园风光摄影基地。（谢元富）

城乡规划

【概况】2013年，珠海市住房和城乡规划建设局金湾规划分局推进城市更新、“三清”工作、“两违”整治和村民住宅报建工作，编制城乡规划和幸福村居建设规划，全年完成规划编制12项。完成《珠海市西湖片区启动区控制性详细规划修编》《金湾航空新城核心区城市设计》等规划项目报批，并组织实施。组织编制《金湾区（航空产业园）总体规划》《珠海市生物医药园发展规划》《珠海市金湾区示范新镇概念性详细规划设计及重点地段城市设计（含控规）》《珠海市金湾区三灶镇琴石南片区控制性详细规划》。参与并配合开展《珠海市城市总体规划（2001—2020年）修改》《珠海市城市概念性空间发展规划》《珠海市西部中心城区控制性详细规划（A、B片区）》编制。推进金湾幸福村居建设规划编制，完成辖区三灶镇海澄村、鱼林村、中心村、鱼月村和红旗镇三板村、广发村、沙脊村、广益村等8个幸福村居建设规划并通过金湾区人民政府批准实施。参与航空新城规划展览馆的布展工作，提供规划资料，确定规划内容，对布展形式提出建议。全年核准办理各类规划许可证315宗。

【规划许可证核准办理】2013年，金湾规划分局核准办理各类规划许可证315宗，其中核发建设用地规划许可证53宗，建筑工程规划许可证117宗（含临时2宗），市政工程规划许可证17宗（含临时8宗），规划验收合格证65宗，乡村建设规划许可证63宗。审批建筑工程方案101宗，市政工程方案49宗。

【重大项目规划服务】2013年，金湾规划分局实施重大项目提前介入绿色通道，建立与重大项目的联系通道，针对金海大桥、珠海大道西段改造、金湾湖心路口互通立交、西部（湖心路口）换乘中心、广珠城际快轨机场段、港珠澳大桥西延线、金湾航空城核心区市政基础设施、现代有轨电车及红旗镇双湖路和虹晖路工程等项目，更新各项目进度台账，制定项目限时跟踪汇报制度，指定专人负责督办。对重点项目实行分局内部科室联动、同步审批的工作方式，提高审批效率。推动制定村民旧房拆建相关政策；完善、简化村民报建程序；加强规划所的技术力量；建立金湾规划分局与三灶、红旗规划所的快速沟通和审批渠道；配合三灶、红旗镇进行村镇建设管理。

【工程方案审批】2013年，金湾规划分局完成《省道S366线（珠海大道）金湾湖心路口互通立交至高栏港段主线改建工程》施工图审查，为项目顺利实施提出建设性意见。完成双湖路B1段（南段）、金二路市政道路工程的施工图审批及各市政道路工程的方案审批。配合港珠澳大桥西延线设计部门完成高速公路线路走向的初审工作。

【民生工程项目规划审批】2013年，金湾规划分局着重优先办理金湾医院、金湾一中、三灶和红旗镇中心幼儿园、珠海城市职业技术学院、珠海市高级技工学校等民生工程项目规划审批工作。办理各类院校、幼儿园的规划手续，完成金湾一中和三灶、红旗镇新增公办幼儿园的选址工作，配合办理前期相关工作。

【《金湾区（航空产业园）总体规划（2011—2030年）》】2013年，根据珠海市政府清理历史遗留规划编制项目的指示，珠海市住房和城乡规划建设局对2012年前开展的规划编制项目进行清理，金湾规划分局申请《金湾区（航空产业园）总体规划（2011—2030年）》

三灶生物医药园西片区控制性详细规划及城市设计土地利用规划图

（下称《金湾总规》）列入历史规划编制项目内，并说明继续开展的必要性。8月，《金湾总规》重新启动，进一步与上位规划《珠海市城市总体规划（2001—2020年）修改》（下称《珠海总规修改》）进行协调衔接。9月珠海市政府启动《珠海总规修改》工作，《金湾总规》与《珠海总规修改》方案确定的空间结构、中心体系、用地布局和道路交通等内容进行衔接，规划面积268.9平方千米，城市开发边界范围192.38平方千米。城市性质为国家创新型航空城、区域性服务中心，珠海发展高端产业的重要聚集区、展示珠海国际化城市形象的重要窗口、西部生态新城的核心片区。规划形成“一城两翼”的城市发展新格局。“一城”指航空新城；“两翼”指红旗镇、三灶镇。规划预测：至2020年，金湾区常住人口37万人，产业服务人口约48万人，城市建设用地75平方千米。至2030年，城市建设用地约110平方千米。

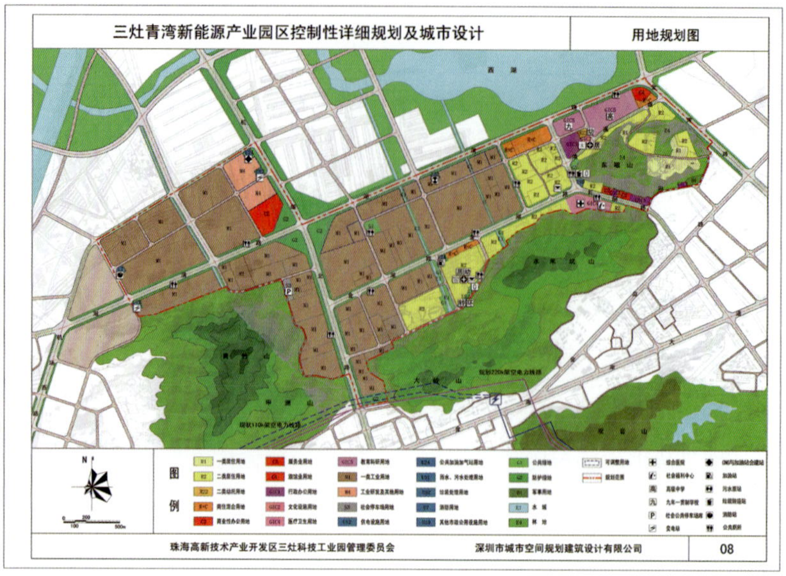

三灶青湾新能源产业园区控制性详细规划及城市设计用地规划图

【《珠海市西湖片区启动区控制性详细规划修编》完成】 2013年，金湾规划分局贯彻落实广东省十一次党代会精神，建设珠中江核心城市功能区和西江流域门户城市功能区，以宜居为目标打造幸福金湾，在原控规成果不满足使用需求的背景下对规划区定位及功能进行重新审视修编，编制完成《珠海市西湖片区启动区控制性详细规划修编》（下称《控规修编》）。《控规修编》规划范围为西湖片区启动区，面积约10.5平方千米。规划定位为“金湾区的行政文化商务商贸中心和服务航空产业的高端生活配套区”。片区控制人口容量约为10万人。《控规修编》结合珠海市概念性空间规划对用地功能、综合交通、服务设施、生态景观等方面进行科学合理布局，对相关指标进行合理控制，规划符合珠海市的整体城市空间格局和定位，符合金湾建设航空新城要求。2月27日，珠海市城乡规划委员会控制性详细规划委员会审议通过《控规修编》规划方案。5月13日，珠海市八届20次市政府常务会议研究通过《控规修编》。7月31日，珠海市政府批准实施《控规修编》。

【《金湾航空新城核心区城市设计》】 2013年，金湾规划分局按照珠海市委、市政府高起点、高标准建设金湾航空新城的战略要求，结合《珠海市西湖片区启动区控制性详细规划修编》，完成《金湾航空新城核心区城市设计》（下称《城市设计》）编制工作，推动金湾区城市化建设进程，打造金湾区（航空产业园）行政、文化、商务中心，提升金湾区城市内涵和品质。《城市设计》范围位于西湖片区启动区内，面积约3.8平方千米。区域位于金湾区地理中心，是金湾航空新城的核心区，也是西部城区3个首期启动区之一，承担金湾城市中心的核心功能。2月27日，珠海市城乡规划委员会控制性详细规划委员会审议通过《城市设计》规划方案。5月13日，珠海市八届20次市政府常务会议研究通过《城市设计》。7月31日，珠海市政府批准实施《城市设计》。

珠海市金湾区三灶镇海澄村幸福村居建设规划整村鸟瞰图

【《三灶生物医药园西片区控制性详细规划及城市设计》】2013年，金湾规划分局完成编制《三灶生物医药园西片区控制性详细规划及城市设计》（下称《三灶生物医药园规划》）。《三灶生物医药园规划》编制范围东与定家湾东片区相连，西邻大门口水道，北邻青湾新能源产业园区，南部则是定家湾工业园区，总用地约为1平方千米。规划根据尊重自然、功能融合和生态优先原则以及《中华人民共和国城乡规划法（2008）》等相关规划法规、技术规范，对规划区现状及发展条件、相关规划及发展策略进行分析，确定将生物医药园西片区发展成为以生物制药及医疗器械研究开发及中试、生产功能为主的广东省生态型高端生物医药示范园区。规划园区就业人口约1万人，建设用地规模0.9平方千米。2月，珠海市城乡规划和土地管理委员会第二次会议研究通过《三灶生物医药园规划》；5月8日，珠海市政府批准实施《三灶生物医药园规划》。

【《三灶青湾新能源产业园区控制性详细规划及城市设计》】2013年，金湾规划分局编制完成《三灶青湾新能源产业园区控制性详细规划及城市设计》（下称《青湾新能源规划》）。《青湾新能源规划》编制范围西至机场西路、黄竹山，东至金湾路，北至规划的湖滨路，南至水禾坑山、大岭山和甲洲山，总用地约为6平方千米。规划根据产业集聚、土地集约和生态优先原则以及《中华人民共和国城乡规划法（2008）》等相关规划法规、技术规范，对规划区现状及发展条件、相关规划及发展策略进行深入分析，确定将三灶青湾新能源产业园建成以新能源汽车为龙头，以新能源和精密制造为主导产业，集生产和居住为一体的新型低碳产业园区。规划园区就业人口3万人，居住人口3万人，建设用地规模为5.4平方千米。2月，珠海市城乡规划和土地管理委员会第二次会议研究通过《青湾新能源规划》成果；4月8日，珠海市政府批准实施《青湾新能源规划》。

【幸福村居建设规划】2013年，金湾规划分局完成三灶镇海澄村、中心村、鱼林村、鱼月村，红旗镇三板村、广发村、沙脊村和广益村共8个村幸福村居建设规划编制工作，多次组织召开协调会、审查会和专家评审会。11月，8个村的幸福村居建设规划全部通过金湾区政府审批，其中三灶镇海澄村和红旗镇三板村列入珠海市幸福村居示范村。幸福村居建设规划编制坚持总体规划先行，合理配套城乡公共设施和市政基础设施，避免重复建设，促进城乡协调发展，根据珠海市《幸福村居城乡统筹发展总体规划》对不同类型村居的发展路向引导，有序开展幸福村居建设；坚持“三规合一”，促进土地资源内整合，集约节约用地，提高规划的可操作性，力求村居规划与主体功能区规划、城市总体规划和土地利用总体规划协调一致，引导村民集中居住；坚持规划共编共用，为促进规划的有效实施，充分发挥区、镇、村主体作用，构建市、区、镇（街）、村共同编制村居规划机制，促进市、区、镇（街）、村联动，引导村民主动

珠海市金湾区海澄村幸福村居规划建设土地利用规划图

参与规划、认识规划、实施规划。

【《珠海市金湾区三灶镇海澄村幸福村居建设规划》】海澄村位于金湾区三灶镇的南部，是三灶镇最大的行政村，毗邻珠海机场、航展馆。本次规划年限为2013—2020年，其中近期为2013—2016年，远期为2017—2020年。规划范围指村庄建设区，即各村民小组和村集体对居住和公共设施等用地进行统一布局的范围，分布在金海路以北，拦浪山下，总面积148.32公顷。规划预测至2016年，海澄村总人口约9000人。根据海澄村的区位优势，结合相关规划对海澄村建设的要求，确定海澄村的发展定位为依托珠海国际航展馆、珠海机场、吉林大学珠海学院，将海澄村建设成为珠海“航空产业园的配套服务区”“吉林大学珠海学院配套服务区”，打造乐业安居的幸福村居。规划建设重点在于整合土地资源，发展配套服务，发展第三产业，传承历史文化，完善公共配套，树立窗口形象。规划形成“一心、一带、三片区”的空间结构：“一心”指海澄村综合服务中心，是三灶镇海澄村集行政、文化、商贸于一体的综合性服务中心；“一带”指商业功能带，沿滨海地区的安基路、金海路规划布局为大学园区、航展、机场、航空产业园配套的商业服务带；“三片区”指高校配套生活区、航空产业园配套服务区和村民生活区。

【《珠海市金湾区红旗镇三板村幸福村居建设规划》】三板村位于金湾区红旗镇内，地处珠海市域中部，紧邻红旗镇镇中心，是红旗镇镇中心空间拓展的范围。规划范围包括三板村域范围内的七个自然村，村域面积505.14公顷，重点设计范围总面积为34.5公顷，主要包括瑞昌街、成太街以及永成街的旧村场用地和村自留地。规划预测至2017年，三板村全村总人口为2180人。三板村规划总体定位是发展三板村生态农业，以生态农业为主导产业，带动乡村旅游业发展，打造珠海市休闲垂钓中心以及田园风光拍摄基地，成为珠海西部中心城中休闲娱乐的天然之所。三板村的建设重点为在于高效合理利用土地，

金湾区红旗镇三板村幸福村居建设规划鸟瞰图

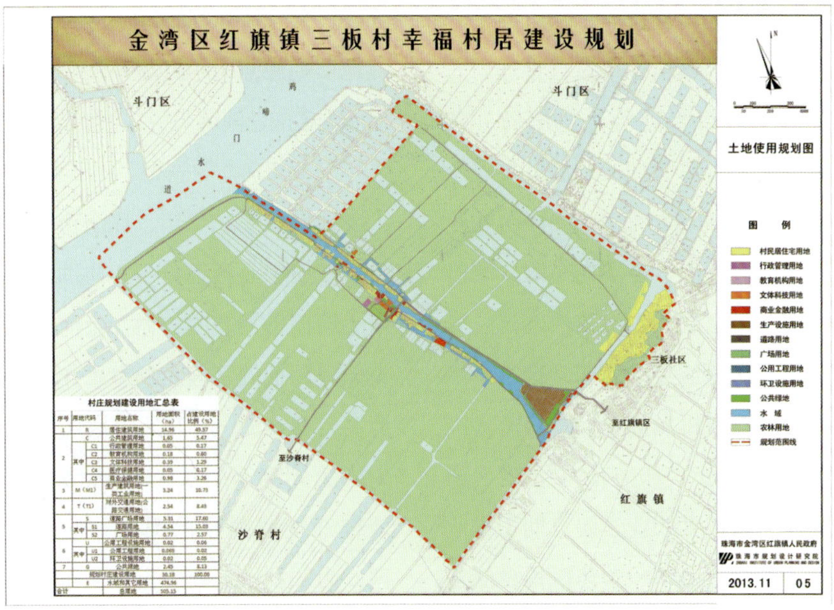

金湾区红旗镇三板村幸福村居建设规划土地使用规划图

发展生态农业，发展乡村旅游，完善公共配套，整治村容村貌。重点设计范围用地内，规划形成“一心、两轴、六组团”的结构布局：“一心”指位于三板桥西北部的村办公大楼及其前广场；“两轴”指沿三板河两侧的乡村风情观光轴与商业旅游带动轴；“六组团”包括中部服务中心东西两侧的商业风情街和美食街等旅游配套组团、在重点规划区两端的两个村民居住组团、瑞昌街居住组团、东南侧的工业生产组团。（肖嘉雯）

国土资源管理

【概况】2013年，珠海市国土资源局金湾分局推进国土资源管理工作，开展土地确权、土地变更调查、用地报批、矿产资源管理、地灾防治等日常业务，重点抓好西湖公园（暂名）、城区首期开发区域（B片区）、航空新城核心区用地清理工作和“两违”整治。全年供地11宗，用地面积约22.58公顷，其中出让用地6宗，面积约14.88公顷；无偿划拨用地5宗，面积约7.7公顷。协助登记部门办理土地初始登记审核用地36宗，共计用地面积98.4公顷；办理国有土地使用权核准转让14宗，共计用地面积46.52公顷。计收地价、土地闲置及矿产资源补偿费等款项共计98147.5万元。全年参与开展联合执法行动14次，拆除违法建筑14宗，清理、腾退用地约333.33公顷，拆除违法建筑物面积约87453平方米。9月，根据《关于珠海市国土资源局执法监察支队主要职责机构设置和人员编制的通知》（珠机编办［2013］178号）要求，金湾红旗、三灶国土资源管理所加挂“土地监察执法中队”牌子，升格为副科级，所长兼中队长。

【地籍管理】2013年，金湾国土分局办理土地初始登记审核业务36宗，涉及面积98.4公顷；出具《核准转让通知书》10份，核准复函4份，涉及面积46.52公顷。核实金湾区2012年度图斑数36个，面积共20.29公顷（占用耕地面积3.82公顷）。其中涉嫌违法图斑14个，面积9.31公顷；合法图斑2个，面积3.19公顷；伪变化图斑20个，面积7.79公顷。有效利用农村集体土地数据库，为各村村民办理宅基地报建手续提供必备条件，协助开展金湾区幸福村居规划工作和新农村建设。

【土地利用】2013年，金湾国土分局开展用地手续办理、闲置土地认定处置、非建设用地转建设用地报批等工作。全年出让工业用地6宗，用地面积16.38公顷；划拨用地10宗，用地面积14.86公顷；出让经营性用地3宗，用地面积9.89公顷。全年组织非建设用地转建设用地报广东省办理转用手续25个批次（含2012年批次），涉及新增建设用地109.53公顷，其中获得批准18宗，新增建设用地120.49公顷。建立全区耕地占补平衡台账，全年落实补充耕地11宗，面积40.1公顷。

【支付征收补偿款】2013年，金湾国土分局办理支付遵义医学院珠海校区二期用地征地补偿450万元，涉及土地17.64公顷。支付金海加油站用地补偿180万元，涉及土地0.2公顷。支付R7A收地补偿金额472.93万元（共18个用地单位的补偿资金提存到公证处）。支付珠海机场高速公路征地补偿17宗，支付金额1852.9万元。

【耕地保护】2013年，金湾区重视耕地保护工作，将耕地保护作为地方经济社会可持续发展的重要基础性工作来抓。8月10日，金湾区政府与红旗、三灶镇政府各签订《2013年度耕地保护目标责任书》，对耕地保有量、基本农田保护面积、土地利用总体规划和年度计划执行等情况明确具体责任和奖惩问责措施。截至年底，金湾区耕地保有量7811.03公顷，基本农田面积2978公顷，完成珠海市政府下达金湾区“耕地保有量不少于3706.67公顷、基本农田面积不少于2826.67公顷”任务。

【地质灾害防治管理】2013年，金湾国土分局落实“一岗双责”责任制，按职能做好节前安全生产和地质灾害隐患点检查工作，汛期前开展安全生产、地质灾害隐患排查和坑塘水洼排查工作，对施工现场发现的安全隐患提出整改意见，全年上报珠海市安全生产委员会办公室“一体系三平台”安全隐患排查信息272条。制订《2013年安全生产行政执法监察暨“打非治违”专项行动工作方案》《金湾国土资源分局安全生产检查督查工作方案》，联合金湾区安全生产监督管理局、金湾区城市管理行政执法局、各镇、国土资源管理所开展各类安全生产检查督查行动。对辖区4处碎石生产线情况，专题向金湾区政府报告，提出联合拆除整治建议。完成办理珠海航空产业园、定家湾工业园、珠海机场高速、木乃南堤围工程小林段、珠海市高级技工学校、珠海艺术职业学院三期工程危险边坡整治平基、金湾区粮食储备库后山坡平基护坡等项目工程取土的审批事宜。完成珠海市政府对金湾区2012年度地质灾害整治考核工作，金湾区2012年度地质灾害考核工作被珠海市政府评为优秀等次。开展地质灾害隐患点和滑坡崩塌情况现场检查，竖立警示牌14块，发出整改通知7份。6月18日，联合金湾区应急管理办公室、红旗镇政府、金湾公安分局、金湾区卫生局、金湾区教育局、金湾区民政局等单位，在珠海艺术职业学院地质隐患点组织开展一次突发性地质灾害应急演练。（张　立）

【土地储备】2013年，珠海市土地储备发展中心金湾分中心协助珠海市土地储备发展中心做好金湾高尔夫储备用地的管理及调整工作，金湾高尔夫2.5平方千米用地恢复至天志公司名下，并对周边储备用地按红线范围建设围墙，便于管理，为顺利做好挂牌出让工作提供保障。派员协助珠海市土地储备发展中心工作人员前往鹤州南、交杯岛垦区，实地勘察相关围垦开发情况，了解垦区现状。（潘　丰）

【卫片执法检查】2013年，金湾国土分局全面排查国土资源部2012年度卫星图片执法检查图斑中金湾区部分，排查图斑32个，其中W类型图斑（“未批先建”图斑）28个，

2013年6月18日，金湾区突发性地质灾害应急演练　（刘　涛　摄）

面积31.8公顷（其中耕地面积3.57公顷），PJ类型图斑（“往年批准本年建设”图斑）4个，面积2.5公顷（不涉及占用耕地）。经调查核实，金湾区2012年度疑似违法用地图斑23个，涉及土地17宗，面积31.54公顷。其中合法图斑21个，涉及土地15宗，面积30.69公顷（其中耕地面积3.57公顷），违法图斑2个，面积0.85公顷（不涉及占用耕地）。10月，完成土地矿产卫片执法检查工作内、外业核查，做好21个合法图斑的建档、卫片系统数据填报及合法性举证工作，相关成果经广东省验收通过。

【执法管理】2013年，金湾国土分局参与开展联合执法行动14次，拆除14宗违法建筑（面积约1000平方米），清理、腾退用地约333.33公顷，拆除违法建筑物面积约87453平方米。动态巡查500余次，发现并制止土地违法行为81宗，涉及土地面积约340.38公顷（耕地面积约0.03公顷）。其中制止并发《责令停止违法行为通知书》23宗，立案处理2宗（涉及土地面积约1.55公顷）；现场制止并报告镇政府及相关职能部门处理57宗；为西湖公园清场项目1宗（涉及土地面积约333.33公顷），清场腾退完毕。

【整治违法用地】2013年，金湾区需整治违法用地6宗，占地面积约2.09公顷，全部整治到位，拆除违法建筑物面积约1003.49平方米。金湾区需整治“减存量”的违法用地90宗（红旗镇48宗，三灶镇42宗），占地面积约17.5公顷，耕地面积约6.36公顷，其中52宗整治到位，38宗需要整改。整治到位宗数占总宗数比例57.78%（红旗镇64.58%，三灶镇50.00%），整治到位面积占总面积比例58.29%（红旗镇55.49%，三灶镇61.55%）。（张　立）

【金湾区土地和房屋征收工作办公室挂牌成立】2013年8月4日，珠海市金湾区土地和房屋征收工作办公室正式挂牌成立，为金湾区政府直属事业单位，主要负责拟订金湾区土地和房屋征收工作的计划并组织实施；组织金湾区重大项目土地和建设用地上房屋征收的补偿工作，审核各镇、园区拟订的重大项目的土地和房屋征收补偿方案；协助开展土地和范围征收听证工作，依法组织金湾区直相关职能部门及国土资源部门进行土地和房屋征收工作，协助国土资源部门对本区土地和房屋征收及补偿纠纷进行调处；协助拟订土地和房屋征收和补偿的地方性政策及补偿标准；指导和协调镇、园区土地和房屋征收及补偿的相关工作，统筹协调工作中涉及的利益及关系；承担金湾区土地和房屋征收工作领导小组日常工作。（陈丹婷）

【“受理-审查-审批”三步三人制度】2013年，金湾国土分局根据《关于印发<珠海市国土资源局“转作风提效能”工作实施方案>的通知》要求，针对工作作风和效能建设方面存在的问题进行自查自纠，成立相应工作机构，制定实施方案，对“转作风、提效能”活动进行周密部署，落实责任分工。开展实施“慵懒散奢”专项整治、优化办事流程、加强窗口建设等行动，办事流程实行“受理-审查-审批”三步三人制，对取土、平基工程、续期申请许可、核收矿产资源补偿费及资源费、矿泉水年检初审、国有土地使用权核准转让等项目作出办理时限承诺，增强行政透明度，确保限时办结。建立督办机制，全面贯彻执行网上预约服务，为服务对象办事提供便利条件。金湾国土分局属下国土资源管理所，为切实做好村民建房报建工作，主动开展服务工作，优化报建程序，落实“受理-审查-审批”的“三人三步”办事环节，解决村民建房报建难问题和村民违法建房问题。全年，三灶国土资源管理所受理村民建房申请133宗，办结65宗，未办结32宗，不符合条件退件36宗；红旗国土资源管理所受理村民建房申请15宗，办结12宗，不符合条件退件3宗。

【清土地】2013年，金湾区贯彻落实珠海市委市政府“清土地、清项目、清政策”工作，成立以区政府主要领导为组长，分管领导为常务副组长，金湾国土分局、三灶镇政府、红旗镇政府负责人任副组长，金湾区发展改革和统计局、金湾区科技工业和信息化局、金湾区招商局等相关单位负责人任成员的金湾区“清土地”工作小组，工作领导小组办公室设在金湾国土分局，负责统筹协调“清土地”具体工作。截至年底，金湾区土地清理工作全面完成，共清理工业用地、经营性用地1482宗，面积3601公顷，其中工业用地716宗，面积1916公顷，经营性用地766宗，面积1685公顷。

【农村留用地调查】2013年，根据《关于全面调查核实农村留用地情况的函》要求，金湾国土分局通过搜集、查阅、分析供地档案和数据以及走访调研等多种形式完成调研工作。通过调查显示，根据1992年预征土地合同及原珠海市国土资源局1994—1995年竖桩立界测量成果数据统计，三灶镇共划定旧村场用地197.84公顷，核定农村生产留用地指标60.38公顷、农村生活留用地指标39.13公顷；红旗镇共划定旧村场用地219.57公顷，核定农村生产留用地指标45.07公顷、农村生活留用地指标27.33公顷。金湾区农村生产、生活留用地指标共约171.92公顷。经查原珠海市国土资源局1994～1995年旧村场竖桩立界测量成果图及供地档案资料，金湾区各行政村及社区在国土部门办理供地手续的农村生产留用地面积42.49公顷、农村生活留用地面积16.31公顷，共约58.8公顷，红旗、三灶镇农村留用地未落实供地约113.33公顷。

【代耕农调查】2013年，根据珠海市人民政府办公室《关于组织开展全市代耕农调查统计工作的通知》精神和珠海市解决代耕农问题工作领导小组办公室工作部署，金湾国土分局成立由主要负责人牵头，各分管领导、相关科室负责人参与的金湾区代耕农问题调查工作小组，对红旗、三灶镇进行代耕农摸底排查。金湾区有代耕农641户，其中红旗镇274户，三灶镇367户。由于代耕农多存在超生、无宅基地等情况，普遍存在入户难、住房难、生活难、管理难等问题。金湾国土分局按要求将相关摸查情况报上级，供上级部门进一步研究解决代耕农问题。

【西湖公园清理】2013年，金湾国土分局主动参与西湖公园用地的谈判、稳控和强制清场工作，提供材料，配合相关部门做好宣传，掌握舆论主动权，顺利完成清场工作任务；配合信访维稳部门做好相关工作，多次参与接访劝访工作；配合公安部门做好非法占有和转让国有土地行为的证据搜集工作。经过多部门2个多月的努力，成功清退养殖户63户，清理土地351.14公顷。其中，司法强制执行8户共计20.8公顷，行政强制清退12户共计21.27公顷，协议收地43户共计309.07公顷。

【航空新城核心区用地清理工作】2013年，金湾国土分局开展航空新城核心区用地清理工作。金湾航空新城用地面积总计369.74公顷，其中符合《金湾区土地利用总体规划（2010—2020年）》（下称《土地利用总体规划》）的用地面积335.4公顷。符合《土地利用总体规划》的335.4公顷用地中，其中现状为农用地的有43.62公顷，未利用地168.4公顷，建设用地123.38公顷。按照土地使用权出让情况，金湾国土分局分门别类统计地价款支付状况、产权登记状况及权利限制情况等，并根据金湾区政府的有关决定，配合航空新城核心区开发主体单位拟定土地整体整合方案，报珠海市政府审定通过后，实施航空新城核心区的用地收回和清理工作。

【城区首期开发区域（B片区）的用地报批和清理工作】2013年，金湾国土分局推进珠海西部城区首期开发区域（B片区）用地报批和清理工作。完成该片区15.93公顷用地的农用地转建设用地报批，以及双湖路项目用地预审工作。协调解决八一泵站临时施工道路用地、双湖路市政管线铺设、泵站用地征收清理工作等一系列问题，保障西部城区首期开发区域（B片区）开发建设用地需求。全力配合属地镇政府推动首期开发区域（B片区）的233.9公顷用地清场工作，报请珠海市国土资源局发布用地公告，委托公证处进行现场摄像。截至年底，首期开发区域（B片区）的233.9公顷用地清场工作完成现场青苗及附着物的清点、丈量。（张　立）

建筑业

【**概况**】金湾区住房和城乡建设局主要负责金湾区建设工程安全监管，在金湾区推广新型墙体材料，提倡建筑节能；监督抽查金湾区、高栏港经济区内的工程建设各方责任主体的质量行为、建设工程的实体质量；调查处理建设工程质量违法行为和工程质量事故；负责对金湾区、高栏港经济区建筑材料、建筑构件、地基基础、商品混凝土等进行检测和试验；审查金湾区及高栏港经济区房屋建筑施工图设计文件。2013年，金湾区住房和城乡建设局推进建筑市场与房地产市场监督管理、建设工程质量安全监督管理、竣工验收备案管理等工作，全年新增报建项目74宗，总面积111.17万平方米，总造价22.89亿元人民币；办理竣工验收备案52宗，总面积103.88万平方米，总造价15.36亿元。9个项目获评珠海市房屋市政工程安全生产文明施工示范工地。全年全区建设工程项目未发生建筑施工生产安全死亡责任事故。

【**建设工程安全监管**】2013年，金湾区住房和城乡建设局针对建设工程量大、技术难度增加的情况，采取严管重罚、样板引路、宣传培训等措施，加强建设工程安全监管。全年监管在建项目116项，建筑面积266.14万平方米，造价67.21亿元，其中2013年新登记开工项目74项，建筑面积210.81万平方米，造价约46.70亿元。在建116个项目中，房地产45项，工业49项，市政工程项目10项，学校及其它公用建筑工程12项。全年办理竣工评价手续项目61项，竣工面积150.15万平方米，其中合格59项，优良2项。开展安全生产宣传教育活动，宣传安全生产法律法规、事故案例教训、安全自救互救和防范技能，宣传报道安全质量标准化管理，建筑工人“平安卡”管理制度和深化建筑施工安全专项整治等重点内容。全年发放宣传资料180余份、发布信息230余次、现场接待咨询120余人次。开展全区在建工程外脚手架和高支模支撑系统整治活动，监管大型起重设备、外墙脚手架和高支模支撑系统搭设队伍的资质及专项施工方案、监理验收情况、工人持证上岗、施工现场管理等，消除安全隐患。严控塔吊、施工电梯安装告知等制度，保障大型起重设备的安全使用。全年组织各种安全生产大检查和专项整治12次，检查工地532次，其中较大危险源检查247次，排查安全隐患1163项，发出安全隐患整改通知262份，停工通知书35份，封停井字架等起重设备38台，动态扣分236份，处罚告知笔录1份。开展“平安卡”培训46次，培训建筑工人2121人，其中领取“平安卡”建筑工人1979人。9个项目获评珠海市房屋市政工程安全生产文明施工示范工地，6个项目申报广东省样板工地获评。

【**建设工程质量监督检测**】2013年，金湾区住房和城乡建设局建设工程质量监督新开工建筑工程117项，其中金湾区61项，高栏港经济区56项，共计建筑面积236.10万平方米；监督新开工市政工程43项，其中金湾区14项，高栏港经济区29项；监督在建建筑工程146项，其中金湾区95项，高栏港经济区51项，共计建筑面积287.15万平方米；监督在建市政工程44项，其中金湾区15项，高栏港经济区29项；完成竣工验收项目121项，一次验收合格率100%；发出工程质量整改通知书63份，停工通知书27份。全年建材检测54956组（件），结构检测37516点（构件），桩基静载检测1453根，动测22356根。全年组织搅拌站企业质量大检查2次，抽检原材料320批次，现场抽检混凝土试件15组（次），对检查中发现的重点问题发出整改通知书1份，发出问题告知书9份。

【**房屋建筑施工图设计文件审查**】2013年，金湾区住房和城乡建设局接审房屋建筑施工图设计文件工程项目138个，建筑面积212.3万平方米，总造价39.5亿元。其中：

工业项目77个，建筑面积73.9万平方米，造价11.9亿元；民用项目61个，建筑面积138.4万平方米，造价27.6亿元。经施工图审查，共查出违反国家强制性条文75条，平均每个项目0.5条次；违反国家规范条文718条，平均每个项目5.2条次；违反质量通病条文361条，平均每个项目2.6条次。针对审查存在的问题，均要求勘察设计单位进行修改复审通过，保障建筑工程质量。

【建筑设备安装、燃气工程大检查】2013年3月，金湾区住房和城乡建设局根据珠海市建设工程质量监督检测站的统一部署，开展2013年上半年在建设备安装、燃气工程质量大检查。在该次大检查中，金湾区有安怡花园1～7号楼，金湾区危房改造工程金山花园三期工程，金海新世界花园1～12号楼、4号商铺、地下室，恒兴源幼儿园等4个建筑工程以及时代山湖海花园四、五期燃气工程，京华假日湾花园A区管道燃气工程等2个燃气工程分别参检。针对检查中发现在原材料、实体质量、行为等方面的问题，发出局部停工通知书1份，整改通知书2份。

【建设领域维稳】2013年，金湾区住房和城乡建设局受理来信来访87宗，调处建设领域劳资纠纷9宗，落实工程款1500万元，清还拖欠工资1000余万元，维护500余名建筑工人的合法权益。有效化解矛盾纠纷，妥善处置富海名苑、荷塘物语、富红御景城、时代雅苑、保利香槟国际、愉翠龙湖和金鹰电子等项目农民工工资发放、工程款纠纷、工程质量和物业管理投诉等群体性事件。

【建筑节能减排】2013年，金湾区提倡建筑节能，完成红旗中学节能改造和三灶片区路灯更换LED灯改造。商品混凝土在金湾区普遍使用；新型墙体材料推广应用比例提高，全区新建建筑工程使用比例达95%以上，墙体质量投诉减少；全区新建建筑强制性节能标准在施工图设计、施工图审查备案和施工阶段执行率均达到100%；公共建筑节能示范项目“红旗中学节能改造”工程基本完工，项目建筑面积达1.8万平方米。金湾区住房和城乡建设局开展新型墙体材料基金及散装水泥资金征收和核退工作，全年征收新型墙体材料基金58个项目，报建面积127万平方米，预收款1243万元；申请新型墙体材料基金核退项目61个，核退金额为1413万元；征收散装水泥资金66个项目，预收款98万元。通过按规定预收基金，促使建设单位和施工单位按规定使用节能环保墙体材料及推广使用散装水泥，引导全区建筑行业实行节能降耗，倡导全社会可持续发展理念。针对市民绿色低碳建筑认识不足，对新型墙体材料了解不多的情况，金湾区住房和城乡建设局加大宣传力度，通过在窗口发放宣传和技术资料以及在施工现场检查验收过程中进行宣传等形式，让更多人了解绿色建筑，支持建筑节能工作，配合开展绿色建筑推广工作。

【开展建筑施工领域安全生产“打非治违”专项行动】2013年8—12月，金湾区住房和城乡建设局组织开展建筑施工领域安全生产“打非治违”（打击建筑施工领域各类非法违法行为，治理纠正违规违章行为）专项行动，对辖区在建项目进行排查，重点对辖区内发生过安全事故的项目、重点建设项目、有重大危险源的项目及日常监管中存在隐患不及时整改的项目进行排查，并对存在的问题从严从重查处。按照“全覆盖、零容忍、严执法、重实效”的总要求，金湾区住房和城乡建设局组织执法136次，派出检查组378人次，对全区86个在建工地进行全面检查，发出限期整改通知30份，停工通知书5份，封停塔吊、施工升降机、井字架等起重设备3台，动态扣分21份，其中施工企业2份、项目负责人8份、专职安全员3份、总监理工程师7份。

【红旗中学节能改造项目】2013年12月，公共建筑节能示范项目“红旗中学节能改造”施工进入收尾阶段，项目建筑面积1.8万平方米，主要包括照明系统节能改造、太阳能热泵热水系统节能改造，总投资39万余元。改造前，红旗中学普遍使用老式T8电感式日光灯，光照度和光质较差；宿舍内没有热水供应，住校学生生活极其不方便。通过节能改造，采用T5系列磁电式荧光灯替代T8电感式日光灯，公共区域照明则全部更换为LED节能灯，照明效果比原来好，光源使用寿命比原来长，维修率也更低；采用太阳能热水及空气能热水装置，组成最节能的太阳能热泵热水系统，解决600个住宿学生生活热水问题。

【推广应用太阳能热水系统】2013年，金湾区住房和城乡建设局按照《珠海市建筑节能办法》规定，对具备太阳能集热系统的新建12层（含12层）以下住宅建筑（含宿舍、别墅等），要求建设单位为全体住户配置太阳能热水系统。全年送审的施工图纸符合上述规定的，包括时代糖果社区1～4栋住宅、平沙一中宿舍、珠海艺术职业学院学生宿舍、美满集团生产基地宿舍、珠海安宁卫生院住院楼、珠海汉威电子公司工程宿舍、广东科学技术职业学院教师家园、红灯片区公租房工程1～6号楼等，均按照规定设计太阳能热水系统，使太阳能节能工程得到很好的推广和应用。对部分送审图纸未按规定设置太阳能热水系统的，由金湾区住房和城乡建设局下属单位珠海泰安建设工程咨询有限公司与设计院及建设单位沟通后均按照规定设置太阳能热水系统。

【增设专题施工图审查项目】2013年，金湾区住房和城乡建设局下属单位珠海泰安建设工程咨询有限公司在开展常规房建、岩土工程勘察审查的基础上，增设“基坑支护工程”“软基处理工程”及“边坡支护工程”等专题施工图审查项目，以更好地服务于建设单位，满足全区工程建设发展的需要。全年开展珠海银通房地产开发有限公司山海一品海岸花园地下室基坑支护工程、金湾区金海岸文化艺术中心软基处理工程和金湾区粮食储备仓库边坡支护工程等施工图审查工作。（王　俊）

房地产

【概况】2013年，金湾区房地产工作致力于住房保障、产权产籍、物业管理等，完善全区惠民安居工程。全年全区房地产开发投资33.05亿元，比上年增长117%；办理商品房预售面积约62.5万平方米，比上年增长2.8%；商品房销售面积约61.4万平方米，比上年增长129.5%。全年办理各类房地产登记19980宗，登记面积1912.9万平方米，登记金额216.05亿元；截至年底，全区有注册房地产开发企业34家，其中三级资质企业3家，四级资质及资质等级暂定企业31家。库存产权产籍档案139780宗，新增登记档案20434宗；办理房地产登记信息和档案查询32639宗。全年新增物业服务企业5家；6个保障性安居住房小区竣工并投入使用。

【保障性住房建设】2013年，金湾区保障性住房建设项目三板小区二期192套基本建成；金山花园三期1206套、安怡花园251套竣工验收；红灯公租房352套工程项目10月开工，完成填土和桩基施工。三灶镇农村集体留用地试建公租房前期工作基本完成，建设用地约8630平方米，总建筑面积约18108平方米，共3栋约290套，每套建筑面积以40平方米为主，不超过60平方米。截至年底，保障性安居住房已有6个小区共1224套住房竣工并投入使用，其中金山花园一期348套、泰林苑70套、怡景花园120套、金山花园二期312套、三板小区一期136套、湖东小区198套、集资及已入住多层房改房40套。

【物业管理】2013年，金湾区住房和城乡建设局办理物业管理三级（含三级暂定）资质核准5宗，新增加物业服务企业5家。指导符合条件的新建小区开展前期物业管理招投标工作，按照相关规定监督公开招投标，全年受理前期物业管理招投标申请12宗。联合辖区居委会指导小区业主成立业主委员会，召开业主大会选举业主委员会，完善小区自治组织机构，规范小区物业管理。通过召开协调会等多种方式指导富海名苑小区和金山花园二期小区按照物业法相关规定成立业主委员会，开展金湾区物业服务企业创建全国文明城市专项检查工作。对辖区物业管理工作检查、指导和监督，重点检查红旗镇、三灶镇主要住宅小区物业管理服务企业，敦促物业管理企业开展自查自纠，提高物业管理水平。创建全国文明城市期间检查物业服务小区38个，发出整改通知书32份。全年处理小区物业管理投诉128宗，办结率100%。（王　俊）

【房地产登记】2013年，金湾房地产登记分中心平均每个工作日办理业务85宗，全年办理各类房地产登记19980宗，其中：土地、房屋产权登记类业务5707宗，建筑面积1160.96万平方米；抵押按揭类业务7139宗，涉及面积（含土地、建筑物）684.26万平方米，抵押金额155.85亿元；办理商品房预告登记类业务6738宗，涉及建筑物面积67.68万平方米，预购金额56.17亿元。办理房地产登记信息和档案查询326395宗。全年征收费用302.27万元，其中收取房地产登记费86.82万元、房地产交易费182.8万元、土地权属调查费30.2万元、房地产登记档案查询费2.45万元。

【房地产登记提高办事时效】2013年，金湾房地产登记分中心缩短办事时限：房地产转移预告登记由7个工作日缩短为3个工作日；补办土地使用权登记由10个工作日缩短为7个工作日；房地两证合一登记由7个工作日缩短为5个工作日。为房地产开发企业和金融企业简化审核程序，实行共性资料备案，商品房现房转移、商品房协助执行转移、经济适用房转移登记由二级审核改为一级审核；实行不再收取房地产买卖合同的补充合同等19项业务改革措施，减少企业群众申办资料，取消《按揭合作协议》备案业务。实行商品房预告登记、二手房转移登记网上预受理。

【房地产登记便民惠民措施】2013年，金湾房地产登记分中心服务窗口周一至周五中午延时服务至12时30分，全年提供各类延时服务586宗。实行周三中午通勤服务：每周三中午12时至14时30分窗口照常上班，对因上班时间无法外出办事者，在通勤服务时间内照常到分中心窗口办理各项业务，全年开展通勤服务103宗、查询105宗。预约上门服务：对老弱病残和不方便来窗口办理的群众实行上门服务。窗口预约服务：对有需要的企业群众提供预约服务，按珠海市房地产登记中心要求提供24小时极速不眠服务，方便企业群众登记办证。全年办理各类预约服务18宗。继续实行登记信息免费查询，全年办理登记信息查询与利用2.5万宗，减免查询费用逾50多万元；11月实行免费档案查询利用，为企业群众减轻登记办证负担。送登记进社区，利用周六休息时间到各镇社区宣传房地产登记政策和法律法规，现场解答群众提出的房地产登记发证工作的问题，全年组织党员志愿者送登记进社区服务活动8次。

【房地产登记开通办证绿色通道】2013年，金湾房地产登记分中心开通“教师办证绿色通道”，为有需要的人民教师提供登记办证服务，全年为教师提供登记办证服务8宗。开通急难业务绿色通道，对入户、入学、办两地车牌、急需资金等需要加快办理的业主提供方便，全年为小业主提供加急服务506宗，为企业提供加急服务3000多宗。解决好景新村、名都商住小区、泰宝大厦等历史楼盘的办证难问题，化解社会矛盾。针对民营企业资金周转急、融资迫切的情况，办理时限缩短为2个工作日内办结，为联邦制药、银通新能源、埃尔凯电器等60多家企业加快办理抵押登记业务，帮助企业融资18.39亿元。为丽珠制药企业用地、金湾一中高中部用地、三灶镇文化服务中心用地等重点项目提供登记服务，提高工作效率。（韩果华）

【珠海市万润置业发展有限公司】2005年，珠海市万润置业发展有限公司注册成立，是万科企业有限公司的控股子公司。万科企业股份有限公司旗下有“四季花城”“城市花园”“金色家园”等品牌项目。珠海市万润置业发展有限公司在珠海市金湾区开发万科“城市花园”项目，项目位于三灶镇华阳路南侧，总建筑面积23万平米，其中住宅1920套，配建有商业街、幼儿园约10000平方米。采用铝制模板技术、蒸发降温隔热屋面系统、雨水收集系统等创新性的施工技艺，提高住房质量，达到节能、绿色环保效果。

【珠海市金地房地产开发有限公司】2012年1月9日，金地集团在金湾区注册成立珠海市金地房地产开发有限公司。金地集团成立于1988年，1993年正式开始经营房地产业务，2001年4月在上海证券交易所挂牌上市。“金地扑满花园”是金地房地产开发公司在金湾区的第一个项目，位于金湾区机场北路水泊围，占地约26万平方米，建设低密度别墅、小高层、高层。一期户型以79、91平方米三房和约150平方米别墅为主，小区配套2万平方米商业、休闲广场、游泳池等。

【保利（珠海）房地产开发有限公司】2011年年初，保利（珠海）房地产开发有限公司在金湾区注册成立，开发“保利香槟国际花园”项目。保利房地产（集团）股份有限公司是中国保利集团控股的大型国有房地产企业，保利香槟国际花园项目位于金湾区中心地段西湖城区东路南侧、机场东路西侧，规划占地11万平方米，建筑面积42万平方米，由13栋25～38层高层、超高层建筑组成，总户数为3116户，户型涵盖80～125平方米的2～3房。项目采用围合式布局设计，中央位置打造8万平方米大型法式风情水景主题园林。

【珠海市成泰置业有限公司】珠海市成泰置业有限公司是珠光集团·珠光房产下属企业，开发的“珠光新城项目”位于红旗镇中心区，建筑面积约80万平方米，以西班牙异域风情为主题，由低密度花园洋房、叠加House、小高层和高层住宅、社区活动中心等组成超大规模综合社区。项目分五期开发建设，入住总数超过6000户。（王　俊）

城市管理

【概况】2013年，金湾区城乡建设管理以创建宜居城乡为目标，以生态示范区建设为重点，开展绿化美化亮化提升城市环境，大力整治违法建筑。全年查处违法建筑存量680宗，总面积565878.84平方米。做好农村生活垃圾处理，全区生活垃圾无害化处理率100%。重点抓好湖心路口环卫保洁，完成金德路、金城路2.2千米环卫维护保洁工作。全面实施绿化美化工程，完成机场路绿化美化提升，全年投入2502万元完成金海岸城区主干道美都路等美化一条路工作。全区有绿道64.6千米，年投入31.5万元完善绿道建设和管养工作。

【市容环境整治】2013年，金湾区城乡建设管理按照《金湾区2013年创建全国文明城市工作要点》，对区内各主要镇区和干道环境进行整治，重点向乱摆卖、乱搭建、乱停放、乱排污水、乱张贴、乱拉挂、乱抛洒、占道经营等“七乱一占”不文明行为宣战，强化巡查监督，打造良好的市容市貌。全年全区清理占道经营821处，流动商贩3871宗；教育整改违规设置的户外灯箱、广告233处，拆除广告招牌908个，广告横幅1000余条，清理城市“牛皮癣”近2000张，处理噪音扰民事件257宗。

【“三小场所”检查整治】2013年，金湾区加强小商铺、小作坊、小娱乐场所等“三小场所”检查和整治。贯彻《市领导对<香洲区前山福溪青松路附近发生油桶爆炸引发火灾>的批示》《珠海市城市监督管理局安全生产工作方案》，金湾区住房和城乡建设局（金湾区城市管理行政执法局）对辖区尤其珠海大道两侧重点区域违章窝棚（三小场所）存在的安全隐患进行查处。全年共检查4次，出动56人次。4月10日，依法检查拆除珠海大道6号桥违法搭建铁皮棚2间，面积59.76平方米，现场查获违法行为人任意放置具有严重安全隐患的油桶187个。

【酒类肉类市场检查】2013年，金湾区住房和城乡建设局（金湾区城市管理行政执法局）对辖区酒类市场进行全面检查，规范市场经济秩序。酒类执法检查47次，出动执法人员376人次，车辆77辆次，检查商户63家，检查发现无证经营商户4家，执法人员当即令其停止销售并限期办理酒类经营许可证。全年肉类执法检查10次，出动执法车辆24台、执法人员48人次，确保辖区居民吃上放心肉，解决群众最为关心的肉类食品安全问题。

【绿化美化工程】2013年，金湾区住房和城乡建设局（金湾区市政园林和林业局）配合珠海市市政园林和林业部门，完成对机场路绿化美化提升工作。督促、协调开展完成美化一条路工作，三灶镇投资1302万元完成金海岸城区主干道美都路，中心城区的主干道南涌路、北河一路改造，红旗镇投资1200万元完成和兴路、东城路改造工程。完成红旗白藤山体复绿工作，裸露山体覆盖达到55%。三灶、红旗镇加强管理，加大投入，对辖区绿化面积187万平方米范围内的绿地进行改种、补苗、清理、修枝、除虫等工作，做到每月一检，保证绿化工作顺利完成，全年投入经费约275万元。

【绿道建设与管养】2013年，金湾区有绿道64.6千米，全年投入31.5万经费（含绿化），按每月一小检，一季一大检，随时抽检的模式检查，每天派专人清扫路面，确保绿道路面整洁安全，成为市民休闲锻炼的好地方。10月，三灶湾海堤省立10千米绿道完成施工图设计。

【市政基础设施管养】2013年，金湾区住房和城乡建设局完成金湾区2座桥梁检测工作，根据检测结果计划投入24万元维修改造，确保桥梁运行安全。三灶、红旗镇完善市政设施管养，做好市政道路维修、人行道维修工作，清疏下水道和维修井盖等。加强路灯管理，推进LED灯改造。据年底统计，金湾区有路灯8090盏，总功率1213.5千瓦，亮灯率98%以上。

【查处违法建筑680宗】2013年，金湾区全面落实珠海市委、市政府关于整治“两违”“零增长、减存量”工作部署，制订《2013年金湾区违法建筑“减存量”工作方案》，确保“零增长”，推进“减存量”，实现金湾区违法建筑“减存量”80%的工作目标。全年查处违法建筑存量680宗，违法建筑总面积565878.84平方米，其中“减存量”清理整治652宗，占总违法建筑95.88%，“减存量”面积557349.6平方米，占总违法建筑面积98.49%。2013年春节前后，红旗镇组织行政执法、国土、市政中心及有关单位对红旗已控停违法建筑进行集中整治，共拆除红旗镇小林虹晖三路新东村违法搭建排栅约24000平方米、挂网约20000平方米、升降架17座。9月30日，由三灶镇牵头相关职能部门，出动100余名工作人员，对三灶镇金海岸海华新村（原海华大厦用地）占地面积约1.8亩、建筑面积120平方米违法建筑进行强制清理。

【三灶、红旗镇垃圾压缩中转房项目】2013年，金湾区住房和城乡建设局制定实施《金湾区垃圾压缩中转房建设方案》，将三灶、红旗两镇垃圾压缩中转房建设项目列入金湾区2013年重点建设项目民生保障建设工程，推进环卫基础设施建设，全面推行垃圾无害化处理。红旗镇垃圾压缩中转房项目选址位于联港工业区大林山片区规划四路，项目用地面积3000平方米。工程包括中转车间、装卸料平台、室外绿化、围墙、进站道路等，工程投资1200万元，截至年底，完成土建进度30%。三灶镇垃圾压缩中转房项目选址位于三灶定家湾工业园机场西路东侧，项目用地面积3000平方米，项目建设内容包括压缩中转区、物资储藏间、配电房、倒料平台、工具间、值班室及宿舍等，并配套垃圾压缩机、水电设施、进场道路及场地软基处理等，项目建成后达到日处理垃圾量150吨，总投资1282.2万元人民币，10月完成土建施工招标，11月进场施工。（王　俊）

环境保护

【概况】2013年，金湾区环境质量现状总体趋好，全年空气质量达到《环境空气质量标准》二类区要求；水环境质量保持稳定，水质达到Ⅱ类功能区标准，饮用水源水质达标率100%；声环境质量保持良好水平，达到《声环境质量标准》（GB3096-2008）等效声级限值标准。珠海市金湾区环境保护局加大环境执法力度，转变工作作风，提升工作效能，简化审批服务事项，提高环境管理和服务水平。全年检查企业（包括第三产业）450余家，各类环境违法行为立案查处22宗，切实维护环境安全。全年受理群众来信来访来电1168次，信访处理率100%；如期办结区政协提案4件、区人大建议2件。截至年底，金湾区成功创建省级“绿色学校”9所，市级“绿色学校”19所和生态示范村居20个。金湾区成功创建广东省生态区，通过创建国家生态区技术评估。

【环境质量】2013年，根据《环境空气质量自动监测技术规范》（HJ/T193-2005）和日报、预报有关规定，金湾区空气质量主要污染物二氧化硫、二氧化氮、可吸入颗粒物年均浓度达到《环境空气质量标准》（GB3095-2012）中二类区的标准要求。根据珠海市疾病预防控制西部中心、珠海市水务集团金湾供水分公司、国家城市供水水质监测网珠海监测站监测数据显示，金湾区内河流、饮用水源地一级保护区（爱国水库、先锋岭水库、木头涌水库、黄绿背水库）水质达到Ⅱ类功能区标准，水环境质量保持稳定，饮用水源水质达标率100%；声环境质量现状总体良好，区域环境噪声平均值55.7分贝（昼间）、44.9分贝（夜间），道路交通环境噪声63.1分贝（昼间）、53.3分贝（夜间），达到《声环境质量标准》（GB3096-2008）的等效声级限值标准。

【总量减排控制】2013年，金湾区环境保护局为实现污染物总量控制目标和削减污染物排放总量，完成金湾区主要污染物排放总量减排重点工程工作方案的编制。以环境保护规划为龙头，严格环保准入，以排污许可证为核心，强化污染源监督管理，加强区域性环境综合整治和加大环保投入等具体措施，把总量减排工作落到实处。按照《“十二五”主要污染物总量减排核算细则》精神，组织辖区纳入减排的养殖场负责人召开专题工作会议。要求广东省减排项目珠海农亨养殖有限公司完成污水储存池建设、有机肥生产设备安装、堆肥场四周围场防雨工程、堆肥场硬底化防渗工程等5项主要减排工程。全年金湾区污水处理工程运行正常，出水稳定达标，削减主要污染物排放，启动三灶水质净化厂规模为5万吨每天的二期建设前期工程。

【建设项目环境影响审批管理】2013年，金湾区环境保护局执行环境影响评价和“三同时”制度，遵守环保审批程序，根据全区产业结

2013年7月3日，金湾区环境监测站参加危险化学品事故应急演练活动

（卢奕霖 摄）

构调整的总体步骤，按照建设项目七项审批原则，对不符合产业政策、不符合总体规划的企业坚决不予审批，对“两高一资”等项目严格把关，对污染影响较大且难以治理项目进行否决。做到不以牺牲环境为代价换取眼前的经济利益，更好地保护资源和环境，保证可持续发展需要。推进公众参与，发挥社会各界的监督作用。将新建设项目的概况、项目对环境可能造成的影响、污染防治对策措施及环境影响评价主要结论等内容，在金湾区政府信息网上公示；发放环境影响评价公众意见调查表，征求公众对环境影响评价结论的意见。全年审批建设项目环境影响评价文件154个，其中建设项目环境影响报告书8个，报告表117个，登记表29个。

2013年3月27日，金湾区召开2013年环境保护工作会议　（李青石　摄）

【环境监测】2013年，金湾区环境保护局以客观、科学、准确、高效为质量方针，以提供准确的监测数据和清晰、明确、客观的监测报告为质量目标，完成各项监测任务。按照重点污染源监测要求，对辖区内所有排污企业水、气、声进行监督性监测。对全区市控重点污染源进行一年2次以上的监督性监测。全年出具污染源监测报告290份。对珠海光宝移动通信科技有限公司、珠海联邦制药股份有限公司热力系统节能减排项目、珠海世锠金属有限公司、珠海市旺磐精密机械有限公司等12家新建企业进行建设项目竣工环境保护验收监测，督促企业落实“三同时”制度，做到达标排放。全年出具验收监测报告12份。对辖区内三灶镇南排河、北排河、中心河、红旗镇小林涌等进行常规监测，为处理投诉提供客观的依据。对照《全国环境监测站建设标准》东部地区三级站标准要求，落实1050平方米实验室场所和购置仪器设备资金。

【环保执法】2013年，金湾区环境保护局严防环境污染，严查违法行为，维护环境安全。配合珠海市环境保护局环境监察部门，以加强长效管理机制为主线，加大整治污染源力度；以改善水环境质量为目标，开展突击执法、夜间执法，严查违法排污行为；以改善大气质量为目标，开展挥发性有机物（VOC）排放执法和高污染燃料使用专项检查，整治建筑工地扬尘污染和餐饮单位油烟气环境问题；以改善区域噪声问题为目标，开展娱乐场所噪声监察执法；以确保区域环境安全为目标，开展危险废物、危险化学品监察工作，实施环境安全的专项执法。全年检查企业（包括第三产业）450余家。按月检查三灶水质净化厂运行情况，每季度巡查三座水库周边环境。对各类环境违法行为下达限期整改85宗，立案查处22宗（污染物超标1宗、偷排5宗、建设项目12宗、其他案件4宗）。

【创建“碧水蓝天家园，生态文明金湾”宣传活动】2013年，金湾区环境保护局为引导全区各界广泛参与环保，营造热爱环境、保护环境的强大声势，增强保护环境责任感，结合世界环境日宣传工作，开展多种形式的宣传活动。6月1日，组织全体职工干部、广东科学技术职业学院的环保志愿者在红旗文化广场开展以“碧水蓝天家园，生态文明金湾”为主题的宣传活动。活动主要采取环保宣传板展览、发放宣传手册、环保知识有奖竞答以及以环保为主题的文艺表演等形式。宣传环保的重要性，组织企业开展清洁生产审核培训、环保法律法规知识培训、环境污染刑事案件“两高”司法解释专题培训班等，增强企业环保法治观念，提高企业环保管理水平。实施“绿色创建”带动和鼓励更多的社会公众参与生态环保活动，在全社会倡导和增强生态文明意识和可持续发展意识。

【《简化审批服务事项流程的若干措施（试行）》出台】2013年7月，金湾区环境保护局制定实施《珠海市金湾区环境保护局简化审批服务事项流程的若干措施（试行）》，提高行政效能，推进服务型、效能型机关建设。办理排污许可证只需申请单位建设项目的环评批复和项目验收意见已明确排放标准和总量分配，经金湾区行政服务中心环保窗口工作人员审核资料无误后可直接办理。填报环境影响登记表的建设项目，经村（居）、镇出具预审意见后，直接由金湾区环境保护局分管领导核发，省去中间环节。将金湾区环境保护局行政许可业务专用章、业务专用章前移至环保窗口。企业只需前往办事窗口，经过2名工作人员审核签字即可取得盖章。排污许可证新证发放、换证、变更，符合管理要求的经窗口工作人员审核资料可直接办理，压缩办理时间。企业危废转移登记初审、排污许可证年审等只需通过网上业务系统即可完成相关事项的办理，节省企业办事成本。

【大门口水道及附近海域水环境容量课题研究】2013年，金湾区环境保护局委托环境保护部华南环境科学研究所开展大门口水道及附近海域水环境容量课题研究工作，解决大门口水道附近项目落户问题，改善提升辖区水环境质量。环境保护部华南环境科学研究所对金湾区大门口水道水质及其变化趋势规律进行分析，对该水域存在的主要环境问题进行梳理，并针对该区域环境容量的管理提出相应的措施建议，提出从鸡啼门水道引水疏浚削污增容方案。课题研究阶段成果通过内审会议研究，根据专家组意见补充畜禽养殖污染治理等内容。

2013年6月1日，金湾区“六·五”世界环境日宣传活动　（李青石 摄）

【成功创建广东省生态区】2013年5月，金湾区成功创建广东省生态区。12月24日，广东省环境保护厅正式授予金湾区“广东省生态区”称号。金湾区于2009年提出建设广东省生态区，成立建设广东省生态区工作小组，编制并颁布实施《珠海市金湾区生态区建设规划》，逐年推进生态区建设工作。广东省环保厅组织专家对金湾区省级生态区创建工作进行评审考核。经过资料审核和现场检查，金湾区生态成效明显，亮点突出，各项技术指标达到要求，同意金湾区通过省级生态区评审考核并提出详细整改意见。根据广东省环保厅对金湾区省级生态区创建工作提出的整改意见，金湾区协调珠海市经济技术开发区（高栏港经济区）管委会，组织有关力量共同研究整改意见和建议，召开整改专题会议，拟定整改工作落实分工方案。经过三个月整改，补充规划实施成效报告、生态区建设特色报告等综合性材料和各指标的档案材料，形成《珠海市金湾区创建广东省生态区整改成效报告》和整改材料汇编。5月，整改材料通过广东省环保厅终审，金湾区成功创建广东省生态区。

【创建国家生态区技术评估评审通过】2013年11月8—9日，环保部生态司副司长侯代军率技术评估组一行对金湾区创建国家生态区进行为期2天的技术评估。经现场考核、民意测评、资料审核，评估组一致评定金湾区通过创建国家生态区技术评估。金湾区在成功创建广东省生态区后，乘势开展创建国家生态区的各项工作，编制完成创建技术报告、工作报告、技术评估申请书等材料。7月，金湾区申报材料通过广东省环保厅初审。9月，根据环保部意见，补充《关于珠海市金湾区生态区建设规划编制落实情况的说明》并得到认可，完成国家生态区申报工作，准备迎接国家生态区技术评估工作。金湾区与珠海经济技术开发区（高栏港经济区）共同拟定《金湾区创建国家生态区技术评估服务指南》，对日程安排、检查点位路线、后勤服务等方面做充分准备。组织有关单位对辖区迎检点位和线路进行多次实地考察，深入企业进行督促，对发现的问题及时落实整改。11月8—9日，通过创建国家生态区技术评估。

【镇级环保工作站挂牌成立】2013年8月1日，金湾区镇级环保工作站在珠海市率先成立，市、区、镇三级环保网络协同管理体系正式建立。2月，金湾区第三届人大常委会第三次会议代表提出建立镇级环保监管机构的建议，金湾区委、区政府协调金湾区人大常委会办公室、中国人民政治协商会议广东省珠海市金湾区委员会、金湾区机构编制委员会办公室、金湾区环境保护局等部门多次到三灶镇、红旗镇、各村居及相关企业开展调研，组织专业人员前往周边地区了解基层环境保护机构建立情况。下发《关于设立镇环境保护工作站的通知》，明确三灶镇、红旗镇市政管理服务中心加挂镇环境保护工作站牌子，两镇环境保护工作由镇市政管理服务中心具体负责，两镇共增加事业编制8个。金湾区环境保护局对两镇环保工作站履行业务职责进行指导。（李青石）

交　通

综　述

【概况】金湾区东临香港、澳门，南连著名的大西国际水道，北靠经济发达的珠江三角洲腹地。金湾区具有突出的海陆空交通优势，珠海高栏深水港、珠海机场、广珠铁路、江珠高速公路、粤西沿海高速公路、机场高速、高栏港高速，规划建设中的广佛江珠城际轻轨、港珠澳大桥西延线、金海大桥、香海大桥、洪鹤大桥等均在区内汇集，构成独特的海陆空立体交通网。2013年，珠海机场拓宽机场客运市场，优化机场货运结构，完善机场各项基础和服务设施。珠海机场全年旅客运输量再创新高，旅客吞吐量增幅位居中南地区主要机场第一。珠海机场保障航空器起降44725架次，比上年增长2.1%；完成旅客吞吐量289.4万人次，比上年增长38.5%；完成货邮吞吐量22667吨，比上年增长39.3%。持续推进公交优先战略，全年增加投放11台营运车辆，增加运营总班次，缩短班次间隔，满足乘客出行需求。强化交通运输管理，对相关运输企业的资质条件、经营行为等加强备案审核和检查监管。开展打击非法营运，整治客、货运输市场违章、违法经营行为，全年出动执法人员4000人次，检查各类车辆16000台次。落实对运输车辆的卫星监控，加强运输车辆信息化监管，营运车辆实现100%GPS动态监管。截至年底，金湾区拥有公共交通运营路线23条，其中跨区公交路线9条、辖区内公交路线11条，高峰快线3条。金湾区有运输企业55家，其中旅客运输企业4家、客运车辆197辆、座位数8668个，出租车公司1家、出租车26台，货运企业22家、危险品运输车辆69辆、普通货车878辆，机动维修厂22家，机动车驾校3家，轮渡码头1个，汽车客运站3个。

【完善公共交通路线】2013年，金湾区科技工贸和信息化局（金湾区交通局）重视公交线网优化工作，根据金湾区公交线网优化方案和企业、群众要求，协调珠海市交通运输局、珠海公交集团、珠海公交巴士有限公司等部门，增加11台营运车辆投放504路、201路、207路、K9等8条公交线路，增加运营总班次，缩短班次间隔，满足乘客出行需求，改善高峰期车厢拥挤现象。

同时，504路、207路、703路、704路、711路和803路延长服务时间。702路、711路、813路首末站调整延伸，702路首末站由“唐人街”调整延伸至“三灶”，711路首末站由“国佳新材”调整延伸至“定家湾工业区”，813线路延伸至丽珠工业园西门附近。702路、703路、803路全线更换为LNG新能源公交车，其中703、803路增停站点。

珠海机场旅客吞吐量与国内民航平均旅客吞吐量对比图

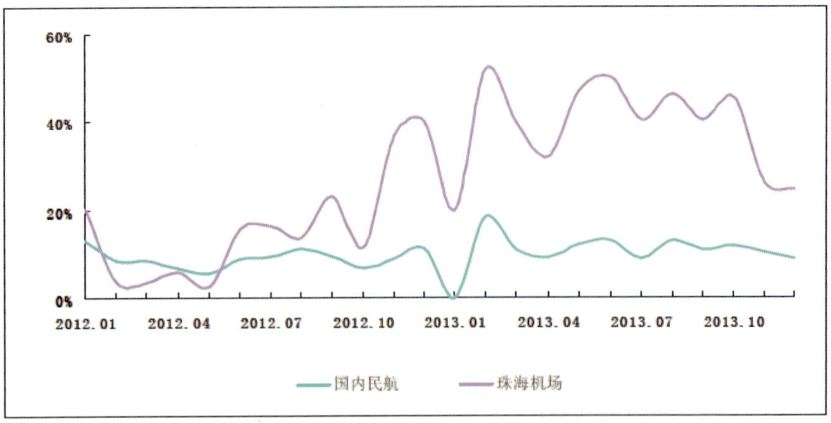

【交通安全设施设置】2013年，金湾区科技工业和信息化局（金湾区交通局）根据金湾区人大议案的建议以及八一、三板社区群众关于在珠海大道金湾段改造中增设六号桥底隧道以保障通行安全的诉求，多次与珠海市交通运输局、珠海市公路局、珠海交通集团等相关部门沟通协调，完成桥底隧道的增设。针对广东科学技术职业学院、珠海城市职业技术学院等学校关于在学校过街路口段设置红绿灯和限速抓拍系统的意见建议，与珠海市交通运输局、珠海市公路局、珠海交通集团等相关部门进行沟通协调，完成红绿灯和限速标志的设置。

【交通战备】2013年，金湾区交通战备办公室加强交通战备建设，组织相关部门，修订金湾区应急交通保障预案，迎接广东省交通战备现代化考核。金湾区交通战备办公室是金湾区国防动员委员会四个专业办公室之一，是金湾区委、区政府和金湾区国防动员委员会、金湾区交通局负责日常交通战备工作的唯一职能部门。按照国务院、中央军委《国防交通条列》规定，金湾区交通战备办公室负责全区交通战备动员保障工作，主要职责是：拟订全区有关国防交通工作的规定；协助上级有关部门做好全区国防交通网络（铁路、公路、水路、航空、管道、邮电等）的布局规划和建设工作；组织拟订全区国防交通保障计划，组织落实保障队伍，为全区内的军事行动和其他紧急任务组织交通运输保障；负责全区国防运力动员征用工作；协助上级制订和实施全区的国防交通物资储备计划，

金湾互通立交桥　（郭仲荣 摄）

并协助做好储备在全区的国防交通物资的管理和调用；协助上级做好全区国防交通科学技术研究成果的推广、应用；指导、检查、监督全区交通战备系统的国防交通工作，协调处理有关问题。　（曾志伟）

【公路管养】2013年6月28日，珠海市公路局金湾分局与珠海市公路局斗门分局整合成立珠海市西部地区公路管理处，隶属于珠海市公路局管理，负责珠海市西部地区（金湾区、斗门区、高栏港经济区）的国道、省道和县道公路养护管理工作。截至年底，金湾区内管养的公路里程为359.17千米（不含高栏港高速），实际养护里程287.49千米，公路里程好路率达93.39%，其中省道好路率达94.93%。全年，珠海市西部地区公路管理处完成金湾区域内特大桥、大桥的永久性观测点设置，大桥以上桥梁助航标志设置；完成省道S272线海堤护坡加固维修，县道X587线毁坏海堤护坡维修；翻新县道X582、X583线交通标线；完成县道X582路面排水修复工程；清理县道X762飞铁线山体滑坡1.77万立方米。全年完成金湾区辖区内机械清扫面积1992.35万平方米，人工清扫面积471.93万平方米，公路巡查11970.2千米；清理水沟31.2千米，填整路肩60.37万平方米，处理桥涵跳车321平方米，修补坑槽沉陷罩面1360平方米，修补砼板416平方米，疏通桥涵排水9座，维修清理伸缩缝497米；补植绿化带路肩草15.71万平方米，管养绿化带736.06万平方米，补种示警桩80条，补植路树527棵。　（郑湘凯）

珠海机场基本数据表

指标名称	2013年	同比[3]（+/−）	完成年度目标（%）
运输起降（架次）	25936	7262	122.2
训练飞行（架次）	18789	−6352	70.9
旅客吞吐量（万人次）	289.4	80.4	122.6
货邮吞吐量（吨）	22667	6397	119.3

【珠海机场旅客吞吐量增幅位居中南地区主要机场第一】2013年，珠海机场旅吞吐量与航班量同步增长，达到289.4万人次，比上年增加80.4万人次，增长38.5%，在中南地区主要机场中位居第一。其中本地进出港旅客263.9万人次，过站和备降旅客25.5万人次，比上年分别增加73.4万人次和7万人次，占总增量的91%和9%。客流分布以华东地区为主，客流量116万人次，占总量40%，其次是华北地区54万人次，占总量19%，中南地区46万人次、西南地区39万人次，分别占总量16%和12%，过站旅客占25万人次，占总量9%，东北和西北地区各占2%。客运量增长进入新的发展周期，运输航班不再像以往频繁出现大幅波动，而是呈现稳步增长趋势，航线航班逐渐形成规模化发展。航班密度加大和航点通达性增强，满足城市航空游客需求，其中北京、上海航班每天高达7～9班。加密省会城市和重点旅游城市的航班，每天2班以上航点增至11个城市，不同时段的航班时刻，增加旅客出行选择空间。航线通达性明显提高，客运航线通达城市38个，东北地区航线的开通，终结10多年来珠海机场无东北地区定期航线的历史。

【珠海机场完成首次国际全货机保障】2013年，珠港机场公司完成珠海机场丹马士国际空运包机项目，合计42班国际全货机航班，飞往阿姆斯特丹、芝加哥、洛杉矶，运送货物4000多吨，标志着珠海机场已经具备保障国际主流全货机波音777F、波音747-400F的能力。10月初，珠海机场租用瀚星及中信海直机库，在28天里把机库建成2500平方米的国际货运库区。协调口岸联检部门以及相关保障单位，详尽部署航班信息通报、航空器引导、集装箱卸机、联检单位保障等各项工作，完善国际全货机保障流程。11月5日，丹马士国际空运包机项目启动，航班从一周三班上升到一个上午三班。先后2次组织货运团队前往广州白云机场学习货运工作知识，并邀请欧洲航空公司国际货运专家指导，完善各工种操作流程，全力保障全货机航班。42个国际全货机航班，没有发生一起不安

全事件，珠海机场实现国际货运常态化。（余凯强）

民用航空

【概况】2013年，珠海市珠港机场管理有限公司适应市场变化调整业务策略，利用政府扶持民航运输发展政策，吸引航空公司在珠海机场投放更多运力，拓展可持续发展航线市场。推动政府与目标航空公司战略性合作进程，有效增加本场基地航空的运力供给，加快完善珠海机场航线网络，首次开通国际全货机航线。完善机场各项基础和服务设施，建立与机场各营运单位及航空公司的安全、服务协作机制，构建更安全、更专业、更高效、更人性化的机场运营环境，确保机场可持续发展。全年完成航空器起降44725架次，比上年增长2.1%，其中运输起降25936架次，比上年增长38.9%；训练飞行18789架次，比上年减少25.3%。完成旅客吞吐量289.4万人次，比上年增长38.5%；全年航班平均客座率为72.2%，比上年提升0.2个百分点；平均每周始发运输航班246班，比上年增加70班；通达城市39个，比上年增加10个；定期航班承运人17家，比上年增加1家。货邮吞吐量22667吨，比上年增长39.3%。

【拓宽机场客运市场】2013年，珠港机场公司整合各方资源，以航空旅游为突破口做大航空市场，研发和创新航空旅游产品。制定策略性强的市场拓展方案，在本地及周边城市、外省市场进行推广；搭建旅业界沟通平台，提高珠海机场航班新产品在公众及业界知名度。6月，召开珠海机场中山推介会，向中山市民推介新开通的珠海东北新航线等航空旅游产品。10月，召开济南、青岛推介会，向对飞城市市民推介冬春航季新增加密青岛、济南等航线航空旅游产品。联合各驻场航空公司、珠海旅游业界，向省外发展业务、推介产品，提高珠海机场知名度；通过完善的服务，更多的优惠吸引外省旅客乘坐珠海机场航班；从上海、成都、重庆、天津等对飞城市组织港澳团队通过珠海机场提供的地面接驳产品前往港澳游。

【优化机场货运结构】2013年，珠海机场完成货邮吞吐量22667吨，比上年增长38.5%，其中国内货物18658吨，国际货包4009吨。若排除国际货包完成量，全年本场货邮量为18658吨，比上年增长14.7%，完成年度期望目标98%。经历2012年电子产品下滑后，通过调整销售策略，优化本场的货物结构，开拓新的货物市场，协调航空公司提升货物处理保障能力，珠海机场航空货运量呈现恢复性增长，并持续保持稳定增长，全年国内航线货邮运量已恢复到2011年的水平。货物构成以服装、快件和鲜活产品为主，占本场货物运输量的72%；电子产品份额明显下降，从2011年53%持续减少至15%；快递业务随电子商务快速发展，比上年增加1800吨，增长近2倍，是全年国内货物同比增加的主要因素；鲜活货运市场开发和回程货物的组织情况有新突破，运输量比上年增长25%。

【货物运输量分析】2013年，珠海机场国内各地区货物运输量比上年

2013年6月18日，珠海-郑州-长春航班首航仪式

（珠海市珠港机场管理有限公司提供）

增长的地区是华东、中南和东北，分别占48%、29%和23%，华北、西南和西北地区比上年下跌。华东地区比上年增加1406吨，杭州、南京分别增加546吨和659吨，主要是航班执行稳定，有利于货物组织；中南地区增加834吨，开通郑州航班和加密武汉、三亚航班，分别增加530吨和200多吨。东北地区比上年增加663吨，开通哈尔滨和长春航线，分别增加360吨和303吨。华北地区减少232吨，其中北京减少243吨，因开通东北地区航线，经北京中转东三省的货物减少。西南减少232吨，其中贵阳减少221吨，因航班时刻调为早上，贵阳货物受影响。西北（西安）减少152吨。

【机场安全管理体系建设】2013年，珠港机场公司运输业务快速增长安全形势持续良好，没有发生事故及事故征候，没有发生机场责任造成旅客受伤事件，实现年初制订的安全目标。通过实施安全管理系统（SMS）建设，实现安全管理从事后到事前、从开环到闭环、从个人到组织、从局部到系统的转变。根据民航中南地区管理局下达的安全责任目标，珠港机场公司与所属单位签订《安全生产责任书》《消防安全责任书》，安监部门督促各单位落实安全主体责任，安全责任分解到科室、个人，每个岗位安全责任明晰。珠港机场公司重视全员安全培训工作，全年参加民航和地方政府举办的各项业务培训209人次；邀请航空运输专家及珠海市消防局、金湾交警大队警官专题授课。新入职员工实行先培训后上岗，全年4批次136位员工和实习生参加岗前培训；149人参加危险品航空运输上岗证培训和复训；举办机场客桥操作员理论和实操专业培训和考核4期，53位员工参加；组织安全知识讲座1场，1037人次参加举办机坪作业安全、道路交通和飞行区交通安全、消防安全和逃生、应急管理等培训；组织协议单位及施工人员安全培训9场，72人次参加。坚持开展“安全工作坊”活动，全年举办安全工作坊104场次，1833人次参加。6月，举办“强化安全基础、推动安全发展”为主题的“安全生产月”活动，活动内容包括安全宣传教育、宣传咨询周、应急学习培训及演练、员工技术技能比武、安全大检查等。珠海机场在民航中南管理局年度安全管理考评中获得“达标单位”称号。

【机场服务体系建设】2013年，珠港机场公司根据旅客需求改进和提升服务水平，通过在新浪网注册官方微博，在机场官方网站设立留言信箱，开展旅客满意度调查等方式建立与旅客交流平台，倾听旅客意见和建议。不断完善服务体系，树立服务品牌，打造“食、住、行”一体化服务。“食”有机场购物同城同价，旅客只需花上十几元就可以在候机楼内饱餐一顿；“行”有珠澳直通快线45分钟抵达澳门，九洲港快船70分钟直达香港，免费过夜停车；“住”有免费酒店住宿，乘坐珠海机场早晚航班的个人旅客（不含团体旅客）在航班起飞前一日或航班到达当日，经提前预订后可享受准3星级酒店一晚免费住宿。珠海机场还推出方便旅客的无成人陪伴儿童、首次乘机全程引导等服务。根据国际机场协会（ACI）评价机场服务水平标准（ASQ），在登机口采取随机抽样问卷测评方式访问旅客，第4季度受访旅客“机场整体满意度”指数为4.41分（满分为5分），比上年提高0.06，环比增长0.05。其中，旅客对候机楼环境整洁、空气清新、温度适宜；机场工作人员服务态度友好；卫生间清洁、空气清新等项目的评价最高。

【机场基础设施建设】2013年，珠港机场公司加强设施设备维修保养工作，完成飞行区基建及助航灯光专项维修439项，零星维修500项，合计330万元，包括标志线刷漆、灌缝、围网、排水沟、助航灯光等14大类；完成航站楼及机电设备、特殊系统及供电系统专项维修301项，零星维修2500项，合计420万元，包括楼宇建筑、登机桥、安检设备、行李系统、高低压供电等13大类；自主完成技术革新5项，节约资金25万元；完成应急处置工作12项、保障国际货包设施设备正常运行。在新建及改善工程方面，完成房屋建筑及机器设备新建、改善工程95项，金额1500万元；完成服务设施改善28项，完成房屋建筑及机器设备新建、改善工程95项，金额1500万元。升级改造候机楼WIFI（无线上网系统）广播系统；翻新旅客座椅400个；在值机区安装6台自助值机设备。

【客运航线网络拓展通达全国38个城市】2013年，珠港机场公司航班量比上年增长38.9%，超额22%完成年度预定目标。航班量均衡上升，平均每周始发运输航班246班，比上年增加70班，月度航班完成量屡创珠海机场历史单月新高。航班计划稳步执行，改善淡季临时取消或暂停航班航线情况。两个航季航班量比上年大幅增长、环比稳步递增，夏秋季比上一季增长2%，冬春季比夏秋季增长15%，扭转往年夏秋季比冬春季减少的常规。扩大航线网络覆盖面，加大航点航班密度，基地航空新增2架飞机，开通东北地区航线，结束珠海机场无东北航线的历史。全年开通南通、长春、柳州、义乌、哈尔滨、张家界、青岛、台州、桂林等10条新航线，客运航班通达城市达到38个，比上年增加9个；全年加密4条航线的班次，有3条航线机型座位数上升，每天2班以上城市升至11个，其中北京、上海线每天高达7～9班。运输航班从密度和广度上均有明显提升，航班量逐渐形成规模化运营。

【城市候机楼增至14家】2013年，珠港机场公司新增城轨明珠站、珠海站、南屏V12创意园城市候机楼。城轨明珠站城市候机楼可向广大旅客提供一系列便民服务功能，如航班查询、机票销售、机场快线班车等。城轨珠海站候机楼地处拱北口岸、广珠城轨交汇处，交通便利，是珠海机场在拱北设立的第二家城市候机楼。南屏V12创意园候机楼位于南屏V12文化创意产业园旁，是珠海机场在南屏设立的第二家城市候机楼。新设立的城市候机楼配有实时航班动态显示系统，及时为旅客提供航班信息查询，安排航空出行计划。珠海机场快线每天发车班次增至129班，比上年增长2.3%；全年运输旅客34万余人次，比上年增长50.7%。珠澳快线运输旅客3万余人次，比上年增长151.9%。

【成功实施“3·27”海上救援】2013年3月27日下午，珠海瀚星通用航空公司B9592飞机在珠海机场执行训练，因机械故障紧急迫降在珠海机场05跑道延长线海面。珠海机场现场指挥中心接报后迅速启动应急救援预案，组织开展救援工作。因珠海机场应急救援体系完善，救援信息传递准确，救援力量反应及时，救援工作实施到位，机上3名机组人员全部获救。从获得遇险信息到机上3人安全获救，整个过程只耗时20分钟。针对珠海机场三面临海的特殊地理环境，珠港机场公司与三灶海上渔民救助队建立海上突发事件应急救援处置程序，完善珠海机场海上应急救援体系，提升海上救援能力，实现信息传递、救援实施准确迅速。3月28日，组织员工举办《应急救援管理》专题培训，总结“3·27”海上救援经验与不足。6月、11月分别组织办公区和旅客公共服务区的疏散演练，培训员工熟悉机场消防设备设施和使用方法，学会应急报警和火灾逃生知识，在紧急情况下引导旅客逃生。

【加强机场候机楼商务经营管理】2013年，珠港机场公司借鉴香港机场商业零售运作管理模式，开发机场潜在的商业价值和机会，引进一批国际和港澳地区知名饮食和零售店铺加盟珠海机场。完善机场候机楼商业零售店铺规划和组织招商活动，新增睿杰名店、两岸咖啡、京润珍珠、品玉等7家商铺加盟。通过商业规划调整提升候机楼商业形象，初步形成连天红、睿杰高端商业区域和6号登机口品牌手表区域两个较为显著的商业区划。全年商业收入比财务预算增长17.3%，开展商铺员工培训9次、351人次参加，内容有消防安全、店铺管理、销售技巧、航班知识等；坚持“每日巡场”制度，管理员每日巡视各商铺，检查店铺环境卫生、人员仪表、商品价格等各方面是否符合相关规定和要求。规范服务人员行为、确保商品品质，保证商家诚信

经营并保持机场商品价格与珠海市区持平。（余凯强）

【民航珠海空中交通管理站日保障航班架次首次破百】2013年，中国民用航空珠海空中交通管理站为各类飞行提供优质安全的空管服务，保障各类飞行44297架次，比上年增长3.63%；其中正常航班25399架次，专机3架次，加班飞机372架次，包机48架次，本场训练13561架次，航线训练20架次，调机467架次，公务机142架次，军方4架次，外国飞机3892架次，其它性质飞行389架次。2月15日，珠海机场自1995年开通运行以来，日航班起降架次首次破百，达到102架次。通信设备正常率达到99.999%，设备完好率99.8655%，无线电有害干扰事件为0。珠海空管站气象台对外共发布珠海机场气象预报2687份，重要天气预报准确率达到88.5%，发布机场观测报8576份，观测错情率为0.02/万，设备正常率99.6%，设备完好率99.4%。（赵　旻）

公路运输

【概况】2013年，珠海市交通运输局依据珠机编[2013]4号“关于珠海市交通运输局所属事业单位机构编制方案的通知”，将原珠海市道路运输管理处、珠海市水上运输管理处、珠海市金湾交通管理总站整合，名称调整为珠海市道路运输管理处。11月，金湾运输管理所成立，为珠海市道路运输管理处派出机构，副科级单位，配备工作人员11名（包含珠海市交通运输管理局金湾服务大厅3名）。金湾运输管理所在金湾辖区以珠海市道路运输管理处名义履行道路运输管理体制职能，监管交通运输市场、服务运输企业，做好各项交通运输行业的监督管理和服务工作。全年金湾运输管理所办理普通货车审验、新增、注销手续共815辆，检查登记436辆车次，纠正、消除安全隐患32辆车次，检查危险品运输车69辆，纠正及消除安全隐患12宗，推进运政服务大厅工作，落实汽车客运站、渡口、码头检查，加强旅游客运整治、危险货物运输企业及营运车辆GPS（全球定位系统）动态监管。截至年底，金湾区有运输企业55家，其中旅客运输企业4家、客运车辆197辆、座位数8668个，出租车公司1家、出租车26台，货运企业22家（危险品运输6家、普通货运16家）、危险品运输车辆69辆（总吨位2700吨）、普通货车878辆（总吨位15800吨），机动维修厂22家（一类1家、二类8家、三类13家），机动车驾校3家和1个轮渡码头、3个汽车客运站（三级站2个、四级站1个）。

【运政服务大厅工作】2013年，金湾运政服务大厅归属金湾交通管理总站后，主要受理金湾区交通运输行业的业务咨询、资料受理、运输车辆证照的审验以及相关的投诉和信访工作。全年办理普通货车审验、新增、注销手续共815辆，危险品运输车辆122辆，客运车辆173辆，出租车26辆，受理驾校教练员资格审查160名、行政许可10家普通货运企业，网上清理黄标车230辆。

【汽车客运站检查】2013年，金湾区有汽车客运站3个，其中三级站2个（三灶汽车客运站和珠海机场客运站），四级站1个（红旗汽车客运站），占地面积约3600平方米，共有发车位5个；主要经营广东省内外长途班车线路，其中省际线路6条、省内线路63条，围绕珠三角，辐射到广西、湖南、湖北、河南等地，日均发班车86辆，客流量约1300人次。金湾运输管理所按照《道路旅客运输管理条例》《客运站管理规定》要求，向汽车客运站、进站经营者和广大旅客宣传道路运输政策和法规。监督检查运输企业及运输车辆对有关管理规定和制度的落实情况，督促客运站场严格落实“三不进站、六不出站”（危险品不进站、无关人员不进站、无关车辆不进站；超载客车不出站、安全例检不合格客车不出站、驾驶员资格不符合要求不出站、客车证件不齐全不出站、出站登记表未经审核签字不出站、乘客和驾驶员不系安全带不出站），做到“车进站、人归点、站管车”。

定期和不定期检查进站发班客运车辆牌照、证件是否齐全，运输设施及消防器材是否符合要求。全年检查登记436辆车次，纠正、消除安全隐患32辆车次。

【渡口、码头检查】2013年，金湾运输管理所加强鹤洲北渡口的日常监督检查工作，重点对季节性气候变化时期的检查，尤其是汛期、台风季节，防止非法渡运。鹤洲北渡口是金湾区唯一的渡口，位于鹤洲北与横山岛之间，距离约1300米，有160马力渡轮一艘，主要用于岛上海产品养殖户人员、车辆、海产品的往返。全年日均往返车辆30车次，客流80人次，货物（海产品）20吨。结合交通行业开展“平安交通”创建活动，开展对水上运输企业进行隐患排查和整治，联合各相关部门开展专项安全检查，检查码头设施保养情况、渡轮性能状况、从业人员资质情况、消防及救生设备情况等，明确渡口渡船安全管理职责和责任，保证渡口渡船安全和人民群众安全、便捷出行。

【旅游客运专项整治】2013年，金湾运输管理所督促旅游客运企业落实车辆安检，严禁超速、超载及疲劳驾驶，严格执行交通运输部规定的凌晨2：00～5：00落地休息制度，及时发现和制止各类违法违规行为、驾驶员资质排查率100%。检查企业车辆和从业人员的档案管理、安全会议、培训记录，GPS动态监控记录台账以及有关管理制度是否落实，抽查企业3家、旅游包车22辆。查处珠海机场汽车运输有限公司车辆超速驾驶和违规经营行为，要求企业限期整改并加强跟进监管。督促企业健全管理制度，定期对所属旅游车辆进行隐患排查，完善车辆日常安全检查和维护制度，落实专人负责车辆安全工作。

【道路危险品运输企业监管】2013年，金湾区有道路危险品运输企业6家，危险品运输车69辆。危险品运输企业是重点监管企业，日常检查每月1次，重大节日、黄金周开展专项检查，检查企业是否落实安全生产工作制度，要求严守工作规程。开展综合安全生产大检查，重点整治危险化学品运输企业无证经营，车辆非法营运，违法挂靠、外包和从业人员无证上岗等，整治化学品运输车辆非法改装、违规装载等，全年检查危险品运输车69辆，纠正及消除安全隐患12宗。

【营运车辆实现100%GPS动态监管】2013年，金湾运输管理所贯彻交通运输部要求，落实对运输车辆的卫星监控，加强运输车辆信息化监管。金湾区“两客一危”（班车客运、包车客运、危险品运输）企业、出租车公司营运车辆100%安装GPS终端设备并接入珠海市信息中心监控平台，接受行政主管部门监督管理。通过GPS轨迹回放、提醒、提示、纠正违规行为，对抽查中发现的违规行为、交通信息中心的超速通报、2：00～5：00时段客运车辆未按规定停车休息的企业和驾驶员进行追究问责，并督促落实整改。明确企业担负车辆安全动态监控主体责任，督促运输企业和汽车客运站安装进出站监管信息系统，实现卫星定位监控系统联防联控，完善监控平台的使用和管理制度，落实车辆营运全时监控，确保运输安全。（陈章汉）

交通行政执法

【概况】2013年，珠海市交通运输综合行政执法局金湾大队业务管辖区域为金湾区和高栏港经济区，全年出动执法人员4000人次，检查各类车辆16000台次，立案查处各类交通运输违法违规经营案件603宗。开展打击非法营运，整治客、货运输市场违章、违法经营行为，整治国道、省道两侧违法、道路两边乱摆乱卖摊档，取缔、查处汽车维修行业无证经营和超经营范围事件，有效遏制辖区交通运输行业违法经营行为。

【交通行政执法管理】2013年，金湾交通执法大队开展道路运输市场管理，严厉打击非法运营行为，净化辖区大学园区周边运输环境，整治非法占用公路用地和公路超限违法行为。全年开展净化交通运输环境出动执法人员2000余人次，检查车辆1600辆，查处和处罚非法营运蓝牌车260台次，二维逾期处罚38台次，出租车不遵守营运秩序120台，客运包车不按规定使用道路运输专用票证48台次，普货运输车辆违章180台次，超越许可事项18台次，查处超限超载案件20宗，取缔无证经营汽车维修8家，发放整改通知书79份，清理违章广告180块、约590平方米，清理国道两侧乱摆卖摊点40余次。

【**春运保障**】2013年，金湾交通执法大队春运期间按照“以客为主、安全第一、服务至上、保障有力”的总体要求，重点围绕旅客出行安全和道路畅通，加强值班值勤和珠海机场营运秩序管理。全体执法人员严格落实值勤值班制度，在辖区各重要交通站点、路段集中整治南水、红旗、三灶客运站点外的违规上客、班次车辆不按站点上客、无春运证经营包车现象。检查车辆350台次，立案查处违法案件10宗，卸客转运2宗83人。

【**交通执法重点区域检查**】2013年，金湾交通执法大队加强重点区域检查治理，经多次开展调查研究，确立“以点保面、以点带面、点面结合、统筹兼顾”的工作方略，联合公安、交警开展执法，共同监管，组织执法人员对黑车经常出没停靠点巡查打击。针对在金湾大学园区、海泉湾旅游度假区客运车辆证件手续不齐，时有违反交通法规和损害旅客利益的现象，采取设点稽查、流动巡查、择时检查的方法，加强监督力度。在海泉湾度假区旅游旺季采取集中整治方式，对进出海泉湾的旅游车辆实行逐一检查，对没有合法营运手续，没有有效包车协议的营运车辆加大查扣和处罚力度，规范旅游运输秩序。在大学园区重点打击无序包车，扰乱合法交通运输营运行为，在学生外出高峰期，组织力量查处非法营运车辆。

【**交通执法专项整治活动**】2013年，金湾交通执法大队开展整治班线客运、出租车拒载、非法营运、无证经营、损害旅客权益等违法违规行为的专项整治活动。通过专项整治，辖区客运市场秩序改善，服务质量提升，机场出租车经营服务规范，“拒载侃价”等问题减少。

【**交通执法打击超限超载**】2013年，金湾交通执法大队针对辖区货运车辆超载行为开展治超工作，全年查处超限超载案件20宗。加强对货物源头的监管，针对公路沿线非法货源点的分散性、反复性、随意性等特点，加大打击力度，一经发现坚决取缔。联合金湾交警大队加大流动稽查力度和频率，在辖区主要干线进行高密度、高频率的流动稽查，依法打击绕道、打时间差的超限超载车辆，有效治理车辆严重超限超载行为，改善交通运输环境。（吴　孟）

公用事业

供　水

【概况】珠海水务集团有限公司金湾供水分公司为珠海水务集团有限公司下属供水分公司，主要承担金湾区、高栏港经济区自来水生产、销售、供水服务等工作。2013年，金湾供水公司供水总量8008.13万立方米，比上年增加8.36%；共有用户92463户，新报装用户7908户，新安装DN80以下管道34026米，DN80以上管道22625米。全年投入98.4万元对供水设备进行技术升级和维修、维护；投入230万元对区域内供水管网进行改造，累计改造供水管网长度48925米。围绕珠海水务集团“十二五”发展战略，提升供水服务水平，全年实现无重大安全生产事故。存在问题：供水市政设施建设严重滞后，辖区供水管网存在大量水泥管和镀锌管，漏损爆管频繁。

【生产供水】2013年，金湾供水公司严格执行珠海水务集团调度指令，合理安排生产计划，通过综合分析水厂生产工艺、水库的制约条件等，进行区域内部供水调度优化，投入98.4万元对供水设备进行技术升级、维修、维护，保障供水质量。全年总供水量8008.13万立方米，比上年增加8.36%，其中自产水1754.42

2013年2月27日，金湾区政协委员参观珠海水务集团公司竹洲头泵站、竹银水库、西区水厂等重要供水设施　（张　璋　摄）

2013年5月7日，三灶海华小学学生到三灶水厂参观（王　瑞 摄）

万立方米（三灶水厂、平沙水厂、黄绿背水厂、南水水厂）；转供水6253.71万立方米（乾务水厂、西城水厂）。

【水质监控】2013年，金湾供水公司在金湾区、高栏港经济区建立32个取水点，实行三级水质监测管理体系：水厂每小时（一级）检测9项；分公司每天（二级）检测21项；集团公司水质中心（三级）检测106项。水厂生产用水采用反应—沉淀、气浮—过滤—次氯酸钠消毒常规处理工艺。从原水到出厂水，再到管网水，对每个环节水质进行实时监测，严格把关。全年上报水质分析报告16份，实现全年无重大水质污染事故。

【管网改造建设】2013年，金湾供水公司集中对三灶片区的市政供水管道和小区、村委供水管道进行改造。投入170.13万元对小林工业路总长2.5千米的DN400供水管道进行改造。投入230万元对区域内的供水管网进行改造，累计改造管网长度48925米。

【管网维护巡检】2013年，金湾供水公司巡检供水管线448公里，发现漏点116处，完成抢修管道1809次，抢修及时率100%。对供水管网设施的维护工作进行事前控制，特别对附近埋有供水管道的施工工地进行全面监控，保证供水管道、设施安全。投入190万元对“到龄”水表、大口径失效阀门进行轮换，提高水表准确性和管网抢修及时性，减少爆管抢修影响用户。对辖区1695个市政消防栓进行全面检查维护，确保市政消防栓处于正常运行状态，对市政道路进行全面清查，对未按规范要求设置消防栓的路段及时处理。

【开展水厂开放日活动】2013年2月27日，金湾供水公司邀请金湾区政协委员参观珠海水务集团属下的竹洲头泵站、竹银水库、西区水厂，详细介绍珠海西部地区水资源状况、自来水生产工艺流程及供水服务。5月7日，组织三灶海华小学百名小学生参观“金湾区学生环保教育基地”三灶水厂，让学生了解自来水生产工艺，从小树立节约用水观念。

【举办“世界水日”“中国水周”宣传活动】2013年3月23日，金湾供水公司在三灶伟民广场举办“世界水日”“中国水周”宣传展览及供水服务咨询活动，向群众派发“世界水日”、生活节水等宣传资料260册。2013年“世界水日”“中国水周”活动的主题是“节约保护水资源，大力建设生态文明”。世界水日是人类在20世纪末确定的又一个节日，旨在唤起公众的水意识，加强水资源保护。为满足人们日常生活、商业和农业对水资源的需求，1993年1月18

日，第四十七届联合国大会作出决议，确定每年的3月22日为“世界水日”。1988年《中华人民共和国水法》颁布后，中国水利部即确定每年的7月1日至7日为“中国水周”，考虑到“世界水日”与“中国水周”的主旨和内容基本相同，故从1994年开始，把“中国水周”的时间改为每年的3月22日至28日，时间的重合，使宣传活动更加突出“世界水日”的主题。

【金湾区行政服务中心增设供水审批窗口】2013年5月17日，金湾供水公司供水审批服务项目正式入驻金湾区行政服务中心，设立办事窗口，直接受理金湾区对公临时用水报装、对公正式用水报装、水表过户、变更缴费方式、变更用户基本信息等业务，提升企业、个人办理供水业务效率。建立完善仓库、报装、收费信息平台，启动管网信息化建设，实行网上互动共享，方便用户，提高工作效率。

【执行新阶梯水价标准】2013年12月1日起，金湾区居民实行阶梯水价。新的用水类别分为居民生活用水、非居民生活用水和特种用水三类。居民生活用水实行阶梯水价，按每月每户每立方米计算；20立方米（含20立方米）及以下部分每立方米1.74元；21～30立方米部分每立方米2.61元；31立方米及以上部分每立方米3.48元；合表用户每立方米1.94元。非居民生活用水每立方米2.43元，特种用水每立方米6.50元。此次水价调整实行阶梯水价的居民生活用水，家庭人口超过4人的，可根据用水地址和对应的户口簿、居住证向珠海水务集团有限公司申请增加用水人口，每增加1人，可在各级水量上限基础上相应增加5立方米。对珠海市享受最低生活保障待遇的家庭，生活用水每户每月免收7立方米；珠海西部地区农村低收入农户家庭生活用水每户每月继续免收3立方米。全年金湾区低保用户减免水量96428吨，共计149029.54元。

【建立GIS巡管系统】2013年，金湾供水公司开展GIS（地理信息系统，具有地图处理、数据库和空间分析三大功能）巡管系统建立工作，建立GIS系统标点30个，完成辖区250公里管线的探测并将其录入系统，逐步开展巡检系统的应用，整理及利用已有的报装等管线资料，进行地形图的更新，并将已有的较为完善的管线资料导入系统。GIS巡管系统的建立，有利于消除传统巡管无法及时掌握管网设施运行状况，巡线工作缺乏计划性、效率性造成的水管网安全隐患。（杨　威）

供　电

【概况】2013年，广东电网公司珠海金湾供电局负责金湾区、高栏港经济区10千伏及以下配电网络的电网规划、配网运行、电力营销、供电服务等工作，所辖供电区域508平方千米，供电人口30万人，用电客户98422户，新增5320户。截至年底，售电量33.375亿千瓦时，比上年增长10.93%，当年电费回收率99.95%，旧欠电费回收率98.87%；用户年平均停电时间2.19小时，比上年下降53.40%；预安排停电时间累计1.93小时，比上年下降35.88%；故障停电时间累计0.86小时，比上年下降48.80%。所辖供电区域是珠海市重点工业区，大工业用电量占金湾区、高栏港经济区用电量80%，占珠海供电局用电量21%。所辖供电区域有220千伏变电站3座，总容量2406兆伏安；供电线路231条，其中公用线路159条、专用线路72条；农村居民端电压合格率99.90%；公用线路环网率95.69%；供电可靠率99.97%。全年完成大修、技改项目43个，总投资1713万元；配网建设项目80个，投资7600万元。全年累计开展培训146人次。

【供电安全生产】2013年，金湾供电局逐级签订安全生产责任书，安全责任细化到人，落实到位。组织开展第一阶段内审，将风险评估、“两册”（《生产管理一体化工作手册》《生产班组一体化工作手册》）应用、规范化管理纳入检查范围，发现问题录入纠正与预防信息管理系统，实现全过程闭环管理。对管理的薄弱环节编制第二阶段体系建设提升方案，推动体系建设。全领域开展任务观察，实行安全生产管理。

【客户服务】2013年，金湾供电局全面推广服务产品，提升服务品质。高压单电源报装办理时限比上年下降58%，低压电力办理时限比上年下降23%。全年处理计量故障128单，追补电量70.95万千瓦时；加强用电检查工作，处理违章窃电5宗，追回电量6257千瓦时。10千伏线路分线线损异常率降至1.32%，台区线损异常率4.06%。6月30日，全面完成公变台区信息核查、专变客户信息核查和10千伏配电线路的营配数据核查工作，提交珠海供电局和内业单位导入系统，客户联络信息准确率83.17%。建立政企常态沟通机制，定期召开沟通例会，领导挂点，分层级客户走访，为大客户提供安全、可靠、优质的个性化供电服务，增供扩销、拓展电力市场。对重要客户、防汛防风防旱三防客户、重点关注客户明细进行梳理，加强现场用电检查，对存在安全隐患拒不整改的客户督促整改。开通多渠道业务办理宣传，增强客户办理业务熟知程度。开通客户手机信息，发布客户用电需求。优化专变报装审批流程，提高办事效率。做好业扩用计量装置供给计划，提高装表接电速度。推进小区抄表到户工作，联合物业公司与部分小区建立战略合作关系。加快复电全过程监控，减少配网故障停电时间。

【电网建设】2013年，金湾供电局贯彻落实新修订的《关于珠海市电网建设绿色通道的实施意见》，根据金湾区经济发展规划及用电需求，分析配电网薄弱环节，完成编制“一镇一册”（配电网规划延伸到镇级供电所，每镇编制一份配电网规划报告）镇级配电网规划、配网自动化规划等重点规划，并将电网市政配套建设纳入政府工作议程。主网方面，大力推进220千伏金鹤（鹤南）输变电工程、110千伏航空（机场西）输变电工程、500千伏加林输变电工程及220千伏黄茅海输变电工程等前期规划、国土、征地拆迁属地化工作，为后续工程实施提供基础保障。配网方面，完成79项配网工程的建设及投运，全年新建10千伏电缆线路70.9千米、10千伏架空线路87.2千米、配电变压器210台、电缆分支箱56个、电缆沟25千米，新增配电容量102140千伏安。

2013年5月15日，金湾供电局开展社会责任日活动　　（黄翠婷　摄）

【配网运行】2013年，金湾供电局加强开配网故障管理，每月通报配网故障情况，每季度开展故障分析，制定整治措施。持续开展线路各接续点的测温检修工作，推广C型线夹、安普线夹（机械端子）的使用。提升线路防雷水平，开展架空线路防雷线夹应用。按季度持续开展差异化运维效果评价，优化差异化运维策略。强化故障定位作用，就地故障隔离功能。提前介入工程施工停电方案，优化方式，严格控制非计划停电。制定实施《珠海金湾供电局综合停电管理实施细则》，推进综合停电精细化管理。落实《珠海金湾供电局计划停电工作节奏安全管控模型》审批停电，推进配网自动化建设。

2013年9月30日，金湾供电局赴广东汕尾海丰县“金湾抢修复电队”顺利完成工作任务归来（黄翠婷 摄）

根据金湾“2-1”单环网、两联络接线特点，采用配置二遥终端预留三遥的方案，改造64回线路122台开关，自动化线路覆盖率40%。全农村居民端电压合格率为99.9%。完成13份常用作业表单的本地化修编、新制定防外力破坏管控表单17份，提升表单与作业现场要求的符合性。截至年底，累计执行作业表单4042份，比上年增长219%；发现缺陷175项，消除缺陷175项，消缺率达到100%。

【防外力破坏】2013年，金湾供电局联合公安部门开展防电力设施盗窃专项工作，进行夜间伏击，全年被盗案件比上年下降32%，损失率0.075%。加强走访，做好防外力破坏工作。珠海大道改造期间，金湾供电局成立专项工作组，开展沿线电力设备普查并编制设施清单，动态修编防外力破坏黑点档案；设置醒目标志，加强巡视，杜绝因道路改造而引起的设备损坏。全局电力设施外力破坏次数比上年同期下降80%。采取针对性措施，降低用户事故出门率。对新报装专变用户，严格按业扩、计量典型设计制定供电方案，并安装负荷分界开关，保护装置正常工作；加强对客户安全用电检查，对存在安全隐患影响电网安全的客户，派发整改通知单，督促整改；对发生“用户事故出门”事件客户，须安装保护装置，消除隐患方可恢复送电。

【制定实施《珠海金湾供电局综合停电管理实施细则》】2013年，制定实施《珠海金湾供电局综合停电管理实施细则》，规范金湾区、高栏港经济区电网配电设备检修调度管理工作，明确各有关单位检修规范化管理、供电可靠性管理及综合停电管理的责任，明确电网配电设备及涉及配网停电的输变电设备检修计划编制原则、检修计划上报与公布、检修申请与批复、检修延迟与终止、检修执行等管理要求。全年用户故障停电时间累计0.86小时，比上年下降49%。预安排停电时间累计1.32小时，比上年下降45%；10千伏用户预安排停电重复率3%，累计比上年下降49%。整合基建、大修、技改、消缺、定检、市政迁改等计划停电23项，累计减少28次停电和1592停电时户数。积极协调安排带电作业消缺，自动化项目停电节省1879停电时户数。

【防御台风“尤特”保障供电】2013年8月13日上午9时，金湾供电局启动台风“尤特”正面吹袭珠海防风防汛机制，执行珠海供电局防风防汛整体工作方案要求，做好线路特巡、值班、物质储备和紧急消缺等各项事前准备，消除隐患。响应珠海供电局支援茂名供电局号召，编制《珠海金湾供电局赴茂名抢险工作方案》，安排40名抢修复电人员，提供车辆、工具等。向用户发布台风造成停电预警通知，开展低洼排灌，对供水用户、重要用户的用电安全进行检查，准备好发电机，做好保重要用户供电准备。做好台风抢修复电安全督查前期准备，布置安全督查工作安排，发布台风抢修安全原则，做好应急信息报送准备。车辆加满油备用、物业防台风检查、玻璃门堆放沙包、铁丝绑扎雨棚等，加强物资调配后勤保障及新闻宣传工作。

【防御台风“天兔”保障供电】2013年9月21日上午11时，金湾供电局启动台风“天兔”正面吹袭珠海防风防汛机制，执行珠海供电局防风防汛整体工作方案要求，成立应急指挥中心，设生产运行、物资协调、工程抢修、综合保障4个应急小组，全面部署防强台风“天兔”各项准备工作。共组织76人彻夜值守，61人的抢修队待命抢修。安排各供电所运行人员开展对10千伏开关站、配电房等供电设施的防雨、防风、防水浸隐患排查。加强线路巡视，开展树障清理工作。成立防风防汛专项检查组，组织对23项在建基建配网、大修技改工程逐一进行隐患排查，全力减少台风对工程造成的损失，向重要用户、重点企业发出应急准备通知。全力做好抢修复电后勤保障工作，安排外协单位施工人员食宿；协调安排抢修车辆，值班员工后勤服务，物业的防风加固，确保抢修工作后方供给。做好数据统计，加强媒体沟通，及时报送最新情况，做到信息畅通。

【赴汕尾海丰县抢修电力设施】2013年9月23—30日，金湾供电局接到命令，派出60多名抢修人员赴汕尾海丰抢修电力设施。经7个昼夜完成10千伏塘前线、平安线的故障巡查，完成该线路73条断杆的新电杆和辅材的搬运，联合电建公司完成修复该线路的断杆73条、倒杆43条、缺陷21处；完成公变台区的低压线路抢修7个，修复基断杆28条、倒杆29条，修复低压线路约4300米，较好完成抢修工作任务。　（翁凯琳）

供　气

【概况】2013年，金湾区住房和城乡建设局（金湾区市政和林业局）负责主管辖区石油天然气管道（炼油、化工等企业厂区内管道除外）保护工作，协调处理全区管道保护，指导、监督有关部门和单位履行管道保护义务，组织、协调石油天然气管道（炼油、化工等企业厂区内管道除外）生产安全事故应急救援工作。全年金湾区有3个小区3109户居民用户、12家工商业用户通上管道天然气。　（王　俊　黄雪芬）

【天然气利用工程】2013年，金湾区铺设市政燃气管道20.6千米，包括珠海大道8.5千米，创业南路3.5千米，星汉路3.5千米，琴石路5.1千米。珠海大道、创业南路、星汉路等投入使用。泥湾门天然气门站取得用地选址意见。

【珠海西部地区首个临时LNG气化站运行通气】2013年3月28日，珠海市西部地区首个临时LNG（液化天然气）气化站——嵘泰气化站运行通气。该站位处红旗镇联港工业区嵘泰铸造厂区内，配置50立方米LNG真空绝热储罐1个以及气化器、调压器、计量设备、加臭设备、安全监控等设备，供应嵘泰铸造、拾比佰彩图板、纽昇科技、一统科技、世铝金属5家工业用户管道天然气，全年供气量

2013年12月14日，珠海港兴管道天然气有限公司西区客服服务中心揭牌仪式
（珠海港兴管道天然气有限公司提供）

累计189.69万标准立方米。

【桥椿临时LNG气化站运行通气】2013年9月21日，桥椿LNG气化站运行通气。该站位处三灶镇桥椿金属厂区内，配置50立方米LNG真空绝热储罐1个以及气化器、调压器、计量设备、加臭设备、安全监控等设备，供应桥椿金属1家工业用户管道天然气，全年供气量累计278.64万标准立方米。

【慧生临时LNG气化站运行通气】2013年9月28日，慧生LNG气化站运行通气。该站位处三灶镇慧生能源厂区内，配置50立方米LNG真空绝热储罐1个以及气化器、调压器、计量设备、加臭设备、安全监控等设备，供应华宇金属、联邦制药2家工业用户管道天然气。全年供气量累计14.65万标准立方米。

【珠海港兴管道天然气有限公司】2013年，珠海港兴管道天然气有限公司推进珠海市西部地区天然气利用工程建设，助力金湾航空新城的规划建设和快速发展。珠海港兴管道天然气有限公司于2012年6月11日正式注册成立，由珠海港股份有限公司（持股65%）与中海石油气电集团有限责任公司（持股35%）共同出资组建，注册资本900万元人民币。公司经营范围：投资天然气管网的建设、管理；管道天然气的经营（不含香洲区，取得管道燃气特许经营权方可经营）。具体负责珠海市行政区域范围内工商居民用户的管道天然气供应业务的营运，城市门站、储配站及门站下游次高压和中压管道的建设及维护。2012年8月9日，根据《关于授予管道燃气特许经营权的批复》，珠海市人民政府授予珠海港兴管道天然气有限公司在珠海市横琴新区、金湾区、斗门区及高栏港经济区的城市管道燃气特许经营权。（黄雪芬）

邮　政

【概况】珠海市邮政局金湾分局主要负责金湾区、高栏港经济区区域内函件、集邮、报刊和金融等业务。2013年，金湾邮政分局从业人员79人，设综合办公室、市场经营部，下辖大客户中心、4个支局、5个邮务类网点、3个邮政储蓄二类代理支行；开设报刊亭3个，邮政网点13个（含代办所），网点遍布金湾区各镇及工业园区。金湾邮政分局有投递段道21条，投递总里程1084千米，其中农村里程549千米。全年完成业务收入1827万元，比上年增长13%，其中函件业务收入106万元、集邮业务收入169万元、报刊业务收入122万元、速递业务收入158万元、邮政金融收入1045万元、其他收入227万元。开展整治邮政企业局容局貌专项活动，举办以“小包裹，大爱心”为主题的爱心包裹公益活动，发动员工为雅安灾区捐款，接受赈灾包裹约200件，捐款8000多元。

【函件业务】2013年，金湾邮政分局推进市场转型，以“园区、港区”经济为发展契机，大力发展商函业务，为完成函件任务打下基础。配合开展创建全国文明城市宣传，打造“和谐金湾、幸福金湾”，制作一批对联为市民送“祝福”，得到市民赞赏。结合校园暑期安全教育和宣传，开展“防溺水安全”教育，与金湾区中小学校、珠海景润房地产开发有限公司三方联动，编辑出版“生活快递·防溺水安全”教育专刊6万份，派发给金湾区中、小学生人手一份；加大小批量贺卡开发力度，重点对小批量贺卡进行宣传、营销，制作一批反映金湾地方特色的新年明信片及贺卡，成为2013年新的业务增长点。与时俱进，与网商加强合作，大力发展国内小包业务，优化业务结构，促进业务结构转型升级。全年完成函件业务收入任务106万元。

【集邮业务】2013年，金湾邮政分局与相关企业合作开发企业形象年册、企业宣传册各600本。加强个性化邮票、新邮预定、邮折等的区域宣传，更好发挥品牌优势，做大做强集邮业务，让客户了解集邮文化和集邮产品。全年完成集邮业务收入任务169万元。

【报刊业务】2013年，金湾邮政分局多角度开发大客户订阅市场，及时转型，由公费订阅市场逐渐向私费订阅市场转变模式。转变报刊订阅思路，与学校互动，拓展校园市场报刊业务。维护好校园图书馆市场，及时处理在工作中出现的问题，为下一年度报刊大收订业务打下坚实基础。全年完成报刊业务收入任务122万元。

【邮政金融业务】2013年，金湾邮政分局推进金融业务的转型升级，不断加强金融服务的能力建设，提升金融业务的竞争力，持续推进代理金融业务的发展。实行高、中、低个性化服务，通过“好邻居”“一点一策”、网点沙龙主题活动等多种形式，充分宣传邮储的品牌，提高邮政储蓄银行的知名度、信誉度。全年邮政金融收入1045万元。

【两网一体系建设】2013年，金湾邮政分局开展“两网一体系”（营业网、投递网、营销体系）建设工作。根据市场发展情况，合理配置营销人员，打造一支专业的营销队伍，使专职营销队伍的结构、规模等适应邮政发展的要求。加强营销人员的管理与培训，建立科学完善的营销流程和规章制度，确立营销人员营销记录、客户档案等的传递流程，正确使用CRM（客户关系管理）系统，市场和客户信息进行统一管理、共享。建立科学营销考核激励机制，制订出台营销考核方案和管理办法，彻底改变营销员的经营理念和工作心态，充分调动积极性，做到以业绩考核到个人，以业绩体现个人，以业绩奖励个人。

【整治邮政企业局容局貌专项活动】2013年，金湾邮政分局整治营业网点的环境，完善设施建设，改善局容局貌，美化企业环境，提升邮政企业形象。结合创建全国文明城市，持续推进生产现场“6S”管理（整理、整顿、清扫、清洁、素养、安全），提升网点基础管理水平。组织员工集中培训，或参加远程培训，学习专业知识、服务规范、管理理念等，提升员工综合素质。鼓励员工参加国家承认的职业资格认证考试、邮政职业技能鉴定，提高员工的工作能力和竞争能力。加强营业前台收寄验视工作严防禁寄物品、不良出版物流入邮寄渠道，保障邮件安全，维护企业良好经营秩序；定期检查报刊亭销售的出版物，严禁销售不良出版物，维护社会文明。（刘丽华）

通　信

移　动

【概况】2013年，中国移动通信集团广东有限公司珠海金湾分公司业务管辖三灶、红旗、平沙、南水4个镇区，设有7家沟通100服务营业厅，4家办事处，广泛与社会渠道合作，有服务窗口约310个，客服人员870多人。截至年底，金湾移动通信公司平均市场占有率为71.8%，日均活跃客户数32.7万户，比上年提高5.9%。区域全年月均客户36万户，保持上年客户规模水平，全年实现总营收约3.4亿元，比上年提高约4.7%。

【网络建设】2013年，金湾移动通信公司全面投入3G网络建设，建设基站420个，其中2G基站172个，3G基站248个，解决遵义医学院珠海校区及珠海城市职业技术学院网络覆盖问题，金湾辖区覆盖面达99%。金湾移动通信公司以提供卓越优质网络作为工作目标，全方位保障网络服务质量，确保网络高质量、高速度和全覆盖，全年金湾辖区累计网络建设投入2.5亿，进入移动通信3G网络覆盖的高速投资期。

【移动3G促销手机销量增长】2013年，金湾移动通信公司通过线上宣传，加大集团促销，厂区促销等力度，大大增加手机销量。随着TD终端市场规模的逐渐加大和3G网络的快速扩展，2013年3G手机获得爆发式的增长，推出各种三星、苹果、华为、酷派、中兴等国内外品牌机形的优惠购机方案，全年3G手机入网款型300余款，比上年增长3倍，智能手机占20%。

【移动通信便民服务】2013年，金湾移动通信公司开展立体化家庭宽带推广，启动宽带代理模式，每个小区或厂区有专门负责宽带的报装和客户服务代理商，结合400电话服务提高客户报装及投诉速度。开展“总经理接待日”，总经理与客户面对面沟通交流，每月开展2场，全年共14场接待客户超过100多人，直接处理投诉2宗，处理满意度100%。

【信息化业务】2013年，金湾移动通信公司开展集团通信工程，开设如宝塔石化二期工程生产管理系统、平沙三洋电梯生产管理系统、三灶三井东洋生产管理系统、高栏智慧港口、高栏公安分局“鹰眼”工程、中航通飞移动办公系统、金湾区府移动办公系统等多项重点通信应用。通过举办企业人力资源主题论坛，以人才快线为抓手，在企业开展“无忧入职包”“移动专享包”“学习提升包”“快乐生活包”“亲情关怀包”等服务提升员工归属感。

【尽社会责任树企业形象】2013年，金湾移动通信公司开展多场次社会公益活动，包括红旗镇小林实验小学公益植树，志愿者爱心帮扶，六一手拉手活动等，各项活动累计时长600小时。通过南粤会亲活动资助2名贫困家庭小学生；开展帮扶三灶镇中心村低保老人活动。建立政府、企业、高校密切合作关系，为在校学生提供创业实践机会，每年为大学生提供1000个就业实践机会；在金湾中小学开展“德育教育”成长计划活动，尽社会责任。（吴雅丽）

联　通

【概况】2013年，中国联合网络通信有限公司珠海金湾分公司在职员工38人，内设经理室、综合服务室、3G业务室、2G业务室、宽固业务室、集客商企室、大客户团队及校园室，下辖两个自营厅。重点打造渠道建设、网络质量、服务提升、精细管理、队伍素质五项核心竞争力，全年投资6000万余元，新建63个3G基站，室内分布覆盖系统50套。

【基础网络建设】2013年，金湾联通公司推动3G网络建设，优化2G网络质量，提升网络支撑能力，深入保障网络安全。全年累计投资基础网络建设近20亿元，2G网络人口覆盖率98%；3G网络实现深度覆盖和重点乡镇的全面覆盖。投资6000万余元，新建63个3G基站，室内分布覆盖系统50套。其中，投资253.12万元，解决定家湾工业园区、小林工业园区、三灶科技工业园区网络问题，完善金湾区工业区和学校3G网络覆盖及网络容量，满足区域经济发展通信需求。

【联通营业厅全面升级改造】2013年，金湾联通公司按总部的最新规范对联通营业厅进行全面升级改造，统一标示；全部营业厅实现真机上柜体验，开放“沃+分享”平台，提供手机软件免费下载，方便用户办理各项联通业务。营业厅配置叫号机、真机体验设备、软件下载设备、自助服务终端（集缴费、清单打印、套餐转换等简单业务于一体）等，各区域营业厅配置24小时自助终端机，方便用户不同时段办理普通业务。补充更新各项便民设施，如便民箱、日常药品、老花镜、雨伞架等。每所营业厅均设现场引导人员，第一时间了解及处理用户需求，协助用户用最短时间和最简便方式办理业务。开展“营业厅就在你身边”推广活动，统一刻印营业厅地址、章和名片，各营业厅派发的宣传单加盖本营业厅地址章或赠送营业厅名片。定期维护、更新本公司对外宣传渠道（包括10010热线、网上营业厅网站等），确保营业厅地址、联系电话、开通时段、联系人等信息的准确性。

【计费平台优化】2013年，金湾联通公司对计费管理系统进行优化、升级。采用稳定可靠的在线计费系统，确保出帐准确及时实现用户订购和用户租费计费的统一管理，为用户提供快捷准确的余额查询、流量查询、实时短信提醒等服务。完善和严格执行计费数据类配置与稽核流程，确保计费规则正确无误。严把出账环节审核关，省、市同步核查，确保计费出帐准确及时。在升级割接、生产维护、数据修改等业务流程中严格按流程审批，按既定方案操作，实现100%操作无误。实现系统用户隐私信息自动屏蔽，所有相关客户信息分发时后台自动加密，加密文件只能在公司内网并且登陆加密系统后才可查看，其他情况无法打开加密文件。所有加密文件的流转、解密都有详细的日志记录，确保用户信息安全。（黄韩丽）

电　信

【概况】中国电信股份有限公司珠海金湾分公司主要负责金湾区、高栏港经济区区域内中国电信业务营销、客户服务、网络维护等工作。2013年，金湾电信公司秉承“用心服务、用户至上”服务理念，发挥电信网络、技术、服务的综合优势，助推珠海“智慧城市”建设，为用户提供优质、高效、便捷的综合信息服务。全年完成业务收入超过1亿元，总用户规模21万户，其中宽带用户8万户，移动用户7万户，固定电话用户6万户。用户投诉比上年下降15%，用户满意率95%以上。全年金湾电信公司员工队伍稳定，安全生产无事故，行风建设得到广大电信用户好评。

【光纤网络建设】2013年，金湾电信公司投资3000多万元用于金湾区信息基础建设，实施“铜退光进”，新建成小区全部采用“光纤入户”方式，老小区采用“光纤平移”进行网络改造，超过4万户家庭宽带速率达到8M以上，政企用户实现光纤接入，村镇实现光纤网络覆盖。

【无线网络建设】2013年，金湾电信公司投资1000多万元建设无线网络，持续优化3G网络，3G网络覆盖率99%，满足广大电信用户无线移动终端高速上网需求。整体规划区域16个4G基站布点建设工作，为提供4G服务打好基础。

【通信保障】2013年，金湾电信公司配合社会主义新农村建设，进行线路维护、线路整治、线路抢修等大修整治工程206项，投入资金超200万元。组织小线对工程99项，完成成本线路维护项目149项，日常维护、抢修等整治维护工作530多小项，保障通信管线完好，处理各类管线故障，保证用户通信畅通；更新改造项目三灶局06号、金海局10号、红旗动植物检疫01号等不达标或隐患主干电缆改造9条，查修不达标或隐患主干电缆22条；完成南水高栏岛环岛中路管线迁移、高栏港商务大厦光缆配线、沙南新居委5队EPON（Ethernet Passive Optical Network，以太网无源光网络）机柜、福格酒店管理有限公司FTTB（Fiber to The Building，光纤到楼）设备等涉及管线、室外机柜、用户端设备等迁改项目57项。

【信息化合作】2013年，金湾电信公司在与金湾区人民政府签订的信息化建设框架协议基础上，开展办公自动化、移动办公等项目建设；合作开发“党员远教”“金湾计生网”“信息田园”“金湾教育网”“流动图书馆”等信息化项目；推出翼机通、平安e店、天翼对讲、翼支付、电子学生证、天翼税通等针对性较强的行业应用服务，为用户提供了便利；在工业园区部分厂区宿舍新装600条IPTV（交互式网络电视），丰富厂区员工的生活。

【电信3G移动用户突破4万】2013年，金湾电信公司加大3G网络普及度，大幅降低3G手机千元档次终端价格，调低业务套餐资费，电信3G移动用户突破4万。针对工业园区企业热点空白区域开展3G网络“补点”建设14个，配合工业区园区规划，迁改通信管道20多处，配合市政建设修复受损管道20多处；配合广东科学技术职业学院、吉林大学珠海学院等高校提高学生上网接入速率，满足6万名学生上网冲浪需求。

【新增“一村一店”便民服务电信网点42个】2013年6月，金湾电信公司投资20万元，与三灶镇、红旗镇村居内的便利店、电脑服务点合作进行业务代理，开展“一村

一店”电信网点建设，新增网点42个，用户在家就能享受电信“就近”服务。（文全利）

气象防雷

【概况】2013年8月1日，珠海市公共气象服务中心（珠海市防雷所）金湾服务站正式运行，是珠海市公共气象服务中心（珠海市防雷所）独立外派机构，承担金湾区各类公共与专项气象服务、建设项目的气候可行性论证、雷电致灾风险评估、防雷专业技术服务、指导和建设项目防雷装置设计技术评价、检测及防雷装置定期检测等。办公地址在金湾区三灶镇金海岸虹阳路1号。2013年末，金湾气象防雷服务站工作人员19人，其中本科学历14人，专科5人；气象防雷工程师职称3人，注册安全工程师3人，气象防雷助理工程师8人。2013年，金湾气象防雷服务站加强自身队伍建设，落实相关法规，履行职责，严控检测工作质量，提高公共气象服务能力，确保辖区防雷安全；加快气象监测预警系统建设，开展形式多样的气象防灾减灾宣传活动。全年无较大雷电灾害事故发生。

【气象防雷减灾宣传】2013年，金湾气象防雷服务站开展“进村入企”大走访活动，宣传气象减灾知识，加强防雷减灾知识宣传教育工作。开展“3·23”世界气象日主题活动，向市民发放气象科普知识宣传单、气象日主题宣传材料等，为前来咨询的群众讲解天气预报预警、雷电灾害防御等预防和减轻自然灾害的科普知识及气象与人们生活健康密切相关等知识，提高社会公众气象防雷减灾意识。活动接待来访群众近1600人次。还利用科普宣传月等活动进行防灾减灾宣传，各项宣传活动发放宣传资料近万份（册）。公众对防雷减灾安全工作重视程度普遍提高，农村住宅申报防雷检测较往年明显增多。

2013年3月23日，金湾防雷所开展世界气象日主题宣传活动（陈 秋 摄）

【雷电灾害风险评估】2013年，金湾气象防雷服务站落实广东省气象局《关于进一步加强雷电灾害风险评估工作的通知》精神，加强雷电灾害风险评估工作，依法履行雷电灾害风险评估管理职能，建立完善业务流程，根据项目所在地的综合风险计算，为项目选址、功能分区布局、防雷类别（等级）与防雷措施确定、雷灾事故应急方案等提出建设性意见，为评估对象提供雷电防护的科学设计、灾害风险控制、经济投资、应急管理等方面服务，保证防雷工程安全可靠、技术先进、经济合理。2013年，完成金湾区人民医院、珠海航展中心新建展馆等重点工程雷评工作，提高项目雷电灾害防御能力和水平，维护公共安全。

【防雷装置设计技术评价】2013年，金湾气象防雷服务站对新建、改建、扩建建设项目开展防雷装置设计技术评价106宗，建筑单体962栋，建筑面积153万平方米。防雷装置设计技术评价工作高效、便民，严控质量，确保安全，3个工作日内完成防雷装置设计技术评价工作，暂不收取费用，全年为企业节省工程前期经费15.3万元。

【防雷装置检测】2013年，金湾气象防雷服务站提高防雷装置检测工作质量，检测数量保持稳定增长，定期检测单位485宗，检测建（构）筑物2046栋，其中易燃易爆场所123宗，占总量25.36%，建（构）筑物504栋；竣工检测单位72宗，检测新建（构）筑物225栋，其中易燃易爆场所11宗，占总量15.28%，检测新建（构）筑物31栋。全年进行分段检测服务2595人次，建设工程防雷质量得到保障。

【珠澳合作天气雷达项目落成启用】2013年12月，金湾区三灶镇轿顶山珠澳合作共建天气雷达项目投入使用。该项目列入2012年、2013年广东省人民政府实施粤澳合作框架协议重点工作，是珠海推进气象现代化建设的重要行动。项目采用S波段双偏振多普勒天气雷达设备，是我国首部业务化运行的S波段双偏振天气雷达，具有更高的探测灵敏度、距离分辨率和探测精度，能够精确分析每个地方的降水类型和降水量，性能及各项技术指标在国内均处于领先水平。项目落成标志着珠澳两地共同打造的气象惠民工程取得实质性成果，成为广东省天气雷达监测网的有力补充，促进珠澳两地以至珠三角地区的气象监测、预警预报和公共气象服务能力。

【闪电监测预警系统并入广东省监测系统】2013年，三灶镇闪电定位仪和大气电场仪安装调试完成，与平沙镇、高栏岛及香洲区烟墩山闪电监测预警系统组成完整监测网络，实时向广东省监测网传输有关闪电以及大气电场监测数据，成为省监测系统重要组成部分。系统为开展雷暴预警预报提供基础条件，在雷灾调查鉴定、雷电风险评估、雷电防护和雷暴天气监测预警业务中发挥重要作用，并为气象防灾减灾及航空、电力、林业、石化、油库等社会各行业提供雷电监测数据及雷电预警等公共气象服务。

【大型接地网测试技术支持服务】2013年，金湾气象防雷服务站为辖区变电站、发电厂等大型接地网进行测试服务，同时提供技术援助同行。11月，派出7名技术骨干到广东省韶关乐昌市，完成坪石发电厂大型主地网的接地电阻值测试技术支持工作。乐昌市坪石发电厂主地网长700米，宽600米，主地网的对角线长度921米，测试工作耗时两天完成。

【广东省第二届防雷检测职业技能竞赛获佳绩】2013年12月12日，广东省第二届防雷检测职业技能竞赛在广州市闭幕，来自全省气象部门21支代表队63名防雷业务骨干参加比赛。本次竞赛活动由广东省气象局、省总工会、省人力资源和社会保障厅、省工业工会委员会联合主办。金湾气象防雷服务站童志明参加技能竞赛，取得个人技能第六名，并获得“广东省气象行业技术能手”称号。（陈　秋）

教　育

综　述

【概况】2013年，金湾区全面开展创建广东省推进教育现代化先进区工作。11月，金湾区通过创建“广东省社区教育实验区”的评估验收。截至年底，全区有完全中学2所、初中2所、九年一贯制学校2所（公办、民办各1所）、小学11所、幼儿园23所（省一级1所，市一级10所，区一级2所）。在校中小学生17135人，其中公办学校15680人、民办学校1455人。公办学校有高中生1601人、初中生4324人、小学生9755人；民办学校有初中生303人、小学生1152人；在园幼儿5296人。有中小学校教职工1006人（其中公办学校教职工916人，民办学校教职工90人），专任教师学历合格率100%；成人文化技术学校2所，非学历教育培训机构10所；高等院校5所，在校大学生64337人。金湾区实现16所公办中小学乡村学校少年宫全覆盖。

【中小学校舍工程建设】2013年，金湾区按计划建设校舍，新开工工程3个，即金海岸中学体育馆工程，金湾一小3号综合楼工程，海澄小学教学楼1、2号加固工程；完成工程4个，即鱼林小学教学楼拆除重建工程，中兴小学运动场工程，三灶中心小学体育馆工程，三灶中学运动场工程。金海岸中学体育馆工程总投资1400万元，年底完成二层柱、二层梁砼浇筑，累计完成投资650万元。金湾一小3号综合楼工程投资估算1184万元，年底主体结构封顶，累计完成投资450万元。海澄小学教学楼1、2号加固工程总投资829.53万元，年底1号完成并交付使用，2号完成主体加固与外墙装饰，室内装饰完成70%，累计完成投资580万元。鱼林小学1号教学楼拆除重建项目投资概算480.13万元，2月4日竣工验收。三灶镇中兴小学运动场工程投资估算260万元，10月11日竣工验收。三灶中心小学体育馆工程总投资1200万元，年底完工。三灶中学运动场工程总投资110万元，12月4日竣工验收。

【中小学师资队伍建设】2013年，金湾区教育局制订《校级领导干部队伍管理、培训、评价、诫勉管理体系方案》。全年向全国公开招聘中小学教师26名，其中中学教师10

2013年9月10日，金湾区委书记吴轼（右三）率队到学校开展慰问活动（曹丽荣 摄）

养对象。8位新老师取得心理健康教育C证，28位教师取得B证，19位中小学新任少先队辅导员参加省级培训。5月，举行以“抓养成教育，促德育精细化管理”为主题的2013年金湾区中小学德育工作现场会，组织中小学每天开展“七个一分钟”活动，推进养成教育深入开展。三板小学、金海岸海华小学、三灶中心小学、小林实验小学、军建小学等学校“七个一分钟”活动开展有声有色。

人、小学教师16人。全年参加全员培训教师922名。开展金湾区首批名师工作室主持人申报评选工作，评选杨清华、江华波为区级中小学教师工作室主持人。评选市级先进教师和先进教育工作者17名、区级先进教师和先进教育工作者41名、区级优秀班主任14名、区级尊师重教先进单位7个及先进个人7名。通过自下而上择优推荐参评，获得市级青年骨干教师称号6名、获得市级名教师称号6名。

【中小学教育科研】2013年，金湾区教育局重点扶持与指导三灶中学“教学案”课改模式、金湾一小的“四元”教学课改模式、外国语学校的“六步教学法”推广活动，提高课堂效益。制订《金湾区小学教学调研视导实施方案》《金湾区中学教学深度调研视导实施方案》及《集体教学视导与教研员个体学科教学视导制度》，为全面开展中小学教学视导工作提供重要依据。开展全覆盖推门听课视导活动4次，分别对红旗中学、中兴小学、三灶中心小学等学校不预先通知直接进入学校进行听课检查，了解学校教学真实情况。对重点关注的学校进行连续不间断的视导活动，全年对军建小学、矿山小学、凤鸣小学、红旗中学、小林中学进行跟踪视导。实现“校校有课题”目标，全区在做的国家级课题3个，省级课题6个，市级立项课题16个，区级立项课题20个；召开小学教学常规经验展示现场会，在全区小学推广金湾区外国语学校“先学后教六步教学法”科研课题成果。

【中小学德育常规管理】2013年，金湾区教育局制订《金湾区名班主任工程实施方案》，31名教师成为“区名班主任”培养对象，7名教师成为“市名班主任”培养对象，1名教师为“省名班主任”培

【金湾区教育系统作风建设】2013年，金湾区教育局成立作风建设工作领导小组，加强作风效能建设工作。制订《金湾区教育系统“转作风提效能”工作方案》《金湾区教育系统民主评议政风行风工作方案》以及《金湾区教育系统大走访活动方案》。邀请由人大代表、政协委员、民主党派人士、社会各界人士组成的教育监督员，对金湾区教育系统政风行风进行监督、指导；召开征求意见座谈会，真诚纳谏，保障教育系统作风建设有的放矢，对症下药。启动全系统“教师访万家”和“走访服务对象”工作。通过“转作风提效能”和民主评议政风行风活动，全区教育系统干部职工为人民服务的意识增强，机关作风建设改进，便民利民措施落实；师德师风好转，学习氛围浓厚，工作效率提高；阳光教育的观念深入人心，教育教学质量稳步提高。

【中小学校园安全管理】2013年，金湾区教育局实行“一岗双责”制，签订《安全生产责任书》，实行一票否决权制。全年做好学校消防、食品卫生、学生宿舍、接送学生校车等的安全管理，组织安全大检查3次，整改安全隐患。5月，组织全区校长到省级安全文明学校广东省茂名市电白县大衙中学学习管理经验。用好“一体系三平台”系统，提高校园安全应急管理水平。制定和实施平安校园创建工作方案，三灶镇中心小学建成交通安全教育基地；举办中小学交通安全知识教育课、“金湾区第五届中学生交通安全知识竞赛”和“金湾区第四届小学生交通安全知识竞赛”，对全区中小学、幼儿园校车驾驶员进行交通安全知识培训。针对溺水多发季节建立每周五安全教育和提醒家长制度，要求各学校对周边水域和游水黑点进行排查、整治并树立警示牌等，加强巡查防范学生在不安全情况下玩水游泳。开展安全生产应急管理基础和应急救援知识培训，提高应急救援能力。会同有关部门清理整顿学校周边网吧、游戏厅等，为青少年健康成长创造良好的社会环境。

【广东省推进教育现代化先进区创建】2013年，金湾区委、区政府全面落实《广东省教育现代化建设纲要》《珠海市教育现代化建设纲要》及《金湾区创建广东省推进教育现代化先进区实施方案》，结合经济社会发展的需要，实施规范化和现代化建设亮教工程、教育内涵发展提升兴教工程、师资队伍素质提升强教工程、规范民办教育和发展成人教育的促教工程、教育环境优化保教工程等五大工程，并根据广东省政府督导室意见，抓好整改工作。《珠海市西湖片区启动区控制性详细规划修编》《金湾区航空新城核心区城市设计》对金湾区图书馆、博物馆、科学馆、美术馆、青少年宫、文化宫、体育中心等公共设施进行统筹安排、科学布局和综合部署，对区内及三灶镇、红旗镇、辖区内高等院校的相关场馆进行现场考察，确定区博物馆、美术馆、青少年宫、文化宫、体育中心等相关场馆的设置并挂牌。成立金湾区加强教育国际合作交流领导小组，制订《金湾区加强教育国际交流与合作三年行动计划》，分别与加拿大BC省甘露市汤普森学区、俄罗斯莫斯科“未来学校”项目组签订教育国际交流合作协议。

【金湾区通过创建“广东省社区教育实验区”评估验收】2013年11月，金湾区通过创建“广东省社区教育实验区”的评估验收，达到广东省社区教育实验区的标准。金湾区委、区政府重视社区教育，把社区教育纳入区域教育总体规划，深入推进学习型社会建设，构建终身教育体系，满足社区居民对教育的需求，出台《珠海市金湾区创建广东省社区教育实验区实施方案》。通过建章立制，构建社区教育管理体系，形成“党委重视、政府统筹、部门联动、社会参与”的社区教育运作模式。统筹协调，构建社区教育保障体系，抓好队伍建设，多渠道落实经费保障，充分挖掘区内外人才资源，重视发挥区内高校优势，与区内5所高校签订合作协议。共建共享，构建社区教育网络体系，建设“三级”社区教育阵地，统筹规划学校、单位（企业）、社区和社会四大社区教育资源，做到“教育阵地共用、教育资源共享”，搭建信息化教育平台。服务民生，构建社区教育培训体系，加强社区居民就业创业指导，开展多层次、多样化、宽领域、全方位的教育培训活动，重视对老年人和残障人群的教育服务。10月31日至11月2日，金湾区接受创建“广东省社区教育实验区”的评估。评估组通过听取金湾区政府的自评报告、领导专访、召开座谈会、观看社区广场文艺展演、实地考察、查阅相关资料等程序，一致认为金湾区贯彻落实国家、广东省中长期教育发展规划纲要，探索和推进社区教育，积极构建终身教育体系，营造“学习生活化、生活学习化”的社区教育氛围，培育及开发社区教育的地方特色，在推进学习型社会建设中取得初步成效，达到创建省社区教育实验区的标准，通过广东省社区教育实验区的评估验收。

【妥善处置媒体报道金湾一小午休舆情问题】2013年2月，网民W先生在网上投诉，金湾一小收取午休费无专人管理的问题，金湾区发展改革和统计局经调查核实后于3月1日进行回复。南都记者看到回复后在3月22日《南方都市报》报道金湾一小午休收费的问题。3月22日，网民"南都珠海"新浪微博、腾讯微博用户同时发布《趴课桌午休，每天收一元》《童叟无欺，睡一次一元》的微博引起热议，也引起珠海市领导的关注，专门作出指示。金湾区高度重视，快速反应。媒体报道当天，区委书记吴轼，副书记、代区长欧阳德红，副书记习恩民以及分管宣传和教育的区领导高度重视媒体的报道，作出指示和部署。根据珠海市教育局印发的《关于停止收取公办小学午休管理费的通知》，金湾区立即停止午休收费，并退回该学期所收的午休服务费。

【中学语文骨干教师参加教学交流活动】2013年3月29日，金湾区教育局组织中学语文骨干教师5人参加在台湾举行的为期5天的第六届两岸四地及新加坡创意语文教学交流活动暨第一届两岸四地语文教师典范教学演示研讨会。教师们学习观摩台湾的国学经典吟诵交流活动，参观台湾两所学校，观摩来自台湾、香港、澳门、北京、珠海、东莞等地8节课，与来自全国各地尤其台湾的中小学教师进行广泛深入的教学教研交流研讨。

【金湾一小数学科组获评"珠海市先进集体"】2013年4月28日，在珠海市庆祝"五一"国际劳动节暨劳动模范和先进集体表彰会议上，金湾一小数学科组被珠海市委、市政府授予"珠海市先进集体"光荣称号。金湾一小数学科组全体教师坚持教育、教学理论的学习，参加并开展教研活动，完善和改进教学方法和手段，推进素质教育和新课标的实施，各年级数学成绩均位于全区前列。金湾一小数学科组的课题成果曾于2010年获广东省第七届基础教育教学成果二等奖，2011年获"珠海市工人先锋号"称号，2012年被评为广东省教育学会小学数学教学专业委员会先进单位。

【海华小学获评全国优秀家长实验基地】2013年9月，三灶镇金海岸海华小学被评为第二批"全国优秀家长学校实验基地"。金海岸海华小学于2012年6月提出创建"全国优秀家长学校"目标，学校严格按照教育部拟定的创建全国优秀家长学校的条件和标准，在机构设施、制度建设、教师队伍、课程教学等方面进行探索、总结，办学经验得到认可。特别是家长进校活动的开展，对全校师生教学面貌的振作起到推动作用，对学校的管理起到督促作用，志愿者们的奉献精神在整个金海岸社区起到传递正能量的作用，产生良好的社会效应。（曹丽荣）

学前教育

【概况】2013年，金湾区实施《金湾区学前教育发展行动计划（2012—2014年）》，明确政府主导、社会参与，公益性及普惠性增强的学前教育发展方向。全区上等级幼儿园12所，占幼儿园总数的46.2%。优质幼儿园占30.4%，规范化幼儿园占78.2%。学前教育3年入园率89.9%。筹建2所规模达12个教学班的公办镇第二中心幼儿园。区直属公办园教师财政工资拨付比例增加15%，镇直属公办幼儿园编制教师工资拨付达到100%。全年整治无证办园现象，清查无证园6所，取缔非法办园的大林幼儿园。

【学前教育经费投入】2013年，金湾区幼儿园学前教育生均经费由上年的生均100元增加到生均255元。全年全区给予获评规范化的幼儿园及创等级幼儿园奖励共约120万元；奖励普惠性幼儿园及资助困难家庭儿童资金约35.5万元。

【公办镇第二中心幼儿园筹建】2013年，金湾区在红旗镇、三灶镇分别筹建第二中心幼儿园。2所幼儿园建设规模各为12个班，各可容纳360名幼儿。三灶镇第二中心幼儿园项目位于金岛路以南、金海岸大道以北，占地4794.82平方米，建筑面积4847.05平方米，总投资金额1800万元。红旗镇第二中心幼儿园项目地点位于小林和兴路北侧，用地5014.52平方米，建筑面积5176.21平方米，总投资金额1800万元。截止年底，完成项目立项、设计和预算编制等工作。

【红旗镇早期教育基地挂牌】2013年5月31日，红旗镇早期教育基地成立挂牌仪式在红旗镇中心幼儿园举行。教育基地为红旗镇0～3岁婴幼儿提供一个能在游戏和实践操作活动中开发潜能的场所，发展早期教育。截至年底，红旗镇机关幼儿园占地5850平方米，建筑面积4678.9米。园内开设教学班10个，全园幼儿总人数304人；有教职工44人，教师学历达标率100%。

【金湾区4所幼儿园成功创建为“珠海市一级幼儿园”】2013年，金湾区西湖幼儿园、春天幼儿园、中兴幼儿园、红雅幼儿园通过“珠海市一级幼儿园”评估验收。金湾区重视学前教育，加大财政投入，实施《金湾区学前教育三年行动计划（2011—2013年）》，强化学前教育规划建设，加快发展公办幼儿园，扶持普惠性民办幼儿园，加强幼儿园教师队伍建设，健全幼儿园监管体系，加强保教指导，强化等级创建督导。截至年底，全区有“省级幼儿园”1所，“市级幼儿园”10所。 （曹丽荣）

初等教育

【概况】2013年，金湾区教育局落实免费教育和完善教育保障体系，坚持巩固提高义务教育水平，抓好“控辍保学”工作，以“德”控辍，以“质”控辍。加强师德师风建设，提高课堂教学质量，充分利用现代化设施，强化学校内部管理。建立健全扶困助学资助体系，确保每个家庭贫困学生不因贫困失学。截止年底，全区有小学11所（公办10所、民办1所）；有在校小学生10907人，其中公办学校9755人、民办学校1152人。全年有535名学生获得扶贫助学经费，总额41.23万元。

【“控辍保学”工作】2013年，金湾区教育局落实责任，加强宣传，以法控辍；通过兴趣导学，质量控辍；以情劝学，以德控辍；帮困助学，以资控辍。全年金湾区“控辍保学”工作取得实效。全区适龄儿童少年入学率100%；残疾儿童、少年31人，入学随班就读率100%；辍学率为零，九年义务教育巩固率100%。

【外来务工人员子女入学】2013年，金湾区根据《珠海市2013年普通中小学招生考试工作意见》要求，新生报名全部采用网上报名方式，报名方式的改变对于习惯传统现场报名的家长存在许多疑惑和困难。金湾区教育局通过相关平台向企业及时发布招生政策，分别在三灶镇唐人街市场、金海岸海华小学、红旗镇文化广场以及小林实验小学举办“义务教育招生工作现场咨询”活动，及时让学生家长充分了解义务招生政策，解决家长在网上报名过程中遇到的问题。全年义务教育

2013年11月8日，杨清华名师工作室正式揭牌 （金湾区教育局提供）

招生解决1799名外来务工人员随迁子女义务教育阶段入读公办学校，占新生总人数54.6%。全区义务教育阶段公办学校在校生中随迁子女人数7415人，占在校生总人数的47.73%，占随迁子女总人数的85.51%。

【珠海市金海岸中学等4所学校获“珠海市德育示范校”称号】2013年1月，珠海市金海岸中学、珠海市红旗镇三板小学、珠海市金海岸海华小学、珠海市金湾区小林实验小学被授予“珠海市德育示范校”称号。4所学校自申报市级德育示范校以来，重视树立先进的德育理念，建立完善的德育管理机构，形成“校长—政教处—少年队—年级组—班主任—学生”“校长—教导处—科任教师—学生”两条立体德育管理网络，成立家长委员会和家长互助委员会，形成“学校—家庭—社会”相结合的管理网络。健全规范的德育管理制度，建立级组长、班主任绩效考核制度、检查评比制度、表彰奖励制度、工作例会制度等。重视校园文化建设，用文化引领学校特色发展；注重养成教育，培养良好行为习惯；开展丰富多彩的德育活动，发挥心理健康教育辅助作用，拓宽德育途径，达到德育示范校标准，发挥示范引领作用。

【三灶中兴小学新教学大楼投入使用】2013年2月18日，金湾区投资575万元建设的中兴小学新教学大楼投入使用，新教学大楼建筑面积3645平方米。中兴小学原名春园小学，创建于1946年，有60多年的历史，是三灶镇早期学校之一，校园面积19302平方米。截至年底，中兴小学有教学班12个，学生599人，教职员工33人。全年中兴小学德育工作评估达优良级；后进学生转化率85%以上；学生操行评定优良率84.3%。

【金海岸海华小学综合楼投入使用】2013年5月8日，投资800多万元，建筑面积3091.53平方米的金海岸海华小学综合楼建成投入使用。金海岸海华小学创建于1992年，学校占地17898平方米，建筑面积12277平方米。截至年底，学校有28个教学班，学生1268人，教职工68人。学校教育教学设施设备完善，布局合理，环境优美。金海岸海华小学全年获评珠海市德育示范学校、金湾区关心下一代工作“五好基层关工组织”、金湾区参加珠海市第八届运动会“突出贡献单位”、金湾区基层应急管理“示范单位”、全国优秀家长学校实验基地。

【金湾区实现少年宫全覆盖】2013年，金湾区教育局按照中央文明办提出的“全国文明城市提名资格城市三年实现乡村学校少年宫建设全覆盖”和珠海市教育局《关于印发〈珠海市教育局推进“乡村学校少年宫”建设全覆盖实施方案〉的通知》要求，全力推进乡村学校少年宫全覆盖，全区每所乡村学校少年宫拨款10万元用作启动资金，要求各校按要求配备活动场室、器材、辅导员，利用辖区高校大学生志愿者资源，结合学校第二课堂，开展乡村少年宫活动。4月16日，珠海市教育局下发通知，同意金海岸海华小学等14所中小学建设乡村学校少年宫的申请，标志着在上年金湾一小和三灶中心小学建成乡村学校少年宫的基础上，金湾区实现16所公办中小学乡村学校少年宫全覆盖。

【鱼林小学足球队】2013年11月16日，珠海市小学生阳光体育校园5人制足球联赛在珠海市体育中心举行。经过激烈角逐，鱼林小学女子足球队获第一名，男子足球队获第二名。鱼林小学足球队组建于2005年3月。2006年7月，鱼林小学足球队获得“达能杯”少年国际足球赛全国亚军。2007年5月，获得“达能杯”少年国际足球赛全国季军。2008年，参加珠海市第七届运动会“体育彩票杯”足球比赛获少年乙组第一名。2009—2013年，学校男女足球队参加全区足球比赛分别获得冠亚军。鱼林小学为进一步打造足球特色学校，自2012年9月起，在各班开设足球课程，由足球专业教师进行授课。此外，学校为每位学生购买一个足球和一套足球服，并编排一套独具特色的足球操，利用大课间时间，全校练习“足球操”，学习足球的基本动作与技能。每年定期举行校园足球赛，各班以世界著名足球队命名，都有自己的足球队、啦啦队，全面普及足球运动，使全校都掀起“足球热”，喜欢足球运动的学生人数逐步上升。（曹丽荣）

中等教育

【概况】2013年，金湾区教育局推进高中新课程改革，提高课堂教学效益、规范教学常规管理、促进教师专业发展。截至年底，全区有完全中学2所、初中2所、九年一贯制学校2所（公办、民办各1所）；有高中生1601人、初中生4627人，初中阶段入学率100%，高中毛入学率126.43%（含户籍、非户籍学生），初中升学率为100%，高中升学率为81.91%。

【招生考试】2013年，金湾区教育局实施“科学招生、阳光招生、公平招生、廉洁招生、满意招生、和谐招生”。全年全国自学考试32场次，组织全国普通高考英语口语考试18场次；4月，组织全区（含高栏港经济区）2800名初中毕业生体育考试4场；全国普通高考和学业水平考试8场次，金湾区考场参加普通类高考1733人，其中珠海市实验中学1123人、平沙一中227人、红旗中学264人、金海岸中学119人、金湾社区青年56人；高中学业水平考试金湾考场1879人，其中实验中学1120人、平沙一中316人、红旗中学269人、金海岸中学174人。6月，组织全区（含高栏港经济区）2800名初中毕业生参加学业文化科考试。

【高考取得历史性突破】2013年，金湾区参加普通高考355人，总上线人数291人，总上线率82%。重点本科上线14人（红旗中学12人，金海岸中学2人），比上年增加11人，增长366.7%，超过珠海市下达任务数12人，超额完成率600%。文科总分最高606分，理科总分最高589分，分别高出录取线9分和15分。第二批本科上线74人（红旗中学57人，金海岸中学17人），比上年增加29人，增长64.4%，超过珠海市下达任务数59人，超额完成率393.3%。第三批专科上线人数215人，超过珠海市下达任务数90人，超额完成率72%。

【“黄土计划”助力金湾15名贫困学生圆大学梦】2013年8月28日，“黄土计划”助学金发放仪式在红旗中学举行，15名金湾区户籍大学生接受资助。“黄土计划”全称为“黄土高原/中国偏远山区助学计划”，由澳门慈善爱心人士汤福荣、张志豪等共同设立，宗旨是帮助内地偏远地区家庭贫困大学生完成学业。2013年是计划实施10周年，资助金湾区贫困大学新生15名，每人每年生活费2000元直至大学毕业。

【“未来学校”项目落户金海岸中学】2013年10月22日，俄罗斯莫斯科教育局“未来学校”项目合作及莫斯科1572中学教育交流活动见面会在金海岸中学举行。金湾区教育局负责人和部分学校校长及金海岸中学师生代表参加会议。根据《金湾区教育国际化交流合作三年行动计划》，金海岸中学校长杨俊与莫斯科教育局玛丽娜·巴拉夫科娃女士代表双方就加强双方信息技术交流、让双方学生教师走进对方校园、课室等签约，通过交流共同建设未来学校项目，落实金湾区政府创建教育现代化先进区要求，参与国际交流项目。“未来学校”是指应对新世纪信息技术发展、通过信息双向交流来推动学校、家庭、师生全方位发展的全新的办学模式。此外，金海岸中学在10月17日还与加拿大甘露市汤普逊学区签署合作交流备忘录。截至年底，金海岸中学有6个年级、每个年级6个班，共36个教学班，在校学生总数1639人、教职工135人。校舍面积20710平方米，学校占地66878平方米。

【红旗中学龙狮队】2013年5月，红旗中学龙狮队成立，队员有30多人。红旗中学龙狮队旨在弘扬传统文化，发扬龙狮精神，锻炼学生体魄，丰富课余生活，营造形式多样、精彩纷呈的校园文化氛围。学校聘请珠海市斗门区罗梁体育会（广东省龙狮运动项目训练基地）

资深专职教练来校全程指导，训练以练习龙狮项目为主，学习传统拳套路。6月，红旗中学龙狮队参加珠海市金湾区第十届体育节“时代地产杯”醒狮邀请赛，获二等奖。10月，参加阳光体育活动2013年珠海市青少年武术套路邀请赛，高友超、韦月海、黄家豪获男子甲组传统拳三等奖。12月，参加由珠海市体育总会主办，珠海市武术协会、澳门武术总会承办的2013年“恒虹杯”第八届珠、澳传统武术（套路）邀请赛，本次比赛男子少年组共38名运动员参与竞技，红旗中学龙狮队队员高友超获男子少年组传统拳一等奖，黄家豪、廖鉴辉、刘骏豪获男子少年组传统拳二等奖，韦月海、温远成获男子少年组传统拳三等奖。（曹丽荣）

高等教育

吉林大学珠海学院

【概况】2013年，吉林大学珠海学院占地约161.38万平方米，建筑面积近57万平方米，教学用房与行政用房217618平方米。学院固定资产总值24.7亿元，科研仪器设备值5.8亿元（含软件），网络多媒体教室316间。教职工1673人，其中专任教师1290人（博士347人、硕士608人、本科324人、专科及以下11人）。全日制普通本科在校生2.6万人，新入学6548人。吉林大学珠海学院通过进行教学评估、青年教师大赛等举措，提高教师教学水平和教学质量。推进开放式办学，加强与企事业单位与其他高校的交流合作，新增合作院校10所，与300多家不同行业的企事业单位、科研机构共建产学研实习基地，实行校企合作办学，促进学生就业。吉林大学珠海学院入选“2013年中国一流民办大学”，在中国校友会网颁布的全国独立学院排行榜中名列第三位。

【学科建设】2013年，吉林大学珠海学院设有41个本科专业，其中院级特色专业、重点专业各7个。覆盖经济学、法学、文学、理学、工学、医学、管理学、艺术学等8大学科门类，并设有2个市级公共创新实验室、1个省市两级中小企业公共技术服务平台、3个市级社科研究基地、8个研究所，13个院级创新团队。设立年度300万元的专项发展基金，用于支持学科建设、提升科研创新能力，全年累计投入1100多万元。

【教学工作】2013年，吉林大学珠海学院组织各系、各专业以教育部《普通高等学校本科专业目录和专业介绍》为依据，完成培养方案的修订和审核工作，并将方案实施于2013级本科生教学。构建由16名退休返聘老教授组成的督导专家组，在学院教学检查、青年教师教学大赛等多项工作中发挥重要作用。全年，有专业综合改革试点、大学生校外实践基地、高等教育教学改革、大学生创新创业训练计划等4类56个“教学质量与教学改革工程”建设项目获广东省教育厅审批立项。完成吉林大学珠海学院质量工程项目专题网站。鼓励教师采用多媒体手段进行教学。全院多媒体教室和语音实验室座位数25553个。制订《吉林大学珠海学院实习教学工作管理规定》等制度，对实习教学、实习经费、指导教师安排、实习纪律、实习成绩评定以及实习教学基地建设与管理等提出具体要求。鼓励和支持学生参加多项国家、省、市级科技和文化竞赛，获得奖项275个，其中国家级104项，省部级134项，市级37项。全年上报广东省教育厅涵盖创新训练、创业训练以及创业实践等三类50项大学生创新创业训练计划项目，给学生创新创业提供必要训练条件。

【教师队伍建设】2013年，吉林大学珠海学院组织第三届青年教师教学大赛，参赛教师31名，促进学院教学水平和教学质量的提升。全年引进中组部“千人计划”国家特聘专家张晓安、教育部“长江学者”特聘教授华子春、广东省领军人才彭育才等为特聘教授。鼓励青年教师提高学历水平，15名教师通过中级专业技术资格认定，48人通过中级职称评审，36人获得“百人工程”项目资助。公开竞聘提拔一批中青年到处级领导岗位，并进行科级建制，对科级岗位进行聘任工作，充实和优化学院机关处室和系部中心的领导干部队伍。孟显勇等3名骨干教师获得2013年广东省高等学校中青年教师国内访问学者计划资助。

【合作交流】2013年，吉林大学珠海学院在保持与原有院校良好合作的基础上，新增合作院校10所，新增留学项目5个、短期交流项目2个，签订合作协议12项，合作交流项目78项；接待国（境）外来访人员32批次共111人；举办留学项目宣讲会18场，选派赴外留学学生213名；学生赴国（境）外留学、短期交流行前辅导23场；招收来自日本、韩国、瑞典等国家的留学生105人。截至年底，与境外70余所高校建立合作交流关系，学生外派项目覆盖美国、英国、澳大利亚、瑞典、日本、韩国6个国家和台湾、香港、澳门3个地区，对系的覆盖率100%，专业实际覆盖率70%，学院28个专业的师生参与到境外合作交流项目中。全年聘请或邀请22位来自美国、英国、韩国、日本等国家和地区的长期外教、短期专家和访问学者来校长期任教或讲学。

【党建工作】2013年，吉林大学珠海学院党委召开中共吉林大学珠海学院第二次代表大会，选举产生新一届党委、纪委领导班子。开展宣传委员培训系列活动，邀请大批专家学者对党员进行培训；开展党建研究，2个广东省教育工作委员会项目顺利结项，2个市委党建课题获批立项，1个书记项目立项，2次在党建课题研究活动中获奖。珠海市委确立吉林大学珠海学院党委为“两新组织”党建创新示范点；全年在新华网、人民网、中国日报网、凤凰网、光明日报、香港文汇报、香港大公报等200多个媒体刊发学院新闻1360余篇。在《中国教育报》《中国青年报》和《光明日报》刊登学院教学、科研、人才培养、校园文化建设等方面取得的成就专题系列报道。党委副书记申永东带领课题组撰写《加强和改进党员教育研究》荣获年会党建成果特等奖。

【学生思想教育】2013年，吉林大学珠海学院通过创新学生思想教育方法，探索新形势下网络思想政治教育的新途径、新方法，思想教育突出导师启发、榜样引领。举办“面对面—助你实现成才梦”主题教育实践活动，引导学生把“我的梦”“大学梦”“中国梦”结合起来，把个人的发展成才与国家民族的前途命运结合起来，坚定理想信念，发奋学习成才。

【校园安全管理】2013年，吉林大学珠海学院健全和完善校园安全防范体系，综合治理工作得到加强，完善《吉林大学珠海学院突发事件应急预案》，成立吉林大学珠海学院应急委员会，明确责任和分工。加强对社会热点问题的关注，及时、妥善处理突发事件，保证校园的平安、和谐。聘请珠海市公检法系统的法律专家、省内知名的法学教授和律师等来校开展法律讲座5场次，增强学院师生的法律意识。召开各类安全维稳会议近20次，针对钓鱼岛事件、十八大百日防护期等，全面部署与防控，切实做到看好门、管好人、控好网，确保校园平安和谐。全年未出现政治事件、群体事件。

【科研平台和科研队伍建设】2013年，吉林大学珠海学院修订《科研项目管理办法》《科研项目经费管理办法》《科研成果奖励暂行规定》等激励制度，提高科研奖励力度。出台《吉林大学珠海学院科研项目配套经费暂行管理办法》，设立院级重点学科建设基金，利用学院自筹经费对教师承担的院外科研项目进行配套支持。通过建立院级创新团队、设立面向创新平台和创新团队的院级重点项目培育基金，扶持学科和平台面向地方经济社会的重大需求和行业核心技术进行攻关。设立院级科技创新基金和院级社科创新基金，建立“教学与科研并重型”的青年教师人才培养和激励机制，支持青年教师在学科发展规划范围内进行自由探索，积累研究基础和成果。全年获得各类纵横向课题156项，签约经费613万元，到位经费354万元。旅游管理系主任、文化理论研究所所长刘云德教授研究课题“中国人的信仰体系研究：历史与现实”，通过教育部人文社会科学评审，获得2013年教育部人文社会科学研究规划基金项目资助；化学与药学系陈奇丹副教授申报的“纳米粒子与微流控电泳技术相结合测定食品中痕量污染物及机理研究”，袁碧贞讲师申报的“金属有机骨架多功能催化剂的制备及其在化学固定二氧化碳中的应用”获得2013年度国家自然科学基金项目立项，资助经费分别为26万元、25万元；化学与药学系教师胡玲副教授申报的“铜基镍纳米锥阵列结构的构筑及表面液滴快速蒸发性能研究”获得基金立项，资助经费25万元，此为校方首次获得国家自然科学基金立项资助。化学与药学系制药工程（生物制药）专业申报“广东省民办高校本科重点专业”建设立项，获广东省教育厅批准，并成功申请到“广东省民办高等教育专项资金”110万元资助，成为学院第一个省级重点建设专业；旅游管理系承接珠海市“幸福村居”工程规划系列项目，与斗门区乾务镇开展深度产学研合作。与汕头市科技局签订产学研合作框架协议，双方就科技成果向现实生产力转化、增强企业创新能力、优化科技发展布局、推动汕头市科技创新体系建设等方面开展合作。世界排名第一的旅游类SSCI刊物《Annals of Tourism Research》全文刊登旅游管理系教师孙晓霞博士的一篇题为《DEVELOPING DESTINATION LOYALTY:THE CASE OF HAINAN ISLAND》的文章，教师论文的层次和总量均有较大提升。

【建立政产学研合作模式】2013年，吉林大学珠海学院与珠海市相关部门、企业开展政产学研合作，申报并成功获批3个珠海市首批社科研究基地（首批12个，学院占四分之一）：旅游管理系、文化理论研究所联合申报的珠海文化理论研究基地；旅游管理系与珠海御温泉度假村联合申报的珠海温泉产业与文化研究基地；思政理论教学部、工商管理系、国际贸易与金融系依托珠海市横琴新区管委会申报珠海横琴创新发展研究基地。开放学院拥有的广东省中小企业生物医药（技术）服务平台、珠海市工业设计及模具制造公共实验室、珠海市符号计算与知识工程公共实验室等平台，为促进地方经济发展提供更好服务。全年学院在政策研究和咨询建议方面承接委托50项，合同金额151.6万元。学院教师开展具有鲜明地域特色和现实需求的科研选题获得地方政府和大中型企事业单位的经费支持，如“珠海市金湾区机关事务管理制度改革创新研究”“金湾区精致休闲农业发展研究”等。《珠海市地方旅游立法调研咨询报告》等一些调研报告被相关部门采纳。

【建立7个校级协同创新平台】2013年，吉林大学珠海学院依托珠海文化理论研究基地等3个市级社科研究基地及相关教学科研基地，建立7个校级协同创新平台，即化学与药学平台、智能信息处理平台、高端机械装备设计制造平台、城镇化与区域发展平台、文化理论研究平台、外国语言文学研究平台及建筑与艺术设计平台。各平台以协同创新为引领，以协同育人为中心，开展协同机制研究工作。各平台结合各自学科特点和现有资源条件，选择切入点，组织力量申报校级协同机制改革研究与实践专项基金项目。各平台在协同社会力量实践育人方面进行多种探索和实践：尝试建立开放式的师资队伍建设机制，以学科带头人为主，结合本部兼课、企业高级技术人才、返聘教师等，形成多元性教师队伍；结合企业挂职、国际交流、科研团队、教学团队、教师进修培训等多种方式，形成多维的师资队伍培养方式。探索构建跨系、跨专业的交叉融合的课程群，专业方向课内容的动态调整。构建实验教学中心、校内外实习基地、科学研究平台“三位一体”的协同育人实践创新平台及实践教学体系。拓展院外实习实践产学研基地，以产学研合作为抓手，重视产学研合作；制定教学与科研业绩并重的评价机制。文化理论研究平台获批教育部人文社科项目1项；高端机械装备设计制造平台获批珠海市公共创新平台科技项目1项；城镇化与区域发展平台获得多项“幸福村居”工程系列规划项目。

【化学与药学平台】2013年，吉林大学珠海学院化学与药学协同创新平台向广东省教育厅申报省级生物医药协同创新发展中心，并进入省教育厅组织的现场答辩阶段。人事处、教务处、科研处和化学与药学平台协作，共同探讨改革和实践协同育人平台的建设路径、与协同育人目标相适应的组织管理机制、人事管理制度、多元主体参与的协同育人的创新模式，以及与协同育人机制和环境条件下的实践教学新体系。化学与药学平台的2名博士后青年教师获批2项国家自然科学基金委青年科学基金项目，经费总额51万元。从中国科学院苏州纳米技术与纳米仿生研究所引进的博士胡玲获批国家自然科学基金（青年科学基金）25万元项目。化学与药学平台获批珠海市公共创新平台科技项目1项（40万元）。10月30日，化学与药学平台参加由珠海市食品药品监督管理局、珠海市科技工贸和信息化局、珠海市教育局联合举办“珠海市生物医药自主创新校企合作交流会”，当场签订6项产学研合作项目。11月8日，化学与药学平台与珠海市科技工贸和信息化局共同主办珠海市生物医药高级人才培训会暨产学研项目对接活动，活动邀请来自生物技术制药、药物制剂、药物代谢、药物分析和医疗器械等领域6位国内外知名专家授课，其中，中组部“千人计划”国家特聘专家2人、教育部“长江学者”特聘教授2人、国家新药评审委员和“广东省创新科研团队”带头人各1人。专家就当前国内外生物医药创新药物研究热点、研究方向、研究方法与进展问题做专题讲座。广东省生物医药、保健品、医疗器械、化工企业、高等院校、科研院所160多名科技人员参加培训。该平台与珠海企业签订科技合作项目12项。

【智能信息处理平台】2013年，吉林大学珠海学院电子信息系和计算机科学与技术系协同建设的智能信息处理平台与广州中大微电子有限公司合作，参与总额1500万元、广东省科技厅立项支持的“RFID在物流行业中的应用”项目1项；与珠海一特自动化设备有限公司联合承担115万元的全自动绕线机设备开发项目1项；与珠海迈科电子科技有限公司合作申报国家工业和信息化部“食品质量安全信息追溯公共服务平台建设及应用”项目，经费总额600万元（协议分配平台150万元）。在全国大学生电子设计竞赛、国际大学生程序设计大赛（ACM）中，获国家级奖28项，其中特等奖3项，一等奖5项；在省级比赛中获奖59项，其中一等奖13项。累计建立实习基地26家，接收毕业生1775人，促进相关专业就业率保持97%以上。22名学生被国内大学录取为硕士研究生，20名赴国外留学深造。

【高端机械装备设计制造平台】2013年，高端机械装备设计制造平台依托珠海怡信精密测量有限公司（行业联盟理事单位）承担的“面向数控机床的高精度绝对式光栅传感器的关键技术及产业化研究”，获得珠海市公共创新平台项目经费50万元及金湾区配套支持经费25万元。采用学院提出的伪随机码绝对编码方案开发出样机，填补国内空白，得到企业认可。与珠海市鹏辉电池有限公司、广东省工业技术研究院稀有金属研究所联合承担“风能太阳能储能锂电池产业技术示范”项目，承接珠海凌印科技公司的“激光碳粉盒结构/工艺优化及产业化研究”、珠海市三威注塑模具公司的“一种新型推拉式排水装置设计”项目。承接珠海华人科技有限公司、珠海精讯电子等6家企业委托的横向课题6项，可支配经费36万元，服务地方经济社会发展。

【《珠江论丛》出版发行】2013年7月，吉林大学珠海学院主办的《珠江论丛》出版发行。《珠江论丛》着重刊登社会科学研究中的理论、前沿问题；结合改革开放实际，研究和探讨政治、经济、社会发展中的重大理论问题、发展战略问题、对外交流问题的研究成果，报导评价各项事业发展的新动态、新趋势，以及开展对历史、文化、教育等方面的综合研究成果，为地方经济社会发展服务。《珠江论丛》设置的主要栏目有：公共管理与社会服务、法制与社会、经济体制改革与创新、财经前沿、国际关系、人口资源环境研究、文化研究（文化与艺术、文艺理论与文艺批评、文化管窥等）、历史研究、教育教学改革、比较与借鉴、经济文萃、前沿热点、理论经纬、珠江视窗等。《珠江论丛》每年出版4期，大16开，96页。

【“吉林大学珠海学院卫生服务中心”开办】2013年9月，吉林大学珠海学院与珠海市第二人民医院合作开办的“吉林大学珠海学院卫生服务中心”正式营业，原卫生服务中心搬迁至交通便利位置，为全院师生提供更加放心、便捷、舒适的就医环境。卫生服务中心经营面积增加100多平方米，在职职业医生4人、护士4人、药士2人、收费员2人、B超心电图及检验科医生各1人，主要负责为吉林大学珠海学院教职工和学生提供医疗、保健、健康体检、传染病防控、健康宣传教育等服务，为珠海市医保统筹定点机构。卫生服务中心拥有血液、尿液分析仪、显微镜、心电图、黑白超声等设备，开展诊疗科目有预防保健科、全科医疗、内外科、康复理疗科、黑白B超、心电图、医学检验、中西药房等。每天提供8时～22时普通门诊接诊及24小时急诊服务。医务人员定期在珠海市第二人民医院接受培训，医疗全程接受珠海市第二人民医院监督、质控、指导。

【《加强社会建设创新社会治理战略合作协议》签订】2013年11月29日，在金湾区社会建设工作会议上，金湾区区长欧阳德红与吉林大学珠海学院院长付景川签订《金湾区人民政府吉林大学珠海学院加强社会建设创新社会治理战略合作协议》。根据协议，双方合作共建“金湾区创新社会治理研究基地”“金湾区社会组织孵化基地”“大学生创业孵化基地”“金湾区社区综合服务中心”（三基地一中心）。在“金湾区社会组织孵化基地”“大学生创业孵化基地”创建过程中，采取政府投资，学院运营模式，引进专业社会组织进驻，通过提升社会组织专业能力，孕育出一批优秀的社会组织。也为学院学生创业提供指导、咨询和帮助。“金湾区社区综合服务中心”的创建，将以行政管理系为依托，组建社会建设和创新社会治理实践团队，承接运营中心项目，促进和完善辖区居民的社会服务支持网络，为基层社会治理模式探索提供试验田。双方发挥利用各自资源和优势，联合开展党政干部培训和社区工作者业务培训，共同培养社会工作人才。为做好“三基地一中心”的共建工作，学院专门成立课题组，完成并提交“三基地一中心”建设方案。

【入围“2013年中国一流独立学院”】2013年1月9日，中国校友会网正式发布《2013中国大学评价研究报告》，吉林大学珠海学院升至2013中国独立学院第三名，并入围2013中国一流独立学院名单。《2013中国大学评价研究报告》从人才培养、办学设施、综合声誉和校友捐赠等方面对民办高校展开评估，反映民办高校办学质量和办学水平。2013年对独立学院的评价指标及权重进行调整，新增加应届毕业生考研上线率及人数、获国家授权专利和科研经费投入等指标，在社会声誉指标中新增大学的网络影响、网络建设等指标；评价指标的调整主要引导独立学院提高人才培养质量、加大对学术研究的投入和提升社会影响力及知名度。吉林大学珠海学院建院9年来参加国家级、省级大学生科技、文化、体育及其它专业类比赛共获得奖项760余项；近3年毕业生就业率和就业质量在同类院校中居于前列。连续3年入围中国校友会网发布的中国大学评价研究报告独立学院前10名。12月4日，由新华网主办，以“传承教育魅力”为主旨的2013新华教育论坛第四届“大国教育之声”活动，历时3个月，分为网民投票、专家评审两个阶段。数十家媒体参与活动报道，千万网民积极投票。吉林大学珠海学院被评为“2013中国品牌影响力独立学院”

并位列第二名。（程艳华）

遵义医学院珠海校区

【概况】2013年，遵义医学院珠海校区推进党的建设、思想政治建设、学科建设、师资队伍建设和学风建设等工作，全年招收本科生、研究生1624人，引进高层次师资人才36人。遵义医学院珠海校区占地69.99万平方米，建筑面积88669平方米，其中教学行政用房面积55906平方米，其它用房面积32763平方米，各类运动场馆约32000平方米，绿化面积占校区总面积80%以上。校区图书馆藏书8.3775万册，报刊435种，各类实验室16个。截至年底，遵义医学院珠海校区有教职工480人，其中专任教师425人（博士28人，硕士142人，本科205人，其他50人）。

【学生工作】2013年，遵义医学院珠海校区招收本科生1567人，研究生57人，按照遵义医学院《学生守则》的奖励、评优制度，评选国家奖学金9人，国家励志奖学金225人，国家一等助学金503人，国家二等助学金504人，国家三等助学金503人；贵州省三好学生13人，贵州省优秀学生干部5人。省优秀班集体1个，贵州省优秀大学毕业生29人，校优秀大学毕业生67人。获校内特等奖学金5人，一等奖学金159人，二等奖学金207人，三等奖学金251人，单项奖学金120人，三好学生3311人，优秀学生干部166人，先进班级13个，文明寝室10个。全年为1132名学生办理生源地贷款669万多元。对未开展生源地贷款省份的贫困生，学校资助中心帮助其在学校办理国家助学贷款，经严格审核23名贫困生符合国家开发银行助学贷款条件，并上报申贷。

【招生就业】2013年，遵义医学院珠海校区利用网络媒体等传播渠道进行招生宣传，及时回答考生和家长的咨询，学校知名度扩大，完成24个省市的招生录取工作。通过就业橱窗、网络等形式为学生提供就业信息，邀请用人单位到学校选拔毕业生，全年召开校内专场招聘会50场，发布300多家单位招聘信息，为毕业生就业提供方便。2013届毕业生总就业率94%。

【师资队伍建设】2013年，遵义医学院珠海校区有教职工480人，其中专任教师425人（博士28人，硕士142人，本科205人，其他50人）。遵义医学院珠海校区优化现有师资队伍结构，引进高层次人才，全年开展网络和现场招聘28场，面试89人。通过招聘、调动等方式引进36人（其中博士8人、硕士21人）。加大教师培训力度，组织开展多种培训教育，鼓励教职工继续教育。安排59名新教师参加高校教师岗前培训教育，245名教师参加集中培训与在线培训学习，71名教师参加业务培训学习。攻读博士学位4人、全年有在读博士7人。

【教育教学】2013年，遵义医学院珠海校区开设临床医学、口腔医学、医学影像学、护理学、生物工程（生物技术与制药）、英语、商务英语、英语（英语教育）、社会体育指导与管理、药物制剂等10个专业。开展期初、期中、期末教学

2013年11月23日，遵义医学院珠海校区青年志愿者医疗服务小队开展义诊活动
（遵义医学院珠海校区提供）

检查，完善和加强教研室的教学档案建设、加强对青年教师的培养，保证教学质量。截至年底，建立实习点30多个，遍布珠海、深圳、佛山、中山、江门、阳江、湛江及省外等地。常年开展临床实习的巡回教学检查，全年督导组听课50余人。督导组除课堂听课外，对课堂教学秩序和学生学习状态进行每周1～2次的巡查。

【科技研发】2013年，遵义医学院珠海校区举办各级各类学术讲座12次，邀请知名专家来校区讲学；配合珠海市科协开展珠海市第十一届学术周活动。科研项目申报数量增加，获得遵义医学院教育教学改革立项计划4项、遵义医学院教学内容和课程体系改革项目1项、卓越人才教育培养计划项目1项。组织教师申报各级各类科研项目共计194项，获得资助74项，其中自然科学项目17项，人文社科项目35项，大学生创新创业类项目19项，获得科研经费共计188.7万元。全年校区教师发表论文121篇，其中自然科学类研究论文65篇，人文社科类研究论文56篇。其中被《科学引文索引》（SCI）收录5篇，核心期刊39篇，教改类论文8篇。主编或参编各类专著和教材8部。利用校区的科研资源和优势平台，与4家企业签订横向课题，企业出资近85万元。

【党建工作】2013年，遵义医学院珠海校区发展预备党员305人，党员转正204人，举办校区第十四、十五期入党积极分子培训班。两期党校参训人员486人，综合分数在80分以上获得党校结业证书的学员近400人。完成校区科级干部试用期满考核任用，配合学校组织部作好校区处级干部考核任用、提拔考察工作及上级组织部门提拔厅级后备干部的考察工作。四川雅安地震，校区全体师生为四川农业大学捐款5万多元。组织校区及五院全体党员自愿为灾区缴纳特殊党费近4万元。

【基础设施建设】2013年，遵义医学院珠海校区组织对大中型仪器设备公开进行招投标20次，招标合同金额约960万元。启动新图书馆建设项目前期准备工作、完成春晖花园重新立项申报工作、运动场和实验室的改造和修缮工作。全年组织完成招投标项目13项，合同金额约530万元，小型及零星维修等已结算金额约90万元。

【遵医学子列车助产事迹】2013年1月9日，在广州开往成都的K827列车上，一名怀孕7个月的孕妇在车上突然早产。在没有专业医护人员在场的情况，遵义医学院珠海校区2009级护理学系学生韦立，2010级临床医学系王胜、何丽、栗洁、王婷、李强、李竹碧、刘超等学生挺身而出，为突然早产的高龄孕妇成功分娩接生，顺利产下双胞胎女婴。4月1日，遵义医学院珠海校区举行学雷锋系列活动总结暨表彰大会表彰9名在列车上参与助产的大学生，授予他们“学雷锋见义勇为风尚奖”。学生社团将他们的故事拍成微电影，感染更多人。

【校区人文社会科学公共教学部暨珠海市人文医学研究基地揭牌】2013年4月11日，“遵义医学院珠海校区人文社会科学公共教学部”暨“珠海市人文医学研究基地”在遵义医学院珠海校区挂牌。校区各项工作更加贴近社会建设，适应珠海市地方社会经济的发展。11月22日，珠海人文医学研究基地召开工作会议，落实校区大人文社科第四次工作会议精神，开展珠海人文医学研究基地课题的评审和立项工作，对“珠海人文医学研究基地”的科研管理等方面问题提出具体要求。

【第一届教职工代表大会暨工会会员代表大会召开】2013年4月26日，遵义医学院珠海校区第一届教职工代表大会暨工会会员代表大会会议筹备组在行政楼412办公室召开第二次工作会议。提案组共收到提案40份，经对提案进行分类、整理、汇总和落实，形成《提案工作报告》。第二次筹备组会议明确各工作小组工作方向，为“两代会”的顺利召开奠定组织基础。5月18日，校区召开第一届教职工代表大会暨第一届工会会员代表大会，会议审议并通过《遵义医学院珠海校区管委会主任工作报告》《遵义医学院珠海校区工会委员会工作报告》《遵义医学院珠海校区2012年财务决算和2013年财务预算报告》《提案征集和处理情况报告》和《关于厉行节约，反对浪费，创建绿色环保校园方案》等。

【帮扶村创建幸福村居建设工作启动】2013年7月3日，遵义医学院珠海校区启动创建幸福村居建设工作，校区到帮扶村进行实地调研，了解帮扶村基本状况和近年发展情况，提出医疗、教育等方面亟需帮助和解决的问题，结合调研制定创建幸福村居工作方案，开展健康普查和义诊活动。在“9·20”爱牙日期间，遵义医学院珠海校区口腔系前往结对建设幸福村居的斗门区乾务镇夏村进行口腔健康宣传和义诊活动，普及口腔卫生保健知识，动员社区和家庭关注口腔健康。

【大学生创新创业训练项目成功立项】2013年5月，遵义医学院珠海校区根据校本部关于申报2013年度大学生创新创业训练计划项目的通知要求做好申报工作，收到大学生创新创业训练计划项目21项。经遵义医学院珠海校区专家评审确定参与评选12项，并获得立项资助，立项资助率100%，其中创新训练项目10项（重点项目3项、一般项目7项），创业训练项目2项。资助金额4.8万元，比上年增加2万元。推荐的7个大学生科研项目通过省级专家的评审并立项。其中，由学工办主任彭卓指导的“绿壳鸡蛋的生产与研究”创业实践项目获得2万元项目资助经费，生物工程系药剂教研室副教授陈阳指导的“西红花苷花青素护眼胶囊的制备及质量研究”获得创新训练重点项目资助1万元科研经费。生物工程系教授孙志勇、副教授王燕及人体解剖学与组胚学教研室教授李啸红指导的大学生项目分别获得3千元的创新训练一般项目资助，口腔医学系教授吴发印和生物工程系副教授张青峰指导的大学生团队获得创新训练培育项目立项。

【“遵医珠海阳光计划”团队获得国家立项】2013年，遵义医学院珠海校区大学生暑期社会实践团队“遵医珠海阳光计划”团队在人民网主办、团中央学校部指导的，以“青年人，中国梦”为主题的“全国大学生社会实践公益团队招募行动”中成功立项。“遵医珠海阳光计划”团队作为校区团委重点打造的队伍，经过校区专家反复论证、多次修改，最终代表遵义医学院珠海校区申报全国大学生暑期社会实践项目并获得重点团队立项。7月8—20日，“遵医珠海阳光计划”团队在贵州省遵义县对小学生进行营养健康调查，通过走访调查、问卷调查等形式获得第一手数据并进行分析，形成实践调研报告。人民网对“遵医珠海阳光计划”团队给予培训指导、现金资助和新闻宣传等支持。“遵医珠海阳光计划”团队在调研中的见闻随想、实践日记、图片视频、活动成果等信息，通过人民网“强国社区大学生论坛”和“遵医珠海团委”新浪微博进行实时直播。“全国大学生社会实践公益团队招募行动”覆盖全国30个省市，有300所高校的600余支团队报名，报名总人数近万名。组委会从主题立意、方案制定、可行度、对实践地贡献程度及所在地区等方面对项目进行综合评比，评选50支与支教助学、生态保护主题相关的重点团队。

【口腔健康教育基地在金湾区外国语学校挂牌成立】2013年9月17日，遵义医学院珠海校区与金湾区外国语学校签署口腔健康教育合作协议并举行教育基地挂牌仪式，旨在关爱儿童和青少年口腔健康、普及口腔健康知识。通过“爱牙日”、口腔预防普查等，结合小学生生理和心理特点，开展口腔健康档案建立、口腔保健讲座、口腔健康检查和义诊等活动，联合金湾区外国语学校开展儿童和青少年口腔疾病防治工作，从小树立学生的正确口腔健康理念，提升全民口腔健康意识及口腔健康水平。结合校区医学院的特色资源，在外国语学校拓展合作项目，延伸开展青春期生理、心理教育、流行性疾病防范等活动。遵义医学院珠海校区口腔系“幸福生活，从‘齿’开始关爱农

民工子女爱牙知识行”活动获得广东省团省委表彰。　　（徐筱霞）

广东科学技术职业学院

【概况】广东科学技术职业学院（广东省科技干部学院）是广东省政府批准设立的普通高等学校，正厅级建制，成立于1985年，2003年改制为普通高等学校。2013年，学校占地面积1341296平方米，建筑面积495434平方米。基础设施完善，有实验实训室199个，实践基地面积112269平方米；固定资产总值118742万元，其中教学、科研仪器设备资产值9968万元；图书资料128万册。学校有全日制在校生21579人，专任教师942人，其中教授37人，副教授223人，其它职称682人。开设专业49个。全年以开展党的群众路线教育实践活动为契机，以国家高职骨干示范院校建设为引领，继续深化改革，制定珠海市区域职教集团工作方案，加快推进学校内涵建设，提高人才培养质量，增强服务地方经济社会发展能力。1月7日，珠海市社会科学联合会召开第三次代表大会，学院党委书记李业明当选珠海市社会科学联合会兼职副主席。1月14日，校长刘惠坚教授、广州学院舒桂清教授当选政协第十一届广东省委员会委员。

【党建工作】2013年，广东科学技术职业学院加强党建工作，以党的十八大精神为指导，执行党委领导下的校长负责制，推进党的群众路线教育实践活动。加强领导班子思想建设和班子民主集中制建设，实现科学决策和民主决策；加强党风廉政建设，深入学习贯彻中央“八项规定”，开展以“严纪律、正作风、促廉洁”为主题的纪律教育学习月活动，加强工程建设领域专项治理，对重点部门、关键环节和重点岗位进行监督，对干部选拔、公开招聘、招生录取、修缮工程，物资采购、招投标等全过程跟踪监督，防止腐败现象发生。

【教学工作】2013年，广东科学技术职业学院推进课程建设，全年有4门课程获教育部国家精品资源共享课程立项，1门课程获省级精品资源共享课程立项，国家“十二五”规划教材建设立项18部；完成3个省级重点建设专业专项教育资金申报、4个省级重点建设专业申报，2个央财支持建设专业验收工作。加强教学管理及人才培养质量评估制度建设，制定《专业设置管理规定》《教学企业教学组织管理指导意见》《人才培养质量评估暂行办法》《“教学企业”建设指导意见》《“教学企业”评级及奖励暂行规定》及《实训基地建设项目立项评审管理办法》等文件。组织申报2013年省级大学生校外实践教学基地项目5个、高职教育实训基地建设项目2个、省级高职教育补助资金项目1个。

【招生就业】2013年，广东科学技术职业学院加大省内和省外招生工作宣传力度，实施阳光招生平台。计划招生7800人，实际录取考生8359人，报到7540人，报到率90.2%，招生录取人数居全省同类院校首位。实施激励、奖惩、评估机制推进毕业生就业指导工作，具体按照分工明细、责任到人、奖惩严明原则，严格执行学校毕业生就业工作责任制，确保学校2013届毕业生初次就业率为98.56%。

【科研工作】2013年，广东科学技术职业学院申报各级各类科研项目180项，获得教育部、广东省科技厅、广东省自然科学基金委、广东省教育厅、广州市和珠海市等各级纵向科研项目立项37项，经费共计233.2万元；企事业单位委托横向项目38项，共计经费769050元。全年结题验收科研项目64项，申报国家专利23项，获得专利授权7项、软件版权10项。

【师资建设】2013年，广东科学技术职业学院通过政策引进与公开招聘实施人才强校战略。全年引进编制内高层次人才17人，录用合同制教职工86人。晋升各类职称80人，完成2012年公开招聘的81名事业编制人员入职手续。通过培训与进修提高教师专业水平。全年组织50多名教师参加省内外师资培训班，选派45名骨干教师分别赴德国、新加坡、台湾学习培训。制定（修订）人事管理制度。制定出台《事业编制人员奖励性绩效工资分配办法》《校企互聘共培专业技术人员管理暂行办法》，草拟《关于人才队伍建设的若干意见》《教师工作量暂行办法》《兼职、兼课教师管理暂行办法》，修订《教职工进修培训管理暂行办法》《兼职专业带头人管理暂行办法》和《“双师素质”教师管理暂行办法》等文件。

【学生工作】2013年，广东科学技术职业学院以助学工程、心理健康教育与咨询、大学生校园科技文化建设为抓手，有序开展学生工作并取得成效。通过学风建设年活动，分阶段分主题开展各类活动与评比，探索建立学风建设长效机制，营造一个良好的育人环境。学生助学方面，全年共有8549名（占在校生人数39.62%）家庭经济困难学生获得有效资助和奖励，发放各级各类奖学金、助学金、国家助学贷款和勤工助学金1802.592万元。大学生健康和咨询方面，学校心理健康教育与咨询中心针对学校实际情况，开展大学生心理健康教育与咨询特色工作，推行“两板块、多线条”心理健康教育和咨询活动。大学生科技文化艺术活动方面，全年组织学生参加国家、广东省、珠海市科技文化知识竞赛，累计各项技能比赛获国家级、省市级技能大奖123项，其中国家级48项，省级65项。

【国际合作与学术交流】2013年，广东科学技术职业学院重视对外合作与学术交流活动，全年开展对外学术交流活动10次，拓宽人才培养渠道，提高学校人才培养层次与质量。6月4日，校长刘惠坚率领学校访问团回访台湾昆山科技大学和南台科技大学。昆山科技大学国际长卫祖赏和南台科技大学校长戴谦接待校访问团，双方就进一步深化海峡两岸职业学院姊妹校合作事宜进行洽谈，并就师生短期研修、“3+1”专本对接等项目签署合作协议。6月5日，校长刘惠坚率领学校代表团访问台湾朝阳科技大学。朝阳科技大学校长钟任琴、院长林树全、国际长廖经芳接待访问团，双方签署师生短期研修、“3+1”、专升本等项目合作协议，并就双方进一步开展科研合作、组队参与国际技能大赛、教师攻读博士学位等问题进行洽谈，双方签订姊妹校协议。12月13日，台湾地区12所科技大学校长代表团一行20人到访参加“粤台高校交流座谈会”，推介赴台短期研修及“专升本”相关政策。校长刘惠坚、副校长康思琦、相关职能部门负责人、各二级学院（系）部负责人及师生代表约250人参加交流座谈会。

【政校企合作】2013年，广东科学技术职业学院探索人才培养模式改革，利用自身办学特色及地方政府产业发展需要，加强与珠海地方政府及企业进行政校企合作办学。政校企合作是学校推进校企双主体人才培养模式深入改革区，是专业教学实践改革的关键环节，实现政府、学校、企业三方优势互补、资源共享、人才共育、合作双赢目标，为学校建设国家高职骨干示范院校奠定坚实基础。1月6日，人文与社会科学学院与金湾区新闻中心达成战略合作协议，并举行实训基地和通讯站相互授牌仪式，以更好地利用高校人才资源，拓展金湾新闻宣传平台，金湾区新闻中心为人文学院学生提供实践的条件和场所，促进双方合作交流。1月9日，“金湾区产业发展专场报告会暨广东科学技术职业学院政校企合作签约仪式”在广东科学技术职业学院举行。珠海市航空产业园管委会与广东科学技术职业学院签订战略合作协议，双方在高端技能型人才培养、产学研和技术服务平台建设等方面开展合作，推动珠海航空产业的加速发展。根据合作意向，广东科学技术职业学院按照航空产业园的产业布局和要求，调整现有专业或增设与航空产业相关的新专业，如飞机装配、航空物流管理等，为航空产业园输送一线的高端优秀技术技能人才。航空产业园将制定优惠政策、出台激励措施，鼓励企业和企业专家全面、全程参与广东科学技术职业学院的航空产业类高技能型人才培养。5月21日，学校建筑工程技术学院与广州市时代物业管理有限公司签署物业管理专业“订单式”人才培养校企合作协议。“订单式”人才培养，即学校定向培养企业所需的实用技能型人才，通过开设“时代地产物业班”，实现双方资源的渗透互利。

2013年3月28日，广东科学技术职业学院高尔夫实训中心正式启用
（广东科学技术职业学院提供）

【国家高职骨干示范院校建设】2013年，广东科学技术职业学院完善国家骨干高职院校建设工作组织机构，成立示范建设督查工作小组；制定《国家骨干高职院校建设绩效考核办法》等13个文件。起草珠海市区域职教集团章程、可行性报告，7月广东省教育厅批复同意以广东科学技术职业学院为龙头建立珠海市区域职教集团工作方案；与珠海市政府部门、企业及职业院校广泛磋商、交流，形成共建珠海市区域职教集团的广泛共识；与珠海市航空产业园管委会、金湾区人民政府等签署战略合作协议，具体化服务区域经济社会的举措。

【刘惠坚、舒桂清当选广东省政协委员】2013年1月14日，政协广东省第十届委员会常务委员会第22次会议通过广东科学技术职业学院校长刘惠坚教授、广州学院舒桂清教授当选政协第十一届广东省委员会委员。1月23～28日，省政协委员刘惠坚、舒桂清参加政协第十一届广东省委员会第一次会议，联合提交提案“关于加大和落实我省国家示范性骨干高职院校省级财政投入的建议”，获省政协立案。

【首个高尔夫实训中心正式启用】2013年3月28日，广东科学技术职业学院与珠海泛联科技投资有限公司合作共建的广东省高职院校首个高尔夫实训中心正式启用。党委书记李业明，校长刘惠坚，副校长刘洁、刘锦铭，泛联科技投资有限公司董事长邓杰周、副董事长杨学德，相关部门负责人及体教部全体师生参加启用仪式。高尔夫专业自2010年在广东科学技术职业学院招生以来，在师资队伍、培养方案、课程建设、实习就业等方面呈现良好发展态势，租用校外场地教学一直是制约高尔夫专业发展的瓶颈。学校经过反复论证，统筹考虑，于2011年2月与泛联科技投资有限公司共同投资建设高尔夫实训中心，中心占地2万平米，内设50个打位。高尔夫实训中心作为广东科学技术职业学院校企合作共建的校内教学企业，满足广东科学技术职业学院高尔夫人才培养的实训实习需求，发挥服务社会、服务区域经济的功能，是广东科学技术职业学院开展校企双主体办学，推进国家骨干校建设的成果。

【获批大陆专科（高职）学生赴台攻读二年制学士班试点院校】2013年，广东科学技术职业学院推进人才培养改革，探索与台湾地区高校联合办学模式，提高人才培养层次。学校分别与台湾南台科技大学、朝阳科技大学和昆山科技大学进行长期合作办学交流，合作交流主要形式包括学生赴台短期研修、专升本及参加国际竞赛等。4月26日，教育部港澳台办发布《关于在福建和广东两省试点开展大陆专科（高职）学生赴台攻读二年制学士班工作的通知》，学校被确定为大陆专科（高职）学生赴台攻读二年制学士班试点院校，为广东省12所试点院校之一，实现从专科到本科人才层次目标培养的转型，标志着学校人才培养水平实现新跨越。全年有6名同学成功赴台湾的“国立”台湾科技大学、“国立”高雄第一科技大学、朝阳科技大学攻读2年制学士学位。

【“史上最坑爹游戏”上线】2013年12月3日，广东科学技术职业学院计算机工程技术学院21名在校生依托“移动应用开发中心”教学企业，研发的“史上最坑爹游戏”正式上线，取得位居大陆地区、港台地区排行榜前列的好成绩，引起中央、港澳、省市十多家媒体和兄弟高校关注。由企业投入研发经费、校企共同组成的27人联合研发团队中，除3名指导老师、2名企业工作人员外，22名研发人员中21名均是学校计算机学院软件技术专业、计算机多媒体技术专业二、三年级学生。从创意策划、游戏界面原创设计、程序开发与测试、游戏推广与运营等产品研发环节，90后在校大学生是整个产品研发的主力军。移动应用开发中心教学企业是全国高职院校首家集苹果IOS、谷歌Android、微软WP三大移动应用技术人才培养、产品研发、社会服务于一体的教学企业，由学校与苹果中国公司、微软中国、北大青鸟、珠海顶峰科技4家企业共同投资500多万元共建，是全国高职院校首家集苹果技术校园体验中心、微软创新技术体验中心、北大青鸟安卓学士后在线教育中心于一体的国际知名IT企业新技术推广与体验基地。（何永明）

珠海艺术职业学院

【概况】2013年，珠海艺术职业学院校园占地面积10.25万平方米，建筑面积4.9万平方米，教学仪器设备价值740多万元，图书馆藏9.8万多册。教职员工197人，其中专任教师135人。专任教师中正高级职称4人、副高级职称15人、中级职称34人、初级职称24人；硕士学位研究生27人、本科104人、大专4人。珠海艺术职业学院设有音乐与舞蹈分院、艺术设计分院、经济管理分院、文化与旅游分院、基础教学部5个教学部门，开设视觉传达艺术设计、广告设计与制作、环境艺术设计、室内设计技术等22个专业。加强校企合作，探索人才培养模式改革，突出内涵建设，提高教育质量和管理水平，加大办学投入，完善办学设施，全面实施“质量工程”，重点抓好课程建设、专业建设、实习实训基地建设、师资队伍建设及教研教改，打造特色办学。全年组织师生参与服务地方的公益活动以及广东省、珠海市组织的各类技能大赛，培养和提高学生的实践能力。组织艺术设计分院师生50多人参与珠海市政府组织开展的“幸福村居”活动，在斗门区白蕉镇绘制“幸福村居、疍家文化”主题壁画28幅。

【招生与就业】2013年，珠海艺术职业学院面向全国20多个省市招生，新生报到1041人，全日制在校大专学生2243人，在校生人数比上年增加440人，在校生人数和新生报到人数创历史新高。学院历届毕业生大多在珠三角地区就业，全年大专毕业学生556人，就业552人，毕业生就业率99.3%，毕业生就业率在广东省内同类高职院校名列前茅。

【教育教学】2013年，珠海艺术职业学院教育教学工作突出抓专业建设及教学改革，对教学机构进行调整，重新优化组合成音乐与舞蹈分院、艺术设计分院、经济管理分院、文化与旅游分院和基础教学部，从体制上加强对教育教学工作的管理。修订新的人才培养方案，突出对学生实践能力的培养，注重推行工学结合的高职教育人才培养模式，带动专业调整与建设，引导课程设置、教学内容和教学方法的改革，探索在教学过程中实践性、开放性和职业性的有效结合。开展环境艺术设计、珠宝首饰工艺及鉴定、玉雕·水晶设计与加工、酒店管理等特色专业建设，申报“广东省民办高校质量工程建设项目”“广东省级民办高等教育专项资金资助项目”“广东省民办高校教师队伍建设奖励项目”。鼓励教师运用课件制作、微格教学、多媒体等现代化教学手段，提倡运用“问题教学”“案例教学”“合作教学”

"现场教学"等符合高职特点的教学方式，探索和改进教学方式方法，在课堂教学改革方面取得新突破。

【学生管理】2013年，珠海艺术职业学院学生管理工作重点放在引导大学生树立远大理想和坚定信念上，提高学生的思想政治素质和道德水平、提升学生的综合素质和专业技能。加强对学生社团的管理。截至年底，学院有街舞协会、书法协会、环保协会、营销协会等学生社团10多个，引导学生社团开展丰富多彩、健康有益的活动，丰富学生业余生活，拓展学生视野和知识面，锻炼学生各方面的能力。组织开展形式多样的文体活动，成功举办"第四届珠艺杯技能大赛""秋季趣味运动会""十大杰出青年巡回报告会"等活动。做好学生国家奖助学金评选工作，确保评选过程公平、公正、公开，杜绝徇私舞弊现象。全年117名学生获得国家奖助学金的资助，资助金额60万元，帮助特困大学生克服生活困难完成学业。

【师资队伍建设】2013年，珠海艺术职业学院实施"人才兴校"战略，加强师资队伍建设，提高教师和管理人员的整体素质。全年引进正副教授5人、博士1人、硕士5人，从企业、行业引进具有专业特长的教师2人，引进本科特长生4人；从教育部专家库和地方专家库、社会名家中聘请专家学者7人为学院的客座教授。鼓励在职教师参加各种学习和培训，提升学历和职称，提高教学能力。全年有8名教师取得《高校教师资格证》，有21名新教师参加高校教师岗前培训，5名教师晋升中级以上职称，19名教师参加国家和省级骨干培训班，10余名中青年教师在职攻读博士、硕士学位。

【林志山老师被聘为珠海市青年智库专家】2013年5月22日，珠海艺术职业学院教师林志山被共青团珠海市委员会、珠海市青年联合会聘为首批"珠海市青年智库成员"。"珠海市青年智库"由共青团珠海市委员会、珠海市青年联合会发起，由热心参与社会管理建设、愿意为珠海发展发挥专业技能、奉献青春智慧的青年人才组成，首批成员全部具有硕士以上学历或高级以上职称，在本行业中业绩、造诣和能力突出，年龄均在45周岁以下，个人研究领域涉及人文、政治、管理、金融、科技等。

【董事长陈智仁博士获美国总统授予最高蓝色勋章奖】2013年5月24日，在美国皇家白礼顿大学颁奖典礼上，珠海艺术职业学院董事长陈智仁博士获赠美国"总统社会贡献勋章"中的蓝色勋章及奥巴马总统亲笔签署的表彰信。"美国总统社会贡献勋章"是由美国前总统乔治·布什创立的，颁授给全球为社会服务作出巨大贡献的个人、家庭或组织。该勋章分设铜色勋章、银色勋章、金色勋章、蓝色勋章。蓝色勋章为最高荣誉勋章。陈智仁博士1952年出生于福建省石狮市，1989年创办澳门佳毅集团下属企业17家，2006年任珠海艺术职业学院董事长，担任22个海内外社团职务，1998年被《澳门百科全书》载入"澳门名人录"，1999年应邀参加澳门回归大典，1994—2012年特邀任四川政协委员兼港澳台侨和外事委员会副主任，2007年应邀跟随温家宝总理访问韩国，2013年获"亚洲区杰出商业领袖奖"。

【联合广东外语艺术职业学院合作办学签约仪式】2013年6月，珠海艺术职业学院与广东外语艺术职业学院举行合作办学签约仪式。双方就学院相关专业的课程、专业与师资队伍建设等方面达成合作。广东外语艺术职业学院是一所以小学、学前师资培养为品牌，以培养高素质外语、艺术、信息技术技能型人才为特色的公办省级示范性高职培育院校。合作双赢是高校提高办学质量和品牌的途径，珠海艺术职业学院努力创建校企合作、校澳合作等平台，打造特色鲜明、教育质量高等的艺术职业院校。签约仪式上，珠海艺术职业学院与澳门明辉实业有限公司还签署校企合作办学协议。（吴国强）

珠海城市职业技术学院

2013年9月，珠海城市职业技术学院投入使用的学生宿舍6号楼
（珠海城市职业技术学院提供）

【概况】2013年，珠海城市职业技术学院开展新校区建设、创广东省高职示范院校工作，截至年底，建有校内实训室149间，建筑面积3万多平方米，校外实习基地102个。与广东天章集团签署合作协议，建立“天章实训室”；与中国移动通信集团广东有限公司珠海分公司开展合作共建“移动3G实训室”。开发学生定岗实习网络管理平台，逐步实现学生定岗实习的远程管理。2012届毕业生定岗实习率99.9%，半年以上定岗实习率98%。抓好电子信息、机电工程、旅游管理、物流管理、社会工作等5大相关专业群建设，打造一批特色、重点专业。加强游艇装饰设计与工艺、中德合作等特色项目建设，筹备开发与海洋工程装备制造、航空、空调制冷等产业（行业）相关的新专业。改革课程考核方法，鼓励校企合作开发教材，与行业企业合作开发教材（讲义）35本（部），有省级精品课程2门，校级精品课程和网络课程28门，生均数字资源量高于全省同类高职院校平均水平。全年推进政校企合作8个子项目，原有校企合作委员会基础上成立的珠海职教联合会（集团）正式成立，有合作协议企业102家。学院为合作企业提供技术服务获得经费300万元。学院教职工承担主持国家级课题8项，省部级课题65项，市级、院级课题140余项，直接服务于珠海发展的课题51项，各类横纵向课题总经费达400余万元。珠海城市职业技术学院被广东省教育厅、财政厅确定为第三批省级示范高职院校立项建设单位，建设期4年，着重发展校区建设。

【校园基础建设】2013年，珠海城市职业技术学院加强校园基础设施建设，完成珠海市政府投资的行政与商贸实训中心主体结构建设。3月学院1、2、3号楼立面外墙改造工程完工，校园消防管网改造竣工。9月学生宿舍6号楼竣工并交付使用。自筹建设项目有序开展，完成学生文体活动中心改造工程、风雨操场体育设施配套项目、学生文体活动中心防撞垫项目、新建临时食堂、供水管道迁移、学生文体活动中心照明工程、通风环境改造工程等，游艇样板房项目开工。8月第一食堂项目建设核准项目总投资3630.71万元，建筑面积为9100平方米综合性后勤保障性用房。

【招生工作】2013年，珠海城市职业技术学院在校生8383人，其中全日制高职高专学生6393人，本、专科成人学历教育学生1990人。全日制高职高专全年录取数2862人，报到数2537人，报到率88.64%，其中珠海市生源录取1158人，实际报到1047人，珠海生源报到率90.41%；珠海市外生源录取1639人，报到1436人，报到率87.61%；省外生源录取65人，报到54人，报到率83%。

【师资队伍建设】2013年，珠海城市职业技术学院本部有教职工368人（含专任教师257人），专任教师中博士研究生8人、硕士研究生107人、本科133人、大专9人，有正高级职称17人，副高级职称40人、中级职称128人、初级职称30人，未定职称42人。全年引进专业带头人（后备人选）5名，返聘教授2名，具有正高职称3名，副高、博士共4名；招聘在编教职工9人，聘用制教职工13人。11月，选派17名教职工赴国（境）外培训，其中9名专业带头人前往新加坡南洋理工学院培训、5名教职工赴欧洲高职院校交流考察，1名院领导参加珠海市教育局组织的出国培训项目、2名中层干部参加广东省教育厅组织的赴台考察项目。学院教职工首次成功申报广东省教育厅国内访问学者资助项目，分别选派机电工程学院刘唯伟、经济管理学院潘强赴华南理工大学和中山大学担任访问学者；首次成功申报广东省省培项目“单片机实用技术与技能认证”，组织11名专任教师参加项目培训；组织教职工参加国培、省培项目；按照程序完成教职工外出学习考察审批程序，全年完成管理人员外出审批程序63人次。珠海城市职业技术学院与广东省技术师范学院合作，开展“以学生为中心教学法提高班”培训，116名教职工参培。组织教职工申报认定“双师型”教师（指同时具备教师资格和职业资格从事职业教育工作的教师）资格2批，新认定“双师”28名，截至年底有“双师”素质教师135名。全年有8名教师考取博士，10名教职工获得更高一级学历提升，资助教职工完成学历（位）提升18万元。教职工申报正高职称7名，申报副高职称13名，中级15名，申报高级职称人数比上年增加150%。

【**教研成果**】2013年，珠海城市职业技术学院获广东省部级课题立项8个；获广东省教育厅2013年度广东省高等职业教育教学改革项目1项；获省教育科学“十二五”规划2012年度项目2项；获地市级课题立项10个；获珠海市科技工贸和信息化局项目立项1项，资助经费5万；获珠海市教育科研“十二五”规划第三批（2013年度）项目4项，资助经费2.5万；获珠海市社会科学“十二五”规划2013年度课题5项，资助经费1.3万元；获其他各类课题立项14个；获金湾区社会科学“十二五”规划2013年度课题4项，资助经费0.4万；获省级各教学指导委员会课题9项；获广东省图书馆课题1项。首次参加广东省普通高校2012年度科研统计年报工作，并顺利完成申报验收。优化校级科研成果申报表格，认真审核各项上报成果数据；2013年度公开发表论文173篇，其中核心期刊论文27篇，三大检索3篇；主编或参编教材专著5部；结项验收科研项目19项，其中省部级项目3项，省自然科学基金项目验收通过；获各类奖项19项，指导学生获奖44项。

【**政校企合作**】2013年，珠海城市职业技术学院政校企合作8个子项目，其中社会管理项目组、物流项目组、游艇项目组科研工作取得成效，苏志东主持的《高栏港区游艇设计开发研究》、熊俊超主持的《高栏港政校企合作基层社会管理与服务人才培养模式研究》、王艳丽主持的《高栏港社区公共服务资源调查》完成结项工作。机电工程学院到高栏港江龙船舶、太阳鸟游艇、先歌游艇、显利游艇等企业调研获突破性进展。人文与社会管理学院与珠海特区报社、珠海新闻网、金湾新闻中心进行学生实习、工学结合、开发教材等方面洽谈达成合作意向。港口物流专业深入港区与企业合作。配合经济管理学院物流管理（港口物流方向）专业参与政校企合作，与珠海港下属的珠海港务、外轮理货、珠海港物流以及港区的恒基达鑫、新宏安物流等展开顶岗实习、培训等合作事项。

【**节能降耗培训**】2013年，珠海城市职业技术学院作为广东省（珠海）节能降耗培训基地，全年举办节能培训班7期，即珠海市教育系统“十二五”学校节能暨后勤管理培训班、斗门区2013年第一期重点用能企业节能统计培训班、2013年珠海市重点用能单位能源管理体系及节能产品推广培训班、2013年金湾区重点耗能企业节能培训班、斗门区节能统计与能源利用状况报告培训班、斗门区节能审计规划与环保节能技术推介培训班、斗门区淘汰高耗能变压器政策宣讲培训班。培训人数814人次，培训对象包括珠海市各区（经济功能区）政府节能主管部门、重点耗能企业、节能技术服务单位、公共机构等单位节能相关人员。此外，作为广东省中小企业培训示范基地，珠海城市职业技术学院探索适合企业需求的培训方式，开拓企业培训市场，以培训带动合作，全年开展企业管理层综合能力培训班、企业员工素质培训班和高栏港政校企深度合作实验圈培训项目。

【成人教育培训】2013年，珠海城市职业技术学院启动“珠海学习网”、金湾区社区学习网及斗门区社区学习网、珠海市党员干部现代远程教育网，完善市民终身学习体系，为市民终身学习打下良好的信息化基础。珠海市干部教育培训网、珠海市民终身学习网维持良好运行并得到全新升级。全年成人教育学院非学历教育培训总人36213人，线下培训总人数20828人次，珠海市干部教育培训网在线培训人数15385人。面向政府、面向企业、面向行业、面向园区、面向军营开展各类培训40多项，承办珠海市技术创新方法培训、珠海市编办政务和公益域名注册培训、珠海市第五期干部自主选学培训、国税全员会计知识培训等。开展会计证、会计电算化、普通话、英语等级考试、计算机等级考试等考证培训、教师资格证教育学、心理学培训等近万人次。

【职业技能鉴定】2013年，珠海城市职业技术学院推进职业技能鉴定工作，获证率90%以上。完成职业技能鉴定工作20个工种、共计1606人次。按已获证人数计算，2013届学生共有1369人获得证书，“双证书”获证率91.21%，其中高级工获证率60.28%。受理学生非专业技能培训换算公选课学分124人。

【列入第三批广东省示范性高职院校立项建设单位】2013年，珠海城市职业技术学院启动争创广东省示范性高职院校工作。10月，广东省教育厅、财政厅先后发布通知，确定珠海城市职业技术学院为第三批广东省示范性高职院校立项建设单位，建设期4年。通过建设，实现“一个创新、二个支撑、三个促进、四个提升”，即创新政校企、行校企“双三元”办学体制机制；为广东构建现代产业体系和珠海“三高一特”产业布局提供人力支撑，为区域经济社会和企业提供高水平智力支撑；促进高职教产协同创新发展，促进高职教育服务产业能力的提升，促进发展型、复合型、创新型技术技能人才的培养；实现人才培养质量的提升，办学水平的提升，高水平校企合作深度的提升，核心竞争力和服务社会能力的提升，发挥职业教育的示范带动作用和对区域经济社会发展的服务作用。

【珠海城市职业技术学院东校区建设】2013年3月5日，珠海市副市长潘明率队到珠海城市职业技术学院调研，并召开东校区建设推进会，对东校区建设存在困难现场进行协调。市政府划拨珠海城市职业技术学院东校区建设土地，完成东校区一期110482平方米征地工作和用地手续。6月4日，珠海城市职业技术学院与BT投资方在珠海城市职业技术学院成教学院（珠海电大）签订东校区建设项目合同。东校区扩建项目政府投资2.41亿，建筑面积约5.36万平方米，全年完成前期报建手续、施工图纸、及施工许可证等相关手续，完成地质详勘工作，完成土方回填工作占东校区工程量60%，12月基础开挖和打桩工程开工，项目计划2015年12月竣工投入使用。

【获批广东省教育评估协会常务理事单位及常务理事资格】2013年10月10日，广东省教育评估协会成立暨第一次会员代表大会在广州召开，大会表决通过协会章程，并选举协会理事会，珠海城市职业技术学院获得广东省教育评估协会常务理事单位及常务理事资格。广东省教育评估协会是培育专业化教育评估机构、规范评估机构认证、加强教育评估研究、协调评估机构与政府和学校关系的重要平台，协会遵循“研究、咨询、中介、服务”的宗旨，充分发挥会员的作用，开展教育评估学术与教育评估实践活动，为教育行政决策服务，为提高各级各类学校教育教学质量和办学水平服务。

【通过高职院校人才培养工作评估】2013年3月1日，《广东省教育厅关于公布2011年广东省高职院校人才培养工作评估结论的通知》发布，确认珠海城市职业技术学院通过高职院校人才培养工作评估。高职院校人才培养工作水平评估方案以《中华人民共和国高等教育法》《中华人民共和国职业教育法》《国务院关于大力推进职业教育改革与发展的决定》和《教育部关于加强高职高专教育人才培养工作的意见》为依据，坚持“以评促建、以评促改、以评促管、评建结合、重在建设”的方针。学院积极探索“双三元”办学模式，即以政府为主导、以学校为主体、以企业为支撑的“政校企”三元合作和与以行业为纽带、以学校为主体、以企业为支撑的“行校企”三元合作；对接产业，调整专业布局，加强专业建设；开展课程和教学改革，提高教科研水平。1月10—11日，以广东食品药品职业学院院长严振为组长的专家组一行6人对珠海城市职业技术学院进行评估回访。专家组听取珠海城市职业技术学院刘华强院长的评估整改校长报告，对校内实训场所进行重点考察，并对院领导、中层干部等进行深度访谈，学院评估整改工作得到专家组认可。专家组指出，经过一年多的整改，学院办学定位清晰，师资队伍建设等方面取得新进展，东校区建设、实训场所建设成效明显。

【珠海社区大学成立】2013年11月2日，在珠海市第三届全民终身学习活动周启动仪式上，珠海社区大学正式揭牌成立。珠海社区大学是7月珠海市政府批准同意依托珠海市广播电视大学成立的，大学履行全市社区教育任务，主要任务包括建立社区教育四级网络；建立满足社区各类人员终身学习工作格局；建立专兼职相结合的社区教育队伍，指导社区教育活动；打造远程开放继续教育和公共服务平台、区域性数字化学习资源中心等。8月2日，珠海市政府批准同意依托珠海城市职业技术学院成教学院成立珠海社区大学，履行全市社区教育任务。珠海城市职业技术学院成立社区大学筹建办，规划建设全市社区教育四级网络等基础性工作，金湾区、斗门区成立社区学院。10月，协助金湾区完成广东省社区教育实验区评审工作。

【签订政校合作加强社会建设和创新社会治理战略合作协议】2013年11月29日，在金湾区行政办公中心举行的金湾区社会建设会上，珠海城市职业技术学院党委书记党益群与金湾区区长欧阳德红分别代表学院和金湾区政府，共同签署区校合作加强社会建设和创新社会治理战略合作协议。双方达成4方面共识：共建“金湾区社会管理创新研究基地”，金湾区政府采取委托研究、合作研究、专家咨询、专题论坛等方式，由珠海城市职业技术学院组织专家提供决策咨询、项目评估、理论支撑等服务，双方合作重点加强金湾区社会建设、社会管理创新重大课题和重点领域研究项目的合作；共建“金湾区社会组织孵化基地”“大学生创业孵化基地”，由金湾区政府提供场地及运营资金，珠海城市职业技术学院负责运营社会组织孵化基地和大学生创业孵化基地，引进专业社会组织进驻，通过提升社会组织专业能力，孕育出一批优秀的社会组织；共建“金湾区社区综合服务中心”，珠海城市职业技术学院以人文与社会管理学院为依托，组建社会建设和社会管理创新实践团队，承接运营中心项目，促进和完善辖区居民的社会服务支持网络，为基层社会管理模式探索提供试验田，服务中心为院学生实习、见习与调研提供平台；共建“教研实践互促共进机制”，珠海城市职业技术学院发挥师资和科研方面的优势，为金湾区政府党政干部提供社会建设和管理创新理论培训，为社区工作者提供社会工作专业培训，推进社会工作人才培养模式改革，金湾区政府利用社会资源优势，促成双方在人才培养方面开展深入合作。战略协议的签订，标志着金湾区与珠海城市职业技术学院在社会建设政校全面合作正式拉开帷幕。　（黄德文　杨凤莲）

文 化

综 述

【**概况**】2013年，珠海市金湾区文体旅游局推动文化民生基础设施建设，推进林伟民与中国早期工人运动史迹陈列馆等重点文化工程建设，完成金湾区文化信息资源共享工程建设并交付使用。金湾区图书馆和30家漂流书屋实行“一体化”管理，金湾区图书馆获评国家二级图书馆。建成三灶美都体育健身广场并投入使用。在全市率先启动村（居）文体基础设施“五个有”建设，区、镇、村（居）三级文化服务网络基本形成。金湾航空艺术节、体育节、读书节、少儿艺术花会和送戏送电影进村（居）进企业等品牌活动全方位丰富市民文化生活。全年举办文艺演出、送电影下乡、送戏下乡、游园活动、体育竞技等各类型文化活动500多场，参与人数近9万人次；获集体项目专项奖省级1个、市级18个。以国家级非遗项目三灶鹤舞为素材拍摄的微电影《鹤无双》获第十六届上海国际电影节手机电影节“魅力城市”单元优秀短片奖。文化遗产保护工作取得重要进展，“三灶岛侵华日军罪行遗迹”确定为国家级文物保护单位。全年办理文化市场行政许可和非行政许可事项47件，创建全国文明城市通过阶段性测评。珠海市金湾区档案局（中共珠海市金湾区委党史研究室、珠海市金湾区综合档案馆、珠海市金湾区人民政府地方志编纂委员会办公室）全面完成辖区2个镇、20个村（居）社会主义新农村建设档案工作示范创建和3家涉农部门的档案综合目标管理达标升级工作，整体通过珠海市社会主义新农村建设档案工作检查组及广东省检查组预验收；全面启动首部《金湾年鉴》编纂工作及地方志资料年报收集工作。截至年底，金湾区有省特级文化站1个、省一级文化站1个，各级文物保护单位12处，非物质文化遗产7项。

【**公共图书管理及服务**】2013年，金湾区图书馆新增办理借阅证777个，阅览读者50743人次，借阅书刊52380册，全年增加补充入馆图书5000多册，用于移动图书馆流动借阅图书1000多册。截至年底，图书馆藏书总量104916册（含图书、期刊、报纸合订本、电子文献），年均新入库图书16000多种，年均报刊入藏量262种，视听文献年均入藏量33件。全年金湾区22家农家漂流书屋阅览读者33036人次，借书9137人次，借阅期刊22995册，办证664个，完成金湾区第六次图书漂流。10月完成图书馆电子阅览室建设并向公众开放。启动金湾区村居信息化体验站。挖掘高校图书馆资源，实现高校图书馆在金湾区图书馆的书刊专架。

【金湾区文化信息资源共享工程】 2013年10月，金湾区文化信息资源共享工程正式投入使用。金湾区图书馆电子阅览室作为共享工程最主要的公共服务场所，配置30台电脑以及相关配套设备供群众使用。除了方便群众访问海量文化资源的同时，还可以查询到金湾区本地自身的文化资源，为群众送去丰富的文化服务。金湾区文化信息资源共享工程自2012年开始建设，包括文化共享平台建设、电子阅览室建设、资源加工及设备管理等。

【金湾区公共阅读服务平台初步建立】 2013年，金湾区文体旅游局推动建立公共阅读服务平台，各村（居）全部建立漂流书屋，借书还书办理“一卡通”，漂流书屋读者3万多人，借阅书刊近1万人次，借阅书刊2万多册。联合共建单位珠海市图书馆和属地各高校图书馆统筹资源，广大读者足不出区就能享受到市馆及高校的优质阅读资源，形成以村（居）农家漂流书屋和学校书屋为基础的三级公共阅读服务阵地网络。

【珠海西区首家图书馆电子阅览室建成】 2013年10月，金湾区图书馆电子阅览室正式面向公众开放，是珠海市西部地区第一家图书馆电子阅览室。截至年底，电子阅览室有电脑30台，读者可凭借阅证免费上网，能够免费检索国内学术期刊近6000种、国际期刊10万种的信息及全球3000万家企业的资信材料。全年电子阅览室上机人数1921人次。

【红旗镇矿山社区“农家漂流书屋”获“全国示范农家书屋”称号】 2013年4月，红旗镇矿山社区农家漂流书屋获评“全国示范农家书屋”，成为全市唯一获得此称号的书屋。矿山社区农家漂流书屋2009年成立，截至2013年年底收藏各类书籍3000多本，专、兼职管理员5名，向社区居民免费开放。10月30日至11月6日，金湾区图书馆举行第6次图书漂流，完成图书漂流7963册，累计完成图书漂流34648册。漂流书屋形成主动联络、主动漂流，实现就近书屋间“微循环”，促进图书流动，实现规范有序、互通有无、资源共享。　（陈海燕）

文化基础设施建设

【概况】 2013年，金湾区完成三灶镇、红旗镇健身广场建设，20个社区、行政村建有健身活动广场和体育路径。建设金海岸文化艺术中心、林伟民与中国早期工人运动史迹陈列馆，完成区文化信息资源共享工程建设。金湾区图书馆获评国家二级馆，“农家漂流书屋”实现100%覆盖村（居），并向自然村、企业和学校拓展延伸。以金湾区文化馆、图书馆为龙头，镇文化站、图书室为骨干，村（居）综合文化活动室、农家漂流书屋为基础的三级文化服务阵地网络基本形成。截至年底，金湾区文化设施有金湾区图书馆、金湾区文化馆、2个镇属文化站等。全区有省特级文化站1个（三灶镇文化服务中心），省级文化站1个（红旗镇文化服务中心）；村（居）综合文化活动室20个。万人坟、三灶伟民广场为分别珠海市、金湾区爱国主义教育示范基地。

【村居文化设施建设】 2013年，金湾区人民政府制定实施《关于进一步加强文化设施建设和管理的实施意见》，全面推动村（居）“五个有”建设。全年，金湾区20个村（居）建立漂流书屋，各漂流书屋配备管理人员1名，建立完善管理和考核制度。

【金海岸文化艺术中心】 2013年，金湾区推进金海岸文化艺术中心建设，全年完成规划方案设计、项目立项、可研批复、勘察设计招标、旧楼动工拆除等相关前期工作。金海岸文化艺术中心位于三灶镇金岛路和万寿路交汇处，占地面积18839平方米，总建筑面积25652平方米，总投资约1.5亿元。金海岸文化艺术中心包含三馆二宫一影院（图书馆、美术馆、博物馆、文化宫、青少年宫及影剧院），有助于提升区域的文化品位，全面改善金湾的投资环境和宜居环境。

【林伟民与中国早期工人运动史迹陈列馆】2013年9月，林伟民与中国早期工人运动史迹陈列馆获立项，全年完成方案设计、旧址拆迁等前期工作。金湾区政府常务会议研究决定将三灶伟民小学改建为综合性群众文化活动场所，功能布局涵盖区文化馆（图书馆）、林伟民与中国早期工人运动史迹陈列馆。原伟民小学位于三灶镇金海岸大道西路林伟民故居及三灶伟民广场旁，原建筑分三层楼，土建工程面积5524.35平方米，其中进门左侧三层楼共1920.74平方米作为林伟民与中国早期工人运动史迹陈列馆。

【金湾区图书馆获评国家二级馆】2013年7月4日，广东省文化厅副厅长陈杭率领“第五次全国公共图书馆定级评估专家组”对金湾区图书馆进行评估定级，金湾区图书馆被评为国家二级馆。专家组对金湾区图书馆在体制创新、服务社会和探索公共阅读服务平台等方面所做的工作及取得的成绩给予肯定，并希望金湾区图书馆加强场地、人员和业务等方面建设，结合金湾区发展航空、生物医药和新能源三大战略性新兴产业，做好文献资料收集整理工作。金湾区图书馆于2005年正式开馆运作，图书馆（含22家漂流书屋）馆舍建筑面积2526平方米，藏书总量104916册，电子文献藏量共655种。图书馆采用“一馆多室”管理模式，22家漂流书屋间实行“一证通”服务，形成一体化运作机制。（陈海燕）

文化活动

【概况】2013年，金湾区文体旅游局开创政府主导、社会力量配合、学校资源统筹利用、群众积极参与的新模式，深入基层社区开展文化活动。全年金湾区共举办文艺演出、送电影下乡、送戏下乡、游园活动、体育竞技等各类文化活动500多场，参与人数近9万人次。组织参加第七届珠海市文化艺术巡游活动；开展金湾航空艺术节、青少儿艺术花会、体育节、读书节等四大品牌活动；举办“寻找小渔女”第一届中国国际马戏节形象大使选拔活动金湾赛区比赛、2013广东农民工歌唱大赛金湾赛区比赛。

【群众文化活动】2013年，金湾区文体旅游局举办送戏送电影下乡、进企业活动，全年送电影396场，送戏进村居23场（不含节庆日主题演出），其中村居18场，企业5场。改变“送电影进村居企业”模式，采取“订单式”服务新模式，由电影院提供片名目录发至村居企业，供村居企业选择并预约上门放映时间。全年成功举办第二届金湾航空艺术节、金湾区第十届读书节、第九届青少儿艺术花会等大型活动。

【“文校联姻”探索取得成效】2013年，金湾区文体旅游局打造金湾特色系列文化品牌，进一步探索“文校联姻、文社联姻”。借助金湾区高校资源丰富、在校大学生数量多、人才广的优势，发挥高校力量，举办“舞动青春”大学生舞蹈比赛、“我唱我歌”校园歌手大赛、“印象.金湾”微电影大赛、大学生街舞交流大赛等活动，丰富大学生精神文化生活，为金湾区文体事业发展注入新鲜活力。

【第二届金湾区航空艺术节】2013年4—12月，“第二届金湾区航空艺术节”举办。“第二届金湾区航空艺术节”共设计4大版块17项活动，活动对象覆盖金湾区大中小学生、企业员工和居民，活动项目有交响音乐会、校园十大歌手比赛、民歌比赛、粤曲比赛和针对大学生举办的舞蹈大赛、排舞展演、微电影大赛等。活动由金湾区委宣传部、金湾区文体旅游局主办，各个子项目则根据活动特点，分别由各高校、镇政府及企业承办，统筹各种社会资源，共同开展群众文化活动。

2013年9月16日，金湾区第二届航空艺术节"粤韵飞扬"粤曲比赛
（吴立平 摄）

【第九届青少儿艺术花会】2013年3月，金湾区文体旅游局与金湾区教育局联合举办"金湾区第九届青少儿艺术花会"。金湾区30所中小学及幼儿园近1000名学生参加艺术花会，表演舞蹈、音乐、器乐、剧目、绘画、摄影等艺术形式。决赛结束后选送9个节目参加珠海市青少儿艺术花会，其中3个节目获得金奖，4个节目获银奖。

【金湾区第十届读书节】2013年8—12月，金湾区举办以"阅读、智慧、进步、文明"为主题的第十届金湾读书节。活动在区、镇同步启动，围绕创建书香机关、书香企业、书香社区、书香家庭，深入开展金湾区全民性读书活动，举办五大板块26项活动，其中包括廉政读书月系列活动，经典诵读，科普知识进农家、进企业知识讲座等形式多样、内容丰富的读书活动，提升金湾区居民的科学文化素质和城市文化魅力。

【粤曲私伙局大赛金湾区选手摘铜】2013年11月10日，由广东省委宣传部、广东省文化厅、广州市委宣传部，番禺区委、区政府联合主办的第二届广东省粤曲私伙局大赛总决赛在广州市番禺区举行。金湾区选手表演的曲目《欢乐满珠海》及小林曲艺社表演的传统曲目《再进沈园》夺得铜奖，金湾区文体旅游局获优秀组织奖。

【珠海市首届排舞交流赛金湾区摘三银三铜】2013年9月28日，由中共珠海市委宣传部、珠海市文化体育旅游局主办的珠海市第31届"滨海之声"音乐节系列活动"首届排舞交流赛"在圆明新园露天舞台拉开序幕。金湾区6支队伍参加首届排舞交流赛，其中广东科学技术职业学院2支队伍和红旗镇老年大学队获得银奖，红旗镇小林村、红旗镇广安社区和红旗镇开心广场3支队伍获得铜奖。

【鹤舞花袖参加全国文化遗产日珠海系列宣传活动】2013年6月8日，由金湾区文体旅游局带队的三灶鹤舞表演队和金湾花袖编织传承人参加在圆明新园举办的全国文化遗产

2013年10月，第十届金湾读书节启动　（陈雪生 摄）

日珠海系列宣传活动，全省有36项技艺参加展示、7个传统项目参加展演。金湾区年逾八旬的陈福炎老人与2名弟子作为珠海市唯一代表，在活动启动开幕式表演三灶鹤舞，展现“国宝级”非遗风采。

【金湾“舞动青春”大学生舞蹈比赛举行】2013年10月21日，作为第二届金湾航空艺术节内容之一的“舞动青春”金湾区大学生舞蹈比赛在广东科学技术职业学院成功举行。来自金湾辖区内5所高等院校选送的13个节目同场竞技，珠海艺术职业学院的现代舞《八女投江》和广东科学技术职业学院的现代舞《暗香》获得一等奖。

【“唱响校园·圆梦金湾”校园十佳歌手大赛举办】2013年10月26日晚，第二届航空艺术节“唱响校园·圆梦金湾”校园十佳歌手大赛决赛在遵义医学院珠海校区礼堂落下帷幕。比赛吸引广东科学技术职业学院、遵义医学院珠海校区、吉林大学珠海学院、珠海艺术职业学院和珠海城市职业技术学院等5所院校近千名学生参赛，广东科学技术职业学院陈健演唱《我怀念的》获得冠军，遵义医学院珠海校区郑睿和吉林大学珠海学院林政分获亚、季军。

【金湾航空艺术节“印象金湾”微电影大赛】2013年11月，第二届金湾航空艺术节之“印象金湾”微电影大赛评选会在珠海城市职业技术学院举行，来自吉林大学珠海学院、遵义医学院珠海校区、广东科学技术职业学院、珠海艺术职业学院和珠海城市职业技术学院等5所高校11部作品参与评选。吉林大学珠海学院选送的微电影《岁月青春》获大赛一等奖。获奖影片在全市及金湾区内5所高校进行巡回播映。 （陈海燕）

2013年5月15日，金湾区第九届青少儿艺术花会决赛 （张朝晖 摄）

文化市场管理

【概况】2013年，根据珠金机编〔2013〕15号文件，金湾区文化市场执法中队更名为金湾区文化市场综合执法大队，负责金湾区、高栏港经济区范围内文化、广播电影电视、新闻出版、版权等领域的行政执法。全年组织开展春节期间消防安全联合检查、“打非治违”专项行动、净化校园周边文化环境活动、娱乐场所专项治理、暑期网吧专项整治专项活动、国庆期间安全生产专项检查，开展消防安全排查、整治、宣传、培训、练兵等活动。组织歌舞厅、网吧等公众聚集场所开展应对各种突发事件的应急处置和逃生自救疏散演练，协调公安、工商、消防、综治等有关部门开展安全生产监督检查、查处无证经营行为等联合执法行动。全年办理文化市场行政许可和非行政许可事项47件，出动执法人员277人次，检查文化经营单位204家，其中突击检查17次，联合执法行动4次，核实查处各类案件13宗，罚款金额0.48万元，收缴非法出版物1100本、盗版光碟近1800张，取缔无证摊贩5家，处理违规经营网吧3家和投诉15宗。截至年底，金湾区有歌舞厅11家，网吧24家，电子游艺娱乐场所1家。

【文化市场管理和执法工作】2013年，金湾区文体旅游局建立文化市场综合执法日常巡查制度，每周对各个文化经营单位进行检查，并向珠海市有关部门汇报检查结果，发现问题及时整改。加强文化市场经营业主培训，签订业主守法经营承诺书，强化守法经营意识。抓好专项整治工作，净化文化市场。重点开展“扫黄打非”“秋风行动”“校园周边环境整治”等专项行动，打击违法经营者，营造繁荣有序的文化市场环境。

【扫黄打非专项行动】2013年，金湾区文体旅游局开展打击非法出版物和各类非法出版行为，打击盗版侵权、清查禁售报刊等专项行动。在坚持日常巡查基础上，开展联合执法，对三灶镇唐人街、红旗镇003广场、小林夜市、南水市场等重点部位加强高密度彻查，做到严密监控。3月27日，金湾区文体旅游局联合珠海市文化市场综合执法部门，开展以查缴侵权盗版物品、扫除非法书报刊为目标的专项行动，对三灶镇映月新村附近一带市场进行突击检查，当场查获《传奇解密》《旧闻》等非法报刊，暂扣非法报刊约50份，进一步净化文化市场。6月2日晚，金湾区文化、公安等部门联合开展查处游商和无证摊档兜售非法出版物行为，对三灶镇唐人街、红旗镇003广场进行突击检查，当场查获无证音像摊档3家，无证书档2家，暂扣涉嫌盗版音像制品近1600张，非法出版物约1000本。7月19日，金湾区文体旅游局开展清查禁售报刊的紧急行动，对珠海机场候机厅内的林顿书屋进行突击检查，现场查获书屋书架上正在出售《镜报》和《广角镜》二种禁售报刊。执法人员当场收缴禁售报刊合计12本，并对书屋负责人进行有关出版物地区销售许可法规的宣传教育。

【暑期文化市场整治专项行动】2013年，针对暑假期间营业性网吧、游戏厅等场所违法接纳未成年人高发特点，开展暑期文化市场整治专项行动。暑假期间，金湾区文体旅游局深入辖区各文化娱乐场所，以查处营业性网吧、游戏厅、歌舞厅等场所违法接纳未成年人为重点，提高日常执法检查频度，引导广大经营业主依法开展经营活动，强化行业自律。暑假期间共出动执法人员22人次，检查网吧26家、歌舞厅8家、游戏厅3家，立案查处违法接纳未成年人网吧1家。

【网吧创文迎检检查专项行动】2013年8月15—19日，金湾区文体旅游局开展网吧创文迎检检查专项行动，对辖区所有经营网吧进行检查。检查组向网吧经营者宣传文明创建的重要意义及相关要求，对网吧亮证经营、卫生环境、安全隐患、超时经营等进行严格清查，坚决杜绝未成年人进入网吧，严格执行上网消费者实名登记制度，对辖区网吧存在不规范的行为进行整改。检查行动出动执法人员16人次，派发《关于配合做好创建全国文明城市检查验收工作的通知》28份，纠正整改不规范行为为17宗。

【网吧、娱乐场所执法稽查突击行动】2013年，金湾区文体旅游局结合年度工作形势和任务，对重点部位、重点路段开展错时检查、突击检查。8月26日，开展网吧、娱乐场所执法稽查突击行动，对南水、平沙镇辖区的网吧、娱乐场所进行突击检查，重点检查有无违规接纳未成年人、安全制度是否落实、消防设施是否状态良好、消防通道是否通畅、歌舞娱乐场所开屏是否有禁毒宣传提示等。突击行动出动执法人员6人次，检查文化经营单位15家，打击经营单位的违法违规行为，促进文化市场的健康有序发展。

【组织召开网吧义务监督员工作座谈会】2013年，金湾区文体旅游局和金湾区关心下一代工作委员会联合组建网吧义务监督员队伍，净化社会文化环境，保护青少年合法权益，促进未成年人健康成长。7月25日，召开网吧义务监督员工作座谈会，会上就加强网吧义务监督的重要性、紧迫性、争取工作的针对性和主动性、义务监督的原则性和灵活性等方面组织学习，并提出相关要求。截至年底，金湾区选聘43名老干部、老战士、老专家、老教师和老模范等“五老”人员作为网吧义务监督员，主要对辖区内网吧开展义务监督，防止和劝阻未成年人进入网吧，为青少年的美好未来营造健康、和谐、安全的成长环境。（陈海燕）

文物保护

【概况】2013年，金湾区三灶岛侵华日军罪行遗迹入选第七批国家级文物保护单位。截至年底，金湾区有各级文物保护单位13处，其中国家级文物保护单位1处，即三灶岛侵华日军罪行遗迹（包括万人坟、千人坟等8处文物点）；省级1处，即草堂湾遗址；市级1处，即灵岩洞摩崖石刻；区级3处。万人坟、千人坟等13个项目入选金湾区不可移动文物名录。金湾区文体旅游局推进“三灶岛侵华日军罪行遗迹”修缮工程（日军慰安所和日本摩崖文字），完成相关招标手续并开工建设。国家级文物保护单位“三灶岛侵华日军罪行遗迹”主要包括万人坟、千人坟、日本摩崖文字、日军慰安所、碉堡、弹药库、兴亚第一国民学校遗址、兴亚第二国民学校遗址等，作为日本侵略三灶岛的重要罪证具有重要文物价值和历史价值。

【文物保护宣传】2013年，金湾区文体旅游局通过报刊、电视等多渠道开展文物保护宣传活动，宣传文物保护理念。在广场社区开展文化遗产保护知识、文物法规咨询服务1次，发放宣传单500张，设置宣传栏展示金湾区历史文化资源。通过组织开展文化遗产保护系列宣传展示活动，普及文物保护与管理知识，营造全民参与保护文化遗产的良好氛围。全年辖区未发生一起文物安全事故。

【文物修缮】2013年，珠海市、金湾区财政投入400万元用于三灶岛侵华日军罪行遗迹修缮工程第一期，完成对“日军慰安所”和“日本摩崖文字”等日军侵华遗迹的修复。“日军慰安所”按照“修旧如旧”原则进行外形修缮。根据专家和见证者意见开展第二期修缮工程，按照史料还原室内布景、摆设，作为爱国主义基地向市民开放。通过走访调研新发现3处“侵华日军罪行遗迹”，包括日军驻三灶岛临时指挥部、碉堡、日军慰安所等。

珠海市金湾区不可移动文物名录（2013年度）

序号	名称	年代	类别	保护级别	地址	备注
1	万人坟	1948年	近现代重要史迹及代表性建筑 烈士墓及纪念设施	国家级	广东省珠海市金湾区三灶镇中心村圣堂二村民小组	国家级文保单位“三灶岛侵华日军罪行遗迹”内
2	千人坟	1949年	近现代重要史迹及代表性建筑 烈士墓及纪念设施	国家级	广东省珠海市金湾区三灶镇三灶社区鱼弄三居民小组西公仔山西北脚	国家级文保单位“三灶岛侵华日军罪行遗迹”内
3	日军慰安所	中华民国二十七年(1938)	近现代重要史迹及代表性建筑 其他近现代重要史迹及代表性建筑	国家级	广东省珠海市金湾区三灶镇海澄村上表村民小组上表路五巷12号	国家级文保单位“三灶岛侵华日军罪行遗迹”内
4	碉堡	1939年	近现代重要史迹及代表性建筑 军事建筑及设施	国家级	广东省珠海市金湾区三灶镇海澄村正表村民小组轿顶山南坡半山腰上	国家级文保单位“三灶岛侵华日军罪行遗迹”内
5	日本摩崖文字	1940年	石窟寺及石刻 摩崖石刻	国家级	广东省珠海市金湾区三灶镇海澄村上表村民小组轿顶山脊	国家级文保单位“三灶岛侵华日军罪行遗迹”内

（续表）

序号	名称	年代	类别	保护级别	地址	备注
6	草堂湾遗址	新石器时代-周	古遗址聚落址	省级	广东省珠海市金湾区三灶镇草堂湾社区草堂居民小组	
7	灵岩洞摩崖石刻	清光绪十年（1884）	石窟寺及石刻 摩崖石刻	市级	广东省珠海市金湾区三灶镇草堂社区草堂居民小组西面半里远的灵岩洞石壁上	
8	神社遗址	1938年	近现代重要史迹及代表性建筑 其他近现代重要史迹及代表性建筑	区级	广东省珠海市金湾区三灶镇海澄村莲塘村民小组海澄小学内	
9	晒鱼石摩崖石刻	清光绪十六年（1890）	石窟寺及石刻 摩崖石刻	区级	广东省珠海市金湾区三灶镇金海岸社区斜尾居民小组东南角	
10	抗台风暴潮殉职同志纪念碑	1980年	近现代重要史迹及代表性建筑 烈士墓及纪念设施	区级	广东省珠海市金湾区红旗镇湖东社区湖东居委会北侧	
11	兴亚第一国民学校遗址	1938年	近现代重要史迹及代表性建筑 其他近现代重要史迹及代表性建筑	国家级	广东省珠海市金湾区三灶镇中心村中兴小学内	国家级文保单位“三灶岛侵华日军罪行遗迹”内
12	兴亚第二国民学校遗址	1938年	近现代重要史迹及代表性建筑 其他近现代重要史迹及代表性建筑	国家级	广东省珠海市金湾区三灶镇海澄村海澄小学内	国家级文保单位“三灶岛侵华日军罪行遗迹”内
13	弹药库	1939年	近现代重要史迹及代表性建筑 其他近现代重要史迹及代表性建筑	国家级	广东省珠海市金湾区三灶镇金海滩路与导航台路交界的莲塘山下	国家级文保单位“三灶岛侵华日军罪行遗迹”内

【“三灶岛侵华日军罪行遗迹”被确定为国家级文物保护单位】2013年3月，国务院核定公布第七批全国重点文物保护单位，金湾区三灶岛侵华日军罪行遗迹入围。金湾区文体旅游局争取到珠海市文物保护专项经费170万元，金湾区财政配套经费200多万元，开展“三灶岛侵华日军罪行遗迹”修缮工程。三灶岛侵华日军罪行遗迹包含万人坟、千人坟、日本摩崖文字、日军慰安所、碉堡、弹药库、兴亚第一国民学校遗址、兴亚第二国民学校遗址等。三灶岛侵华日军罪行遗迹作为日军侵华的重要罪证，其中日军慰安所在文物保护单位中鲜见，对研究华南地区日军侵华及华南人民抗日活动，以及对教育后人有重要的价值和意义。“三灶岛侵华日军罪行遗迹”1983年被列为广东省文物保护单位。

【金湾区第一次全国可移动文物普查】2013年8月，金湾区文体旅游局组织开展金湾区第一次全国可移动文物普查工作，制订工作方案，成立工作领导小组，向全区机关、事业单位及国有企业发普查通知。对金湾区现存国有可移动文物的数量分布、保存状况、保管权属和使用管理情况进行全面普查，为科学制定保护政策和规划提供依据。经查，金湾区未发现国有可移动文物。

【金湾首聘文物协管员参与文物保护】2013年8月，金湾区文体旅游局聘请文物协管员4名，对全区9处重点文物点进行协助管理。

每名文物协管员负责1～4个文物点，每周对文物保护点进行一次检查，每月向金湾区文体旅游局汇报文物保护单位管理情况；如发现倒塌、损毁、乱划、乱贴和未经批准在文物保护单位范围内进行施工建设等行为，文物协管员应立即向金湾区文体旅游局汇报；落实防火、防盗、防坍塌等安全防范措施；负责管理、保护文物保护单位的标志说明；如遇大风、暴雨等恶劣天气，协管员在条件允许情况下对文物保护点进行巡查，并在24小时内向金湾区文体旅游局汇报。金湾区文体旅游局与各镇文化中心共同对协管员进行年度考核。（陈海燕）

非物质文化遗产

【概况】2013年，金湾区有非物质文化遗产14项，其中国家级1项，省级1项，市级5项，区级7项。以国家级非遗项目三灶鹤舞为素材拍摄的微电影《鹤无双》获第十六届上海国际电影节手机电影节“魅力城市”单元优秀短片奖。《三灶鹤舞》在广东省文化厅举办的第一届广东省非物质文化遗产传统舞蹈汇演中获得少儿组金奖，《三灶鹤舞》受邀参加珠海市第三十一届“滨海之声”音乐节闭幕式晚会；三灶鹤舞传承人陈福炎获得国家传承人奖。

【鹤舞传承保护】2013年，三灶镇正表村、上表村和海澄村组建“鹤舞”表演队，开展集中排练并赴各地展演。为改变后继乏人现象，金湾区打破“鹤舞”“只传男不传女、只允许成年男子参与”的传统，在发源地三灶镇不分男女老少齐跳“鹤舞”。专家和创作人员在充分尊重原貌基础上挖掘内涵，从表演、道具、服装、舞蹈、传唱技术等方面加以包装和改造，并收集、保存相关实物及资料，完成“鹤舞”教材收集整理及编印工作，加强对“鹤舞”的传承和保护。

金湾区非物质文化遗产名录项目一览表（2013年度）

序号	项目名称	类　别	级　别	公布时间
1	鹤舞（三灶鹤舞）	传统舞蹈	国家级第三批	2011.05
			省级第二批	2007.06
	三灶鹤舞鹤歌	传统舞蹈、传统音乐	市级第一批	2007.03
	鹤歌鹤舞	传统舞蹈、传统音乐	区级第一批	2007.03
2	三灶八堡歌	传统音乐	市级第一批	2007.03
			区级第一批	2007.03
3	花袖	传统技艺	市级第三批	2010.06
			区级第二批	2010.04
4	定家湾茶果	民俗	市级第三批	2010.06
			区级第二批	2010.04
5	起名	民俗	市级第三批	2010.06
			区级第二批	2010.04
6	抢花炮	民俗	区级第二批	2010.04
7	三灶山歌	传统音乐	区级第二批	2010.04

微电影《鹤无双》剧照　（张朝晖 摄）

【三灶鹤舞国家传承人陈福炎】 2013年7月15日，陈福炎在广东省文化厅举办的第一届广东省非物质文化遗产传统舞蹈汇演活动期间，获得国家传承人奖。陈福炎，男，金湾区三灶镇海澄正表村人，1933年10月生，16岁开始正式拜师学艺，为三灶鹤舞传承人。陈福炎经常参加各种社会实践活动，2006年获得首届珠海民歌盛典老年组金奖，2007年获得珠海市社会文化贡献奖，2008年获"木棉花开"珠海市文化社会贡献奖，2010年获得金湾区非物质文化遗产保护突出贡献奖。

【三灶鹤舞现首位女性传承人】 2013年，金湾区公布第三批非物质文化遗产项目代表性传承人，邓爱珍成为有八百年历史的国家级非物质文化遗产三灶鹤舞首位女性传承人。邓爱珍是广西人，三灶镇海澄村外来媳妇，2011年起响应金湾区号召加入鹤舞训练，从毫无舞蹈基础到很快从首批4名女弟子中脱颖而出。5月，在鹤舞区级传承人遴选中通过专家评审，成为鹤舞历史上首位女传承人。（陈海燕）

档案管理

【概况】 2013年，珠海市金湾区档案局推进社会主义新农村建设档案工作省级示范区创建工作，健全档案工作管理制度，开发利用档案资源，加强档案工作的监督、检查和业务指导，全面完成辖区2个镇、20个村（居）示范创建工作和金湾社保办事处、金湾区海洋和农渔局、金湾区民政局3家涉农部门的档案综合目标管理达标升级工作，整体通过珠海市新农村建设档案工作检查组及广东省档案局检查组预验收。金湾区综合档案馆全年新增文书档案192件、照片140张、实物档案54件，接收涉农专项档案142卷、181件，丰富档案馆馆藏资源。截至年底，金湾区综合档案馆馆藏档案总量10690卷、25966件，其中文书档案有4188卷、18459件，专门档案7195卷、6502件，实物档案312件；民生档案2513卷、11076件，占全部馆藏60%。

【档案信息化建设】 2013年，金湾区档案局馆藏档案目录100%实现计算机检索，区、镇、村（居）三级档案目录全部实现计算机统一管理。加强档案信息网站建设，完善金湾区人民政府门户网站中档案局网页窗口，区、镇二级档案网页增设"三农"档案信息专栏。全年累计上传本级现行文件资料85件，其中"三农"文件66条，更新部门动态信息85条，浏览人数2819人次。

【档案业务监督指导】 2013年，

金湾区档案局加强对服务对象，尤其是基层单位村居的监督指导和帮扶力度，对基础条件较差的基层村居，安排专人进行蹲点帮扶，协助完善示范创建工作，全年累计进行各类档案工作业务督导100多次。与红旗镇联合举办“红旗镇2013年社会主义新农村建设档案工作示范创建活动专题培训班”，面向红旗镇各级档案工作人员，对各类档案的收集、整理、录入方法，档案保管要求，编研材料及相关认证材料的编制等进行讲解辅导，提高档案工作人员业务能力和专业素质。

【档案编研和利用】2013年，金湾区档案局推进档案馆馆藏资源的对外服务和开发利用，增设区政府可公开的现行文件专柜，制定专门的查阅利用管理制度，安排专人负责现行文件接收、整理、保管、提供利用等服务工作。全年接待查阅单位26个、群众145人次，共利用各类馆藏档案资料180多件，其中现行文件50多件。联合金湾区人口和计划生育局、金湾区民政局、金湾区海洋和农渔局对中央到地方，包括林业、农业农村、计生、民政等一系列关乎民众切身利益的重要政策性法规共87件进行收集整理，形成“三农”专题文件汇编4版共120本，为群众了解国家和地方政策法规和各级基层干部更好地落实政策、提高效率提供有效帮助。编制《金湾区档案馆简介》《查阅利用指南》《金湾区家庭档案建档指南》《档案利用事例汇编》等档案专题编研材料300多册，面向社会介绍金湾区档案馆建设成果，宣传档案的管理利用服务，普及档案查阅利用途径。

【《金湾区村级档案管理办法》制定实施】2013年，金湾区档案局联合金湾区民政局和金湾区海洋和农渔局，制定实施《金湾区村级档案管理办法》，对全区各村（居）的档案规范化管理提出具体要求，明确村级档案归档范围、整理方法及管理权限，规定各村居要设立综合档案室，集中保管村居各种门类和载体档案，要成立档案鉴定小组，按规定开展档案鉴定工作。《金湾区村级档案管理办法》的制定实施，有利于加强全区村级档案工作，有效利用和保护农村基层组织档案资源，更好地为“三农”工作服务。

【通过社会主义新农村建设档案工作省级示范区预验收】2013年，金湾区社会主义新农村建设档案工作省级示范区创建工作取得突破性进展，全年有1个镇15个村（居）通过社会主义新农村建设档案工作示范验收。金湾社保办事处档案综合目标管理晋升省特级，金湾区民政局、金湾区海洋和农渔局档案综合目标管理晋升省一级单位。截至年底，全区20个村（居）、2个镇全面通过社会主义新农村建设档案工作示范镇、村（居）验收，4个社会主义新农村建设档案工作成员单位、2个涉农部门、1个社保单位、17所中小学全部达档案工作目标管理省一级标准。12月20日，顺利通过金湾区创建社会主义新农村建设档案工作省级示范区工作预验收。（郑雪颖）

2013年7月25日，金湾区年鉴和地方志资料年报工作动员暨业务培训会议
（金湾区档案局提供）

地方志

【概况】2013年，珠海市金湾区档案局（金湾区人民政府地方志编纂委员会办公室）贯彻落实《地方志工作条例》《广东省地方志工作规定》要求，全面启动《金湾年鉴（2013）》及地方志资料年报工作，成立《金湾年鉴》编纂委员会及地方志编纂工作委员会，落实史志工作人员、经费和办公场所，制定方案，召开动员暨业务员培训会议，全面推动金湾区地方志事业发展。

【地方志业务基础】2013年，成立以金湾区政府主要领导为主任，金湾区分管领导为副主任、区各部门主要负责人为成员的《金湾年鉴》编纂委员会及地方志编纂工作委员会。全面落实史志工作人员、经费和办公场所，增聘5名合同制职员和1名编修年鉴专家增强史志工作力量。建立地方志工作网络，明确各单位地方志工作分管领导和撰稿人，设立年鉴年报工作QQ群，加强与各单位沟通联系。7月，召开“年鉴和年报”工作动员暨业务员培训会议。金湾区各机关、社会团体、企事业单位、驻区单位、镇及各村（居）共127个单位的分管领导及撰稿人200多人参加会议。金湾区委常委拜燕作动员讲话，对开展金湾区“年鉴及年报”工作作全面部署，明确每年“年鉴及年报”的报送时间，并对各单位提出“四到位”，即领导到位、措施到位、人员到位、条件到位的要求。采取以会代训形式开展地方综合年鉴和地方志资料年报编写业务培训，对年鉴、年报的文体语体、选材标准要求、内容要素、文字图表规范等作细致讲解。

【首部《金湾年鉴》编纂工作启动】2013年，金湾区档案局（金湾区人民政府地方志编纂委员会办公室）贯彻落实国务院《地方志工作条例》《广东省地方志工作规定》要求，组织编辑第一部《金湾年鉴》。7月制订实施《〈金湾年鉴〉（2013版，创刊号）编纂工作方案》，对金湾区首部地方综合年鉴的编纂工作进行全面部署，落实全区各行政、企事业单位、社团组织、驻区单位等127个单位作为金湾区地方综合年鉴的供稿单位。方案结合金湾区地方志工作实际，设定框架内容，主要设有图片专辑、重要决策、金湾概况、镇村概况、大事记、行业风采、文献特载、社会生活、社情民意、先进人物、附录等主要篇目；明确工作任务和编写规范要求，对条目的选材、内容、文字及书写格式、送稿要求作出说明。下发《关于〈金湾年鉴〉编纂工作的补充通知》《关于征集〈金湾年鉴〉（2013版）公共版材料的函》，要求承报单位统一格式，补充完善欠缺的资料和要素。年底完成年鉴初稿的收集工作。

【地方志资料年报工作启动】2013年7月，金湾区档案局（金湾区人民政府地方志编纂委员会办公室）贯彻落实广东省人民政府《广东省地方志资料年报制度》要求，制订实施《金湾区地方志资料年报制度实施方案》，落实全区各行政、企事业单位、社团组织、驻区单位等127个单位作为金湾区地方志资料年报撰稿单位，明确任务分工和编写行文规范。地方志资料年报制度是广东省首创并在全国推广，按照地方志书编纂要求，按年度全面搜集、整理上一年度本行政区域自然、政治、经济、文化、社会等方面发展情况的资料，报送地方志工作机构集中保存。方案对年报资料内容作出说明，主要包括主题材料、大事记、专题资料、人物资料、文献资料、图片音像资料及其他具有存史价值的资料。其中概况、大事记、专题资料、文献、图片为必报内容，人物资料为符合条件报送内容，音像资料和其他具有存史价值的资料为选报内容。承报单位按行业年报资料纲目，搜集整理年报资料，经金湾区人民政府地方志编纂委员会办公室审查验收，通过审查验收的由金湾区人民政府地方志编纂委员会办公室保管。　（郑雪颖）

鹤舞（三灶鹤舞）

鹤舞（三灶鹤舞），兴起于南宋年间（1127—1279），有800多年历史。它主要分布在三灶镇中心村、海澄村一带，每年在春节期间举行鹤舞等喜庆活动。鹤舞（三灶鹤舞）是三灶镇民间迎春接福的一种拜年方式，它是从“人日”开灯和元宵节巡游的仪式演变过来的一种风俗文化。每年正月初一至初七（即春节至人日），各村自发组织起鹤舞队，敲锣打鼓走上街头，载歌载舞去为村民拜年，登门专为“三十而立”的人祝福，为“年到花甲”的人贺寿，演绎仙鹤临门、觅食、啄吃、洗嘴、休息、嬉戏、归巢等七个过程。仙鹤贺岁、人寿年丰，以表达人们对新年的美好祝愿。鹤舞的表演，离不开鹤歌的演唱，这是鹤舞的特色之一。根据不同的仪式，不同的地点，不同的对象，鹤歌的内容也不一样。2007年3月，先后以“鹤歌鹤舞”为项目名称被列入第一批区级非物质文化遗产名录，以“三灶鹤舞鹤歌”为项目名称被列入第一批市级非物质文化遗产名录。2007年6月，鹤舞（三灶鹤舞）被列入第二批省级非物质文化遗产名录。2011年5月，鹤舞（三灶鹤舞）被列入第三批国家级非物质文化遗产名录。

珠海市首届民间艺术大巡游鹤舞表演

节日里为村民表演鹤舞

村中老人配合鹤舞演唱鹤歌

鹤舞演绎仙鹤临门、觅食、啄吃、洗嘴、休息、嬉戏、归巢等七个过程：

临门：表现白鹤喜临新地，展现欢跳、扬翅、点头的喜悦神态

觅食：白鹤在水边、田野间、草地里寻找食物的过程

啄吃：表现是白鹤抓到食物以后，啄吃的过程

洗嘴：表现白鹤吃完东西之后，清洁嘴巴的残渣、血迹的过程

休息：表现白鹤吃饱以后，放松梳理羽毛，闭眼休息的过程

嬉戏：表现白鹤欢叫、呼朋唤友、互相追逐、玩耍的过程

归巢：表现白鹤在夕阳西下，天色已晚的时候，成群结伴飞回巢穴的过程

三灶八堡歌

三灶八堡歌相传为明朝皇帝朱元璋的军师刘伯温所创。他巧妙地把三灶地名、风景与诗歌结合起来，编成一首歌，琅琅上口，既好听又好记。由于当时三灶地区分为八个堡，海澄村为第五堡，每一个堡有一个保长，于是，人们就把这种民歌叫做《八堡歌》，距今有几百年历史。三灶《八堡歌》是岭南民俗文化的奇葩之一。它的内容可长可短，一般每一句歌词都写入一个地名，或两个地名。它首先从三灶海澄的上表村和下表村唱起，以概括性的准确语言，连续把三灶、珠海乃至广东全国的地名都可以续写下去，想结束时可随时结束，其歌词内容都是大家熟悉的地名及风景，另用诙谐的语言概括各地方的特色，且又能够连接下一句歌词。《八堡歌》的音节和谐、悠扬、机智敏捷，得趣成章，朴质浑然，而且琅琅上口，男女老少皆能唱，通俗易懂，容易记忆，有深厚的群众基础。《八堡歌》一般以个人清唱为主，没有伴奏。2007年3月，三灶八堡歌先后被列入第一批区级非物质文化遗产名录和第一批市级非物质文化遗产名录。

村民演唱八堡歌

花袖

三灶花袖由草袖、草鞋、草帽组成，是纯手工编织的生活日常用品，选料是天然的植物水草、稻草、麻等。一般选用6、7月份时的水草（又叫咸草）编织最好，选1～1.5米长的水草用刀割下,晒干后放软，再用棒子打软后进行手工编织，编织草袖、草鞋、草帽时需要木模，编好头后套在木模上进行编织。夏天戴草袖、草帽，穿草鞋好处多多，如下田耕作或上山砍柴时戴草袖可使手的皮肤不被划伤、晒伤，穿草鞋行走脚轻底面凹凸相兼，长时间步行，不仅不伤脚，还对脚起到保健按摩作用。由于三灶地处海岸边沿，并位于正南方，日光强烈，戴上草帽可以保护皮肤。草鞋还可以作为装饰品挂在家里墙壁上，取偕音“壁鞋”以“避邪”。三灶花袖种类繁多，以布条代草编制的鞋称“布花袖”，用麻编制的称“麻花袖”，形状大同小异，均适于在陡峭石壁、崎岖山路、苔藓石道、泥泞田埂上行走。用麻编织的花袖在雨天、出海时非常耐穿，多为渔民所用。2010年4月，花袖被列入第二批区级非物质文化遗产名录。2010年6月，花袖被列入第三批市级非物质文化遗产名录。

村民手工编织的花袖

定家湾茶果

定家湾茶果包括糯米糍、状元糍、油糍等。据传茶果是北宋末传入三灶的。据《广州府志》记载：“北宋末，距香山横石玑偏南约百里之釜涌镜，海隅有银矿，庶民争赴开采，至有举家迁徙者，即聚居虞海边渍地。”如今三灶镇仍有横石基村，村里有吴姓人口300多人，属于客家人。定家湾茶果是三灶镇定家湾村的一种民间小吃，是当地人逢年过节或平时品茶时用来招待客人的小吃，现在百姓的日常生活中经常吃到。茶果分许多种，如油糍、糍粑、棕仔、艾糍、叶仔糍、年糕、年角仔、汤圆、芝麻糊、咸茶等，这些茶果美味可口，是广东一带老百姓最爱吃的小吃。2010年4月，定家湾茶果被列入第二批区级非物质文化遗产名录。2010年6月，定家湾茶果被列入第三批市级非物质文化遗产名录。

村民制作的定家湾茶果

起名

起名（三灶起名字），流传至今有几千年的历史，在三灶当地极为普遍。在三灶为小孩起名字，有以下几种情况：一是出生时起奶名，根据金木水火土来起名，根据小孩出生时的情况来定，若是缺水的，名字里面就有水。二是契名，身体孱弱的，经常契百年老树的名字，选个良辰吉日就上契，用猪肉、酒等来拜祭。三是书名，也有叫学名，是上学时起的名字。四是冠名，是结婚时起的名字，按族谱里的辈份起名。五是新老名，三十岁起的一个名。六是号名，六十岁以后每十年起一个名，首号、重号、叠号、叠叠号。2010年4月，起名被列入第二批区级非物质文化遗产名录。2010年6月，起名被列入第三批市级非物质文化遗产名录。

结婚时，村民按照族谱的辈分起冠名

抢花炮

昔日，三灶镇榄坑一带有一种趣味盎然的民间游戏：正月十六抢花炮。游戏体现三灶人对幸福生活的渴望和期盼五谷丰登的良好愿望。正月十六这天，男女老少聚集在观音庙前，由主持抢花炮的村中老者，带上三牲果饼到观音像前烧香叩拜，祈祷许愿，以求全村男女老少万事如意，幸福安康。抢花炮的地点选在观音庙前的空地上。抢花炮的主持，都是各村德高望重的父老，经费由各村筹集。正月十六当天，在庙前搭一个1米多高的大平台，上置香案，摆放三牲果品，名曰祭台，台前搭一个高有10丈的花炮架，做点放花炮用。参加抢花炮的多是身手敏捷的年轻人。抢花炮共分“八炮”，分别是“开春大吉”“风调雨顺”“花满三春”“东成西就”“五谷丰登”“富贵荣华”“锦上添花”“金玉满堂”。在抢花炮中夺得第一至第五名，都得到镜屏以示祝贺。但这些奖品必须在次年正月初十送回来，然后，又由村中长老抹擦干净，重新换上新的红绸和花，在新的一轮抢花炮中，奖给新的得胜者。2010年4月，抢花炮被列入第二批区级非物质文化遗产名录。

村民正月十六抢花炮

三灶山歌

三灶山歌从宋朝初期流传至今，有700余年历史，主要在三灶镇各村流传，是三灶镇民间迎春、办喜事时的一种即兴自编自唱的助兴方式。它是由广府人、疍家人、瑶人和客家人共同创作的民歌，是广东民间音乐的组成部分。三灶山歌是用粤语（又叫白话、广州话）演唱的，它反映出农耕时代海岛人的心声。三灶山歌是三灶民歌的其中一个曲式，有多种唱法。民间歌手在传唱中领悟它的内涵，创作出各有特色的演唱风格。2010年4月，三灶山歌被列入第二批区级非物质文化遗产名录。

村中老人一起唱山歌

科技·卫生

科学技术

【概况】2013年，金湾区推进科技技术创新和产业升级工作，全年科技经费投入5000多万元，比上年增长4.2%，完成本级科技技术支出占全年本级财政预算支出的3.69%。专利申请量551件，比上年增长19.52%，专利授权433件，比上年增长15.47%。高新技术产业产值260多亿元，全区申报国家、广东省、珠海市科技计划项目40多项，新增国家高新技术企业2家，23家企业建有技术中心28个，9家企业建有工程中心14个，专业技术人才13600人。珠海华尚汽车玻璃有限公司等5家企业被认定为珠海市知识产权优势企业。

【科技创新平台】2013年，金湾区加快生物医药公共服务平台建设，促进园区向孵化、研发、检测、生产于一体的高端生物医药、医疗器械产业基地发展，培育数十家优质中小医药类企业，并获得1000万元专项研发资金，形成食品安全和环境监测平台、药物和健康产品分析与测试平台、药物研究与开发公共服务平台、医疗器械分析测试及研制平台、诊断试剂分析测试及研制平台、生物医药信息服务平台、生物医药人才培训和教育平台等七大公共技术服务平台，为金湾区发展生物医药产业提供技术支撑。

【科技队伍与研究机构】2013年，金湾区有各类科技人才4万多人，其中专业技术人才13600人，企业经营管理人才6000多人，技能型人才8800多人，农村实用人才5200多人。主要科研机构有吉林大学珠海学院无机合成与制备化学重点实验室、遵义医学院珠海校区生物工程与制药重点实验室、珠海联邦制药股份有限公司化学药物研究所等研究机构。

【名牌名标战略】2013年，金湾区建立工商分局、工商所二级联动商标梯次培育体系。依托工商业务网、中国商标网等建立重点扶持企业信息数据库、驰（著）名商标储备库，并做到及时更新、补充和完善，制定培育计划，分段确定培育重点，建立注册商标、著名商标和驰名商标梯次培育认定体系，商标战略工作呈现良好的发展态势。全区实有各类在产企业

3734家，其中拥有注册商标企业179户，占企业总数的4.8%，涉及商标1174个，其中使用3年以上商标318个，占注册商标总数的27%。全区拥有全国驰名商标2个，广东省著名商标12个。

【科技项目】2013年，金湾区实施企业技术创新，全区有4家企业6个项目获得珠海市战略性新兴产业专项资金扶持，分别是珠海康德莱医疗器械有限公司的一次性使用加药注射器和一次性使用人体静脉血样采集容器、珠海医凯电子科技有限公司的B型超声诊断设备、珠海市三狮光学有限公司的软性亲水接触镜（酷视散光片）和软性亲水接触镜（CCM38）、珠海迈德豪医用科技有限公司的可视喉镜。得理乐器（珠海）有限公司、统赢软性电路（珠海）有限公司、珠海经济特区金品电器有限公司、珠海中广视讯线缆技术有限公司等4家企业技术中心获得珠海市认定重点企业技术中心。金湾区申报市级技术改造、技术创新资金并获得扶持项目31个，其中得理乐器（珠海）有限公司获得实施技术标准战略专项资金扶持；广东蓉胜超微线材股份有限公司、奈电软性科技电子（珠海）有限公司、珠海金鸿药业股份有限公司等获得公共服务平台配套资金奖励。珠海市威旗防腐科技有限公司、珠海迈科电子科技有限公司、安费诺科技（珠海）有限公司获得广东省高新技术企业奖励。

【知识产权】2013年，金湾区引导企业建立知识产权工作制度，加强对科技型中小企业知识产权培育工作，全区专利申请和授权的数量和质量大幅提高，全年有专利申请量551件，比上年增长19.52%，专利授权433件，比上年增长15.47%；其中发明专利申请量和授权量为138件、39件，分别比上年增长18.52%和11.43%。珠海华尚汽车玻璃有限公司、拾比佰公司、奈电软性科技公司、力派尔汽配公司、珠海迈科电子公司等5家企业被认定为珠海市知识产权优势企业，珠海倍健电子科技有限公司、得理乐器有限公司、龙丰精密铜管有限公司、力派尔汽车配件有限公司、天章信息纸品、怡信测量科技公司、奈电软性科技电子公司、迪尔生物、国佳高分子新材料、珠海华尚玻璃、华宇金属、康德莱医疗、迈德豪医用科技、珠海迈科电子、嵘泰有色金属、润都制药、拾比佰、世大照明、银科医学、银通新动力、银通航空器材、银通新能源、蓉胜超微、金鸿药业、庭佑化妆、旺磐精密机械、亿邦制药、广通客车等28家企业的171个专利获得珠海市级资助。

【首期技术创新培训】2013年4月9日，第一期珠海市技术创新方法培训活动在三灶镇金山林酒店举行。培训由珠海市科学技术协会、广东省科技工作者服务中心、金湾区科学技术协会共同承办。金湾区17家企业的科技人员、企业工程技术人员70多人参加，培训的内容主要有创新思维与创新方法概述、创新技法和TRIZ理论，对象为企业、高校、科研单位中从事研发工作的负责人和技术骨干以及对TRIZ理论（发明家式的解决任务理论）有兴趣的人员，通过学习TRIZ理论，普通专业人员提升成为一个新型的创新发明技术精英，提升人的价值，为企业创造效益。（曾国强）

卫 生

【概况】2013年，金湾区卫生局下辖卫生监督所、三灶社区卫生服务中心（金湾区妇幼保健院）和红旗社区卫生服务中心3家事业单位。截至年底，金湾区有41家医疗机构，实有病床数317张，卫生技术人员624人，执业（助理）医生122人，注册护士157人；农村卫生服务中心18个，其中三灶镇辖区6个、红旗镇辖区12个。2013年，金湾区卫生局推进金湾区人民医院建设，继续深化区内镇级医院改革，提升卫生服务质量，优化服务环境，完成医疗机构检查、疾病防控、妇幼保健、卫生监督、爱国卫生、食品安全管理等重要工作任务。全年金湾区总诊疗1128948人次，其中门（急）诊1107099人次（门诊1068523人次，急诊38576人次），出院6340人次，医疗收入90753.9万元。存在问题：基层卫生机构硬件建设不足；基层卫生人才紧缺，结构不合理；卫生信息化水平有待提升；实行基本药物零差率销售有诸多矛盾亟需解决；公共卫生应急能力有待提高，重点疾病、传染病预防控制形势严峻，突发公共卫生事件潜在风险较高。

【医政管理】2013年，金湾区卫生局继续巩固和完善国家基本药物制度，抓好医疗护理质量，制定医院合理用药目标和要求，建立开展处方点评制度，建立健全抗菌药物分级管理制度，加强围手术期抗菌药物预防性应用，召开医政例会1次、处方点评会议1次。全年有48家医疗机构参加全区2012—2013年医师定期考核。按照国务院新颁布的《麻醉药品和精神药品管理条例》，要求每家医院对剧毒麻醉药品、第一类精神药品使用情况进行自查，以制度建规范，用管理促落实。6月4—9日，组织对辖区的医疗机构医疗废物管理工作进行专项检查，明确各医疗机构负责人为第一责任人，建立健全医疗废物管理责任制，要求各医疗机构对产生的医疗废物进行分类收集，实现医疗废物集中处置全覆盖。

【医疗机构校验】2013年1月，金湾区卫生局召开2012—2013年医疗机构执业许可证校验工作会议，1月4—11日，进行全区医疗机构现场校验工作。现场监督检查不合格项，督促指导机构整改，对整改验

2013年5月22日，广东省爱国卫生运动委员会办公室对三灶镇巩固国家卫生镇进行复审评估检查（苏志华 摄）

收不符合要求的医疗机构，一律暂缓校验，对经校验认定不具备相应医疗服务能力的医疗机构诊疗科目予以注销，对两次校验不合格的注销其医疗机构执业许可证。参加校验医疗机构55家，通过校验27家，校验率49%；有不良行为记分28家，不良行为记分率50%。

【社区卫生】2013年，金湾区卫生局根据《医疗机构管理条例》管理农村卫生服务中心。全区有18个农村卫生服务中心，提供基本医疗服务20165人次，免费金额78434.05元，提供公共卫生服务432643人次，免费金额1142154.7元。建立城乡居民健康档数112886份，电子档案数112886份，有动态记录60803份。发现高血压病人6923人，随访人数6543人次，规范管理人数3043人，血压达标人数1765人。管理糖尿病1064人，规范管理798人，随访人数3011人次。65岁以上老年人健康体检13246人次，社区免费测血糖2575人次。全区精神病患者360人，建立健康档案360份，由社区医生定期对精神病人进行追踪管理，每年至少随访4次，共随访1440人次，重性精神疾病患者规范管理率100%。

【疾病防控】2013年，金湾区开展疾病防治、检测、传染病预防以及突发性疾病防控工作，重点开展手足口病、霍乱、艾滋病等传染性疾病及地方病防治工作。全年未发现突发公共卫生事件和甲类传染病报告，全区报告法定传染病共904例，无甲类传染病发生，乙类传染病8种共136例；报告手足口病病例（临床及实验室诊断病例）597例，无重症病例及死亡病例，无大流行。全年门诊接待结核病可疑患者208人，发现初治涂阳任务24例（其中三灶13例，红旗11例），占全年任务的72.7%。免费随访痰检485张，免费痰检429张，免费查胸片424张。涂阳肺结核患者密切

接触者176人，筛查176人，筛查率100%。上报病案数78人，及时上报结核病的病案数为78人，及时率100%。采用常规免疫管理和安全接种措施，全区免疫门诊接种疫苗67825人次，其中一类疫苗52061人次，二类疫苗15772人次，新生儿建卡4601人，建卡率99.25%。卡介苗、脊灰糖丸、麻疹苗、百白破苗、乙肝苗和乙脑苗基础接种率97%以上。对2005年1月1日以后出生的儿童开展脊灰苗应急免疫和麻疹疫苗查漏税补种活动，脊灰炎应急免疫对象1034人，实际服苗1029人，服苗率99.4%，麻疹查漏补种对象736人，实际补种721人，补种率97.9%。

【妇幼保健】2013年，金湾区卫生局推进妇幼卫生保健、免费婚检孕检工作，继续实行妇幼例会制度及孕妇、托幼机构保健人员培训制度。全年分娩产妇住院分娩1345人，出生新生儿1354人，新生儿疾病筛查率95.65%；免费婚检1031人，免费孕检1854人次，医学婚前检查补助280938元，孕检补助188757元；儿童免费体检14456人次，建档11389人，查血常规4879人。

【卫生监督】2013年，金湾区卫生局出动卫生监督员815人次，其中医疗机构监督298人次，公共卫生监督382人次，场所职业监督135人次；监督检查各类场所（单位）1584户次；发出卫生监督意见书791份，其中公共卫生489份，职业卫生46份，医疗机构256份。全年受理、核发公共场所卫生许可证50件，审办医师执业注册33件，受理年审医疗机构设置35件，护士执业注册26件，受理执业医师报名考试21件，初、中级医师资格报名考试91件，护士执业资格考试273件。

【医疗纠纷处理】2013年，金湾区卫生局处理医疗投诉59例，其中通过珠海市医疗纠纷调解委员会解决4例、医患双方协商解决55例，申请医疗事故鉴定2例，纠纷处理经费12.31万元，回复珠海市卫生局和金湾区信访局等部门转来投诉函3件，回复率100%，办结率100%。

【爱国卫生】2013年，金湾区卫生局开展全区公共环境卫生、健康教育和卫生镇村创建工作，巩固“国家卫生镇”“广东省卫生镇”“广东省卫生村”“全国亿万农民健康促进行动示范区”“省亿万农民健康促进行动示范镇”成果。三灶镇结合幸福村居创建工作，先后投入城镇环境卫生基础设施建设与管理经费1030多万元，其中市政、园林、环卫、路灯行业管理养护经费520多万元，建设村级垃圾屋75间，不断完善基础设施建设和改善镇容村貌，提高城镇环境卫生水平。5月，三灶镇通过“国家卫生镇”复审验收。红旗镇为创建国家卫生镇，投入近2亿元改造虹晖路、小林路、南翔路、藤山二路等市政道路及污水管道，新建垃圾房10个，垃圾收集池30个，增设垃圾桶150个，新购垃圾运输车60台。

【食品安全管理】2013年，金湾区卫生局全面落实食品安全监管工作，履行金湾区食品安全委员会办公室职责。组织开展联合执法活动，召开2次食品安全联席会议部署食品安全工作，进行食品安全隐患排查，整理出15条安全隐患线索，并制定20条解决方案。在迎接元旦、春节、五一国际劳动节、端午节等重大节日前，组织开展全区食品安全联合大检查。制定《金湾区食品安全信息报告及发布制度》及《金湾区食品安全监测抽查情况报告（式样）》，进一步规范区食品安全信息报告发布工作。4月起，金湾区食品安全委员会办公室组织开展肉类食品专项检查，重点对红旗三板市场的私宰肉和证章不全的外来猪肉进行专项整治，罚没私宰肉及证章不全的外来鲜肉450公斤。5月检查肉类食品市场，出动执法人员20人次，执法车辆8车次，检查市场13个次、商场10个次、检查经营户80户。立案查处6批次水分超标牛肉，结案6宗，共处罚金0.55万元。全年全区未发生重大食品安全事故。

【金湾区人民医院一期建设项目动工】2013年6月8日，金湾区人民医院一期建设项目动工。该项目是金湾区2013年十大民生工程之一，位于三灶镇金湖路与虹阳路交汇处，实际占地61168.8平方米，规划建筑面积为75000平方米（不含地下室面积16225平方米），停车位800个。按三级甲等医院规划，概算批复投资3.27亿元，一期工程可研批复投资3.34亿元。项目一期总建筑面积52311.9平方米，住院楼27581平方米，门诊楼7563平方米，医技楼6771平方米，行政后勤楼7944.9平方米，停车位600个。截至年底，累计完成工程投资约5093万元，约占总造价36.3%；累计完成工程形象进度分别是住院楼59%、医技楼100%、门诊楼100%、行政后勤楼100%。军事医学科学院三〇七医院、南方医科大学、中山大学医学院、珠江医院等调研考察金湾区人民医院合作事宜。

【医生义诊进村居】2013年10月19—20日，金湾区卫生局根据《珠海市卫生系统创建幸福村居“一百名医生义诊进村居”工作实施方案》，引进珠海市第二人民医院和珠海市妇幼保健院的医疗专家，组织三灶社区卫生服务中心和红旗社区卫生服务中心的内科、儿科、妇产科、外科、康复科、药学咨询服务及社区卫生服务站等工作人员开展服务百姓活动，义诊居民群众500多人，免费发放价值4000多元医疗药品，宣传资料500多份。

【推进社区卫生服务机构“联建协管”工作】2013年，金湾区卫生局配合推进社区卫生服务机构“联建协管”工作。3月，珠海市妇幼保健院通过“联建协管”活动到三灶社区卫生服务中心进行医疗技术指导2次。8月，珠海市人民医院、珠海市妇幼保健院和珠海市疾控中心选派3名高级医疗人员到三灶、红旗两社区卫生服务中心进行挂职，提高三灶、红旗两社区卫生服务中心的医疗服务能力，方便群众享受高水平的医疗卫生技术。

【三灶、红旗两社区卫生服务中心实行绩效考核】2013年，金湾区卫生局深化区基层医疗改革，1月起对三灶、红旗两社区卫生服务中心在职在编人员、合同制人员全面实行绩效考核。7月，金湾区医疗绩效考核组对三灶、红旗两社区卫生服务中心进行绩效考核，考核内容为综合管理、公共卫生服务、基本医疗服务、满意度评价等，考核总分1000分，其中三灶社区卫生服务中心得分877分、红旗社区卫生服务中心得分843分。

【三灶、红旗两社区卫生服务中心债权和债务移交】2013年，金湾区医改领导小组召开三灶、红旗社区卫生服务中心债权、债务移交会议5次，认真研讨交接工作。8月29日完成移交，其中三灶镇人民政府接受原三灶医院债权293万元，债务1284万元；红旗镇人民政府接收原红旗医院债权486万元、债务2467万元，此次交接完善“收支两条线，财政全额拨款”管理体制，完成广东省深化医药卫生体制改革工作任务检查考核指标，债务化解率100%，有效解决因医改遗留的重要问题。

【开展大米安全监测抽检】2013年2月27日，《南方日报》以“湖南问题大米流入广东市场”为题，报道了2009年湖南万吨镉超标大米流入广东。5月16日，广州市食品药品监督管理局公布18批次大米抽检结果，显示镉含量44.4%不合格，涉及6批次大米来自湖南。随着有关大米镉超标的报道，湖南省株洲、衡阳等地产大米镉超标陆续曝光，金湾区食品安全委员会办公室组织相关职能部门，部署开展大米专项检查工作，对辖区191户大米经营户进行“地毯式”清查，重点检查经营者有无销售媒体曝光的镉超标问题大米及制品，并检查销售湖南大米的经营户是否落实进货查验、不合格食品退市等各项食品质量管理制度，督促市场开办者严格落实市场管理第一责任人责任。经检查，发现其他品牌湖南大米60袋（包）共1050千克，经营者已自行下架。委托法定检验机构抽检市场销售的大米20批次、米面制品10批次，检出质量不合格（镉超标）大米1批次，并依法作出相应处理。（黄　乔）

旅游·体育

旅 游

【概况】2013年，金湾区文体旅游局开展全区旅游资源调研工作，全面梳理金湾区自然、人文旅游资源。结合幸福村居建设，邀请广东省、珠海市相关领导和专家到金湾区各村（居）调研，挖掘、策划村居文化休闲旅游资源。截至年底，金湾区拥有金海滩、银沙滩生态园、三灶灵岩洞摩崖石刻等20处旅游景点，红旗镇三板村被列为珠海市幸福村（居）休闲旅游规划示范点。金湾区春节、国庆长假期间景点接待游客10万人次，酒店过夜旅客1.5万人次，旅游收入约420万元。全年景点接待游客30多万人次，酒店接待过夜旅客40万人次，旅游收入约5500万元。

【金湾区旅游资源考察调研】2013年7月，金湾区文体旅游局成立旅游资源调研小组，形成考察调研方案，对辖区内旅游资源进行实地考察和调研，全面梳理金湾区自然、人文旅游资源，形成调研报告《整合旅游资源 挖掘文化内涵 做陆海空文章》，为金湾区旅游工作提供基础性材料。（陈海燕）

体 育

【概况】2013年，金湾区文体旅游局以业余体校为支点，以中小学体育场馆为平台，推动全区体育健身设施建设，开展丰富多彩的群众体育活动。全年培训社会体育指导员142人，截至年底全区有社会体育指导员783人，其中二级体育指导员96人、一级体育指导员8人。推进体育协会实体化进程，成立星力足球俱乐部、三灶镇青少年体育俱乐部2个协会，全区累计有单项体育协会3个。成功举办第十届金湾体育节，组织“航空新城杯”公路自行车公开赛、足球赛、篮球赛、游泳赛、羽毛球赛、乒乓球赛等体育竞赛活动14个，场次近千场，参赛运动员3352人次，规模和参赛人数再创新高。全年选派312名运动员参加省、市级比赛7大项13小项目，共获金牌12枚、银牌15枚、铜牌18枚。金湾区文体旅游局获“全国群众体育先进单位”称号。

【群众体育活动】2013年11月，金湾区文体旅游局组织开展金湾区社会体育指导员培训班，三灶镇、红旗镇及辖区5所高校共120人参加。全年举办排舞骨干培训班、免费暑期游泳培训班、第二届珠海（金湾）“航空新城杯”公路自行车公开赛、首届全民健身排舞比赛、环三灶岛骑行活动、第十届体育节系列活动等，比赛场次近千场，参加人数约4000人。

【金湾区第十届体育节】2013年5—11月，金湾区第十届体育节顺利举办。体育节以“快乐运动，幸福共享”为主题，包括篮球、足球、乒乓球、羽毛球、田径、游泳、公路自行车、醒狮、广场舞、太极拳、绿道健步行等11个项目比赛和展演活动，吸引近万人次参与。5月17日，第十届体育节之“时代地产杯”羽毛球比赛团体赛在时代山湖海羽毛球馆举行，全区32支球队250多名羽毛球爱好者参赛，其中三灶一队、珠海城市职业技术学院队分别获得业余团体和行政企事业团体比赛冠军。6月29日，金湾文体旅游局与时代地产共同举办的金湾区第十届体育节醒狮邀请赛开赛，来自金湾、香洲、斗门区9支醒狮队参赛。三灶镇三灶社区队、斗门井岸东风小学队、斗门中坚龙狮武术馆队荣获一等奖。8月8日，第十届体育节之太极拳展演活动在三灶伟民广场举行，有7支比赛队伍和1支表演队伍参加展演，活动旨在鼓励市民积极参加健身活动，提高对太极运动的认识。

【第二届珠海（金湾）“航空新城杯”公路自行车公开赛】2013年11月17日，第二届珠海（金湾）“航空新城杯”公路自行车公开赛开赛。大赛有22支车队参赛、333名选手参加，来自快客中国车队选手张利获得男子公开组冠军，来自广东省中山市的邵丹获得女子公开组冠军，珠海车队选手曹文源获得男子普通组冠军，张利所在的快客中国车队摘得团体总分冠军。

【免费暑期游泳培训班】2013年8月19—30日，金湾区文体旅游局和金湾区教育局联合举办免费暑期游泳培训班。培训面向全区8～15岁、身高1.25米以上、身体健康的中小学生，培训人数40人，培训内容主要为蛙泳的基本技术和技能。

【首届全民健身排舞比赛】2013年8月8日，金湾区首届全民健身排舞比赛在红旗镇文化广场举行。有9支代表队参加比赛，吸引近千名群众观赛。红旗镇总工会、红旗镇文化中心联队和珠海联邦制药股份有限公司代表队获得一等奖。5月16日，由金湾区文体旅游局主办的为期3天的“金湾区排舞培训班”在金湾一小体育馆正式开班。来自金湾区各高校、三灶镇、红旗镇各村居的排舞骨干及爱好者40多人参加培训学习。排舞是2012年广东省新推的一种新型时尚的大众健身广场舞，好看好跳，适合广大群众集体参与。

【金湾群众体育跻身全国先进区】2013年，金湾区文体旅游局获得国家体育总局评选的“全国群众体育先进单位”。2011—2013年，金湾区、镇先后投入600多万元，完善镇、村（居）体育健身设施，满足广大群众健身活动需求。金湾区文体旅游局探索打造体育特色品牌活动，“公路自行车赛”和“醒狮邀请赛”成为全市特色活动。2013年全年成功举办金湾区第十届体育节，举办绿道健步行、乒乓球、羽毛球、醒狮、篮球、足球、广场舞、太极拳、游泳、公路自行车、田径等11个大项比赛，共有2800多运动员参加比赛，其规模、水平均超越往届。（陈海燕）

社会生活

人力资源管理

【概况】2013年，珠海市金湾区人力资源和社会保障局坚持以人为本服务理念，加大人事管理力度，完善机关事业单位人员管理和服务工作，推进人事改革，招才引智，为金湾区“二次创业”提供人才支撑；推进就业再就业工作，超额完成各项就业目标任务。全年招录公务员19人，举办专场和常规招聘会146场次，提供岗位55587个次，新增城镇就业岗位3983个，城镇登记失业率2.28%。发放创业补贴237.7万元，立案受理劳动争议案件552宗，处置劳资群体性事件45宗，受理工伤案件1081人次，受理工伤评残与劳动能力鉴定申请395宗。

【就业服务】2013年，金湾区新增城镇就业岗位3983个，农村劳动力转移就业228人，城镇登记失业率2.28%，城镇失业人员再就业609人，帮助困难群体就业203人。金湾区人力资源和社会保障局全年发放就业宣传资料13000份，召开困难就业群体座谈会3场、企业人事经理座谈会2场，走访重点企业近80家。组织“春风行动”“大中专高校毕业生专场”“就业援助”等专场和常规招聘会146场，参会企业3118家，提供岗位55587个。以“就业指导进校园、就业宣传进校园、就业岗位进校园、创业政策进校园、就业帮扶进社区”为主线，开展高校毕业生就业服务工作，举办金湾区首届大学生创业技能大赛、大学生就业指导巡回讲座、高校毕业生就业工作座谈会等就业服务专项活动。全年为下岗失业人员支付社保补贴、岗位补贴、培训补贴等75.5万元；为困难中小微企业发放社保、岗位补贴共计47.5万元。发放“双百工程”生活补贴27万元，惠及人员339人。“双百工程”是珠海市委、市政府保增长、惠民生、促就业而推出的一项重要举措，旨在使普通初、高中毕业后未能继续升学的城乡适龄青年百分之百接受技工（中等职业）教育，百分之百实现技能就业。

【劳动力培训】2013年，金湾区人力资源和社会保障局开展全方位、多渠道培训活动，组织城镇失业人员职业指导培训180人，技能培训175人，创业培训108人。农村富余劳动力职业指导培训82人，技能培训127人、创业培训93人，省内在岗农村劳动力参加职业技能培训823人。

【人才引进】2013年，金湾区人力资源和社会保障局接收技术工人招调申请46人；异地务工人员积分入户172人次；企业干部调入商调申请65份，发调函63份，发调令77份，接收高校应届毕业生1128人次。配合珠海市人力资源和社会保障局开展海外留学人员创业周活动，动员中航通飞华南飞机工业有限公司、珠海银通新能源汽车有限公司、丽珠集团丽珠制药厂金湾分厂、珠海国佳新材股份有限公司、珠海金鸿药业股份有限公司、珠海亿邦制药股份有限公司、珠海联邦制药股份有限公司、珠海润都制药股份有限公司等区内重点企业参与人才和项目对接。

【人才服务】2013年，金湾区人力资源和社会保障局深入全区50多家企业开展人才政策宣讲和调研。开展产业发展与创新人才奖励企业名单初审和动员工作，全区有57家企业符合申报条件。为387家企业提供人事代理服务，新增代理企业14家；新增代理人员1164人，调出88人，累计代理人员7537人。新增档案703卷，累计档案库存6287卷；年内受理37家企事业单位73人次初级专业技术资格认定。全区网上注册使用广东省专业技术人员继续教育管理系统的企事业单位80多个，专业技术人员1800多人，累计审核各类科目继续教育申报16000多件次。

【劳动监察】2013年，金湾区人力资源和社会保障局按照《珠海市金湾区劳动保障监察两网化建设实施方案》要求，建成区、镇、村（居）三级劳动监察管理体系，录入300多家企业信息，为提前介入纠纷处置提供数据支撑。开展春节后“劳动用工专项检查”“高温天气专项检查”“企业工资支付专项检查”及“社保征缴专项检查”，规范41家企业的用工行为。制定欠薪预警和处置机制及联席会议制度，防止企业欠薪及因欠薪等引发的群体性劳资纠纷事件，增强对企业欠薪问题的综合处理能力。采取“主动上门服务”，通过召开企业劳资管理人员座谈会、定期开展法律咨询、法律援助等活动送法到企业、送法入基层。全年召开座谈会、咨询会19场，印发各类宣传资料32000份，悬挂大幅宣传标语53条。全年接访3657人次，接听来电2443人次，处理来信39件，检查用人单位568家，涉及职工87470人次；处理职工投诉案件396宗，涉及职工2088人，发出整改指令书等法律文书109份；处置劳资群体性事件45宗，涉及金额约2745万元，其中27宗是建筑领域工程款（劳务费）纠纷引起的群体性事件，结案率100%。全年立案受理劳动争议案件552宗，涉及劳动者人数724人，涉及经济标的2867万元。对超过仲裁时效或不符合受案范围的17宗劳动争议下达《不予受理通知书》。

【退休审批与管理】2013年，金湾区人力资源和社会保障局办理提前退休审批3人，其中特殊工种提前退休2人，企业军转干部提前退休1人。办理机关事业单位人员退休核准44人。金湾区纳入企业退休人

2013年6月6日，金湾区人力资源和社会保障局联合对金湾区部分企业开展工伤预防宣传检查活动（唐渝川 摄）

2013年11月11日，金湾区首届大学生创业大赛启动仪式　　（王怀印　摄）

员社会化管理的企业退休人员3697人，党员246人，九类企业特殊退休人员（70岁以上高龄、孤寡、独居、精神病、工伤至残、劳模、特困、重病、建国前参加革命工作老工人）966人。加强企业退休人员社会化管理工作，年龄70岁以上（含70岁）企业退休人员免费健康体检，建立企业退休人员健康档案；组织企业退休人员健康讲座3场，文艺晚会3场；对“九类”特殊企业退休人员等弱势群体开展各类居家养老帮扶活动。全年慰问各类退休人员203人次，发放慰问金和各类慰问物资计8多万元。推进区、镇、社区三级社会化管理服务网络，完善企业退休人员社会化管理服务工作台账，及时录入更新退休人员社会化管理信息系统，对退休人员实施全动态跟踪服务管理。

【金湾区首届大学生创业技能大赛】2013年11月11日，“赢在金湾，梦想同行”——金湾区首届大学生创业技能大赛启动。该赛事由金湾区创业带动就业工作领导小组主办，金湾区人力资源和社会保障局、吉林大学珠海学院承办。除吉林大学珠海学院外，金湾区内遵义医学院珠海校区、广东科学技术职业学院、珠海城市职业技术学院、珠海艺术职业学院的学子均组队参赛。此次大赛设立组委会，组委会聘请经济、管理等学科的教授、企业家、风险投资家组成评委会，负责参赛作品的评审工作。大赛历时两个月，设置冠亚季军、优胜奖，分别奖励创业启动金10000元、5000元、3000元及1000元，另设优秀指导教师奖等奖项。经过初赛和复赛，吉林大学珠海学院指针新传媒团队凭借过硬的市场调研、切实可行的新颖创意和周全的实施方案，夺得大赛冠军，并获得10000元创业启动金。获奖作品推荐至市级、省级参赛。

【金湾区首批区级创业示范点设立】2013年，金湾区人力资源和社会保障局明确三灶镇“珠海市源春林药店”和“小冬家政”为首批区级创业示范点，并给予其创业各项扶持政策。“珠海市源春林药店”创业者张亚隆在金湾区内共创办珠海市源春林药店、珠海市源春林中西医结合医院、珠海市源春林药业有限公司、珠海市西区还春堂药店4家企业，成

2013年10月22日，金湾区首批“创业示范点”揭牌仪式　　（肖　蓉　摄）

功带动就业23人。“小冬家政”创业者邹小冬在三灶镇唐人街成功创办“小冬家政服务部”及“小冬社区加工点”，带动大批就业困难人员从事灵活就业。全年发放创业补贴资金237.7万元，享受政府创业资金扶持375户次。

【大学生创业示范点评选】2013年，金湾区开展大学生创业示范点评选活动，评选外省大学生自主创业的“绿手指份额农园”、本区大学生自主创业的“兄弟单车行”两个创业项目为区首批大学生创业示范点。“绿手指份额农园”位于三灶镇鱼林榄坑村后山，经3年创业，从单一种植蔬菜发展到种植蔬菜瓜果和养殖黄牛、土猪、蛋鸡等综合性经营的农业企业，是珠海市首个“社区支持农业（CSA）”模式项目。截至年底，有工作人员30多名，其中以创始人邹子龙为代表的大学生27名。“兄弟单车行”位于红旗镇藤山一路，店主杨俊福是广东科学技术职业学院2008届专科毕业生，先后创立兄弟单车行、兄弟单车俱乐部。“金湾区大学生创业示范点”从金湾区大学生成功自主创业项目中挑选，经金湾区创业工作领导小组办公室认定，协助为区内大学生见习、培训、就业和创业提供服务。

【金湾区预防化解处置劳资纠纷工作联席会议制度】2013年12月起，金湾区建立预防化解处置劳资纠纷工作联席会议制度，联席会议成员单位有14个，以加强区内劳资纠纷预警监管，及时化解矛盾，减少突发性群体纠纷，切实有效做好劳资纠纷预防化解处置工作，维护全区经济社会和谐稳定。联席会议每季度召开一次，分析预判劳动关系阶段性形势和特点，研究劳动纠纷预防、化解及处置方案。第四季度联席会议针对区内企业劳资纠纷隐患逐一排查，加强部门间联动合作，及时掌握企业情况，有效化解劳资纠纷。

【解决春节后金湾区企业用工难问题】2013年，金湾区用工整体形势较上年有回暖态势，但仍面临节后企业用工难问题，金湾区人力资源和社会保障局以保障服务企业用工和帮助群众就业为重点，拓宽渠道，主动服务，帮助企业解决节后用工难题。春节前开展企业走访调研活动，对全区重点企业用工情况进行摸底调查，并成立工作小分队，春节后走访广东龙丰精密铜管有限公司、珠海华宇金属有限公司、珠海世锠金属有限公司等30多家重点企业，分别在三灶、红旗镇举办重点企业人事经理座谈会，了解企业用工的详细情况，听取企业对用工方面的建议，全面动态掌握企业用工需求和农村剩余劳动力情况，区镇人社部门连续召开两次碰头会，研究如何解决企业用工难问题。针对骨干企业订单增加，增资扩产，用工需求不断加大的情况，金湾区人力资源和社会保障局组织举办专场招聘活动，发挥公共人力资源市场主渠道作用，组织区人力资源服务中心、红旗镇和三灶镇人力资源和社会保障所、职介所，在三灶伟民广场召开主题为“春风行动之就业援助”的大型专项招聘会，有73家企业进场招聘，提供岗位6203个，入场人数1725人，达成意向850人，当场录用420人。开展赴外地招工活动，组织各镇人力资源社会保障服务所及部分缺工企业赴贵州、四川、广西、江西、湖南等劳务输出大省进行劳务协作洽谈，搭建劳务合作平台，建立劳务输入基地。通过金湾区新闻中心、人社就业平台，帮助企业发布用工信息，确保求职者最大限度知晓区内企业用工信息、政策、福利及条件。宣传内容侧重用工规范、福利保障、用工环境、待遇留人、感情留人、政策留人等方面。采取奖励招工中介机构、奖励企业员工以工带工、以老带新，奖励异地劳务机构及个人等一系列办法，调动社会各种资源，满足企业用工需求。（徐　薇）

社会保障

【概况】2013年，珠海市社会保险基金管理中心金湾办事处负责金湾区、高栏港经济区辖区内机关、企事业单位、各镇村（居）委会的基本养老、医疗、失业、工伤、生育等社会保险经办业务，以及农民与被征地农民养老保险、城乡居民医疗保险、未成年人医疗保险缴费征收，下设三灶、平沙保险所。9月9日，珠海市社保中心高栏港办事处开始对外办公；10月22日，平沙保险所正式划归高栏港社保办事处管辖。金湾社保办事处坚持“全覆盖、保基本、多层次、可持续”方针，统筹推进城乡社会保障体系建设。全年参加社会保险单位892家，养老保险参保人数104409人。城乡居民基本养老保险参保人数284人。农民和被征地农民养老保险村（居）覆盖率100%，参保人数11029人（参农保2531人，参城保8498人），参保率达到100%。失业保险参保人数97436人、工伤保险参保人数98103人，生育保险参保96258人。基本医疗保险参保人数61638人，外来务工人员大病医疗保险参保人数39779人，未成年人（含大学生）医疗保险参保人数44716人。城乡居民医疗保险村（居）覆盖率为100%，参保人数9157人。全年领取基本养老金人数7460人、农保老年津贴1361人、农保养老金1079人、城镇居民养老金151人。（蔡格林　徐　薇）

【基本养老保险】2013年，金湾社保办事处办理养老保险参保人数104409人，比上年增加10052人，增幅10.86%，完成全年全覆盖目标任务102.17%。领取基本养老金人数7460人，平均养老金2150元。农民和被征地农民养老保险参保人数2531人（不含村居民参加职工养老保险人员），参保率100%。享受老年津贴1361人，领取农保养老金1079人。城乡居民基本养老保险参保人数284人，领取城乡居民养老金151人。养老保险缴费比例按本人税前实际工资的18%缴纳，其中单位缴10%，个人缴8%。

【基本医疗保险】2013年，金湾社保办事处办理基本医疗保险参保人数61638人，比上年增加7321人，增幅13.48%。离退休人员参加基本医疗保险8630人，比上年增加820人。公务员参加补充医疗保险852人。外来务工人员大病医疗保险参保人数39779人，比上年增加1500人，增幅4%。城乡居民医疗保险参保人数9157人，其中特殊人群参保4229人。未成年医疗保险（含在校大学生）参保人数44716人。

【失业保险】2013年，金湾社保办事处办理失业保险参保人数97436人，比上年增加11762人，增幅13.85%，完成全年扩面全覆盖目标任务104.56%。年度月平均失业保险待遇登记260人。根据珠海市人力资源和社会保障局关于调整失业保险费率的通知要求，4月1日起，失业保险单位费率调整为1.5%，个人费率调整为0.5%，农村户籍个人不缴费。

【工伤保险】2013年，金湾社保办事处办理工伤保险参保人数98103人，比上年增加12900人，增幅15.14%。根据《关于2013年度调整工伤保险伤残津贴的通知》，自2013年1月1日起，工伤伤残人员按2012年月人均伤残津贴的10%，对具有高级职称的工伤人员提高专项津贴标准，正高职称月标准由700元提高到1000元，副高级职称（包括高级技师）的月标准由600元提高为800元；2013年6月30日前年满75周岁及以上工伤伤残人员每人每月加发60元，全年720元，单列一次性发放。4月，珠海市箭鱼船舶制造有限公司发生一起潜艇进水导致3人死亡的工伤事故，其中1人为参保职工，金湾社保办事处妥善处理这起工伤死亡待遇审核工作。

【生育保险】2013年，金湾社保办事处办理生育参保人数96258人，比上年增加45812人，增幅59.85%。执行《珠海市人民政府关于印发职工生育保险办法的通知》，自2013年10月1日起，生育保险费由用人单位按照本单位职工月工资总额的0.7%按月缴纳，职工个人不缴纳生育保险费，参保范围扩大到所有职工。新规定生育保险待遇含生育医疗费用和生育津贴，生育医疗费用包括孕产费用和计生费用，生育津贴包括产假津贴和计生津贴。参保职工分娩或施行计划生育手术时，连续参保缴费不足12个月的，其生育医疗费用由个人垫付，相应假期工资由用人单位垫付。自参保职工分娩或施行计划生育手术次月起，连续缴费满12个月后，其生育医疗费用、生育津贴分别由参保职工和用人单位向社会保险经办机构申请。经审核符合条件的由生育保险基金按该办法支付。（蔡格林）

【工伤认定】2013年，金湾区人力资源和社会保障局对辖区企业开展“工伤预防与工伤保险的专项检查”和“工伤预防宣传检查”等活动，掌握企业需求，了解企业参保存在的困难，提供现场指导服务和后续跟踪服务，提高企业工伤预防安全意识，减少工伤事故发生。全年受理工伤认定申请1081宗，作出认定决定1016宗，不定工伤56宗，不予受理4宗，协商解决5宗；受理工伤评残申请395宗（含劳动能力鉴定），评定360宗，其中医疗期确认及旧伤复发案件评定55宗。6月，金湾区人力资源和社会保障局联同珠海市人力资源和社会保障局对金湾区用工较多的劳动密集型企业，开展工伤预防宣传检查活动。活动听取企业对工伤预防工作的介绍，就如何有效做好工伤预防工作进行沟通，并重点检查企业是否按有关规定参加社会保险、落实安全生产责任制、建立健全工伤预防各项规章制度及操作规程、对员工进行培训教育、对发生的工伤事故进行总结分析，落实预防措施解答企业预防工伤事故方面的问题。

【新农保工作】2013年，金湾区人力资源和社会保障局做好新型农村社会养老保险政策调整宣传解释工作，确保新政策平稳实施。全年发放新农保政策调整宣传资料1万多份、海报100多份，在金湾区新闻中心连续播放金湾区新农保政策调整通知。提高对参农保的财政补贴力度，规定参加新农保按个人100元每月标准缴费，区、镇两级财政给予100%全额补贴，其他缴费标准均按珠海市规定的补贴政策执行。在全区开展农保调查摸底，分析农保现状及存在的问题，提出解决办法，为深入开展新农保工作和制定相关措施提供决策依据。对参保落后村（居），做到上门挨家挨户宣传，营造有利于开展新型农村社会养老保险的社会氛围，提高群众参保积极性。（徐　薇）

【定点医疗机构检查验收】2013年，金湾社保办事处配合珠海市人力资源和社会保障局及珠海市社会保险基金管理中心做好辖区定点医疗机构的检查、验收等工作。6月，对红旗镇小林医院、三灶镇珠海源春林中西医结合医院等民营医院住院和门诊病历进行检查，现场核实医保住院病人身份、病情与病历是否一致等。7月，参加金湾区基层医疗卫生机构（三灶、红旗社区卫生服务中心）绩效考核，考核医疗服务管理水平、医疗费用报销范围、报销比例及报销流程是否符合相关规定，联合珠海市劳动保障监察支队对辖区定点零售药店开展专项检查。8月，开展辖区定点医院医保住院查房专项检查活动，处理2家医院共3例“挂床住院”违规行为。10月，参加吉林大学珠海学院、广东科学技术职业学院、珠海城市职业技术学院3所大学卫生服务站纳入定点的验收工作。

【工伤预防康复指导】2013年，金湾社保办事处配合做好金湾区、高栏港经济区辖区内的工伤预防职业健康体检和工伤康复指导工作。8月19日，金湾社保办事处组织人员陪同广东省、珠海市相关工作人员到高栏港经济区粤裕丰钢铁有限公司开展工伤健康体检和工伤康复指导工作。10月22日，组织人员到红旗镇爱普科斯电阻电容有限公司开展工伤预防职业健康宣传培训及对工伤职工进行工伤康复指导。

【试行社保业务“一站式”服务】2013年，金湾社保办事处全面推行社保业务办理“一站式”服务，制定实施方案，成立“一站式”服务实施工作小组开展人员与岗位合理配置、轮岗学习业务，设置6个业务办理窗口，不分险种均按叫号服务，实行“一站式“对外服务承诺。全面落实珠海市派出机构工作职责，窗口服务办公时间每天延长至下午18时，周三中午设立党员志愿岗对外办公，特设业务办理预约

窗口，做好协调统一，服务效率大幅度提高。（蔡格林）

民政事务

【概况】2013年，珠海市金湾区民政局围绕“以民为本、为民解困、为民服务”宗旨，着重解决困难群体、优抚对象和高龄老人“三个群体”的实际困难，推进村（居）委会建设，加强社会组织管理，加大双拥工作力度。调整城乡低保、五保户供养标准，低保户低保标准从月人均400元提高到480元；开展医疗救助、助学救助、临时救助等各类救助，保障困难群众生活。截至年底，金湾区享受城市低保的对象96户162人，农村低保对象131户189人。全年发放低保金152万元、医疗救助资金52.98万元、临时救助资金7.18万元、司法救助金21万元。优抚安置对象269人（户），全年发放各类优抚安置金306.55万元。全面推行火葬，提倡树葬、海葬，确保火化率100%。重视社会组织建设和社工人才培育，截至年底，各类依法登记的社会组织51个，新注册登记社会团体4个（含行业协会1个），新注册登记民办非企业单位5个，单独设立社会组织党支部3个；社工师39人。11月，金湾区民政局顺利通过省一级档案综合目标管理达标升级。

【社会救助】2013年，金湾区按照城乡低保标准，对符合条件的困难家庭纳入低保范围，确保动态管理下的应保尽保。4月1日起金湾区低保户低保标准从月人均400元提到480元，提高困难群众的生活水平，扩大困难群众的救助层面。金湾区享受城市低保的对象96户162人，农村低保对象131户189人。全年发放低保金152万元，其中城市低保金69万元，月人均补助385元；发放农村低保金83万元，月人均补助402元，均超额完成广东省、珠海市考核目标。全年对417人次困难群众给予临时救助，发放临时救助资金7.18万元；发放司法救助金21万元，帮助14名困难群众解决实际困难。深化城乡医疗救助体系，开展低保户在全市三甲以上医院住院救助“一站式”服务，直接通过大社保网进行救助，全年封顶3万元；低保户门诊医疗可救助600元以下，五保户门诊医疗可救助1200元以下，全年医疗救助25人，发放救助资金52.98万元。针对台风“尤特”和“天兔”可能带来的灾害，准确掌握灾情动向，实行24小时值班制度，开展防灾工作，开放全区救灾庇护场所（全区庇护场所数量27个、地点分类为村居委会和学校），全年紧急安全转移人口382人。

【优抚安置】2013年，金湾区民政局核定重点优抚对象22人，参战涉核人员87人，60岁以上农村籍退役老兵46人，现役军人家属98户。全年发放定恤定补经费99.98万元；义务兵优待金90.63万元；下拨医疗救助经费4.4万元；出资28.28万元为65名优抚对象购买社会保险；出台《金湾区帮扶困难优抚对象实施意见》，组织各村居对重点优抚对象上门走访，调查了解其工作生活情况，帮助解决生活、医疗、住房等困难，为34名困难优抚对象发放“三难”救助经费8.96万元，为16人安排公益性就业岗位；有效化解王叶刚、王建辉等人信访维稳事件，维护社会安定团结。修改完善《金湾区现役士兵优待及退役士兵安置工作意见》，明确高校大学生入伍后由征集地人民政府进行优待，退役后回校复学的，安置地为学校所在地。全年完成16名退役士兵（其中大学生退役1人）安置工作，发放自谋职业补偿金及生活补助费115.94万元，安置率100%。

【婚姻登记】2013年，金湾区民政局加强婚姻登记规范化建设，在金湾区行政服务大厅增设办公场所。全年办理婚姻登记1055件2110人次，其中办理结婚登记750件，离婚登记222件，补领结婚证69件，补领离婚证14件，出具婚姻记录相关证明1164件。

【双拥活动】2013年，金湾区民政局加大双拥优抚工作宣传力度，动员全社会力量做好双拥优抚工作。协调共建对子开展活动，组织大型双拥文艺晚会，在海军开放日组织300多名大、中、小学生参观珠海舰，接受国防教育，响应“双百拥军行”（组织100个社会组织拥军团、100个企事业单位拥军团到基层部队开展拥军慰问）活动，组织珠海艺术职业学院师生到三灶边防大队慰问演出。顺利通过珠海市双拥办对金湾区双拥工作情况开展检查，组织召开全区双拥领导小组成员会议和双拥表彰大会，安排部署双拥模范区创建活动。春节、八一建军节、中秋节组织共建单位等走访慰问珠海警备区、珠海市武警支队、武警边防五支队、金湾区人民武装部、三灶边防大队、鸡啼门边防水检站等驻珠军警部队和重点优抚对象，落实慰问经费60余万元；召开驻区部队、优抚对象、退伍军人代表座谈会等，征求意见促进双拥工作开展。

【居家养老服务】2013年，金湾区民政局推动三灶镇和红旗镇居家养老示范点建设，三灶镇三灶社区和红旗镇广安、藤山社区建设居家养老服务示范点开展社区居家养老服务、日间养老服务等试点工作，实行上门照料和日托中心、康复站成员互助等多种形式相结合的服务。红旗镇福利中心计划建设成为一所集院舍和社区照料、居家养老服务等多种服务为一体的省二级以上综合性老年福利服务中心。

【孤儿社会福利服务】2013年，金湾区民政局通过建立完善孤残儿童信息系统，保障孤儿合法权益，落实孤儿在基本生活、教育、医疗、住房等方面的优惠措施。全年金湾区有10名孤儿每月享受生活补贴720元。不定期组织青年志愿者上门与他们进行沟通、交流，帮助他们解决日常生活、学习等问题，指引他们积极向上。

【村（居）务公开管理】2013年，金湾区民政局重视村务公开工作，建立村务公开民主管理制度，根据人员的变动及时调整金湾区村务公开领导小组成员，明确各自职责和要求，共同抓好村务公开民主管理各项制度的落实，创新村（居）务公开方式，切实提高村（居）务公开民主管理工作水平。完善监督机制，拓宽监督渠道，充分发挥村务监督委员会的作用。组织开展村务公开和农村集体“三资”监管工作交叉检查与考核评估活动，6月，广东省村务公开和农村“三资”监管联合小组分别通过对红旗镇小林村、三灶镇中心村的检查考核；开展第三批广东省村（居）务公开民主管理示范创建工作，指导红旗镇大林、藤山、广安和湖东4个社区创建广东省村务公开民主管理示范社区。此外，启动2014年村居“两委”换届选举筹备工作，召开换届选举动员大会和培训班。

【基层民政基础设施建设】2013年，金湾区下拨44万元专项资金支持各镇社区建设工作的开展，红旗镇文化广场、全民健身广场以及各村（居）民活动中心等公共文化娱乐场所落成，红旗镇广发村在“双强双促”（强居促和谐、强村促稳定）的建设中完成生态小公园项目并投入使用，三灶镇用地11000平方米的金海岸美都休闲文化广场加快改造扩建。金湾区民政局创新村居基层工作载体，发挥湖东社区党代表工作室推进基层组织建设、共建幸福村居的作用。

【社会组织登记管理】2013年，金湾区新注册登记社会团体4个（含行业协会1个），新注册登记民办非企业单位5个。截至年底，全区有各类依法登记的社会组织51个，其中社会团体13个（行业性社团1个、专业性社团4个、学术性社团1个、联合性社团7个），民办非企业单位38个（教育类35个、科技类1个、民政类1个、体育类18个），活动覆盖面广，服务范围涵盖文教、体育、公益慈善事业等社会领域的多个方面。完成2012年度社会组织年检，年检合格率100%，对社会组织的年检报告书、财务审计报告、财务凭证和账册、工作总结、文书档案管理等严格把关，做到“边年检、边规范”。

【社会工作人才队伍建设管理】2013年，金湾区民政局鼓励、组织人员积极参加社会工作者年度职业水平考试和相关培训。结合幸福村居建设，配合珠海市民政局在三灶镇海澄村开展社会工作进农村试点工作；与珠海城市职业技术学院合作，在红旗镇福利中心和红旗镇小林村、广安社区建立社工站，引入专业人才开展社会实践活动。截至年底，金湾区有助理级以上社会工作师39人。

【新社会组织党建】2013年，金湾区单独设立3个社会组织党支部（金湾区西湖幼儿园党支部、金湾区博源医疗管理培训中心党支部、金湾区平安志愿者协会），4个联合党支部（金湾区新发展培训中心联合党支部、金湾区教育学会联合党支部、金湾区育苗幼儿园联合党支部、金湾区阳阳红教育培训中心联合党支部）。截至年底，全区新社会组织建立党组织22个（单独建立党组织17个，成立联合党支部5个），有中共党员159名。

【全国综合减灾示范社区创建】2013年，红旗镇小林社区、三板社区完成“全国综合减灾示范社区”的创建工作，通过“以创建求实效”，推动防灾减灾工作在基层民众中普及。5月12日，金湾区民政局开展以“防灾减灾从我做起”的防灾减灾日主题活动，发放宣传书本、图片等宣传资料2000多份，知识问答手册3000多份，板报宣传2次，邀请专业人员进社区开展自然灾害普及和应急措施讲堂，群众防灾减灾意识进一步增强。截至年底，金湾区有9个社区成功创建减灾防灾示范社区。

【《金湾区帮扶困难优抚对象实施意见》出台】2013年12月27日，金湾区依据国家和广东省、珠海市有关政策，结合金湾区实际，出台《关于印发〈金湾区帮扶困难优抚对象实施意见〉的通知》，为具有金湾区户籍、领取定恤定补经费的烈士家属、因公牺牲军人家属、病故军人家属、革命伤残军人、在乡复员军人、带病回乡退伍军人、“五老”人员、参战涉核退役人员（以下统称优抚对象）解决在就业、就医、住房、子女入学等方面所遇到的困难。“实施意见”明确军人退伍后重新就业的，军龄视同工龄，算入社会保险年限；参加农村养老保险，军龄可视为缴费年限。政府对购买社会保险的优抚对象给予补贴。优抚对象享受优先医疗保障，对符合医疗救助政策的优抚对象要优先予以安排。优抚对象子女入学入托的，在同等条件下优先接收；各类优抚对象及子女在同等条件下优先享受设立的各类奖学金、各类助学贷款、困难补助和社会捐助等。区、镇对符合本地廉租住房的供应条件的优抚对象优先予以安排；申请轮候公共租赁住房的优抚对象可以优先配租。此外，还建立政府与复退军人代表沟通协调机制和挂钩联系优抚对象工作机制。

【三灶镇金海岸社区成功创建全国和谐示范社区】2013年7月，金湾区民政局指导三灶镇金海岸社区成功创建第二批全国和谐社区建设单位，推动新形势下和谐社区建设再上新台阶。金海岸社区以创建活动为契机，进一步完善提升基础设施建设和群众服务水平，镇级财政投入800万元完成美都路的升级改造，解决该路段水浸问题；成立老年人协会，定期开展公益群众性讲座和活动，丰富群众生活的内容；对1024个“三小”场所进行全面的清理排查、现场整改，净化辖区环境。

【社会工作进农村试点】2013年，金湾区民政局结合幸福村居建设，配合珠海市民政局在三灶镇海澄村开展社会工作进农村试点工作。海澄村社工服务中心积极对儿童及青少年开展个案、小组和社区社会工作服务，累计开展8个青少年个案以及“播种幸福”青少年成长小组，组织来自海澄村及三板村的50名青少年与市区20名青少年开展“幸福村居建设之社工姐姐去哪儿”城乡青少年手拉手户外行活动，开拓农村青少年视野，促进城乡青少年交流。

【省村务公开民主管理示范社区创建】2013年，金湾区民政局积极开展第三批广东省村（居）务公开民主管理示范创建工作，指导红旗镇大林社区、藤山社区、广安社区和湖东社区等4个社区申报创建广东省村务公开民主管理示范社区，加大农村基层工作管理力度，全面推行村务公开工作，加强农村“三资”管理，管好、用好集体资产。加强调研学习，掌握各村（居）实际情况和存在问题，为新一轮村居换届选举奠定基础。通过固定公开栏、会议、网络平台和印发宣传单张等形式，创新村（居）务公开方式，做到形式多样化，内容具体化。完善监督机制，拓宽监督渠道，充分发挥村务监督委员会的作用。经过努力，4个社区均成功创建为广东省村务公开民主管理示范社区。（陈小燕）

人口和计划生育

【概况】2013年，金湾区户籍总人口数79093人，其中：三灶镇40021人，红旗镇39072人。全区户籍人口出生772人，其中三灶镇348人、红旗镇424人。男性占总人口51.04%，女性占总人口48.96%。新生婴儿男性394人、女性378人，出生人口性别比为104.23：100，其中，三灶镇102.33：100，红旗镇105.83：100。金湾区内每平方公里户籍人口278人，其中三灶镇238人、红旗镇318人。符合政策生育率90.80%，人口出生率8.80‰，自然增长率6.57‰。死亡人口197人，自然增加575人（以上数据根据2013年人口计生统计年度报表得出，统计时间为：2012年10月1日至2013年9月30日）。2013年，金湾区以打造和谐计生为抓手，规范行政执法行为，推进依法行政，打造“阳光计生”，为人口计生工作持续健康发展创造良好的法治环境。金湾区人口和计划生育局抓诚信计生工作，实现计生群众自治，坚持计生利益导向机制，全年落实各项利益导向经费约415.13万元；抓打击“两非”（非医学需要的胎儿性别鉴定、非医学需要选择性别的人工终止妊娠）工作，净化医疗市场，制定“两非”案件有关举报制度，全年开展打击“两非”专项活动5次。红旗镇小林社区居委会被授予“全国人口和计划生育基层群众自治示范村（居）”和“广东省人口和计划生育基层群众自治示范村（居）”。

【计生利益导向机制】2013年，金湾区完善人口计生利益导向机制，构建以“奖励、扶持、优惠、保障、补偿、关怀”为主的计划生育利益导向政策体系，做好广东省农村部分计划生育奖励、农村计生家庭独生子女助学金奖励、计生低保奖励金、红旗华侨农场计生家庭独生子女助学金奖励、三灶镇部分计生家庭独生子女助学金奖励、计划生育“节育奖”奖励、计生家庭特别扶助金、城镇居民计生奖励金、金湾区计划生育手术奖励（补助）等9项利益导向机制的审核发放，落实各项利导经费约415.13万元，7000多人（户）家庭享受计划生育奖励。

【生育关怀行动】2013年，金湾区人口和计划生育局利用元旦、春节、母亲节、“5·29”计划生育协会会员日、国庆中秋节等节日，为400名符合计划生育政策的贫困单亲母亲、低保的独生子女计生家庭和计生特困家庭各购买300元/年的《计划生育家庭综合保险》，保单内容包括意外伤害保险和10种重大疾病保险。对183户（人）计生家庭户、优秀计生专干和计划生育协会优秀会员、计生困难家庭开展慰问活动，共发放慰问金和慰问品价值8万元；组织开展“一元爱心捐助”，对8名病残特困计生家庭给予每人5000元扶助金。

【流动人口计生管理与服务】2013年，金湾区对流动人口计划生育管理实行“四同”管理（同管理、同服务、同考核、同待遇）和“六个服务”均等化（优生优育服务、计生技术服务、宣传教育服务、避孕药具服务、奖励优待服务、便民维权服务），流动人口享受现居住地户籍人口的计划生育服务，基本实现流动人口计划生育免费服务全覆盖，实现流动人口与户籍人口同待遇。全年金湾区专门投入流动人口实行国家规定技术服务费、计划生育手术奖励（补助）费以及孕前优生健康检查费133万元；实行流动人口积分入学、流动人口积分入户，把好计划生育审核关。将服务窗口前移，送技术服务下乡、下工厂。完善流动人口一孩登记服务管理办法，简化流动人口服务程序；推进企业（流动人口）计生协会建设。截至年底，企业（流动人口）协会27家，在册会员3390人，100%的企业协会在所属单位里建有计生宣传栏，75%企业协会建有“会员之家”。

【打击“两非”】2013年，金湾区成立打击“两非”专项行动工作领导小组，金湾区人口和计划生育局联合金湾区卫生局制订打击“两非”工作方案，开展打击“两非”专项行动5次，重点查看妇（产）科的门诊日志和人流、引产、手术记录、病历等登记资料。检查医疗机构、个体诊所70多家，药品零售店30家，查封一批违法医疗器械。2家未取得母婴保健技术服务执业许可证的医疗机构诊疗场所发现电动人流吸引器各1台，3家未取得母婴保健技术服务执业许可证的医疗机构诊疗场所发现人流手术包共7个。查处1家非法开展计划生育手术的门诊部并作出1.5万元的处罚。

【开展“阳光计生行动”】2013年，金湾区人口和计划生育局开通“12356阳光计生服务热线”，按照广东省、珠海市计生便民维权工作要求，开展群众便民维权服务；执行政务公开各项规定，增强计生工作透明度，主动公开事项100多件，在全区计生服务窗口购置安装一批满意度评价器，主动接受社会监督；加强信访工作，接受各类来信来访及电话咨询200人次。

【婚育文化建设】2013年，金湾区人口和计划生育局在珠海特区报《金湾新闻周刊》、“漂流书屋”等开设人口计生专栏，通过完善人口婚育学校和“三栏”（公开栏、读报栏、宣传栏）建设、设立人口文化宣教长廊等形式广泛宣传婚育文化，强化宣传阵地建设，形成“报刊有专栏、电视有画面、街道有标语、百姓手中有宣传品”的立体化宣传教育网络。举办以“人口服务、幸福家庭、关爱异地务工人员”为主题的大型文艺晚会，开展生殖健康等宣传讲座80场次，刊发人口计生简报20期，刊播信息128篇，制作并播放一批人口计生公益广告，取得很好的宣传效果。

【人口信息开发利用与资源共享】2013年，金湾区人口和计划生育局建立健全人口计生综合治理工作机制和全员人口基础数据核查长效机制。加强信息核查，严格执行信息共享、部门齐抓共管机制，定期召开联席会议，沟通协调人口信息共享、计划生育综合治理等工作；收集公安、民政、卫生、教育、社保等部门共享信息，组织各镇进行信息核对，按照“去重、补漏、纠错”的要求，核查全员人口数据，堵塞漏洞。完善区、镇、村三级数据网络，建立统一、协调、高效、畅通的信息管理机制，实现区、镇、村（居）通过政府外网实时在线连接省数据中心。实现人口信息的开发利用与资源共享，建立人口和计划生育信息资源子数据库，各级计生部门做好对婚嫁人口、外出人口以及省内流动人口数据的清理和核实，以及做好新旧系统数据转换，提高广东省“一人一档”的质量。

【计生服务站建设】2013年，金湾区人口和计划生育局投入近60万元完善金湾区人口和计划生育服务站建设，改善服务硬件，严格执行“国优”标准，全面达到“六统一”（统一机构招牌、统一机构门牌、统一机构灯箱、统一机构大堂标牌、统一科室名称、统一机构工作人员服装），区、镇两级技术服务机构全部取得ISO 9001质量认证。全区设有集宣传、展示和免费发放药具一体的服务平台，投入50多万元购买血球分析仪和生化分析仪。金湾区计生服务站医疗设备按照《农村计划生育服务机构基础设施建设标准》配置，配备进口B超、彩超、心脏除颤仪、阴道镜、宫腔镜、可视人流系统等医疗仪器设备并按ISO质量管理要求进行仪器设备校验。

【金湾区计生指导员年度计生奖标准提高】2013年，金湾区提高计生指导员2012年计划生育奖励金标准，并与机关事业单位在编在职人员的5000元奖金持平。此为金湾区连续四次为计生指导员上调计划生育奖励金中增幅最高的一次，增加幅度为每人3000元，共17.4万元，全部由区级财政负担。计生指导员计划生育奖励金由珠海市（390元）、金湾区（4610元）共担，并列入现行财政工资渠道，金湾区级财政全年投入26.378万元奖励计生指导员。

【出台金湾区打击“两非”案件有奖举报制度】2013年，《金湾区打击“两非”案件有奖举报制度》出台，金湾区专门设立“打击‘两非’案件有奖举报”项目奖励经费，对举报经调查属实的每例“两非”案件首位举报人奖励5000元。举报内容包括利用B超和其他技术手段为他人进行非医学需要的胎儿性别鉴定和选择性别终止妊娠（引产）行为、非法销售终止妊娠药品等。举报人可以通过电话、信件、面对面等方式向金湾区人口计生部门举报。金湾区人口计生部门将切实保护举报人的合法权益，任何单位及个人对举报人的全部信息实行严格保密。

【免费孕前优生健康检查】2013年，《金湾区免费孕前优生健康检查项目工作实施方案》出台，金湾区对符合生育政策的“两种人口”计划怀孕的夫妇开展免费孕前优生健康检查，每对夫妇检查费550元。“两种人口”的目标人群是具有金湾区户籍或配偶为金湾区户籍、符合生育政策计划怀孕的夫妇，以及在金湾区居住半年以上、符合生育政策的非本区户籍计划怀孕的夫妇；已享受过免费婚前医学保健服务的夫妇不再重复享受。服务内容包括：优生健康教育、询问病史、常规体格检查和生殖系统检查以及实验室检查、影像检查等。检查费用由区级财政负担，享受这一政策的每对夫妇将节省检查费550元。对筛查异常者另增加350元的“地中海贫血基因分析”免费项目。此外，对每对获检夫妇开展风险评估和咨询指导、早孕和妊娠结局跟踪随访，建立电子健康档案。全年投入55.03万元为符合条件的1124人免费开展孕前优生健康检查服务。

【金湾区首批计生困难家庭获救助】2013年，金湾区计划生育协会召开优生健康爱心扶助公益活动座谈会，向首批获得救助的8户困难计生家庭每户发放5000元爱心扶助金。爱心扶助金是在“5·29”计划生育协会会员活动日期间号召协会会员、机关、企事业单位等为“生育关怀基金”募捐的爱心资金，专门救助困难的计生家庭患重症疾病、伤残儿，每户救助金标准为5000元。经过全面调查摸底和筛选、公示确定首批获救助8户家庭，共发放救助金4万元。

【金湾区两家早教中心成立】2013年“六一”期间，金湾区两家早教中心分别在三灶镇中心幼儿园和红旗镇中心幼儿园成立，这两家早教中心由金湾区人口和计划生育局、金湾区计划生育协会和各镇计划生育协会共同主办，结束金湾区早教中心空白历史。金湾区人口和计划生育局在每个镇选1个幼儿园作为金湾区首批早教基地，并为每个早教基地投入1万元启动资金，建设宣传、交流推进、普及优教工作的基地，面向全区0～3岁的幼儿和家长开展亲子教育服务，指导家庭对幼儿进行智力开发。　（李月娇）

消费者权益保护

【消费者投诉】2013年，金湾区消费者权益保护委员会管辖区域为金湾区和高栏港经济区。全年金湾区消费者权益保护委员会（含12315转办及辖区各分会）共受理消费者投诉、申诉案件437宗，办结428宗，为消费者挽回经济损失190余万元。支持消费者起诉1宗，接待消费者上门或电话咨询85人次，消费者赠送锦旗1面、感谢信4封、感谢电话26个。针对消费者投诉的热

投诉类别占总投诉量百分比

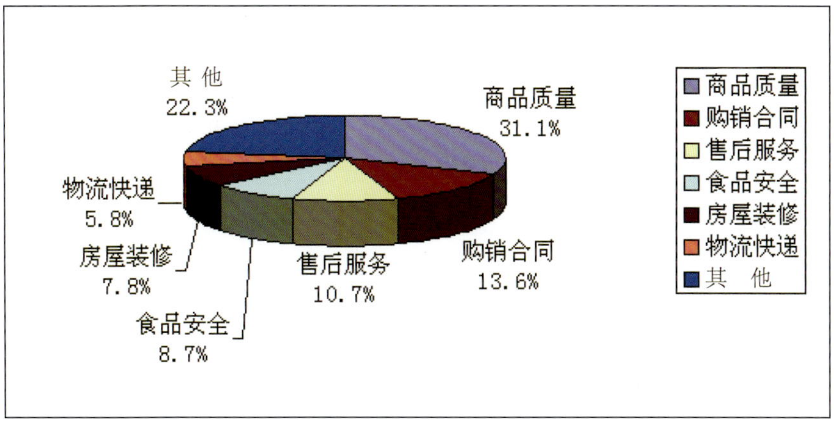

点问题进行统计分析，并通过约谈企业、发布消费提示等方式，促使企业自查整改，降低消费者投诉率。消费者投诉问题主要集中在商品质量、购销合同、售后服务、食品安全、物流快递等方面。

家用电器商品质量是投诉重点　全年涉及电冰箱、电视机、洗衣机、手机等家电类商品投诉136宗，占投诉总量31.1%。主要表现在个别商家销售的商品质量存在问题，未能依法履行“产品质量三包规定”责任，部分消费者在超市购买电须刨、风筒等小电器没有保留小票或发票，出现产品质量问题，退货、换货和维修受阻。

房产购销合同纠纷　全年房产购销合同投诉58宗，占投诉总量13.6%，珠海西区部分房地产售楼部或房产代理中介介绍房产时承诺包办一切，签订合同时隐瞒、混淆补充条款，消费者未阅读合同条款内容就签名盖章，蒙受经济损失。

售后服务问题　全年涉及手机、洗衣机、农机具维修等售后服务问题43宗，占投诉总量10.7%。一些电器产品首次发生故障，凭产品保修卡得到维修，出现二次故障时商家拖延或拒绝维修更换引起纠纷。

食品安全问题　全年食品安全投诉40宗，占投诉总量8.7%。食品卫生和食品添加剂问题投诉突出，部分以保健品作原料的添加食品，对消费者产生误导，违反国家有关规定；部分散装食品和熟食没有标注生产日期，或者标注的生产日期、保质期字样细小模糊，消费者不易辨认，饮食后造成身体不适发生纠纷。

房屋装修问题　全年房屋装修投诉36宗，占投诉总量7.8%。装修公司偷工减料，已装修竣工房屋出现渗水或瑕疵现象；样板房与实购房存在差别，装修质量和面积存在误差等，导致纠纷。

物流快递问题投诉成为新趋势　全年物流快递问题投诉27宗，占投诉总量5.8%。随着网上购物热潮，物流快递业发展迅速，物流快递投诉增多。主要反映在邮寄物品轻度损坏或货物不对，退货、换货、赔偿难。有些消费者收货时没有当场打开包裹检查物品，事后发现物品损坏或货不对板，索赔或退换相当困难。

【消费维权“四进”活动】2013年，金湾区消费者权益保护委员会按季度组织工商、安监、公安、司法、教育等成员单位开展消费维权“四进”活动，普及消费维权知识。全年组织成员单位进行16场消费维权宣传咨询活动，出动执法车辆150车次，工作人员385人次，现场解答各类消费咨询3400人，制作宣传横幅50条，现场派发《珠海市商事登记条例》《中华人民共和国商标法》《两建海报》及相关消费维权资料18300余份。

【“3·15”系列宣传活动】2013年，金湾区消费者权益保护委员会举办“让消费者更有力量”为主题的系列活动。3月15日，金湾区消费者权益保护委员会及各分会在三灶唐人街市场、广东省科学技术职业学院等地设置4个活动会场，组织工商、安监、公安、司法、教育等20多个成员单位开展“3·15”宣传咨询活动，现场介绍假冒伪劣商品识别知识，受理广大消费者的咨询和投诉，解答市民各类疑难问题。活动出动执法车辆32车次，工作人员85人次，现场解答各类消费咨询840人次，现场受理并解决消费投诉13宗，派发《食品安全方法提示》及相关消费维权资料6500余份。6月27日，组织金湾区消费者权益保护委员会成员单位在吉林大学珠海学院、金品电器等地设立会场，开展“让消费者更有力量”消费维权宣传咨询活动，出动执法车辆33车次，工作人员67人次，解答消费者各类咨询900余人次，现场受理并解决消费投诉8宗，派发相关消费维权资料5500余份。

【消费投诉现场处理工作站增设】 2013年3月15日，金湾区人民政府副区长、金湾区消费者权益保护委员会名誉会长贺军为三灶镇鹏泰超市，红旗镇广发村，平沙镇洪平副食品店、南水社区4个新增设的“消费投诉现场处理工作站”揭牌。工作站进驻商场、超市、市场、大学园区等消费集中区域，督促指导商户落实消费维权的社会责任，开展消费纠纷调解、维权监督、宣传教育工作，解决消费纠纷在初发状态，避免恶性消费侵权事件、群体性消费纠纷事件发生。截至年底，辖区有消费投诉现场处理工作站37个，其中金湾区20个，高栏港经济区17个。

【消费者权益保护典型案例】 2013年3月7日，金湾区消费者权益保护委员会接待红旗镇养殖户张先生关于购买某水产科技公司虾药引发对虾死亡事件投诉。张先生在红旗镇小林广发村承包20多亩鱼塘养虾，因发现其养殖的南美白对虾有小部分感染红尾病，遂到金湾区某水产科技公司询问。根据梁经理的介绍推荐，张先生在该公司购买特灭安和氟乐康虾药，用药3天后，饲养的南美白对虾大部分死亡，估算损失11500元。张先生怀疑虾药有问题，与该水产科技公司交涉，要求赔偿经济损失未果，遂向金湾区消费者权益保护委员会寻求帮助。金湾区消费者权益保护委员会立即进行实地察看和调查，详细了解张先生购虾药的名称、数量、使用方法、注意事项等情况，多次与金湾区农业部门、红旗镇农业技术服务中心沟通。农业部门技师通过现场检查了解，认为虾药为正规厂家生产未发现质量问题，用药后虾苗大部分死亡原因是没有按虾药品说明书进行科学用药，药量不够影响药效。张先生用药量不够一半负有主要责任，水产科技公司销售虾药后未对消费者尽到告知义务，没有详尽介绍使用药量、使用方法和注意事项，应负重要责任。金湾区消费者权益保护委员会多次调解，依据《中华人民共和国消费者权益保护法》有关条款，劝导双方理性对待该事件。最终该水产科技公司认识到负有未告知义务和责任，张先生承认喷洒虾药时没有详细阅读说明书或向有经验的农户请教，根据张先生养殖对虾的成本和实际损失，双方达成补偿协议，该水产科技公司一次性补偿养殖户张先生5000元。（赵　楠）

民　族

【概况】 2013年，金湾区少数民族人口增至5000多人。位于金湾区的珠海市实验中学高中部设新疆班，珠海市实验中学新疆班由珠海市民族宗教事务局直接管理，金湾区民族宗教和外事侨务局配合，有16个教学班，学生650人。

【民族团结进步宣传月活动】 2013年9月，金湾区民族宗教和外事侨务局开展民族团结宣传月活动，联合各镇及新闻媒体，在各社区和村委会悬挂横幅、制作宣传栏，在金湾新闻滚动播出宣传口号进行宣传。调查了解金湾区少数民族分布情况、家庭生活状况；掌握少数民族居民需求，解决少数民族群众生产生活困难；宣传民族团结进步先进事迹和人物，营造各民族和谐团结的良好氛围；对各镇开展“全省民族团结进步宣传月”活动进行检查，保证活动开展扎实有效。（黄　璜）

宗　教

【概况】 2013年，金湾区有宗教团体2个，宗教团体均设有宗教活动场所，即基督教红旗堂、三灶堂，宗教活动正常开展。珠海市金湾区民族宗教和外事侨务局在宗教场所践行“广东精神”活动中，发动基督教红旗堂、三灶堂募集善款14000元，全部用于帮扶困难信教群众。开展以“教风”为主题创建和谐寺观教堂活动，基督教红旗堂、三灶堂均完成达标创建。开展广东省宗教界扶贫济困日暨宗教慈善周活动，基督教红旗堂、三灶堂共募集善款4800元。开展宗教政策法规学习月活动，组织多场专题学习讨论。

【募捐帮扶】2013年6月，金湾区民族宗教和外事侨务局开展2013年广东省宗教界扶贫济困日暨宗教慈善周活动，宣传发动基督教红旗堂、三灶堂募集善款4800元。积极开展宗教场所践行“广东精神”活动，制订具体实施方案并下发全区宗教活动场所，指导宗教活动场所按照工作方案开展宣传、学习并定期检查执行情况，基督教红旗堂、三灶堂共募集善款14000元用于帮扶困难信教群众。

【基督教红旗堂、三灶堂通过宗教活动场所财务管理考核】2013年，金湾区民族宗教和外事侨务局按照《宗教活动场所财务监督管理办法（试行）》要求各宗教活动场所进行自查自纠，珠海市民族宗教事务局统一对各宗教活动场所进行检查，检查中存在的问题及时反馈给各活动场所，要求及时整改，基督教红旗堂、三灶堂全部通过市级考核。根据国家宗教局规定督促各宗教活动场所开立单位银行结算账户。

【基督教红旗堂、三灶堂通过和谐寺观达标验收】2013年4月，金湾区民族宗教和外事侨务局在宗教活动场所开展以教风为主题的“教风建设年”创建和谐寺观教堂活动，结合实际制定实施意见，确保组织到位、措施到位、落实到位、监督到位，并指导宗教活动场所结合自身实际，制订教风建设规范和创建活动计划，明确工作目标和进度安排。10月，经珠海市民族宗教事务局、金湾区民族宗教和外事侨务局联合检查验收，基督教红旗堂、三灶堂均通过和谐寺观达标验收。

【宗教政策法规学习月活动】2013年6月，金湾区民族宗教和外事侨务局根据《珠海市宗教政策法规学习月活动实施方案》要求，制订《金湾区宗教政策法规学习月活动执行方案》，开展宗教政策法规学习月活动。活动期间，下发学习书籍资料，组织宗教管理场所负责人、信教群众骨干参加全市民族宗教法规培训班，开展专题讨论；分别组织基督教红旗堂和三灶堂的堂委赴恩平、开平等地交流学习；分别在基督教红旗堂、三灶堂组织专题讨论4场，基督教红旗堂、三灶堂组织信教群众骨干进行集中讨论；并在周日活动时对广大信教群众进行普法宣传，在堂内悬挂宣传横幅，制作宣传栏。

【处理一品生物科技有限公司涉嫌伪造清真食品生产许可证事件】2013年11月18日，广东省伊斯兰教协会投诉金湾区一品生物科技有限公司涉嫌伪造清真食品许可证。接诉后，金湾区民族宗教和外事侨务局立即牵头组织相关部门组成联合调查组，于11月19日赴一品生物科技有限公司展开调查。经查，珠海市一品生物科技有限公司在甘肃省临夏市办理的清真食品许可证系他人伪造，与该公司无关，该公司并无生产和销售清真食品，也没有在任何地区申办过清真食品许可证。金湾区民族宗教和外事侨务局将调查情况形成书面材料上报。（黄　璜）

镇概况

三灶镇

【概况】2013年，珠海市金湾区三灶镇围绕“二次创业”总体部署，做好经济发展、城市建设、社会民生、幸福村居、综治维稳和政府执行力建设等工作。全年实现规模以上工业总产值291.53亿元，比上年增长14.9%；规模以上工业增加值79.82亿元，比上年增长15%；实际利用外资8637万美元，比上年增长48.7%；固定资产投资总额37.97亿元，比上年增长20%；公共财政预算收入3.78亿元，比上年增长13.2%。筹集2.35亿元资金推进园区建设；加大投入力度推动城市建设步入快车道；推进幸福村居创建工作，着力将海澄村打造成为“珠海市幸福村居第一村”；全年财政民生支出2.36亿元，占公共预算总支出的58%，民生保障进一步改善；调解各类矛盾纠纷517宗，完成金湖公园用地清场工作；强化党建和干部队伍建设，完善党代表工作室工作机制，解决群众民生问题120件，建立党小组活动阵地14个；加强党风廉政建设，贯彻落实中央八项规定，规范“三公”经费管理，建立镇农村集体资产管理交易中心，保障农村集体资产保值增值，促进村居和谐稳定；强化作风建设，开展“转作风、提效能”

2013年7月26日，金湾区三灶镇农村集体资产管理交易中心揭牌仪式

（苏志华 摄）

活动，改进政务服务方式；强化政府执行力建设，优化发展环境；全面推进政务公开，通过政府网站等各种渠道公开信息1338条，提高政府工作透明度。通过国家卫生镇复审、“创文”测评和全国文明村镇复评；成为珠海市首个全部村居通过市级社会主义新农村建设档案管理示范村居达标验收的镇。

【经济建设】2013年，三灶镇引进优质项目30个，总投资130亿元，包含银海科技、天锐电子、中瑞新能源、美国贝格思电子、日本长野汽配等涉及电子信息、新能源、家电、保健品等行业，全部投产可增加产值120多亿元。汤臣倍健、润都制药新厂区、亿邦制药三期、金鸿制药三期、金安国纪三期等增资扩产项目相继开工建设，总投资超过10亿元，投产后产值可达50亿元以上。引进零地招商项目10个；推进“三清”工作，收回用地15万平方米。调整充实企业服务队伍，集中优势资源为企业提供全方位优质服务，全年累计举办招聘会30场，协助企业招工4000多人，为132名企业员工子女解决入学问题。

【城镇建设】2013年，三灶镇加快老旧道路改造，完成美都路、南涌路北段改造工程，启动中心路、雄业路、金湖路改造项目前期工作。实施道路绿化升级工程，提升金海岸大道、金岛路等道路绿化水平。北排河引水冲污工程、南排河整治与南丽桥重建工程全部完工。开展环境卫生整治工作，进一步改善镇容镇貌和环境卫生状况。完成“两违”整治年度工作任务，减存量400宗，涉及面积49万平方米。成立三灶镇城市更新工作领导小组，推进闲置用地盘活、烂尾楼改造和房地产业发展。万科城市花园、新世界康桥等楼盘相继建成开盘，启动山海一品、三江苑等楼盘建设。完成原金山化工用地和中南汽车修理厂用地清理工作。大力发展商贸服务业，全镇有经济户口5832户，其中企业1505户，个体工商户4327户；推进泰锋电器、金山林酒店建成营业。

【社会民生】2013年，三灶镇优先发展教育事业，为考上大学的村（居）民子女发放奖学金53.6万元，受奖励学生154人。群众文化丰富多彩，举办文体活动43场次，参加人数2万余人次；三灶岛侵华日军罪行遗址获评国家级文物保护单位。优化卫生和计生服务，为3087名已婚育龄妇女开展“两癌”筛查投入100万元，获评全国人口和计划生育依法行政示范乡镇。全年新增就业岗位2278个，实现再就业532人，帮扶城乡“4050”（处于劳动年龄段中女40岁以上、男50岁以上的，本人就业愿望迫切、但因自身就业条件较差、技能单一等原因，难以在劳动力市场竞争就业的劳动者）等困难群体人员实现再就业68人；城镇登记失业率2.22%，低于全区平均水平；社会保险扩面征缴工作稳步推进，提高农村养老保险财政补贴标准，从原来的每人每月80元提高到100元；做好农民养老保险趸缴工作，发放趸缴资金47万元，惠及被征地农民74人，全镇实现医疗保险全覆盖；安排补贴资金200万元，做好村居民就业创业帮扶工作，提高就业和创业技能；投资150万元建成三灶社区和草堂湾社区老年活动中心。为全镇80岁以上高龄老人发放津贴48万元，免费为1800多名老人健康体检。加大扶贫帮困力度，完善社会救助体系。实现政务服务网络化，全市率先将网上办事大厅延伸到村居服务窗口。海澄村社工服务站聘请专业社工、大学生志愿者为村民提供文体休闲、学生作业辅导、心理咨询等社会服务。建立全省首个工业园区“亲青家园”，为外来务工青年服务，提供就业、交友、文化体育、心理咨询、法律援助等方面的支持，受益外地务工青年2.3万多人次。建设三灶镇农村集体资产管理交易中心，统一管理镇、村、组三级资产、资源、工程等。全年组织工程、服务招投标16宗，标的金额374万元，实际中标金额340.5万元，节约资金33.5万元；组织农村集体物业出租招标1宗，面积6250平方米。

【打造“珠海幸福村居第一村”】2013年，三灶镇海澄村以竞选第一

2013年9月13日，三灶镇非法渔业设施清理整治工作动员大会（苏志华 摄）

名的成绩成为全市幸福村居建设“示范村”。5月23日，珠海市委领导在金湾建设发展现场会上明确要求把海澄村打造成为“珠海幸福村居第一村”。按照要求，三灶镇瞄准“社会服务一流、环境建设一流、经济发展一流”目标，坚持“高起点规划、高强度投入、高效率工作”标准，加大投入力度，将地处珠海机场附近的海澄村创建成全市的典型、全区的样板、三灶的品牌。全年完成海澄村综合服务中心建设；投资1000万元对沿街建筑进行外立面改造；从珠海航空城发展集团有限公司引进资金300万元建成村民休闲公园；完成海澄市场一期改造工程；启动上表商业街改造项目，总投资约9000万元；开展莲塘商业街改造项目，总投资1270万元。

【成为珠海市唯一全部村居通过社会主义新农村建设档案工作验收镇】2013年7月11日，三灶镇海澄村、鱼月村档案工作通过珠海市社会主义新农村建设档案工作示范单位验收组评估验收，获评珠海市社会主义新农村建设档案工作示范单位。截至年底，镇内7个村居相继完成达标验收，三灶镇成为珠海市唯一全部村居通过新农村建设档案工作验收的镇。三灶镇自2012年起开展社会主义新农村建设档案工作示范镇创建工作，将档案工作纳入年度重点考核工作以来，列入各部门、各村居考核内容，档案管理经费提高到10万元，纳入年度财政预算。完善硬件配套，镇政府、镇属各单位、各村居设置专门档案室；强化档案工作人员业务培训工作，及时更新政府网站“三农”档案信息专栏，确保档案工作示范创建活动有序推进。档案工作在服务发展、保障民生方面的作用日益明显，做到有档可存、有档可查。2012年12月，三灶镇通过珠海市社会主义新农村建设档案工作示范单位验收，成为珠海市首个社会主义新农村建设档案示范镇。

【成功化解信访案件85宗】2013年，三灶镇加大信访隐患和矛盾纠纷排查及调处力度，切实解决群众合理诉求，化解社会矛盾。全年成功化解信访案件85宗，处置和平息多起突发群体性事件，完成重点上访人员的劝返接返工作，确保全镇社会稳定。

【金湖公园用地清场工作取得新突破】2013年，金湖公园景观提升工程是珠海市20项城乡建设项目之一，对城市面貌提升、城市化建设具有重要意义。根据珠海市、金湾区工作部署，三灶镇成立青湾养殖户维稳工作领导小组，下设10个工作小组，由镇主要领导担任组长，镇相关领导和部门负责人为副组长，深入青湾养殖围摸排情况，对养殖户进行宣传教育，协助区政府和区法院做好社会管理、信访维稳工作，及时处置个别青湾养殖户寻衅滋事等重大事件，维护社会和谐稳定。清退土地351.13公顷，超额完成收地工作任务，确保金湖公园建设顺利进行。

【“两违”整治取得阶段性进展】2013年，按照金湾区委、区政府统一部署，三灶镇全面开展“两违”整治工作。国土、行政执法、供水、供电和农业部门协调配合对已发现的违法建筑、违法用地发出停工通知204份，停水停电通知139份；对违法行为严重的，发出镇政府、国土、行政执法三方限期整改通知142份，组织有关部门对“两违”建筑清拆115宗，面积合计23025.98平方米，“两违”增量实现“零增长”。全年通过拆除、补办手续等方式，违法建筑减存量400宗，减存量面积488157.2平方米。

【镇农村集体资产管理交易中心挂牌成立】2013年7月25日，三灶镇农村集体资产管理交易中心正式挂牌，进一步加强三灶镇的村集资产资源交易管理，做好集体小型工程招投标及农村土地流转等工作。全年，三灶镇把筹备建设农村集体资产管理交易中心列为镇党委、镇政府的一项重要工作，镇村两级成立领导小组开展筹建工作，安排办公场所300平米，落实专项工作经费30万元，完善办公设备配置，抽调工作人员2名，研究制订一系列工作规章制度。农村集体资产管理交易中心按照“两标准”和“六统一”模式建设。交易场所建设和交易设备配置均符合相关标准，并统一场所名称、统一交易范围、统一交易制度、统一交易文书、统一交易程序、统一监督管理。

【异地务工青年综合服务中心成立】2013年，广东省首家异地务工青年综合服务中心率先在金湾区三灶镇成立。中心采取“1+5+X”（即一个中心、五个站、X个发展模式）建设模式，免费为异地务工人员提供维权服务、文娱康乐、婚恋交友、就业创业、心理咨询、志愿者培训、社会组织孵化等服务。中心先后举办就业、创业培训班3场，参加培训180人次；举办舞蹈艺术培训班12场，参加培训700多人次；接受异地务工青年心理咨询16人；举办单身青年派对5场，参加活动360人次；开展兴趣爱好培训班和支教活动6场，170名外来工子女及家长参加，为企业和外来务工青年提供服务。

【打造巾帼创业示范点】2013年，三灶镇围绕全面建设小康社会的主题，以帮助农村妇女创业致富和促进妇女再就业工作为重点，以提高妇女素质为着力点，深化“双学双比”（双学：学文化、学技术；双比：比成绩、比贡献）和“巾帼建功”活动，落实巾帼科技致富工程和巾帼社区服务等“民心工程”，开展扶贫帮教工作。实施“小额信贷”，打造妇联小额信贷特色品牌，运用“小额信贷”工作模式，成功为6户农村妇女申请省、市级小额贷款55万元，帮助农村贫困妇女发展种养殖业、扩大生产、灾后重建等。全年完成93万元还贷，还贷率100%，树立妇女创业信贷形象。组织妇女参加就业、创业技能培训15场次，417人次参加。组织参观周边地区的省级种养殖示范基地，学习先进种养殖技术和管理经验。开设“市巾帼创业示范基地”，促进自主研发，其中火龙果种植户妇女谭彩华获评金湾区“妇女科技示范户”。中共中央政治局委员、国家副主席李源潮3月29—31日在广东珠海、江门等地调研，30日晚上，李源潮召开座谈会，听取基层共青团、妇联、科协和侨联同志的意见建议，其中听取三灶镇妇女联合会的工作汇报。9月25—26日，金湾区三灶镇妇女联合会通过广东省妇女联合会检查组对“妇女创业小额担保财政贷款”和“省妇女之家示范点”等项目检查。

【通过国家卫生镇复审】2013年，根据《关于对珠海市金湾区三灶镇开展国家卫生镇升级复审的通知》，三灶镇开展迎接国家卫生镇复审工作。成立专项工作领导小组，制订《三灶镇迎接国家卫生镇复审工作方案》《三灶镇国家卫生镇长效管理机制》等，召开迎复审动员大会，全面组织宣传发动，营造社会舆论氛围。全年召开协调会5次，发放各种宣传资料1万多份，组织开展行政执法、工商、市政、综治、卫生监督、市场管理等联合执法检查行动15次，出动车辆89辆次，检查人员352人次，整顿市场经营秩序，依法查处各种违法违规行为。重点整治占道经营、乱摆乱卖、私搭乱建等违章行为，落实“门前三包”责任制；开展全镇性大扫除活动4次，清除乱张贴、乱涂写城市“牛皮癣”1万多处，清理卫生死角80多处。5月，三灶镇通过广东省评估组复查评估。10月，国家卫生镇复审暗访专家组再次开展暗访工作，金湾区三灶镇卫生各方面均达标，通过国家级复审评估。

【村居简况】

海澄村　2013年，三灶镇海澄村发展集体经济、引进项目投资，把提高村民收入作为工作重点。全年总收入533.9万元（村委会收入235.6万元、8个村民小组收入298.3万元），比上年增长16.4%；村民人均收入11170元，比上年增长8%。投资60多万元，建成海澄村公共服务站，其中，在全市率先建成市、区、镇、村4级网上办事大厅投入使用。投入110万元用于技防村居建设，在全村主要路口及重点部位安装视频监控设备103个，在村委会设置综合监控中心，提高社会治安防范水平和能力，为村居发展创造更加稳定的环境。开启村企合作开发模式，吸引社会资金9000万元，启动上表商业街改造工程。项目由上表村民小组与珠海万潮投资有限公司合作建设，开发地块为海澄上表村集体所有，由珠海万潮公司投资有限提供资金开发，建成后按公司和村集体物业分成，村集体占35%。项目占地面积21881.92平方米，建筑面积约43764平方米，由5栋6～7层楼构成，可为村集体提供商铺面积2500平方米，商住面积12650平方米，年经济收入可提高至200万元，比原有经济收益提高5倍以上。

鱼月村　2013年，三灶镇鱼月村集体两级经济总收入1005万元，村民年人均收入12348元，主要以物业出租、土地发包为集体经济收入主要来源。新引进金山林酒店、安佰制衣、金乐化工等多家企业。围绕创建平安村居，坚持“打防结合，预防为主”工作方针，抓好综治维稳、调解、法制宣传工作。协助镇政府做好“两违”整治、生物医药专区及青湾养殖围征地等维稳工作；做好流动人口清查、管理以及村内环境卫生监督等工作；做好妇女工作，妇女学校开展课内外培训及讲座9期，共430人次参加；抓好妇女维权和调解工作，落实出嫁女享受村集体分配。配合上级安监部门做好消防“网格化”管理工作，全年整改小商铺、小作坊、小娱乐场所等“三小场所”77家，全部摸底排查，辖区未发生重大消防安全事故。制定计划生育层级动态管理责任制度，新修订和完善好鱼月村人口和计划生育村民自治手册，落实好村民自治章程利益导向机制。宣传《金湾区创业专项资金管理办法》，做好辖区村民申请扶持就业财政补贴工作，全年为村民申请创业补贴16人次101338元。为农民和被征地农民办理养老保险趸缴工作，并为符合条件的村民申请补贴67980元。通过扶持创业项目最大程度发挥创业促进就业，为社会创造利益，解决创业者本人就业，带动其他失业人员再就业。

鱼林村　2013年，三灶镇鱼林村开展招商引资，发展集体经济。截至年底，辖区有企业21家，就业3000人，集体厂房等物业收入1245万多元。工业发展带动第三产业全面发展，全村有出租屋200幢，商铺121间，租金收入占村民收入比重增长，村民年人均收入13381元，比上年增长11%；农保医保参保率100%；失业再就业率100%。推进幸福村居建设，完成鱼林农贸

三灶镇鱼林村　（郭仲荣）

市场改建投资190万元；完成石基村巷道硬底化投资211348元；建成卫国村排水渠工程投资129005元；购置村场保洁垃圾桶投资82215元；完成村委会至农贸市场路面硬底化及维修工程投资105701元；开展环境整治及绿化工程投资142345元，完成鱼林路道路两旁美化工程，村委会宣传栏周边硬底化工程竣工验收；鱼林村道路工程通过验收并交付使用，总长度1195.69米，工程造价1517469元。开展违法用地、违法建筑“两违”整治行动，拆除违法建筑4宗，面积3600平方米；整治违法用地2宗，面积800平方米。12月，鱼林村获评金湾区“2013年度书香村居”，农家漂流书屋获评“2013年度模范书屋”。

中心村　2013年，三灶镇中心村集体经济收入871.78万元（其中村委会收入389.55万元、7个村民小组收入482.23万元），村民年人均收入12933元，比上年增长7.62%和11.59%。截至年底，中心村常住人口总数2085人，育龄妇女508人；流动人口10943人，育龄妇女2371人。常住人口出生21人，计划外出生1人，符合政策生育率95.24%。先后获“珠海市2012年度农民和被征地农民养老保险工作先进单位”“金湾区2012年度人口与计划生育先进村民委员会”“金湾区关心下一代工作五好基层关工组织”“金湾区2013年尊师重教先进单位”“2013年度模范书屋”等荣誉称号。存在的问题：中心村村集体经济收入微薄，村民生活水平还比较低；经济环境低迷，工厂企业生存运营困难，部分企业租金不能准时上交；幸福村居建设配套资金缺乏，相关工程项目开展缓慢；中兴工贸公司合作建房历史遗留问题未得到解决等。

三灶社区　2013年，三灶镇三灶社区以发展集体经济、提高村（居）民收入为工作重点，全年实现总收入750多万元（其中：居委会收入100多万元，9个村民小组收入650多万元），人均收入1万多元，比上年分别增长5%、32%。建成社区休闲广场、灯光球场、健身跑道、老年人活动中心、社区活动中心等投资250多万元；223人参加农村养老保险、为15名村民办理一次性趸交养老金，为258名老人办理农村养老津贴，落实低保户、残疾人和困难党员生活补贴，710人参加城乡医疗保险，为1542名未成年人办理未成年人医保；加强“三小”场所消防安全检查，排查安全隐患，全年未出现重大安全事故；组建联防队伍，协助公安部门破案，做好调解纠纷，化解各种矛盾，避免5起民事转刑事案件发生；整治环境卫生，镇容镇貌明显改观。推进社区基础建设，投资100多万元，建成社区活动中心并投入使用。活动中心设多功能室、漂流书屋、电子阅读、亲子活动、休闲娱乐、老人免费检查等项目，安排专门工作人员管理，每日向群众免费开放。解决居民就业，尤其大龄农村妇女就业问题，全年组织52人次参加就业培训，为40名居民办理自主创业补贴270398元。推进幸福村居创建工作。社区班子组织各居民小组长以提升环境管理、完善基础设施为目标，对社区范围内的村容环境进行全面调查，确定15条村内道路、排污管道、环境整治项目报送镇幸福村居办公室，由市政部门进行立项实施。强化环境清扫与保洁工作，完善环卫队管理制度。购置清运建筑垃圾及卫生死角所用的手扶拖拉机；组织专门工作人员全面清洗镇城区“牛皮癣”，有效遏止城区街道和巷道乱张贴等现象。

金海岸社区　2013年，三灶镇金海岸社区总户数近约7500户，总人口31422人，其中常住14931人，流动16491人。黄绿背居民小组47户188人，年收入35万元；斜尾村居民小组45户177人，年收入56万元。全年金海岸社区完成西湖公园用地清场工作；依法完成金湾区第十选区区三届人大代表补选；通过珠海市社会主义新农村建设档案工作示范社区验收；完成第三次全国经济普查摸底调查；城区基础设施建设扎实推进。修复金龙花园山边断头路、投入800万元的美都路完成改造并交付使用，完善沿路排水系统和路灯；完成黄绿背、斜尾居民小组安防监控设备安装17套；加大“两违”巡查力度，做到零增长，减库存，全年清拆“两违”20宗。6月，获评珠海市社会主义新农村建设档案工作示范村（社区）。9月，获评金湾区西湖公园用地清理工作优秀团队。12月，社区漂流书屋获评金湾区“2013年度模范书屋”。

草堂湾社区　2013年，三灶镇草堂湾社区创新机制与措施，鼓励、引导、支持草堂居民小组发展经济，全年集体经济收入130万元。筹措资金完成草堂村排污管道升级改造；在区、镇政府的支持下，为社区银晖新村200平方米的社区老人活动中心购置健身器材以及文体设施。劳动力从业1426人，就业率100%。抓好安全生产工作。建立健全安全生产责任制、安全检查制度、安全事故应急救援预案等；辖区增设安全生产宣传栏1个，全年派发宣传资料1260余份；组织居民及“三小”场所业主观看消防事故图片展、电教片，提高群众的消防安全意识；加强“三小”场所消防安全巡查，全年未发生安全事故。维护社会安定。加大巡查力度，实行24小时值班制，预防治安案件发生，确保十八大三中全会及首届中国国际马戏节期间辖区的社会稳定。获评珠海市社会主义新农村建设档案工作示范社区。（马明月）

红旗镇

【概况】2013年，珠海市金湾区红旗镇开展产业转型升级、宜居城乡建设、民生事业发展、幸福村居建设、综治维稳和政府执行力建设等工作，为打造产业重镇、建设生态新城奠定基础。全年完成规模以上工业总产值162.9亿元，比上年增长14.3%。规模以上工业增加值38.6亿元，比上年增长12.9%。固定资产投资额52.5亿元，比上年增长32.7%。实际吸收外商直接投资4860万美元，比上年增长59%。外贸出口总额124580万美元，比上年增长10%。社会消费品零售总额7.46亿元，比上年增长18.1%。公共财政预算收入3.28亿元，比上年增长14.4%。重点引进投资强度大、科技含量高、产业带动性强的大企业，全年引进项目54个（包括增资扩产和二期动工）；投入建设资金约1亿元，完善城区及工业园区配套设施建设，4条公交线路入园运行；加大民生投入，全年镇财政民生支出1.94亿元，占公共预算总支出的64.43%，民生保障进一步改善；稳步推进幸福村居创建，打造三板村为“全市特色产业水乡第一村”；开展矛盾纠纷排查93次，成功化解48起，完成各级“两会”、中共十八届三中全会及首届中国国际马戏节等重点时期的信访工作任务；加强党风廉政建设，贯彻落实中央“八项规定”，规范“三公”经费管理，建立镇农村集体资产管理交易中心，保障集体资产保值增值；加强作风建设，深入开展“转作风、提效能”活动，改进政务服务方式；强化政务公开建设，通过政府网站等各种渠道主动公开信息701条，提高政府工作透明度。全镇获国家集体项目奖2个，省级3个，市级10个。2013年，金湾区红旗镇被评为珠海市社会主义新农村建设档案工作示范

2013年11月7日，珠海市副市长龙广艳（中间）向红旗镇颁发广东省卫生镇复审奖励金（赵志成 摄）

镇，通过广东省卫生镇复评，申报创建国家卫生镇。

【产业发展】2013年，红旗镇围绕“三高一特”和战略性新兴产业，加大招商选资力度，推动产业结构转型升级。截至年底，园区企业400多家，其中16家被认定为广东省高新技术企业，形成以丽珠集团为龙头的生物医药产业，以龙丰铜管、爱普科斯、鼎立包装为主导的精密装备制造产业，以得理乐器、惠威音响为代表的文化产业等具有核心竞争力的三大产业集群。促进丽珠医药集团迁址红旗，成功引进年营业额超过50亿元的京信电力集团贸易总部、年产值超20亿元的达田控股等大型项目及百利盖科技、迈克瑞复合材料、昂德科技等28个成长性优质项目。丽珠医药、龙丰铜管、嵘泰铸造等多家企业跻身“三高一特”产业行列，天章纸品、金品电器入选“广东省优势传统产业转型升级示范企业”。全年为企业解决出口收汇风险、消防、安全生产、环境卫生、子女入学等问题30多个，13家企业实现增资扩产，其中世锠金属增资1000万美元，得理乐器增资690万美元。全年投入400多万元用于各村（居）农田运输道路硬底化改造，其中完成八一围运输道路硬底化3.26千米。注重农业生产设施的日常维护，投入73万元用于各项水利工程，新增变压器8台，其中三板6台，红西六围2台，分别投入20万元、16万元用于低压线路改造（三板、八一、大林红西七围）和耕作道路维修。推进重大农业项目，大林社区2600亩高标准基本农田建设项目、湖东社区省级农业综合开发土地治理项目完工。龙胜鱼苗、小林草鲩、湖东无公害蔬菜等名优品牌知名度扩大。建立农村“三资”交易监管平台，推进农业专业合作社建设，探索“公司+基地+合作社”的新型农业产业化发展模式。突出区域优势，推进第三产业发展，完善生活配套服务业和生产性服务业，打造中心广场商业圈，引进曼哈顿四星级酒店、益百家、西汇城、华润便利超市等商业服务业，金融、证券、保险、物流等行业发展迅速。改善商住环境，做好珠光新城、东方润园、金地扑满、愉翠龙湖等10个在建房地产项目服务工作，拉动第三产发展。

【镇村建设】2013年，金湾区红旗镇投入建设资金约1亿元，完善辖区公共设施、市政设施、污水管网建设、危房改造、环境治理等工作，加快城市化进程，着力建设生

2013年5月30日，红旗镇小林社区新农村建设档案工作示范社区验收现场会 （何连妹 摄）

态新城。推进东珠路、文华路、金荷路、玉龙路排洪渠建设工程和三板桥、广发桥等村村通项目建设。实施城镇道路绿化美化工程，升级改造南翔路、东成路等多条主干道景观。推进污水管网支管接驳工程建设，完成南翔路、广安路的污水管网建设工程。投入1200万元建设垃圾压缩中转房工程。完成整治矿山口违章乱建商铺100多家，投入近1000万元统一规划建设新的商业街。整顿市场环境卫生，升级改造广安便民市场，合并和改造小林、三板等农贸市场。打造生态宜居环境，全年种植乔木600株，灌木1680株，种植被10200平方米，完成全镇75万平方米面积的绿地养护和树木病虫害防治工作。建成小林村小广场、广发村小广场、藤山康乐小公园等休闲活动场所。通过广东省卫生镇复评，申报创建国家卫生镇。三板村、沙脊村、广益村、广发村获评“广东省卫生村”。

2013年6月20日，红旗镇启动新一轮“明德讲堂”巡讲活动　（赵志成 摄）

【社会事务】2013年，金湾区红旗镇加强社会保障，扩大新型农村和城镇居民养老保险覆盖面。推进创业型城镇建设，促进创业带动就业，构建和谐劳动关系。深化红旗社区卫生服务中心改革，完善突发公共卫生事件处理机制，提高公共卫生保障水平。创新人口服务管理体制，推行流动人口服务均等化、优质服务常态化，完成计生各项指标。全年户籍出生397人，流动人口出生460人。扎实推进“创建全国文明城市”工作，建设“明德讲堂”14间，13个村（居）按“五有”标准建设文化活动中心，7个村（居）完成建设。丰富群众文体生活，组织开展专场文艺演出活动24场，送戏下乡11场。做好大众文体活动的服务与指导，加强对全镇32个自由组合活动小组的管理。全年组建企业工会86家，新增工会会员13200人。以广安社区综合服务中心和镇居家养老服务中心为试点，利用高校资源，探索社会管理创新工作，打造“温馨广安，幸福家园”品牌。加强社会建设，培育推广志愿者服务队伍。组织党员、团员开展“创先争优学雷锋”“建设枢纽型团组织”活动，组织妇女开展“爱心巧姐美食档”义卖活动、“庆三八”文艺表演、“母亲节”亲子共乐等活动，组织残疾人运动员参加珠海市第一届残疾人乒乓球和羽毛球锦标赛，红旗镇在全市镇街获总成绩第一。

【社会保障】2013年，金湾区红旗镇实施“全民就业”计划，加大对就业困难群体和“零就业家庭”就业援助。全镇143户207人享受最低生活保障，全年发放最低生活保障金100万元。为全镇488名持证残疾人发放残疾人生活津贴约100万元，对115名困难家庭学生发放扶残助学金11300元，为重中度残疾人发放困难补贴20多万元，为92名贫困精神病人发放免费治理药物。做好优抚工作，全年发放现役义务兵优待金30多万元。帮助解决城市低收入家庭住房困难问题，为71个低收入家庭申请廉租房住房补贴。落实医疗救助制度，全年为17户城乡低保对象、五保对象及困难群众办理医疗救助申报事宜，及时发放医疗救助金26万元。为102名疑似白内障患者进行筛查，免费手术白内障18名。

【红旗华侨农场改革】2013年，红旗镇推进红旗华侨农场体制改革，盘活国有资产，化解农场债务和历史问题，完成农场职工解除劳动关系后的经济补偿发放工作。加快危房改造，红旗农业职工危房改造完成并入住1224套，在建三个项目共1642套全部完工。加快推进危房改造房的办证工作、“水浸街”搬迁安置工作和红灯公租房建设工作。进一步盘活国有资产，加强闲置物业盘活力度，确保国有资产增值保值。

【**平安红旗创建**】2013年，金湾区红旗镇启动平安红旗建设工作，完善信访工作机制，解决群众合理诉求，推进“技防村居工程”，13个村（居）及主要路段安装142个视频监控摄像头，防范、打击各类违法犯罪行为。落实安全生产责任制和推行“一岗双责”制度，加强对小商铺、小作坊、小娱乐场所等“三小场所”的消防安全管理，优化完善“一体系三平台”管理系统，顺利通过上级挂牌督办整治工作验收。

【**打造“特色产业水乡第一村”**】2013年，金湾区红旗镇制订幸福村居建设规划，扎实推进11个村（居）幸福村居创建工作。三板村通过现场竞标和材料审查，3月获批珠海市幸福村居创建示范村，获得市、区、镇配套资金3000万元。抓好“建设一条幸福路、一个幸福广场和一河两岸整治”三个重点项目，完成16千米幸福路、“一河两岸”整治、外立面整治、亲水平台、沿河栈道等建设工程，打造“特色产业水乡第一村”，三板村率先成为全市第一个实现农田运输道路全部硬底化的行政村。推进10个村（居）41项总投资1220万元的幸福村居建设项目。开展“洁净工程”，全镇13个村（居）88座垃圾收集房投入使用，小林片5条村34个村民小组实现户户拥有保洁桶，推行“户收集—村集中—镇转运”模式全覆盖，告别垃圾围村现象。

【**国家卫生镇创建**】2013年6月，金湾区红旗镇召开创建国家卫生镇工作暨创建广东省卫生村动员大会，按照《国家卫生镇标准》要求，制订《红旗镇2013—2015年创建国家卫生镇、省卫生村工作实施方案》和《创建国家卫生镇、省卫生村工作台帐》，按照“统一领导，分级管理，以块为主，条块结合”方针和“谁主管，谁负责”原则，精心组织、周密部署，任务到组、责任到人，一级抓一级，层层抓落实，推进创建国家卫生镇工作。利用宣传栏、《创卫简报》《致红旗人民一封公开信》等多种媒介传播“创卫”信息，通过组织文艺演出、知识竞赛、专题讲座、有奖问答等形式宣传“创卫”工作，营造争创国家卫生镇的浓厚氛围。组织行政执法、市政、工商、综治、卫生监督、安全办等部门开展乱吐、乱扔、乱倒、乱贴乱画、乱停乱放、乱穿等“六乱”专项整治行动17次，出动车辆35辆次，检查人员100多人次，依法查处各种违法违规行为。重点整治占道经营、乱摆乱卖、私搭乱建等违章行为。落实“门前三包”责任制，开展爱国卫生运动，组织开展全镇性清洁活动2次，整治卫生死角2万多平方米，清除乱张贴3万多张。

【**促进珠海市海斯比游艇工程技术有限公司游艇园区投产**】2013年2月，珠海市海斯比游艇工程技术有限公司启动游艇园区投产仪式，开工建设第三期，共计32艘。珠海市海斯比游艇工程技术有限公司于2012年11月与国家海洋局签订总额约2.7亿元的中国海监执法快艇建造合同。公司主要从事高速高性能船艇、豪华游艇的研发设计、制造和销售，公司设计制造的40～70节系列复合材料高速船艇批量应用于国防和民用等多个领域，累计申请知识产权50余件，填补国内复合材料高速船艇及其考核评价技术空白。

【**西部生态新城B片区收地工作**】2013年，红旗镇成立专项工作领导小组负责珠海市西部生态新城B片区征地拆迁日常工作，制订详细工作台账，确定责任领导、责任单位、责任人，并由镇纪委跟踪督办。12月将西部生态新城B片区签约的60余公顷收地移交给珠海市西部城区开发建设部门。全年推进电网工程、虹晖路贯通工程、金湾互通立交等其他重点工程项目征地拆迁工作，较好完成征地拆迁任务。

【**镇农村集体资产管理交易中心成立**】2013年7月，红旗镇成立红旗镇农村集体资产管理交易中心，加强“三资”监管交易平台建设。交易中心主要业务为农用地的发包以及农村集体经营性资产的发包、出租、出让、转让或转租。中心完善办公设备配置，制定一系列工作规章制度，专人负责跟踪落实，确保整个交易过程公正、公平、公开。

【**“三清”工作及“两违”整治取得阶段性成果**】2013年，红旗镇加强清土地、清项目、清政策“三清”工作及违法用地、违法建筑“两违”整治力度，提高土地节约集约利用水平，取得阶段性成果。通过“腾笼换鸟”，采取协商回收、合作、并购等方式共盘活中汽专用汽车珠海制造有限公司、合伟日用品、国元科技、马龙石化等29宗二手用地，面积约97万平方米。转移金合电子等25家产业低端、产能低下企业，盘活闲置厂房约9.3万平方米。强化镇村建设管理服务，开展节前“两违”预防、消除违章窝棚安全隐患、珠海城市职业技术学院用地违法种植清场、西湖用地清场等行动，全年实现“零增长，减存量”目标。建立“三抓、三到位”（指抓领导，落实责任到位；抓合力，落实人民机构到位；抓制度，落实机制到位）核心工作机制，全年查处各类违法行为4107宗，拆除违法建筑50宗，面积约2937.76平方米，清拆违法用地面积87780平方米。

【**珠海市社会主义新农村建设档案工作示范镇创建**】2013年11月8日，珠海市社会主义新农村建设档案工作示范单位验收组对红旗镇创建社会主义新农村建设档案工作示范镇工作进行评估验收，评定红旗镇为珠海市社会主义新农村建设档案工作示范镇，并颁发荣誉证书。红旗镇自开展社会主义新农村建设档案工作示范镇创建工作以来，成立红旗镇创建社会主义新农村建设档案工作领导小组，组织全镇档案员召开会议研究新农村建设档案工作，并纳入年度重点工作进行考核。提高档案管理经费，纳入年度财政预算。完善硬件配套，按要求配备专门档案室。定期举办档案业务培训班，提高档案人员业务水平。

【**沙脊村成功创建广东省卫生村**】2013年，红旗镇沙脊村成功创建广东省卫生村，成为珠海市第一个省卫生村。沙脊村自申请创建卫生村以来，坚持把巩固创卫成果摆在重要位置，成立爱卫工作领导小组，配备专职工作人员、落实专项工作经费。抓经济发展的同时，注重美化村容环境，促进农业可持续发展。建立健全管理制度，先后制定和完善《村内管理制度》《卫生检查制度》《卫生考核通报奖罚制度》等。开展村容村貌大整治，开展卫生死角清扫及消除“四害”活动，实行门前“三包”责任制。对村所属的道路、涵渠和各项设施进行整改，主要生活道路硬底化率达95%，生活用水、用电、通讯基础率达95%。丰富教育形式，培养文明卫生习惯，在村设立无烟会议室，张贴卫生保洁宣传用语和标志，通过派发宣传单、举报讲座、入户宣传等形式开展卫生教育活动，培养文明村民素质。

【**村居简况**】

广安社区　2013年，红旗镇广安社区区域面积10平方千米，户籍人口11744人，外来人口14744人，人均纯收入20160元。广安社区履行自身职责，发挥工青妇等枢纽组织的作用，创新社会管理。全年以“创文”活动为契机，动员和组织居民开展爱国卫生运动，美化环境，签订“门前三包”责任书320份，聘请专职负责清理辖区“牛皮癣”4人。整合高校资源，通过“服务项目+课题研究”运作模式，提升社区的公共服务水平和质量，培养更多社工人才，为困难家庭、老年人、外来工、青少年、残疾人等弱势群体提供专业服务。发挥“晴朗天空”“妇女之家”社区妇女儿童服务站暨广东省妇女维权与信息外展服务站优势，维护妇女儿童合法权益。维护社区稳定，做好刑满释放人员纠正与帮扶工作，建立长期跟踪制度，全年妥善调处纠纷19宗。建设创建和谐示范社区，走访辖区残疾人康复和生活情况，建立困难家庭帮扶卡管理制度，全年慰问低保户、优抚对象、困难户、残疾人，老年人80多人次，为贫困家庭申请低保14户，为居民申请医疗救助12户，为困难家庭解决小孩上大学学费6户，为贫困家庭申请助学补助12户，为居民办理未成年及居民医疗保险210人。关心居民就业状况，组织失业人员参加镇创业培训201人次，对自主创业人员补贴8万多元。清拆永泰路公共汽车公司违建6000平方米，拆除5宗违章搭建铁皮棚、伸缩雨篷，完成违法建筑“减存量”任务100%，全年无违法用地。

藤山社区　2013年，红旗镇藤山社区区域面积2平方千米，户籍人口5050人，外来人口3276人，人均纯收入25000元。藤山社区以建设美丽宜居环境改善人民群众生活为重点，探索各项管理新模式。推动小区花园建设，带动小区住户组建业主委员会，社区与物业委员会、居民三方实行群防群治。全年以“创文”“创卫”活动为契机，全面清除卫生黑点，出动人员2750人次。开展联动执法巡查，专项整治规范市场经济秩序，出动执法检查人员2790人次。加强辖区环境卫生监督，定期组织工作人员清理“牛皮癣”。实行社区工作人员包干制度，调解处理矛盾纠纷24起，平息较大矛盾事件5起。加强社会服务，成立70多人组成的社区服务志愿者队伍，定期为社区居民开展无偿服务。落实优抚政策，走访高龄、孤寡、伤残、特困特殊群体，实行一对一服务，全年慰问22户困难家庭。落实社会保障，全年社区居民参加社保2105人、城乡医保434人，新增就业183人。完成泥湾门竹木市场拆迁清理和拾耕地征收工作，拆除清理珠海大道红旗加油站东侧的经营性临时搭建和红旗市场周边违章建筑，完成“两违”零增长任务。2013年获金湾区“五好基层关工组织”“先进社区居委会”“文明社区”等称号。

三板社区　2013年，红旗镇三板社区区域面积7平方千米，户籍人口3712人，外来人口4658人，人均纯收入7200元。三板社区做好综治信访、民政事务工作，开展农业生产、租金收缴等工作，保障集体收入，全年回收租金、电费等资金163.14万元。落实民生三大工程：三板小区二期工程拆迁完成84户，安置经适房15户，二期工程转入正常施工；安怡花园完成全部工程交付使用；红灯小学廉租房工程拆迁9户，完成8户。全年以“创卫”活动为契机，整治环境卫生，成立环境卫生工作领导小组带动居民清理卫生死角，提高公众环境保护意识。加强日常社区保洁，配有4名保洁巡查监督员。抓好治安管理，全年调解纠纷15起，成功率100%。建立社区禁毒室，成为珠海市重点示范单位。发挥社区卫生服务中心作用，组织医护人员全年上门服务120次，服务对象530人次。落实救助帮扶制度，全年区、镇帮扶191人次共6.5万元。全年参加居民城镇医保1401人，新增46人，参加农保42人，补贴12595元。组织下岗失业人员参加就业培训，全年为165人重新找到就业岗位。加大“两违”整治力度，全年土地专管员巡查300多次，配合行政执法处理违建4宗，保护耕地和基本农田。加强档案工作，获评“珠海市社会主义新农村建设档案工作示范社区”。

矿山社区　2013年，红旗镇矿山社区社区区域面积4.63平方千米，户籍人口2424人，外来人口5836人，人均纯收入9500元。加强环境卫生整治，改革社区垃圾收集与堆放形式，建造4个垃圾房和15个垃圾池，实行集中收集，集中处理。全年开展灭蚊、灭鼠大行动6次，组织美化公共环境80多人次。抓好社会治理，建立群防群治网络，组成15人的社会自治综治小组维护社区稳定。发挥社区调解会作用，全年成功化解纠纷6起。抓好救助帮扶，落实136人征地生活费，春节、中秋节慰问80岁以上归侨老人及困难归侨38人次，侨心工程助学7人次，获珠海市越柬老归侨侨眷联谊会助学1人次，救助残疾人50人次。全年参加新型农村社会养老保险2户，参加居民医保

23户，受被征地农民个人参城保财政补贴33人。完善就业保障平台，落实各项优惠政策，引导居民成功申请创业补贴7户10.86万元，“双百工程”生活补贴13人10400元。配合开展“三清”工作及“两违”整治，严打偷建、抢建现象。获评“2013年度模范书屋”“2013年度书香村居”，“漂流书屋”服务1600多人次。获评“珠海市社会主义新农村建设档案工作示范社区”。

大林社区　2013年，红旗镇大林社区社区区域面积13.8平方千米，户籍人口2256人，外来人口1143人，人均纯收入8000元。大林社区主要发展种养殖业，有水产养殖基地8000多亩，农业基本农田保护面积5450.93亩。2013年，开展除“四害”工作，投放药物1100多袋，组织各类义诊、检查、宣传等活动8次。创新政务服务，设立办事服务大厅方便群众，办理计生、户籍、民政、退管、劳动就业、妇女维权等业务办理。推行“居务”公开，实行亮牌办公，做到有投诉箱、有举报电话“两有”，挂牌办公、挂牌承诺、挂牌服务“三挂牌”和程序上墙、监督岗上墙、工作职责上墙、办结结果上墙、服务承诺上墙“五上墙”。强化治安防控措施，成立“人民调解委员会”，健全基层矛盾纠纷化解工作机制，全年成功调解纠纷8起。关心弱势群体，为4户特困家庭办理“低保”，为困难归侨申请临时生活补助11人次8500元，节假日为困难职工、特困户、低保边缘户送慰问金12500元及米、油、月饼等食品。全年参加农保108人，参加居民医保560人。帮助居民就业，全年实现困难群体失业人员再就业33人。开展消防安全工作，成立防火安全办公室并组建一支11人的志愿消防队伍。开展“两违”整治工作，全年无发现违法用地现象。推进省级农业综合开发土地治理项目，改善社区农业生产条件。获评“珠海市社会主义新农村建设档案工作示范社区”。

八一社区　2013年，红旗镇八一社区区域面积5.67平方千米，户籍人口2160人，外来人口503人，人均纯收入9500元。八一社区加大开发力度，投资163.55多万元建设排水沟、生活道路等基础设施。创建文明和谐社区，投入9万元建设垃圾房9间，解决垃圾乱堆放问题。结合群防、人防、技防，加强治安巡逻，维护社区稳定，全年成功调解纠纷8起。推进居务公开，每年、每季、每月公开居务，增强居民民主管理意识。落实民政救济工作，帮助4名家庭困难大学生申请扶贫助学基金；慰问困难党员10人、困难家庭83户、生活困难归侨家庭16户。宣传医疗保障体系，全年参加农保59人、医保212人，被征地农民个人享受参加城保财政补贴19人。加大“三清”工作及“两违”整治力度，全年巡查200多人次，清理违法用地128.09平方米，清拆违法搭建275平方米。获评“珠海市社会主义新农村建设档案工作示范社区”“2013年度书香村居”等。

湖东社区　2013年，红旗镇湖东社区区域面积0.4平方千米，户籍人口2249人，外来人口820人，人均纯收入12000元。湖东社区加大农业基础设施建设，开展省级农业综合开发土地治理项目，投资508万元用于修建引水渠道5682米、维修主干机耕路2305米和田间机耕路12490米、河道清淤58077.1立方米。全年以“创卫”为契机，重点整治社区主干道、河涌及公共场所环境，开展爱国卫生运动5次，走访420户，发放宣传单420份。强化群防群治模式，制定治安奖惩条例，成立“湖东治安奖励基金”，提高居民群众治安防范意识。开展矛盾纠纷排查调处工作，全年成功调解纠纷36起。推进社会消防安全“防火墙”工程，组成一支以骨干民兵为主的15人志愿消防队。全年参加农保114人，参加居民医保781人。组织社区35名从业人员参加基层农业种植技术推广。关心弱势群体，全年办理特困家庭低保8户，为20户贫困归侨家庭申请广东省困难归侨补助资金3.4万元。做好“两违”整治，全年无发现违法用地现象。推进省级农业综合开发土地治理项目，提高农业综合生产能力和经济效益。获评“珠海市社会主义新农村建设档案工作示范社区”。

小林社区　2013年，红旗镇小林社区区域面积2.8平方千米，户籍人口945人，外来人口8851人，人均纯收入7200元。小林社区按照省级生态村、市卫生村创建要求，改善辖区环境卫生，开展民政、就业计划生育等工作。开展小林市场“创文”整治百日行动，改善市场卫生及经营环境，全年家禽免疫注射疫苗2945只。加强社会管理，注重教育疏导，防止各类矛盾激化，成功调解纠纷12起。落实农保医保政策，全年参加居民医保165人。推动劳动就业，协助举办小林社区“就业直通车”专场招聘会，开展公共就业、培训、及政策咨询等服务。落实救助帮扶制度，全年为2户贫困家庭申请低保、为居民申请医疗救助、为7户困难家庭解决大学生学费、为2户贫困家庭申请助学补助。推进廉政勤政建设，抓好居务公开工作，全年政务公开信息36条。加大“两违”整治力度，清拆违章建筑8起，成功将金银商都建材市场后移10米。获评“全国综合减灾示范社区”，中国计划生育协会“人口和计划生育基层群众自治示范村居”和“珠海市社会主义新农村建设档案工作示范社区”。

小林村　2013年，红旗镇小林村区域面积5.87平方千米，户籍人口2753人，外来人口7577人，全年村集体收入60万元，主要来源为物业出租，人均纯收入10685元。小林村以发展第三产业为主，着力改善村民生活水平。扎实开展洁净工程，建造封闭式垃圾房11间，购置大型垃圾桶50个，给各户发放垃圾桶950个。成立环境卫生监督管理领导小组，配有19名保洁员巡查村容村貌。做好“六五”普法和依法治理宣传教育工作，张贴横幅7条、宣传海报123张、发放宣传单3200张。建立健全基层矛盾纠纷化解工作机制，成功调解纠纷20起。推动农保工作，全年参加农保1266人，参加城乡居民基本医疗保险率100%。多措施促进就业，全年组织村民参加就业培训98人次，为47人重新找到就业岗位。开展求助帮扶工作，全年帮扶村民171人次、救助金29050元。加快清理“三资”监管工作，成立集体“三资”领导小组，推进村务公开建设。开展“两违”整治行动，强化动态巡查机制，制止违章建设6宗。获评“广东省村务公开民主管理示范村”。

广发村　2013年，红旗镇广发村区域面积3.8平方千米，户籍人口1377人，外来人口190人，全年村集体收入20万元，主要来源为物业出租，人均纯收入10545元。广发村完善生产生活设施建设，投资147万元，建成硬化水产运输路3.8公里；投资7.7万元修缮水利闸桥面2个；投资7万元建成永昌队240米运输路。全年加大村容村貌整治力度，投资约28万元建成垃圾收集房，配齐保洁桶，配备保洁员10名。推进平安村居建设，投资11.3万元安装12个视频监控摄像头、显示器等设备。化解群众矛盾，成功调解纠纷11起。加大依法治理宣传教育，张贴横幅9条、宣传海报50张、发放宣传单1000张。引导农民和被征地农民参加养老保险，参加农保189人，参加城乡居民基本医疗保险743人。加强劳动就业培训，全年帮助失业人员再就业39人，成功创业8人。开展救助帮扶，投资40万元，修缮困难住房32户，全年救济低保户15人，救济五保户5人。丰富群众精神文化生活，投资13.7万元建成文化广场一期；投资74.6万元建设宏一、宏二、恒丰、同裕文化室。做好“两违”整治，加强巡查打击违建行为。

广益村　2013年，红旗镇广益村区域面积1.93平方千米，户籍人口1366人，外来人口826人，人均纯收入10640元。广益村加快发展水产养殖业，改善农业基础设施。全年村集体收入23万元，主要来源为种养殖地及厂房出租。加大农业基础设施投入，全年投资150万元，建成自然村虾鱼塘运输道路4条。以“创卫”为契机，组织动员村民整治村容村貌。开展形式多样的治安宣传活动，全年张贴横幅6条、宣传海报50余张、发放宣传单300余张。做好邻里疏导工作，成功调解纠纷4起。全面推动农保工作，全年参加农保576人，参加城保423人。定期组织就业培训，全年有56人重新就业。开展救济工作，帮助18名家庭困难大学生申请珠海市红十字会扶贫助学基金等各级各类救助金，全年慰问困难党员10人，“低保边缘户”困难家庭23户。加大“两违”整治力度，出动巡查人员100多次，制止违法搭建行为9宗。获评“珠海市2013年卫生工作示范村”。

沙脊村　2013年，红旗镇沙脊村区域面积2.89平方千米，户籍人口1513人，外来人口210人，人均纯收入10818元。沙脊村重点抓民生就业，提高村民集体收入。全年村集体收入18万元，主要来源为商铺及厂房出租。完善基础设施，投资180万元完成硬底化鱼塘养殖运输道路设施建设5000米、生活道路4000米、灯光球场、路灯亮化。整治环境卫生，每天清洁河床垃圾2次，实行垃圾定点收集、定时清运，确保生活垃圾日清。成功创建广东省卫生村，成为珠海市第一个省卫生村。做好普法工作，全年张贴横幅18条、宣传海报56张、发放宣传单1300张。开展矛盾纠纷排查调解处工作，成功调解纠纷4起。推动农保工作，全年参加农保766人，参加城保人数500人，参加城乡居民基本医疗保险1487人。加强劳动就业培训，帮助村民解决就业问题。落实救助帮扶制度，全村办理农村住房保险423户，改造低收入困难户住房3户，通过协助村民申请困难资金、发放物资等方式，改善帮扶对象生活。抓好学校工程建设，改造及完善部分学校教学设备设施。加大“两违”整治力度，完善日常巡查机制，制止违建行为。获评“珠海市社会主义新农村建设档案工作示范村”。

三板村　2013年，红旗镇三板村区域面积3.9平方千米，户籍人口1635人，外来人口827人，全年村集体收入91万元，主要来源为厂房及土地出租，人均纯收入10769元。三板村以幸福村居创建为重点，获得市、区、镇幸福村居建设资金共计3000万元，推进幸福村居创建，落实幸福广场建设、村委办公楼立面改造、三板村文化活动中心、水产运输路硬底化建设、村民危房改造、亲水平台栈道建设、幸福桥改造和湿地公园配套建设等项目。开展环境大提升工作，修建生活垃圾收集房4间，组成9人的环境卫生清洁队伍。强化社会治安管理，每月开展一次普法宣传，全年成功调解纠纷8起。抓好社会保障工作，全年参加养老人数695人，参加医疗保险1679人，参加城市养老保险125人。开展民政优抚工作，全年享受低保户33人，接近低保边缘户15人，残疾人员45人。加大“两违”清拆力度，完成违法建筑“减存量”任务100%。获评广东省农村、社区“回头看”活动示范单位，“珠海市社会主义新农村建设档案工作示范村”。（张　萌　张田力）

人物

区委领导

吴 轼 男，汉族，1965年10月出生，湖北应山人，硕士研究生学历，中共党员。金湾区委委员、常委、书记，区人大常委会党组书记、主任，市航空产业园党委委员、书记。

1984年9月至1988年7月，在华中师范大学政治系政治教育专业学习。1988年7月至1992年9月，在湖北省十堰市东风轮胎厂中学任政治教师，教研室主任。1992年9月至1995年7月，在中南财经大学政法系攻读行政学专业硕士研究生。1995年7月至2000年12月，在珠海市人事局工作，1998年12月，任市人才研究所所长。2000年12月至2001年12月，任高新区党办主任。2001年12月至2006年8月，任市委政策研究室副主任。2006年8月至2007年5月，任珠海高新技术产业开发区党委副书记。2007年5月至2008年10月，任市委政策研究室主任。2008年10月至2009年11月，任市规划局局长、党组书记。2009年11月至2011年3月，任市住房和城乡规划建设局局长、党组书记。2011年3月至2011年4月，任市住房和城乡规划建设局局长、党组书记，市航空产业园党委委员、书记。2011年4月至2011年8月，任市住房和城乡规划建设局局长，金湾区委委员、常委、书记，市航空产业园党委委员、书记，2011年5月任金湾区人大常委会党组书记、主任。2011年8月起，任金湾区委委员、常委、书记，区人大常委会党组书记、主任，市航空产业园党委委员、书记。

杜 卓 男，汉族，1962年1月出生，江西上高人，硕士研究生学历，中共党员。金湾区委委员、常委、副书记，区人民政府党组书记、区长，市航空产业园党委委员、副书记、管委会主任。2013年3月调离。

1978年8月至1982年7月，在江西大学物理系无线电专业学习。1982年7月至1985年8月，任江西教育学院物理系助教。1985年8月至

1988年4月，在华东工学院（中国舰船研究院）系统工程专业攻读硕士研究生。1988年5月至1991年10月，任江西财经学院经济信息管理室主任，讲师。1991年11月至1993年9月，任江西省资溪县人民政府科技副县长。1993年10月至1995年12月，任江西华厦经济开发公司副总经理（享受副处级待遇），1993年12月，兼江西财经学院市场经济研究所副所长。1995年12月至1997年9月，在珠海机场集团公司工作，1996年4月任物业管理部经理助理。1997年9月至1999年6月，任珠海市国资局产权交易中心副主任。1999年6月至2003年2月，任珠海市国有资产经营管理局、市企业董事管理局副局长，1999年7月，任市委企业工委委员，1999年10月，任市产权交易中心主任。2003年2月至2004年11月，任珠海市国有资产经营管理局、市企业董事管理局副局长，市委企业工委委员。2004年11月至2006年4月，任珠海市国资委副主任、党委委员。2006年4月至2007年4月，任珠海市国资委副主任，珠海机场集团公司董事长，党委书记，法定代表人。2007年4月至2007年8月，任珠海市城市规划建设管理委员会办公室主任。2007年8月至2008年10月，任珠海市城市管理委员会办公室主任。2008年10月至2009年6月，任珠海市航空产业园党委书记、管委会主任，珠海机场集团公司董事长、党委书记、法定代表人。2009年6月至2009年10月，任珠海市航空产业园党委书记、管委会主任。2009年10月至2010年2月，任珠海市航空产业园党委副书记、管委会主任，2009年11任金湾区委副书记、代理区长。2010年2月至2013年2月，任金湾区委委员、常委、副书记，区人民政府党组书记、区长，市航空产业园党委委员、副书记、管委会主任。2013年3月调离。

欧阳德红 男，汉族，1963年1月出生，湖南宁乡人，硕士研究生学历，中共党员。金湾区委委员、常委、副书记，区人民政府党组书记、区长，市航空产业园党委委员、副书记、管委会主任。

1979年9月至1983年7月，在湖南师范大学英语系学习。1983年7月至1986年9月，任湖南株洲331厂子弟中学教师。1986年9月至1988年7月，在西南政法学院攻读刑法专业研究生。1988年8月至1994年11月，在珠海市外经贸委工作，1991年7月任项目审批科副科长。1994年11月至1997年8月，任市外经贸委外资管理科副科长，1994年12月任科长。1997年8月至1999年7月，任珠海保税区经济发展局局长。1999年7月至2006年8月，任珠海保税区管委会副主任、党委副书记（其间：2000年8月至2000年12月，在广东省委党校中青班学习）。2006年8月至2012年12月，任珠海高新区管委会常务副主任、党委委员。2012年12月至2013年2月，任金湾区委委员、常委、副书记，市航空产业园党委委员、管委会常务副主任。2013年2月至2013年5月，任金湾区委委员、常委、副书记，市航空产业园党委委员、副书记，2013年3月起，任金湾区人民政府党组书记、副区长、代区长，市航空产业园管委会主任。2013年5月起，任金湾区委委员、常委、副书记，区人民政府党组书记、区长，市航空产业园党委委员、副书记、管委会主任。

习恩民 男，汉族，1975年10月出生，江西分宜人，在职硕士研究生学历，中共党员。金湾区委委员、常委、副书记（正处），区委政法委书记、区委社会管理工作部部长。

1993年9月至1997年7月，在中山大学汉语言文学专业学习。1997年9月至2001年8月，任珠海市委办公室信息科科员。2001年8月至2003年11月，任市委办公室综合科副科长兼办文组组长。2003年11月至2007年3月，任市委办公室综合科科长（其间：2003年7月至2005年6月，在对外经济贸易大学金融学专业研究生班学习）。2007年3月至2010年4月，任市委办公室副主任。2010年4月至2012年2月，任

市政府副秘书长（副处）（其间：2007年9月至2010年6月，在中山大学攻读行政管理专业硕士研究生，获行政管理专业研究生学历、管理学硕士学位）。2012年2月至2013年2月，任市政府副秘书长（正处）。2013年2月起，任金湾区委委员、常委，副书记（正处），2013年3月兼区委政法委书记、区委社会管理工作部部长。

管　伟　男，汉族，1977年12月出生，安徽巢湖人，硕士研究生学历，中共党员。金湾区委委员、常委，区人民政府党组副书记、常务副区长。

1996年9月至2000年7月，在深圳大学新闻传播系广告与公共关系专业学习。2000年7月至2001年9月，任深圳市司法局第二劳动教养管理所三级警司。2001年9月至2004年7月，在北京大学哲学系马克思主义哲学专业学习。2004年7月至2008年8月，在广东省政府办公厅督察办工作，2005年6月任副主任科员，2008年6月任主任科员。2008年8月至2008年11月，任广东省政府办公厅综合一处主任科员。2008年11月至2010年4月，任珠海市斗门区副区长、党组成员（其间：2009年3月至2009年5月，在珠海市委党校处级干部培训班学习）。2010年4月至2011年9月，任市政府办公室副主任（2010年12月，挂任市政府副秘书长一年）。2011年9月至2011年10月，任金湾区委委员、常委，区人民政府党组副书记、副区长候选人。2011年10月至2012年2月，任金湾区委委员、常委，区人民政府党组副书记、常务副区长。2012年2月至2012年12月，任金湾区委委员、常委，区人民政府党组副书记、常务副区长，市航空产业园党委委员、管委会副主任。2012年12月起，任金湾区委委员、常委，区人民政府党组副书记、常务副区长。

侯军玺　男，汉族，1972年5月出生，内蒙古临河人，大学学历，中共党员。金湾区委委员、常委，区纪委委员、常委、书记。

1991年9月至1995年7月，在河海大学水文及工程地质专业学习。1995年8月至1999年5月，南京大地建设（集团）股份有限公司珠海分公司施工员、预算员。1999年5月至2002年9月，任南京大地建设（集团）股份有限公司珠海分公司经营科科长、工程科科长。2002年9月至2003年3月，任团市委副书记，党组成员（试用期）。2003年3月至2004年9月，任团市委副书记，党组成员（聘任期）。2004年9月至2010年7月，任团市委副书记，党组成员，2007年1月起，任市人大常委会委员。（其间：2007年9月至2007年10月，在珠海市党校中青班学习）。2010年7月至2010年8月，任金湾区委委员、常委，区人民政府党组成员。2010年8月至2010年9月，任金湾区委委员、常委，区人民政府党组成员，区委办主任。2010年9月至2011年9月，任金湾区委委员、常委，区人民政府党组成员，区委办、区政府办主任。2011年9月，当选为区纪委委员、常委、书记。2011年10月起，任金湾区委委员、常委，区纪委委员、常委、书记。

梁文亭　男，汉族，1970年5月出生，安徽滁县人，大学学历，中共党员。金湾区委委员、常委，区人民武装部部长，2013年5月调离。

1989年9月至1993年7月，第二炮兵工程学院导弹专业学员。1993年7月至1994年7月，第二炮兵某旅二营见习干部。1994年7月至1994年12月，任第二炮兵某旅发射二营排长。1994年12月至1996年9月，任第二炮兵某旅阵地管理营阵管二连副连长（兼助理工程师）。1996年9月至1998年12月，任第二炮兵某旅阵地管理营阵管二连连长（兼助理工程师）。1998年12月至2001年3月，任第二炮兵某旅装备技术部阵管科副营职助理员。2001年3月至2002年9月，任第二炮兵某旅装备部战技勤务科科长。2002年9月至2005年3月，任第二炮兵某旅发射一营工程师，2004年6月，调整为专业技术九级。2005年3月至2006年3月，任空军地空导弹兵某旅装备部技术科工程师。2006年3月至2008年2月，任广州军区装备部军械装甲部军械装备处副团职助理员。2008年2月至2009年1月，任珠海市斗门区人民武装部部长。2009年1月至2011年6月，任广东省珠海市金湾区人民武装部部长。2011年6月起，任金湾区委委员、常委、区人民武装部部长。2013年5月调离。

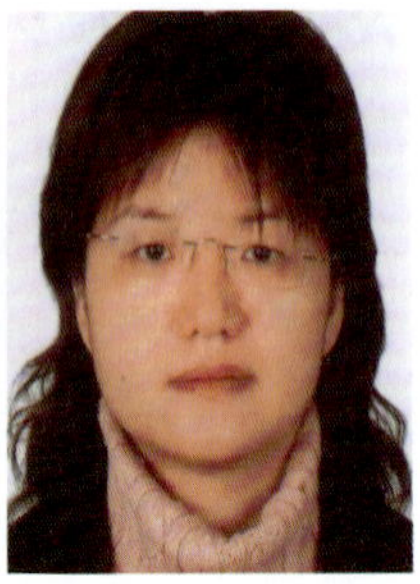

陈　静　女，汉族，1969年9月出生，湖南湘潭人，在职硕士研究生学历，中共党员。金湾区委委员、常委，区委组织部长。

1987年9月至1989年6月，在广东省粮食学校财务专业学习。1989年6月至1991年3月，任珠海市粮食局会计。1991年3月至2002年5月，在万山区财政局工作，历任预算总会计，预算股副股长、股长，财政局副局长（其间：1997年9月至1999年7月，广东省委党校经济管理专业本科学习）。2002年5月至2002年7月，任市财政局下属市世界银行贷款业务办公室主任。2002年7月至2006年10月，任金湾区财政局党组书记、局长、国资局局长，2003年4月，兼任金湾区计划生育协会副会长。2006年10月至2011年9月，任金湾区政府党组成员，2006年11月，当选副区长，2007年8月，任区红十字会常务副会长，2010年10月，任区慈善会常务副会长。2011年9月至2011年11月，任金湾区委委员、常委，区人民政府副区长、党组成员，区红十字会常务副会长、区慈善会常务副会长，2011年10月，任区委组织部部长。2011年11月至2012年7月，任金湾区委委员、常委，区委组织部部长，区红十字会常务副会长、区慈善会常务副会长（期间：2011年9月起，在广东商学院攻读工商管理硕士）。2012年7月起，任金湾区委委员、常委，区委组织部部长。

翟小强　男，汉族，1959年9月出生，广东珠海人，在职硕士研究生学历，中共党员。金湾区委委员、常委，区委统战部部长。

1975年8月至1978年11月，在珠海县南水供电所工作。1978年12月至1981年11月，在中国人民解放军海南军区坦克团服兵股。1981年12月至1989年8月，在珠海市委办公室工作。1989年9月至1991年12月，任珠海市万山区计划办公室科员。1992年1月至1992年3月，任珠海市万山区担杆镇党政办公室主任，兼担杆镇驻香洲办事处副主任。1992年4月至1997年3月，任珠海市万山区劳动科科长，兼劳动服务公司、劳动保险公司、劳动实业发展公司经理，兼区安全生产委员会副主任。1997年4月至1999年7月，任万山区组织人事办公室主任，兼万山区直属机关工作委员会书记。1999年8月至2001年4月，任万山区担杆镇委书记，兼镇人大主席。2001年5月至2002年2月，任万山区政法委副书记。2002年3月至2003年2月，任金湾区联港工业区管理委员会主任。2003年2月至2006年10月，任金湾区经贸局、交通局、对外贸易经济合作局局长，经贸局党组书记，2003年03，任区交通战备办公室主任。2006年11月至2010年3月，任金湾区委委员、区政协副主席、区委统战部部长、区民族宗教事务局（外事侨务局）局长、区台湾事务办公室主任。2010年3月至2011年9月，任金湾区委委员，区政协副主席、区委统战部部长。2011年9月起，任金湾区委委员、常委，区委统战部部长。

吴文莱　男，汉族，1965年11月出生，江西余干人，硕士研究生学历，中共党员。金湾区委委员、常

委，区委宣传部部长。

1983年9月至1987年7月，在武汉大学历史系学习。1987年9月至1990年7月，在武汉大学研究生院历史系中国近现代史专业学习。1990年7月至1995年2月，在中共珠海市委党史研究室工作（其间：1993年7月至1994年7月，在市政公司挂职锻炼）。1995年2月至1999年12月，任珠海市委党史研究室业务科副科长（其间：1999年4月至2002年12月，抽调市机关作风办工作，2001年4月，任市机关作风办副主任）。1999年12月至2002年3月，任珠海市委党史研究室业务指导科科长。2002年3月至2002年12月，任珠海市委党史研究室主任科员。2002年12月至2007年4月，任珠海市纪委、监察局宣教调研室副主任。2007年4月至2011年9月，任珠海市纪委、监察局宣教调研室主任。2011年9月至2013年4月，任金湾区委委员、常委，区委宣传部部长、区精神文明建设委员会办公室主任。2013年4月起，任金湾区委委员、常委，区委宣传部部长。

何 为 男，汉族，1963年12月出生，辽宁昌图人，大学学历，中共党员。金湾区委委员、常委，市航空产业园党委委员。

1982年9月至1986年7月，在佳木斯工学院机械系焊接工艺与设备专业毕业。1986年7月至1996年3月，在大庆石油管理局工作，先后任基建工程处焊培中心副主任，油建集团项目经理、主任，施工技术研究所所长（其中：1991年2月至1992年12月，在日本科技中心研修）。1996年3月至1997年10月，任珠海市万达焊条有限公司总经理。1997年11月至1999年2月，任珠海高新区万和工业有限公司总经理。1999年2月至2000年6月，任珠海市三灶管理区资产管理公司副总经理。2000年7月至2003年10月，任珠海市三灶管理区国有资产经营公司总经理。2002年7月，任三灶管理区副区长，兼三灶管理区国有资产管理办公室主任，三灶区党委委员。2003年10月至2003年12月，任金湾区发展计划局、科学技术局党组书记、局长。2003年12月至2006年9月，任金湾区发展计划局（发展和改革局）、科学技术局党组书记、局长，区经济动员办公室主任、区统计物价局局长、区粮食局局长、区信息产业局局长（其中：2005年4月至2005年7月，在珠海市委党校中青年干部培训班学习）。2006年9月至2007年6月，任金湾区红旗镇委副书记，2006年10月，当选为镇长，2006年11月，当选为区委委员。2007年6月至2011年6月，任金湾区委委员，红旗镇委书记、镇人大主席，2008年12月，兼任红旗华侨农场党委书记。2011年6月至2011年9月，任金湾区委委员，红旗镇委书记、镇人大主席，红旗华侨农场党委书记，市联港工业区管理委员会主任。2011年9月至2013年3月，任金湾区委委员、常委，红旗镇委书记、人大主席，红旗华侨农场党委书记，市联港工业区管理委员会主任。2013年3月起，任金湾区委委员、常委，2013年8月，任市航空产业园党委委员。

拜 燕 女，回族，1968年1月出生，河南郑州人，在职硕士研究生学历，中共党员。金湾区委委员、常委，区人民政府党组成员，兼区委办公室、区人民政府办公室主任。

1983年9月至1986年7月，在河南郑州幼儿师范学校学习。1986年7月至1988年8月，任河南郑州第二砂轮厂幼儿园教师、团干。1988年9月至1989年12月，任广东佛山市教工第二幼儿园教师。1989年12月至1997年5月，任珠海市机关第二幼儿园教研组长、团干。1997年5月至1998年2月，任市儿童活动中心主任助理、办公室主任。1998年2月至2002年3月，任市儿童活动中心副主任，1999年1月，兼任托儿所所长（其间：1995年9月至2000年8月，在华南师范大学学前教育专业学习，获大专学历）。2002年3月至2006年2月，任市人民政府驻广州办事处联络接待科科长（其间：2001年7月至2004年7月，在中山大学远程教育法学专业本科学习。2005年3月至2005年5月，在广东省中青年妇女干部培训班学习）。2006年2月至2006年12月，任市人民政府驻广州办事处经济协作信息科科长。2006年12月至2012年4月，任市人民政府驻广州办事处副主任（2008年9月至2011年12月，在吉林大学理论经济学专业攻读硕士研究生）。2012年4月起，任金湾区委委员、常委，2013年3月，任区人民政府党组成员，兼区委办公室主任，2013年4月，兼区人民政府办公室主任。

袁绍勇 男，汉族，1970年10月出生，湖北随州人，大学学历，中共党员。金湾区委委员、常委，区人民武装部部长。

1987年11月至1990年9月，广东省军区担杆岛守备营北尖守备连战士。1990年9月至1992年7月，南京炮兵学院炮兵指挥专业学员。1992年7月至1993年3月，任广东省军区担杆岛守备营北尖连二排排长。1993年3月至1994年3月，任广州军区海防第二团担杆岛海防营北尖岛海防连二排排长。1994年3月至1996年1月，任珠海警备区大横琴海防连指挥排排长。1996年1月至1997年6月，任珠海警备区大横琴海防连副连长。1997年6月至1999年12月，任珠海警备区大横琴海防连连长。1999年12月至2000年6月，任珠海警备区司令部作训科正连职参谋。2000年6月至2003年6月，任珠海警备区司令部作训科副营职参谋。2003年6月至2005年3月，任珠海警备区司令部作训科正营职参谋。2005年3月至2006年1月，任广州军区海防第二团外伶仃岛海防营营长。2006年1月至2009年2月，任广州军区海防第二团参谋长。2009年2月至2010年3月，任珠海警备区司令部作训科科长。2010年3月至2013年3月，任珠海警备区副参谋长。2013年3月至2013年5月，任金湾区人民武装部部长。2013年5月起，任金湾区委委员、常委，区人民武装部部长。

区人大常委会领导

林乃光 男，汉族，1954年12月出生，广东新会人，省委党校在职大学学历，中共党员。金湾区人大常委会党组副书记、常务副主任（正处级干部），区总工会主席。

1979年2月至1986年5月，在斗门新堂大队工作，历任党支部委员、大队长、党支部书记。1986年5月至1987年10月，在斗门县井岸镇计生办工作。1987年10月至1990年9月，任斗门县井岸镇经营管理生产办公副主任（其间：1988年9月至1991年7月，华南农业大学乡镇企业管理专业大专自考）。1990年9月至1993年6月，任斗门县井岸镇经营管理生产办公室主任。1993年6月至1995年9月，任斗门县井岸镇委副书记、镇长。1995年9月至1998年6月，任斗门县六乡镇委书记，1996年5月，兼任镇长。1998年6月至2001年12月，任斗门县副县长、党组成员，1999年4月，兼任白蕉镇委书记（其间：2000年9月至2002年12月，在广东省委党校经济管理本科专业学习）。2001年12月至2002年3月，任金湾区政府筹备小组领导成员、区委委员、区政府党组成员。2002年3月至2006年11月，任金湾区副区长、区政府党组成员。2006年11月至2011年9月，任金湾区委常委，区总工会主席、区红十字会会长，2010年10月，任区慈善会会长。2011年9月起，任金湾区人大常委会党组副书记，2011年10月，任区人大常委会常务副主任，2006年11月至2012年4月，任区红十字会会长，2010年10月至2012年1月，任区慈善会会长，2012年6月，任正处级干部。

梁庆伦 男，汉族，1960年9月出生，广东斗门人，省委党校在职大专学历。金湾

区人大常委会副主任。

1976年8月至1979年6月，任平沙华侨农场南新分场一队财务统计。1979年7月至1984年11月，任平沙华侨农场南新分场财务会计。1984年12月至1986年7月，任平沙华侨旅游服务公司主管会计。1986年8月至1989年12月，任平沙华侨农场计财科主管会计（其间：1988年3月至1991年2月，在广东省委党校干部函授大专班经济专业学习）。1990年1月至1994年3月，任平沙财政分局副局长。1994年3月至1997年11月，任平沙财政分局局长。1997年12月至2000年2月，任平沙区副区长兼财政分局局长。2000年2月至2002年3月，任三灶管理区副区长、金湾区政府筹备小组成员。2002年3月至2011年11月，金湾区人民政府副区长。2011年11月起，任金湾区人大常委会副主任。

胡建新　男，汉族，1958年8月出生，河北正定人，在职大学学历，中共党员。金湾区人大常委会副主任、党组成员。

1978年3月至1981年5月，万山要塞区第三守备区二营七连战士、文书。1981年5月至1982年12月，广州军区炮兵教导队学员。1982年12月至1986年2月，任广州军区守备十五团二营排长、特务连观察所所长。1986年2月至1987年7月，任广东省军区内伶仃岛守备连副指导员。1987年7月至1994年11月，任广东省军区外伶仃岛守备营指导员、副营长、代理教导员、教导员（其间：1993年9月至1996年7月，在南京陆军指挥学院合成指挥专业学习）。1994年11月至1998年4月，任广州军区海防第二团副政委。1998年4月至2000年3月，任珠海市香洲区人武部副政委。2000年3月至2002年8月，任珠海市斗门县人武部政委（其间：1997年9月至2000年7月在南京陆军指挥学院政治工作专业学习）。2002年8月至2003年3月，任珠海市斗门区人武部政委。2003年3月至2006年1月，任珠海市金湾区委常委、人武部政委。2006年1月起，任金湾区人大常委会副主任、党组成员。

程惠泉　女，汉族，1959年6月出生，湖北武汉人，省社科院在职硕士研究生学历，中共党员。金湾区人大常委会副主任、党组成员。

1975年12月至1981年8月，在贵州贵定县运输公司工作。1981年8月至1985年7月，在贵州师范大学外语系英语专业学习。1985年7月至1986年5月，任贵州黔南州教委外语教研员。1986年5月至1992年4月，任贵州六盘水市委宣传部副科长。1992年4月至1993年6月，在珠海市红旗管理区委党校任教员。1993年6月至1995年9月，任珠海市红旗管理区宣传科副科长。1995年9月至2000年1月，任珠海市红旗管理区团区委书记，1996年10月任珠海市红旗管理区区委宣传科、红旗管理区文化科科长（其间：1996年9月至1999年7月，在广东省社会科学院在职研究生班产业经济学专业学习）。2000年1月至2002年3月，任珠海市红旗镇委副书记、纪委书记（其间：2001年1月至2001年5月，公派赴美国加州西南学院进修）。2002年3月至2006年11月，任金湾区妇联主席、人民团体办党组副书记。2006年11月起，任金湾区人大常委会副主任、党组成员。

彭祖国　男，汉族，1962年10月出生，湖南怀化人，在职大学学历，中共党员。金湾区人大常委会副主任、党组成员，区依法治区领导小组办公室主任。

1981年11月至1982年9月，广州军区守备第四团指挥连战士。1982年9月至1984年7月，在沈阳第二炮兵学校地炮指挥专业中专学习。1984年7月至1985年10月，任广州军区守备第四团二营六连排长。1985年10月至1987年7月，任广州军区守备第四团三营指挥排排长。1987年7月至1987年11月，任广州军区守备第四团司令部作训股正排职参谋。1987年11月至1989年12月，任广州军区守备第四团司令部作训股副连职参谋。1989年12月至1992年4月，任广州军区守备第四团三营九连连长（其间：1988年9月至1991年6月，在中山大学中文专业自考大专学习）。1992年4月至1992年12月，任省军区湛江军分区司令部作训科正连职参谋。1992年12月至1994年9月，任省军区湛江军分区司令部作训科副营职参谋。1994年9月至1996年12月，任省军区硇洲岛海防营营长（其间：1994年8月至1996年12月，在中央党校经济管理专业本科函授班学习）。1996年12月至2001年3月，任广州军区海防第四团副团长（其间：1998年2月至1999年1月，在陆军指挥学院合同战术指挥专业（中级指挥）学习）。2001年3月至2005年3月，任广州军区海防第四团团长。2005年3月至2007年12月，任金湾区人武部部长。2007年12月起，任金湾区人大常委会副主任，2008年2月，任党组成员，2013年3月，兼金湾区依法治区领导小组办公室主任。

欧阳水平 男，汉族，1955年12月出生，湖北仙桃人，在职大专学历，中共党员。金湾区委委员，区人大常委会副主任、党组成员。

1975年5月至1978年2月，任湖北仙桃市塘湾晏怡学校教师。1978年3月至1980年2月，在湖北荆州地区财贸学校会计专业中专班学习。1980年2月至1985年8月，在湖北荆门市科委工作。1985年9月至1987年7月，在华中师范大学汉语言文学专业学习，获大专学历。1987年7月至1992年12月，在湖北荆门市科委工作，先后任外事科副科长、办公室副主任。1993年1月至1994年9月，任湖北荆门人大常委会教科文卫科副科长。1994年10月至2000年5月，在珠海市三灶管理区财务管理办公室工作，先后任办公室主任、财管办副主任。2000年5月至2002年10月，任珠海市三灶管理区国有资产管理办公室任副主任。2002年11月至2003年10月，任珠海市三灶管理区人事科副科长。2003年10月至2007年1月，任金湾区财政局副局长、党组成员。2007年1月至2013年2月，任金湾区财政局局长、党组书记，区国有资产管理办公室主任，2011年9月，当选为区委委员。2013年1月，当选金湾区人大常委会副主任、党组成员。2013年3月起，任金湾区委委员，区人大常委会副主任、党组成员。

区政府领导

杜　卓（详见区委人物资料）

欧阳德红（详见区委人物资料）

管　伟（详见区委人物资料）

陈　钢 男，汉族，1969年8月出生，海南海口人，在职硕士研究生学历，中共党员。金湾区委委员，区人民政府副区长、党组成员。2013年1月调离。

1987年9月至1991年7月，在华南理工大学建筑学系建筑学专业学习。1991年7月至1996年11月，在珠海市规划局建管科工作。1996年11月至2000年6月，任珠海市规划局村镇规划管理所副所长（副科级）。2000年6月至2002年1月，任香洲区建设局、环保局副局长。2002年1月至2003年10月，任香洲区城市建设管理局副局长。2003年10月至2004年12月，任金湾区区长助理（副处）、党组成员。2004年12月至2012年12月，任金湾区人民政府副区长、党组成员，2006年10月，当选为区委委员（其间：2008年9月至2012年6月，在吉林大学行政管理专业学习，获研究生学历、管理学硕士学位）。2013年1月调离。

龚慧斌 男，汉族，1960年10月出生，江西南昌人，省社科院在职研究生，中共党员。金湾区委

委员，区人民政府副区长、党组成员。2013年1月调离。

1977年9月至1980年8月，江西丰城县曲江公社杰路大队知青。1980年8月至1984年7月，在江西师范大学数学系数学专业学习。1984年7月至1985年7月，江西省委组织部选调任渝水区罗坊中心小学副校长。1985年7月至1987年2月，任江西新余市委组织部青年干部科干事。1987年2月至1987年7月，任江西新余市渝水区观巢乡党委副书记、纪委书记。1987年7月至1991年9月，任江西新余市委组织部副科级组织员（其间：1988年11月至1989年5月，派往新余市驻深圳办事处挂任办公室主任）。1991年9月至1992年2月，任江西新余市委组织部正科级组织员。1992年2月至2000年12月，任珠海市红旗管理区纪委副书记（正科级干部）、监察科副科长（其间：1999年7毕业于广东社会科学院产业经济专业）。2000年12月至2002年3月，任珠海市三灶管理区纪委副书记、监察科科长，其间，2001年12月当选中共金湾区委候补委员。2002年3月至2003年1月，任中共金湾区委候补委员，平沙镇委委员、副书记，其间，2002年4月，任平沙镇镇长。2003年1月至2006年11月，任中共金湾区委候补委员，平沙镇委书记，平沙工业区管委会主任。2006年11月至2012年12月，任金湾区委委员，区人民政府副区长、党组成员。2013年1月调离。

贺　军　男，土家族，1965年12月出生，湖南石门人，博士研究生学历，九三学社社员。市政协常委，九三学社珠海市委员会副主委，金湾区人民政府副区长，兼任区计生协会会长，区红十字会会长，珠海对口帮扶阳江指挥部办公室副主任。

1984年9月至1988年7月，在湘潭工学院采矿工程系采矿专业学习。1988年9月至1991年7月，在山西矿业学院采矿系采矿工程专业攻读硕士研究生。1991年9月至1994年6月，在同济大学地下建筑与工程系结构工程专业攻读博士研究生。1994年7月至2001年2月，任珠海特区隆益实业公司、珠海国际赛车场有限公司主任、部门经理（其间：1998年9月至1998年11月，在珠海市社会主义学院党外优秀青年干部培训班学习）。2001年2月至2001年8月，任市兴城控股有限公司资产经营部主管。2001年8月至2002年6月，任市城市基础设施投资开发公司部门负责人，2001年10月，任市城市基础设施投资开发公司项目管理部部长。2002年4月，任市城市排水有限公司董事、副总经理。2002年6月至2006年11月，任市人大常委会委员、九三学社珠海市委副主委，2003年6月，任市城市排水有限公司董事、总经理。2006年11月至2008年10月，任斗门区政协副主席、九三学社珠海市委副主委，市城市排水有限公司董事、总经理，2007年1月，任市政协常委。2008年10月至2011年9月，任市政协常委，市航空产业园管委会副主任。2008年10月至2011年10月，任斗门区政协副主席、九三学社珠海市委会副主委（其间：2008年10月至2009年6月，任市城市排水有限公司董事、总经理）。2011年9月2013年8月，任市政协常委，金湾区副区长，市航空产业园管委会副主任，九三学社珠海市委会副主委。2013年8月起，任市政协常委，九三学社珠海市委员会副主委，金湾区人民政府副区长，兼任区计生协会会长，区红十字会会长，2013年12月，任珠海对口帮扶阳江指挥部办公室副主任。

夏志高　男，汉族，1965年6月出生，湖北武汉人，大专学历，中共党员。金湾区委委员，区人民政府党组成员、副区长，三灶科技工业园管委会主任，市航空产业园管委会副主任、党委委员。

1984年9月至1987年7月，在湖北江汉大学应用中文专业学习。1987年7月至1998年4月，在香洲区计划委员会工作，先后任企管办副主任、局长助理。1998年5月至

2001年12月，任香洲区贸易发展局副局长。2002年1月至2002年11月，任香洲区经济贸易局副局长。2002年12月至2005年10月，任金湾区招商局局长，2003年4月，任区经贸局党组副书记。2005年10月至2008年12月，任金湾区三灶镇委委员、副书记，2005年11月，任三灶镇镇长，2006年11月，任区委委员。2008年12月至2011年10月，任金湾区委委员，三灶镇委委员、书记，三灶科技工业园管委会副主任，2009年6月，任市航空产业园党委委员。2011年10月至2012年10月，任金湾区委委员，三灶镇委委员、书记，市航空产业园党委委员，2011年10月，任金湾区人大常委会党组成员，三灶镇人大主席，三灶科技工业园管委会主任，2011年11月，当选金湾区人大常委会副主任。2012年10月至2013年1月，任金湾区委委员，区人大常委会党组成员、副主任，三灶镇委委员、书记、三灶科技工业园管委会主任，市航空产业园管委会副主任、党委委员。2013年1月至2013年3月，任金湾区委委员，区人民政府党组成员、副区长，三灶镇委委员、书记，三灶科技工业园管委会主任，市航空产业园管委会副主任、党委委员。2013年3月起，任金湾区委委员，区人民政府党组成员、副区长，三灶科技工业园管委会主任，市航空产业园管委会副主任、党委委员。

童　嫚　女，土家族，1974年10月出生，湖北恩施人，大学学历（在职硕士），中共党员。金湾区委委员，区人民政府党组成员、副区长，兼任区慈善会会长，区残联主席。

1991年9月至1995年7月，在中南财经大学政法系经济法专业学习。1995年7月至2001年4月，任珠海市香洲区人民法院书记员、助理审判员、审判员。2001年4月至2002年4月，任珠海市香洲区人民法院前山法庭副庭长。2002年4月至2005年11月，任珠海市金湾区人民法院党组成员、审判员、审判委员会委员，2002年9月，任政工科副科长（其中：2004年12月取得武汉大学法律硕士学位。）2005年11月至2006年12月，任珠海市金湾区人民法院党组成员、审判员、审判委员会委员、副院长、政工科副科长。2006年12月至2011年10月，任珠海市金湾区人民法院党组成员、审判员、审判委员会委员、副院长，2010年7月，任区人民法院党组副书记。2011年10月至2011年11月，任金湾区委委员，区人民政府副区长、党组成员，区人民法院副院长、审判委员会委员、审判员。2011年12月至2013年8月，任金湾区委委员、区人民政府党组成员、副区长，2012年7月，兼任金湾区慈善会会长、区红十字会会长、区计生协会会长，2013年2月，兼任区残联主席。2013年8月起，任金湾区委委员，区人民政府党组成员、副区长，兼任区慈善会会长，区残联主席。

王亚华　男，汉族，1962年1月出生，安徽宿州人，在职大学学历，中共党员。市公安局金湾分局委员会委员、书记、局长，金湾区人民政府党组成员、副区长，兼区委政法委副书记。

1978年9月至1980年7月，在安徽宿州师范专科学校数学专业学习。1980年7月至1988年5月，任安徽宿州市第八中学教导处副主任。1988年5月至1992年7月，任安徽宿州市工商局纪检组副组长。1992年7月至1999年11月，任安徽宿州市公安局指导员（其间：1993年8月至1995年12月，在中央党校党政专业学习）。1999年11月至2000年2月，任珠海市公安局治安处治安科副教导员。2002年2月至2002年9月，任市公安局治安处案件侦查科副科长。2002年9月至2004年4月，任市公安局珠海机场分局副局长。2004年4月至2006年12月，任市公安局拱北口岸分局副局长。2006年12月至2011年3月，任市公安局拱北口岸分局政委。2011年3月至2012年6月，任市公安局香洲分局政委。2012年7起，任市公安局金湾分局局长，金湾区人民政府党组成员、副区长，兼区委政法委副书记，2012年9月，任市公安局金湾分局委员会委员、书记。

陈　旭　男，汉族，1972年4月出生，广东潮州人，大学学历，中共党员。金湾区人民政府党组成员、副区长，市航空产业园党委委员。

1990年9月至1994年7月，在重庆建筑大学建筑系风景园林专业学习。1994年8月至1996年3月，任珠海市万山区担杆镇城建办科员。1996年3月至1999年3月，任万山区规划建设办科员。1999年3月至1999年5月，任万山区担杆镇镇长助理。1999年5月至2005年3月，任万山区担杆镇副镇长。2005年3月至2005年12月，任万山区建设规划国土局副局长。2005年12月至2008年4月，任市规划局万山分局局长。2008年4月至2010年9月，任市住房和城乡规划建设局高新规划分局局长。2010年9月至2013年1月，任市住房和城乡规划建设局金湾规划分局局长。2013年1月起，任金湾区人民政府党组成员、副区长，2013年8月，任市航空产业园党委委员。

张　勇　男，土家族，1978年5月出生，湖南永顺人，大学学历，中共党员。金湾区人民政府副区长（挂职）。

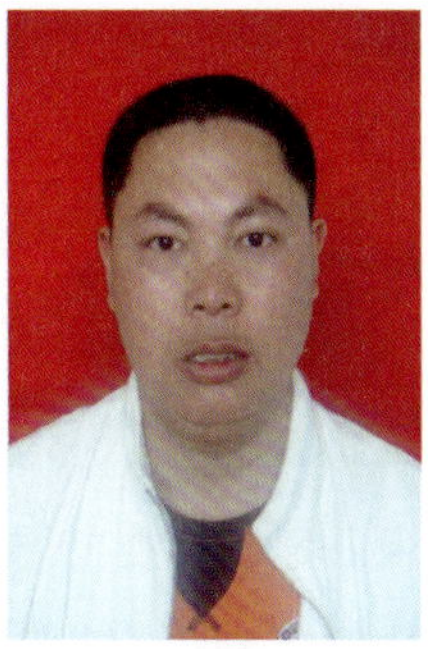

1994年9月至1998年7月，湖南省建材学校建材机械专业学生。1998年7月至2000年8月，待业。2000年8月至2005年9月，任湖南省永顺县统计局干部。2005年9月至2006年3月，任湖南省永顺县砂坝镇政府筹备组成员。2006年3月至2009年3月，任湖南省永顺县砂坝镇副镇长。2009年3月至2012年11月，任湖南省永顺县盐井乡乡长。2012年11月至2013年5月，任湖南省永顺县人民政府副县长。2013年7月起，任珠海市金湾区人民政府副区长（挂职）。

区政协领导

谢雄辉　男，汉族，1957年11月出生，广东揭阳人，大专学历，中共党员。金湾区委委员，区政协主席、党组书记。

1975年1月至1979年2月，在斗门县氮肥厂工作。1979年2月至1982年8月，在广州机床厂职工大学机床制造工艺及装备专业学习，获大专学历。1982年9月至1983年5月，在斗门县春华糖果饼干厂工作。1983年5月至1984年8月，在斗门县科委工作。1984年8月至1986年8月，任斗门县委办公室新闻秘书（正股）。1986年8月至1993年10月，任斗门县白蕉镇委副书记。1993年11月至1995年8月，任斗门县乡镇企业管理办公室主任，1994年5月，任党组书记，1994年2月，任县乡镇企业集团公司总经理。1995年8月至1998年6月，任斗门县井岸镇委书记。1998年6月至2001年9月，任斗门县副县长、党组成员（其间：1996年9月至1998年7月，在中国社科院经济系市场经济专业学习）。2001年9月至2003年2月，任斗门区委常委，常务副区长、党组副书记。2003年3月至2006年11月，任金湾区委委员、常委、副书记，2003年4月，任区人民政府副区长、党组副书记。2006年11月起，任金湾区委委员，区政协主席、党组书记。

刘凌波　女，汉族，1965年10月出生，重庆人，在职博士研究生学历。金湾区政协副主席。

1983年9月至1987年9月，在四川师范大学外语系英语专业学习。1987年9月至1991年2月，在四川省江油市铁合金厂工作，1987年9月，借调到珠海国际信托投资公司工作。1991年2月至1999年5月，在珠海国际信托投资公司工作，1992年10月，任国际金融部副经理，1995年9月，任经理，1998年9任资金运筹部经理（期间：1988年7月至1989年6月，在深圳大学国际金融专业修业学习，1995年赴新加坡理工大学进行“资本市场”培训）。1999年5月至2000年9月，珠海市委公派赴美国加州西南学院学习行政管理。2000年9月至2002年3月，任临港工业区管理委员会主任助理。2002年3月至2011年10月，任金湾区人大常委会副主任（期间：2001年9月起，攻读读北京交通大学管理科学与工程博士研究生）。2011年10月至2011年11月，任金湾区人大常委会副主任、区政协副主席候选人。2011年11月起，任金湾区政协副主席。

王柏松 男，汉族，1954年8月出生，广东鹤山人，省委党校在职大学学历，中共党员。金湾区委委员，区政协副主席、党组成员。

1975年2月至1981年9月，在广东省红旗农场农科所工作，任副所长。1981年10月至1987年5月，任广东省红旗华侨农场食品厂厂长。1987年6月至1990年1月，任红旗华侨农场食品工业公司经理。1990年2月至2002年9月，任珠海市国土局西区分局（规划国土西区分局）三灶管理所所长（其中：2002年8月毕业于广东省委党校经济管理专业，获大学学历）。2002年9月至2003年10月，任三灶管理区党委副书记兼纪委书记。2003年10月至2005年5月，任三灶管理区党委副书记、党组书记、区负责人（正科级领导职务）。2005年5月至2006年11月，任金湾区区长助理，三灶管理区党组书记。2006年11月至2007年6月，任金湾区委委员，区政协副主席、党组成员，区长助理，三灶管理区党组书记。2007年6月至2010年4月，任金湾区委委员，区政协副主席、党组成员，三灶管理区党组书记。2010年5月起，任金湾区委委员，区政协副主席、党组成员。

李海清 男，汉族，1967年8月出生，广东梅县人，大学学历，民革党员。金湾区政协副主席、兼区监察局副局长。

1985年9月至1990年7月，在清华大学建筑结构与建筑管理工程专业读书。1990年7月至1993年2月，在广东省第四建筑公司工作，先后任生产计划科科员、第一分公司施工员、深圳公司工程部部长。1993年3月至1999年2月，任珠海市三灶管理区工程质监站工程师。1999年3月至1999年5月，任小林镇镇长助理。1999年5月至2002年8月，任珠海市小林镇副镇长（其间：2001年1月至2001年6月，在美国加州西南学院学习）。2002年8月至2006年11月，任金湾区红旗镇副镇长。2006年11月起，任金湾区政协副主席，2010年3月，兼任区监察局副局长。

张洪明 男，汉族，1964年1月出生，山东临沂人，在职大学学历，中共党员。金湾区政协副主席、党组成员。

1982年10月至1985年2月，广州军区后勤部汽车第四十八团司训队战士。1985年2月至1985年11月，任广州军区后勤部汽车第四十八团一营三连三排排长。1985年11月至1987年9月，任步兵第一二三师汽车营司训三连一排长（其间：1983年2月至1987年8月，在运输工程学院汽车运用专业学习，获中专学历）。1987年9月至1989年12月，任步兵第一二三师汽车营司训一连连长。1989年12月至1993年11月，任步兵第一二三师汽车修理所副营职所长。1993年11月至1994年2月，任步兵第一二三师生产经营办公室副营职助理员。1994年2月至1996年11月，任步兵第一二三师高炮团装备技术处正营职处长（其间：1992年8月至1995年6月，在长沙工程兵学院军队管理专业学习，获大专学历）。1996年11月至1998年12月，任步兵第一二三师后勤部军交运输科副团职科长。1998年12月至1999年3月，任步兵第一二三师装备部轮式车辆装备科副团职科长。1999年3月至2001年3月，任步兵第一二三师装备部副部长。2001年3月至2003年3月，任步兵第一二三师司令部副参谋长（其间：1998年9月至2001年6月，在军事交通学院车辆运用工程专业学习，获大学学历）。2003年3月至2007年2月，任广东省吴川市人民武装部部长。2007年2月至2009年12月，任广东省珠海市金湾区人民武装部部长。2010年1月起，任金湾区政协副主席、党组成员。

鲍国汉　男，汉族，1961年5月出生，广东新会人，省委党校在职大学学历，中共党员。金湾区政协副主席、党组成员，兼区教育局局长、党组书记，区政府教育督导室主任。

1978年8月至1980年8月，斗门县井岸镇西埔小学代课教师。1980年9月至1982年7月，在中山师范读书。1982年8月至1986年8月，斗门县白蕉镇昭信小学教师。1986年9月至1992年8月，斗门县第四中学教师（其间：1985年5月至1988年12月，在中山大学成人教育学院自学考试大专班中文专业学习）。1992年8月至1993年12月，在斗门县教育局工作。1993年12月至1998年6月，任斗门县教育局秘书股副股长、1995年12月任股长。1998年6月至1999年8月，任斗门县教育局办公室副主任（正股级）。1999年8月至2000年8月，任斗门县第四中等职业学校副校长。2000年8月至2001年8月，任斗门县第四中等职业学校校长（其间：1999年9月至2001年12月，在广东省委党校函授学院本科班经济管理专业学习）。2001年8月至2002年1月，任斗门县教育局副局长（正科级）。2002年1月至2004年11月，任斗门区教育局局长、党委书记（2002年7月）。2004年11月至2005年7月，任斗门区教育局局长、党委副书记。2005年7月至2007年1月，任斗门区司法局局长、区委政法委副书记。2007年1月至2011年9月，任斗门区人民政府区长助理、区教育局局长、党组副书记。2011年9月至2011年11月，任金湾区政协党组成员、政协副主席候选人。2011年11月起，任金湾区政协副主席、党组成员，2011年12月，兼区教育局局长、党组书记，区政府教育督导室主任。

符　勇　男，汉族，1963年10月出生，重庆长寿人，在职硕士研究生学历，民进党员。金湾区政协副主席，兼区经济动员办公室主任，区发展改革和统计局（区物价局、区粮食局）局长。

1980年9月至1984年7月，在四川大学无线电系学习。1984年7月至1986年8月，在四川大学图书馆工作。1986年9月至1989年7月，在四川大学无线电系攻读信号处理专业研究生。1989年8月至2002年10月，在珠海教育学院任教，1998年6月，任理科教研室（系级）主任和电教中心（系级）主任（期间：1993年8月至1993年12月，由市人事局选派，在英国学习企业管理。2001年8月至2002年9月，由市委组织部派遣，在美国西南学院学习公共管理）。2002年10月至2005年7月，任挂任金湾区区长助理。2005年8月至2005年10月，任金湾区经贸局副局长。2005年10月至2007年9月，任金湾区区长助理、市联港工业区管理委员会副主任，2006年3月，任市联港工业区管理委员会主任。2007年9月至2011年7月，任金湾区区长助理、区招商局局长，2010年7月，任区投资促进局局长。2011年7月起，任金湾区招商局（投资促进局）局长，2011年11月，任区政协副主席，2011年12月，兼区经济动员办公室主任，区发展改革和统计局（区物价局、区粮食局）局长。

董殿仓　男，汉族，1965年12月出生，河南南乐人，在职硕士研究生学历，中共党员。金湾区政协副主席、党组成员。

1982年10月至1984年9月，武汉军区后勤部工程建筑202团二营三连战士。1984年9月至1986年7月，在兽医大学兽医专业学习。1986年7月至1988年1月，任第五十四集团军160师四七八团后勤处助理兽医师。1988年1月至1989年10月，任第五十四集团军后勤部卫生处正排职助理员。1989年10月至1992年12月，任第五十四集团军后勤部卫生处副连职助理员。1992年12月至1994年8月，任第五十四剧团军后勤部卫生处技术员。1994年8月至1996年7月，任广州军区海防第二团政治处组织股副营职干事。1996年7月至1998年4月，任广州军区海防第二团政治处组织股股长。1998年4月至2000年7月，任广东省珠海警备区船运大队政治处副主任（期间：1997年9月至2000年7月，在南京陆军指挥学院部队攻读政治工作专业函授本科）。2000年7月至2001年3月，任广东省珠海警备区政治部宣传保卫科科长。2001年3月至2004年11月，任广东省珠海警备区政治部组干科科长。2004年11月至2005年4月，任广东省珠海警备区政治部干部科科长。2005年4月至2008年2月，任广东省珠海警备区船运大队政治委员。2008年2月至2011年6月，任广东省珠海市金湾区人民武装部政治委员，2008年8月，任珠海市金湾区委委员、常委。2011年6月至2012年1月，任广东省珠海市金湾区人民武装部政治委员。2012年1月起，任珠海市金湾区政协党组成员，2012年2月，任金湾区政协副主席（2010年9月至2012年11月，在中南大学公共管理硕士专业学习）。

全国党代会代表

邱　影　女，汉族，1971年3月出生，吉林四平人，大专学历，中共党员。金湾区司法局三灶司法所专职人民调解员。党的十八大代表，广东省第十一次党代会代表。

1994年9月至1996年8月，任四平建设银行储蓄所储蓄员。1996年8月至1999年10月，任四平地直街道办职员。1999年11月至2003年5月，任四平丽豪酒店人力资源部经理。2004年1月至2007年4月，任珠海市公安局拱北口岸派出所户管员。2007年5月至2009年11月，任珠海市金湾区司法局红旗司法所专职人民调解员。2009年11月起，任珠海市金湾区司法局三灶司法所专职人民调解员。2012年，推选为党的十八大代表，广东省第十一次党代会代表。

广东省党代会代表

吴　轼（详见区委人物资料）

邱　影（详见全国党代会代表人物资料）

广东省人大代表

吴锦有　男，汉族，1962年7月出生，广东珠海人，中专学历，中共党员。1979年8月至1986年1月在三灶镇鱼月月堂村务农。1987年1月至1993年12月在三灶镇工业公司化工厂工作。1994年1月至1999年4月在三灶镇鱼月月堂村担任村民小组长。1999年4月至2002年5月任三灶镇鱼月村委会委员，主管会计工作。2002年5月至2005年4月任鱼月村委会委员，主管治保、调解工作。2005年4月至2008年5月任鱼月村党支部副书记、村委会副主任。2008年5月至2013年12月任鱼月村党支部书记、村委会主任。2011年9月当选为金湾区第

三届、三灶镇第八届人大代表；2013年1月当选为广东省第十二届人大代表。

广东省政协委员

刘惠坚　男，汉族，1955年11月出生，广东韶关人，研究生学历，硕士，教授，中共党员。广东科学技术职业学院（广东省科技干部学院）党委副书记、院长。广东省高职教育教学管理委员会主任委员、广东省职业技术教育学会第三届理事会副会长。政协广东省第十一届委员会委员。

1973年10月至1974年9月，在广东省连山县"五四"油茶场任指导员。1974年9月至1976年7月，在广东省机械学校韶关黄岗省矿山机械厂分校学习。1976年7月至1978年2月，在广东省矿山机械厂当工人。1978年2月至1982年1月，在华南师范大学政治教育系学习。1982年1月至1985年8月，在广州市郊区教师进修学校任教师。1985年8月至1992年2月，在广州对外贸易学院任教（其间：1985年9月至1988年6月，在华南师范大学哲学管理学研究所攻读国民教育全日制硕士研究生）。1988年12月晋升讲师。1991年3月至1992年1月，在广东省肇庆高要市莲塘镇任副镇长（挂职锻炼）。1992年2月至1994年5月，任广州对外贸易学院党委宣传部副部长（主持工作）（其间：1993年12月，晋升副教授）。1994年5月至1996年7月，任广州对外贸易学院对外贸易企业管理系党总支书记兼对外贸易企业管理系副主任（正处级）（1995年6月广州对外贸易学院与广州外语学院合并为广东外语外贸大学）。1996年7月至1997年12月，任广东外语外贸大学国际工商管理学院党总支书记（正处级）。1997年12月至2001年11月，任广东省财贸管理干部学院国际经济系主任。2001年11月至2002年6月，任广东经济管理学院国际经济系主任。2002年6月至2009年5月，任广东机电职业技术学院院长、党委副书记（其间：2003年12月晋升教授）。2009年5月起，任广东科学技术职业学院（广东省科技干部学院）党委副书记、院长。2013年起，任广东省高职教育教学管理委员会主任委员、广东省职业技术教育学会第三届理事会副会长。2013年1月14日，在政协广东省第十届委员会常务委员会第22次会议上确定为政协广东省第十一届委员会委员。

先进个人

国家级和国家条线表彰的先进个人

2013年金湾区获国家级和国家条线表彰的先进个人1人，详见下表。

2013年金湾区获国家级和国家条线表彰的先进个人名录表

姓名	工作单位	荣誉称号	授奖单位	评定时间（年、月）
彭丽红	广东电网公司珠海金湾供电局	全国五一巾帼标兵	中华全国总工会	2013.05

省级和省条线表彰的先进个人

2013年金湾区获省级和省条线表彰的先进个人13人次，详见下表。

2013年金湾区获省级和省条线表彰的先进个人名录表

姓名	工作单位	荣誉称号	授奖单位	评定时间（年、月）
黄锦和	珠海市金湾区人民法院	从事法院工作30年（山区法院25年）	广东省高级人民法院办公室	2013.01
彭海燕	珠海市金湾区司法局	全省法律援助优秀服务标兵	广东省司法厅	2013.02
张水金	珠海市金湾区司法局	全省调解能手	广东省司法厅	2013.05
赖敬忠	珠海市金湾区司法局	全省调解能手	广东省司法厅	2013.05
李宏飞	中国民用航空珠海空中交通管理站	优秀共青团干部	中国民用航空中南地区空中交通管理局	2013.05
翁凯琳	广东电网公司珠海金湾供电局	2013年珠海市QC小组成果竞赛发表奖	广东省质量协会、广东省总工会、共青团广东省委员、广东省科学技术协会、广东省妇女联合会	2013.06
陈轲	中国民用航空珠海空中交通管理站	优秀共产党员	中国民用航空中南地区空中交通管理局	2013.07
陈福炎	无	国家传承人奖（三灶鹤舞）	广东省文化厅	2013.10
苏晓莹	珠海市金海岸海华小学	2013年度下半年“广东孝老爱亲好人”	广东省精神文明建设委员会办公室	2013.12
童志明	珠海市公共气象服务中心（珠海市防雷所）金湾服务站	第二届广东省防雷检测职业技能竞赛技术能手	广东省气象局	2013.12
童志明	珠海市公共气象服务中心（珠海市防雷所）金湾服务站	第二届广东省防雷检测职业技能竞赛技能单项奖三等奖	广东省气象局	2013.12
李钊炯	珠海市工商行政管理局金湾分局	2013年广东省“扫黄打非”工作先进个人	广东省“扫黄打非”工作领导小组	2014.01
吴耀东	珠海市金湾区三灶镇人民政府	第四届广东省人民满意的公务员	广东省人民政府	2014.03

市级表彰的先进个人

2013年金湾区获得市级表彰的先进个人28人，详见下面记述内容。

2013年金湾区获市级表彰的先进个人名录表

姓　名	工作单位	荣誉称号	授奖单位	评定时间（年、月）
彭　涛	珠海市工商行政管理局金湾分局	珠海市‘三打’专项行动先进个人	珠海市“三打”专项行动领导小组	2013.03
杨　帅	吉林大学珠海学院	劳动模范	中国共产党珠海市委员会、珠海市人民政府	2013.04
关欢球	珠海市金湾区三灶镇三灶社区居委会	2012～2013年度珠海市社会建设工作十佳社区工作者	珠海市社会工作委员会	2013.06
苏晓莹	珠海市金海岸海华小学	珠海市2013年度十佳美德少年	珠海市精神文明建设委员会办公室、珠海市教育局	2013.06
赵思琪	珠海市三灶镇中心小学	珠海市2013年度十佳美德少年	珠海市精神文明建设委员会办公室、珠海市教育局	2013.06
王彬	珠海市西部美神美容美发连锁机构	2013年第二季度珠海市诚实守信好人	珠海市精神文明建设委员会办公室	2013.07
曾张容	珠海市三灶镇中心村	2013年第二季度珠海市见义勇为好人	珠海市精神文明建设委员会办公室	2013.07
王胜	遵义医学院珠海校区	2013年第二季度珠海市见义勇为好人	珠海市精神文明建设委员会办公室	2013.07
韦立	遵义医学院珠海校区	2013年第二季度珠海市见义勇为好人	珠海市精神文明建设委员会办公室	2013.07
董锦标	金湾诗书画院	2013年第二季度珠海市敬业奉献好人	珠海市精神文明建设委员会办公室	2013.07
付景川	吉林大学珠海学院	先进教育工作者	珠海市人民政府	2013.08
王建康	吉林大学珠海学院	先进教师	珠海市人民政府	2013.08
陈晓君	吉林大学珠海学院	先进教师	珠海市人民政府	2013.08
王　晶	吉林大学珠海学院	先进教师	珠海市人民政府	2013.08
刘梦亭	吉林大学珠海学院	先进教师	珠海市人民政府	2013.08
范锦光	珠海万江印刷有限公司	2013年第三季度珠海市诚实守信好人	珠海市精神文明建设委员会办公室	2013.12
胡汉健	珠海公交集团巴士公司金湾分公司	2013年第三季度珠海市见义勇为好人	珠海市精神文明建设委员会办公室	2013.12
汤清亮	珠海市龙胜良种育苗培育有限公司	2013年度珠海市诚实守信道德模范	珠海市精神文明建设委员会	2014.01
苏晓莹	珠海市金海岸海华小学	2013年度珠海市孝老爱亲道德模范	珠海市精神文明建设委员会	2014.01
赵洁萍	珠海市金湾区计划生育协会	全市2013年度人口与计划生育先进工作者	珠海市人民政府	2014.02
洪晓才	珠海市金湾区计划生育协会	全市2013年度人口与计划生育先进工作者	珠海市人民政府	2014.02

（续表）

姓　名	工作单位	荣誉称号	授奖单位	评定时间（年、月）
邱丽琳	珠海市金湾区人口和计划生育局	全市2013年度人口与计划生育先进工作者	珠海市人民政府	2014.02
朱学军	珠海市金湾区人口和计划生育局	全市2013年度人口与计划生育先进工作者	珠海市人民政府	2014.02
吴小兵	珠海市金湾区人口和计划生育服务站	全市2013年度人口与计划生育先进工作者	珠海市人民政府	2014.02
黄培荣	珠海市金湾区红旗镇计划生育办公室	全市2013年度人口与计划生育先进工作者	珠海市人民政府	2014.02
彭飞蝶	珠海市金湾区红旗镇计划生育服务所	全市2013年度人口与计划生育先进工作者	珠海市人民政府	2014.02
林结齐	珠海市金湾区三灶镇三灶社区居委会	全市2013年度人口与计划生育先进工作者	珠海市人民政府	2014.02
梁梅英	珠海市金湾区三灶镇鱼月村委会	全市2013年度人口与计划生育先进工作者	珠海市人民政府	2014.02

先进集体

国家级和国家条线表彰的先进集体

2013年金湾区获国家级和国家条线表彰的先进集体9个，详见下表。

2013年金湾区获国家级和国家条线表彰的先进集体名录表

获表彰集体	荣誉称号	授奖单位	评定时间（年、月）
中共珠海市金湾区委组织部	干部人事档案工作目标管理一级单位	中共中央组织部	2013.04
珠海市金湾区红旗镇矿山社区“农家漂流书屋”	全国示范农家书屋	文化部	2013.04
珠海市金湾区三灶镇	全国人口和计划生育依法行政示范乡镇（街道）	国家卫生和计划生育委员会	2013.05
中共珠海市金湾区委组织部	第二届全国基层党建创新案例征集活动优秀案例奖（《“五联一结对”统筹城乡党建》案例）	中国浦东干部学院、人民网·中国共产党新闻网、中国组织人事报社、上海组织人事报社	2013.06
珠海市金湾区红旗镇小林社区居委会	2013年全国人口和计划生育基层群众自治示范村（居）	中国计划生育协会	2013.11
珠海市金湾区红旗镇小林社区	全国综合减灾示范社区	国家减灾委员会、民政部	2013.12
吉林大学珠海学院	2013中国品牌影响力独立学院	新华社新华网	2013.12
珠海市金湾区人民检察院控告申诉科	全国检察机关“文明接待室”先进集体	最高人民检察院	2014.01
珠海市金湾区人民检察院	集体一等功	最高人民检察院	2014.04

省级和省级条线表彰的先进集体

2013年金湾区获省级和省条线表彰的先进集体7个，详见下表。

2013年金湾区获省级和省条线表彰的先进集体名录表

获表彰集体	荣誉称号	授奖单位	评定时间（年、月）
珠海市金湾区红旗镇小林村	广东省村务公开民主管理示范村	广东省村务公开协调小组	2013.01
珠海市金湾区红旗镇三板村	全省农村、社区“回头看”活动示范村	中共广东省委组织部	2013.01
广东电网公司珠海金湾供电局	广东省企业档案工作规范测评三级甲等单位	广东省档案局	2013.07
珠海市金湾区海洋和农渔局	档案综合管理省一级单位	广东省档案局	2013.11
珠海市金湾区	广东省生态区	广东省环境保护厅	2013.12
珠海市金湾区红旗镇小林社区居委会	2013年度广东省人口和计划生育基层群众自治示范村（居）	广东省计划生育协会	2013.12
中国共产主义青年团珠海市金湾区委员会	五四红旗团委	中国共产主义青年团广东省委员会	2014.04

市级表彰的先进集体

2013年金湾区获市级表彰的先进集体15个，详见下表。

2013年获市级表彰的先进集体名录表

获表彰集体	荣誉称号	授奖单位	评定时间（年、月）
珠海市金湾区司法局	珠海市依法治市工作先进单位	珠海市依法治市工作领导小组	2013.03
珠海市金湾区三灶镇三灶社区	2012～2013年度珠海市社会建设工作十佳社区	珠海市社会工作委员会	2013.06
珠海市金湾区红旗镇广益村	珠海市2013年卫生工作示范村	珠海市爱国卫生运动委员会办公室	2013.10
珠海市金湾区三灶镇海澄村	2012～2013年度珠海市文明村镇	珠海市精神文明建设委员会	2013.12
珠海市金湾区国家税务局	2012～2013年度珠海市文明单位	珠海市精神文明建设委员会	2013.12
珠海市公安局金海滩派出所	2013年度珠海公益奖	珠海市精神文明建设委员会办公室、珠海广播电视台、珠海市红十字会、珠海市慈善总会	2014.01
汤臣倍健股份有限公司	2013年度珠海公益奖	珠海市精神文明建设委员会办公室、珠海广播电视台、珠海市红十字会、珠海市慈善总会	2014.01

（续表）

获表彰集体	荣誉称号	授奖单位	评定时间（年、月）
理想大家庭（社会组织）	2013年度珠海公益奖	珠海市精神文明建设委员会办公室、珠海广播电视台、珠海市红十字会、珠海市慈善总会	2014.01
珠海市金湾区国家税务局	2012-2013年度珠海市文明单位	珠海市精神文明建设委员会办公室	2014.01
珠海市金湾区党政办	2012-2013年度珠海市文明单位	珠海市精神文明建设委员会办公室	2014.01
珠海市金湾区三灶镇海澄村	2012-2013年度珠海市文明村镇	珠海市精神文明建设委员会办公室	2014.01
珠海市金湾区三灶镇三灶社区	2012-2013年度珠海市文明社区	珠海市精神文明建设委员会办公室	2014.01
珠海市金湾区三灶镇人民政府	珠海市2013年度人口与计划生育先进单位	珠海市人民政府	2014.02
珠海市金湾区三防指挥部办公室	2013年度先进集体	珠海市人民政府	2014.03
珠海市金湾区人民政府	2013年珠海市“广东扶贫济困日”活动“优秀组织奖”	珠海市扶贫办	2014.06

中共珠海市金湾区委员会部分文件目录

文　号	文件标题	发文日期	备注
珠金发〔2013〕8号	中共珠海市金湾区委 珠海市金湾区人民政府关于贯彻落实市委市政府现场会精神的实施意见	2013年5月31日	
珠金发〔2013〕9号	中共珠海市金湾区委关于进一步加强新形势下党外代表人士队伍建设的实施意见	2013年6月17日	
珠金发〔2013〕10号	中共珠海市金湾区委 珠海市金湾区人民政府关于全面创建平安金湾的意见	2013年7月2日	
珠金发〔2013〕11号	中共珠海市金湾区委 珠海市金湾区人民政府关于实行各级领导干部综治信访维稳工作“一岗双责”制度的意见	2013年8月7日	
珠金发〔2013〕13号	中共金湾区委关于印发《金湾区各镇党政领导班子落实科学发展观评价指标体系及考核评价办法（试行）》的通知	2013年9月12日	
珠金发〔2013〕16号	中共金湾区委关于成立区委党的群众路线教育实践活动领导小组的通知	2013年12月10日	
珠金发〔2013〕17号	中共珠海市金湾区委 珠海市金湾区人民政府关于加强社会建设的实施意见	2013年12月20日	
珠金办〔2013〕2号	关于印发《关于进一步规范金湾区公务接待工作的意见》的通知	2013年1月15日	
珠金办〔2013〕8号	关于印发《金湾区各镇各部门党政领导班子和领导干部安全生产责任制考核办法》的通知	2013年2月25日	
珠金办〔2013〕17号	关于印发《珠海市金湾区委、区政府领导班子成员安全生产职责规定》的通知	2013年4月8日	
珠金办〔2013〕29号	中共金湾区委办公室关于印发《关于建立金湾区四套班子成员驻党代表工作室工作长效机制的意见》的通知	2013年6月14日	
珠金办〔2013〕30号	中共金湾区委办公室关于印发《金湾区网络舆情信息管理暂行办法》的通知	2013年6月18日	

（续表）

文　号	文件标题	发文日期	备注
珠金办〔2013〕31号	中共金湾区委办公室金湾区人民政府办公室关于印发《关于加强金湾区新闻发布工作的意见》和《金湾区新闻发言人管理制度》的通知	2013年6月18日	
珠金办〔2013〕35号	关于建立区党政领导与高层次人才联系服务机制的通知	2013年6月24日	
珠金办〔2013〕42号	中共金湾区委办公室 金湾区人民政府办公室关于印发《创建平安金湾行动计划（2012—2022年）》的通知	2013年7月2日	
珠金办〔2013〕46号	中共金湾区委办公室 金湾区人民政府办公室印发《关于推进廉洁金湾建设的实施办法》的通知	2013年5月20日	
珠金办〔2013〕48号	中共金湾区委办公室金湾区人民政府办公室印发《金湾区新闻发言人工作规程》的通知	2013年7月22日	
珠金办〔2013〕54号	关于加强办文办会工作的实施意见	2013年8月23日	
珠金办〔2013〕58号	关于印发《金湾区人口计生目标管理责任制考评办法》的通知	2013年9月18日	
珠金办〔2013〕64号	中共金湾区委办公室印发《中共金湾区委学习中心组学习制度》的通知	2013年11月22日	
珠金办〔2013〕66号	关于印发《加快发展金湾区志愿服务事业的意见》的通知	2013年12月5日	

珠海市金湾区人民政府部分文件目录

文　号	文件标题	发文日期	备注
珠金府〔2013〕52号	关于印发《金湾区人民政府贯彻实施法治政府建设指标体系工作方案》的通知	2013年12月27日	
珠金府〔2013〕53号	关于印发《金湾区人民政府依法行政考评工作方案》的通知	2013年12月27日	
珠金府办〔2013〕2号	关于印发《金湾区2012—2015年创建国家卫生镇及省卫生镇村工作实施方案》的通知	2013年1月17日	
珠金府办〔2013〕4号	关于印发《金湾区垃圾压缩中转房建设方案》的通知	2013年1月18日	
珠金府办〔2013〕24号	关于建立金湾区产业发展与创新人才奖励工作联席会议制度的通知	2013年4月26日	
珠金府办〔2013〕25号	关于进一步加强政府信息公开有关工作的通知	2013年4月26日	
珠金府办〔2013〕38号	关于印发《金湾区农村集体资产管理交易平台建设工作方案》的通知	2013年6月24日	
珠金府办〔2013〕50号	关于印发《珠海市金湾区中小学校岗位设置管理实施意见》的通知	2013年7月24日	
珠金府办〔2013〕54号	关于印发《金湾区重大投资项目引荐人奖励办法》的通知	2013年8月5日	
珠金府办〔2013〕56号	关于印发《金湾区帮扶困难优抚对象实施意见》的通知	2013年8月13日	
珠金府办〔2013〕57号	关于印发《金湾区关于进一步加强企业服务的若干意见》的通知	2013年8月23日	
珠金府办〔2013〕58号	关于进一步加强基层文化设施建设和管理的通知	2013年8月26日	
珠金府办〔2013〕63号	关于印发《金湾区促进“三高一特”产业发展暂行办法》的通知	2013年10月18日	
珠金府办〔2013〕64号	金湾区人民政府办公室关于发展家庭服务业的实施意见	2013年10月25日	
珠金府办〔2013〕65号	关于印发《珠海市金湾区创建平安校园实施方案》的通知	2013年11月18日	
珠金府办〔2013〕66号	关于印发《金湾区肉类流通追溯体系建设工作实施方案》的通知	2013年11月25日	
珠金府办〔2013〕67号	关于建立金湾区预防化解处置劳资纠纷工作联席会议制度的通知	2013年12月16日	
珠金府办〔2013〕68号	关于印发《金湾区现役军人优待及退役士兵安置工作意见》的通知	2013年12月27日	
珠金府办〔2013〕69号	关于印发《金湾区儿童发展规划（2011—2020年）》的通知	2013年12月31日	
珠金府办〔2013〕70号	关于印发《金湾区妇女发展规划（2011—2020年）》的通知	2013年12月31日	

统计资料

2001—2005年金湾区国民经济和社会发展主要经济指标

指标名称	单位	2001年	2002年	2003年	2004年	2005年
一、年末户籍人口数	人	106229	107733	111662	115454	118634
二、工农业总产值（现价）	万元	1011594	1141747	1531408	2129528	3096025
1、农业	万元	44259	49654	61915	62718	64531
2、工业	万元	967335	1092093	1469493	2066810	3031494
三、粮食总产量	吨	6231	3900	1803	2148	2572
四、甘蔗总产量	吨	570238	521190	373359	355638	256985
五、水果总产量	吨	16841	17576	13009	17100	29807
六、年末生猪存栏量	万头	4.74	4.58	4.84	4.84	5.6
七、水产品产量	吨	20129	16418	31283	31815	32288
八、社会消费品零售总额	万元	58571	68669	79661	101013	127455
九、批准吸收外资项目数	个	139	143	79	90	114
十、合同利用外商直接投资	万美元	19621	29648	44894	66677	89261
十一、实际吸收外商直接投资	万美元	24253	14943	20651	17865	28357
十二、全社会固定资产投资额	万元	203883	291145	391435	615095	773175
十三、基本建设投资额	万元	181717	281084	368112	575237	712462
十四、年末职工人数	人	44679	51221	59785	72241	90420
十五、在岗职工平均工资	元/人.年	14731	14664	15509	17332	19028

说明：1.以上数据摘自《珠海统计年鉴》

2.金湾区统计数据包括金湾区直属及高栏港经济区

2006—2009年金湾区国民经济和社会发展主要经济指标

指标名称	单位	2006年	2007年	2008年	2009年
一、年末人口					
（一）年末常住人口	人	238241	238980	240335	240689
（二）年末户籍人口	人	120718	125611	130684	134773
二、地区生产总值（现价）	万元	1330864	1705389	2041550	2364995
三、农林牧渔业总产值	万元	73130	85956	109470	109405
四、工业总产值	万元	3921028	5414043	6805284	6598500
五、粮食总产量	吨	1448	1001	1160	4556
六、甘蔗总产量	吨	224230	141002	86952	57620
七、水果总产量	吨	56797	50153	77522	41476
八、年末生猪存栏量	万头	5.46	7.21	8.88	9
九、水产品产量	吨	33644	35941	40142	45290
十、社会消费品零售总额	万元	155716.4	185593	211137	227071
十一、批准吸收外资项目数	个	117	129	21	27
十二、合同利用外商直接投资	万美元	93849	73322	41899	5997
十三、实际吸收外商直接投资	万美元	33317	38470	36678	29997
十四、公共财政预算收入	万元	45986	75922	82134	96148
十五、公共财政预算支出	万元	55354	75601	90510	100006
十六、全社会固定资产投资额	万元	876904	952780	1001200	1100076
十七、年末职工人数	人	98185	104771	98675	104989
十八、在岗职工平均工资	元/人.年	20947	23864	26563	28242

说明：1.以上数据摘自《珠海统计年鉴》

2.金湾区统计数据包括金湾区直属及高栏港经济区，公共财政预算收入为不含南水镇数据（含平沙）

2010—2013年金湾区直属国民经济和社会发展主要经济指标

指标名称	单位	2010年	2011年	2012年	2013年
一、年末人口					
（一）年末常住人口	人	149852	149625	150055	150249
（二）年末户籍人口	人	79932	78025	76920	77364
二、地区生产总值（现价）	万元	1245829	1658459	1677435	1792367
三、农林牧渔业总产值	万元	68995	74640.5	77839.54	67614.9
四、规模以上工业总产值	亿元	366.61	452.13	386.99	451.99
规模以上工业增加值	亿元	93.09	118.28	105.66	125.63
五、社会消费品零售总额	亿元	17.39	20.91	20.76	24.88
六、批准吸收外资项目数	个	23	10	32	28
七、外贸进出口	万美元	249469	274995	298376	362752
外贸进口	万美元	68256	69599	65062	84336
外贸出口	万美元	181213	205396	233314	278416
八、实际吸收外商直接投资	万美元	8264	12940	9366	13497

（续表）

指标名称	单位	2010年	2011年	2012年	2013年
九、公共财政预算收入	万元	102343	120089	136657	159469
十、公共财政预算支出	万元	109980	128088	138479	158150
十一、全社会固定资产投资额	亿元	46.18	59.12	74.5	93.28
十二、年末职工人数	人	66107	67708	69162	71315
十三、在岗职工平均工资	元/人.年	31783	38870	45852	50643

说明：1.部分数据统计口径发生变化，以上数据均不含高栏港经济区

2.本表工业增加值按“收入法”计算

3.2013年12月31日为全国第三次经济普查时点。由于我区经济普查资料尚未公布，年鉴中地区生产总值等相关数据为年快报数据

2013年金湾区直属主要经济指标

项　目	单位	2013年	同比增长%
一、年末人口			
（一）年末常住人口	人	150249	0.1
（二）年末户籍人口	人	77364	0.6
男性	人	40047	0.6
女性	人	37317	0.6
二、地区生产总值（现价）	万元	1792367	13.8
第一产业	万元	46132	2.7
第二产业	万元	1305632	14
第三产业	万元	440603	12.8
三、农林牧渔业总产值	万元	67614.9	−7
农业	万元	17115.47	−8.2
林业	万元	177.78	−36.4
牧业	万元	9027.86	−12.8
渔业	万元	29102.07	3
农林牧渔服务业	万元	12191.73	5
四、工业总产值	万元	45198642	14.6
工业增加值	万元	12563445	14
五、社会消费品零售总额	万元	248764.8	18.1
批发业	万元	24691.7	60.6
零售业	万元	175256.5	14.5
住宿业	万元	8903.2	28
餐饮业	万元	39913.4	13.2
六、批准吸收外资项目数	个	28	−12.5
七、外贸进出口	万美元	362752	18.5
外贸进口	万美元	84336	24.4
外贸出口	万美元	278416	16.8
八、实际吸收外资额	万美元	13497	44.1
九、公共财政预算收入	万元	159469	16.7

（续表）

项　目	单位	2013年	同比增长%
十、公共财政预算支出	万元	158150	14.2
十一、全社会固定资产投资额	万元	932798	25.2
十二、年末职工人数	人	71315	3.1
十三、在岗职工平均工资	元/人.年	50643	10.4
十四、珠海机场旅客吞吐量	万人	289.44	38.5
十五、珠海机场货邮吞吐量	万吨	2.27	39.3

说明：1.部分数据统计口径发生变化，以上数据均不含高栏

2.本表工业增加值按“收入法”计算

分镇土地面积、人口及人口密度（2013年）

地　区	土地面积（平方公里）	年末常住人口（人）	年末户籍人口（人）	人口密度（人/平方公里）
全　区	268.85	150249	77364	559
三灶镇	198.06	79992	39156	404
红旗镇	70.79	70257	38208	992

地方生产总值（2008—2013年）

（现行价）

单位：万元

年　份	地方生产总值	其　中		
		第一产业	第二产业	第三产业
2008	1009771	29145	751662	228964
2009	962081	28747	722222	211112
2010	1245829	34606	972498	238725
2011	1658459	41174	1306990	310295
2012	1677435	43131	1253311	380993
2013	1792367	46132	1305632	440603

农林牧渔业总产值及构成（2010—2013年）

（当年价）

年　份	农林牧渔业总产值	农业产值	林业产值	牧业产值	渔业产值	农林牧渔服务业产值
一、绝对数（万元）						
2010年	68995	18520	33	12617	28278	9547
2011年	74641	16395	395	16634	30869	10348
2012年	77840	17636	268	15541	32946	11448
2013年	67615	17115	178	9028	29102	12192
二、构成（%）						
2010年	100	26.84	0.05	18.29	40.99	13.84
2011年	100	21.97	0.53	22.29	41.36	13.86
2012年	100	22.66	0.34	19.97	42.33	14.71
2013年	100	25.31	0.26	13.35	43.04	18.03

农林牧渔业增加值及构成（2010—2013年）

（当年价）

年　份	农林牧渔业增加值	农业增加值	林业增加值	牧业增加值	渔业增加值	农林牧渔服务业增加值
一、绝对数（万元）						
2010年	38750	12640	25	5454	16693	3938
2011年	41174	11189	303	7191	18222	4269
2012年	43131	12037	206	6718	19448	4722
2013年	37928	11681	136	3902	17179	5029
二、构成（%）						
2010年	100	32.62	0.06	14.07	43.08	10.16
2011年	100	27.17	0.74	17.46	44.26	10.37
2012年	100	27.91	0.48	15.58	45.09	10.95
2013年	100	30.80	0.36	10.29	45.29	13.26

规模以上工业企业主要经济指标（2013年）

单位：千元

甲栏分组	代码	企业单位数（个）	亏损企业	工业总产值（当年价格）	工业销售产值（当年价格）	资产总计	主营业务收入	主营业务成本	收入法增加值
总　计	1	212	50	45198642	43101857	51893102	40165391	32774185	12563445
一、按登记注册类型分组									
内资企业	2	89	20	11138097	10674247	27299303	10862568	8363324	3374826
国有企业	3	1	1	20634	20634	56959	24039	17633	4398
中央企业	4	0	0	0	0	0	0	0	0
地方企业	5	1	1	20634	20634	56959	24039	17633	4398
集体企业	6	0	0	0	0	0	0	0	0
股份合作企业	7	0	0	0	0	0	0	0	0
联营企业	8	0	0	0	0	0	0	0	0
国有联营企业	9	0	0	0	0	0	0	0	0
集体联营企业	10	0	0	0	0	0	0	0	0
国有与集体联营企业	11	0	0	0	0	0	0	0	0
其他联营企业	12	0	0	0	0	0	0	0	0
有限责任公司	13	40	12	3679810	3666455	19768485	3905273	3202645	987882
国有独资公司	14	0	0	0	0	0	0	0	0
其他有限责任公司	15	40	12	3679810	3666455	19768485	3905273	3202645	987882
股份有限公司	16	2	0	1876430	1570821	2600949	1561982	622717	922831
私营企业	17	46	7	5561223	5416337	4872910	5371274	4520329	1459715
私营独资企业	18	0	0	0	0	0	0	0	0
私营合伙企业	19	1	1	38888	38888	34551	17566	14864	7624
私营有限责任公司	20	42	6	4854408	4867851	4389263	4890844	4205859	1230376

（续表）

甲栏分组	代码	企业单位数（个）	亏损企业	工业总产值（当年价格）	工业销售产值（当年价格）	资产总计	主营业务收入	主营业务成本	收入法增加值
私营股份有限公司	21	3	0	667927	509598	449096	462864	299606	221715
其他企业	22	0	0	0	0	0	0	0	0
港、澳、台商投资企业	23	80	16	23556419	22110157	15727853	19085740	16179733	6259604
合资经营企业(港或澳、台资)	24	17	0	10714462	10326281	6638682	8060380	7083698	2790806
合作经营企业(港或澳、台资)	25	0	0	0	0	0	0	0	0
港澳台商独资经营企业	26	60	15	7914833	7948951	6980702	7981335	6694775	2171004
港澳台商投资股份有限公司	27	3	1	4927124	3834925	2108469	3044025	2401260	1297794
其他港澳台商投资企业	28	0	0	0	0	0	0	0	0
外商投资企业	29	43	14	10504126	10317453	8865946	10217083	8231128	2929015
中外合资经营企业	30	6	1	1070938	925635	2457594	912587	821904	249368
中外合作经营企业	31	0	0	0	0	0	0	0	0
外资企业	32	36	13	9349183	9307813	6348365	9213075	7334692	2661783
外商投资股份有限公司	33	1	0	84005	84005	59987	91421	74532	17864
其他外商投资企业	34	0	0	0	0	0	0	0	0
二、按经济组织类型分组									
独资企业	35	97	29	17284650	17277398	13386026	17218449	14047100	4837185
国有企业	36	1	1	20634	20634	56959	24039	17633	4398
集体企业	37	0	0	0	0	0	0	0	0
私营独资企业	38	0	0	0	0	0	0	0	0
港澳台商独资经营企业	39	60	15	7914833	7948951	6980702	7981335	6694775	2171004
外资企业	40	36	13	9349183	9307813	6348365	9213075	7334692	2661783
合作、合伙企业	41	1	1	38888	38888	34551	17566	14864	7624
股份合作企业	42	0	0	0	0	0	0	0	0
国有联营企业	43	0	0	0	0	0	0	0	0
集体联营企业	44	0	0	0	0	0	0	0	0
国有与集体联营企业	45	0	0	0	0	0	0	0	0
其他联营企业	46	0	0	0	0	0	0	0	0
私营合伙企业	47	1	1	38888	38888	34551	17566	14864	7624
合作经营企业(港或澳、台资)	48	0	0	0	0	0	0	0	0
中外合作经营企业	49	0	0	0	0	0	0	0	0
其他企业（内资）	50	0	0	0	0	0	0	0	0
其他港澳台商投资企业	51	0	0	0	0	0	0	0	0
其他外商投资企业	52	0	0	0	0	0	0	0	0
股份有限公司	53	9	1	7555486	5999349	5218501	5160292	3398115	2460204
股份有限公司（内资）	54	2	0	1876430	1570821	2600949	1561982	622717	922831
私营股份有限公司	55	3	0	667927	509598	449096	462864	299606	221715
港澳台商投资股份有限公司	56	3	1	4927124	3834925	2108469	3044025	2401260	1297794

（续表）

甲栏分组	代码	企业单位数（个）	亏损企业	工业总产值（当年价格）	工业销售产值（当年价格）	资产总计	主营业务收入	主营业务成本	收入法增加值
外商投资股份有限公司	57	1	0	84005	84005	59987	91421	74532	17864
有限责任公司	58	105	19	20319618	19786222	33254024	17769084	15314106	5258432
国有独资公司	59	0	0	0	0	0	0	0	0
私营有限责任公司	60	42	6	4854408	4867851	4389263	4890844	4205859	1230376
合资经营企业(港或澳、台资)	61	17	0	10714462	10326281	6638682	8060380	7083698	2790806
中外合资经营企业	62	6	1	1070938	925635	2457594	912587	821904	249368
其他有限责任公司	63	40	12	3679810	3666455	19768485	3905273	3202645	987882
三、在总计中：亏损企业	64	50	50	2791212	2755864	3934112	2651548	2406064	679240
在总计中：国有控股企业	65	5	1	1200881	1203790	17534077	1453635	1042627	408988
在总计中：农村工业	66	0	0	0	0	0	0	0	0
在总计中：轻工业	67	83	17	20137598	18316133	16699033	17424176	13473842	5966359
重工业	68	129	33	25061044	24785724	35194069	22741215	19300343	6597086
在总计中：大型企业	69	12	0	16299236	15100658	25722764	14541216	11905979	4300592
中型企业	70	47	5	18941793	18249224	14955481	15939915	12974287	5533689
小微企业	71	153	45	9957613	9751975	11214857	9684260	7893919	2729164
在总计中：民营企业	72	95	18	17975328	17251054	14537261	14974407	12139207	5225573

分行业规模以上工业企业主要经济指标（2013年）

单位：千元

甲栏分组	代码	企业单位数（个）	亏损企业	工业总产值（当年价格）	工业销售产值（当年价格）	资产总计	主营业务收入	主营业务成本	收入法增加值
总计		212	50	45198642	43101857	51893102	40165391	32774185	12563445
采矿业	B	0	0	0	0	0	0	0	0
制造业	C	212	50	45198642	43101857	51893102	40165391	32774185	12563445
农副食品加工业	13	2	0	70021	65003	33553	60290	47477	12898
食品制造业	14	4	0	2281399	1959878	3007454	1889757	784652	1118432
酒、饮料和精制茶制造业	15	1	1	20634	20634	56959	24039	17633	4398
烟草制品业	16	0	0	0	0	0	0	0	0
纺织业	17	1	1	60966	60966	213333	60966	57094	17403
纺织服装、服饰业	18	6	3	278514	277741	256864	279312	245510	103770
皮革、毛皮、羽毛及其制品和制鞋业	19	1	0	577512	574393	401734	564661	495824	243129
木材加工和木、竹、藤、棕、草制品业	20	4	1	477412	469594	392262	475820	413231	73149
家具制造业	21	1	0	498152	510403	585638	514737	440199	113477
造纸和纸制品业	22	3	0	185063	183181	206389	182632	161658	33457
印刷和记录媒介复制业	23	5	0	267434	263712	567068	320847	248014	118578
文教、工美、体育和娱乐用品制造业	24	4	1	707913	688885	460475	697908	586121	208269
石油加工、炼焦和核燃料加工业	25	0	0	0	0	0	0	0	0

（续表）

甲栏分组	代码	企业单位数（个）	亏损企业	工业总产值（当年价格）	工业销售产值（当年价格）	资产总计	主营业务收入	主营业务成本	收入法增加值
化学原料和化学制品制造业	26	16	3	1487439	1407828	1131004	1417925	1224401	333543
医药制造业	27	11	2	5969817	4684514	3088458	3832908	2852889	1677338
化学纤维制造业	28	1	0	492521	463031	409818	459300	396271	124255
橡胶和塑料制品业	29	23	7	1695992	1727650	1261503	1679188	1423565	478114
非金属矿物制品业	30	7	3	399263	382991	294469	377341	314926	102152
黑色金属冶炼和压延加工业	31	2	0	5153299	5139284	2413992	2931800	2699720	1493907
有色金属冶炼和压延加工业	32	2	0	335173	323685	245126	311208	249473	130493
金属制品业	33	14	5	1822602	1879660	1693103	1951844	1748419	548398
通用设备制造业	34	17	6	1335955	1334249	1122969	1345253	1065135	404766
专用设备制造业	35	8	2	1404354	1437254	1337725	1413859	1197793	382063
汽车制造业	36	9	3	2250021	2232927	2004828	2241054	1907816	537515
铁路、船舶、航空航天和其他运输设备制造业	37	2	0	1178139	1183792	17189048	1431168	1066581	359810
电气机械和器材制造业	38	28	6	6574382	6287514	5624340	6188273	4965809	1456860
计算机、通信和其他电子设备制造业	39	35	6	9315357	9187389	7414857	9157968	7897145	2358272
仪器仪表制造业	40	3	0	232988	223966	314175	223600	160688	91576
其他制造业	41	1	0	63854	61123	143246	61123	40662	25011
废弃资源综合利用业	42	1	0	62466	70610	22712	70610	65479	12412
金属制品、机械和设备修理业	43	0	0	0	0	0	0	0	0
电力、热力、燃气及水生产和供应业	D	0	0	0	0	0	0	0	0

分行业城镇单位从业人员年末人数（2012—2013年）

单位：人

指标名称	2013年		2012年	
	从业人员期末人数	在岗职工	从业人员期末人数	在岗职工
总计	76554	71315	74131	69162
一、按执行会计标准类别分组	—	—	—	—
企业	70281	65190	68131	63320
事业单位	4572	4462	4471	4352
行政单位	1613	1575	1501	1462
二、按国民经济行业分组	—	—	—	—
（一）农、林、牧、渔业	0	0		0
（二）采矿业	0	0		
（三）制造业	62685	58458	62414	58291
（四）电力、热力、燃气及水生产和供应业	0	0		
（五）建筑业	2221	1937	589	342
（六）批发和零售业	876	874	808	804

（续表）

指标名称	2013年		2012年	
	从业人员期末人数	在岗职工	从业人员期末人数	在岗职工
（七）交通运输、仓储和邮政业	2014	1573	1716	1334
（八）住宿和餐饮业	101	101	110	110
（九）信息传输、软件和信息技术服务业	0	0	15	15
（十）金融业	0	0		
（十一）房地产业	593	507	395	381
（十二）租赁和商务服务业	1121	1121	1330	1330
（十三）科学研究和技术服务业	181	175	220	212
（十四）水利、环境和公共设施管理业	287	287	327	327
（十五）居民服务、修理和其他服务业	0	0		
（十六）教育	3365	3223	3228	3107
（十七）卫生和社会工作	476	467	475	475
（十八）文化、体育和娱乐业	386	386	426	413
（十九）公共管理、社会保障和社会组织	2248	2206	2078	2021
三、按产业分	—	—	—	—
第一产业	0	0	0	0
第二产业	64906	60395	63003	58633
第三产业	11648	10920	11128	10529

全区规模以上工业企业能源消费量（2013年）

指　标	计量单位	消费量合计（实物量）	1. 工业生产消费	2. 非工业生产消费
原煤	吨	0.00	0.00	0.00
洗精煤	吨	0.00	0.00	0.00
其他洗煤	吨	0.00	0.00	0.00
煤制品	吨	0.00	0.00	0.00
焦炭	吨	0.00	0.00	0.00
其他焦化产品	吨	0.00	0.00	0.00
焦炉煤气	万立方米	0.00	0.00	0.00
高炉煤气	万立方米	0.00	0.00	0.00
转炉煤气	万立方米	0.00	0.00	0.00
发生炉煤气	万立方米	0.00	0.00	0.00
天然气（气态）	万立方米	471.10	465.80	5.30
液化天然气（液态）	吨	2946.00	2946.00	0.00
煤层气（煤田）	万立方米	0.00	0.00	0.00
原油	吨	0.00	0.00	0.00
汽油	吨	1146.02	134.26	1011.76
煤油	吨	560.18	560.18	0.00

（续表）

指 标	计量单位	消费量合计（实物量）	1. 工业生产消费	2. 非工业生产消费
柴油	吨	5987.11	4153.59	1833.52
燃料油	吨	8484.42	8484.42	0.00
液化石油气	吨	2187.53	2118.14	69.38
炼厂干气	吨	0.00	0.00	0.00
石脑油	吨	0.00	0.00	0.00
润滑油	吨	0.00	0.00	0.00
石蜡	吨	0.00	0.00	0.00
溶剂油	吨	0.00	0.00	0.00
石油焦	吨	0.00	0.00	0.00
石油沥青	吨	0.00	0.00	0.00
其他石油制品	吨	18.24	18.24	0.00
热力	百万千焦	302009.01	302009.01	0.00
电力	万千瓦时	105607.23	100753.23	4853.97
煤矸石用于燃料	吨	0.00	0.00	0.00
城市垃圾用于燃料	吨	0.00	0.00	0.00
生物质废料用于燃料	吨	0.00	0.00	0.00
余热余压	百万千焦	0.00	0.00	0.00
其他工业废料用于燃料	吨	0.00	0.00	0.00
其他燃料	吨标准煤	0.00	0.00	0.00
能源合计	吨标准煤	178663.31	168348.06	10315.25

社会消费品零售总额（2013年）

单位：万元

指标名称	本年累计	同比增长（%）
社会消费品零售总额	248764.8	18.1
一、按销售单位所在地分		
1. 城镇	248764.8	18.1
其中：城区	0.0	0.0
2. 乡村	0.0	0.0
二、按行业分	0.0	
1. 批发业	24691.7	60.6
限额以上法人	24691.7	60.6
限额以上产业	0.0	0.0
限额以上个体（大个体）	0.0	0.0
限额以下	0.0	0.0
限额以下企业	0.0	0.0
限额以下个体	0.0	0.0
2. 零售业	175256.5	14.5

（续表）

指标名称	本年累计	同比增长（%）
限额以上法人	20338.9	37.8
限额以上产业	0.0	0.0
限额以上个体（大个体）	0.0	0.0
限额以下	154917.6	12.0
限额以下企业	49174.3	12.0
限额以下个体	105743.4	12.0
3. 住宿业	8903.2	28.0
限额以上法人	8903.2	28.0
限额以上产业	0.0	0.0
限额以上个体（大个体）	0.0	0.0
限额以下	0.0	0.0
限额以下企业	0.0	0.0
限额以下个体	0.0	0.0
4. 餐饮业	39913.4	13.2
限额以上法人	0.0	0.0
限额以上产业	0.0	0.0
限额以上个体（大个体）	1109.6	81.4
限额以下	38803.8	12.0
限额以下企业	0.0	0.0
限额以下个体	38803.8	12.0
5. 住宿业和餐饮业	48816.7	15.6
限额以上企业	10012.8	32.3
限额以下企业	38803.8	12.0

固定资产投资及房地产投资（2013年）

计量单位：万元

指标名称	本年累计	同比增长（%）
全社会固定资产投资总额	932798	25.2
其中：第二产业投资	246049	−47.2
其中：工业	246049	−47.2
其中：制造业	246049	−46.1
其中：第三产业投资	686749	146.5
其中：房地产开发投资	521436	190.9
房屋施工面积（单位：平方米）	2520112	60.9
房屋竣工面积（单位：平方米）	162428	−38.7
商品房销售面积（单位：平方米）	738121	106.4

金湾区残联业务数据统计表

业务指标	指标单位	2012年数据	2013年数据
一、康复			
1. 社区康复			
开展社区康复服务工作的市辖区	个	1	1
接受社区康复服务的残疾人	人次	1231	1250
社区康复协调员	人	22	22
2. 视力残疾康复			
白内障复明手术	例	28	41
低视力配用助视器	人	21	
盲人定向行走训练	人		
4. 肢体残疾康复			
成人肢体残疾人社区、家庭康复	人	30	40
5. 精神病防治康复			
监护精神病人	人	142	144
接受医疗救助的贫困精神病人	人	83	101
孤独症儿童康复训练	人		
6. 残疾人辅助器具供应服务			
残疾人假肢装配	例	2	2
其他辅助器具供应	件	56	10
7. 儿童残疾预防			
新诊断0-6岁残疾儿童	人	6	4
8. 康复人才			
康复机构在岗人员	人	50	45
培训康复管理人员	人		8
培训康复业务人员	人	50	29
培训社区康复协调员	人	22	20
二、就业			
1. 城镇残疾人就业状况			
实际在业	人	76	91
当年新增就业	人	30	55
当年接受职业培训	人次		66
2. 农村残疾人就业状况			
从事农业生产劳动	人	335	327
三、社会保障和托养			
1. 城镇残疾人社会保障状况			
残疾职工参加社会保险	人	330	374
残疾居民参加城镇居民医疗保险	人	410	374
残疾居民参加城镇居民社会养老保险	人	360	400

（续表）

业务指标	指标单位	2012年数据	2013年数据
城镇残疾人纳入最低生活保障	人	45	46
2. 农村残疾人社会保障状况			
参加新型农村合作医疗	人	312	318
参加新型农村社会养老保险	人		
农村残疾人纳入最低生活保障	人	85	85
3. 托养服务			
机构托养残疾人	人	20	30
享受居家托养服务残疾人	人	125	30
四、维权			
1. 贫困残疾人家庭无障碍改造	户	1	32
2. 残疾人机动轮椅车燃油补贴	人	7	6
五、残联组织建设			
1. 省市县乡残联实有人员	人	5	4
2. 乡镇（街道）、村（社区）残疾人专职委员实有人数	人	22	22

资料来源：中国残疾人事业统计系统年度快报

2010—2013年金湾区主要统计指标图示

2010—2013年人口数

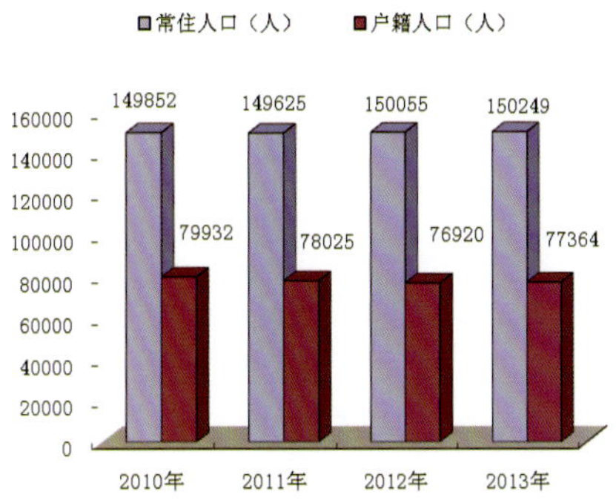

2010—2013年地区生产总值

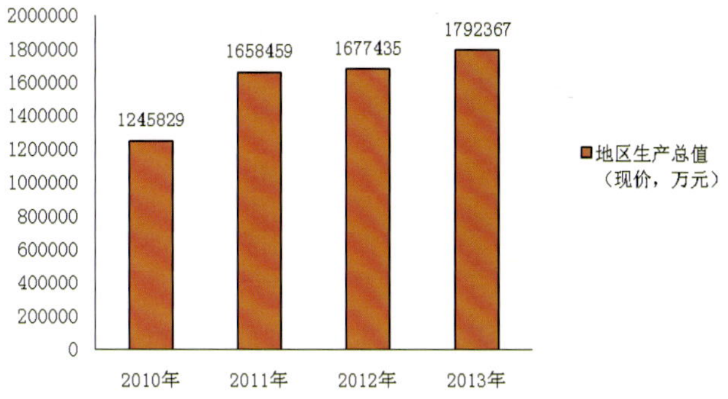

2010—2013年农林牧渔业总产值

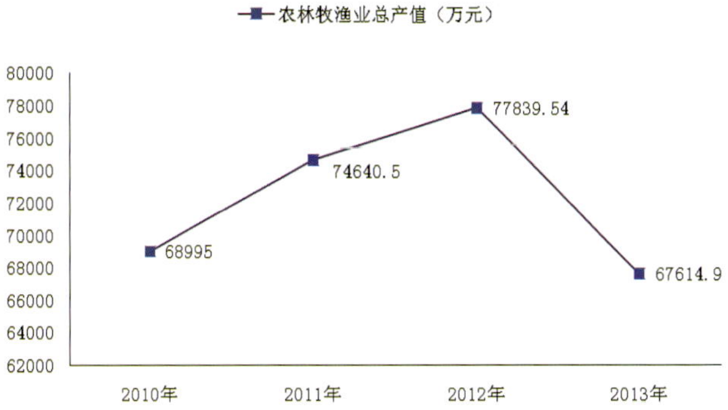

2010—2013年规模以上工业总产值与增加值

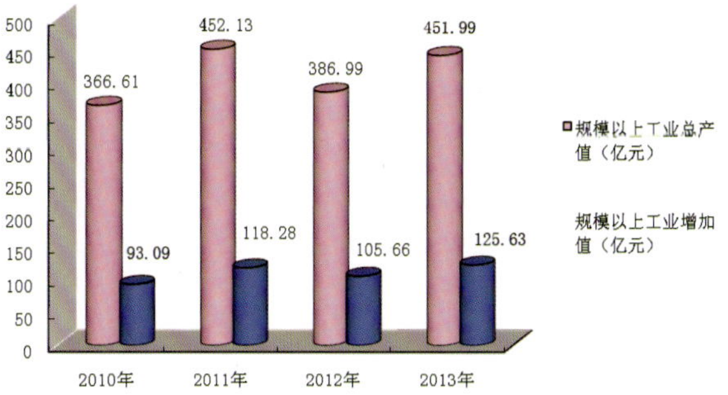

2010—2013年社会消费品零售总额

2010—2013年外贸进出口额

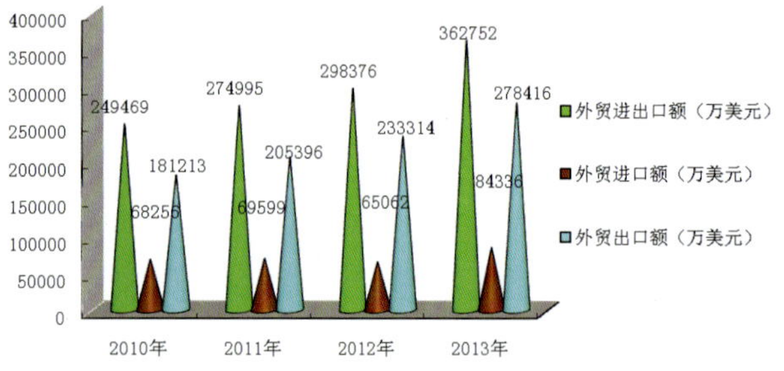

2010—2013年实际吸收外商直接投资

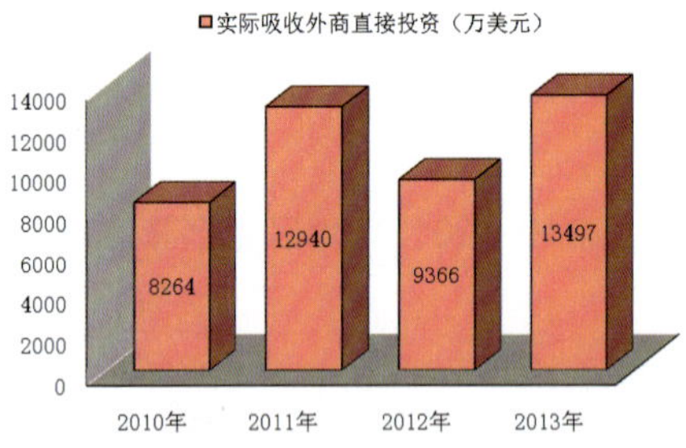

2010—2013年公共财政预算收入与支出

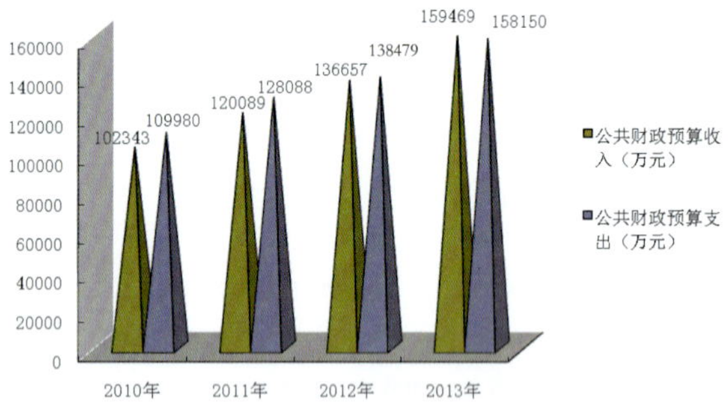

2010—2013年全社会固定资产投资额

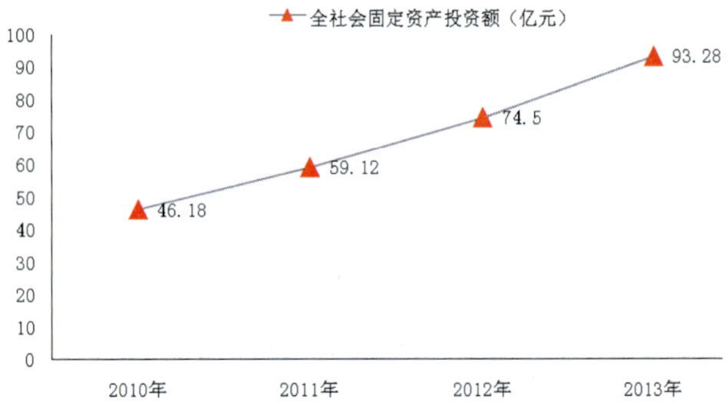

2010—2013年在岗职工平均工资

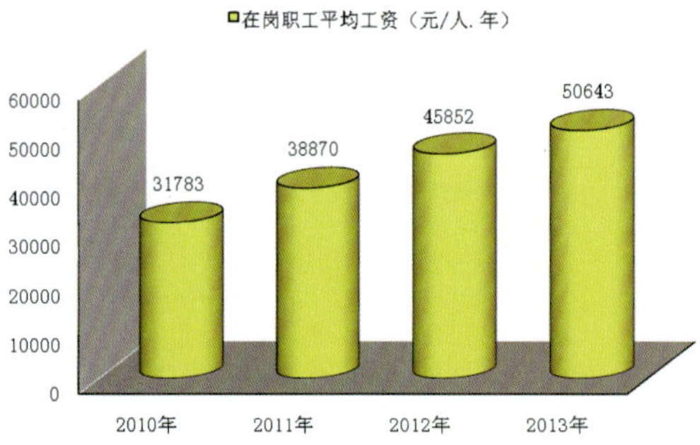

主 题 索 引

说　　明

一、本索引采用主题分析方法，款目按汉语拼音字母（同音字按声调）顺序排列。
二、文中的类目题、分目题用黑体字标明，其余用宋体字排印。表格、图片在其款目后分别注明“表”或“图”。
三、索引款目后的数字表示内容所在的页码，数字后的拉丁字母（a、b、c）表示该页自左至右的栏别。
四、同一主题的内容在文中多处出现的，在其款目后用不同的页码标明。
五、本索引对《专辑》《特载》《金湾大事记（2013）》《文献辑录》《统计资料》等不作索引。

H

J

R

S